U0681854

Schiller

索·恩·人物档案馆

002

同席勒一起

进入德意志精神难以忘却的黄金时代！

席勒传

Rüdiger Safranski

Schiller: oder Die Erfindung des Deutschen Idealismus

Chinese language edition arranged through HERCULES Business & Culture GmbH，Germany.

德意志理想主义的诞生

〔德〕吕迪格尔·萨弗兰斯基 —— 著
毛明超 —— 译
Rüdiger Safranski

oder Die Erfindung
des Deutschen Idealismus

Schiller

社会科学文献出版社
SSAP SOCIAL SCIENCES ACADEMIC PRESS (CHINA)

索·恩
THORN BIRD
忘掉地平线
Beyond
the horizon

人物档案馆丛书序

斑驳的旧物埋藏着祖先的英勇事迹，典礼仪式上演的英雄故事传颂着古老的荣光。从司马迁的《史记》、普鲁塔克的名人合传到莎士比亚的历史剧，乃至今天风靡世界的传记电影和历史同人小说创作——我们不断切换视角、变换笔触，力图真切地理解当事者的生活时代，想象其秉性和际遇，勾勒更丰满的人物形象。无限还原的愿望与同样无限的想象力激烈碰撞，传记的魅力正蕴藏在真实性与艺术性的无穷张力之中。

今天我们仍然喜欢描写和阅读伟人的故事，一方面是因为他们的存在和行为对社会发展起了关键作用，塑造着历史潮流，其人生值得在“作为艺术作品的传记”中延续下去并承载教化的功能；另一方面，人们的思想、情感、需求很大程度是相通的，传记从一些重要人物的人生际遇中折射普遍的人性，有让读者感同身受的能力。置身新时代，今人和前人面对着同样的问题：如何决定自己的命运，如何改变世界。过去与现在的鸿沟被不变的人之本性和深厚的思想传统跨越，这使历史可与当下类比。

索・恩人物档案馆丛书和已推出的历史图书馆丛书一道坚持深度阅读的理念，收录由权威研究者撰写的重要政治人物、思想家、艺术家传记。他们有的是叱咤风云的军事领袖、外交强人、科学奇才，有的则是悲情的君主，或与时代格格不入的哲学家……无论如何，他们都是各自领域的翘楚，不仅对所生活的社会，而且对后世及世界其他地方也造成了深远持久的影响。因而，关于他们的优秀的传记作品应当包含丰富而扎实的跨学科研究成果，帮助我们认识传主性格、功过的多面性和复杂性，客观地理解个体映射的时代特征，以及一个人在其社会背景下的生活和行为逻辑，理解人与社会结构是如何相互联系的。同时，这些作品当以前沿研究为基础，向读者介绍最新发现的档案、书信、日记等一手资料，且尤应善于审视不同阶段世人对传主的认识和评价，评述以往各种版本传记之优劣。这样的传记作品既能呈现过往时代的风貌，又见证着我们时代的认知和审美旨趣。人物档案馆丛书愿与读者共读人物传记，在历史书写中思考人类命运和当下现实。

社会科学文献出版社

索·恩编辑部

就连美也必须死亡！它征服人与诸神，
却无法打动冥府宙斯铁一般的胸膛。
只有一次，爱曾让阴影的主宰心软，
可他却在门槛边严酷地收回了礼物。
即便是阿芙洛狄忒也止不住美少年的伤，
那伤是野猪凶恶地扎在他柔美的身段上。
即便永生的母亲也救不回神一般的英雄，
当他在特洛伊西城门前倒下如命中注定。
但她与涅柔斯的所有女儿都从海中升起，
一同放声哀叹，为她已得荣耀的儿子哭泣。
看那！每一位神祇都潸然泪下，无论男女，
一同痛哭美竟会消逝，完满竟要死去。
成为爱人口中的一首挽歌也无限美好，
因为平庸之物只会无声息地坠落阴曹。

——弗里德里希·席勒：《挽歌》

Contents /

序

1805年5月9日，席勒英年早逝。人们在他死后解剖了遗体，才发现他的肺已“坏死溃烂，成了糊状，彻彻底底的一团糟”，他的心脏“没有肌肉物质”，他的胆囊和脾脏已肿大得极不自然，而肾“就其本质而言已彻底瓦解，完全畸形”。魏玛公爵的御医胡施克（Dr. Huschke）[①]在尸检报告的最后简短地补充了一句：“在此种情形下，人们不得不感到诧异，这可怜的人究竟是如何活到了这个年纪。”[②]可席勒自己不是曾说过，是精神为自己塑造肉体吗？[③]在他身上，这句箴言显然得到了实现。他充满创造力的热情在身体腐坏的期限之外保住了他的生命。在席勒临终前一直陪伴着他的海因里希·福斯（Heinrich Voß）[④]写道：“只有他那无穷的精神可以解释，他为何竟活了如此长久。”[⑤]

从席勒的尸检报告中可以读出理想主义的第一重定义：理想主义就是人们凭借精神振奋的力量，活得比肉体所允许的时间更为长久。这是受启发而澄明的意志的胜利。

在席勒身上，意志就是自由的器官。若要问自由意志是否存在，席勒的回答毫不含糊：意志每时每刻都开启一片新的视野，

---

① 威廉·恩斯特·克里斯蒂安·胡施克（Wilhelm Ernst Christian Huschke, 1760~1828），魏玛宫中御医兼枢密顾问。席勒死后，是他命人制作了死者的石膏面型，也是他主刀解剖了席勒的遗体。

② Oellers 1996, S. 11. 本书所有脚注均为译者注；原书作者在书后以缩略方式标注出部分引文出处，译者注中一一照录，读者可参阅后附参考文献及引文说明。

③ MA Ⅱ, S. 472. 语出《华伦斯坦之死》第三幕第十三场，汉译参见《席勒文集》（第三卷），张玉书选编，人民文学出版社，2005，第688页，有改动。

④ 海因里希·福斯（1779~1822），荷马史诗译者约翰·海因里希·福斯（Johann Heinrich Voß, 1751~1826）英年早逝的次子，与其父同为古典语文学家。

⑤ Biedermann 1974, S. 369.

包含着触手可及的无尽可能——这样的意志怎么可能是不自由的？人们眼前所拥有的可能性虽有限制，但到底是无穷尽的。因此，自由便是开放的时间。

只是与自由意志相关的不仅仅是在多种可能性中做出选择，更重要的是自由充满创造性的那一面。人们可以依照理念、目的或纲要的规定，影响事物、他人或自我。创造性的自由将某种缺了它便不会存在的东西引入了世界，因此总是在“无中生有”（creatio ex nihilo）。但自由又是毁灭的力量，同时可以抵御种种负面的作用，例如肉体病痛的袭扰。对于自然、对于自己身体的本性，席勒总是持一种针锋相对的战斗姿态。身体就是那害你的刺客！因此席勒认为，我们“完全不应将自己受到自然制约的物理状态当作我们的自我，而必须将其视为外在的、陌生的东西”。①

关于这一点，席勒最大的对手与最好的朋友歌德（Goethe）②却不敢苟同。他将之称为席勒的“自由福音”，却表示他自己“不愿意看见自然的权利遭到克扣”③。

歌德的观点反过来又让席勒觉得不妥。对他而言，自然本身已足够强大，不需其他帮助；人们倒是应该援助岌岌可危的精神权利，确保自由的力量。席勒酷爱自由的冒险，也因此成为18世纪晚期的萨特（Sartre）④。席勒的理想主义意味着坚信人可支

---

① MA V, S. 502. 语出席勒的论文《关于崇高》（*Vom Erhabenen*），作于1793年。

② 约翰·沃尔夫冈·封·歌德（1749~1832），德国文豪，与挚友席勒共同开创了魏玛古典主义文学，著有《浮士德》（*Faust*，1832）等不朽名篇。德语姓名中表示贵族的“von”本书统一译作“封”，以体现贵族头衔乃是册封的结果。

③ Petersen 1904, Bd. 3, S. 20.

④ 让-保罗·萨特（1905~1980），20世纪法国著名存在主义哲学家，著有《存在与虚无》（*L'Être et le néant*，1943）等哲学著作。

配万物，而非为万物所支配。他像后来的萨特一样宣布：重要的是从人既有的状态中，创造出一些新的事物来。

熟悉他的人曾众口一词地说，席勒几乎总是集中注意力、神经紧绷、忙个不停，好奇而警醒，近乎多疑。妻子夏洛蒂说："现实的一切总叫他惴惴不安。"[①] 与歌德不同，席勒对这世界并没有宁静而淡然的信任。他并不觉得有某种仁慈的自然支撑着自己。所有的一切都得由自己亲手创造！这样一来，他就成了意志麾下的健将，无论是在生活中还是在作品里。

难道他的生命从一开始便伴着不幸？他的命运并没有那么糟糕。一位慈爱的母亲，一位聚少离多的父亲；小市民的环境，倒也并非穷困潦倒。童年的世界几乎像一曲田园牧歌。然而，他之后却进入了卡尔学校（Karlsschule），落入一位时常独断专行的公爵手中。他爱自己的生父，却惧怕像父亲一样盯着他到寝室的君主——直到他公然起来反抗。他是一个体弱多病的孩子，长得太快，满脸痘疹，四肢僵硬，迟钝笨拙，穿着学校的制服就好像稻草人一般。但他并不囿于他的身体，也不喜欢自己的外表，只是在内心涌起莫名的冲动，四下里横冲直撞。他感到自己被掷入大千世界，便用一幅幅蓝图回应；他总是有各式各样的计划，因为只有这样，生活才可以勉强忍受。他常遇困扰，停滞不前，却倏然挣脱束缚，开始演说，语速迅捷、毫无征兆、滔滔不绝。他的听众很快就听得云里雾里，不知道他的思绪飘到哪儿去了。

席勒的激情源自对生活的厌恶。他不得不反复克服这种厌恶，后来又在《强盗》（*Die Räuber*）中将之掷地有声地表达了出来。这部天才的作品像一种自然现象，闯入德国既有的戏剧世

① Petersen 1904, Bd. 3, S. 64.

界；席勒在这出剧中追溯了恶之起源的种种痕迹：他发现了自然的丑闻，即它偏爱一方而亏待另一方，毫无意义、罔顾公正。人们于是被卷入种种不幸与意外，有充足的理由去怀疑生活。这就会产生一种有毒的怨恨。为了那富有创造力的生命，席勒坚决与之斗争。因此，他对自由的热情也就意味着一张自己开具的解毒药方。在与歌德的交往中，席勒将会特别需要这剂解药。同歌德的友谊与合作——德国文化史之亮点与大幸——之所以可能，完全是因为席勒已认识到："面对杰出的物与人，除了去爱，没有别的自由。"（致歌德，1796 年 7 月 2 日）①

席勒并不怯于将个体与人类等同起来，而是公开地将爱宣布为世界性的力量。他在年轻时就发展了一种爱的哲学，将古已有之的博爱母题"存在巨链"②续写了下去。席勒是自我暗示的大师，他可以自我激励，升入这句"亿万生民，一起相拥"③的诗

---

① 参见《歌德席勒文学书简》，张荣昌、张玉书译，安徽文艺出版社，1991，第 89 页。席勒这里使用的是德语中形容词作名词的特殊现象：形容词"杰出的"的第三格形式作为名词"dem Vortrefflichen"既可以作中性解（das Vortreffliche），指代"杰出之物"，又可以作阳性名词解（der Vortreffliche），指代某位"杰出的男性"。席勒在信中不仅赞美歌德的作品《威廉·麦斯特的学习时代》（*Wilhelm Meisters Lehrjahre*），又展露了心迹，要"配得上您'朋友'的称号"，因此这里的"杰出"既指作品又指诗人，故作此翻译。参见本书第二十一章。

② "存在巨链"（The Great Chain of Being），德语为"Die große Kette der Wesen"，肇始于古希腊哲学、发展于中世纪神学、兴盛于启蒙哲学，是一种对世界秩序的想象：万物被分为不同层级，上帝居首，以下依次为天使、人类、动物、植物与矿物。关于这一思想史概念，可参见〔美〕阿瑟·O. 洛夫乔伊《存在巨链》，张传有、高秉江译，商务印书馆，2015。

③ MA I, S. 133. 两句诗出自席勒的名诗《欢乐颂》（*Ode an die Freude*）。路德维希·凡·贝多芬（Ludwig van Beethoven, 1770~1827）在第九交响曲"合唱"（9. Symphonie-Choral）的第四乐章引入人声合唱，以席勒的《欢乐颂》为唱词。此处两句诗及后文"欢乐女神，圣洁美丽"两句便出自于此。

里去；然而，他也会为自己泼一泼冷水，甚至陷入虚无主义的恐惧僵化之中。他清楚无意义的深渊，这也是为何在他世间万民皆兄弟的愿景中，总还能体会到一丝新教徒式的“尽管如此”的无奈。坊间传有席勒式的赌注：我们倒要看看，究竟是精神胜过肉体，还是肉体胜过精神！

席勒将要证明，人们所承受的不止一种命运，还有另一种，也就是人自己。他不能不注意到，自身命运之强力是多么吸引人、多么具有传染力。因此才有他结交朋友的天赋，才有他的卡里斯玛（Charisma）[①]。甚至歌德也被席勒的热情裹挟。最终，席勒让一整个时代变得激昂澎湃。这种激情及其中所诞生出的，特别是在哲学领域，就在之后被称为“德意志理想主义”[②]，而贝多芬则将其谱成音符：“欢乐女神，圣洁美丽……”[③]

本书将要描绘席勒是如何打磨自己，把他的人生活成了一部
戏、一场演出。在他成名之后，他成了公开的灵魂。他的危机、 / 014
转向和变化，一幕幕都上演在观众眼前，而他们则满怀景仰与惊异欣赏着这一出生命的大戏。歌德之后甚至将好友身上这种不断精进的特质加以神话：“他当真是一位奇妙而伟大的人。每过一周，他就像是换了个样，变得更加完满。”[④]

席勒的作品就是这一生命之作的游戏形式。他坚守着自己所

---

① “卡里斯玛”又译“超凡魅力”，是马克斯·韦伯（Max Weber, 1864~1920）所论“权威的三种纯粹类型”之一，即“基于对某个个人的罕见神性、英雄品质或者典范天性以及对他所启示或创立的规范模式或秩序（超凡魅力型权威）的忠诚”。参见〔德〕马克斯·韦伯：《经济与社会》（第一卷），阎克文译，上海人民出版社，2010，第322页。

② 关于“Idealismus”的译法，请参本书译后记。

③ MA I, S. 133.

④ Zit. n. Wiese 1959, S. 527.

订立的原则："只有当人游戏时，他才完全是人。"①艺术的游戏是自由的显现。席勒本也可像尼采（Nietzsche）②一样说：正因我们有艺术，才不致在生活中坠入深渊。

从席勒的角度出发，理想主义才重获光彩。若是人们像席勒一样去理解，"理想主义"之上其实并无多少过时的东西：为自由开辟道路；由精神为自己创造肉体。这样，席勒也就成了18世纪晚期哲学的重要启发。他决定性地参与了介于康德（Kant）③与黑格尔（Hegel）④之间的跨时代的哲学事件。我们将会叙述他如何在德意志理想主义的诞生中发挥作用；他如何竟能与歌德一起成为德意志精神生活中的那颗位居核心的恒星。席勒——一座源源不断产出启迪的发电厂。对于他的敌手而言，也同样如此。浪漫派需要与他划清界限，才能找到自己。他们想要摆脱席勒，却因此更不能离开他须臾。

一出精神的伟大歌剧就这样诞生了：在历史的某个瞬

---

① MA V, S. 618. 语出席勒的名篇《审美教育书简》（*Briefe über die ästhetische Erziehung des Menschen*）第15封信。参见〔德〕席勒《席勒经典美学文论》，范大灿等译，生活·读书·新知三联书店，2015，第288页。

② 弗里德里希·尼采（1844~1900），19世纪德国最重要的哲学家之一，其著作兼具诗意与哲思，名著《查拉图斯特拉如是说》（*Also sprach Zarathustra*, 1883~1885）以及其中的"超人"（Übermensch）概念对后世的现代派产生了极大影响，但又因为其中所隐含的"权力意志"（Der Wille zur Macht）思想而引发诸多争议。

③ 伊曼努尔·康德（Immanuel Kant, 1724~1804），德国最重要的哲学家之一，先验唯心主义哲学的奠基人，著有包括《纯粹理性批判》（*Kritik der reinen Vernunft*, 1781）等"三大批判"在内的一系列哲学经典。

④ 格奥尔格·威廉·弗里德里希·黑格尔（Georg Wilhelm Friedrich Hegel, 1770~1831），德国最重要的哲学家之一，体系哲学的集大成者，代表作有《精神现象学》（*Phänomenologie des Geistes*, 1806）等。

间，创造力分布的密度史无前例，歌德、赫尔德[①]、维兰德[②]、莫里茨[③]、诺瓦利斯[④]、荷尔德林[⑤]、谢林[⑥]、施莱格尔兄弟[⑦]、

---

① 戈特弗里德·赫尔德（Gottfried Herder, 1774~1803），德国诗人、哲学家，“狂飙突进”的理论奠基人之一，著有《人类历史哲学随想》（*Ideen zur Philosophie der Geschichte der Menschheit*, 1784~1794）等作品。

② 克里斯多夫·马丁·维兰德（Christoph Martin Wieland, 1773~1813），德国作家，著有奠定德语修养小说传统的《阿迦通》（*Die Geschichte des Agathon*, 1766）等作品。歌德、赫尔德、维兰德与席勒共称魏玛四杰，关于席勒与赫尔德和维兰德的结交往来可参见本书第十三章。

③ 卡尔·菲利普·莫里茨（Karl Philipp Moritz, 1756~1793），德国作家，著有自传体小说《安东·莱瑟》（*Anton Reiser*, 1785~1790）等，并首次提出了“艺术自律”（Die Autonomie der Kunst）的美学思想。关于席勒与莫里茨的见面，可参见本书第十一章。

④ 诺瓦利斯，原名弗里德里希·封·哈登贝格（Friedrich von Hardenberg, 1772~1801），德国浪漫派代表作家，其最著名的小说《海因里希·封·奥夫特丁根》（*Heinrich von Ofterdingen*）遗憾未能完成，由友人蒂克在1802年整理出版；小说中的“蓝花”意象成为浪漫派的象征。

⑤ 弗里德里希·荷尔德林（Friedrich Hölderlin, 1770~1843），德国著名诗人，其诗作《致命运女神》（*An die Parzen*, 1799）、《莱茵河》（*Der Rhein*, 1808）等均是德语诗歌的杰作，另有小说残篇《许佩里翁或希腊的隐士》（*Hyperion oder Der Eremit in Griechenland*, 1797/1799）。关于席勒与荷尔德林，可参见本书第十八章。

⑥ 弗里德里希·威廉·约瑟夫·谢林（Friedrich Wilhelm Joseph Schelling, 1775~1854），德国最重要的哲学家之一，著有《先验唯心论体系》（*System des transzendentalen Idealismus*, 1800）等经典，其自然哲学对浪漫派产生了极大的影响。

⑦ 施莱格尔兄弟即哥哥奥古斯特·威廉·施莱格尔（August Wilhelm Schlegel, 1767~1845）与弟弟弗里德里希·施莱格尔（Friedrich Schlegel, 1772~1829），兄弟二人均是德国浪漫主义文学最重要的理论家，提出了浪漫（Das Romantische）以及作为其最主要文学形式的“渐进的总汇诗”（Die progressive Universalpoesie）的概念；由二人参与主编的《雅典娜神殿》杂志（*Athenaeum*）成为浪漫派的阵地。关于席勒与施莱格尔兄弟的合作与不睦，参见本书第十八章至第二十章。

费希特[①]、黑格尔、蒂克[②]，竟同时登上了同一个舞台。而在他们中间就站着席勒，这位玻璃球游戏的大师[③]。

席勒开创了一个时代。人们因此得以跟随他的足迹，翻开古典与浪漫时代的传记。背景则是随着法国大革命而开场的政治大戏。

海涅（Heine）有一次曾说，德国人只在“梦里的空中王国”里闹过自己的革命[④]。

或许理想主义不过是一场幻梦。而真正的革命呢？或许不过是一场更可怕的梦。当席勒于1798年终于收到迟到了5年、由丹东（Danton）[⑤]等人所签发的法国荣誉公民证书时，丹东他们

/ 015 早已上了断头台，而席勒也与歌德观点一致：人们给他送来了一份来自“死者之国”的公民权（致歌德，1798年3月3日）。

---

① 约翰·戈特利卜·费希特（Johann Gottlieb Fichte, 1762~1814），德国最重要的哲学家之一，著有《全部知识学基础》（*Grundlage der gesamten Wissenschaftslehre*, 1794）等经典，其中所阐发的自我哲学（Ich-Philosophie）成为浪漫派思潮的启发。关于席勒与费希特，请参见本书第十八章至第二十章。

② 路德维希·蒂克（Ludwig Tieck, 1773~1853），浪漫派文学的代表人物之一，早期的喜剧《穿靴子的猫》（*Der gestiefelte Kater*, 1797）与小说《弗朗茨·施特恩巴尔德游记》（*Franz Sternbalds Wanderungen*, 1798）分别成为浪漫派文学在戏剧与叙事领域的经典作品。

③ “玻璃球游戏”（Das Glasperlenspiel）典出赫尔曼·黑塞（Hermann Hesse, 1877~1962）的同名小说，后成为艺术活动的隐喻。

④ 海因里希·海涅（Heinrich Heine, 1797~1856），德国重要诗人，“前三月”派（Vormärz）代表，其代表作讽刺长诗《德国，一个冬天的童话》（*Deutschland, ein Wintermärchen*, 1844）脍炙人口。此处“梦里的空中王国”（Das Luftreich des Traumes）即典出于此。这里引冯至先生译本，参见《冯至文集》（第九卷），河北教育出版社，1999，第293页。

⑤ 乔治－雅克·丹东（Georges-Jacque Danton, 1759~1794），法国大革命中雅各宾派的领导人物之一，虽曾策划1792年的“九月大屠杀”（Massacres de Septembre），但后来因反对革命恐怖而被罗伯斯庇尔（Maximilien Robespierre）送上断头台。

同席勒一起，人们进入过去的另一个阴影之国：进入了德意志精神难以忘却的黄金时代。那是神奇的岁月，它帮助人们保留住感知人生中那些真正重要而充满精神之物的能力。

出身——传奇的表亲——父亲的冒险——洛尔希的牧歌——棍棒——尊重父亲、超越父亲——母亲的哀伤——路德维希堡的洛可可——公爵“人生的纵马年华”——“你傻了吗，弗里茨？”

弗里德里希·席勒，这位《华伦斯坦》（*Wallenstein*）的作者，差一点儿就降生在一座军营之中。

父亲约翰·卡斯帕尔·席勒（Johann Kaspar Schiller）是服役于符腾堡公国军中的一名上尉。部队正集结在路德维希堡（Ludwigsburg），备战“七年战争”（Siebenjähriger Krieg）①中史称“黑森战事”的军事行动。当时，符腾堡公爵的部队站在法国一边对抗自诩新教守护者的普鲁士，着实让信仰新教的施瓦本地区（Schwaben）颇为不满。

母亲和大女儿住在马尔巴赫（Marbach）的祖父母家中。从马尔巴赫出发，她可以经常去距此不远的路德维希堡探望丈夫。当第一波产痛袭来时，她恰好在军队的营帐中，于是人们立刻将她送回马尔巴赫。1759 年 11 月 10 日，她在那里产下了第二个孩子。人们给他施洗，起了约翰·克里斯多夫·弗里德里希（Johann Christoph Friedrich）的名字。

父亲的家族中曾出过一个约翰·弗里德里希，他被当作孩子的榜样，因为这位“表亲”念过大学，周游世界，写过书，也搞

① “七年战争”是1756~1763年普鲁士、英国及其盟国与萨克森公国、哈布斯堡奥地利、法国和俄国联军之间的一场战争。1756 年 8 月，普鲁士军队进占萨克森并击败奥地利援军，导致七年战争爆发。

过翻译，天天折腾些项目，闲不下来，还是个花花公子。据家中传言，他甚至给“几个政府”出谋划策过。据说，他曾向卡尔·欧根公爵（Karl Eugen）[①]建议，把所有多余的教堂大钟都给回炉熔化，重炼成火炮。他对财政和教育懂得很透，制订了几个计划，要增加人民的福祉并从根本上消除人间疾苦。但当这位“表亲”日后竟无法保证自己的温饱时，他在家中的地位便一落千丈。据说他在英国曾和玫瑰十字会[②]一起研究炼金术；当他从英国回来后，便在美因茨（Mainz）开了一家出版社，印了不少道德哲学与经济方面值得一读的著作。但读者却兴趣寥寥，于是这批出版物就砸在了这位精力旺盛之人的手里。他被关入债务监狱[③]，那点少得可怜的财产则被拍卖。于是他又受雇于人，当起了语言教师，并在80年代从家族的视野中消失。弗里德里希·席勒虽只是通过传奇故事认识了这位“表亲”，但对他却始终很好奇。1783年7月，他想要拜访“表亲”，但最终并未付诸实施。也许他是想为自己省去一场失望。

席勒出生的第二天，人们就匆匆给他施洗。因为这孩子是如此虚弱，让人不由得担心他恐怕会就此夭折。尽管如此，人们还是下了很大功夫，把施洗办得像是一场婚礼。教父的名册证实了家族的名望。名册上除了那位可疑的“表亲”外，还有以下几位：父亲所在军团的指挥官封·德·加贝伦茨上校（Oberst von der Gabelentz）；马尔巴赫及附近的维欣根（Vaihingen）两市

---

① 卡尔·欧根（1728~1793），符腾堡公爵，自1744年起执政。

② “玫瑰十字会”（Rosenkreuzer）是17世纪德国新教内部的秘教社团，宣扬非理性主义，与启蒙主义相对立。

③ “债务监狱”（Schuldengefängnis）始见于欧洲中世纪至近代早期，是专门收监无力偿还债务者的监狱。这一机构直到1868年才在德国废除。1963年，《欧洲人权公约》第四议定书修正案正式禁止因债务而剥夺人的自由。

市长；让众人惊讶的是，教父的名单上居然还有令人又敬又怕的里格上校（Oberst Rieger）。这位全公国上下都畏惧的人显然对席勒的父亲颇多好感。

里格上校是公爵的心腹谋臣。他能通过残酷的征兵手段，凭空变出一支6000人的部队，因此成了公爵身边必不可少之人。里格有不受限制的强制征召权，而仅在1757年，就在他的指挥下发生了三次大规模的抓壮丁行动。被抓来充军的包括农民、小手工业者和短工。征兵所用的伎俩，里格是从普鲁士的征兵官那里学来的。他们去酒馆、教堂落成仪式或其他舞会上，趁人喝得醉醺醺时将其掳走，把人长时间地关押起来，不给饮食，直到他们“自愿”领了新兵津贴去充壮丁。如此强征来卖命的部队自然不堪一击。1757年，符腾堡大军第一次引人瞩目的军事行动，就是兵士的一场大溃逃。于是朝廷立刻颁布了一道“捉拿弃旗逃散者令”，从布道台上照本宣科地念将下来，允诺赏给任何揭发逃兵者18古尔登①。这赏金便导致了一场狂热的大搜捕，而里格上校则巧妙地将之引入规划好了的轨道。一旦点到某个疑犯的名字，便钟声大作，催人去围猎；各条道路上均设了关卡，桥梁也被占据，人们反复捅刺茅草堆来搜寻逃兵。里格就这样给自己挣得了“扒人皮者”、“赏金猎人”和“奴隶贩子”的名声。小席勒受洗之时，教父里格正处于其权势的巅峰。然而三年之后他就倒了台。席勒将会在《命运的游戏》（*Spiel des Schicksals*）②这篇小说中讲述一段故事，仿佛就是符腾堡暴政的翻版；幸而他自己此时已从中脱身。即便是“狂飙突进”运动（Sturm-und-Drang）中一个反叛的头脑，也无法将这则故事构思得更加

① 古尔登（Gulden），旧时神圣罗马帝国的一种货币。

② 《命运的游戏》是席勒为数不多的短篇小说，作于1788年。见MA V, S. 36~47。

精妙。

里格上校之倒台，罪魁祸首是那些宫廷中妒忌他的人。其中最有影响力的当属领导公爵内阁的蒙马丁伯爵（Graf Montmartin）。此人通过伪造的信件，谎称里格想要谋反，并将其乱心公之于众。上校被捕时，正身着习以为常的华服，在一群廷臣和传令兵的簇拥下检阅卫兵。随后，他未经审判，便被打入霍恩特维尔（Hohentwiel）的大牢中囚禁了四年。刑满释放后，他便离开了公国，6 年之后才回到故乡。公爵仁慈地接纳了他，并任命他为霍恩阿斯佩尔格（Hohenasperg）监狱的指挥官。这样一来，原先的囚徒就负责看守另一位重要的囚徒，即诗人和政论家克里斯蒂安·弗里德里希·达尼尔·舒巴特（Christian Friedrich Daniel Schubart）[①]。舒巴特也是未经审判就被关入监狱，因为他竟胆敢将公爵的专制钉在文学的耻辱柱上。1781 年，里格为他的教子席勒创造了拜访这位他所崇敬的狱囚的机会。此后，席勒便以更温和的眼光看待这位上校。一年之后，一位遭他虐待的士兵对他的反抗使他过于激动，竟因此中风而死。席勒为逝者的葬礼作了一首诗："比你君王的笑容更高 /（哎！不少人就为此锱铢必较！）/ 对你而言，那永恒者比之更高。"[②] 当舒巴特之子[③]于 1788 年在魏玛拜访席勒时，他再一次想起了里格的故事。随后，他便写下了那篇《命运的游戏》。

席勒的父亲虽颇受上级的重视，却并非卑躬屈膝之徒。他

---

① 克里斯蒂安·弗里德里希·达尼尔·舒巴特（1739~1791），德国诗人与政论家，因撰写针砭符腾堡公爵腐朽统治的文字而屡次入狱。原书作者遗漏"Daniel"，已补全。

② MA Ⅰ, S. 114.

③ 路德维希·舒巴特（Ludwig Schubart，1765~1811），德国作家，克里斯蒂安·弗里德里希·达尼尔·舒巴特之子，席勒年轻时的好友。

凭借着无限的能量与务实的头脑才一步步获得晋升。他一生所取得的成就大多数都归功于自己，因而他对此不无骄傲。他始终好学，灵活但又坚守原则。他过得并不轻松，但世界在他眼中却显得秩序井然、安排公正。他信仰的上帝会照顾人类，只要人类有勇气照顾自己。天上的圣父、世间的君主和家中的父亲——这就是事物的自然秩序。在他看来，这种秩序根基坚实但也算不上僵化，因为能干的个人总有上升的可能。他觉得自己就是一个活生生的例子。

弗里德里希·席勒有一次曾表达了这样一种信念：他的父亲既然已成为符腾堡各处园林设施的总管和督察，必然可以升得更高。父亲自己倒是对取得的成就很满意，尤其是他在晚年还能因为他儿子的鼎鼎大名而倍感骄傲。在去世前不久，他写下了一段感恩祈祷，其中就有："而你，一切存在之存在，我在我独子降生后曾向你祈祷，请你将我因为缺乏教育而无法企及的精神强健，加诸他的身上，而你听见了我的祈祷。感谢你，善良的存在，感谢你在意终有一死者的祈祷。"①

席勒的父亲约翰·卡斯帕尔生于1723年，来自一个居住在雷姆斯河谷（Remstal）下游地区的面包师和种植葡萄的农户家族。世代以来，村长一职仿佛已成了这个家族的世袭之物。

约翰·卡斯帕尔天资聪颖，被允许去上拉丁文课程。但由于他的父亲早逝，留下8个嗷嗷待哺的孩子，这个大男孩就被派去干农活。但他却想着逃跑。他跟着一个修道院的理发师学了外科医生的手艺。随后，他就"带着简单几件换洗衣服"开始了漫游。他的精神让他追逐更高，他练习击剑、学习法语。1745

① Petersen 1904, Bd. 1, S. 19.

年，他在诺德林根（Nördlingen）加入了行军至此的一支巴伐利亚骠骑兵团。军团内并没有军医的空缺，但他行事巧妙，于是不久后便被允许做些外科小手术。人们准他治疗皮肉伤和牙病，也准他为人放血。军团开赴荷兰，在奥地利王位继承战争（Österreisischer Erbfolgekrieg）① 中和哈布斯堡皇朝结盟，与法国部队作战。约翰·卡斯帕尔很快就升任正式军医，在抵御传染病方面技术尤为精湛。由于士兵们更多的是为性病而非敌军所

/ 020

伤，约翰·卡斯帕尔就专攻所谓的“殷勤疗法”②。他收入不错，拿着攒下的钱买了一匹好马，在比利时、法国北部与荷兰四处奔波。他甚至得以陪同军团指挥官访问英国。那是多么传奇的年代。他受过伤，被敌军当作间谍俘虏，又设法逃脱，东躲西藏，最后重新找到了自己的部队。他认识了“先进”的世界、宏大的城市，参观了新式工厂和石煤矿，看到人们是如何围海造田，如何用机器切割大理石。弗里德里希·席勒之后在《尼德兰联省脱离西班牙统治史》（*Geschichte des Abfalls der vereinigten Niederlande von der spanischen Regierung*，后简称《尼德兰独立史》）一书中所描绘的荷兰勤于工商的瞩目景象，或许就是受到父亲讲述的启发。对于父亲而言，尼德兰就是那应许之地。

带着一小笔辛苦积攒下的财富，带着拔牙放血、理发剃须的工具，带着一副匈牙利的马鞍和 8 本书，几本陶冶情操，几本有关医学，带着几道已经愈合的伤疤和坚韧的经历，约翰·

① 奥地利王位继承战争（1740~1748），是欧洲各国围绕奥地利女皇玛利亚·特蕾莎（Maria Theresia）是否有资格继承其父卡尔六世神圣罗马帝国皇帝的头衔而引发的战争。普鲁士声称奥地利可用经济大省西里西亚为代价换取其对玛利亚·特蕾莎继承权的保护，在遭到拒绝后便出兵侵占了西里西亚。

② “殷勤疗法”（Die Galanteriekuren）即针对所谓“殷勤病”（即性病）的治疗，以缓解症状为主，无法除病根。

卡斯帕尔于1749年回到了家乡，作为外科医生在马尔巴赫落了脚，娶了客栈老板16岁的女儿伊丽莎白·多萝蒂亚·科德魏斯（Elisabeth Dorothea Kodweiß）为妻。

新娘来自马尔巴赫的一个显赫家庭。岳父格奥尔格·弗里德里希·科德魏斯（Georg Friedrich Kodweiß）是“金狮”旅店的主人，也是当地的木材监察，负责监管公爵领地内的木筏生产。但约翰·卡斯帕尔不知道的是：他的岳父已经在木材投机中亏得一干二净，离破产只有一步之遥。于是，约翰·卡斯帕尔这个上进的人就落入了一个正不断丧失社会地位的家庭。起初，他仍尝试拿自己辛苦攒下的钱来帮一把，然而于事无补。旅店被拍卖了，老板成了乞丐，领受了守卫城门的岗位并把它当作别人施舍的面包，将紧挨着城门的一间小屋当作栖身之所。

约翰·卡斯帕尔不愿意继续目睹这个家庭的衰败，也不愿继续在马尔巴赫城里生活。幸而他有足够的决断力去尝试新的开始。命运再一次把他引向了军队。1753年，他到一支新组建的符腾堡军团报到；军医的岗位已被别人捷足先登，于是他便接受了一个后勤参谋部书记官的低级职位。但没过多久，他就再次出人头地。当符腾堡大军与奥地利并肩向普鲁士开战时，约翰·卡斯帕尔再一次成为军团医生，参加了在波希米亚的战斗。对于符腾堡的将士而言，这一系列战役打得并不光彩，因为一大半士兵都临阵脱逃了。可约翰·卡斯帕尔却坚守团旗，为了提振部队低沉的士气，他甚至在军中布道——随军牧师早已当了逃兵、去了远方。为了嘉奖他的多面才干，于1759年，也就是弗里德里希·席勒出生的那一年，他被提拔为少尉，又在两年后的1761年晋升为上尉。

他跟随自己的军团从一个兵营迁到另一个兵营，过不了宁静的生活。妻子不得不带着两个孩子跟随丈夫的调动。1763年，老席勒被任命为征兵官，调至施瓦本的格蒙德（Schwäbisch Gmünd）。结束了漫游岁月，席勒一家终于可以过上温馨的家庭生活了。约翰·卡斯帕尔操办起募兵事务来比他先前的恩人里格上校要诚实得多，但成果也因此减去不少。由于给他和助手的军饷迟迟不来，他只能动用自己的存款来支付他手下下级军官的酬劳，并艰难地支撑起整个家庭。为了降低生活成本，他们搬去临近的小镇洛尔希（Lorch）。假以时日，弗里德里希·席勒将会像怀念童年已逝的天堂一样回忆起这个地方。

这是一个地形狭长的村庄，坐落在雷姆斯河畔，大约步行一个半钟头可以到达施瓦本的格蒙德。河水蜿蜒穿过草地，草甸的边缘是连绵起伏的长满杉树的山丘。曾经有一条重要的商路从这里经过，因此这儿成了被城堡拱卫的地方。一讲起这片童年的山水，席勒便进入了幻梦。在他去世之后，妻子夏洛蒂在她撰写的席勒生平中记叙道："这个男孩最爱的漫步，便是登上那一座山，山顶矗立着一座小教堂，虔诚而热情的基督徒们为了象征性地重现基督受难路上的十二个阶段，怀着忏悔走向这座教堂。另一座山顶的修道院保护着霍亨施陶芬（Hohenstaufen）[①]家族的陵墓。男孩的心灵就在这些宗教与骑士之力的图景下收获了最初的印象。"[②]或许正是对洛尔希山顶的霍亨施陶芬之墓，以及对这个传奇的皇室家族之回忆，让席勒有了创作一部关于最后一个施陶芬皇帝康拉丁（Konradin）的戏剧的念头；只是这个想法到底未

① 霍亨施陶芬家族曾是施瓦本地区的世袭伯爵，后通过联姻于12世纪登上德意志王座。著名的"红胡子"（巴巴罗萨）弗里德里希一世（Friedrich I. Barbarossa，约1122~1190）即出自此家族。

② Biedermann 1974, S. 11.

能得到实现。

留在席勒记忆中的，还有他在洛尔希的莫泽尔神父（Pfarrer Moser）[①]那里上的拉丁语课。神父性格温和，富有学识，心性虔诚而平易近人。在《强盗》一剧中，席勒为他立起了一座丰碑：塑造了一位与之同名的神父，犀利的言辞句句直击恬不知耻的弗朗茨的良心[②]。或许也正是莫泽尔神父激起了少年席勒想要成为一名牧师的愿望。姐姐克里斯多芬娜（Christophine Schiller）回忆道："他自己时常就这样开始布道，站上一把椅子，让姐姐为他挂上黑色的围裙来代替教堂的长袍。随后，他周围所有的人都必须保持安静，虔诚肃穆，聆听他的讲道；此外，他是如此热衷于此，以至于常跑得不见踪影，回来之后通常就接着来一顿训诫的布道。尽管这些讲话仍然稚气未脱，但总有正确的思想；他很巧妙地把若干格言编排在一起，用自己的方式带着强调的语气宣读出来。此外，他的布道还有分段结构，这也是他从神父先生那里默记下来的。"[③]

克里斯多芬娜还讲了另一桩逸事，可以说明弗里德里希和他父亲间的关系。一位邻居曾请刚刚放学回家的少年进屋里来，她想让孩子尝尝他最爱吃的"土耳其大麦"粥[④]。就在这时，席勒的父亲恰好路过，但没有看见他。男孩一下子冲了出去，对着父亲说："亲爱的父亲，我一定不再这样做了！"父亲并没有发现

① 菲利普·乌尔里希·莫泽尔（Philipp Ulrich Moser, 1720~1792），洛尔希镇的神父，席勒与其子克里斯多夫·费迪南·莫泽尔（Christoph Ferdinand Moser, 1759~1802）是童年好友。

② 语出席勒处女作《强盗》第五幕第一场，参见 MA Ⅱ, S. 602~606，汉译参见《席勒文集》（第二卷），第 180~186 页，译名有改动。

③ Biedermann 1974, S. 7.

④ "土耳其大麦"（Türkischer Weizen）即玉米。

任何应该批评的地方，就让他回了家。“他搁下玉米粥，伴着撕心裂肺的哭诉，一刻不停地赶回家里，急切地请求母亲在父亲回家之前责罚自己，还亲手给她递上了棍棒。母亲不知道这一切都是什么意思，因为他只顾哭喊，说不出一个字来——于是就带着母亲的温柔轻轻地罚了他。”①

父亲是权威，但并非暴君。他的父权统治着这个家。他评价一切的唯一标准就是义务。正如他认为自己对君主或上帝负有义务一样，家庭成员也应在他身上找到自己义务的尺度。他始终
/ 023 忠诚地为公爵服务，即便他并非不清楚公爵经常滥用一国之君的权利而忽略一国之君的义务。但这得由他上头的君主与上帝算清楚，他自己作为臣属，只能尽力保持正直。作为征兵士官，人们不能指责他使用了任何可怕的募兵手段或有任何违背忠诚的行径。而他也期待妻子和孩子们能在举手投足间同样牢记自身的义务。他们应听从他的智慧，即便他自己也承认偶尔会犯些错误。他要求他们相信自己为他们好的本意。他像园丁一样，把家庭看作培育正直的苗圃，于是最后自己真的成了园丁。孩子们必须受到保护和照料，但也必须被修剪整齐。他的言谈举止并非出自专横，而是由严格的秩序精神所决定的。

于是少年席勒就把父权的世界秩序牢记于心。当他创作《强盗》时，这幅世界图景在他心中依旧栩栩如生，以致他在剧中展现了父权秩序的崩溃，并由此引出了悲剧的灾难。或许正是因为这种对父权秩序的信仰，逸事中提到的年幼席勒才无法理解父亲的宽容，才会要求受到惩罚，以使惯常的秩序能够重回正轨。这个孩子已经学会在不得已时亲手递上那根抽打自己的棍子。即

① Biedermann 1974, S. 7.

便人们会在这个父权的世界中受苦，它到底给予人们一种安全和踏实之感。弗里德里希当然畏惧他的父亲，但因为他也爱着父亲，畏惧便成了敬畏。席勒年轻时的朋友弗里德里希·威廉·封·霍文（Friedrich Wilhelm von Hoven）[①]曾说："对他父亲的敬畏让他首先臻于勤奋。"[②]

当弗里德里希进入卡尔学校之后，他在公爵的暴政下陷得多深，父亲的形象就变得多么神圣。公爵原本希望让天资聪颖的弗里德里希进入他的"军事育才学校"（Militär-Pflanzschule），但也恰恰是父亲于 1773 年 1 月向公爵表达了儿子不同的心愿。他的儿子更想要学习神学，而这在卡尔学校却无法实现。父亲两次面见公爵，最终却未能成功。为了避免打击报复，他只得将儿子送到了公爵的手里。在孩子眼中可能是这样一种情形：父亲的力量守在他身前，想要抵挡公爵大得多的权力。因为父亲曾想保护他，儿子一生都保持着对父亲几乎是孩子气的尊敬。

当好朋友霍文的弟弟不幸去世时，席勒也恰处于暂时性的深度抑郁之中，脑海中总是有死亡的念头。在 1780 年 6 月 19 日致他姐姐的信中，席勒写到了他仍然勉强继续活着的原因："我比千万人幸运，因为我有这受之有愧的福祉，竟有全天下最好的父亲。"

不久的将来，在他逃离斯图加特（Stuttgart）之后，他就会想要向这位"最好的父亲"证明，他身上所蕴含的远不止一个军医那么简单。他将会投奔剧团——并与父亲的意志相左，因为父亲建议他留在公爵为他规划好的人生轨道之内。因此，他将会被负罪感所困扰。在 1785 年 9 月 28 日致姐姐的信中，席勒写道：

① 弗里德里希·威廉·封·霍文（1759~1838），德国军医，席勒挚友。

② Petersen 1911, S. 10.

“我当时坚持着一股内心的力量，对于我父亲而言，这股力量既是头一回听说，又像是凭空幻想；而我也得红着脸承认，时至今日，我也欠他一份远大目标业已实现的证明。如果我像他当初计划的那样，在默默无名但安宁的平庸中吃着祖国给我的面包，他可能会更加满意。”

但是他在信中继续写道，让他走上另一个方向的“加速力”和“雄心”又是从何而来？它们来自父亲，因为父亲也曾有雄心壮志。父亲已登上高处，而儿子想要爬得更高。父亲已成了少校和公爵的园林总管，而儿子则要登九天以摘星辰。因此得感谢父亲亲自做了榜样，教会孩子要有更大的成就。假如父亲曾另作他想，“他就不应该承认……我的雄心正不断发展，他就应该让我永远无法认清我自己的本来天性”。

席勒请求父亲多一些耐心：父亲肯定能在儿子身上看到，他在儿子心中培育的那种富有创造力的冲动将结出累累硕果。“请告诉我们的父母，”席勒在给姐姐的信中写道，“他们从现在起就不用再为我而操心。他们对我所有的期待和安排，将远远低于……我幸福的命运。”

席勒尊敬他的父亲，而正因如此，他才想要更胜过他一筹。他想要在这个由父亲说了算的世界中取得胜利。

母亲则是一位温和、虔诚、充满爱意的女性；处理家务事时
/ 025 稳当而果断，但在外面的世界中却很犹豫、羞怯乃至害怕。她的丈夫让她受了不少苦——1796 年 4 月 28 日，她在丈夫病重时给儿子的信中承认了这一点。“说到底，我的好儿子啊，我得向你敞开心扉，因为我不知道我是否还能这样坦诚。哎，要是我的痛苦也能马上结束，我该有多么幸福！你爸从来没有什么温柔的想法，要是他能好起来，重回他的苗圃，他就能在 24 个小时之内把这一

切忘得干干净净；妻子能给他做的，一个女仆就能给他安排妥当。这么多年来，他对自家人的态度已经很冷淡，更看重的是将脑海中的想法付诸实施的热情和欲望，而不是自己家人的健康。”

我们并不知道席勒是如何回复母亲的这封信的。保存下来的只有 1796 年 5 月 9 日致姐姐克里斯多芬娜的信，他在信中谈到了母亲的自白：“她向我打开心扉，给我多大的触动；而我竟不能立刻给她安慰、让她宽心，又让我多么心疼。我们亲爱家人的处境真的可怕极了。”

母亲的命运就是当时母亲的普遍情况：辛劳工作，生育众多。她一共把一个儿子和五个女儿带到了人世，其中两个在降生不久后便不幸夭折。她本希望姑娘们能受到更高的教育，能参与社会生活；但在她丈夫看来，这简直是耸人听闻，而且得花一大笔钱。和其他时候一样，母亲也几乎没有违背父亲而坚持己见的机会。她接受了这一切，任劳任怨地干活，只是在闲暇时读一读歌谣和宗教歌曲。直到许多年后，当父亲将不久于人世时，她才能和孩子们讲起自己的命运。

从 1764 年初至 1766 年末，席勒在洛尔希生活了三年。1766 年 12 月，父亲调回了驻扎在路德维希堡的自己的连队。三年没有收到一分钱军饷，变卖了马尔巴赫的酒庄后再也拿不出钱来，他恭顺而强烈地要求支付欠他的饷银，并要求调回路德维希堡。人们满足了他的愿望，但短他的钱直到若干年后才终于补上。

路德维希堡。当席勒一家到来时，这座城市正在成为欧洲洛 / 026
可可的大都会。公爵后来将这段时光称为“人生的纵马年华”。他榨干了全国，在欧洲各地大肆举债——连伏尔泰（Voltaire）①

① 伏尔泰（1694~1778），法国著名启蒙哲学家，普鲁士王弗里德里希二世的座上宾，著有一系列宣传启蒙哲学的《哲学通信》（*Lettres philosophiques*）。

也曾借给他 26 万古尔登——只是为了建起前所未有的金碧辉煌。路德维希堡当真成了第二个凡尔赛，京城的美名传遍天下，成群结队蜂拥而至的显贵都有地位、名声和足够挥霍的金钱。威廉·萨克雷（William Thackeray）在小说《巴里·林登的好运》[①] 中塑造的同名主人公是个到处碰运气的冒险家，在法国大革命前夜游荡在金光闪闪却已显露腐朽的宫廷世界，也曾在路德维希堡停留。萨克雷所描述的，正是少年席勒像隔着栅栏的观众那样体验到的世界。

“欧洲再没有哪个宫廷”，萨克雷让他笔下的巴里·林登汇报说，“能比 X 公爵的高贵宫廷更欢迎陌生人。在那里，人们想尽办法寻欢，同时恣意放荡作乐。这位亲王不居住在他的首都 S 城，而是在各方面模仿凡尔赛宫廷的礼仪，在离首都数英里外建造了一座巨大的宫殿，并且在宫殿周围建造了一个庞大的贵族城镇，其中居住的全部都是他豪奢宫廷的贵族和军官们。为了供应他的奢华生活，人民受尽奴役。因为殿下的领地很小，他明智地选择远离他们，并过着一种奇异的隐居生活……除法国之外，数那里的歌剧最为精彩，而在盛大和豪华方面，那里的芭蕾舞无人能及。作为一个热爱音乐和舞蹈的人，这位殿下在这些东西上投入的金币数量令人咋舌。也许是因为那时的我太年轻，但我认为我从没有见过那么多绝世美人一同会集在宫廷的歌剧院舞台上，表演当时极为流行的神话芭蕾剧。”[②]

---

① 威廉·萨克雷（1811~1863），英国维多利亚时代著名作家，其代表作《名利场》（*Vanity Fair*, 1847/1848）早已成为文学经典。《巴里·林登的好运》（*The Luck of Barry Lyndon*）是他于 1844 年出版的一部讽刺小说，讲述了穷困潦倒的爱尔兰青年雷德蒙·巴里假装贵族身份，混迹于欧洲上流社会的故事。

② Thackeray, S. 180.

就这样，这个孩子从田园般远离尘嚣的乡村来到了城市，这里的每个角落都刻着宫廷世界的印记。从自然到文明的转变来得如此突然。同样在路德维希堡长大的尤斯廷努斯·科尔纳（Justinus Kerner）曾描绘过，人们在宽阔的大路，在菩提树或栗树的林荫路上，总能见到宫廷贵族“穿着丝绸做的燕尾服，戴着假发套，佩着剑”，在集市边的拱廊下愉悦地散步[①]。夏日晚间，人们还会点燃烟火。宫廷日夜寻欢作乐，也乐意让人看见。歌剧、音乐会、舞会和狩猎交替着；在城堡的游廊里摆着七十张牌桌，牌局一直不断。来此寻欢作乐的人群像是进了一座巨大的水族馆。最著名的要数冬季的庆典。借此良机，公爵命人将公园的一部分用玻璃墙和拱顶环绕起来，炉火散发着温暖，千百盏水晶灯在穹顶变幻出一片绚丽的星空。随后，人们漫步在种满葡萄的酒庄，踏入遍是古代雕塑复制品的橘树林。在这座魔幻的花园中还有戏剧和芭蕾演出。有一个夏天，公爵命人在索里图德（Solitude）至路德维希堡的林荫大道上洒满盐，以便组织一场雪橇滑行。公爵和他的随从驾着由四头鹿拉着的雪橇，呼啸着经过耸立的橘树和目瞪口呆的人群。

部队士官及其家人能免费观赏宫廷剧院的演出。在这里，弗里德里希欣赏了他人生中最初几次歌剧和戏剧演出。公爵为了签下全欧洲最好的歌手与演员不惜任何代价：他为了世界知名的舞者维斯特里[②]支付了12000古尔登，却仍然无法阻止后者在几周后就因为一份来自米兰的更加诱人的合同不辞而别，根本不履行

---

① Kerner, S. 14. 尤斯廷努斯·科尔纳（1786~1862），德国医生兼作家，作为医生于1817年首次描述了肉毒杆菌中毒的症状。

② 奥古斯特·维斯特里（Auguste Vestris, 1760~1842），法国舞蹈家、编舞家，被称为“舞蹈之神”。

他的义务。在看过几场演出之后，弗里德里希就用硬纸板剪出了一些人物，将它们穿在线上活动，又把全家和几个朋友叫来客厅，把几条旧裙子挂在一根绳子上，就这样上演了一出自己写的小戏剧。席勒在那个时候就不是个好的演说家。“他的生动热情把一切都夸张得过度了。”① 姐姐克里斯多芬娜讲述道。

弗里德里希第一次见到公爵，是公爵在威尼斯挥金如土数月之后，于 1767 年 7 月 11 日带着全体朝臣回国之时。人们在路德维希堡夹道欢迎国君，却不曾想到他竟是因为债台高筑而从威尼斯仓皇出逃。为了回国，他不得不抵押了他家藏的首饰。

当时，公爵的统治已有四分之一个世纪。卡尔·欧根 16 岁就继位掌权；在此之前，他在腓特烈大帝（Friedrich der Große）② 那里接受了教育。在他临行前，腓特烈大帝嘱咐他说：“您不要以为符腾堡这片土地是专为您而创造；您更应该想到上天让您来到这个世上，是为了让这些人民幸福。您要始终把人民的福祉放在您个人享受之前。”③ 然而公爵并没有把这些教诲听进心里。为了支付铺张的宫廷开支，他不惜贩卖士兵，先是卖给法国国王，后来又卖给英格兰以用于海外作战。席勒将会在《阴谋与爱情》（*Kabale und Liebe*）的一段著名场景中隐射此事④。公爵违背公国议会的意志强加税赋、强征徭役，但公国宪法根本不允许他如此行事。公国议会的法律代表、在整个德国都享有盛名的约翰·雅各布·莫泽尔（Johann Jakob Moser）⑤ 领导

---

① Biedermann 1974, S. 9.

② 即普鲁士国王腓特烈二世（Friedrich Ⅱ, 1712~1786）。

③ Zit. n. Wagner 2001, S. 17.

④ 即《阴谋与爱情》第二幕第二场，参见《席勒文集》（第二卷），第 441 页。

⑤ 约翰·雅各布·莫泽尔（1701~1785），18 世纪德国著名国家法学家、符腾堡议会顾问。

了对这种独断专横的反抗，但公爵竟将他打入大牢，监禁五年之久。因为他对法律的肆意践踏，维也纳的帝国法院还有一场待审的官司，拖了几年之后终于在1770年有了判决。公爵不得单方面新征税款，有义务将他从议会手中掠夺的一切交还。公爵不得不低头，他的疯狂岁月到了尽头，他野够了。不再有情妇，也不再有对美丽的施瓦本姑娘们的掳掠，他爱上了日后的霍恩海姆女伯爵弗兰琦斯卡·封·贝内尔丁（Franziska von Bernerdin）①的美丽灵魂，而她则开始在卡尔·欧根身上发挥舒缓温和的影响。公爵就这样突然有了建造一座小小的人之花园的念头。1771年，一座部队孤儿院摇身一变，成了索里图德的“军事育才学校”，之后又在此基础上发展成了“卡尔高等学校”（Hohe Karlsschule）。而这所学校正是年轻的弗里德里希·席勒求学与受苦的地方。

在路德维希堡，席勒一家起初与另一个军人家庭，封·霍文一家，一道租住在宫廷印书商克里斯多夫·弗里德里希·科塔（Christoph Friedrich Cotta）②的宅院中。弗里德里希很快便与封·霍文上尉的两个儿子结成好友。弟弟奥古斯特于1780年不幸早逝，而哥哥弗里德里希·威廉则成为席勒一生的好友。他们一起上了路德维希堡的拉丁语学校，在那里，席勒一共四次在学年结束时通过了公国的考试，这也是之后进入图宾根神学院的前

① 弗兰琦斯卡·特蕾莎·封·霍恩海姆帝国女伯爵（Franziska Theresia Reichsgräfin von Hohenheim，1748~1811），闺名贝内尔丁女爵（Freiin von Bernerdin），1772年成为卡尔·欧根公开的情人，1785年成为其第二任夫人，并最终于1790年成为符腾堡公爵夫人。原书作者误作“Bernardin”，已更正。

② 原书作者误作克里斯蒂安·弗里德里希·科塔（Christian Friedrich Cotta），已更正。克里斯多夫·弗里德里希·科塔（1730~1807），经营着符腾堡宫廷御用印坊，他是日后席勒的出版商约翰·弗里德里希·科塔之父。

提条件之一。弗里德里希应该也愿意成为新教牧师。在他行坚信礼[①]的前一天，母亲发现弗里德里希兴奋地在街上四下游荡，便告诫他要拿出恰当的严肃态度准备神圣的仪式。随后，小男孩就创作了他的第一首诗。此诗并未流传下来，但它一定是极富感情的虔诚流露，因为父亲在读过这首诗之后，只说了一句："你傻了吗，弗里茨？"[②]

① 坚信礼（Konfirmation）为基督教仪式，儿童 13 岁时接受宗教教育并通过教义问答后施坚信礼，标志着主动接纳基督教信仰，并可领受圣餐。

② Biedermann 1974, S. 12.

父母的虔诚——小小布道家——卡尔学校——公爵教育——少年和权力——沙芬施坦：理想的朋友和现实的朋友——克洛卜施托克——席勒的第一批诗：阅读的结果——忠于年轻时的梦

父亲说儿子“傻乎乎的”，因为儿子忽然变得如此虔诚。在宗教方面，这不合父亲的胃口。对于他而言，宗教是对社会秩序的认可；准时而认真地坚守秩序，在他看来就完全算得上虔诚。但母亲却乐意置身于宗教的温柔情绪之中。她阅读约翰·阿尔布莱希特·本格尔（Johann Albrecht Bengel）①的虔敬派祈祷书，喜欢哼唱背下来的宗教歌曲。宗教中善感而诗意的部分吸引着她，而她也在孩子们的心中激发起对此的意识。“有一次，”克里斯多芬娜讲述道，“当我们还是孩子时，有一次曾跟着母亲前往亲爱的外祖父母那里。从路德维希堡到马尔巴赫，她带我们走的路要翻过一座山。那是一个美好的复活节星期一，母亲在路上给我们讲了耶稣两个门徒的故事，他们在去往以马忤斯（Emmaus）的漫游路上曾与耶稣同行。她的话语和讲述越来越激动，当我们登上山顶时，都已被深深打动，以至于我们跪下开始祷告。这座山就成了我们的他泊山（Tabor）。”②父亲教给孩

① 约翰·阿尔布莱希特·本格尔（1687~1752），新教路德宗神学家，施瓦本虔敬主义代表。

② Petersen 1904, Bd. 1, S. 82. 以马忤斯与他泊山均是《圣经》中的地名。根据《圣经·新约》记载，复活的耶稣曾在以马忤斯向他的两个门徒显圣（《新约·路加福音》24章13节），而《新约·马可福音》（9章2~10节）所记载的耶稣登山显荣，相传便是在他泊山。

子们一种理智的宗教，而母亲则教给孩子们一种心灵的宗教；这是两种不同的虔诚，在符腾堡分别有不同的机构表现形式与之相符。

一方面，那里有新教教会，与城市和贵族一样属于邦国议会。邦国议会必须共同抵抗公爵的恣意妄为，以保护征税权和自治权。这是议会合乎宪法与符腾堡古老传统的权力。教会将自身理解为维持秩序的政治力量，但其正统教条却已缩水成行
/ 031 为准则，其中的精神性已干涸。灵魂和心灵在这里得不到什么满足。年轻的弗里德里希·席勒不得不在坚信礼前的课程上经历这一切，因为当时他的教会教师竟用棍棒来惩罚背诵教义问答时犯错误的学生。一位学校的同学曾描述过，每个人是如何“怕得发抖”，战战兢兢地背出他那句教义格言。若是一切正确，也有奖励。有一回，弗里德里希和他的伙伴得了四枚十字币作为奖励，于是两人便带着这笔现钱徒步出了城，去了颇受欢迎的郊游去处哈特内卡小城堡（Hartenecker Schlößle），想要在那里吃顿点心。可是正确背诵教义问答换来的小钱居然还买不起一块奶酪面包。二人继续走到了临近的村子涅卡维茵恩（Neckarweihingen），在问询多次无果后，他们终于找到了一间客栈，用这笔小钱换了一些牛奶和面包。这位同学接着讲道，席勒“登上一座小丘，我们可以在山顶看见涅卡维茵恩和哈特内卡，他在上面祝福了我俩刚用过餐的小酒馆，用如此诗意而像先知一般的激情，狠狠诅咒了哈特内卡和其他所有的酒馆，以至于我现在也能在脑海中清晰地回忆起当时的场景”。①

教会作为不近人情的惩戒权力，最多只与理智交流；但在

① Biedermann 1974, S. 13.

教会之外，还有一种私人化的虔敬主义已蓬勃兴起，人们可以在那里诉说内心的声音。在这些圈子中，人们既鄙夷公爵奢华的宫廷生活，也对国家教会的僵化信仰嗤之以鼻。约翰·阿尔布莱希特·本格尔，这位施瓦本虔敬主义的精神之父，还曾经历过卡尔·欧根最初几年的统治（本格尔于1752年去世）。他以《旧约》式的怒火激烈抨击了宫廷："骄奢淫乱已到了最高的地步：卖淫竟然不被当作罪孽……正义和仁爱奄奄一息：一切都充斥着暴力、利益、阴谋和虚伪。"而关于教会中的基督徒，他则说道，上帝"首先要的不是眼睛、耳朵、嘴巴或手足，他要的是心"。①

当弗里德里希·席勒在行坚信礼的前夜写下了那首在父亲看来"傻乎乎"的诗时，必定有一种内心的倾诉，但他却用如此严格的格律形式加以束缚。根据同学们的说法，席勒在少年时就懂得巧妙地运用诗词格律。他曾用拉丁语为一位受人尊敬的校长创作了一首答谢诗，运用了古典格律和众多取自维吉尔和奥维德的 / 032
典故，大放异彩，赢得赞叹无数。

毋庸置疑，对诗歌的热情已逐渐在弗里德里希心中醒来，并与宗教情感结合到了一起。这个男孩很早就尝试过布道牧师的角色，人们只消回忆一下小弗里德里希穿着黑色围裙，站在厨房的椅子上扮演神父的那个场景就行。他的诗歌习作也是慷慨激昂，就是为了在全班或朋友面前大声朗诵。这是一个公共的灵魂在作诗意的表达：并非青春期的对镜自怜，而是心灵的激动，使用了固定的格式，只为用在公开的场合。

他原本瞄准的是宗教职位，因为他在那里可以布道。可是1773年1月16日，弗里德里希却不得不将他的心愿埋葬，服从

① Zit. n. Wiese 1959, S. 58.

公爵的命令进入索里图德的“军事育才学校”。根据医疗报告，这个孩子入校时“头上起了疹子，脚底有些冻伤”[①]，而他成为牧师的发展道路也被暂时封死。1774 年，当公爵要求学生们撰写一份关于个人和同学的报告时，弗里德里希就向公爵坦承了他的不满：“您早已知道，我是怀着多大的欢愉学习法学；您也知道，如果我将来能够以此服务国君、报效祖国，我会把自己看得多么幸福；但倘若我能作为神父侍君报国，我会觉得自己幸福得多……”[②]

等待着这个孩子的是纪律严格、处处监视的军营生活，以及军事化的统一着装：蓝色的制服上衣、白色的及膝裤、白色的绑腿，在带辫假发套上戴着三角帽。每天的作息都有固定安排：夏天早上 5 点、冬天早上 6 点起床，检阅，汇报，早餐，7~11 点上课，整理着装并接受公爵检阅，12 点午餐。然后在监督下分组散步，14~18 点上课，18~19 点休息，检阅，汇报。21 点熄灯。严格的作息规定表露出这种教育的专制精神。若违反规定，就会收到所谓的“惩罚票”，其后果包括禁足、杖责、禁食或禁闭。最初几年，年轻的席勒收到过成堆的罚单，有时是因为“不整洁”，另有一次是因为他让人从校外准备饮食，“让一个清洁女工”为他煮咖啡。偷偷阅读最新的文学作品，例如格尔斯腾贝格的《乌格利努》（*Ugolino*）[③]、歌德的《少年维特

---

① Biedermann 1974, S. 15.

② MA V, S. 240.

③ 海因里希・威廉・格尔斯腾贝格（Heinrich Wilhelm Gerstenberg, 1737~1823），德国作家，其 1768 年匿名发表的剧作《乌格利努》取材于但丁（Dante Alighieri, 1265~1321）的《神曲》（*Comedia*, 1321），讲述的是乌格利努伯爵与其子身陷囹圄，最终饥饿而死的故事。剧中激烈的情绪表达预示了“狂飙突进”运动的到来。

之烦恼》[①]或维兰德的情色小说，也会遭到惩罚。原本风流倜傥的公爵，现在倒对外装出一副严守道德的模样，把维兰德的情色故事一禁了之。就学校的官方思想而言，人们根本不愿意看到学生们去钻研什么“美丽文学”。但有些教师，例如雅各布·弗里德里希·阿贝尔（Jakob Friedrich Abel）[②]和巴尔塔萨·豪格（Balthasar Haug）[③]，却偏偏在学生心中激起并促进了对美丽文学的热情，即便在教学大纲中并没有这类安排。

尽管学校并非像公爵的死敌舒巴特所称的那样是一座“奴隶种植园”[④]，但公爵的管理确实极其严格，让人毫不怀疑他根本不重视当时正时兴的卢梭（Jean-Jacque Rousseau）的自由教育原则[⑤]。服从和纪律是决定性的。公爵并不信任卢梭那种让自然天性生长发展的理念，因为他不相信人性中有多少优点——他在这一点上和年轻时的导师弗里德里希大王所见略同。在服从和

---

① 歌德的成名作书信体小说《少年维特之烦恼》（*Die Leiden des jungen Werthers*, 1774）同样是匿名发表，描述的是青年维特爱上已有婚约的绿蒂，因不堪社会的约束又无法释放情感，最终选择自尽的悲剧故事。作品一俟发表便在欧洲掀起了一股“维特风”，并成为“狂飙突进”运动的代表作。

② 雅各布·弗里德里希·阿贝尔（1751~1829），德国哲学家，席勒在卡尔学校的导师，其关于“天才”（Das Genie）的论述对席勒影响颇深，见本书第三章。

③ 巴尔塔萨·豪格（1731~1792），德国作家、思想家，研究古今文学史，是席勒在卡尔学校的导师。

④ Zit. n. Wagner 2001, S. 153.

⑤ 让－雅克·卢梭（1712~1778），生于日内瓦，18世纪法国最重要的哲学家与思想家之一。其社会学著作《论人类不平等的起源》（*Discours sur l'origine et les fondements de l'inégalité parmi les hommes*, 1755）与《社会契约论》（*Du contrat social ou principes du droit politique*，1762）宣扬天赋人权与自由平等，为法国大革命奠定思想基础。卢梭视作为人造物的“文化”为人类天性腐化的原因，因此提出“回归自然！”（Retour à la nature!）的口号，对“狂飙突进”运动影响极大。而这种自然天性观也是其教育理念的基础，参见他的著作《爱弥儿：论教育》（*Émile ou De l'éducation*, 1762）。

纪律之外还有第三样规矩：竞争。公爵让学生们互相竞争，以此刺激他们的好胜心。对学习成果的公开奖励被视为提升成绩的动力。每学年末都有颁奖大会，卡尔·欧根和全体朝臣都会出席，而得奖的学生则会获得一块印着公爵头像的金币。教师们每个月都必须公布所教科目的学生排名，这些所谓的“总排名榜”会在午餐时宣读，每科头名会得到一根红黄相间的肩绶带。只要弗里德里希还在怨天尤人，沉溺于牧师的美梦，他在学习上就很挣扎，得不了任何奖励。但当他于 1776 年转去学医学之后，一切都变了。从此时起，他开始收集各种奖杯和奖励。

/ 034

卡尔学校的低年级课程类似于文科高中，但从入学的第一年起，就要在拉丁语、语法和数学等一般学科外修习一门将来所修专业的预科课程。学生们可以在军事科学、林学、法学和财政学当中选择。因为信奉天主教的公爵估计到信奉新教的议会恐起疑心，他特意确保学校定期开设新教宗教课。“自由精神和反宗教的原则”①，即便是他自己所属意的，也不得公开传播——尽管对他而言，哲学课程比宗教更加重要。因为在无拘无束的“人生纵马年华”结束之后，他开始对“自由精神”兴致盎然：启蒙思想及其自然科学且实践的、实用主义的倾向让他对此颇为倾心。在卡尔学校应讲授一种实用的、非形而上的哲学，但在公开场合不得表现为无神论。为此目的，人们从图宾根找来了几位前途无量的青年文科硕士，其中就有雅各布·弗里德里希·阿贝尔。收到聘书时，阿贝尔年仅 21 岁，却很快从这批青年教师中脱颖而出。席勒对这位年轻教授很敬佩，从他那里获得了不少启发。

---

① Zit. n. Wagner 2001, S. 156.“自由精神”（Freigeist）在 18 世纪的语境中指无神论思想。

通过阿贝尔，席勒了解到了沙夫茨伯里（Shaftesbury）[①]、休谟（Hume）[②]和弗格森（Ferguson）[③]等人的英国启蒙哲学；也正是阿贝尔将席勒引向了莎士比亚（Shakespeare）[④]。阿贝尔影响了席勒的文学和哲学品味，而席勒也因此终生对他充满感激。将来，他会将《斐耶斯科在热那亚的谋叛》[⑤]题献给这位年轻时候的导师。

公爵将卡尔学校视为“他的”学校，每天都在校内度过数个小时。他认识每一位学生，在心情好时还将他们称为“最亲爱的儿子们”。他命人每天向他汇报学校内发生的一切，出乎意料地出现在医务室或寝室，管理课堂，也定期出现在考场。而就餐时的情景究竟如何，曾在游历德国时参观过卡尔学校的弗里德里

---

① 安东尼·阿什利－库珀，沙夫茨伯里伯爵三世（Anthony Ashley-Cooper, 3rd. Earl of Shaftesbury, 1671~1713），英国著名启蒙思想家，注重情感与伦理，其主要哲思收录于三卷本的《人类、礼节、观念、世代之特征》（*Characteristicks of Men, Manners, Opinions, Times*, 1711）。他将“崇高”（the Sublime）阐释为一种美学概念，对康德与席勒的“崇高”（Das Erhabene）观念之建构有很大启发。

② 大卫·休谟（David Hume，1711~1776），苏格兰启蒙主义的代表性人物，在道德哲学、知识论和历史方面均有建树，作为经验主义者反思了认识过程中的因果律等原则，并强调道德判断中的情感要素。著有《人性论》（*A Treatise of Human Nature*, 1739~1740）、《人类理智新论》（*An Enquiry Concerning Human Understanding*, 1748）以及为他赢得广泛声誉的《英国史》（*The History of England*, 1754~1762）。

③ 亚当·弗格森（Adam Ferguson，1723~1816），苏格兰启蒙主义的代表性人物，崇尚古苏格兰高地传统社会中的道德与伦理，批判现代文明对人的腐化。著有《市民社会史论》（*An Essay on the History of Civil Society*，1767）等。

④ 威廉·莎士比亚（Willliam Shakespeare, 1564~1616），英国文豪，世界文学史上最伟大的剧作家之一。其剧作《罗密欧与朱丽叶》（*Romeo and Juliet*, 1597）、《哈姆雷特》（*Hamlet*, 1604）均是世界文学经典。

⑤ 关于席勒的第二部剧作《斐耶斯科在热那亚的谋叛》（*Die Verschwörung des Fiesko zu Genua*, 1783），参见本书第八章。该剧的扉页写着：“献给斯图加特的阿贝尔教授先生”（Dem Herrn Professor Abel zu Stuttgart gewidmet）。

希·尼可莱（Friedrich Nicolai）对此做了如下描述："每个人都站在自己的椅子后面，听口令面向餐桌列队。伴随着响亮的合掌声，所有人双手并拢，开始祷告；随后每个人抓过椅子，同时坐下，同时发出响声，像是一个营同时开火齐射——就差所有人按照节奏拿勺子舀汤了。但是，开始用餐的号令却是公爵下的。他通常站在骑士的桌旁，环顾四周，直到每个人都已就座。然后他大呼一声'先生们开餐！'①，学生们听令，深鞠一躬。就餐时不允许大声交谈。六个学生共享一大碗（食物），一人负责给其他人盛菜：这项职责每天轮换。卡尔·欧根始终不离开饭堂。他穿着红色的燕尾服，手中把玩着一根小棍，穿梭在排列成行的餐桌之间，像父亲一样与学生们交谈，给他们应得的褒奖或批评。为了让这个大家庭的画面更加完整，霍恩海姆伯爵夫人也常出现在饭堂。"②

学生们生活在一个封闭的世界，由公爵本人亲自监督。学校的全部建制都是为了松动学生与出身和家乡的联系。因此才有严格的探访规章，除母亲外禁止所有女性入校，只有紧急情况下才会准假，且禁止与学校外有任何社会来往。学生应紧紧地和公爵联结在一起，仿佛他是他们的第二个父亲。在某次期末的节日祝词中，公爵将学习称为学生们的"第二次出生"，因为他们只有这样才能成为可用之材。"我们是工具，"他说，"你们是材料。"③

---

① 原文为法语："Dinez messieurs!"

② Zit. n. Wagner 2001, S. 172. 弗里德里希·尼可莱（1733~1811），柏林启蒙主义哲学代表、出版商，莱辛（Lessing）与摩西·门德尔松（Moses Mendelssohn）的好友。除了哲学与美学著作外，他最著名的无疑是对拒斥礼俗的"狂飙突进"运动的批判，尤以他于1775年针对歌德所作的《少年维特之欢愉》（*Freuden des jungen Werthers*, 1775）为典型。

③ Zit. n. Wiese 1959, S. 17.

在无处不在的公爵面前，所有学生一律平等。出身等级上的差异并不扮演任何角色，唯一重要的只有成绩。公爵曾公开宣布："一个值得尊敬的骑士之子与另一个年轻人之间并不因出生的偶然而区分，而是因为勤奋与进取心。"① 学生父母所必须签下的"保证书"则展现了公爵是如何强行收养他的"儿子们"的。父母们必须同意如下原则，即学生"完全献身于服务符腾堡公爵家族"，"若无公爵开恩特许，不得擅自脱离"。②

/ 036

卡尔高等学校也本应像一个大家庭——至少公爵是这样希望的。他将自己塑造成一个极其强势的父亲形象，而学生们的感受也是如此。这给年轻的弗里德里希·席勒留下了深刻的影响。对他而言，权力甚至国家之巅，并非什么抽象之物；他曾与之眼对眼、面对面，在一个人身上经历过这一切，而这个人甚至能盯着他到卧室。这种权力在双重意义上是私密的：人们服从它像是服从一家之主，又必须在直接而私人的交往中在它面前站稳脚跟。可即便起初脆弱而无力，人们到底和它在同一个舞台上相对而立。最终，这就导向了政治权力与道德制衡的平等这一理念。席勒在1784年所作的《一座优秀的常设剧院究竟能起什么作用?》(*Was kann eine gute stehende Schaubühne eigentlich wirken?*)一文中这样写道："世俗的法律力不能及之处，剧院便开始审判。"③

因为1782年擅自逃亡曼海姆(Mannheim)，席勒不得不抵御心中背叛"他的"公爵所导致的负罪感。这也属于他和权力

---

① Zit. n. Wagner 2001, S. 154.

② Zit. n. Wagner 2001, S. 154.

③ MA V, S. 823. 参见《席勒文集》(第六卷)，第5页。关于这篇演说，参见本书第十章。此处原作者遗漏"stehende"与"eigentlich"两词，已更正。

之间私人关系的一部分。当席勒在他的剧中把暴君钉上耻辱柱时，总是混杂着个人的因素。他不仅要控诉权力，还要拷问权力的良心，其中最经典的就是波萨侯爵（Marquis Posa）与西班牙国王费利佩二世（Philipp Ⅱ）之间的对话①。同时，席勒还想要诉诸法国大革命领导者的良心，为的是不让他们把国王送上断头台。然而，他还是晚了一步：正当他还在计划前往巴黎的旅行时，就传来了国王掉脑袋的新闻。

即使是作为诗人，席勒之后也喜欢将自己置于社会高处，用语词的力量平等地回应力量的语词。席勒希望能在广大观众面前上演一出诗人和权力间的小剧，而这也正是他在和公爵的斗争中所学到的——尽管他在晚年还是将其称为“我的公爵”。

这种在权力面前令人侧目的勇气，其实很早就有征兆。“我是否能斗胆，”15岁的席勒在给公爵的信中写道，“向我最仁慈的公爵的高贵的心倾诉我的思绪？”他在信中写道，他的父母依赖于公爵的恩典，因此亲生父亲并非他真正的父亲。是公爵吗？人们本应爱自己的父亲，但人可能去爱这样一位父亲之上的父亲吗？“我看着他，不由得叹气。”对他而言，公爵能比他的父母更“珍贵”吗？这样是否会颠倒了自然的秩序？他一再保证对公爵的爱与尊敬，但在这种应尽义务似的承诺背后，问题却正在萌芽：“请您按我自己所言，来判断我究竟是否爱您、尊敬您、崇拜您；或者我甚至应该发誓尊敬我的国君？”②

卡尔学校既是军营，又是修道院和大学。在这里，所有一切都密集地拥挤到一起：公爵、教师、督学、学生。不少类似

/ 037

---

① 这里所指的是席勒在《唐·卡洛斯》第三幕第十场中所描绘的两位主角的对话，见《席勒文集》（第三卷），第181~201页。参见本书第十二章。

② MA Ⅴ, S. 239.

于兄弟会的小团体在此生发，但即便在完全的监控之中也有孤独。有人自杀，一些学生不得不带着身体或心理上的疾病提前离开学校。坚持到最后的人一般都成了一生的挚友。席勒也和之前的同学保持友谊关系，例如弗里德里希·威廉·封·霍文、小舒巴特、约翰·威廉·彼得森（Johann Wilhelm Petersen）①。不过，他和格奥尔格·弗里德里希·沙芬施坦（Georg Friedrich Scharffenstein）② 的友谊却比较曲折。

沙芬施坦出生于当时仍属符腾堡的法语区莫佩尔加德（Mömpelgard）③，他是士官律师，头脑冷静、说话带刺，却同样被席勒周围推崇克洛卜施托克（Klopstock）的朋友圈中的文学热情所裹挟，也投身于文学创作。他报告说，人们当时处于“成为作者的甜美幻想”之中，举办起像模像样的比赛，还想要奖励最佳的作品。一个照着《维特》的路数写了一部小说，另一个则按格明恩男爵 ④ 的方式写了一部催人泪下的戏剧，因为后者的感伤剧（Rührstück）在当时统治着舞台，而席勒自己则尝试以莎士比亚的风格创作一部悲剧。诗，所有人都写。回想当年，

---

① 约翰·威廉·彼得森（1758~1815），席勒好友，后任符腾堡公国公立图书馆（Herzogliche Öffentliche Bibliothek）馆长，并任卡尔学校文献学教授。

② 格奥尔格·弗里德里希·沙芬施坦（1760~1817），席勒好友。1782 年 9 月，正是在斯图加特城门值守的沙芬施坦放席勒出逃符腾堡，前往曼海姆；参见本书第七章末。沙芬施坦日后在符腾堡公国军中平步青云，升任海尔布隆（Heilbronn）总督、乌尔姆（Ulm）总督。

③ 莫佩尔加德（Mömpelgard）即今天法国勃艮第－弗朗谢－孔泰（Bourgogne-Franche-Comté）大区的蒙贝利亚尔（Montbéliard）。

④ 奥托·海因里希·封·格明恩帝国男爵（Otto Heinrich Reichsfreiherr von Gemmingen, 1755~1836），18 世纪德国通俗剧作家，代表作《德国的家庭父亲》（*Der deutsche Hausvater*, 1779）讲述了贵族与市民间的一场爱情悲剧，鞭笞了等级制度与贵族特权，为席勒之后创作《阴谋与爱情》提供了灵感。

沙芬施坦说，自己当时交出了一部“可怜的东西，里面除了按葛茨·封·贝利欣根的语调瞎模仿的一堆空话之外，什么也找不到”。但他认为，其他人的诗意流露也不过是“瞎模仿的一堆空话”，席勒的习作也不例外[①]。一位年长的同学对这个多愁善感的朋友圈子说了几句风凉话，沙芬施坦感到自己也受了嘲讽，像是蓦然从梦中惊醒：沉迷文学在他眼中忽然就变得一文不值，看起来不过是在自欺欺人而已。他们在感伤的诗中歌颂友谊，但难道和席勒的这种友谊不也是些模仿克洛卜施托克格调的华丽辞藻？在某个“真心的时刻”，沙芬施坦指责他的朋友不过只炮制了些词语，并没有真正交心。

这一批评让年轻的席勒怒不可遏。他在一封大约写于1776年年底的信中做出了回应。这封信详细地谈论了生活和文学在彼此边界上微妙的往来。“的确，”席勒在信中写道，“我在诗里把你称颂得有些太过了。”但这是阿谀奉承吗？非也！他的本意是真诚的，出自内心、来自梦境、来自想象，于是便成了某种理想的形象。可是现在却发现这位朋友是一幅和诗中理想“不尽相同的临摹”。当理想与现实陷入冲突时，应得出什么结论？人们绝不能为了平庸的现实而放弃“更高的”理想世界。在我们身外有一种生活，在我们心内还有另一种生活，两者之间则是机缘的游戏：内心生活之所以燃烧，是因为外在生活，也就是因为恰有机缘巧合——但若不是辅以理想的热情，就绝无法从这种内外共情中产生友谊。对于年轻的席勒而言，一切的关键都在于用充满热情的理想之光观照现实，因为人们只有这样才能不离事物本真。在信中，席勒将理想化描述为平凡世界在“我心如此渴求的更高

① Biedermann 1974, S. 30.

世界之眼中”的一种投影。但是，这“更高世界”是由什么物质所构成？并非普通的感觉和想法，而是由艺术的语词所引发的升华和激昂。这些语词令其所描述之物发生变化，在其中加入情感，而这些情感也只有在语词中才能有真正的家乡。年轻的席勒已然明白，艺术的语词并不单单临摹现实，更是创造现实。对于友谊而言也同样如此：它是从诗中生长出来的。

朋友的批评既伤了席勒的心，也对他提出了挑战：它向席勒揭露了“文学之真诚”这一宛如深渊的问题。例如，一种情感如果只是被克洛卜施托克的一首诗所唤起，是否就不那么真诚？自然，席勒在同一封信中写道，他身上有很多东西要归功于克洛卜施托克，但情感“却深深沉入我的灵魂，成为我的切肤之感、我的私产，这才是事实，是在死亡中可以宽慰我的东西”！

所读可以化为所感，不同的领域相互交织，语词之热情化成一股生命之力，时不时地将平凡的生活像渐弱音那样从身边推开，正如席勒为了忠于友谊的理想，将现实中的朋友沙芬施坦一把推开。“看，我发现一眼泉水，能将我的心填满，给我祝福：那就是一位如此伟大而美好的朋友”；可这位朋友却并不是现实中的沙芬施坦。他“必须得转过脸去”不看沙芬施坦才行，因为 / 039
他无法承受生活之平淡对理想的挑战。那存于想象中的理想化了的好友，实在远胜现实中的好友，而席勒正是借此与后者道别。

事实上，席勒也的确与沙芬施坦渐行渐远。不过，只要他们都还在学院学习，就免不了外在的接触。在席勒当军医的那段时间，两人又互相走近，却没有了早先的友谊中那种炽热的精神。再往后，沙芬施坦失掉了对席勒的任何意义。但他却留心追踪这位当年好友所向披靡的人生道路，其中不乏哀怨和隐隐的恨意。他在回忆录中虽然说了席勒几句好话，但他矮化并修剪席勒形象的意图也同样明显。比如他说席勒“只在很短一段时间里按照内心生活，之后更多的是为了桂冠活着”；又比如他略有些不怀好意地强调，席勒举手投足间“有些僵硬”，“一丁点儿优雅”都没有，而他的声音则“尖锐刺耳，并不动听”。①

当年友谊破裂之时，还有个捣乱的第三者插足其中，此人便是同样来自莫佩尔加德的格奥尔格·弗里德里希·博伊吉尔（Georg Friedrich Boigeol）。博伊吉尔也指责席勒听任好友奉承地将自己吹捧成诗人。席勒更不留情地打发了他。“我是用更优等的材料造出的青年”②——席勒用这句话结束了和他的其他任何来往。

年轻的席勒把他对克洛卜施托克的热情传染给了他的朋友圈。当时，克洛卜施托克是位居德语文坛中央的璀璨明星。在歌德与赫尔德登台之前若干年，也在那场以克林格尔的戏剧命名的“狂飙突进”运动兴起之前③，克洛卜施托克就于1756年凭借他发表的《弥赛亚》（*Messias*）前十歌，开始在文坛崭露头角④。

---

① Biedermann 1974, S. 30, S. 52.

② Biedermann 1974, S. 10.

③ “狂飙突进”（*Sturm-und-Drang*）运动是指自1770年开始以歌德为代表的青年作家通过文学宣扬打破一切束缚的反叛精神并争取自我实现与个人自由的运动，歌德的《少年维特之烦恼》、席勒的《强盗》等作品都是这一文学运动的代表性作品。“狂飙突进”之名来源于弗里德里希·马克西米利安·克林格尔（Friedrich Maximilian Klinger, 1752~1831）发表于1777年的同名戏剧。

④ 弗里德里希·戈特利卜·克洛卜施托克（Friedrich Gottlieb Klopstock, 1724~1803），18世纪德国著名诗人，尤擅无韵古风颂歌；长诗《弥赛亚》（1748~1773）大气磅礴，情感丰沛，开一代风气，而《苏黎世湖》（*Der Zürcher See*, 1750）、《春祭》（*Die Frühlingsfeier*, 1759）等同样是脍炙人口的名诗。《弥赛亚》前三歌于1748年发表，甫一面世就震撼文坛；之后，克洛卜施托克再接再厉，于1755年出版含第一至五歌的第一卷，1756年又出版了第二卷（第六至十歌），但直到1773年才最终完成全书二十歌的创作。原文作者在此处将1756年误作1755年，已更正。

这是一部被作者自称为“神圣之诗”的作品[①]。在《弥赛亚》的前言中，克洛卜施托克发问：诗人是否能不以谦卑的接受者的姿态接近天启，是否能将想象力与崇高的素材结合起来？的确，克洛卜施托克之前有诸多前辈，例如创作了《失乐园》（*Paradise Lost*）[②]的弥尔顿，他们已开始将《圣经》故事变换为诗意的创作。但这一切并非不言自明，而是需要加以辩护。克洛卜施托克用如下提醒给出了辩词：宗教的生命力，要在它帮助诗人的幻想 / 040
高飞、助他思想富足时才能自证。自然，诗人也必须证明他配得上自己的素材。所要求的乃是“天才”和“心灵”，这两种特质从此之后便成了真正诗歌的标志。“天才”被视为人们得以接近崇高之物的神秘力量。而若说“天才”强调的是对宗教天启中客观之物的分享，那么“心灵”所描绘的则是其中的主观内容：“想象力的所有图像全都苏醒，”克洛卜施托克写道，“所有思绪都想得更加宏大。”[③]只有心灵的天才才被允许像荷马讲述古希腊英雄和天神之伟业一样，讲述弥赛亚的拯救。

因此，诗和宗教之间的权力关系就免不了要被颠倒。原本宗教应是内涵，而诗歌不过是形式。因此即便是在那些通常远离文人墨客之作品的小圈子中，也有人在读克洛卜施托克。舒巴特在一封致克洛卜施托克的信中写道，在路德维希堡已经有手工匠人把《弥赛亚》当作祈祷书来用，且在《圣经》之外不知道还有其他基督教书籍而只认《弥赛亚》。然而没过多久，就从基督教的

---

① Klopstock, Bd. 2, S. 997.

② 约翰·弥尔顿（John Milton, 1608~1674），英国著名诗人，其代表作《失乐园》取材于《圣经》，描述了天使路西法（Lucifer）的堕落、亚当夏娃遭魔鬼诱惑而被逐出伊甸园的故事。

③ Klopstock, Bd. 2, S. 1004.

虔诚中生出一种对诗的虔诚。宗教的内容成了诗的内容，而诗则反过来有了宗教的神圣。宗教内容中的崇高转移到了诗上，使得诗歌与诗人的地位大幅提高。克洛卜施托克开启了一个诗人更加自信的时代。难道真正的诗人身上不也有一些先知的气息，难道他不也有权凭借他的天才，作为福音书四位作者的年轻弟兄与之并立？随着这一过程，本属于市民阶层的诗人开始在公共意识中平步青云。在《诗与真》(*Dichtung und Wahrheit*)中，歌德正是以克洛卜施托克为例描述了这段历史进程："诗歌对象的威严提振了诗人对自身个性的感知……克洛卜施托克便完全有权将自己视为一位被圣化了的人物，他也因此在言谈举止中力求最细致的纯洁。"①

当时，年轻的席勒自视为"克洛卜施托克的奴隶"②，正享受着诗人地位的提升，因为这一切也在他自己的诗作上投下一束余晖。阅读克洛卜施托克甚至激起了本已冷淡下来的宗教情感。"克洛卜施托克的诗，"同窗好友彼得森说，"对他的影响如此之强，以至于宗教情感在一段时间内控制了他的情绪。"③ 甚至连早年想要成为牧师的愿望，竟也重新回来了。

歌德的感受也与席勒类似。在谈到他初读克洛卜施托克时，歌德说："一个少年灵魂中所有属于神的、天使的和人性的一切，在这里都被调动了起来。"④ 但他们在读克洛卜施托克时不

---

① Goethe MA 16, S. 430.《我的自传——诗与真》(*Aus meinem Leben. Dichtung und Wahrheit*)或译《虚构与真实》，是歌德最重要的自传体著作，讲述的是他1749~1775年的经历。前三卷于1811~1814年陆续出版，但第四卷的创作因为顾及部分当事者的感情而时断时续，直到歌德去世后的1833年才最终收入其文集中。

② Biedermann 1974, S. 46.

③ Biedermann 1974, S. 22.

④ Goethe MA 16, S. 430.

仅怀着热情，更带有技巧上的好奇。彼得森说："这是一种日复一日且认真严肃的关注、感受、观察、比较、研究、领会。"①年轻的席勒也想一窥宏大情感的幕后秘诀，艺术家的好奇已被激起，即便感觉的印象仍旧强烈。在《弥赛亚》之外，还有克洛卜施托克的几首颂歌让他爱不释手，尤其是《春祭》(*Die Frühlingsfeier*)。在给沙芬施坦的告别信中，席勒通过以下一句明白无误地引用了这首颂诗："那么现在就当着那临近者的面听好。""临近者"在这首诗中是上帝的名字。上帝不仅在电闪雷鸣中、在复苏万物的春雨中，而且也在阵雨后的宁静中显露："万物在你面前沉静，临近者啊。"②

克洛卜施托克的颂诗《春祭》在当时几乎像谚语一样知名。它代表着一种特殊的情感，人们只消提一提诗名就能描绘这种情绪。在歌德的《维特》中就有这样一个场景：维特和绿蒂在舞会上相遇，外面春天的暴雨正倾盆而下，绿蒂向窗外望去，"我见她眼里噙满泪花，把手放在了我的手上。'克洛卜施托克呵！'她叹道"。③

《春祭》中最吸引席勒的，就是克洛卜施托克独特的寰宇之想象，从宇宙空间的深处远眺地球，"我不愿沉入 / 世界上所有的海洋 /……/ 我只愿围绕桶沿的一滴，/ 只围绕着地球，飘荡"。④近与远，以及那非比寻常的空间，在其中渺小的生命迷失了自己，却被神一样的精神托起——年轻的席勒正是在这样的意象空间中生活、翱翔，而他第一首公开发表的诗歌《傍晚》

---

① Zit. n. Buchwald 1956, Bd. 1, S. 166.

② Klopstock, Bd. 1, S. 91.

③ Goethe MA 1.2, S. 215. 汉译参见〔德〕约翰·沃尔夫冈·封·歌德：《歌德文集》（第六卷），刘思慕译，人民文学出版社，1999，第 22 页。

④ Klopstock, Bd. 1, S. 89.

（*Der Abend*）正是打上了这种烙印。席勒的这首诗于1776年①发表于卡尔学校的教师巴尔塔萨·豪格所编辑的《施瓦本杂志》（*Schwäbisches Magazin*）上，诗中也是从极高处俯视一切，整个世界的喧嚣在夕阳下显出金色，静躺在下方深处，而“诗人的才气”则遨游于其上，“把我向天空众天体之上高举，/ 怀抱着一种崇高的感情”。高处是宇宙远方的“银波”，低处则是微小的众生：“叶子上蠕动着一只毛虫，/ 虫体里也有一条生命，/ 千百条河流奔涌在其中，/ 那里又游着若干幼虫，/ 各有一个灵魂在活动。”②

克洛卜施托克在由小及大的过渡中的那种庄严崇高，在当时常常为人所模仿，甚至青年歌德都在《维特》中写道：“我感觉到叶茎间有个扰攘的小小世界——这数不尽也说不清的形形色色的小虫子、小蛾子——离我的心更近了，于是我感受到按自身模样创造我们的全能上帝的存在。”③

但年轻的席勒不再是维特。在他的幻景中，书页沙沙作响，里面尽是他从克洛卜施托克、盖勒特（Gellert）④、哈勒

① 原书作者误作1778，已更正。

② MA I, S. 9. 汉译参考《席勒文集》（第一卷），第6页，有改动。

③ Goethe MA 1.2, S. 199. 此处引用的是维特5月10日的信，译文参考《歌德文集》（第六卷），第3页。

④ 克里斯蒂安·弗尔西特哥特·盖勒特（Christian Fürchtegott Gellert，1715~1769），德国作家，感伤主义的代表，其感伤剧为后来的市民悲剧（Das bürgerliche Trauerspiel）奠定了基础。主要作品包括戏剧《多情温柔的姐妹们》（*Die zärtlichen Schwestern*, 1747），以及若干诗歌与寓言。

（Haller）① 和伊瓦尔德·封·克莱斯特（Ewald von Kleist）② 那里读来的东西。席勒的诗还不是照着自然写就的。好友彼得森的评论也证明了这一点："对一片风景的诗意描写给他留下的印象，要比亲眼看见自然更深。" ③

1777 年发表的第二首诗《征服者》（*Der Eroberer*），则是以《弥赛亚》中魔鬼一场的风格写成的狂想。席勒让意欲摧毁一切造物的阴影之君登场："之后在最高的王座，耶和华曾于此伫立，/ 向着天界的废墟，向着破碎的 / 天体俯冲而下—— / 哦这一切只有征服者才能感受！"④ 这首诗沉醉于狂怒的图像，是一场与虚无、毁灭，以及造物的"美好晴天"的最后胜利进行的修辞游戏。这首诗是按克洛卜施托克的腔调所做的与邪恶的游戏。席勒和年轻时的歌德一样，为之深深吸引。在《诗与真》中，歌德描述了当理发师正给他父亲抹剃须膏时，他和妹妹躲在壁炉后面的角落里，轮流诵读着克洛卜施托克描写魔鬼的场景。当念到"哦，我已被压得何等破碎！"一句时，理发师惊吓之下竟把肥皂水倒在了父亲胸口上。歌德接着写道："孩子和群众总习惯把伟大而崇高之物变成一场游戏，甚至一场闹剧；要不然他们怎么可能坚持着忍受这一切。"⑤ 席勒年轻时的这首《征服者》肯定也

---

① 阿尔布莱希特·封·哈勒（Albrecht von Haller, 1708~1777），瑞士诗人、医学家、植物学家，教育诗（Das Lehrgedicht）这一体裁的代表作家，长诗《阿尔卑斯山》（*Die Alpen*, 1729）是德语启蒙主义自然诗的杰作。

② 伊瓦尔德·封·克莱斯特（Ewald von Kleist, 1715~1759），既是诗人又是普鲁士军官，代表作是长诗《春天》（*Der Frühling*, 1748）。在《论质朴与多情的文学》一文中，席勒还会在论述"悲情文学"（Elegische Dichtung）时谈到克洛卜施托克、哈勒和伊瓦尔德·封·克莱斯特，参见《席勒经典美学文论》，第 475~486 页。

③ Biedermann 1974, S. 54.

④ MA I, S. 13.

⑤ Goethe MA 16, S. 88.

是场闹剧，尽管这并非作者本意。

对青年席勒而言，克洛卜施托克自然不是唯一的文学榜样——还有歌德、莎士比亚、格尔斯腾贝格和其他人——但克洛卜施托克的影响一开始最为强烈。

随着在卡尔学校求学岁月的结束，席勒的克洛卜施托克时代也一并告一段落。卡尔·菲利普·孔茨（Karl Philipp Conz）①，席勒在洛尔希时的玩伴，讲述了他1782年在斯图加特拜访席勒的场景："一次，我在他的书桌上看见了……克洛卜施托克的颂歌集……当我翻开书时，却不无惊诧地发现，有数量可观的诗已被粗野地用钢笔完全划掉，斜着打上了大叉。当我笑着问他，这其中有何深意时，他说：这些诗我不喜欢。"②但还有一些诗让他一如既往地倾心，以至于1782年9月22日，也就是他逃离斯图加特的那天早上，他在打包书籍的时候发现了一本克洛卜施托克的颂歌集，便津津有味地读了起来，甚至提笔开始创作一首呼应之作，而与他一起出逃的安德烈亚斯·施特莱歇尔（Andreas Streicher）③则已是坐立不安，提心吊胆地站在门口催促席勒快点儿动身。在这个瞬间，席勒沉浸在年轻时的梦境之中，必须靠施特莱歇尔把他拉回现实中来。

多年以后，在《论质朴与多情的文学》（*Über naive und*

---

① 卡尔·菲利普·孔茨（1762~1827），德国诗人，席勒好友，曾任图宾根大学古典语文学教授。

② Biedermann 1974, S. 46.

③ 安德烈亚斯·施特莱歇尔（1761~1833），钢琴家、制琴师，席勒好友。曾与席勒一起从斯图加特出逃曼海姆，将原本要去汉堡学习的旅费赠予席勒。后在维也纳立足。他的回忆录《席勒出逃斯图加特与在曼海姆的逗留，1782~1785》（*Schiller's Flucht von Stuttgart und Aufenthalt in Mannheim von 1782~1785*）是了解青年席勒经历的重要文献。

sentimentalische Dichtung）一文中，席勒再一次忆及克洛卜施托克，将自己年轻时的幻梦归功于他："只有当人的心情狂热到极端时，才会去寻找他、感受他，因此他也就成了青年人的偶像，虽然这并不是他们的最佳选择。年轻人总是想超越现实生活，逃避一切形式，觉得任何界限都过于狭窄，所以他们在这位作家展现给他们的无限空间里就感到爱之炽烈，乐之融融。可是，当青年人变成了成年人，当他们从理念王国又返回到经验的范围之内时，那种狂热的爱已经失去很多，而且是非常之多。但是人们对这样一种独特的现象，对这样一种非凡的天才……所应有的特别尊重却一点也没有减少。"①

对年轻时的梦，席勒始终坚守着忠诚。

① MA V, 736f. 参见《席勒经典美学文论》，第484~485页。

1776 年——时间和地点的变动——“狂飙突进”的精神——赫尔德及其后果——卡尔学校的一场新年联欢——重大激励：阿贝尔关于“天才”的演说——阅读莎士比亚

1776 年，青年席勒的生命中出现了若干重要变动。

军事学院从路德维希堡的索里图德搬迁至斯图加特，校址原先是几栋军营大楼，就坐落在新城堡后面。迁校于 1775 年 11 月 18 日启动。学生们身着制服，像军队一样列队，和督学与教师们一起，由公爵亲自率领，伴着节日的音乐和飘扬的旗帜浩浩荡荡地迁入斯图加特的新校区，民众则立在大路两旁夹道欢迎。这是一件大事：斯图加特有了一座属于公爵的高校，城市因此赢得了不少名望。先前学生不得与外界交往的禁令，现在也开始松动；他们现在觉得自己像大学生，可以大展一番拳脚，也开始参与城市的文化生活。整个生活的氛围都在改变。

而席勒的学习处境也在变化。卡尔学校现在可以自称为“卡尔高等学校”，并且又增加了一个医学院。因为公爵担心无法为所有学习法律的学生提供职位，就敦促其中一些人转学医学。对于席勒而言，这实在是个放弃不喜欢的法律而开始学医的好机会。但让他感兴趣的并不是实践的医疗技术，而是自然科学与心理学知识。由于他的创作热情此时已经兴起，他向自己承诺，在医学人类学中定能发现对文学的益处。

他的学业成绩尽管在 1775 年末曾有大幅退步，但现在却变得越来越好。他开始精力十足地研究专业知识，不出几个月就在
/ 045
全系名列前茅。一种对思索的强烈兴趣代替了诗意的沉醉。他的

性格中有了一些果敢和攻击性。他练习自我约束，有时生硬地与别人划清界限。人们都惊讶于他行为举止中的明显变化。“这段时间结束后，”彼得森说，“席勒就成了和起初完全不同的一个人。之前的他孤独、自闭、惴惴不安，现在的他则感受到在增强、在驱使的力量，随意取乐、捉弄别人，而且时常粗俗而伤人。”①

对这种“不断增强着、不断驱使着的力量”的全新感受，席勒尤其要归功于他的老师，1776 年复活节起接手医学院哲学课程的雅各布·弗里德里希·阿贝尔教授。

雅各布·弗里德里希·阿贝尔 1751 年生于恩茨河畔的维欣根，其父是一位高级管理官员。施瓦本地区的神学学生通常所走的教育道路，他也全走了一遍：首先是登肯多夫（Denkendorf）和茅尔布隆（Maulbronn）的修道院学校，然后是图宾根神学院，但神学并不能让他着迷。他急切地接受了法国唯物主义——霍尔巴赫②和爱尔维修③——以及英国经验主义——洛克④和休谟——的哲学启发。他为沙夫茨伯里的哲学感到振奋，因为被这种哲学视为榜样的，不是道德上无可指摘之人，而是在美学上被塑造成型的人。在学习期间，阿贝尔也受到了“狂飙突进”之启航精神的影响，他如饥似渴地阅读卢梭和青年赫尔德。这些狂放不

---

① Biedermann 1974, S. 24.

② 保尔 – 昂利·霍尔巴赫（Paul-Henri d’Holbach, 1723~1789），法国启蒙主义哲学家，无神论者，《百科全书》（*Encyclopédie*，1751~1780）编者，著有《自然的体系》（*Système de la nature*, 1770）等著作。

③ 克劳德·阿德里安·爱尔维修（Claude Adrien Helvétius, 1715~1771），法国启蒙主义哲学家，唯物论者，著有《论精神》（*De l’esprit*, 1758）等著作。

④ 约翰·洛克（John Locke, 1632~1704），英国哲学家、政治思想家、医生。坚持经验主义、契约论，同时被视为自由主义之父。著有《人类理解论》（*An Essay Concerning Humane Understanding*, 1690），以及政治哲学经典《政府论》（*Two Treatises of Government*, 1689）。

羁的年轻人身上那种强烈的自我意识给了他启发，于是结束学业后去某个乡村牧师身边当个副手的愿景对他而言就没有什么吸引力了。阿贝尔是幸运的。

当时，公爵正在为他的学校搜罗教师。他要求图宾根神学院的高层告诉他学校最优秀的硕士的名字。阿贝尔的名字并不在其中。但公爵某次到访图宾根时与他认识，对他颇为赏识，便问起为何他没有被提名。人们回答公爵，阿贝尔个子太矮，不适合去军校。于是公爵简短地表示，人们在图宾根不是拿尺子来测量一个教授是否称职。1772 年 11 月，阿贝尔被聘至卡尔学校。在回忆录中，他描述了如何发现自己“从神学院里昏暗的修道院砖墙中出来，一

下子就到了王侯们寻欢作乐的行宫”。[①] 公园，从索里图德城堡远眺符腾堡王国的景致，以及给他当作住处的亭阁，这一切都给这位 21 岁的青年留下了印象，他仿佛中了魔法一般，置身于一座“仙女的城堡”中，兴奋得竟在地上翻滚。年轻的硕士很快就进入了他的新角色。为了不在廷臣面前缩手缩脚，他回想起他读过的关于宫廷的书籍，回想起时下法国文学和狂飙突进派——伦茨[②]、克林格尔和莱泽维茨[③]——对宫廷的嘲弄。他就这样鼓起勇气，满怀自信，甚至有些莽撞地登场亮相。他的心中充满着当时兴起的教育改革的理念。这种理念认为，人具有无穷的可塑性，只需要发现个体的禀

① Zit. n. Buchwald 1956, Bd. 1, S. 185.

② 雅各布·米夏埃尔·莱因霍尔德·伦茨（Jakob Michael Reinhold Lenz, 1751~1792），德国“狂飙突进”时期剧作家，歌德之友，代表作包括讽刺喜剧《士兵们》（*Die Soldaten, 1776*）。伦茨一生颠沛流离，晚年罹患精神疾病，其不幸遭遇被格奥尔格·毕希纳（Georg Büchner, 1813~1837）艺术加工，成为德语短篇小说经典《伦茨》（*Lenz*, 1839）。

③ 约翰·安东·莱泽维茨（Johann Anton Leisewitz, 1752~1806），德国“狂飙突进”时代剧作家，代表作《尤里乌斯·封·塔伦特》（*Julius von Tarent*, 1776）处理的是兄弟反目的主题，成为席勒创作《强盗》一剧时的文学史参考。

赋并让其发展，而不应对他指手画脚。更应当做的是唤起人的好奇心，也就是那种崇高的欲念：不想囫囵吞枣，而是要亲身经历一些东西。阿贝尔很快就在教授当中赢得了领导地位，很受公爵器重，并以对课堂教学改革的建议崭露头角。他认为在课堂上应练习独立思考而非机械记忆。个性化的阅读，包括阅读美文，也应被允许；在此之前，这一点绝非理所当然的事。但首要任务是要把哲学树立为整个教学的核心学科。阿贝尔为此发展了一个相当宽泛的哲学概念：哲学应同等地包含对心灵和理智的教育，应成为所有科学领域的预科，最重要的是哲学应指导一种聪慧的生活之道。在呈给公爵的一份纲要中，阿贝尔陈述了这一整体性的计划。纲要的标题不言自明："普遍科学或曰健康理智的哲学用于教育审美、心灵及理性之草案"。[①] 至于每节课的安排，阿贝尔则遵照英国经验主义教科书的结构。人们由此可以发现，这个年轻人甫一踏出书斋，就直接进入了"教育省"（Pädagogische Provinz）[②]。学生们从物理世界的法则起步，向上学到心理学，再到感觉与思维的法则；同时也安排了郊游一样的美文欣赏，因为文学使得通往优雅灵魂和关于上帝与永生的终极之间的过渡成为可能。阿贝尔并未在此驻足太久，而是很快又回到了实践人类学上。他那不同寻常的归纳法让学生大开眼界。因为当时通常的做法是从高一级的普遍概念出发，向下推演到现实世界。这种经院式的枯燥做派让一届又一届学生叫苦不迭。但与之相比，阿贝尔的方法则让人眼

① Zit. n. Wagner 2001, S. 180.

② "教育省"，典出歌德《威廉·麦斯特的漫游时代》（*Wilhelm Meisters Wanderjahre*, 1821/1829）第二卷，指小说中一处如世外桃源般的教育场所，学童可以在此自由发挥天性。对其描写参见《歌德文集》（第二卷），第148页及以下（《歌德文集》中将主人公之名译作"维廉"）。

前一亮：他让学生记录下与每一门学科有关的日常观察。这些观察会被汇总、整理，大家随后在课堂讨论中得出若干结论，并由此发展出概念。阿贝尔所遵循的原则是：人们真正了解的，只有自己亲手做出的成果。

阿贝尔想要在课堂上创造一种工作和对话的氛围，他避免上讲台，在教室中来回快步走动。学生们亲切地称他为“小逍遥子”[①]，都喜欢他。常常有几个学生在课前跑到学院大门口等他到来，陪他走到讲堂，同时还想和他交流关于科学、政治和个人的种种事情。阿贝尔回忆说，学生们把他“当作朋友来问意见”。席勒特别“勤快地”利用这些机会，与他探讨“关于人的认识”。[②]

对于阿贝尔和他的学生们而言，1776 年 12 月 14 日是个大日子。在学院的年末庆典上，阿贝尔从公爵那里接下了一项光荣的职责，在都城新城堡的白厅中，在珠光宝气的宫廷成员、全体教师、城市名流、图宾根大学代表团、集合起来的学生和家长面前作庆典发言。这场演讲在席勒身上留下了不可磨灭的影响。题目是公爵亲自拟定的，像是考察了在这个“狂飙突进”正发端的时代，空气中弥漫着的究竟是什么。阿贝尔应谈一谈“天才”（Das Genie），具体说来谈一谈以下问题：“伟大精神是天生的还是培养的以及他们均有何种特征？”

当阿贝尔在花团锦簇的讲台上谈论“天才”时，“天才”这个

---

① “小逍遥子”，原文为 Peripatetiker，直译为“帕里帕托学派成员”，来自希腊语“Paripatos”（即游廊，亦有散步之义）。相传亚里士多德（Aristoteles）喜欢在游廊中一边踱步，一边为学生讲学，因此后世将亚里士多德学派称为“帕里帕托学派”。由于亚氏与学生一边哲思，一边漫步，颇为逍遥，故作此引申。

② Biedermann 1974, S. 31.

概念对于自视甚高的青年而言是一项内心的事务，几乎像是当时精神领域斗争中的冲锋号，年轻人虽身处远方，但依旧参与战斗。沙夫茨伯里曾说，天才诗人就是第二次创世的“普罗米修斯”[①]（Prometheus），天才将全新的、“原生的”东西带入世界的光亮之中；对于这些青年而言，沙夫茨伯里的话就像有翼飞翔的话语。天才不光发现，更要发明。哥伦布发现了美洲，但更好也更符合一个真正天才的莫过于，发现一块在发明的天才将其从不可见的大洋中举起之前都不存在的大陆。一说起天才，1770 年前后的人们首先想到的就是莎士比亚：他把一整个世界、把独一无二的人间百态搬上了只存于想象之中的舞台（因为当时莎剧仍很少上演）。莎士比亚被视为创造力天才的代表。舒巴特一如既往地语气夸张，将莎士比亚称为“可见之神”。而歌德则在他的《纪念莎士比亚命名日》一文中写道：“他与普罗米修斯比赛，一点儿一点儿地学着他去塑造人类。只是他所塑造的人都无比伟大。”[②]莎士比亚从自身的“自然”中创造，而他的“自然”足够宽广，能容下一整个世界。他并不拘泥于规则，而是由自身创造性的自然出发订立

---

① 根据希腊神话，普罗米修斯在为人类盗取火种之前，首先用陶土按照自己的形象创造了人类。在“狂飙突进”者眼中，艺术家作为“另一个上帝”（alter deus），在其自身想象力空间中扮演创世的上帝角色。因此歌德作于“狂飙突进”时期的颂歌《普罗米修斯》（*Prometheus*, 1774）就以天神的第一人称描述了造人的过程：“我就坐在这里，按照 / 我的模样造人，造出 / 一个跟我一样的种族。”参见《歌德文集》（第八卷），第 79 页。

② Goethe MA 1.2, S. 414. 汉译参见〔德〕约翰·沃尔夫冈·封·歌德《歌德论文学艺术》，范大灿主编，范大灿、安书祉、黄燎宇等译，上海人民出版社，2017，第 13~19 页，此处引文出自第 18 页。《纪念莎士比亚命名日》（*Zum Shakespears-Tag*, 1772）是青年歌德的一篇关于戏剧艺术的论文，他在其中旗帜鲜明地以莎士比亚的戏剧为例反对法国古典主义戏剧要求时间、地点与情节统一的“三一律”，而是如卢梭一样高呼“自然”：“这是自然！是自然！没有什么比莎士比亚的人物更为自然了。”

规则。往后，康德会为这一思想找到简明扼要的概述：通过天才，“自然给艺术提供规则”。①

整整一代人通过天才的形象表达了他们全新苏醒的自我意识，反对等级森严、僵化狭隘的传统世界。小市民的唯命是从，对传统的顺从，局限于职业、官位和营生的眼光，人们在社会的整体机制中不过是小小的齿轮和螺丝，此外还有一种干瘪枯燥的理性主义，不允许留下任何一丝秘密——倾心于自由精神特别是美丽精神的年轻人感受到这一切，却怀着这种向往撞上了司空见惯的困境阻碍：“人类天性中真正伟大的驱动力已经瘫痪”——赫尔德写道。歌德也同样附议，他又把目光转向了莎士比亚，宣称莎翁运用了自由权利，吹起号角“让一切高贵的心灵”远离“所谓高雅趣味的乐土”，因为它们在那儿不过是“在无聊的黄昏中……游荡着，打着哈欠消磨它们那影子般的生命”。②

但这种针对传统和习俗的激情冲击究竟是从哪里开始的？它当然有一段人们可以依凭的长远历史，始于柏拉图（Plato）关
/ 049 于激情的哲学③。是维兰德提请注意到这一点。古人，维兰德说，只能将诗人和先知的激情解释为有神居于其灵魂之中，但他补充说，古人还建议小心行事，因为此类热情也可能转变为疯狂。上帝刚刚还借疯人之口演说，可忽然就只剩下毫无规律的呓语，人

---

① Kant, Bd. 10, S. 242. 典出《判断力批判》（*Kritik der Urteilskraft*, 1790）第46节；汉译参考〔德〕伊曼努尔·康德《判断力批判》，邓晓芒译，杨祖陶校，人民出版社，2002，第150页。

② Goethe MA 1.2, S. 414. 汉译参考《歌德论文学艺术》，第19页，有改动。

③ 柏拉图（约前428/427-前348/347），古希腊哲学家，名著《理想国》（*Politeia*，约前375年）是西方哲学毋庸置疑的经典。这里所指关于激情的哲学即出自《理想国》第四卷（439D~442E），参见〔古希腊〕柏拉图《理想国》，郭斌和、张竹明译，商务印书馆，2002，第165~170页。

们不知道现在是在理性之上还是已跌入理性以下。但这些疑虑的异议并无助益，人们并不愿在激情无重力的飞翔中动摇，这是一种灵动，想要与沉重的思想和笨拙的现实游戏。赫尔德写道：对于激情而言，一切都是那么轻，它裹挟着所有能听能看的人，直到他再也听不见、看不见。人们诉诸传统，却没有谦卑。一种想要重新建构、重新定义生命力的意志大胆地攻击旧事物，只为从其中做出些东西来。重要的是亲自上手。

有一个意味深长的日期，这种轻快的精神在那一天或许是第一次如此强烈地兴奋。这就是约翰·戈特弗里德·赫尔德厌倦了里加（Riga）令人窒息的生活状况，匆匆忙忙像逃难一样启程乘船前往法国的那个瞬间。哥伦布之后的两个半世纪，这种驶向大海、启程前往现实存在之无尽的愿望，终于也在哲学家和美学家心中激起。无论如何，这位哲学航海家的海上旅行带着狂飙突进的烙印。据说赫尔德一辈子都靠那些在波涛汹涌的大海上闪过他脑海中的理念过活。记录下这些理念的日记——18 世纪最重要的文学及哲学文本之一——直到 1846 年才作为遗稿以《1769 年我的旅行日记》（*Journal meiner Reise im Jahre 1769*）为题出版，故而暂时无法作为文本发挥效用。但撰写日记的人却在结束旅行后，于 1771 年在斯特拉斯堡遇见了一位叫歌德的年轻人。他被这场理念的暴风雪深深吸引，对其中很多内容做了重新表述和继续发挥。可以说，赫尔德在 1769 年听从了内心的呼唤。当尼采在一个多世纪之后提出那著名的口号时，又回忆了这呼唤："上船吧，你们这些哲学家！"①

向着大海航行意味着变换生命的元素，从坚实转向流动，从

---

① Nietzsche, Bd. 3, S. 530.

确定转向未知，意味着赢得距离和广远，而其中也蕴藏着新起点的激情。那“满是纸张和书籍……只属于书斋的文件柜”被留在了岸上，现在该怀着期望向远方启程，以此发现自我。那“被创造的自然”（natura naturata）是不断变动着的水之沙漠，而“具有创造力的自然”（natura naturans）则是人类自身。[①] 外面没有任何东西可供临摹：描绘波涛永恒的轮回恐怕并不是一项友善的工作。当下的空间虽在运动，却空空如也；过去的空间，即书斋，是仅从书上读来的教育的冥府，静躺在影影绰绰的远方。在畅行无阻的大海上，赫尔德让自己跟随思维的风暴。他自称为“床上的哲学家”，无论内心的还是外在的世界，在他眼中都是无穷无尽。“一艘在天际与海面之间漂荡的船，给了多么辽阔的空间来思考！这儿的一切都为思想插上翅膀，赋予它运动和广阔的天空！在陆地上，人们被钉在一个僵死的点上，被锁在狭窄的圈子里动弹不得……灵魂呵，若你踏出这个世界，会有什么感觉？……这个世界在你眼前消散——消失在你脚下！这是怎样新的思维方式……我要到什么时候才能将学到的一切在心中摧毁，只为自己创造我所思、所学、所信仰的东西！”[②]

但赫尔德当时想到的究竟是什么？对于他之后的生活，对于整个“狂飙突进”时代而言起决定性作用的就是以下这个念头：重要的，赫尔德宣布说，是去把握那股推动从岩石到意识、从自然史到人类史之有机发展的基本动力。这种推动力并不能被辨认，而只能作为一种创造性的生命力被感知；只有当它被感知、被体会过后，才能被理解。在所有有生命的物体中都有一种

---

① “具有创造力的自然”和“被创造的自然”是中世纪对“自然”（Natur）这一观念所做的区分，前者指的是创造自然的上帝，后者指的是被上帝创造的自然。

② Herder 1984, Bd. 1, S. 359~360.

不可把握的偶然性在发挥作用。这种自由并不意味着“免于某事”的自由，而是自由地创造。理智将创造理解为必然；理智必须如此判断，因为它只能借助因果概念来理解生命，也就是说无法理解。为什么？因为创造的过程并非某个因的果，而是蕴含着一种谜一样的随意。具有因果的过程是可预见的，创造性的进程则不可预期。赫尔德因此要求“有生命力的概念”，也就是与生命的神秘灵动相结合的概念。所有经验、知识和行动的领域—— / 051
从诗歌到政治，从动物性到民族志，从矿物到神灵——都应与这些有生命力的概念一并加以重新理解。在那条摇曳的船上，赫尔德就活在这些宏大的计划之中。他的“海上之梦”在他眼前魔术似地变幻出了新的生命、新的科学，同时还有一种新的道德以及新的社会理论。这一新理论认为：个体生活应这样加以社会化组织，以便让每个人都能发展其个体的生命萌芽。社会是为了在发展这种生命萌芽的过程中的相互帮助而结成的联系。个人的发展是社会的核心意义，即便这些个人最终会融合为集体化的个体，即“民族”，也就是社会意义的承载者。但是：重要的始终是个体的发展。每个人身上都有一种天才（的潜质），但在通常情况下，这种天才（的潜质）会遭扼杀，正如叔本华之后所言，从中只产生出“类同工业制品的人”。① 赫尔德勾勒了一种教育纲要，思考了重要机构的改革。他写道，建立某种天才的“育才所”应当是可能的，但前提却是认识到一般教育方式的谬误，因为其阻碍了成长和发展。人们必须学会阻碍这种阻碍，不去干扰这种

① 阿图尔·叔本华（Arthur Schopenhauer, 1788~1860），19 世纪德国最重要的哲学家之一，其哲学思想偏寂静主义与悲观主义，对尼采影响颇深。“类同工业制品的人”（Die Fabrikware Mensch）这一表述出自他的代表作《作为意志与表象的世界》（*Die Welt als Wille und Vorstellung*, 1819/1859）第三卷第 36 节。

“具有创造力的自然”。

这些理念“在时代的洪流中生动地涌向”航海者赫尔德，而他的朋友们，特别是歌德，也由此获得了启发。如果说人们之前只是理性而机械地理解自然，那么他们现在则将自然作为一种有机体去体验、去思索。

甚至连“理性”的概念也在发生改变。

用笛卡尔①的话说，理性已抬起了她骄傲的头颅，她已经解放自身，以至于上帝也必须在其法官的宝座前为自己辩护。但这却是“普遍数学”（mathesis universalis）②的理性，一种计算着、建构着的理性。在莱布尼茨③和随后的克里斯蒂安・沃尔夫（Christian Wolff）④那里，上帝和世界被作为整体巧妙地合并到了一起；理性管理着天界与一切可能世界中

① 勒内・笛卡尔（René Descartes，1596~1650），法国哲学家、数学家、自然科学家。其杰作《第一哲学沉思录》（*Meditationes de prima philosophia*, 1641）中对人类认识过程的反思——“我思故我在”（cogito ergo sum）——奠定了以“思”为基础的理性主义的根基。

② 普遍数学是由笛卡尔与莱布尼茨提出的设想，即以数学表达和逻辑演绎阐释宇宙中的一切秩序。

③ 戈特弗里德・威廉・莱布尼茨（Gottfried Wilhelm Leibniz, 1646~1716），早期启蒙主义时代的哲学家、数学家，不仅写作了《神正论》（*Essais de Théodicée*, 1710），在其中以理性主义的乐观构建了世界秩序并为上帝辩护，同时还与牛顿同时互相独立地发明了微积分。后文“一切可能世界中最好的世界”即出自《神正论》，指人类目前所处的世界；这是为了回应因世上层出不穷的罪恶而对上帝之全知全能全善产生的怀疑，莱布尼茨认为眼前的世界是一切可能世界中最理想的那一个，其中的不完善性为人类自我完善提供了可能。但这一世界图景在1755年里斯本大地震后遭到了冲击，伏尔泰在小说《老实人》（*Candidé*, 1759）中对此做了辛辣的讽刺。

④ 克里斯蒂安・沃尔夫（1679~1754），德国启蒙主义哲学家，宣扬理性主义，以德语写作、授课，将德语提升为一种哲学语言；同时研究孔子，曾于1721年发表演讲《论中国人的实践哲学》（*Rede über die praktischen Philosophie der Chinesen*）。

最好的世界（Die beste aller möglichen Welten）之间的跨界交往。所有的一切说到底都是合乎理性的连续，自然绝不做跳跃，在自然中原本也没有什么令人惊讶的事，而“微知觉”（perceptions petites）①——即无意识的知觉——和微积分则负责由明向暗的过渡。正是如此：莱布尼茨教会他的世纪如何计算无穷，而他则有音乐数学大师巴赫②的天才支持，后者将“普遍数学”上升为上帝面前的悦耳祈祷。

随着“狂飙突进”，理性不再试图以计算展现其天才。计算的艺术连接万物，是最为普遍、跨主体间亦成立的东西。而全新的、具有生命力的理性则将注意力集中在原创、独特、个性之物上。不错，只有一种理性，但它却只存在于多样性之中，亦即存在于不同个体形象的统一性里。也就是说，有多少个体、民族、历史阶段和宗教，就有多少种理性的形式。

---

① “微知觉”，语出莱布尼茨的《人类理智新论》（*Nouveaux Essais sur l'entendement humain*, 1703~1705），用来描述人无法察觉但确实存在的对外在世界的微小感知。在此书序言的第7~12节中，莱布尼茨阐发了“微知觉”的概念，认为正是“微知觉”构成了人类对世界的感知，作为记忆的组成部分确保了时间的延续性与人的同一性，更可借此窥见“前定和谐”（Prädestinierte Harmonie）：“可以说，由于这些微知觉的结果，现在孕育着未来，并且满载着过去，一切都在协同并发……只要有上帝那样能看透一切的眼光，就能在最微末的实体中看出宇宙间事物的整个序列。”参见〔德〕莱布尼茨《人类理智新论》，陈修斋译，商务印书馆，1982，第10页。

② 约翰·塞巴斯蒂安·巴赫（Johann Sebastian Bach，1695~1750），德国最伟大的作曲家之一，巴洛克音乐的集大成者，作有《勃兰登堡协奏曲》（*Brandenburgische Konzerte*, BWV 1046~1051）、《马太受难曲》（*Matthäus-Passion*, BWV 244），以及大量的康塔塔（Cantata）、赋格曲（Fuge）等钢琴乐，并完善了作曲中的对位法（Kontrapunkt）。这里所提的普遍数学与音乐应当首先指的是巴赫的《平均律钢琴曲》（*Das Wohltemperierte Klavier*, BWV 846~893）。所谓平均律，即将八度的音程等分成12个半音，各个半音的频率呈等比数列，后一音是前一音频率的2的12次方根倍，在音乐中充分体现了数学美。

个性化的理性这一概念完全可以作为理性解放史的延续来理解：理性首先从上帝和自然——即笛卡尔所称的“广延物”（res extensa）①——之中解放自身，随后从自身的普遍形式中解放并变为个体化；而正是通过个体化，理性进入了存在具有生命力的元素，进入了无意识、非理性、随意性——换言之，进入了自由的神秘领域。为何神秘？因为说到底，只能体会自由而不能思考自由；因为思考会陷于因果性，但用因果性的概念却无法把握自由。“狂飙突进”发展了一种与自由的激情联系。对随性的意识开始觉醒，人们开始发现事物和个人的个体权利。所有的一切都有自己不可混淆的含义，个体的意义并不取决于它在整体中的功能，而是由其自身决定。自然的整体在那些不愿成为齿轮或螺丝的人看来，也是如此构造，让生命在每个元素中都能自主自立，所有一切均蕴含其中。“狂飙突进”让莱布尼茨的“单子论”充满生机和活力。这样，歌德笔下的维特才能高声呼喊：“我发现到处都是生命，没有别的，只有生命……”②；而天才也不是别的，只是生命，足够强大，不会允许旁人干扰他的生长、外溢、表达和发展。天才是自然成功的目的论。天才一旦苏醒就会自助，但人们有时需得先将其唤醒。天才作为一种禀赋，沉睡于每个人体内，而“狂飙突进”的精神想要成为每一位天才的助

---

① “广延物”的概念出自笛卡尔《第一哲学沉思录》第二沉思中；笛卡尔在沉思中以蜂蜡为例，区分了客观世界中具有广延的实体以及这一实体在精神中的概念，即“思维物”（res cognitans）：即便一块原本具有广延的蜂蜡熔化，我们思维中对于那一块蜡块的概念作为“思维物”依旧存在。因此，对于事物的真正认识并非感知广延的感官，而是通过“心里的理智功能”。“广延物”与“思维物”的区分是笛卡尔的身心二元论的必然推论。参见［法］笛卡尔《第一哲学沉思录》，庞景仁译，商务印书馆，1986，第29~33页。

② 遗憾的是，译者遍查《少年维特之烦恼》并未发现此句，原书作者也未说明出处。

产士。

在德国的“狂飙突进”运动中，艺术家是更受偏爱的天才样式。在英国，人们则更倾向于把新式自然科学的英雄，例如牛顿①或培根②，也归入天才的行列。此外，英国人只认行动的天才，例如伟大的将领或政治家。而这些人在德国却只扮演小得多的角色。一代人以后，整个欧洲关于天才的讨论将会以拿破仑③为典范。人们将会在他身上研究，一个主体自身的天才之力究竟可以发展到何种可怕的程度。不过，人们暂时还是先从普鲁塔克（Plutarch）④那里发现全部天才；在他的著作中，人们发现了天才行动的原型：西塞罗（Cicero）、恺撒、亚历

① 艾萨克·牛顿爵士（Sir Isaac Newton, 1643~1727），英国自然科学家，皇家学会会长，经典物理学的奠基人，在《自然哲学的数学原理》（*Philosophiae Naturalis Principia Mathematica*, 1687）中提出了著名的牛顿三定律与万有引力定律。

② 弗兰西斯·培根（Francis Bacon, 1561~1626），英国著名哲学家，经验主义鼻祖，他在代表作《新工具》（*Novum Organum*, 1620）中批判了阻碍人类获得新知的四种“假象”（Idol），并建立了科学归纳的方法。

③ 拿破仑·波拿巴（Napoléon Bonaparte, 1769~1821），生于科西嘉岛（Corsica），在法国大革命中平步青云，于1799年11月9日通过“雾月十八日政变”（Staatsstreich des 18. Brumaire）夺取法国政权，1804年12月2日在巴黎圣母院加冕为法兰西皇帝。作为一国之君，他颁布《拿破仑法典》（Code Napoléon），成为欧洲各国民法典的标杆；作为统帅，他率法军横扫欧洲大陆，直到1812年进攻俄国失利。他于1813年在莱比锡“民族大会战”（Völkerschlacht bei Leipzig）中被击败，.1814年被放逐，1815年卷土重来，建立“百日王朝”，却在6月18日的滑铁卢会战（Schlacht bei Waterloo）中再度失利，终于被流放至圣赫勒拿（St. Helena）岛，于1821年病逝。

④ 普鲁塔克（46~约119），希腊哲学家、传记作家，后成为罗马公民；其代表作《希腊罗马名人传》（*Vitae parallelae*）将古希腊与古罗马英雄人物一一对照，写成双人传记，共有22篇传世，包括亚历山大大帝与恺撒、西塞罗以及加图等人的传记。

山大、加图。①

与艺术天才不同，在对政治天才的思考中又增加了一个新的角度：这就是之后人们所称的“卡里斯玛”。在当时的政治思考中扮演着统治性角色的，是理性的契约理论和权利与法律的问题。与之相比，天才的主题则更适合将权力的来源确定到另一个位置，即权力在个人身上光芒四射的现象。其关涉的是环绕着个人的流体，某种放射着光芒却不能被理解为职位威严之结果的东西。人们发现了以集中的意志感染社会的现象；发现了个人聚拢其能量的独特吸引力；还发现了一种神秘的坚毅，它能在别人身上起到袒露心扉的作用，让他们敞开自己，置身于它的影响之下。

就在这几年间，人们开始对深藏不露的细微的灵魂之力产生兴趣。并非偶然的是，往后被称为“生物磁场”的理论作为一种哲学猜想及一种社会心理学，乃至医学技术正是在“狂飙突进”运动中开始大行其道。1734 年生于博登湖畔的弗朗茨·安东·梅

① 西塞罗（前 106~ 前 43），古罗马政治家、哲学家、演说家。尤里乌斯·恺撒（Julius Caesar, 前 100~ 前 44）罗马共和国晚期军事家、政治家，于公元前 44 年初被选为终身独裁官（*dictator perpetuus*），事实上导致古罗马从共和制向帝制的转变，于同年 3 月 15 日被布鲁图斯（Brutus）等人刺杀，此事也成为后世“谋刺暴君”（Tyrannnenmord）这一政治之举的原型。亚历山大大帝（Alexander der Große, 前 365~ 前 323），古希腊马其顿王国国王，率军南征北战，横扫埃及、波斯与印度，是世界军事史上最伟大的将领之一，同时师从亚里士多德，重视文化，在亚历山大里亚（Alexandria）城中建立起图书馆等重要的学术机构。加图可能指小加图（Cato Minor），即马库斯·波尔基乌斯·加图（Marcus Porcius Cato, 前 95~ 前 46），古罗马政治家，斯托噶主义者，以其坚韧与清廉闻名，坚决反对恺撒的独裁企图，因不愿生活在恺撒统治之下而自杀。

斯梅尔（Franz Anton Mesmer）[①]开创了磁性天才的范例。他先是在维也纳后又到巴黎行医；在大革命前夜的巴黎，整个宫廷社会都拜倒在他的脚下。从那里开始，磁场催眠术化身时尚，也传到了德国。梅斯梅尔很快就被织入一张谣言和幻想的大网，被当作游弋在灵魂、身体和政治权力交界地带的魔术师。就“卡里斯玛”的效用而言，他也算得上是个天才。他教导说，在活动的身体之间存在一种特殊形式的“联结”；他将心理的紧张和能量想象为精巧的物质或“流体”，视之为一种电流。梅斯梅尔也引用牛顿，谈论“动物性的重力”（gravitas animalis），也就是一种具有活力的重力。这个时代已不再在炼金术中寻找魔法石，而是期盼一种包治百病的良药。因此，梅斯梅尔想要控制身体——魅力性的力量并将之用作治疗方法，也并不令人奇怪。他相信这种力量或是在无意间，或是在强大的意志力的作用下，可以聚集到特定的身体中，通过接触转移到他人的身体内。他创造了一整套此类接触仪式的体系，直到他忽然意识到，其实根本不需要接触便可以远程起效。催眠、心理暗示、梦游——他将这些人所熟知的现象与磁场催眠联系到了一起。对于一位磁场催眠师而言，光是精通理论当然远远不够；作为一位治疗师，他还必须有自然的天赋，必须是一位自然天才。与其他天才一样，在磁场催眠师身上，也是由自然给定法则。

再过一代人的时间，磁场催眠论将会在哲学、文学和实践上让浪漫派深深着迷。但在“狂飙突进”的年代，人们已经将其理

---

① 弗朗茨·安东·梅斯梅尔（1734~1815），德国医生，首创“生物磁场”（Animalischer Magnetismus）理论，认为神经与肌肉的活动是因为人体内存在着磁力，治疗师可引导这种磁力在人体内的循环并以此治愈疾病。梅斯梅尔在此基础上开创了催眠疗法，在当时又被称为“梅斯梅尔疗法”（Mesmerisieren）。

解为一个“卡里斯玛”式个体所具有的社会影响魔力之模型。当席勒在小说《招魂唤鬼者》（*Der Geistseher*）及之后在华伦施坦（Wallenstein）身上探索并表现那种“卡里斯玛”式的天才之力时，他将会沉浸到磁场催眠术的领域。

那些只能在梦里拥有社会和政治权力的文人和艺术家，乐意沉溺于那种想象：以为个体可以通过其创作的作品如此发散光芒，以至于个体最终比作品更加闪耀，到最后艺术家自己成了艺术作品。这一想象来源于“狂飙突进”运动所特有的想法，即创造力的可能性要优先于其实现后的形象。与创造的潜能相比，每一次实现都是一种削减。就艺术家而言，可能性相较于现实性所具有的优先地位可做如下解释，即个体性作为创造力之可能性的
/ 055 化身，比作品更为重要。因此在“狂飙突进”运动中，就出现了一种新的以艺术家为中心的个人崇拜。新式的戏剧天才希望超然于作品（偶尔则完全没有作品）而表现自我。按当时的说法，必须把人都“神秘化”才行。

在回顾当年的喧嚣嘈杂时，歌德在《诗与真》中很不客气地将“天才”描述为那个“名声斐然或声名狼藉的文学年代”的“普遍口号”①；“那个时候，一大群年轻的天才怀着全部的勇气和自负”②涌现出来，只为在“无边无际”③之中迷失自我。歌德和他的朋友们的确在这段天才岁月中折腾得有些过头。在他于1776年搬去魏玛之后，歌德将这座安逸的缪斯之城变成了天才

① Goethe, MA 16, S. 802.
② Goethe, MA 16, S. 554.
③ Goethe, MA 16, S. 803.

的第二座大本营。他带来了伦茨、克林格尔、考夫曼[①]以及当时还没有那么虔诚的施托尔贝格兄弟[②]，像彗星带着彗尾。魏玛的小市民们几十年后还在讲述当年的种种欢宴庆典。“当时在种种活动之外，”伯蒂格[③]说，“还有一场天才的大狂欢，一开始就把所有玻璃杯通通扔出窗外，从邻村一座古老的坟丘中挖出几只脏兮兮的烟灰罐当作大酒杯。”人们竞相做着各类出格的举动。伦茨扮成疯人，克林格尔吃下一块生马肉来博人眼球，考夫曼则在公爵的宴席上袒露胸脯、披头散发，还举着一根硕大的多节拐杖。歌德的“天才之举”则包括在一次与好友魏玛公爵[④]骑马旅行时，和公爵互换服装去寻花问柳。“到了斯图加特，”伯蒂格说，“他们突发奇想，要进宫去。于是所有裁缝就必须立即就位，没日没夜地裁剪宫廷服饰。”[⑤]

距阿贝尔的讲演已过去三年，在同一个场合，即学院的年终庆典上，两位周游列国的天才，魏玛公爵和他的朋友歌德作为贵宾站在卡尔·欧根身旁，从楼廊上温柔地居高临下，欣赏一场颁

---

① 克里斯多夫·考夫曼（Christoph Kaufmann, 1753~1795），瑞士哲学家，因出格的言行颇有“狂飙突进”的意味而被称为“天才时代的使徒”（Apostel der Geniezeit）。

② 施托尔贝格兄弟即克里斯蒂安·施托尔贝格伯爵（Christian Graf zu Stolberg, 1748~1821）与弗里德里希·列奥波德·施托尔贝格伯爵（Friedrich Leopold Graf zu Stolberg, 1750~1819），两位“狂飙突进”时代的德语诗人。1774 年，兄弟二人曾与歌德一道周游瑞士，但在后期偏向宗教团体。小施托尔贝格著有 15 卷本《基督教史》（*Geschichte der Religion Jesu Christi*，1806~1818）。

③ 卡尔·奥古斯特·伯蒂格（Karl August Böttiger, 1760~1835），18 世纪德国学者、作家、教育家，曾任魏玛文理中学督学，歌德好友。

④ 卡尔·奥古斯特·封·萨克森－魏玛·埃森纳赫公爵（Karl August Herzog von Sachsen-Weimar-Eisenach, 1757~1828），1815 年升任大公爵。正是他将维兰德、歌德、赫尔德和席勒等人依次召来魏玛，一手开创了魏玛古典主义（Weimarer Klassik）的时代。

⑤ Böttiger 1998, S. 75.

奖典礼。在典礼中，席勒也获得了几项嘉奖。

阿贝尔关于天才的演讲过去三年之后，真正的天才出现了。

阿贝尔的演讲之所以如此值得关注，之所以对年轻的席勒产生了如此不可磨灭的影响，就是因为其中吹拂着一个启航时代的精神。让人印象深刻的是，阿贝尔是以怎样的勇气在公爵面前控诉暴政乃是天才禀赋发展的严重阻碍；同样让人印象深刻的是，阿贝尔不仅讨论了政治和文学大舞台上的天才，还给了年轻学生们若干标准，让他们可以发现自己身上是否蕴含着某些天才的因素。他提醒施教者和权威，不要用墨守成规和对常态毫无想象力的维护来扼杀天才的新芽。阿贝尔为了青年的权利发声，支持他们试炼自我，即便可能会导致谬误、失态或违规。自己也仍是个年轻人的阿贝尔，想要增加他的学生们的自尊自信。

讲演伊始，人们可以观察这个身材矮小而纤细的男人先是如何完成在公爵面前应尽的尊崇义务，但他说得如此夸张，听起来几乎像是讽刺："他教导世上的大人物，只把智慧当作其宝座的支柱。"① 在僵硬的开场白之后，他逐渐进入了恰当的情绪。他说，人们只能带着"热情"去接近这一演讲的主题。只有相似之物才能认出其中相似。

对第一个问题"伟大精神是天生的还是培养的"之回答，被他用来当作对暴政的第一波攻击。他认为，天才是一种原初的力量，因此是天生的，但其只能在有利的环境下发展。最差的环境是天才所处的社会在"迷信的枷锁"和"窒息灵魂的暴政"下受苦。要是柏拉图没有一座"自由的雅典"作为其发挥影响的场所，他恐怕就成不了什么人物。阿贝尔大胆地特意对"共和国"

① Abel o. J. S. 30.

大加赞颂，因为共和国特别有利于“大人物”[①]。席勒大概正是想到了这一点，才在1783年将自己的“共和主义悲剧”《斐耶斯科》[②]题献给自己先前的老师。

在论证天才的自然禀赋时，阿贝尔的温和唯物主义得以显露，因为他指出天才的“大脑系统”中具有特殊构造；但他加上了限定，即生理因素尚不足以决定，而必须加上教育、环境、联系，以及最重要的自由决断：谁要是想成为天才，就必须也要有当一个天才的意志。

总的说来，阿贝尔并没有在天才的前提条件上逗留太久：不能让人产生这样的印象，即好像天才可以通过因果关系完全解释清楚。天才应作为原创的、出人意料而不可预测之物出现，作为一种结果，却找不出它的充足理由[③]。崇高不能被平凡化，伟大不能被矮化。从他对“天才有何特征”这一问题的回答中，就能发现阿贝尔被时代的天才精神所裹挟。按他那个年代的天才论争来衡量，他所讲的并不是很独特，但在僵化的庆典集会中却显得格格不入，刺激着心高气傲、心中不止有一条规矩的职业发展路径的年轻人。阿贝尔围绕着当时已成口号的想法：天才打破规则，为自己创造新的规则。“没有天赋的人软弱而无力，永远不能离开规则和法律的拐杖前行一步；无力而可怜，永远不能跨越既定的路径或带着英雄豪情将其击碎，以便创造性地为自己发现一条新的道路。因此，他就那样沉默而木讷地

① Abel o. J. S. 14

② 《斐耶斯科》的副标题是“一部共和主义悲剧”（*Ein republikanisches Trauerspiel*）。

③ “充足理由律”（Satz vom zureichenden Grund）是莱布尼茨在《单子论》（*La Monadologie*, 1714）中提出的逻辑原则，即一切事物之发生都须以使之得以发生的“充足理由”为前提。

像一头负着重担的懒散牲畜，在划定的轨道中小心迈步。”[①]“负重牲畜”的比喻对席勒产生了如此深远的影响，以至于他还将其用在了《华伦斯坦的军营》(*Wallensteins Lager*)中军曹的台词里：“市民百姓，蠢笨而又懒散，/ 就像染坊的马，成天绕着染缸打转。”[②]

为了抗衡牲畜懒散的踱步，阿贝尔引入了天才的振翅高飞：“天才充盈着对自身力量的感知，充盈着高贵的骄傲，将可耻的枷锁一把丢开，嘲讽着尘世常人受苦受难的逼仄囚室，怀着满满的英雄豪情奋力挣脱，像百鸟之王雄鹰一样高飞在渺小低矮的地球之上，漫步在阳光之中。你们咒骂他不守成规，逃出了智慧和美德的框架——虫豸呵！他飞向的是太阳。”[③]

现在阿贝尔开始谈论那些天才的标志，它们在人的成长中很早就被发现，但并不被教师和权威理解为天才。例如有选择的注意力。具备天才禀赋的人怀着激情与忘我执着于特定的对象，他所有的力量都在这里发挥效用，因此他在其他方面的概念和感知就会变得“无力而艰难。现在天才是如此愚笨，因为他在别处是如此聪慧”。[④]具有天才禀赋的男孩臣服于情绪的波动，人们不应在他们身上期待“不间断的勤奋”或“只知道埋头苦学、按部就班”的上进心。他很少能成为模范学生，而教师和家长恐怕也不会为他欢呼雀跃。

阿贝尔的演讲怀有热情，但他还是努力形成一种体系。他勾

① Abel o. J. S. 31.

② MA Ⅱ, S. 290. 参见《华伦斯坦的军营》第七场，汉译见《席勒文集》(第三卷)，第385页。

③ Abel o. J. S. 31.

④ Abel o. J. S. 30.

勒了一种天才心理学，一一列举了其中的成分：敏捷、善感、活泼、多样。但最重要的还是激情与忘我。在天才身上，种种力量处于原初之和谐，他有一种成功的本能，一种梦游似的确定不移。20年后，席勒会重新回溯到这一性格描写。在证明其论点“每个真正的天才必然是质朴的，否则他就不是天才”时，席勒在《论质朴与多情的文学》中写道：“仅仅接受自然或本能这位守护天使的指导，天才就能镇定自若、坚定稳妥地穿越错误趣味设下的所有圈套。”①

阿贝尔的演说包含着某些秘密的眼神，告诉学生他和他们私下乃是同一阵营——共同反抗某些上级的排挤与不理解。谁要是在军官群体中浑身不自在，谁要是觉得不被人理解却又满是力量，谁要是觉得自己孤单一人但保持骄傲，他就会像年轻的席勒一样，觉得阿贝尔在庆典演说最后所宣告的就是在说自己：“天才的概念和情感是如此生动、深沉而富有成果，以至于他竟在自己身上发现行动的源泉，而所有外在的对象尽数消失不见。天才因此逃避世界，因为世界给他新的对象，剥夺他灵魂所钟爱的幻象。因此社会和所有朋友的嘈杂让他觉得恶心，因此他怀着渴望寻找孤独。你们看，那儿有一位少年，孤独地四处游荡，厌恶你们的玩笑，嘲弄你们的欢乐，只躲进自己那里，但一整个世界的思想正在他的灵魂中工作——他便是个天才。”②

正如“狂飙突进”运动之精神所建议的，阿贝尔也几次谈
到莎士比亚。“天才与大胆而宏大的想法游戏，正如海格力斯与 / 059

① MA V, S. 704. 汉译参考《席勒经典美学文论》第247页，有改动。

② Abel o. J. S. 43.

狮子游戏①。莎士比亚什么苦难没有受过？它们在他脚下叫喊嘶啸，但他丝毫不为所动，依旧伫立，头颅高耸入云。”②

阿贝尔已在课上让年轻的席勒熟悉了这头“狮子”。为了令心理学概念更加生动形象，他习惯从文学中选些段落加以说明。例如，他有一次用《奥赛罗》（*Othello*）为例阐释义务和激情间的冲突，并朗诵了维兰德译本的片段。或许席勒正是借此机会，第一次听到了莎翁的作品。在回忆录中，阿贝尔如此描述这一场景：“席勒全神贯注地听着，脸上所有的表情都表达出充盈在他内心中的情感；朗诵刚一结束，他便向我要这本书，从此带着不间断的热情加以研习。”③他怀着这样的热情学习莎士比亚，以至于把饭食让给另一个学生，只为能把从后者那里借来的几册莎士比亚多留一些时间。1790年，席勒告诉他的丹麦好友巴格森④，他在卡尔学校就读期间前后读了16遍《李尔王》（*King Lear*）。有几部莎剧他已能完整背诵。当他于1785年从曼海姆启程前往莱比锡时，他的一位相识建议他带些路上的读物。这他用不着，席勒说，“如果觉得无聊了，我就默写莎剧中的几幕，读它就行了”。⑤

席勒在莎士比亚那里发现了宏大的世界舞台，发现了人类命运和冲突的喧哗与骚动。他对人类的最初认识都来源于阅读

① 海格力斯（Herkules）是古希腊神话中英雄赫拉克勒斯（Herakles）之名的拉丁文写法。相传赫拉克勒斯要完成12桩伟业，其中之一就是击杀涅默亚雄狮（Der Nemeische Löwe）。赫拉克勒斯成功后剥下狮皮裹身，而狮皮也成为绘画艺术中赫拉克勒斯形象的标志之一。

② Abel o. J. S. 39.

③ Biedermann 1974, S. 33.

④ 延斯·巴格森（Jens Baggasen, 1764~1826），丹麦作家，也用德语写作，在1790年到访魏玛，结识了维兰德和席勒等人，被称为“丹麦的维兰德”。

⑤ Zit. n. Buchwald 1956, Bd. 1, S. 230.

莎士比亚的戏剧。他在莎士比亚那里学会了戏剧的艺术，正如他之后在《强盗》一剧的前言中所写："在灵魂最隐秘的活动中捕捉灵魂。"①

对于年轻的席勒而言，莎士比亚的影响几乎是压倒性的。他感到自己陷入人世的混乱而没有安全的依靠，他寻找可以给他安全感的作者，却无从把握莎士比亚。回顾过去，席勒写道："当时，我还不能理解这种第一手的自然，我只能承受经过知性思考、用规律梳理过的自然的画像。"②席勒希望能在作品中发现作者，希望能与其"内心"相遇，"与他一起反思其对象"，但作者却隐而不见，消失在作品的无尽世界之中。这对于年轻的席勒而言还是太多了。他还承受不了如此之多的"自然"。年轻时的歌德则不一样。他在初次接触莎士比亚之后大声呼喊："这是自然！自然！没有什么比莎士比亚的人物更为自然了。"③

① MA Ⅰ, S. 484.

② MA Ⅴ, S. 713. 语出席勒的《论质朴与多情的文学》，汉译参见《席勒经典美学文论》，第442页。

③ Goethe MA 1.2, S. 413. 语出歌德的《纪念莎士比亚命名日》，汉译参见《歌德论文学艺术》，第18页。

大众哲学——人类学转向——经验主义的盛行——在“精神的朝堂”将生命付诸语言：沙夫茨伯里、卢梭、赫尔德——夹在中间的席勒——席勒在弗格森与加尔弗那里学习——“头颅尚未切开”

雅各布·弗里德里希·阿贝尔让年轻的席勒倾心于哲学。他虽未失去对美文的兴趣，但对他而言，文学却已退居后台。他也继续读他的莎士比亚，但现在已并不仅仅因为其中天才创世的魔力，更是为了扩展自己关于人类的知识。出于同样的原因，他开始钻研哲学。那里仍有许多东西等待他发现，因为自18世纪中期以来，哲学在德国经历了一种人类学—经验主义之转向。阿贝尔像一块海绵一样将新观点尽数吸收，并施展浑身解数，将这些理念带给他的听众。

一种新的精神进入了哲学。人们之后称为“大众哲学”的，实际上是一种深刻变革的后果：哲学希望踏出学院，步入世界。约翰·奥古斯特·埃内斯蒂（Johann August Ernesti）[①]在他作于1754年、如今却已被人遗忘的纲领性小册子中，就明确提出了这一主张。但这本小册子仿佛尚不能说服自己似的，是用拉丁文撰写的：《论大众哲学》（*De philosophie populari*）。“大众”（populär）意味着教育。哲学认识应该服务于生活，理性不应被理解为不可辩驳的知识内容，而是一种能量、一种力量，只有在运用与发挥效用时才能被正确地理解。因此在教育宣传之外的第

① 约翰·奥古斯特·埃内斯蒂（1707~1781），德国哲学家、新教神学家。

二项原则就是“自主思考”，正如第一批启蒙主义者之一的克里斯蒂安·托马修斯（Christian Thomasius）[①]所说的那样。他用德语讲演、上课，这在当时是极不寻常的；他并不重视思想是否与体系相容，而更重视思想是否能独自成立，是否具有洞察力，能否普遍地激发思考。对他而言，一个好想法并不是要融入某个体系，而是要能进入生活当中。因此，“独立思考”意味着运用人人均能接触到的可理解的经验作为评判标准。思想的可信度应能通过自身的生活经验加以验证；人们应根据这句格言行事：检查一切，只留最好！谁若是一如既往地注重系统的闭合性，谁就会鄙夷地将上面那种态度称为“折中主义”。但这却阻挡不了经验满满的务实思维开始崛起，并最终大获成功。直到18世纪中期，沃尔夫学派的理性形而上学一直统治着大学，但现在却出现了对它的质疑。实践经验被用来对抗唯理论建构和形而上学的空想；而法国怀疑论和英国启蒙哲学不断增长的影响在其中起到了决定性的作用。人们开始以另一种眼光来看人类，而医学学生席勒则落入了这种新式的经验主义人类形象的影响范围当中。

当然，先前几个世纪的哲学也对人类做过反思，但之前所关注的问题是人类在一个等级化的存在秩序中所处的位置。这种存在秩序是由空想的理性从神学概念当中恣意引申出来的。但现在，沃尔夫的科班哲学已僵化在其演绎式的经院推论当中。经

---

① 克里斯蒂安·托马修斯（1655~1728），德国启蒙主义哲学家，也被称为“德语启蒙之父”。1687年10月31日（宗教改革纪念日），他在莱比锡大学作了“人们在日常生活与行为中应模仿法国人的那些形象”（*Discours Welcher Gestalt man denen Frantzosen in gemeinem Leben und Wandel nachahmen solle?*）的演讲，这是德国高等教育史上第一场公开德语讲演课。

验、观察和归纳现在成了引领性的概念，而洛克与牛顿则成为年青一代的指路星。

这种以实践为导向的全新哲学提出了全新的问题。人们不再追问人的精神究竟在何种程度上是上帝精神的镜子；笛卡尔在精神之中所发现的那种不容置疑之物，现在被解读为具体的存在。应当从身体出发，也就是“自下而上”地理解人类，而不是从精神出发的“自上而下”。无论是否有灵魂，种种形体在空间中碰撞，互相发生作用，构建起特殊的情状，并决定了存在的秩序。笛卡尔将形体世界定义为“广延物”，亦即机械学与数学可施展效用的领域。哲学的转向就从这里开始。

/ 063 人们尝试运用“广延物”的原理去理解精神。从“广延”的形体世界所撷取的特性被运用于精神之上。人们建构了一门意识机械学，一种理念联结与接续的合法则性。由此得出了一种联想心理学，意识被当作某种空间，在其中思维、冲动与动机仿佛互为空间中的元素。机械力学的方法论原则在外部经验世界的理论中欢庆其胜利，现在被运用于解读内心过程。斯宾诺莎毫不含糊地声明认同这种方法，并在《伦理学》（*Ehtik*）第三部分的开头承诺，要用“几何方法”（more geometrico）[①]研究人类内在与外在的行为以及人类的欲望，仿佛他谈论的不过是线条、平

① 巴鲁赫·斯宾诺莎（Baruch de Spinoza，1632~1677），荷兰哲学家、神学家，犹太人；因为修习拉丁语、研究笛卡尔的理性主义并对犹太教教义产生怀疑，他被逐出犹太人社区，只能以磨镜片为生，但依旧坚持哲学思考。他的泛神论观点（Pantheismus）——上帝蕴于其造物之中——对德国启蒙主义和“狂飙突进”运动中的自然礼赞影响颇深。他的理性主义立场以及对“普遍数学”（mathesis universalis）的研究，在他的伦理学著作中可见一斑。他的遗作《伦理学》的副标题就是“根据几何学方法论证”（*Ethica, ordine geometrico demonstrate*, posthum 1677）。他在该书的第三部分写道，他要“努力用几何方法来研究人们的缺陷和愚昧”，并且“我将要考察人类的行为和欲望，如同我考察线、面和体积一样”。参见〔荷兰〕斯宾诺莎《伦理学》，贺麟译，商务印书馆，1997，第97页。

面或立体。虽然笛卡尔也将冲动与激情归入“广延物”并因此构建了一种情感运动力学，但他还是将“思想”这一“思维物”（res cogitans）与之分离。然而现在思想自身竟也被当作有形的过程，通过机械力学的原理加以阐释。对于“何谓思想”这一问题，人们的回答是：思想也不过是一种机械的过程，一种对于联想心理学的特殊运用。

在英格兰，主要是培根与霍布斯①将精神之物扯入了物理领域。他们草创了一门灵魂与精神的自然科学，也就勾勒了人类学唯物主义的轮廓。这种唯物主义将精神活动置于其对身体功能的依赖性中来理解。他们将上帝、彼岸与不死留给神学和宗教仪式。这种对神学与精神性的狡黠区分让他们得以将精神自然化而不至于激起正统的不满。人们并不想与教会或世俗权威产生任何争执。

之后几代人也停留在首先由培根和霍布斯发现的知识与信仰的和平共存。与法国不同，英国经验主义者与唯物主义者多数是自然神论者，承认灵魂应在神学上有一席之地。虽然上帝被赶出了可认知的世界，但人们仍然准许上帝出现在教堂和道德中。

这种经验主义与唯物主义认为，认识的源泉在经验而非思想 / 064
之中，而思想则表现为二次加工的一种形式：它规整并联结起感性为其提供的质料。洛克解释说，理性中没有任何东西不是先经过了感性。若是像洛克一样强调思想在其从属功能之框架内的角色，那么就是一种包含理性元素的经验主义；而若是像霍布斯或培根一

① 托马斯·霍布斯（Thomas Hobbes, 1588~1679），英国哲学家、政治思想家。其名著《利维坦》（Leviathan, 1651）认为人类社会处于互为豺狼（homo homini lupus）的混乱的自然状态，因此需要将部分权力让渡给一个如《圣经》中所描述的巨大海兽“利维坦”一般强大的国家，以保证生存与安全。

样，在感性经验面前把思维的角色降得更低，经验主义就会发展为感觉主义。如果思维成了“附带现象”（Epiphänomen）[①]，如果人们只将其理解为质料的功效，那么经验主义就会变成那种在18世纪下半叶的法国大行其道的机械唯物主义。

无论如何，思维学会了自我怀疑。人们把从思维中夺取的东西给了经验。这种发展始于培根。培根批判一种将自身抬高至物质现实之上，因此成了谬误之根源的思维。他说，平常的思维喜欢将目的与意图——也就是一种目的论——放到事物当中。但这是错误的。只有人才有意图，而自然没有意图。思维的批判揭露了其所投射出的倾向。除此之外，培根说，思维在一般情况下受制于广为流传的意见，即“市场假象”，而经验就是这样被歪曲的。不是感官，而是社会化的理智将我们带入歧途，因此重要的是通过可直观的实验将理智从其谬误的迷宫中领出来。所谓的“洞穴假象”[②]也属于这些谬误之一。它指的是由个人禀赋与利益所导致的思维定式。所以说，人们有时得通过清除附着的错误思维，才能颇为艰苦地重回经验。因此，这种怀疑论并非与值得尊敬的柏拉图主义传统相同，它瞄准的不是感性经验，而是理智。然而最后，还是需要理智来摧毁它自己的幻象，才能让感性不受蒙蔽地发挥作用。

---

① 所谓“附带现象”又译“副现象”，即虽由因果事件产生，自身却无显著的因果效应，而只是附带出现而已。在18世纪的心灵哲学中，曾有一种观点认为思维不过是生理活动的“附带现象”，即外在刺激引发机体的反应（如痛觉等），此时虽在大脑中形成了相应的知觉，但这种知觉并不是身体行为的原因，只是外在刺激—身体反应这一因果链的伴随现象而已。

② 培根在《新工具》中批判了阻碍人类认知的四种假象：族类假象（Idola Tribus）、洞穴假象（Idola Specus）、市场假象（Idola Fori）、剧场假象（Idola Theatri），分别指形成错误认知时的人类天性因素、个体因素、语言因素和哲学体系因素。参见〔英〕培根《新工具》，许宝骙译，商务印书馆，1984，第20~44页。

这种经验主义，无论是感觉主义的、理性主义的或是唯物主义的，都必然发展出一种独特的人类学与道德哲学。

与提高感性经验之价值相符合的是对身体欲望（例如饥饿、生殖、自保）的全新评价。人们先前就了解这些欲望具有极大的决定力，但现在更将其宣布为人原本的核心。难道理念在和欲望的冲突中不是每一次都颜面尽失吗？欲望被视为道德与社会现实的基本元素，而道德与社会学说则与一种欲望物理学或欲望机械力学相去不远。社会与政治生活是从人的“自然”出发来计算的。

但这种“自然”究竟是什么？霍布斯认为，人性“自然”的基本特征在于自保的欲望。所有的利益都直接或间接地致力于保存或促进个人的肉体存在。自保是意志的唯一对象。不受束缚的自保之欲必将导致所有人对所有人的战争，导致暴力的无政府化。为了避免这种状况，人们必须在“个人”这个社会原子身上进行某种原子裂变。从个体的自保欲望中，必须分裂出一部分用于建立一种国家暴力来代表集体自保的意志。这样，霍布斯就完成了他的杰作，即在不必预设利他主义的前提下思考社会和国家。他在人的自然天性中本来也找不到利他主义倾向。众所周知，霍布斯这幅冷酷的国家与社会图景的背景是他在 17 世纪英国激烈内战中的经历。①这一经历让他把人视为某种危险的爆炸物，必须将其拆除。霍布斯经验主义的人类观是由他个人的经验所决定的。

经验主义无论预设了个人利己主义（霍布斯）还是利他主义

① 原书作者此处误作“法国内战”。实际上，霍布斯创作《利维坦》（1651）的背景是 1641~1651 年的英国内战（English Civil War），即导致克伦威尔（Oliver Cromwell, 1599~1658）上台、查理一世（Charles Ⅰ）于 1649 年被送上断头台、斯图亚特王朝覆灭的英国资产阶级革命。霍布斯正是在身为护国公（Lord Protector）、集大权于一身的克伦威尔身上看到自己政治理想的实现，才撰写了宣扬主权者之绝对权力的《利维坦》。原书之所以有此笔误，可能是因为当时的霍布斯正流亡法国。

（洛克）的欲望本性，都难以思考人类的自由。这一困境在“自由意志”领域尤为突出。如果真的存在某种强制性的欲望在我们体内活动，那意志还怎么可能是自由的？

不那么明显但细看起来却举足轻重的是“自由”在认识与感知领域的困境。认识若是像经验论者所认为的那样，如此直截了当 / 066
地紧随感官知觉之后，那么认识在感官印象的强制性显现面前是否还有任何行动的自由？我们在认识时究竟有多自由？是感官经验在强迫我们，还是说与感官经验为我们所开启的空间相比，我们在思维中所拥有的空间更广阔？我们又有何种自由施展的空间？经验主义虽然承认思维可能误入歧途，也就是说思维至少有犯错的自由，但是这样一来自由所剩无几，只能让我们偏离对现实的认识。于是人们就会陷入悖论：我们只有处于谬误时，才是自由的。

洛克创造了“精神的朝堂”①这一漂亮的说法，感官印象就在此处面圣。但是谁在那里高踞王位，迎候来自边疆的各位使臣？“精神”在他的朝堂之上自由吗？对于经验主义者而言，谈论“认识的自由”是否真的有意义？感官印象是不由自主的，它们的出现有时甚至带来痛苦，它们支配着我们，如此显明，不可辩驳。在“精神的朝堂”上端坐龙椅的国王，我们暂且称之为“理智”，但他并不能将感官的使节拒之门外，他必须允许他们汇报所带来的消息。他真的必须如此吗？只要他们不是逼得太紧，他偶尔倒是可以在一段时间内对其置之不理，沉迷于“幻

① Locke, Bd. 1, S. 130.“精神的朝堂”（The Mind’s Presence-Room），语出洛克的《人类理解论》（上册），所谓“Presence-Room”即国王会见访客或群臣的大厅。也就是说，洛克认为精神（Mind）乃是君王，感官质料不过是臣属，听从君王差遣调派。有汉译作“脑中的客厅”（见〔英〕洛克《人类理解论》，关文运译，商务印书馆，1983，第86页），似欠妥。

象”（培根语）。至少他还拥有这点儿自由。但这不过是犯一阵子迷糊的自由。无论时间长短，他终究还是得关注使节的报告。他们会逼着他这样做的。自由的活动空间狭小得可怜，而且与其说是机会，不如说是一种负担。

和感觉主义一样，理性主义的经验论也无法设想认识过程中的自由。那儿坐着一位理智的国王，知道自己——根据几何方法——受到正确思维之法则的约束。他绝非独断专行、大权在握，而不过是个立宪君主。他实行的法律并非由他所立。那么是谁立的法？如果不是上帝，那就是使臣，也就是现实本身是唯物主义者让国王在“精神的朝堂”上被彻彻底底地夺了权。现在只有感官的使臣，即便是自以为不同的国王，实际上也不过是个传话的。国王以为自己做出了什么决定，可其实不过是有个使臣在他体内活动。因为对于激进的唯物主义者而言，认识乃是感官刺激，是一种身体性的过程。头脑是身体的一个部分，因而在头脑中所发生的一切，乃是按照身体的法则完成的。在我们体内进行思考的并非精神，而是大脑的物理和生理，也就是一场神经元的暴风雨。

拉·梅特里（La Mettrie）① 与霍尔巴赫一派的机械唯物主义者完成了身体过程与意识过程两者间的短路联结。因此，认识就成为对物理刺激必然的物理反应。其独特之处自然在于，这种物理反应是作为一种意识现象被体验的。

然而正是在此，即“内在体验到的意识”这里，意识恰恰有可能逃离唯物主义。因为如果某种物理现象能作为意识被体验，会意味着什么？斯宾诺莎就曾为这个奇怪的现象伤透脑筋，特别

---

① 朱利安·奥弗雷·德·拉·梅特里（Julian Offray de La Mettrie, 1709~1751），法国激进启蒙主义者、机械论者，否定意志与灵魂，著有引起极大争议的《人是机器》（*L'homme-Machine*, 1748）。原书作者将其名字写作“Lamettrie”，已更正。

是当他说：如果一块落下的石头有思想的话，它一定以为自己是自愿掉落的。拉·梅特里则拿自己做这种思想实验，并自问这书的作者究竟是他自己，还是他体内的一种生理过程。他的答案——是身体，更确切地说是他体内血液的温度写了这本书："为什么我一探究某个抽象的想法，我的血液就燥热起来？"[①] 拉·梅特里一翻手，就把一种伴随性的身体状态变成了根源性的状态，以至于得出结论：不是"我"在写书，而是身体的"本我"——燥热的血液——写了这本书。

这类思想，无论是理性主义的、感觉主义的还是唯物主义的，都怀着鄙夷俯视着前几个世纪所谓沉溺在梦中的虚幻世界图景。他们说，那些年代不过都是"童年"罢了，把愿望当作现实，把自己对思想和意义的幻想投影到世界。人们终究得成长，冷静地看待这个世界的原本面貌，不带任何愚蠢的恐惧或感伤的希望。这种思维方式与对坚强、冷酷和清醒的激情紧密地联系在一起。理性的建构，压力与反弹、体液与力量、刺激与反射之间毫无灵魂的机械运动——这一切导致了一个世界，在其中自由、情感、灵魂和精神竟几无立锥之地。

什么东西若是这样被改造为对象，就必然显得符合因果、机械而具有形体。但对于现实世界的祛魅却还有一种补偿。这就是从臆想出来的宗教恐惧中获得解放，以及对自然不断增长的掌控，但其代价却是形而上学充满意义的秩序遭到消解而被"中和"。新的知识展示了自然如何运转，却说不出自然应当如何。当然，人们还在继续探索道德与生命正道的问题，而即便有量化、测量与计算的方法，人们还会继续感受生命的质量，体验

/ 068

① Lamettrie 2001, S. 74.

自由。但知识与思想却再也找不到一种合适的语言。显而易见的是，活着的与思考着的并不相同。生命的本来意义在经验主义的、理性主义的或唯物主义的思想中仍没有找到恰如其分的表达。

因此人们不可避免地感到，对思考之物与生命之物所做的区分实在不尽如人意。人们希望理解整个的人以及他在世界中的存在。人们激情饱满地从经验出发，加以研究分析，并为自己绘制了一幅现实的图像——关于现实如何进入我们视野，以及关于我们如何与现实关联——却到达了一个拐点，鲜活的经验在此不再能通过分析重新辨认出自己。

英国有沙夫茨伯里，法国有卢梭，德国则有赫尔德，他们三人虽仍站在新的经验主义的领地上，却对经验主义式的简化提出抗议，因为真正活过的生活所具有的丰富、随性、情感质量与创造性的力量在这种简化中被提及得太少。因此这一批判仍然基于经验主义的立场，因为其并非演绎地从“更高级”的概念出发来论证，而是归纳地从经验出发，只不过是一种更为丰富而生动的经验。这些温柔且宽容的经验主义者都是也必须都是语言艺术家。因为谁若是想要将经验中的伟大，将感性与思维、知觉与想象的和谐付诸语言，就必须掌握纷繁意义与中间音符的语言目录。理解未被割裂的生活，单凭分析的严格远远不够，必须再添上诗意的造型力与表现力。

关于沙夫茨伯里：在他看来，感知、认识与道德都扎根于同 / 069
一种基础情感之中——情感让我们与世界联结，而我们则在自我感觉中体验我们自身。感知、思考与道德行动正是以这种感觉为媒介，完全包藏于其中而实现的。沙夫茨伯里的真知灼见之后将会在海德格尔（Martin Heidegger）① 那里再次出现：情绪是自我与世界关系的基础；情感是一种共鸣现象。情绪没有对象，而是自然与周遭世界之共同运动的一部分。因此在沙夫茨伯里那里，“共情”扮演着如此重要的角色。他不能像霍布斯一样将利己主义视为自然之人的唯一特征；对于他而言，这种被他称为“共通感”（Sensus Communis）的共情也同样是人之基础。利他主义恐怕是对此的一种误解表达，因为这里所关涉的并非道德责任，而是切身感受到的人类共存，一种社会调和一致的情绪。在沙夫茨伯里那里，情绪与情感是构建统一性的原则：个体正是因此与自身、社会、自然相联结，而也正是情感将身体与灵魂、质料与精神相互结合，这些范畴只是在分析时被人为地分割开来，但人们却能在情感中体验到它们之间的和谐。谁若能理解情绪，就能理解自己是如何与所有的一切相辅相依。

而卢梭也在情感中发现了统一性的原则。感官知觉与思考在情感中得以结合。一个纯粹感性的存在，正如卢梭所解释的，无法理解其所见与所触摸的同一物体的内在一致性。对他而言，所见与所触摸的东西将会断裂为两个不同的“对象”。而只有“自我”才将它们重新组合到一起。自我的统一性确保了外部对象的统一性。卢梭更进一步：他比较了“自我之感”与对外部世界的“感知”，并得出结论，只有当“感知”进入“自我之感”时，我才能对外部世界有所知觉。而因为感知为我呈现外部的存在，但只存在于自我之感的媒介中，因此没有自我之感便没有存在。或者反过来说：自我之感创造了存在。然而这种自我之感不是别的，正是这种感受到的确信：我存在。这里，卢梭反对笛卡尔，

① 马丁·海德格尔（1889~1976），德国哲学家，着力于现象学、本体论和阐释学，著有《存在与时间》（*Sein und Zeit*, 1927）。

并将后者的名言“我思故我在”很经验主义地反了过来：“我在故我思。”与他的前辈相比，卢梭将会更加丰富地把“我在”作为工具加以运用。所有属于身体、灵魂与精神存在的一切都蕴含其中：对于身体的知觉、对于外部世界的感知、想象力、回忆，最后——作为众多契机之一——还有思想与遵循逻辑规则的认识，但这一切都统合在自我之感当中。

为了将这句看似不言自明的“我在”从细碎繁复的思想纠葛中抽离出来，着实得花费不少脑力。然而人们只要尝试理解这种自我意识与自我之感是从何处奋力挣脱，才得以在哲学上诞生，而它们的降生又伴着怎样兴奋而炽热的情感，就能明了这番智识上的苦工。因为还原的经验主义、感觉主义和唯物主义引领了一种思维方式：在人类目睹机器被强行加入某种既定的精神秩序之后，这种思维方式将人类归入物的秩序。无论是作为万物中的一物，还是作为既定的形而上秩序中的人——两种情况下占统治性的基本特征都是客观主义与命定论，在前者中被理解为物质秩序，而在后者中则被理解为精神秩序。可是因为沙夫茨伯里、卢梭与赫尔德，作为自我而存在的欲望获得了一种鲜活生动的语言。显然，看似简单的事竟是如此困难，人们必须走完漫漫长路，才能回归自身。人们只有回想起先前自我是如何深藏，才能理解到达时的欢呼雀跃。思考、信仰、感知都曾是无主体的行为，是一桩物质或客观精神层面的事件。思维在被思考之物中消失，感知在被感觉之物中消失，意志在被意欲之物中消失，信仰在被信仰之物中消失。主体像在施法似的，将“消失”这位复仇女神幻化成种种形象，并让其在当中持存。然而现在“自我”开始以全新的方式发现自己。它在“自我之感”中听见了自然的声音与人类世界的多重声调。“自我”发现了令它振奋的确信：对它而言，“自我之感”的统一性就是外在世界之统一的一面镜子。

/ 071

赫尔德还在这一自我感的发现中增添了表达一事件（Ausdrucks-Geschehen）的维度。也正是因此，他成了“狂飙突进”运动的话语领袖与重要启发者。与沙夫茨伯里和卢梭一样，赫尔德也反对笛卡尔的理性主义，反对启蒙主义的人类学，反对其中将人类理智分割为不同能力的惯常做法，反对分裂身体与灵魂、感觉与意志。

赫尔德试图理解的那种统一性，是所有生命表达之创造性基底的统一性。几乎没有人像赫尔德一样为生命的认识增加了有机体的维度，并揭示出仅凭机械力学的概念无法把握有机物的内在目的论。正如之前已经提到的，赫尔德将从胚芽到开花至结果的发展过程解读为表达的姿态，并将其与人类的行为、感知与思考进行类比。在他看来，统一性在“创造”的活力中实现自身。所有生命对他而言是一种创造，种种个性化的胚芽和力量在此过程中显现出来。在自然与人类世界中没有任何东西与他者相似。不存在普遍，只有个性。他由此推导出他那著名的伦理与美学要求，即每个个体的生命胚芽都应当能够生发，能够在表达的姿态中展露其个体的真实。在这一视角下，世界和自然就成了个体表达的实验室。统治世界的不再是“逻格斯”（Logos），而是“波意俄希斯”（Poiesis）[①]。普遍的表达事件让现实亦表现为生命之洪流，而人正身处其中，不知道被何种力量推动。但也许这样挺好，因为在酝酿与萌芽之悸动中的生命是可怖的，远非狭小的意识之屋所能承受。赫尔德和之后的尼采一样，常谈起生命的“深渊”，人们无法向下望而不同时丧失理智。“妙的是……我们灵

① “逻格斯”即语词逻辑，而“波意俄希斯”则指的是制作或艺术创作的技艺，在现代理论中特指艺术家或艺术派别的创作手法。

魂最深的深渊叫人用夜给遮盖上了！我们可怜的思想姑娘肯定做不到不怀着惊慌与恐惧、带着所有害怕与胆小者的预防措施，去谛听世界大洋卷起黑暗的波涛发出呼啸巨响。于是船舵从她手中滑落。于是自然母亲使一切不能依附于她清晰意志的东西，通通从她身边远离……她不知道自己正站在无尽的深渊边上；正是因为这种幸福的无知，她才站得那么稳当而坚定。”①

/ 072

这就是当时精神的处境。而此时的席勒正是在阿贝尔的课堂上，在从学院大门到讲堂的路上与他的对话中开始了解这一切。他的确学到了很多；阿贝尔按照自己的喜好，主要让学生接触了英国经验主义者，包括霍布斯、洛克和休谟，同时也没有忽略法国唯物主义者，尽管后者因为其无神论在卡尔学校的官方层面并没有什么好名声。但那几位讨论善意、伟大情感和表达事件的哲学家，沙夫茨伯里、卢梭和赫尔德，也同样在教学大纲上。

席勒被牵扯进了对立思潮之间的紧张关系。理智与心灵都被同样提及，但并不能调和其中的矛盾。这体现在席勒 1779 年与 1780 年的两篇医学哲学的毕业论文中。我们能在论文中发现两者：一方面是几乎唯物主义式的对理智的解构，以及试图在生理学过程中确证自由与随性；另一方面则是一种心灵的激情，而善良与爱则构成了它的宇宙准则。

但在我们探讨这一问题之前，我们再看一眼一部由阿贝尔推荐给席勒、席勒经常阅读研习的哲学著作：亚当·弗格森于 1775 年首次译为德语出版的《道德哲学原理》(*Institutes of moral philosophy*)。阿贝尔在回忆录中写道，席勒早年教育的很大一部分要归功于这部著作。对于席勒而言，重要的不单单是

① Herder 1991, Bd. 4, S. 345. 之所以说“思想姑娘”(Denkerin)，是因为从事“思”的“理性”(Vernunft)为阴性词。

这部著作，还有书末极为详尽的后记，由译者克里斯蒂安·加尔弗（Christian Garve）[①]撰写。加尔弗是当时声名远播的启蒙作家，只是很快便遭人遗忘。作为译者与英法大众哲学的传播者，他做出了特别的贡献。席勒之后谈起他时，只会满怀敬意；在第一时间邀请他参加《季节女神》（*Die Horen*）[②]的编辑工作。“请您将我，”他在 1794 年 10 月 1 日致加尔弗的信中写道，“视为一位前往真理路上的多年旅伴；在这条路上人们绝不会嫌旅伴太多，却时常连一个都找不到。”在《赠辞》（Xenien）[③]这场文学宰牲大宴上，加尔弗和莱辛与康德一道，是为数不多的几位未遭批判与嘲讽的人。在听说他不幸失明后，席勒将这两句诗献给他青年时代的哲学之星：“当我听见你，尊贵的受苦的人呵，在谈论忍耐时，/ 哦这群假意虔诚的空谈家让我多么厌恶。”[④]常读常新，弗格森的著作与加尔弗的注疏给席勒留下了如此深刻的印象，以至于他在多年后仍能大段背诵其中段落。

/ 073

亚当·弗格森属于人称“苏格兰学派”的经验主义者。他们在沙夫茨伯里的启发下，为原初情感经验的概念增加了“常识”

---

① 克里斯蒂安·加尔弗（1742~1798），德国哲学家，翻译了大量外国哲学著作，对德语启蒙起到了极大的推动作用。

② 《季节女神》是席勒 1795~1797 年主编出版的杂志，得名于古希腊神话中主神宙斯（Zeus）与大地女神忒弥斯（Themis）的三个女儿，掌时间与季节的“时序三女神”（Horai，又译“荷赖”）。这本杂志是 18 世纪末德国知识界最重要的刊物，歌德、费希特、威廉·封·洪堡等多位知名人物均是杂志的撰稿人。席勒在杂志上发表了其分量最重的两篇理论文章，即《审美教育书简》及《论质朴与多情的文学》。关于《季节女神》，可参见本书第二十章。

③ “赠辞”是一种特殊的文学形式，即以古希腊式的六音步双行诗（Distichon）构成的讽刺短诗。关于席勒与歌德的《赠辞》，请参见本书第二十章。

④ MA Ⅰ, S. 274.

(*common sense*) 这一理念。人们将“常识”理解为通过社会与日常实践所保留下来的健康理性之机制。这种“常识”应削弱那种纯粹理论性的且被夸大了的对现实内容的怀疑。只要我们的认识在实践中得到证实，作为其基础的经验就足够明显，人们不应再用挖空心思构想出来的怀疑加以破坏。而自由则是另一项在实践中显明的原则。弗格森的导师托马斯·里德（Thomas Reid）[①]解释说，或许人们并不能完全严密地论证出自由意志，但在生活实践中也不需要这种证明就能确信，我们影响着自己的意志决定及行为。

此类“令人豁然开朗的真理”虽然在根上未必能得到证明，但仍然应被视作可信。而一种基本利他主义的理念也属于这一范畴。霍布斯的利己主义理论遭到拒斥。弗格森宣称，还有另外一系列的冲动，而“社交冲动”在其中起决定性作用。所有的冲动都有双重指向。弗格森以“自尊”为例做了说明。在“自尊”中个人虽然指向自身，但他之所以能感受到要求自尊的冲动，是因为还有其他人赋予或拒绝给他尊重。人因此感受到自己既是个体，亦是社会存在。作为个体，他要将一切纳入自身、为己所用。在利己主义的孤独中，他是一头“野兽”，但他同时却“在很大程度上是社会性的，适宜市民生活”。[②]从“社会性的野兽”这条公理出发，弗格森发展出一套介于暗色调与暖色调之间的人类学。

因为弗格森以挑衅式的清晰强调了人类野蛮而自私的一面，因为他不带幻想地将人类原初的不平等以及由此引发的斗争与对斗争的遏制推入人们的视野，因为他不粉饰现实，而是经验地把握现实，因此，在他让人性光明的一面出现在这片阴暗的背景上时，就更能让席勒觉得信服。“善意”与“爱”：它们也和自私

① 托马斯·里德（1710~1796），英国哲学家，“苏格兰常识学派”的奠基人。

② Furgeson 1787, S. 12.

的冲动一样被视为作用于人的自然法则。故而即便在“爱”的主题上，弗格森也保持冷静与距离，正如在谈论“法则”所应当的那样。他写道：“人所拥有的最大的善，是对他人的爱。这一法则的推论包括：（一）社会或人类最好的东西，同时也是个人最好的东西。（二）……不存在有害于整体的部分幸福。”①

我们将在席勒的医学哲学毕业论文中再次见到这种关于爱的冷静哲学，不过这一次却是以热情洋溢的高音呈现出的。

在弗格森那里，爱与善是一种感知和行动，只要没有哪种起反作用的原因——亦即其他冲动或不利的情况——过于强大，就会带着自然的必然性出现。但这就意味着：自由对于弗格森而言并非明确的主题。加尔弗在注疏中也批评了这一点。这一缺憾促使加尔弗阐述了自己对自由问题的思考，给席勒留下了深刻的印象，并在之后影响了席勒自己的自由理念。

我们的自由，加尔弗写道，带有独特的“不可探究性”②，因为它将人带入无原因的无底深处。可我们的认识却寻找原因。认知者若是观察其自身的行为，就会在自己身上发现若干想法，驱使他做出特定的行为。这些想法却并非自由地在他体内发展，而是由外在刺激赋予他的。然而加尔弗问，若是行为与想法相连、
/ 075 而想法又必然与刺激相连，那么自由又该在何处寻得？看起来，人似乎并非自身行为的发起者。至少概念的认知会得出这一结论。但还有“另一种感受”告诉“我”：“我自己就是我行为的发起者；而只有当我是我所行的善的发起者时，我才是有道德的。而只有当我的行为不依赖任何外在之物时，我才是行为的发起者；故而行为也不能依赖我自己的想法，因为归根结底，想法自身也依赖

① Ferguson 1787, S. 103.

② Ferguson 1787, S. 202.

于外在于我的事物。”[①]如果“我”往回看，要把握“我”行为的缘由，便在哪里都找不到自由，而只有因果律。然而若是向前看，撸起袖子准备做些什么，就不能不感到自己实在是自由的。当“我”要认识自由时，自由便离“我”而去；但“我”需行动时，却不会脱离自由。在行动中，“我”可任由美德的理念引导；而当“我”之后分析时，或许也会发现，决定“我”行动的可能是完全不同的缘由。加尔弗这样表述此种矛盾：“我不知道自己有多自由，却知道我应如何变得更完美。”[②]之后，康德会将这一矛盾称为“自由的二律背反”（Antinomie der Freiheit）[③]。

加尔弗清晰地展现了自由的二律背反，而自由难题也将一直困扰席勒。当人们行动时，当他们要选定一种道德生活的理想时（暂且不管其定义究竟如何），他们都的确感受到了自由。可若是人们冒险换一种眼光，窥探身体的过程，是否还能把握住这切身感受到的自由？——这个问题之所以拷问着青年席勒，首先就是因为他在自己的医学学习中不能对此视而不见。自1777年起，席勒开始充满动力地勤奋修习医学，而这门学科迫使他运用生理学的、与身体相关的视角。他无法避开医学唯物主义，而他的哲学导师阿贝尔则鼓励他勇于面对挑战。

当时，学院的年度考核仪式包括挑选若干学生，令他们用自己的论据公开阐述并捍卫各自教授的论点。1776年年末，席勒

① Ferguson 1787, S. 200.

② Ferguson 1787, S. 202.

③ “自由的二律背反”（Antinomie der Freiheit）指的是康德在《纯粹理性批判》中提出的四组二律背反的第三组，即因果律之必然性与人的自由之间的矛盾，参见《纯粹理性批判》，A445/B473。

要为阿贝尔的“论点”做辩护。阿贝尔从身体的角度讨论了自由的难题，其中一条论断是：“灵魂所有的力量、所有的理念以及理念的所有类型都取决于身体。”而这一洞见则“由于对于唯物主义灵魂学说的某种恐慌性担忧”而遭遇极强的阻力。①

我们不知道年轻的席勒当时是如何为阿贝尔的论据做的辩护，但能在他的几篇毕业论文中观察到，席勒本人在三年之后是如何探索这个问题的。他会在论文中做细致的尝试，力求在生理学的过程中发现自由。而当他在文中为自由一辩时，并非通过形而上学的臆断，而是——阿贝尔的影响竟如此深远——通过观察。当然，表达的姿态、精神的奔流、热情、兴奋，这一切对他而言都很重要，单是因为它们让诗意语言的那种修辞澎湃得以可能，他就不愿将之抛下。但表达的热烈不应削弱拉开分析距离的力量。灵魂自然可以自我表达，但不应畏惧“经验灵魂探究”（Erfahrungsseelenkunde）②这门学科——这是阿贝尔从卡尔·菲利普·莫里茨（Karl

---

① Zit. n. Buchwald 1956, Bd. 1, S. 206.

② “经验灵魂探究”是现代心理学的雏形，即通过如书信、谈话等第一手资料研究人的心理，得名于莫里茨自1783年编纂的《经验灵魂探究杂志》（*Magazin für Erfahrungs-Seelenkunde*）。莫里茨在导言中提出，这门学科实际上是一种“灵魂病理学”（Seelenkrankheitslehre），目的在于通过对个体异常状态的经验观察描述灵魂“病症”的特质，发现心灵活动的机理，并对症下药，实现道德上的改善与进步。最重要的方法是“对看似细微之处的注意”（Aufmerksamkeit aufs Kleinscheinende），这就要求虔敬主义式的自我观察与剖析，将“我自己视为我自身观察的对象”。只有这样才能实现对人类心灵的真切认知。参见 Karl Philipp Moritz: *Vorschlag zu einem Magazin einer Erfahrungs-Seelenkunde*. In: Ders.: *Dichtung und Schriften zur Erfahrungsseelenkunde*, Hg. von Heide Hollmer und Albert Meier. Frankfurt a. M. 2006, S. 793~809。席勒在小说《受侮辱的罪犯》（*Verbrecher aus Infamie*, 1786）中也有类似的表达：人类学者应从人的“种种迷误”中“取得某些经验收入他们的心理学说并加以整理，使之成为生活的道德准则”。MA V, S. 13. 参见《席勒文集》（第一卷），第307页。

Philipp Moritz）那里接受的名词。在灵魂问题上，必须学习解剖尸体的席勒成了不断剖析、不断实验的心理学家。他于1777年开始写作《强盗》，而创作工作正是服务于这种对灵魂的探索。

对于医学生席勒而言，文学创作不仅是表达或修辞的姿态；他希望证明自己是“对精神认识最透彻的专家”①，力图“在灵魂最隐秘的行动中将其捕获”②。或许——这一结论涌上医学生心头——这些“最隐秘的行动”一直向下延展，直至身体的阴影之境，比一个要求独立的骄傲灵魂所乐见的要探得更深。或许弗朗茨·莫尔（Franz Moor）是因为觉得自己被弃入一个丑陋的躯壳，才成了恶人？难道他不是因为自然对他如此不仁，才被迫向人类复仇？席勒在其中练习将文学形式用作实验装置，以了解身体的命运如何塑造灵魂，而灵魂反过来又是在何种界限内统治着身体。难道人类真的像他让弗朗茨·莫尔所说的那样，从“泥淖中出生的，在污泥中蹚了一阵，制造污泥，在污泥中又继续发酵，直到最后污泥肮脏地一直粘在他曾孙的鞋底上面”？③

在席勒写下这段话的差不多同一时期，他还起草了一份尸体解剖报告。报告中写道：“切开胸腔时，一大股黄色的血浆喷涌而出……肠道中含有黄色的硬物。肝脏底层呈蓝黑色，上层则呈蓝色与红色的大理石纹理……心房刚一切开，就有一大股血浆喷涌而出……左胸上半部分有脓状物。”④

---

① MA Ⅰ, S. 484. 原书作者误将“最透彻的”（durchdringendster）写为“透彻的”（durchdringender），遗漏最高级，已相应更正。

② MA Ⅰ, S. 484. 语出《强盗》的前言。

③ MA Ⅰ, S, 557. 语出《强盗》第四幕第二场，汉译参见《席勒文集》（第二卷），第140页。

④ MA Ⅴ, S. 241f.

报告的最后一句是："头颅尚未切开。"

在讨论"身体—灵魂"问题的毕业论文中，席勒将会尝试运用分析的手术刀切开人类的头颅，去探索其中是否真有君王的宝座。是这位哲思的医学生，最先接近"精神的朝堂"。

选择医学——关于身体与灵魂的临界交往——席勒的三篇毕业论文——“爱”在宇宙间的权力——“伟大的存在巨链”——物质到精神的神秘过渡——神经生理学的迷宫——大脑究竟有多自由？——注意力的光芒——忧伤的情绪——格拉蒙事件——施特莱歇尔见到席勒

1777年秋，席勒最终决定严肃地对待他的医学学习。由于一心想成为神父，席勒在卡尔学校的最初几年还曾怨天尤人，因为命运逼他念了他毫不喜欢的法学。他在文学中找到了慰藉，对哲学的激情也在随后兴起。在此期间，席勒转入医学。转专业倒是很迎合他的兴趣，因为在医学院，实践的治疗术教得少，理论背景则谈得多，还能让学生对人的“自然”做些哲学思考。然而在1777年的秋天，席勒第一次正视“医生”这一职业未来。他开始全身心地投入这门学科，其决绝让同学们惊讶不已。他的决心仿佛会传染一般，也带动了他的好友霍文。在他的回忆录中，霍文描述了先前交换诗作的二人，现在却是如何将干扰他们职业准备的一切都撇到了一旁。安德烈亚斯·施特莱歇尔也有类似讲述：“起初耗费的克制力有多么巨大，席勒并不在乎。他始终怀着如此的坚毅追寻这一目标，以不间断的热情研习种种医学著作……他不准自己有哪怕是最微不足道的享受，即便只是一段鼓劲的对话。这种超乎常人的努力虽然不利于他的身体，却让他对这门学科烂熟于心，以至于他现在轻轻松松便能过渡到医学在不同专业及在保健中的运用。”①

① Streicher 1959, S. 65.

霍文与施特莱歇尔所报告的这种新的学术热情，却仍让席勒留有时间去从事若干文学项目。他计划按照歌德《葛茨》[①]的模板，写一部关于舍特林·封·布尔腾巴赫（Schertlin von Burtenbach）[②]的骑士剧，又为他的诗学教授巴尔塔萨·豪格编纂的《施瓦本杂志》写了几首诗，但最重要的是继续创作《强盗》。无论如何，就他的内心感受而言，席勒已经转移了内在的重心：他想要一个转折，更重要的是他想要向自己和朋友们证明，他在医学领域也能取得成功。

在那些年，得益于启蒙的经验主义思维方式，医学与哲学得以紧密地联系在一起。在精神中搜寻身体之物的哲学家们，与想要在身体中发现精神性的医学家们不谋而合。于是在身体与精神之间的道路上，熙熙攘攘、络绎不绝。诚然，伟大的医生和自然科学家，莱顿（Leiden）的布尔哈夫[③]曾警告医学家切勿有哲学的放纵："研究形而上学的最后原因以及生理学的最初原因，对

---

① 指歌德在"狂飙突进"时期的名剧《铁手骑士葛茨·封·贝利欣根》(*Götz von Berlichingen mit der eisernen Hand*, 1773)。历史上的葛茨·封·贝利欣根（1480~1562）曾在德国农民战争（Der deutsche Bauernkrieg）中短暂地作为奥登瓦尔德农民义军领袖与施瓦本联盟（Der Schwäbische Bund）作战，但临阵脱逃。歌德的戏剧则并不完全依照历史细节，而是将葛茨的形象做了艺术加工，让其战败被俘却在狱中不曾屈服，将之塑造成了为争取自由而与教权斗争的战士。

② 指塞巴斯蒂安·舍特林·封·布尔腾巴赫（Sebastian Schertlin von Burtenbach, 1496~1577），16 世纪施瓦本地区著名的雇佣兵头领，曾任神圣罗马帝国步军统帅，但在宗教改革之后爆发的施马尔卡尔登战争（Schmalkadischer Krieg）中站在新教邦君一边反对神圣罗马帝国和天主教会，被皇帝剥夺法律保护，流亡法国。晚年与皇帝和解，终得归隐家乡。

③ 赫尔曼·布尔哈夫（Herman Boerhaave, 1668~1738），荷兰医学家、植物学家，18 世纪欧洲最伟大的临床医学家之一。他任教于莱顿大学，是哈勒的老师，曾发现"布尔哈夫综合征"，即因为暴食导致食管压力陡增而破裂。

于医生而言既非必要，亦非有益，更不可能。”① 布尔哈夫是一整代医生的榜样，也是伏尔泰、拉·梅特里等著名哲学家的对话伙伴。但恰恰是在生理与形而上学之间构建起联结这一雄心壮志，驱使着当时杰出的医生们。

一方面是声名远播的“哲人医生”，例如阿尔布莱希特·封·哈勒、约翰·格奥尔格·齐默尔曼（Johann Georg Zimmermann）② 以及恩斯特·普拉特纳（Ernst Platner）③。他们坚持的观点是，人们只有通过对身体的认识才能深入探究精神的秘密。与他们相呼应的包括狄德罗（Diderot）④ 等哲学家，他们明确宣称，“没有解剖学与生理学，就不能好好研究形而上学和道德”⑤。歌德在回顾往事时写道，医学家的“自然”在当时被喊成了“普遍的口号”⑥。由于布尔哈夫与哈勒以他们关于体液和神经对于精神及灵魂事件之影响的解剖学和生理学发现，完成了“难以置信”的成就，人们便觉得有权“从他们的学生和后继者那里要求更多”。到处充满着高昂兴奋的情绪，人们相信，身体
与精神之间的隐秘联结现在终于被揭开，“道路已经开辟”。但 / 080
是，歌德接着写道，希望却落了空：“正如被船头劈开的水，在

① Ritter 1971, Bd. 5, S. 990.

② 约翰·格奥尔格·齐默尔曼（1728~1795），瑞士医生、哲学家、哈勒的传记作者，在代表作《论孤独》（*Über Einsamkeit*, 1784/1785）中研究了当时时兴的“忧郁”（Melancholie）问题。

③ 恩斯特·普拉特纳（1744~1818），德国医生、生理学家，研究人类学，曾任莱比锡大学校长。

④ 德尼·狄德罗（1713~1784），法国启蒙主义哲学家、文学家、艺术批评家，百科全书式的学者，也是《百科全书》（*Encyclopédie*, 1751~1780）的倡导者与最主要的撰稿人之一。

⑤ Zit. n. Kondylis 1981, S. 285.

⑥ Goethe MA 16, S. 700f.

船尾又立刻聚集；同样的，当一流的头脑将谬误赶到边上，为自己腾出了地方，谬误便自然很快在其身后重新聚集。”①歌德毫无遮掩地指出，神经理论家让他心烦，而新式身体理论的“机械本质”在他看来也不值一提。布尔哈夫就坚持身体的“机械本质”，但除此之外，他还是一位富有直觉和魅力的医生。他有过成功的治疗，却完全不将其归功于自己的理论。通过他的范例可以发现，治疗术与医学理论归根结底还是分属不同的领域。在布尔哈夫的学派中盛行身体物质主义的决定论；而与之针锋相对的则是来自哈勒（Halle）的医生格奥尔格·恩斯特·施塔尔（Georg Ernst Stahl）②的信徒。施塔尔所持的是一种唯灵论（Animismus）的构想，即灵魂支配身体，而躯体病症因此也必须主要归咎于灵魂的病因。

席勒在卡尔学校的医学教师倾向于物质主义的观点。施塔尔的泛灵论对他们而言太过类似理论臆测。在众多医学教授中，约翰·弗里德里希·康斯布鲁赫（Johann Friedrich Consbruch）③最为著名。他教给学生最新的、由阿尔布莱希特·封·哈勒④和

① Goethe MA 16, S. 700f.

② 格奥尔格·恩斯特·施塔尔（1659~1734），德国医学家、唯灵论者，认为布尔哈夫学派对人类身体的机械理解不足以解释生理现象，肌肉、神经与体液本身并不导致生命，而必须有灵魂（Anima）的引导。

③ 约翰·弗里德里希·康斯布鲁赫（1736~1810），德国医学家，席勒在卡尔学校的导师。

④ 除了文学创作之外，哈勒还是杰出的解剖学家，他在其任职的哥廷根大学建立了解剖剧场（Anatomisches Theater）——目的是让更多的学生能同时观察解剖的过程——通过动物解剖实验证明了神经与肌肉系统具有独立的应激性，也就是说：灵魂并非身体活动的根因，肌肉可以在动物已无生命的情况下继续活动。这在当时引起了极大的争议。正是因此，拉·梅特里才将他的小册子《人是机器》题献给哈勒。

约翰·戈特弗里德·布兰德尔（Johann Gottfried Brendel）[①]发展的神经生理学。与布尔哈夫的体液学说不同，这里的处理更加微观。神经现象是如此精细，可以置于物质性与非物质性之间的边界上。神经被视为物质化的灵魂。当阿尔布莱希特·封·哈勒成功地测量了不同身体部分之中神经的应激性之后，人们以为终于发现了身体与精神之间那仍属物质却已入灵魂的连接环节，正像先前寻找“哲人石”（Stein der Weise）一样，人们现在希冀找到不仅在形而上学上，而且在实际上将身体与精神结合在一起的东西。两者之间存在相互影响，现在已无争议。但人们想要查明，这种相互作用究竟是通过何种连接环节实现的，而又应当如何具体想象从物质性现实到精神性现实之间的过渡。莱布尼茨教导说，自然界绝无跳跃，因此必须得找到什么东西，允许人们设想从身体到灵魂既无断裂又无跳跃的平滑过渡。第一代神经生理学者虽然仍未明确地将自己视为“哲人医生”（Philosophischer Arzt），但他们确信自己首次严格且科学地探究了这一领域，而不是像哲学家一样仅凭理论猜想。过去曾经是哲学的地方，现在应当换成神经生理学了。在康斯布鲁赫于席勒求学的年代所发表著作的标题中，就能读出一位灵魂生理学家的极大自信：《论躯体健康对灵魂力量的影响》（*Von dem Einfluß der Gesundheit des Körpers auf die Seelen Kräfte*）、《优秀记忆力取决于良好的身体状态》（*Daß die Stärke des Gedächtnisses von dem guten Zustand des Körpers abhänge*）、《论脑组织对天才的影响》（*Von dem Einfluß der Organisation des Hirns auf das Genie*）、《论体育对培养灵魂力量的影响》（*Von dem*

---

① 约翰·戈特弗里德·布兰德尔（1712~1758），德国医学家，哥廷根大学教授。

Einfluß der physikalischen Erziehung auf die Bildung der Seelenkräfte）。

席勒于1779年10月提交了他的毕业论文《生理哲学》（*Philosophie der Physiologie*）①，意图借此介入仍在进行之中的对身体与灵魂之合谋的调查。这篇论文中洋溢着一种骄傲而自信的语调，以及一种高亢的修辞。在评审专家看来，这篇论文太过花哨、太过自满。他们怪罪这学生，竟含沙射影地嘲弄攻击本学科中受人尊敬的权威。当论及神经问题时，席勒写道："我所在的领域，曾经有过、现在仍然有不少医学的和形而上学的堂·吉诃德（Don Quijote）在四处游荡嬉闹。"②对于哈勒，他特别写道："但哈勒为何竟这般飘荡在表面，着实让我不能理解。"③而他对夏尔·邦纳（Charles Bonnet）④的批判最为严厉，但恰恰是这位科学家，启发了席勒关于注意力的理论——之后还会详谈这一点。"带着不可原谅的轻浮，"席勒写道，"这法国的江湖骗子轻轻一跃，就跳过了最困难的一点，把不能证明的东西当作基础，从中得出除了法国人则无人敢下的结论。他的理论大概会让他的祖国开心，但迟钝的德国人则会怒气冲天，因为他们一旦吹散金色的灰尘，在底下除了空气什么也看不见。"⑤

专家评审克莱因（Klein）、罗伊斯（Reiß）和康斯布鲁赫将这篇论文拒之门外。克莱因，这位没有理论野心的实践家，评

① MA V, S. 250~268.

② MA V, S. 255.

③ MA V, S. 265.

④ 夏尔·邦纳（1720~1793），生于日内瓦，启蒙时代的医学家、哲学家，发现了"邦纳症候群"（Charles-Bonnet-Syndrome），即视力受损的人所产生的幻觉。

⑤ MA V, S. 262

价道:“这篇冗长而令人疲倦的论文我读了两遍，却猜不出作者的意思。他的精神有些太过高傲，附着了太多对新理论的偏见和自以为是的危险倾向，在如此阴暗高深的荒野中游荡；我绝不敢跟随他步入其中。”①话里话外带着讽刺，因为“如此阴暗高深的荒野”隐射的是席勒所说的“我个人本性的内在迷宫”②，以及他只有在“整体的链条”必然的要求之下才敢于一探心理学的究竟。他要深入“迷宫”的内部，而在他的批判者看来，他陷得太深了。康斯布鲁赫也批评过于图像化的语言、对公认的研究观点的不恰当态度以及其中的情绪变动；它虽然巧妙，但在一篇学术论文中却显得格格不入。

毕业论文遭到拒绝的结果是席勒不得不在卡尔学校多留一年。公爵在关于此问题的指示中写道:“因此我以为，再留校一年对他很有好处，能在校园中再淡化一些他的烈性，这样一来，如果他勤奋地继续学习，就必能成为一个相当伟大的个体。”③

但是公爵不过是把对论文的负面评价当作幌子，因为在此期间已经出现医学毕业生也无法顺利安排职业工作的情况。于是到最后即便是顺利通过毕业论文评审的学生，也不得不暂时先留在学校。但他对席勒论文的真正看法，曾在一位汉诺威使臣面前有所吐露。公爵将论文交给他阅读，并附言说，使臣“将会从中发现这个年轻人的优异天才”。④

一年之后，席勒交上了第二篇以拉丁文撰写的论文:《试论

---

① Zit. n. Alt 2000, S. 165.

② MA V, S. 252.

③ Zit. n. Buchwald 1956, Bd. 1, S. 249.

④ Zit. n. Buchwald 1956, Bd. 1, S. 249.

感染性发热与斑疹伤寒之间的区别》(*De disriminie febrium inflammatoriarum et putridarum*)。这篇论文也因为专业上的不足遭到拒绝。只有几周后完成的第三篇论文《试论人类之动物性与精神性之关联》(*Versuch über den Zusammenhang der tierischen Natur des Menschen mit seiner geistigen*)才终于获得评审们的通过。

/ 083

席勒的第三篇论文继续第一篇的主题，甚至更加强调其中的哲学角度。因此获得通过实在更令人诧异。席勒以此为契机，特别感谢了公爵："一名医生，若是其视野仅仅围绕着机器的历史知识，对这座充满灵魂的钟表中较为粗糙的齿轮只知道其名字与位置，或许能在病榻前施展回春妙手，被乌合之众奉为神明——然而公爵大人将希波克拉底(Hippokrates)① 的技艺从一种只为混口饭吃的机械科学的狭窄领域解放出来，提升到哲学教义的更高地位。"②

只是"哲人医生"席勒在病榻前却并没有"回春妙手"。在担任军团医生的那些年，他因为常下猛药而名声不佳。必须得有一位上级医师检查席勒开出的药方，以保护病人身体无恙性命无忧。其中一位主任医师到底还是相当仁慈地私下修改了席勒的治疗方案，让这位脑海中想着其他事情的军医得以避免被人戳穿而丢脸。

而席勒之后对费希特所说的一番话，也可用于他的三篇毕业论文："若是著作的价值仅在于它们为知性所包含的结论"，就会"在知性对结果漠不关心，或是用一种更轻松的方式就能

① 希波克拉底(约460~370)，医学之父；如今，医生在行医前都会宣读"希波克拉底誓言"，立志以救死扶伤为己任。

② MA V, S. 288.

得出结论时……随之变得多余。与之相反的是那些不依赖于其逻辑内涵而发挥效用的著作，在其中有一个主体生动地表达自身：它们永远不会多余，其中所含的是一种不可磨灭的生命原则。而这正是因为每个个体乃是唯一而不可替代的”（1795 年 8 月 4 日）。

第一篇与第三篇论文唤起了这种对个人的兴趣，它穿过实质的内容显露于表象。而席勒之后的另一则评论对于理解论文的哲学内容也十分重要。1788 年 4 月 15 日，他在给科尔纳[①]的信中回顾了他曾经的医学—哲学激情：“我从哲学著作中……从来只取那些感觉像是诗、可以作为诗来处理的东西。因此这一内容作为理智和想象力最感激的素材，很快便成为我最爱的对象。”

/ 084

第一篇论文《生理哲学》只有开头一节存世。这是一份不知出自何人之手的誊写稿，存于席勒年轻时的好友孔茨的遗物中。论文一共五节，其结构显出席勒敢于构建一个完整的人类学体系。第一节，也是唯一流传下来的章节，其标题是“精神的生命”；接着是“哺育的生命”“生育”“以上三体系的关联”，最末一章则是“睡眠与死亡”。在这一结构中，人们可以发现作者阅读弗格森的痕迹，因为后者也将人类的自然类似地划分成这三种基本功能：哺育、生殖和睡眠。这三种基本功能构成动物性的功能，并与灵魂—精神性的“冲动”相关联。弗格森从“底部”，亦即从“动物性”开始他的阐述，而席勒则从“顶部”，即精神性的生命出发。

这一节研究的问题是：从身体的刺激中如何产生意识现实的

---

① 克里斯蒂安·戈特弗里德·科尔纳（Christian Gottfried Körner, 1756~1831），德国诗人、法学家，席勒的挚友与赞助人。关于席勒与科尔纳的友谊，请参见本书第十章末及第十一章。

种种现象？其所致力的是从生理学到心理学之转化过程的分析。但这一与当时神经生理学相关联的专题研究，却有一场宏大的理论大戏做铺垫。席勒为思想搭建了一座舞台，而在这种环境下，思想不可避免地涉及崇高之物：他以大胆的笔触和洋溢的热情，勾勒出一整套“爱”的哲学作为宇宙定理。这又是为了什么？

正如诗人常在作品开头呼唤缪斯[①]一样，席勒在踏入生理学世界的“迷宫”之前，也同样先召唤了一种爱的哲学来给他引导，让他不至于被所有善良的精灵抛弃，像弗朗茨·莫尔一样陷入身体的唯物主义，认为人的生命不过是一摊“泥淖”罢了。[②]席勒建立起他的爱的哲学，以对抗一种源自粗鄙的身体唯物质论的虚无主义之威胁。我们将会看到，在唯物质论的医者犬儒主义笼罩下，席勒对这种威胁的感触有多么强烈。这一“爱”的哲学带有决断论甚至是自我暗示的特征，针对的也是他自己让幻想破灭的诘难。后文还将叙述这种诘难的历史，它在理论和文学著作中都留下了痕迹。一直到18世纪80年代，在他因为与科尔纳友谊的幸福而无比兴奋，写下“亿万生民，一起相拥，/ 这一吻给全世界！”[③]的那一刻，席勒还会坚守这种“爱”的哲学来抵抗虚无主义的唯物质论。爱的哲学在毕业论文中、在1780年1月为庆祝霍恩海姆公爵夫人生日时所做的论“美德”的演讲中、在1782年发表的致“劳拉”的组诗中、在同年创作并收

/ 085

① 缪斯（Muse），古希腊神话中的艺术女神。根据赫西俄德（Hesiod）的《神谱》（*Theogonie*），缪斯共有九位，分别主管历史书写、诗歌、悲剧、情诗、舞蹈、星相学、喜剧、音乐及叙事文学。

② MA I, S. 577.

③ MA I, S. 133.

入《哲学通信》(*Philosophische Briefe*)[①]里的《尤里乌斯的神智学》(*Theosophie des Julius*)中都还扮演着极为重要的角色。到了18世纪80年代末，这一哲学又在小说《招魂唤鬼者》(*Der Geisterseher*)附录的哲学对话中重新出现，直到18世纪90年代初才随着对康德的研习逐渐消散。从那时起，就有了对过往的感伤回望，回想那个一吻便能在本体论中发挥作用的时代。"爱"失去了它在宇宙间的授权，若仍要在哲学上使之高贵，只能说，"爱"看上去不过只是热情为了生命所做的虚构。换句话说：席勒从"爱"的本体论出发，最终到达的却是一种"爱"的"仿佛哲学"。

第一篇毕业论文以呼唤作为宇宙间权柄的"爱"开篇。一方面，这是在坦陈极为私人的世界观，这种世界观是席勒跟随着沙夫茨伯里和赫尔德所构想出的。而在另一方面，呼唤"爱"也在专业学术的论证中起到了三重具体的作用。

首先，"爱"将灵魂的原则引入了身体世界的"机器"之中。

其次，"爱"还是确保物质与精神间存在平滑过渡的原则。因为不能存在"断裂"[②]，就必须找到能让二者间不间断的过渡显得可能之物。而"爱"正是这种过渡的原则。

最后，"爱"还是一种真理原则。它克服了认识的现实与被认识到了的现实之间的二元对立。"爱"确保了被认识的"现实"的确现实地存在着。"因此，'爱'是人类灵魂中最美也最

---

① 席勒于18世纪80年代初开始构思《哲学通信》，希望用尤里乌斯与拉斐尔两个角色的对话探讨形而上学问题。但最终并未完成，而是于1786年将残篇发表于《塔利亚》(*Thalia*)杂志上。

② MA V, S. 253.

高贵的冲动，是正在感知的自然之伟大链条；它不是别的，正是我之自身与身旁的人之本质的交融。”但人们应当补充说，“爱”也是与整个自然之本质的交融。我们可能在具体问题上暂时性地犯错，但这不能改变我们从原则上说已足够地向世界开放，能够与这个世界的真实本质相吻合。认识者进入被认识之物。于是

/ 086

“认识”归根结底是一场“爱”的行动，只要我们爱着，就有能力发现真实。

席勒多次在突出位置使用了同一个意象，它像是音乐中的主导动机一样，让人能听出他爱的哲学的直观印象：“感知着的众多存在之间的伟大链条。”（Die große Kette der empfindenden Wesen.）这是一个关于自然界全方面之关联的比喻，也是一个保证整个论争相互关联的比喻；最重要的是，这个比喻是由一个伟大的传统递到席勒手里的。阿瑟·O. 洛夫乔伊（Arthur O. Lovejoy）[①] 讲述了这个比喻的历史，同时揭示了它在西方思想史中的影响是多么深远：从柏拉图到浪漫派，再到 19 世纪的进化论，尤其是在 18 世纪的乐观主义启蒙哲学之中。伏尔泰讲述了这个意象让他多么着迷：“当我第一次读柏拉图，在书中遇到从原子延伸至最高存在的‘存在巨链’的想法时，心中洋溢着钦佩。”然而他之后所经历的却和席勒一样：这个比喻的魔力只持续了短短一阵。“但当我仔细端详，”伏尔泰继续写道，“这美丽的幻象便消失不见，就像先前所有鬼神的幻影都在雄鸡打鸣时消散一样。”[②]

---

① 阿瑟·O. 洛夫乔伊（1873~1962），德裔美国学者，观念史（History of Ideas）学科的创始人。关于“存在巨链”这一概念，可参见〔美〕阿瑟·O. 洛夫乔伊《存在巨链》，张传有、高秉江译，商务印书馆，2015。

② Zit. n. Lovejoy 1985, S. 303.

“存在巨链”的意象自从柏拉图的《蒂迈欧篇》(*Timaios*)起，就包含着认为世界产生于上帝之满溢的设想。世界并非像造物一样被创造，而是上帝之丰饶的“流溢”。①上帝并非自在平和、自我完满的绝对存在，而是一种发酵着的、孕育着世界的创造性原则。世界是上帝的赠予和奉献。而存在巨链既从上至下垂落，又从下至上攀登；降落和拔高，两者皆在发生。而存在则同时转向两者，转向光和影，转向清醒与睡眠。

“存在巨链”又能让人想到一个世界，在其中“多样性”不再是威胁，而是作为丰饶被人体会。有多少个体的存在，就有多少种不同；但没有一种差异无法跨域。这种多样性中的统一性，不仅为人类所经历，更会为人类所认识。所有的存在都在“存在巨链”上占有一席之地，但人类知道他的位置，同时可以纵览整个链条。在这一知识中，他发现了自我完善的原则。因为在这个思想图景中，完善意味着在自身内部映射人们所从属的世界之整体。在这“巨链”中，人是这样一种存在，一切在其中都变得明亮，而世界的整体则得以显现为“永远一华饰”②。

“存在巨链”的思维图景意味着对此世的圣化，完全没有对逃向彼岸的偏爱。思维和感知仍是经验性的，但幻想尚未破灭，仍然“在欢乐中沉醉”。对多样性和富足的感知开始苏醒，但支撑它的却是对宏伟的“一”的感受；认识被视为“爱”的行动而

① “流溢”说（Emanation）是新柏拉图主义者普罗提诺（Plotinus, 205~270）的学说，认为一切均是从太一（Das Eine）中满溢而出，经历了精神、世界灵魂与物质等层级。

② 语出歌德《浮士德》第二部第四幕“深夜”一场中的“守塔人之歌”：“万象真美观，永远一华饰。”在希腊语中，表示“万象”“宇宙”的词“Kosmos”本义即为“秩序”“装饰”。参见《歌德文集》(第一卷)，第423、521页。

显得高贵，得以从怀疑中解放。而在想象力的世界中，人们可能像是身处监狱一样，与真正的自然彻底隔绝。

席勒在沙夫茨伯里、莱布尼茨那里，更重要的是在弗格森那里发现了“存在巨链”的思想契机。当席勒将认识到巨链之间的关联称为最高的幸福时，他着重强调了弗格森这位“本世纪的智者”①。

对于席勒而言，正是“爱”确保了“存在巨链”内在的关联。第一篇毕业论文不过是蜻蜓点水似地提及了“巨链”的思想契机，但这一概念在1780年的“美德”演讲中，更在《尤里乌斯的神智学》中起到了更丰富的作用。在毕业论文里，席勒写道：“一种美丽而智慧的法则……将整体之完善与个体之幸福，将人与人，甚至人类与动物通过普遍之爱的联结联系在了一起。”②在《就其结果论美德》（*Tugend in ihren Folgen betrachtet*）的演讲中，这种“智慧的法则”被阐释为牛顿万有引力法则的精神对照：“若是‘爱’在造物的周遭逝去……存在的联结很快就会断裂，深不可测的精神世界很快就会沸腾起无政府的暴乱，就仿佛物体世界的整个基础会轰然崩塌，自然的全部齿轮都会静止不动，倘若引力的强大法则不再生效。”③

“爱”就像一种灵魂的重力，在元素之亲和、化学反应与合成、物质交换中，也在构筑那种通过与其他有机体的交互实现自我保存与发展的有机结构中，“爱”确保了存在之间的相互关联。人们所称的“弱肉强食”，在“爱”的视域中成了“给予和接受”，成为《尤里乌斯的神智学》一文中所说的“存在之融

---

① MA V, S. 250.

② MA V, S. 251.

③ MA V, S. 283.

合”[1]。在那篇文章中，“爱”的原则在热情的顶峰还得以进一步提升，化为那带着神圣的战栗——“我可以说出来吗？”——所表达的思想，即两个人之间具有自我意识的爱能够让我们“创造上帝”[2]。从基督教的角度看，这分明是一个渎神的念头，但它也属于“存在巨链”的思想契机。如果说上帝因为爱而让整个存在巨链从自己内部诞生，以至于爱从此在巨链中循环，这究竟意味着什么？这意味着，上帝无法满足自身，必须超脱自身，只有在尘世间的富足中才能回归自身。在这一远景中，并没有预设一个居于彼岸而自我完满的上帝。这样的上帝并不存在。唯一存在的只有尘世丰饶的神性，在认识世界的爱中聚拢成整体，又因为积极的爱被带入创造的过程之中。因此，在自然之外别无他物，而自然则是“无限分化了的上帝”[3]。在精神与自身的肉体中感受着爱、将其提高到指导行动的意识，这一过程恰恰意味着创造上帝，创造那个作为统一的力量在人类之间、在人与自然之间发挥作用的上帝。真正的无神论因此否认的并非彼岸的上帝，而是僵化的利己主义，它撕裂了“存在巨链”，只想要证明自己。“一个只爱自己的精神，乃是深不可测的空洞空间中的一小颗游荡的原子。”[4]此话虽然针对的是自私自利的个体，但对于彼岸的上帝也同样成立。和人一样，上帝也必须先进入世界，才能在爱中体验到作为神性之物的自身：“这位伟大的世界大师没有朋友；/感受到缺憾，于是创造了精灵……从整个存在王国的圣杯中/无限

---

① MA V, S. 348.

② MA V, S. 353.

③ MA V, S. 352.

④ MA V, S. 351.

为他泛起波澜。”[①]《哲学通信》中的这几行诗将会给黑格尔留下如此深刻的印象，以至于他在《精神现象学》（*Phänomenologie des Geistes*）结尾引用了两行作为全书的精髓[②]。

席勒的“爱”之哲学并没有遐想一个虚构的彼岸，而是面向此世；并不愿成为理论推测，而是希望具有彻底的经验性。因为其所关涉的是一种每个人均可在自己身上感受到的爱。人们不必信仰它，也不需要思考得十分清楚。它是生气勃勃的事物与充满生机的关联可以感受到的力量。它只在有限的生命中证明自己。《尤里乌斯的神智学》一文明确驳回了对彼岸奖赏的信仰：它不是别的，不过是披上了宗教外衣的“自私”[③]，只回应奖励与惩罚。而“爱”的奖赏就在其自身内部，并不需要等待彼岸的补偿。而个人永生的问题也只对利己主义有意义。相爱的灵魂并不必然要求自己继续存在，而是要求宇宙间爱的事件可以继续；只

---

① MA V, S. 353. 在发表《哲学通信》之前，席勒就已将这几行诗题名《友谊——出自尤里乌斯致拉斐尔的信，一部尚未刊印的小说》（*Die Freundschaft, aus den Briefen Julius' an Raphael, einem noch ungedruckten Roman*），发表于自己主编的《一七八二年诗集》（*Anthologie auf das Jahr 1782*）中，参见 MA I, S. 91~93。 不过，全诗最后两句“从整个存在王国的圣杯中 / 无限为他泛起波澜”（Aus dem Kelch des ganzen Wesenreiches / schäumt ihm die Unendlichkeit），在《一七八二年诗集》中作“整个灵魂王国的圣杯中 / 无限——为*他*泛起波澜”（Aus dem Kelch des ganzen Seelenreiches / Schäumt *ihm* - die Unendlichkeit）。

② 黑格尔在其名著《精神现象学》的末尾化用了“从整个灵魂王国的圣杯中 / 无限为他泛起波澜”这两句诗作为全书的终章，不过他未提作者的名字，并将诗句改为：“从整个精神王国的圣杯中 / 他的无限性为他泛起波澜”（Aus dem Kelche des ganzen Geisterreiches / schäumt ihm seine Unendlichkeit）。席勒原诗中的“他”指“伟大的世界大师”，即上帝；而黑格尔文中的“他”则指的是“绝对精神”——因为这一概念的德语“der absolute Geist”为阳性名词。参见 Georg Wilhelm Friedrich Hegel: *Phänomenologie des Geistes*, Frankfurt a. M. 1973, S. 591；〔德〕黑格尔：《精神现象学》，《黑格尔著作集》（第三卷），先刚译，人民出版社，2013，第 503 页。

③ MA V, S. 350.

要灵魂醒着，能够分享，就能参与爱的事件。不是单个的灵魂，而是“爱”本身应当永不停歇。

让我们回到第一篇毕业论文。论文并没有罗列爱之哲学所有的索引，只是大略提到了生理学研究所需要的一些内容。其中所涉及的是上文已经提到的三个方面，爱的哲学正是在这三个层面为生理学研究打下基础、指引方向：“爱”将赋予灵魂的原则引入身体世界的“机器”之中。它确保物质与精神之间的过渡。同时，爱让真理成为可能，只要认识被视为爱的行动来理解。

但恰恰是在这个瞬间，恰恰是当席勒离开了宇宙间爱的场景，开始对精神与物质过程间的关联进行具体的生理学研究之时，立刻就能发现，爱的哲学不过是铺垫了一种整体性的氛围，并不能让人真正理解从物质到精神的过程。忽然之间，那句“自然界无跳跃”就仿佛成了空话。在精神与物质之间有一处跳跃，甚至可能是一处深渊；先前的理论必定让精神或物质这两极之一消失，才能跨越这道深渊。唯物质论者谈论起会思考的物质，于是摆脱了精神；而唯灵论者则谈起物质具象化的精神，于是摆脱了物质。

席勒在此所遇到的问题，直至今日也未得解决。尽管对神经生理学过程的研究已取得重大进展，人们已了解神经接合与联结的系统，发现了大脑不同区域在功能上的关联，但一个可测量的物质性过程究竟如何得以在另一个完全不同的领域被体验为“意识”，却仍然是个谜。“我”所感觉到的不是神经元的接合，而是意识。毫无疑问，每一个精神性的过程都有其物质性的对照；当“我”思考时，在大脑中肯定发生了什么生理学进程。但思考和感知作为体验，与其在神经生理学维度的表现是截然不同的。人们也无法断言神经生理学进程就是思考和感知的原因，否则就

/ 090

意味着对因果律的错误运用。意识与生理这两个过程更像一块硬币的正反面。同样的东西，在正面是意识，在反面则是生理学进程，而这一进程反过来又可在正面，即通过意识来把握。力图解开意识之谜的神经生理学，其自身不过只是“意识”的一个构想。硬币的正反面并非凭因果关系联系在一起，人们更多地恐怕要像斯宾诺莎一样说：这东西有两面，一枚硬币上的徽章和数字之间并非原因与结果的关系。当然，并不是大脑中所有的生理学现象都在意识中有所表现。但这不是问题。真正成谜的是当生理学现象作为意识被体验之时所发生的维度变换。这一维度变换在因果律的构想中始终晦暗。

席勒起初也跟随他那个时代的生理学与神经学的足迹，接受了因果律的构想，其后果便是不得不在物质与精神之间添上一种“中继力”（Mittelkraft）。他写道，必须“存在一种力量，能够介入精神与物质之间并连接二者”。[①] 在他看来，这种“中继力”是神经束中的一种物质，介于感官（眼、耳、口、鼻与皮肤）的神经末梢与大脑之间；感官接收刺激，而大脑则处理刺激并使之最终成为意识现象。席勒将这种中继物质称为“神经之灵”。但这种“神经之灵”还是物质性的吗？抑或已是精神性之物？若它还是物质性的，那么人们在物质到精神的过渡问题上便依旧没有前进一步，只不过是发现了一种额外的物质因素，将物质性的边界又向外拓展了而已。而反过来，若是“神经之灵”已经是某种精神之物，那么人们便发现了一种新的精神物质，不过是将精神性的边界向外拓展。但在两个维度的边界上，却依旧什么也没有发生；调和与过渡也并未实现。然而席勒现在宣称，这种“神经

① MA V, S. 253.

之灵”应是二者兼而有之，既具物质性又有精神性。但这样一来，人们在这种令人难以信服的“中继力”上又有了原本想依靠此“中继力”解决的同样的问题。席勒自己也评注道，单凭“中继力”的假说无法继续论证。这样一种“部分精神、部分物质”的中继力，席勒写道，人们是否真的能够设想？他自问自答：“肯定不能！”[①]可尽管人们无法设想，它却必然存在，因为一方面物质和精神的关联确实存在，而另一方面，“不可参透”的物质和“可参透”的精神却不能直接相互作用，因此二者中间必须有中继之物。席勒斩钉截铁地宣布：必然存在某种“中继力”，因为经验“已将其证实——理论又如何能驳斥？”[②]但一种“中继力”若是不能实现它所承诺的中继功能，要它又有何用？可它的确什么也不能居中调和，因为它必然或是仍属物质或是已属精神，因此无论如何不属于这“中继”的位置。而席勒也坦率地承认，这种“中继”根本无法设想。

因此，专家评审驳回了席勒的“中继力”假说，就毫不令人诧异了。康斯布鲁赫批评道，席勒在尝试思考那不可思之物时想得太多，臆测得太多；若是能更多地专注于经验领域，本会好得多。由于这种“中继力”无法证实，就必须另辟蹊径，来理解精神与物质、灵魂与肉体之间的互动。

席勒却死守着“中继力”不放，因为他的“爱”的哲学要求在精神与物质之间存在某种连续。平滑过渡的观念导致了构造中间环节。这种中间环节的缺乏将意味着“世界与精神之间的裂缝”[③]，这是绝对不能容忍的。

---

① MA V, S. 253.
② MA V, S. 254.
③ MA V, S. 253.

当席勒试图弥合一处“裂缝”时，却在另一处撕开了一道新的缝隙。他在那里所陷入的困境，依旧是当今学界面临的问题。席勒用一句极有分量的话说出了这一困境：“一条永恒的法则令神经之灵的变化成为变化了的力量之符号。”①

这就意味着：外在的刺激导致了神经物质中的变化；这种变化会被某种可能存在于大脑中的机制当作符号接收并“解读”，从这一符号推导出其所指称，即外在世界的事件。符号并不包含现实，只不过是现实的符号。因此在符号与现实之间也存在着一道裂缝，甚至在符号与大脑中的“解读”机制之间亦是如此。

这种符号理论认为在符号与指称之间并不存在相似性，而外在世界绝非在符号之中表达自身；这一理论可追溯到洛克，而席勒则是在弗格森那里发现的。“对事物的感知，”弗格森写道，“在我们身上通过一种中间因实现，这种中间因与第一因或感知的对象截然不同。”② 弗格森称为“中间因”的是感官中的变化，即所谓的“感觉”（Sensation）——席勒将会在同一意义上使用这个词语——以及“对其作为符号的阐释”。因此就能得出这一序列：外在世界刺激感官—感官内部发生变化（“感觉”）—感觉作为符号发生作用—符号被理智解读并阐释。但这种符号理论在物质现实与意识之间撕开了一道裂缝，席勒将在1786年的《哲学通信》中再次明确地表述这一困境。“我们最纯粹的概念，”他在文中写道，“并非事物的图像，而仅仅是它们必然确定且与之共存的符号。无论是上帝、人类灵魂还是世界，都并非我们所以为的样子。”③ 于是裂缝就这样产生了。

---

① MA V, S. 256.

② Ferguson 1787, S. 52.

③ MA V, S. 355.

在《哲学通信》中，席勒用大胆的转折弥合了这道缝隙：我们的大脑“阅读”自然，但它本身便是自然，因此人们可以假定，符号通过某种合适的方式将我们与现实世界连接在一起。尽管没有符号与其所指称的对象存在相似性——亦即感官接收的刺激并不表达现实世界的任何客观性状——但处理符号的“思维之力的法则”①却可以创造出以某种方式契合于外在现实的东西。总结起来就是一句话：“我们的大脑属于这个星球，因此我们概念的用语也同样如此。”②我们脑海中的世界应当是正确的世界，原因很简单——我们的大脑存在于这个世界。由于精神也是自然，便不会误读自然。“存在巨链”不可断裂，即便是在“认识”的事务上，这乃是宇宙间爱的哲学所要求的。

只是这一哲学还有其他要求：为“机器”赋予灵魂。这意味着在生理中必须为随性与自由创造出空间。在早期的医学与哲学论文中，决定席勒之后思想发展的真正核心就在此处。为了在生理的“机器”中拯救自由，席勒发展出了一套“注意力”的理论。但这并非原创，他只是在当时的论述中发现了这一理论，并从中生发出许多内容。借助注意力理论的帮助，生理学家席勒变成了思考自由的哲学家。

席勒的出发点是加尔弗在他的弗格森评注中揭示的决定论构想：如果说外部刺激产生表象，而表象又决定了思维和行动，那么从表面上看，仿佛一切都是严格按照因果律排列，仿佛自由已经消失不见。但注意力的力量就运用在这里。它仿佛是一道可以移动的光束，由一个意向引领，探索着感觉的全部领域，在那儿固定住什么，在这里又略过些什么。这道光束有所选择，引导着

---

① MA V, S. 356.

② MA V, S. 355.

思维的过程，激起联结，一句话：灵魂积极地影响着思维的器官。之所以存在这种影响，正是因为灵魂是注意力的行动主体。当然存在来自外缘的具有强制力的印象，但反之也能从中心出发，以自由的意志选择某些感觉并创造理念的联结。这里就有一种神秘的自由运动，而这样一来，席勒写道，“就基本决定了何谓自由”。①

席勒将自由而富有创造力的智慧完全置于注意力之中；此时的席勒虽尚未研读康德，但他所赋予注意力的功能却恰与康德之后赋予想象力的功能相一致。在分析注意力的奇迹时，极其复杂
/ 094 甚至偶显僵硬的生理学论证中终于有了运动。席勒更将道德与自由的注意力相关联，因为道德预设了决断的自由。他这样概括从注意力中诞生的自由：“通过注意力，我们才能幻想，才能思考，才能区分与创作，才能欲求。它是灵魂对思维器官的积极影响，正是它完成了这一切。”②

第三篇毕业论文放弃了令人生疑的“中继力”。这篇论文几乎不涉及生理学的论证，但自由注意力的理论在此处也扮演了重要的角色。不过，席勒对其功能做了限定。他写道，自然已经确保所有生存所必需的“感觉”能够作为刺激信号，从身体的外缘传达到精神，即便注意力起到相反的作用。预警机制必须不受损害。为了生物性与精神性的自保，完全有必要将“灵魂引入躯体的利益”。③注意力可以削弱或强化饥饿、干渴、睡眠或性欲等身体需求，或是疼痛与快感等感觉，却无法将之完全去除。如果饥饿与干渴过于强大，自由的注意力就会彻底消失，而人“则会

① MA V, S. 266.
② MA V, S. 267.
③ MA V, S. 294.

做出为人类所震惊的事，他会违背意志成为叛徒和凶手，他会成为食人族”。“动物性的感受”正是这样影响着精神；而在它背后，身体正为“机器的保存”而工作①。

从根本上说，第三篇论文更侧重于自然的阴暗面与强制力，席勒也因此赞同地引用哈勒，将人称为“介于动物与天使之间的不祥的中间产物”。②与第一篇毕业论文不同，席勒在这里更多的是从下向上而非从上向下地观察人类。他在引言中写道：“但因为人们通常在这里犯错，把精神力想象成独立于身体，把太多东西记在前者名下而损害了后者，所以本文将更多地致力于探究身体对于灵魂行动的独特贡献，把动物性的感知系统对精神的影响置于更清晰的光线之下。”③

这并不意味着爱的哲学会完全消失，但它却不敢再太过冒进。怀疑的声音变得更大。例如，论文研究了死亡前的回光返照，在那个瞬间，仿佛“灵魂从它与物质的一切关联性中”④被剥离了出来。席勒将这种“非比寻常的快乐”称为“心怀恶意”，因为它虚构了一种健康状态，而实际上却只是已凋零的神经不再传送痛感的刺激。身体将灵魂带入它的死亡，而灵魂却以为它已胜过了身体。生命就在这种虚幻的舒适中终结。意识被想象环绕，再也意识不到它的结束。

某种情绪的低落显现了出来。这并不奇怪，因为在写作第一篇论文与第三篇论文相隔的这一年里，弗里德里希·席勒身上也

---

① MA V, S. 297.

② MA V, S. 296. 席勒的这一论断引自哈勒的哲理诗《关于理性、迷信与无信仰的哲思》（*Gedanken über Vernunft, Aberglaube und Unglaube*, 1729）。

③ MA V, S. 290f.

④ MA V, S. 315.

发生了不少事情。

他遇到的第一个问题是能做的事情太少了。他不得不在学院里留级一年，尽管他的理论教育已经完成。他不知所措，只能修了一门意大利语课，又听了一遍阿贝尔的心理学讲座，旁听了纳斯特（Nast）教授论荷马（Homer）①、杜尔克（Dürk）教授论维吉尔（Vergil）②的课程。这是等待的时间，几乎无事可做。因此公爵也下令，让完成学业的医学生作为护工参与实践工作。席勒希望把这一年至少用在他的《强盗》上，于是自告奋勇接受调派，因为他在安静的病房中能有时间创作。但他却很可能被自己的文字所裹挟，举手投足如此狂野，眼珠不断转动，以至于本应由他照顾的病患反倒担心起看护人的精神健康。无处不在的公爵可能会因此突然出现在病房，于是他必须立马把手稿藏到某卷医学著作底下。

1780 年 6 月 11 日，席勒正在病房里当值，他的同学约瑟夫·弗里德里希·格拉蒙特（Joseph Friedrich Grammont）③前来找他，请他给自己一杯安眠水。席勒在给学校主管封·西格④的信

---

① 荷马，古希腊盲诗人，其史诗《伊利亚特》（*Ilias*）与《奥德赛》（*Odyssey*）记述了特洛伊战争（Der trojanische Krieg）以及希腊英雄奥德修斯（Odeysseus）在战后历经漂泊终得返乡的故事，是整个西方文学的起点。

② 维吉尔（前 70~ 前 19），古罗马诗人，其史诗《埃涅阿斯纪》（*Aeneis*）记叙了特洛伊英雄埃涅阿斯（Aeneas）在特洛伊战争后流落拉丁姆（Latium），即今天的意大利中部，并在此处建立罗马城（Roma）的故事。

③ 约瑟夫·弗里德里希·格拉蒙特（1759~1819），法国一符腾堡公国教育家，席勒同学与好友，在结束于卡尔学校的学习后，曾在法国、瑞士、俄国从事教育事业，与瑞士著名教育家约翰·裴斯泰洛齐（Johann Pestalozzi, 1746~1827）结下友谊，最后回到斯图加特，任斯图加特高等文理中学法语教授、校长。

④ 克里斯多夫·狄奥尼索斯·封·西格男爵（Christoph Dionysius Freiherr von Seeger, 1740~1808），曾向卡尔·欧根公爵倡议建立卡尔学校，并任校长；后被提升为上校。

中写道：“他可怕而安详的表情、变了调的声音，以及不同寻常的手势，都让我感到害怕，让我意识到情况不对。我微笑着问他：为什么要安眠水？用不着我问，这就是他的回答……最终，我从他身上探出了那个不幸的秘密，他向我承认，经过深思熟虑，他已经决定离开这个无法让自己幸福的世界。”（1780 年 7 / 096
月 23 日）

格拉蒙特要席勒严守秘密，才告诉他自己想要自杀的企图。但席勒却确信这一念头足够严肃，于是告知了学校主管。在此期间，格拉蒙特已表现出严重抑郁的症状，被转移到了病区。学院管理层决定对病人暂先观察。几位医学生就被安排了监管格拉蒙特并定期撰写报告的工作，这其中就有席勒。从此时起，病人每日每夜都处于看管之下。若是他真的自杀，那学院的大好声名便岌岌可危了。外面的名医被请了过来，又是起草专家建议又是安排营养食疗；病患应该通过泡温泉和散步多多运动，应当读些消遣的书来转移注意力。人们送他去疗养，费用由公爵承担。当格拉蒙特躺在学院的病床上时，公爵每天都来探望，询问他的状况。病人不能告诉公爵，正是卡尔学校僵化死板的管理让他得了病，逼得他陷入抑郁。席勒不必找很久就能发现病痛的根源，他自己对此实在是太清楚了。于是席勒在他的报告中如此迫切地描绘了格拉蒙特离开学院的愿望，以至于上级到最后心生疑虑，开始怀疑席勒是病人的共犯。现在护工自己也遭到监视，而人们也给格拉蒙特使了个眼色，告诉他不能轻易相信席勒。于是席勒给学校主管封·西格上校写了一封信，阐述了自己的原则以打消人们对他违规乃至同谋的怀疑：“只有使用病人自己的语言，才能赢得他的信任，而这条基本法则也是我们行事的准绳。”[①]席勒就这样为自己探讨格拉蒙特逃离学院的愿望辩护。但若格拉蒙特真的逃离，席勒是否确愿助人一臂之力，我们已无从知晓。

/ 097

从1780年6月中旬到7月末，席勒一共起草了七份关于格拉蒙特的报告。“身体与灵魂间的精确联结，”他在第一份报告中写道，“让确定病症的最初原因变得极为困难，不知道究竟应首先在身体中还是在灵魂中寻找。”[②]席勒选择了灵魂；具体地说，他将忧郁阐释为之前的宗教世界观之瓦解。在席勒看来，格拉蒙特陷入了“虔敬主义的痴狂”，不是心灵而是良心的痴狂。格拉蒙特曾对一切“美德的对象”都特别“敏感”，但随后有一种批判的哲学让“一切真理”在他眼中变得可疑，于是他便陷入另一个极端，陷入了“冥思苦想”[③]。这让他开始质疑真理，最终感到绝望。据此，席勒将忧郁阐释为由于虚无主义的侵入而导致的精神世界观之崩裂。他之所以能够理解这一过程，是因为他曾有过同样的感受。他了解自己“爱”的哲学为什么痴狂，知道自己之所以发展出这种哲学，是为了不落入被意义所抛弃了的自然那冷冰冰的“机器”之中；他知道，这热情的反面世界是多么容易发生故障，而他又需要多少自我暗示的力量，才能让这个世界存在下去；他还知道，这个世界随时可能坍塌。在《哲学通信》中，他借尤里乌斯之口谈论这热情的“爱”之哲学：“物质主义的一次大胆攻击就能摧毁我的创造。”[④]

而格拉蒙特狂热的虔诚也正是被哲学反思所摧毁；这样一

---

① MA V, S. 279.

② MA V, S. 269.

③ MA V, S. 269.

④ MA V, S. 344.

来，席勒写道，“就铺好了通往可怕忧郁的道路”。最终，忧郁也开始攻击身体：“消化系统紊乱、乏力和头疼。”① 格拉蒙特自己也知道，他必须先保证精神健康，才能重回身体健康；但这要在学院之内实现，对他而言却绝无可能。他希望能有“乡间生活的宁静”，以便“为了研究真理而聚集新的力量”。席勒带着移情，甚至怀着同情描写了病人的心愿，或许还帮他坚定了信念。事实上，格拉蒙特的状况也的确直到他1780年12月中旬退学离校之后才逐渐好转。他隐居在位于勃艮第但属于符腾堡的莫佩尔加德的家中，这样过了三年，才终于康复。

就在这段时间，正当席勒被牵扯进他同学的悲伤命运中时，
又发生了另一件令人忧伤的事。1780年6月13日，在第一次和 / 098
想要自杀的格拉蒙特交谈后两天，席勒好友弗里德里希・威廉・封・霍文的弟弟，奥古斯特・封・霍文（August von Hoven），不幸去世。席勒曾在之前几日被唤到病人床边，现在又和死者的哥哥与母亲一起为他守灵。

在路德维希堡时，席勒家与霍文家曾租住在同一栋楼内，席勒也因此熟识他好友的父亲霍文上尉。在给上尉的信中，个人痛苦的吐露突然间打断了惯常的哀悼之词。“千百次，”席勒在这封1780年6月15日的信中写道，“我千百次地羡慕您儿子与死神搏斗的方式，我多么想以自己就寝时的那种安详，用我的生命代替他的生命。我还不到21岁，但可以向您坦承，这个世界对我而言已没有任何吸引力。我并不期待世界。几年之前，离开学院的那一天对我而言或许还会是一个节日，现在却无法引起任何一丝快乐的笑容。随着年岁的逐步增长，我越来越失去了我的满

① MA V, S. 269.

足；越是接近成熟的年纪，我越希望在孩童时代就一死了之。”

四天之后的1780年6月19日，席勒给姐姐克里斯多芬娜写了另一封不同寻常的信，信中也同样充满了忧郁和灰色的暗示。很有可能，席勒在信中写道，“你们无法经历看着我从学院毕业的快乐……我不再期待这个世界，若是能在大限到来之前离开世界，我就赢得了一切。如果真的发生了，亲爱的姐姐啊，我请你一定要聪明，要安慰自己，也要安慰你的爸妈。”

姐姐肯定会因为这种暗示而紧张。但当她读到心灰意冷的弟弟在信的最后请她寄些袜子、羽毛笔和睡衣时，或许会长舒一口气吧。

父母和姐姐将会在1780年12月15日感受到那种看着儿子（原文如此）“从学院毕业”的快乐。前一天晚上举行了毕业口试和学校创立纪念日活动。席勒最后一次辩护了某位教授的论点。

就在这个场合，安德烈亚斯·施特莱歇尔这位斯图加特的年轻音乐家，第一次见到了他将来的好友弗里德里希·席勒，并留下了一种“不可磨灭的印象”。特别是席勒的“一头红发、并拢的双膝、当他生动地反驳时那双闪亮的眼睛、说话时常挂在脸上的微笑，尤其是他形状漂亮的鼻子，以及深邃而勇敢的眼神，在十分饱满、宽广而圆润的额头下发出光芒。”①

庆典过后，人们聚集到长桌前共享丰盛的晚餐。施特莱歇尔注意到，公爵是如何“最仁慈地与席勒交谈，把手搭在他的椅子上，以这种姿势与他谈了很长时间。席勒带着同样的微笑、同样闪亮的眼睛面对他的君主，就和他在一小时之前面对他反驳的教

① Zit. n. Berger 1924, Bd. 1, S. 125.

授一样”。[①]

显而易见，席勒已从忧郁的情绪中走了出来，重新激起自己大胆的自信。这并不令人奇怪，因为在此期间，他已经写就了关于反叛的伟大戏剧《强盗》的第一稿。他已预感到，自己在其中创造了多么大的成就。

① Zit. n. Berger 1924, Bd. 1, S. 125.

席勒回顾《强盗》岁月——殉道者舒巴特——愤怒与缺乏经验——强盗世界与《强盗》：哲学理念和极端个性的实验场——理念戏剧与激情艺术——“美也终会消亡”——戏剧天空下的幸福时刻

1785年，在《莱茵塔利亚》（*Rheinische Thalia*）[①]杂志的发刊词中，席勒回顾了在卡尔高等学校度过的岁月，描绘了《强盗》一剧诞生的种种情状。正是这部剧让席勒一夜成名。“我的热情与军事纪律斗争了整整八年，但对于文艺的激情却如火焰一般强大，仿佛是人的初恋。原本要叫它熄灭的东西，却让它燃烧得更加猛烈。为了逃离那对我而言已成酷刑的境遇，我的心在一个理想世界中徜徉——却不了解真实的世界，因为一道铁栅栏将之与我隔开——不了解真正的人，因为我周围的这400人，是用同一个模具忠实地浇铸而成，而生动的自然早已庄严地与这模具分道扬镳——不了解自由而独立之存在的喜好……不了解女性之美——只有在女性变得有趣之前或是不再有趣之后，这所学院的大门才向她们打开——对人类与人的命运一无所知，我的笔必然会错过位于天使与魔鬼中间的那条线，必然会造出一个怪物，幸而世界上并无此类。我之所以愿这怪物能长生不死，是为了使‘服从’与‘天才’二者那违背自然的交媾所诞下的产物能够永

① 《莱茵塔利亚》是席勒于1784年开始着手编辑出版的一份文学杂志，首期于1785年出版，题献给了魏玛大公卡尔·奥古斯特（Karl August von Sachsen-Weimar），从1786年的第二期开始改名为《塔利亚》（*Thalia*）。

恒——我指的是《强盗》。”①

席勒写下这几句话时，已经逃离了公爵的统治疆域。他可以更加明确地谈论卡尔学校中的悲惨，但或许还不能太清楚，因为父亲还在为公爵效力。

在校期间，席勒服从了军事化的秩序，只是滑稽地、时常是讽刺地流露出他的不满。督学带着诧异一一做了记录，但正如弗里德里希·封·霍文所描述的，“他的同学们却更能理解”。学生们互相在题词册中写下诗句或格言；此时，他们就可以冒险采用不加遮掩的语言。同学们的题词册中留下了席勒的手迹。有一回，他模仿克洛卜施托克的颂歌，写道：“哦奴役，/是耳中的雷声，/是理智的黑夜和思想的蹒跚，/是折磨心灵的感受！”②而另一行符腾堡圣歌集中的诗句，则被他改编为：“某人得病静养休息/病床满是奢侈黄金/装饰如同王公贵族，/可他到底厌恶浮华/于是他在夜里整晚/过着一种悲惨生活/心里数着每个钟点/叹息期盼美好明天。”（1779年3月4日）

用不着学什么政治理论，就能体会到惩罚体系、日复一日的监管、扼杀精神的纪律之中所含的压抑。但当席勒通过阅读弗格森、卢梭和普鲁塔克的作品，熟悉了共和与人权思想的世界后，他学会了从政治的角度观察学校的情况，于是感到义愤填膺。他在弗格森对暴政体制的描述中看到了自己的处境：“剥夺人之权利的宪法，或是……认为人民只能通过强制和对刑罚的恐惧才能统治的法律，其后果就是在君主中引发暴政和狂妄，在臣民中造成奴隶精神和低贱下作：用苍白遮盖每一个脸庞，用懦弱和嫉妒

① MA V, S. 855f.

② MA I, S. 159.

填满每一个心灵。”①

这种暴政究竟能恣意妄为到何种程度，年轻的席勒可以从政论家舒巴特的例子中近距离感受。他在路德维希堡就结识了舒巴特，当时的舒巴特还是教堂合唱领队兼管风琴师。10 岁的席勒亲身经历了人们是如何把这位颇受年轻人敬仰的人驱逐出城的。人们指责他生活不检点、铺张浪费、在文学上“毫无廉耻”。而他自己则在晚年回首那段岁月时坦陈，他对“道德和宗教”越来越“冷淡”，读的尽是“无神论者、讽刺宗教者、鄙夷道德之徒和窑子里的写手”所著之书，又把吸入的“毒药”传染给了别人。②无论如何，舒巴特讨人喜欢的管风琴演奏已经在教会高层那里引起了非议，因为他在曲子中掺杂了骑士风流歌剧的主题。据说他还曾经醉醺醺地坐到管风琴凳子上。在酒馆里数他嗓门最大，尤其是谈到政治、政府的丑行和部长们的腐败时。当这位放肆的合唱主事又添了一位情妇时，一场针对他的纪律监察终于开始了。人们在搜查他的住所时发现了针对宫廷显贵的讽刺诗。于是公爵下了逐客令。当时正是 1773 年。舒巴特先是在帝国自由市奥格斯堡（Augsburg）找到了栖身之所。他开始编纂《德意志编年史》（*Deutsche Chronik*），一份带有共和主义倾向的政治杂志。不久，舒巴特就成了闻名德国的政治传单作家、揭露黑幕的记者，以及政治斗争诗人，让一些人害怕，又让另一些人敬佩。正因为如此，奥格斯堡也容不下他。市长宣称：“一个流浪汉偷偷溜进了我们的城市，想给他无可救药的刊物求一帽子英国式的自由。他一个胡桃核的

① Furgeson 1787, S. 191.

② Zit. n. Wagner 2001, S, 214.

自由都得不到！”①

舒巴特于1775年动身前往乌尔姆（Ulm），在那儿继续出版《德意志编年史》。到处都有人阅读这份报纸，甚至是在伦敦、巴黎和阿姆斯特丹。这大大增强了他的自信，他的语言也越来越狂妄。尤其遭他针对的是把他驱离出境的卡尔·欧根公爵。他嘲讽公爵具有道德布道和包养情妇的双重天赋，不怀好意地对公爵家族不孕不育说三道四，把弗兰琦斯卡·霍恩海姆描绘成讽刺漫画中的老处女形象，将她称作“邋遢太太”②，又把她比作“一个灯饰，又亮又臭”；他公开谴责把三千符腾堡子弟兵卖给英国参加殖民战争的行为，把卡尔高等学校描绘成“奴隶种植园”。当一首关于公爵的格言诗见报，诗里写道：“当叙拉古的狄奥尼索斯③/ 不得不停止 / 当一个暴君 / 他就成了小校长”——于是卡尔·欧根终于出手。他命人用虚伪的承诺将舒巴特从帝国城市乌尔姆引诱到符腾堡境内，并将他逮捕。当舒巴特1777年2月被打入霍恩阿斯佩尔格的大牢时，公爵和他的弗兰琦斯卡就在现场，二人绝不想错过这场好戏。没有庭审，没有判决，只是恣意决断而罔顾权利与法律。舒巴特做了九年卡尔·欧根个人的阶下囚。典狱长就是声名狼藉的里格上尉，席勒的教父、公爵座前曾经的红人。舒巴特被关押在城堡地基中一个污浊的拱顶地窖里，起初不能读书，不能写字，多年不许外人探视。

① Zit. n. Wagner 2001, S. 217.

② 原文为施瓦本方言“Donna Schmergalina”。

③ 叙拉古的狄奥尼索斯（Dionysios I. von Syrakus，前430~前367），古希腊西西里岛叙拉古地区的僭主，又称老狄奥尼索斯，早年仅为小卒，在叙拉古与迦太基（Karthago）的常年战争中不断晋升，公元前405年通过政变攫取权力，开始其暴虐的统治，成为欧洲暴政统治者的雏形。

这位被关押的诗人和政论家的声名却在不断增长。他被视为言论自由的殉道者，成了君主暴政牺牲品的代表。荷尔德林希望自己“能成为这样一个男人的朋友”，而赫尔德则在他的《促进人性之通信》(*Briefe zur Förderung der Humanität*)中为舒巴特在自由与人性的斗士们的英雄画廊中留出了一席之地。

1779年末，魏玛公爵和他的好友歌德出席了卡尔高等学校的年终庆典。人们建议他们不要和符腾堡公爵提起舒巴特的案子。显而易见，斯图加特的人们把歌德视为囚犯的同情者，而对思想自由的魏玛大公也并非完全信任。

舒巴特在卡尔学校的学生中尤其受到尊敬，特别是其子路德维希根据官方说法全靠“公爵开恩”才得以进入此校。这样一来，学生们就对霍恩阿斯佩尔格狱中囚徒的命运了解得一清二楚。

舒巴特一案的后果，就是公爵对于文学的疑心越来越大。舒巴特被当作美好精神之腐坏的警示典型，人们说，从这儿毕竟可以看出，研究文学和诗歌会导致怎样的叛逆和放纵。学生们被再次警告克制他们共同的爱好，而没有公爵允许不能擅自出版“文学作品”的规定再次得到强化。当席勒在《塔利亚》(*Thalia*)的发刊词中写到“在我受教育的那个学院，对文学的喜好侮辱了它的法则，也否定了其创立者的计划”①时，他指的正是这种限制。

席勒把卡尔学校的生活准则称为“臣服”(Subordination)。对于他而言，公爵让他在论文第一稿遭到驳回之后再留学院一
/ 104 年，这种令人愤怒的命令就是一种臣服。席勒之所以十分牵挂舒

① MA V, S. 855.

巴特的命运，也是因为他觉得自己同样是公爵的私刑囚犯，特别是在他不得不留校的最后这一年。

正是在这一年中，他创作了《强盗》，这部在《塔利亚》发刊词中被称为“臣服与天才之交媾”的产物。关于“臣服”的主题，该说的都已说了。人们很理解席勒的怒火与怨恨是如何积攒起来的。但在回望过往时，更让席勒感到压抑的是经历的匮乏，这是学生在校不得不接受的判决。他在《塔利亚》中写道，自己始终“不了解人类和人类的命运”。他认为在臣服与经验之匮乏间存在关联：他被命令和规矩关在栅栏后面，与其余的现实世界完全隔离，经历的范围就彻底缩水，其后果就是在《强盗》中只能描绘一个想象出来的现实，不是贴近生活的人物，而是“怪物”——无论是善还是恶。

但在生活中，一切真的都必须这般守规矩，只能从生活到思想、从经验到理论、从对人的认识到“人”的概念？至少席勒是一个擅抢先机的人。假使缺乏经验，还可以推测经验，就好像拿不属于自己的钱来豪赌一样。推测在这里意味着经验的赊账，经验的事先借用。换句话说：先构思一些情景，或许它们之后就成了经验。但若是人们超前于自身经验，万事便会显得影影绰绰，甚至连人们自己也会如此。于是人就得选用花哨的颜色、刺耳的声调，摆出令人讶异的姿态。人在年轻时如果看到“天才”在自己眼前摆弄出什么幻象，最感兴趣的不是自己本来的模样，而是一心想要成为的样子。但最主要的还是变得与众不同，于是人们把自由定义为那种允许人与自身有别的力量。自由的人就是“区别”的化身。只是在人性的中间区域，所有的不同都显得太勉强、太细微。只有极端才能吸引人。在寻觅不同的道路上，自由始终追求着极限。“强盗”卡尔·莫尔（Karl Moor）所表达的就是这样一种逻辑："法律还没有造就过一个伟人，但是自由已经培育出伟岸宏大异乎寻常的人才。"①幻想自己化身强盗就意味着：在社会的边缘或深渊中想象自己的位置。

毫无疑问，这个强盗的世界是一个浪漫化的、与18世纪末的社会现实截然不同的世界。尤其是在南德和施瓦本地区，当时的盗匪团伙是国家真正的祸害。在官方的小偷与流浪汉花名册中，仅在18世纪80年代的南德地区就有近4万人记录在案。多个规模庞大、分支庞杂而令人畏惧的团伙兴风作浪，我们今天称之为"有组织犯罪"。一个个村庄被胆大妄为的突然袭击所击溃，狂徒敲诈保护费、入室盗窃、抢劫，甚至干起买凶杀人的勾当，而走私更是大行其道。在强盗团伙的骨干和正常世界中间还有相当可观的中间地带，包括知情人、零星的共谋者、小盗贼、流浪汉和其他居无定所的人。被这个强盗和流寇的世界拉下水的，是失去土地的农民、丢掉工作的仆役、没有职位的文人、自甘堕落的学生、居无定所的工匠学徒和退伍的兵丁。其中有不少臭名昭著的头领，例如黑森林的汉尼克尔（Hannikel）、埃尔茨山脉中的施笃尔普内尔（Stülpner）、普法尔茨地区的"剥皮汉斯"（Schinderhannes）和施瓦本的"太阳酒保"（Sonnenwirt）。关于这最后一位，席勒从他的老师阿贝尔那里得知了许多细节，因为阿贝尔的父亲作为地方长官抓获了"太阳酒保"，审问了此人并做了详细记录，直到把他送上断头台。将来，席勒会在《失掉名誉的罪犯》（*Verbrecher aus der*

---

① MA I, S. 504. 语出《强盗》第一幕第二场，汉译参见《席勒文集》（第二卷），第23页。

verlorenen Ehre）[①]这部小说中讲述这个声名在外的强盗头子的故事；而小说中提到的若干罪行，也的确取材于真实故事，至少也是基于人们在卡尔学校虽然心怀畏惧却依旧乐此不疲地讲述的那些传闻。

/ 106

席勒当然明白要将浪漫化的强盗图像与社会现实区分开来。卡尔·莫尔告诫柯辛斯基："你的家庭教师把罗宾汉的故事塞到你的手里……这篇故事激起了你的孩子气的想象力，并且把对伟大人物的疯狂渴望传染给了你？"[②]但席勒却同样被绿林好汉的故事深深吸引。在对这部剧作的自评中，席勒反思道："我不知道应该如何解释，为什么其中的共犯越少，我们就越热烈地对他产生同情；为什么我们竟为那个被世界驱逐至沙漠之人落泪；为什么我们宁愿与鲁滨孙（Robinson）一起在荒岛上安营，也不愿与旁人在世间压抑的纷乱中同游。至少因为这一点，才让我们与面前这部剧中道德如此败坏的强盗团伙联系得如此紧密。"[③]席勒知道，他之所以选择《强盗》，也是因为自己在好好先生们的封闭社会中没有立锥之地的恐惧。

我们并不清楚席勒具体何时开始创作这部戏剧。1775~

---

① 《失掉名誉的罪犯》是席勒的短篇小说之一，1786年初次登载于《塔利亚》杂志上时题名《受侮辱的罪犯，一个真实的故事》（*Verbrecher aus Infamie, eine wahre Geschichte*），1792年修订后收入文集《短小散文著述》（*Kleinere prosaische Schriften*）第一卷中。小说主人公的原型是诨号"太阳酒保"（Sonnenwirt）的强盗约翰·弗里德里希·施万（Johann Friedrich Schwan, 1729~1760）。

② MA I, S. 565. 语出《强盗》第三幕第二场，参见《席勒文集》（第二卷），第122页。柯辛斯基（Kosinsky）为剧中人物，罗宾汉（Robin Hood）则是英国民间传说中的侠盗。

③ MA I, S. 622. 鲁滨孙是英国作家丹尼尔·笛福（Daniel Defoe, 1660~1731）的经典小说《鲁滨孙漂流记》（*The Life and Strange Surprizing Adventures of Robinson Crusoe of York, Mariner*, 1719）中的主人公，因海难流落荒岛28年。

1777 年，席勒尝试了多部戏剧。受报纸上关于某个学生自杀的消息和《维特》的启发，他构思了一部题为《拿骚的学生》(*Der Student von Nassau*) 的剧本。据传这部剧讲的是一个颇具天赋的学生却落入种种歧途，而这个主题之后在卡尔·莫尔的人生命运中再次出现。这部剧作并未流传下来，而接下来的创作计划《科西莫·封·美第奇》(*Cosmus von Medici*) 也同样如此。根据席勒学生时代的好友彼得森的记载，剧本的准备工作已颇具规模，原本想要以莱泽维茨《尤利乌斯·封·塔伦特》(*Julius von Tarent*) 为模板，讲述兄弟反目与父爱伟大的故事——这是“狂飙突进”一代尤为喜爱的主题。据说席勒强烈地感到自己离他的榜样还差得很远，于是销毁了手稿，在很长一段时间内远离戏剧，转而模仿起克洛卜施托克的颂歌。

正是在戏剧试作的第一个阶段，席勒获得了创作《强盗》的启发。就在 1775 年，他的朋友弗里德里希·封·霍文让他关注舒巴特在《施瓦本杂志》上发表的一则逸事。舒巴特讲述这个故事的意图很明确，就是给小说家或剧作家提供灵感，因为必须得证明在德国也有这样的好汉。“一腔热血，并以此行事；就像法国人或英国人一样”，舒巴特写道。① 这个故事据说确有其事：一个贵族有两个性格迥异的儿子。弗朗茨天性虔诚，热衷名誉，胆小怕事，精打细算，没有什么游历世界的喜好。卡尔则与他相反，无忧无虑、热情洋溢，充满好奇且容易冲动。他是父亲的爱子。求学期间，美酒与佳人是他最爱的消遣；他嗜赌，欠了债，与人陷入种种纠纷，不得不趁着夜色和迷雾逃离学院。他想在弗里德里希大王的军队中寻找容身之地，在一场战斗中受了伤。在

/ 107

① Kluge 1988, S. 904.

战地医院，他终于醒悟，决心痛改前非。他给父亲写了一封充满柔情的信，袒露了他的悔恨并承诺改正。但这封信却被他的兄弟截获，导致卡尔并没有收到回信。于是他隐姓埋名，化装成一个仆役混入父亲的乡间城堡。有一天在砍柴时，他目击了父亲遭人袭击，英勇地挺身而出救下父亲。随后，他终于揭下了面纱。真相很快便水落石出：弗朗茨为了尽早继承遗产，雇用了杀手。于是弗朗茨被逐出家门，而卡尔这位回头的浪子、父亲的救命恩人则得以重新为自己正名。在故事的结尾，舒巴特评论道："何时才能有一位哲学家，去探究人类内心的深处，追寻每一个行为的萌发，关注每一个借口，写就一部人类心灵的历史，抹去伪君子脸上虚伪的表情，坚守诚实心灵的权利。"①

席勒借用了故事架构和两兄弟的性格以及部分情节要素，例如卡尔在大学期间的放纵，他的出逃、悔恨，他的迷途知返、回到父亲身边，揭露兄弟的阴谋等。但恰恰当弗朗茨截获了兄弟的悔信，而卡尔没有得到父亲的宽恕，只能老老实实地假扮仆役以求栖身——恰恰是在故事的这个节骨眼上，席勒让他笔下的卡尔开始了强盗的生涯。与故事中的卡尔不同，席勒的卡尔要向整个人类复仇。他无法阻止兄弟杀人的行径，于是不由自主地加入了一场捍卫"诚实心灵的权利"、反抗整个世界的"伪君子"的斗争当中。席勒赋予了原先故事中的形象一抹丰碑般的色彩，不管对于恶人弗朗茨还是卡尔都是如此。无论如何，即便是"怪物"，席勒仍然像舒巴特所要求的一样，作为"哲学家"深入了"人类内心的深处"。

整部剧以弗朗茨·莫尔的罪行开场。卡尔因为与人决斗以

① Kluge 1988, S. 909.

及其他种种学生式的胡闹，被开除出学院；但弗朗茨不仅截下了他充满悔意的信，还捏造了一封假信，在其中大肆渲染兄长的过错。于是轻信的父亲诅咒了儿子，剥夺了他的继承权。卡尔因为这一举动陷入绝望，听凭他所身处的这个不三不四的群体把自己选为强盗首领，借着这一身份让自己个人对铁石心肠的父亲的愤懑变成对整个人类的普遍怨恨。与此同时，弗朗茨则试图在父亲的府邸攫取控制权：他散布长兄已死的谣言，试图让哥哥的未婚妻阿玛莉亚（Amalia）屈服于自己的暴力，更命人把因为震惊、绝望与悔恨而昏倒的父亲活埋了事。卡尔受够了强盗的生活，却又被效忠的誓言所制约；他隐姓埋名回到父亲的宅邸，面对的是其弟的罪行与未婚妻一直延续的爱。整部剧的结尾令人恐惧：弗朗茨自杀；在坟墓中侥幸活下来的父亲却在卡尔自白身份之时，因为惊骇而一命呜呼；阿玛莉亚死于卡尔之手，因为他身陷对阿玛莉亚的爱与对团伙的忠诚之间的冲突，找不到另外的出路。牺牲阿玛莉亚让卡尔解脱了对团伙的义务，终于向法警自首。

1782 年的首演结束后，席勒立即写了一篇自评，批判自己剧中的人物缺乏与现实的贴近。他们并非按照自然，而是按照作者的阅读勾勒出来的。无论是强盗卡尔·莫尔，还是恶人弗朗茨·莫尔，都是按“莎士比亚的风格”① 构思的；对于卡尔而言，其基本的个性还有一些是从普鲁塔克与塞万提斯② 那里借来的；至于阿玛莉亚的形象，就必须考虑到作者读了太多的克洛卜施托

---

① MA I, S. 264.

② 米盖尔·德·塞万提斯（Miguel de Cervantes, 1547~1616），西班牙最重要的作家之一，代表作《奇情异想的绅士堂·吉诃德·台·拉·曼却》（*El ingenioso hidalgo don Quijote de la Mancha*, 1605）讲述了痴迷于骑士小说的潦倒乡绅试图在生活中重现骑士小说的世界，自命堂·吉诃德骑士，并将日常场景想象为小说情节的故事。

克。但若接受作者“跳过了人类”这一前提，那么他笔下的人物自始至终到底还是“与自我完全一致”。①

的确，为了以极端情况开展实验，常见的凡人是被“跳过”了。这部剧就是这样一场为极端性格所设置的实验：他们虽然极其片面，却前后连贯地将他们的存在原则发挥到极致，直到最后的灾难。从这个意义看，他们的确保持了“与自我完全一致”。

卡尔·莫尔是一个“误入歧途的伟大灵魂——具有一切可以出人头地的天赋，却带着一切天赋沉沦”。②而弗朗茨·莫尔则是一个会思考的恶人，“以心灵为代价雕琢他的理智”。③

强盗卡尔是个理想主义者，因为他怀着内心的热情相信一个善良的、充满父爱的世界秩序；但他的自恋只要被伤害到一丁点儿，就能在他心中激起向破败的世界秩序复仇的狂躁。

弗朗茨则是个物质主义者。既然自然待他不公，那他又为何还要相信自然的善意？他感到自己被丢入一个冰冷的宇宙，所以他要运用冰冷的理智，只追求他自己的利益。而他的利益则瞄着权力和控制：“我要把我周围限制我、使我无法成为主人的一切全部铲除干净。”④

一个人报复他寄予厚望的世界，另一个人则在他一无所获、也无法要他承担任何责任的世界中肆虐。两个走极端的人：一个是挣脱束缚的理想主义者，一个是毫无顾忌的物质主义者。《强

① MA Ⅰ, S. 627.

② MA Ⅰ, S. 489.

③ MA Ⅰ, S. 485.

④ MA Ⅰ, S. 502. 语出《强盗》第一幕第一场，汉译参见《席勒文集》（第二卷），第20页。

盗》就是一位医生杰出的思想产物，他用文学的方式试验了哲学的理念。但作者也借《强盗》向自己和旁人证明，他不仅能将理念引入文学人物形象，更能以之征服读者和观众。

席勒的戏剧处女作可以从医学、哲学、文学和效果美学四个角度来阐释。

人们可以从作者贴近身体、时而露骨的比喻，以及从一种形成于解剖台上的自然主义中发现作者的医生身份。在第一幕第三场，弗朗茨想要在阿玛莉亚面前诋毁他的长兄卡尔。他暗示说，卡尔的放荡生活很可能让他感染上某种性病，然后绘声绘色地给阿玛莉亚描绘了一个身体腐烂的可怕景象："但愿至少有一层面纱把这面目可憎的罪恶遮盖一下，免得全世界的眼睛都看着它！透过黄色的铅灰色的眼圈看人，真是可怕——脸色像死人一样灰白，面颊深陷，骨头凸出，丑恶不堪……从额头面颊嘴巴和身体各处迸发出脓液刺鼻的泡沫，发展成恶心的癞疮疥藓，令人憎恶地牢牢地扎在兽性耻辱的沟壑之中。"①

阿玛莉亚还会爱这具腐烂的躯壳吗——弗朗茨问。毕竟，在爱情中是灵魂寻找着灵魂，但若是灵魂陷于身体的"泥潭"之中，还能证明其天堂般的力量吗？弗朗茨在令人作呕的图景中愉悦地翻掘着："人是从泥淖中出生的，在污泥中蹚了一阵，制造污泥，在污泥中又继续发酵，直到最后污泥肮脏地一直粘在他曾孙的鞋底上。"②

这些玩世不恭的冷漠句子不仅揭露了作者的医生身份，也

---

① MA I, S. 518. 语出《强盗》第一幕第三场，汉译参见《席勒文集》（第二卷），第45页。

② MA I, S. 577. 语出《强盗》第四幕第二场，汉译参见《席勒文集》（第二卷），第140页。

展示了席勒赋予弗朗茨·莫尔的身心二元论知识。当然，弗朗茨用心险恶，并没有将之用于救人，而是拿来作为酷刑的手段。他要谋杀父亲，但不愿亲自动手。“我愿意做的事和聪明的大夫一样，只不过正好相反而已。——不是横插一杠，阻止大自然的道路，而是顺应自然，加速它自己的进程……哲学家和医学家教导我，精神的情绪如何出色地和肉体的机械运动相协调……从精神出发来毁掉这躯体——哈！真是独创性的作品！”[①] 该如何下手？必须在父亲心中引发情绪和冲动，例如悲哀、恐惧、忧愁和绝望，这些情感会侵蚀身体的健康。必须得在精神中引入些能消弭身体的东西，必须以此“为死神打开一条通向生命之宫的未经开启的道路”，这样一来，“解剖者的刀”就找不到凶嫌的任何痕迹。[②]

虽然父亲暂时在这场通过心理的密道所实施的暗杀中幸免于难，但最终却依然因为灵魂的痛苦而离世。而弗朗茨这位反向的医生还和身体联手，密谋攻击其敌的灵魂，证明自己的确是席勒在学医期间了解到的那些观点的好学生。席勒把医学运用于文学，而反过来又把文学运用于医学。在毕业论文中，他化名引用了自己作品的选段，假称是引自某个名叫“克雷格”（Krake）的人所著的悲剧《莫尔生平》（*Life of Moor*）。[③] 选段描绘了噩梦是如何从衰败了的躯体潜入父亲的脑海之中。席勒一边写毕业论文，一边创作《强盗》；在这里引用《强盗》，是为了展示精

---

① MA I, S. 521f. 语出《强盗》第二幕第一场，汉译参见《席勒文集》（第二卷），第50页。

② MA I, S. 521f. 语出《强盗》第二幕第一场，汉译参见《席勒文集》（第二卷），第51页。

③ MA V, S. 309.

神与身体之间那充满不幸的联结，更具体地说是为了展示由于精神而腐坏的身体又是如何导致精神的进一步衰败。

/ 111

至于席勒在这部剧的实验中所引入的哲学观念，实际上是一种“大爱”的哲学，“存在巨链”的理念要在这里经历考验。

席勒在一封致曼海姆剧院总管赫里贝特·封·达尔贝格[①]的信中，特别将弗朗茨称为一个“思考着的”恶人；对于舞台而言，他想的实在太多了。此人显然了解其存在的运转秘密，在全剧的第一场中就抖擞得一干二净。大自然的偶然亏待了他，他是第二个“爬出娘胎”的——这一命运让他失去了继承权。自然又让他背负了丑陋的重担：“为什么偏偏让我长了这么一个拉普兰人的塌鼻子？偏偏给我这么一张摩尔人的宽嘴巴？这么一双霍屯督族人的小眼睛？”[②]如此亏待他的自然绝不可能是公正的自然。这是一场“生命的博彩”，就算自然不至于太过恶意，它至少也是以一种闻所未闻的冷漠态度对待那些被它牵扯入生命，到头来又被它丢弃回最初的泥淖的存在。人的心头绝不可能挂念这样一种自然，“以爱联结的存在巨链”——这是怎样的谎言与苛求！自然抛弃它的子孙，听任其自生自灭，那么人们面对自然也就没有半分义务：“它什么也没赋予我；我想把我塑造成什么，那是

① 沃尔夫冈·赫里贝特·封·达尔贝格男爵（Wolfgang Heribert Freiherr von Dalberg, 1750~1806），自1778年起任曼海姆民族剧院（Nationaltheater Mannheim）总监，席勒的《强盗》正是于1782年在这里首演并大获成功。关于席勒与曼海姆和达尔贝格之间的关系，参见本书第七至十章。直到现在，曼海姆民族剧院每两年还会举办一次盛大的“席勒国际戏剧节”（Internationale Schiller-Tage）。

② MA Ⅰ, S. 500. 语出《强盗》第一幕第一场，汉译参见《席勒文集》（第二卷），第18页。

我自己的事。”[①]而人又是怎么被“塑造”出来的呢？甚至从一开始就没有爱情，而只是“满足兽性欲望的兽性过程”[②]。难道这其中能产生父母之爱吗？只不过是因为父母在满足情欲的同时也生育了孩子，人们就要为此感激涕零吗？难道人不是连问都不问就被带入了这个世界的吗？如果人们不带分毫幻想地观察生命，“神圣的浓雾”[③]就会褪去，现实才会显现，而在这种现实中，支配一切的不是爱，而是丛林法则。人若犯我，我必犯人。人既然已成了噩运的牺牲品，凭什么缩手缩脚地担心自己成为他人的噩运。生命是一场糟糕的活动，人凭什么要在里面扮演一个乖巧的角色？

或许真实生活中的确没有这般冷血且精于算计的恶人，但文学中却有，而席勒也在其中找到了此类形象，例如在莎士比亚的作品中。理查三世（Richard Ⅲ）也是一个以恶毒向亏待了他的自然复仇之人：“我既被卸除了一切匀称的身段模样，欺人的造物者又骗去了我的仪容，使我残缺不全……因此，我既无法由我的春心奔放，趁着韶光洋溢卖弄风情，就只好打定主意以歹徒自许，专事仇视先前的闲情逸致了。”[④]

文学享有特权，可以展现人类所可能成为的极端情形，而莎士比亚和席勒则频繁地运用这种特权。席勒之后没过几年，萨

① MA Ⅰ, S. 500. 语出《强盗》第一幕第一场，汉译参见《席勒文集》（第二卷），第18页。

② MA Ⅰ, S. 502. 语出《强盗》第一幕第一场，汉译参见《席勒文集》（第二卷），第20页。

③ MA Ⅰ, S. 502. 语出《强盗》第一幕第一场，汉译参见《席勒文集》（第二卷），第20页。

④ 语出莎剧《理查三世》（*The Tragedy of King Richard the Third*, 1597）第一幕第一场，汉译参见〔英〕威廉·莎士比亚《莎士比亚全集》（第六卷），朱生豪译，人民文学出版社，2014，第93~94页。

德侯爵[①]就会把报复不公的自然这一逻辑展现得更加清晰。他和弗朗茨一样，在一种冷酷的怨怒中控诉残忍而漠然的自然。他在《卧房里的哲学》（*La Philosophie dans le boudoir*）中写道，正是自然的责任，才导致“这个唤作‘人’的可怜个体未经同意，就被抛弃到这个荒凉的宇宙当中”。人生苦短，人们为何还要再给自己添上道德和良心谴责的负担？人们在这样一种自然面前没有任何义务，有权把一切“都奉献给情欲”。在这个过程中，萨德解释道，人们不能混淆爱情和欲望。爱情产生义务，而自由的享乐则要求对象的更替和交换。归根结底，必须是“对象”而不是“人”，或者更具体地说：必须是人，但在享乐的瞬间被物化成了对象。爱情及其整套机制，包括忠诚、照顾和温柔，欺骗人失去了情欲最宝贵的瞬间：“只要性爱仍然持续，就不用怀疑，我需要那个对象的参与；但当性爱满足之后，我和他之间还留下些什么？”[②]什么也没有，萨德回答。弗朗茨也会有同样的回答。

但席勒尚不敢像萨德侯爵一样，把弗朗茨推入无休止的交欢的纵欲狂躁中去。在萨德侯爵那里，“存在巨链”是由交媾与插入打造而成；但弗朗茨的眼中只有阿玛莉亚一个女人。他尝试强暴她，想要占有她却不爱她；而弗朗茨所欲求的，与其说是她的身体，不如说是一种想象：剥夺他哥哥所欲求的身体而占为己有。他想要强逼已经委身卡尔的阿玛莉亚“从心里发誓嫁给我，

/ 113

① 唐纳蒂安·阿尔丰斯·弗朗索瓦·萨德（Donatien Alphonse François de Sade, 1740~1814）侯爵，法国贵族，生性放浪，其小说——例如《索多玛的一百二十日》（*Les cent-vingt jours de Sodome*, 1785）——中充斥暴力的性幻想与对上帝的否定，后世以其名命名性虐癖（Sadismus）。《卧房里的哲学》（*La Philosophie dans le boudoir*）是他作于 1795 年的一部情色小说，其中将性欲与暴力宣扬为自我解放的途径。

② Sade, S. 7.

我要疯狂地爬上你处女的眠床，以更加强烈的傲气战胜你那高傲的羞耻”。①

然而与莎士比亚和萨德侯爵笔下的形象不同，恶人并未经受住考验，到最后竟被地狱的恐惧逼上了自杀的绝路（在为剧院所做的修订版中，恐惧甚至让他无力自杀）。弗朗茨不再是宏伟的恶人，像他开场时那样——席勒相信，邪恶的缩水是他欠世界之良序的。末了，世界之良序总归要以某种方式获得胜利。

现在再来说说卡尔，这位挣脱了束缚的理想主义者。他之所以成为理想主义者，是因为他在现实的背面或者上方追寻一种精神性的秩序，也就是联系一切之大爱的精神联结。席勒赋予他的卡尔·莫尔的，正是我们在其第一篇毕业论文及《尤里乌斯的神智学》中所接触到的爱之哲学。对于卡尔而言，以爱所联结的“存在巨链”就是一个如父亲般安排好了的世界：“全世界都是一个家庭，那天国高处有个父亲。”②

但在兄弟的一系列诡计之下，卡尔必然以为自己的父亲已经离他远去。对他而言，存在的秩序便就此轰然崩塌：“只有我一个人遭到摒弃，只有我一个人被淘汰出纯洁者的行列。”③他对父亲的世界备感失望，希望回到“娘胎里去”，而恰在此时，他的同伙正在寻找一位强盗首领。于是他逃回的不是娘胎，而是强盗团伙的怀抱。绝望的理想主义者卡尔·莫尔想要与撒旦（Satan）和阿德拉梅莱克（Adramelech）比肩，后者既是堕天使，也是

① MA Ⅰ, S. 558. 语出《强盗》第三幕第一场，汉译参见《席勒文集》（第二卷），第109页。

② MA Ⅰ, S. 561. 语出《强盗》第三幕第二场，汉译参见《席勒文集》（第二卷），第114页。

③ MA Ⅰ, S. 561. 语出《强盗》第三幕第二场，汉译参见《席勒文集》（第二卷），第114~115页。

憎恨整个宇宙的阴郁英雄。看得出，他熟读弥尔顿和克洛卜施托克。[①] 在更早的一个版本中，卡尔明确引用了弥尔顿的《失乐园》[②]，而席勒大概是因为这一段太过直白，才将之删去。

因为卡尔·莫尔觉得自己被排斥出了“纯洁者的行列”，他便不再畏惧沾染上污点。他将会成为罗宾汉那样劫富济贫的绿林好汉。团伙中的一人说：“他不像我们那样为了抢劫而谋财害命——只要他能够得手，他似乎不再过问钱的问题，甚至按照规矩，他应该得到的战利品中的三分之一，他也拿来赠送给没爹没妈的孤儿，或者借此供给有前途的穷人家的孩子上大学学习。但是如果要他收拾一个盘剥农民像驱赶牲口一样的乡间贵族，如果有个身穿镶金边的衣裳、篡改法律、蒙蔽法庭的无赖，或者其他什么流氓恶少落到他的手里——小子！那他可就得其所哉，像魔鬼一样出手凶狠，就仿佛他身上每段纤维都是复仇之神。”[③]

---

① 席勒在《强盗》第一版的序言中曾用阿德拉梅莱克与撒旦的形象为自己在文学中塑造“恶”辩护：“克洛卜施托克的阿德拉梅莱克在我们心中激起一种崇敬与厌恶在其中交融的情感。我们怀着毛骨悚然的惊异跟随着弥尔顿的撒旦经历那难以穿行的混乱……如果我要展现一个个整体的人，就必须同时附着他们的完善性，哪怕是最邪恶之人，身上也不会完全缺乏这种完善。”（MA I, S. 487.）阿德拉梅莱克（Adramelech）是克洛卜施托克的宗教长诗《弥赛亚》中的一个恶魔，在中世纪恶魔学中常被刻画为人身驴首孔雀羽，是撒旦手下一员得力干将。在《弥赛亚》第二歌中，克洛卜施托克将阿德拉梅莱克形容为“比撒旦更歹毒”的恶魔（第301诗行），在撒旦起事之前就蠢蠢欲动，要与上帝为敌。参见 Friedrich Gottlieb Klopstock: *Der Messias*. In: Ders.: *Ausgewählte Werke*. Hg. von Karl August Schleiden. München 1962, S. 226f。撒旦则是弥尔顿《失乐园》中的角色。

② 此处指的是所谓“被压下的B页纸”（Unterdrückter Bogen B），即《强盗》第一幕第二场初稿中卡尔·莫尔对同伙莫里茨·施皮格尔贝格（Moritz Spiegelberg）说的一句话：“我不知道莫里茨你读过弥尔顿没有——那个不愿忍受还有人在他之上，甚至大胆挑着剑尖挑战全能之神的家伙，难道他不是个天才？”（MA I, S. 957.）

③ MA I, S. 540f. 语出《强盗》第二幕第三场，汉译参见《席勒文集》（第二卷），第80~81页。

即便这位“绿林好汉”把自己标榜为丧失继承权者的复仇者、穷人与孤儿的保护者，他到底做出了一些必然成为暴行的举动，因为这些行径在惩奸除恶的同时也伤及了无辜。例如，他曾一把火烧毁了整座城市，只为从断头台上救下一位亲密的伙伴。他为自己辩护，把自己的行为比作一场极端天气，其毁灭性的力量也不会区分有罪之人和无辜之人。可是卡尔心知肚明，把自己与盲目的自然之力相提并论，不过是托词而已。在绝望的时刻，他看清自己已成了“怪物”，“被杀人凶手团团围住——被毒蛇凶蟒重重包围——用沉重的铁链牢牢地拴在罪恶之上，——在罪恶的摇曳不定的芦苇秆上摇晃，一直摇到毁灭的坟墓之中”。①

他在这场诗意般的忧郁场景中唤起了孩童时候的幸福——这一场戏让荷尔德林如痴如醉——随后就陷入了最深的绝望。存在巨链已然断裂，他也像弗朗茨一样发现，在世界进程和自然中只有一种残酷的冷漠在发挥作用。在那个瞬间，兄弟俩在不知情的情况下靠得很近：侵扰他们的是同一种虚无主义。

卡尔和弗朗茨之间的区别仅仅在于：前者陷入幻灭，而后者则是以幻灭为起点；前者为虚无主义所困扰，而后者则从虚无主义中发展出了一套道德准则。当卡尔在剧末怀着极大的激情说出“两个像我这样的人，可以摧毁道德世界的整个大厦”②时，他终于发现并且承认了自己与兄弟在思想上灾难性的相近。的确有这样的两个人，如果卡尔是其一，那么弗朗茨就是其二。两人均被复仇的狂怒所驱使，一个是因为对世界秩序的信仰破

① MA I, S. 562. 语出《强盗》第二幕第三场，汉译参见《席勒文集》(第二卷)，第115页，略有改动。

② MA I, S. 617. 语出《强盗》第五幕第二场，汉译参见《席勒文集》(第二卷)，第202页。

碎，另一个则是因为从来没有过这样的信仰。一个人怀着炽热的绝望，另一个人带着冰冷的愠怒，在一个没有意义的世界中恣意肆虐。

到头来，两兄弟都接近了自我毁灭的边缘。弗朗茨自杀，卡尔最后到底还是不敢下手。在那个瞬间，当他以为存在巨链
/ 115 已不可逆转地断裂，他其实已经准备要自绝于世了："世界的法则已变成掷骰子的游戏，天性的纽带已经断裂。"① 但恰恰是在这种绝望中，卡尔的胸中却升起不可抑制的高傲，因为他发现了自由的秘密。自由之所以秘密，是因为它抗争着被阐释了的世界（die gedeutete Welt）之崩塌，抗争着善意之消散。对于卡尔而言，这个世界已成为一片可怕的荒野；而那种对拯救的或惩罚的彼岸之期盼，也被他斥为孩童般的天真而拒绝接受："而幻想，那感官的戏弄人的猴子，在我们的轻信面前幻化出罕见的幻影。"② 在这片荒野上，卡尔找不到苟活的理由。可就在这个瞬间，自由与骄傲的意识开始觉醒。"难道竟要让我在苦难面前束手就擒吗？——不！我要忍受着苦难！"于是他把手枪丢开，说道："让苦难碰上我的傲气无所作为！我要遍尝这一苦难。"③

在这一关联中，自由意味着什么？如果卡尔被绝望所驱使、被苦难所逼迫，竟一死了之，就算不得自由。这种死亡正是因此

---

① MA I, S. 596. 语出《强盗》第四幕第五场，汉译参见《席勒文集》（第二卷），第169页。

② MA I, S. 591. 语出《强盗》第四幕第五场，汉译参见《席勒文集》（第二卷），第163页。

③ MA I, S. 592. 语出《强盗》第四幕第五场，汉译参见《席勒文集》（第二卷），第163页，有改动。

算不得自由的死亡。[①] 自由只存在于骄傲对于苦难的胜利中。这场胜利没有超验世界之证明。卡尔·莫尔和席勒在这里完全不需要上帝的世界秩序。“你想怎样便怎样吧，*无名的彼岸*——只要我的这个自我忠于我自己。”[②] 当自我与其自身合而为一时，便是自由。这个在此初次闪现的想法，席勒将用他的一生去探究，并把它描绘得精彩绝伦。

谁若是像卡尔一样发现了自己的自由，就已最终准备好为自己的所作所为承担责任。自由与责任相辅相成。承担责任并不意味着重建破败的世界秩序。事实上，在戏剧的最后一幕中没有什么得以重建。父亲惊恐而死，阿玛莉亚被卡尔所杀。强盗团伙并未解散，很可能会继续犯罪的行径；而卡尔虽然向司法体系自首，但我们先前已通过他控诉的演讲了解了这种司法的腐败。到头来，并没有什么宽恕与和解，而只有“忠于自己”的卡尔身上那股骄傲的自由之胜利。正是带着这种自由的激情而非重建秩序的热情，这部剧落下了帷幕。

/ 116

至于作品的文学价值，人们评论道，这部戏既非一气呵成，也没有雕琢完善的大纲打底。相比情节的纠葛，作者显然对形象的哲学勾勒更感兴趣。在很长一段时间内，几条情节支线并行，没有互相联系。尽管“兄弟反目”的主题按照该隐（Kain）和亚伯（Abel）的模板[③] 理应要求弗朗茨和卡尔间产生直接的冲

---

① 在德语中，自尽一词“Freitod”是由“自由的”（frei）与“死亡”（Tod）两部分构成。

② MA I, S. 592. 语出《强盗》第四幕第五场，汉译参见《席勒文集》（第二卷），第163页，略有改动。

③ 该隐与亚伯两兄弟是《圣经·旧约》中的人物，同为人类始祖亚当（Adam）与夏娃（Eva）之子，根据经上所记，该隐因嫉妒祭品更受上帝青睐的亚伯而将其击杀。见《旧约·创世记》第四章第三节至第八节。

突，但剧情却并未如此发展（除了剧场修订版中二人曾短暂见面）。对于卡尔而言，他的爱人阿玛莉亚起初似乎并不重要，他只在一个简短的从句中提到了她。为了在卡尔的信中重新激起对阿玛莉亚的回忆，席勒不得不引入柯辛斯基这个角色，让他讲述一个用心险恶的王侯是如何夺走了他的未婚妻。只有通过这个故事，卡尔心中回乡的想法才会成熟，在中间两幕中近乎倦怠的情节才又重新动了起来。除了最后一幕，在舞台上表现出的情节相当有限，施皮格尔贝格（Spiegelberg）攻占修女院、解救同伙罗勒（Roller）以及团伙的其他暴行等戏剧情节仅仅是叙述而非表演出来的。这就给了全剧一种叙事的特征，并不能让席勒满意。他虽然在未刊印的第一稿序言中曾为自己辩护，说自己本想创作一部“戏剧化的小说”①，但当曼海姆剧院表达了对剧本的兴趣之后，他便越来越清楚地发现剧本在舞台上的缺陷，于是花费了好一番精力加以改进。

但他无法改进、不得不将之视为全剧最大之缺憾的，是反派弗朗茨的行为缺乏足够的动机铺垫。对于他而言，这当中包含了太多的哲学。席勒在自评中写道，人既然已经持这样一种唯物质论的世界观，若还要假定他会如此强烈地为外物所影响，也未免太不熟悉生活了。坚持可鄙的世界观是一码事，而真正犯下罪行却是另一码事。二者之间隔着若干个世界。理论与实践中间存在一道无法轻易越过的深渊，并非如剧中反派弗朗茨这个人物的构
/ 117 想：“让我们对这个骨子里的恶人义愤填膺的，并非其行径，也并非那种令人作呕的哲学——而是这种哲学令他犯下罪行的那种不假思索之轻易。”②

① MA I, S. 482. 语出《强盗》“被压下的前言”（Unterdrückte Vorrede）。

② MA I, S. 626.

伴随着这一自我批评，席勒批判的不是别的，恰恰是全剧的结构性原则，即按照哲学原理构建人物。席勒本来也可以这样批评卡尔的形象，因为这个挣脱束缚的理想主义者也是根据一个具体原则构建的：他是“存在巨链”哲学的热情拥护者。卡尔在其世界图景崩塌之后竟在谋财害命的狂暴中堕落，其实也和虚无主义者弗朗茨冷冰冰的怒火一样，无法令人信服。席勒事后才意识到，他本应当让人物的发展扎根于一个生活的世界，而不是某个理念原则之中。于是他撰写了那篇戏剧自评，我们之前也已引用了其中的段落。

在《强盗》于 1783 年 1 月 13 日首演过后没几个星期，席勒便创作了这篇自我批评，并匿名发表于由他主编的杂志《符腾堡文学索引》（*Wirtembergisches Repertorium der Litteratur*）上。① 在之后的作品，特别是在《唐·卡洛斯》（*Don Karlos*）中，席勒还会运用公开的自我评价与自我批评这种手段。显然，他以严肃的态度对待自己从哲学理论的框架中发展出的自我完善之理念。他毫无顾忌，比批评家们更清楚地指出自己的错误并从中学习。他想要在读者眼前完成作为作者的成长。其中当然也掺杂着自傲，因为他想借此证明，自己即便是在批判性的评价上也不必担心与他人做比较。在批评上，他也不愿让人超过。至少在社会上，当人们了解到这篇针对《强盗》入木三分、不留情面的书评竟出自作者本人之手时，着实引发了一番讶异与敬佩。

作家席勒之所以如此轻松地成为自己在公开场合的批评者，也是因为对于他而言，文学创作并不是一个私密的表达过程，最

① 《符腾堡文学索引》是席勒与好友彼德森共同编辑出版的一份文学杂志，1782 年 3 月出版创刊号，但仅出三期后便不得不停刊。

好留在隐秘之处，而是一份有意识的工作和试验。席勒的眼中一直都有公共空间，因为这是他的作品产生影响之处。他早年便是如此。同学们说，席勒很喜欢朗读自己的诗歌，并不害怕批评。/ 118 而早期诗歌中的修辞学风格也十分引人注目。效果之意图始终居于决定性的地位。小弗里茨就已经穿着黑色的围裙，站在椅子上给他的玩伴们布道。出了名的还有斯图加特城外森林中的那个场景：席勒在一片隐秘的林间空地上，怀着激情与叛逆者的姿态，为他的朋友们朗读正在创作的《强盗》中的片段。据说，他曾对着沙芬施坦说："我们要搞一本必定会被剥皮人烧掉的书"[①]——这句话几乎原封不动地成了剧中一个强盗的台词。席勒想要激怒那个"舞文弄墨的世纪"，心满意足地畅想他的笔下充满力量的天才如何像强盗一样，闯入流行的感伤剧的慈父般世界。他起初并不敢期待这个念头竟能实现，但当它真的实现的那个刹那，就仿佛美梦成真一样。

《强盗》出版两年之后，席勒在《斐耶斯科》的一场演出后首次谈到了曾驱使他的"权力意志"。这种权力意志，只有那种想要将观众掌握在手心的戏剧家才会熟悉。"剧院中那个安静而宏大的瞬间总是如此神圣而庄严，当千百颗心仿佛听从着一根魔杖威力无穷的敲击跟随着诗人的想象而震颤……我能用缰绳驾驭观众的灵魂，像皮球一样任凭我的喜好被扔向天堂或是地狱。在这个瞬间，可以赢得或是失去千万颗心；若是错过这一瞬间，不啻对天才、对人性的大逆不道。"[②]

有些作家创作一部作品，交到公众手中，然后便淡然地听之

① Biedermann 1974, S. 48.

② MA I, S. 754. 语出《斐耶斯科》1784 年 1 月 11 日于曼海姆首演前张贴并散发的由作者起草的布告《给观众的提醒》(*Erinnerung an das Publikum*)。

任之；但席勒并不属于这一类。他始终工作在作品可能产生影响
的第一线。作品的效果始终决定着他如何创作作品。席勒不是那
种由内向外的作家，他恰好相反，是由外向内。对他而言，效果
就是一切，而表达内涵、创作方式和理念内容都必须居于其下。
“我站在这儿，我别无他法”① 这一原则并不适用于他。只要能取
得更大的效果，他就有别的办法。他起初以为，若要提升作品效
果，就必须“破门而入”，因此——正如席勒之后在自评中所批
判的——弗朗茨就作为一个已然成型的恶人登场，在这里并不存
在任何发展：弗朗茨思考了他作恶的缘由，但这些缘由却并未展
现在观众眼前。而在卡尔那里，这种“开门见山”甚至导致了作 / 119
品架构上的失误。卡尔在第一段独白中就显得无比激烈，痛斥这
个“阉人世纪”，说起话来仿佛是一个已与一切割断联系的人，
尽管他才刚刚写完那封给父亲的信，现在正等待着作为“迷途浪
子”被父亲带着温柔的父爱重新接纳。虽然二者并不融洽，却产
生了极强的效果。对于席勒而言，戏剧乃是一种激发情绪的艺
术，重点完全在于巧妙安排观众的情感。剧院——一台创造伟大
情感的机器。

但正如前文提到的，席勒难道不也把他的《强盗》视为哲学理念的试验安排吗？然而谁若是试验，就证明他在自身思想面前仍然保持着自由：他尝试这些思想，与之游戏，测试其效力。

人们自然不能一谈“效果”就只想到戏剧对于观众的效果。席勒所测试的还有其思想与表达作用于他本人的效果。正如他始

① “我站在这儿，我别无他法”（Hier stehe ich und kann nicht anders）是马丁·路德于 1521 年 4 月 17 日在沃尔姆斯帝国会议（Reichstag zu Worms）上面对教会对其宗教改革学说的攻击所说的名言。

终关注着外在的剧场，席勒也同样在内心的舞台上工作。舞台的特征属于他内在的架构。席勒在成为他人的公共灵魂前，就已在内心中公开了自己的灵魂。

多年以后，歌德将会在二人成为知心密友之后，惊讶于席勒创作过程中的清晰意识。他自己追求的是晦暗，歌德说。在创作的过程中，歌德倾向于对正在成形的作品闭口不谈。他犹豫着，不愿将之交付给如白昼般清晰的意识。但席勒却截然不同。他可以也必须无止境地谈论作品。创作被浸入意识的闪耀光线中，但这种意识却也能把握住人类之可能的阴暗面。席勒的创作始终在其意识的明亮舞台上进行着；而也正因如此，他才能发展出一套美学理论，其澄明之力在美学思想史上独一无二。

可以说，席勒在其文学实验室中测试了所有材料的效果，包括感情、想象和思想。他并未成为理念的信徒，因为实际上是理念依附于他，而他则给各个理念分配其应在他想象力的宇宙中扮演的角色。在他致威廉・封・洪堡（Wilhelm von Humboldt）[①]
/ 120 的最后一封信中，席勒给自己的理想主义下了一个定义。“说到底，我们俩都是理想主义者。要是别人在我们身后议论，说什么是事物造就了我们而非我们造就了事物，我俩必然会羞愧难当。”（1805 年 4 月 2 日）

人们也必须把理念归于“事物”之下。人要造就理念，在理

---

① 威廉・封・洪堡（1767~1835），德国哲学家、语言学家、教育家，歌德与席勒的好友，曾与施泰因男爵（Heinrich Friedrich Reichsfreiherr vom und zum Stein, 1757~1831）和哈登贝格（Karl August von Hardenberg, 1750~1822）一同推动了普鲁士改革（Preußische Reform），担纲教育与文化事务，推动教育改革，创立了第一所现代大学柏林大学——即今天的柏林洪堡大学（Humboldt-Universität zu Berlin）。

念面前保有充满创造力的自由；只有这样，人们才会理解作为理念诗人的席勒是如何处理他的理念的。对于席勒而言，理性的自主是一种创造性的自主；他对此是如此坚信，以至于之后竟拒绝将理性强行纳入过于细致、思考得过于周密的康德体系中去。席勒视理念为一场大戏的角色，可以转移，可以调换，也可以被重新发明：在这场大戏之终末，重要的不是“真”，而是“美”。但“美”恰恰是一种抵抗混沌和现实之熵的尝试。因为我们知道：“就连美也必须死亡！…… / 看哪！每一位神祇都潸然泪下，无论男女，/ 一同痛哭美竟会消逝，完满竟要死去。”①

席勒开始这场想象力的大戏时，意识到了美之易逝与其宝贵的脆弱。因此，他才会把错过这个能在剧场中赢得“千万颗心”、将之“像个皮球一样往天堂或者地狱抛去”的瞬间，称为“对人性的大逆不道”。

但他现在还没走到这一步。《强盗》虽然已经完成，但还需要被搬上舞台；除此之外，席勒还在犹豫，不知道是否要把他的一生献给文学与戏剧。

① MA I, S. 242. 笔者汉译参见本书卷首；钱春绮先生另有译本，参见《席勒文集》(第一卷)，第122页。《挽歌》是席勒初次发表于1800年的诗歌，使用了哀歌双行体(Elegische Distischen)，而诗名“Nänie”(拉丁语写作naenia)指古罗马人出殡时所唱的悼歌。

斯图加特的军医生涯——绝望的大丈夫气——诗中的劳拉与现实的劳拉——施瓦本的文学战——《强盗》上演——斯图加特的悲惨——逃往曼海姆

席勒为他的朋友们朗诵了他正在创作的《强盗》，他们都很挂念这部戏的工作进度。既然对于席勒而言，一部文学作品的诞生不只是一件私事，他便将朋友们也牵扯进这部剧之后的命运当中。1780 年，《强盗》的初稿完成，必须找到一条将其引入公众视野的道路。

1780 年 11 月末，席勒请求他的同学约翰・威廉・彼得森帮他找一位出版商。彼得森在结束了法学学业后，比席勒早一年离开学院。他很有文学野心，之后会成为席勒的《一七八二年诗集》(*Anthologie auf das Jahr 1782*)①的合著者，并与席勒合作编辑他于 1781 年创刊的杂志《符腾堡文学索引》。在此期间，彼得森已经在斯图加特公爵图书馆中找到了一个低级图书管理员的职位，因此席勒相信，这位朋友一定和文学界有着不错的联系。

在他给彼得森的信中，席勒列举了三个理由来阐明他为何一心想要尽快发表这部作品。

首先，他需要钱，而且他已经听说和他同年的戈特霍尔德・

① 《一七八二年诗集》(*Anthologie auf das Jahr 1782*) 是由席勒主编的一部诗集，收录了席勒本人及部分卡尔学校同学的诗歌习作，包括席勒的“劳拉”组诗 (Laura-Gedichte) 等。

弗里德里希·施陶德林（Gotthold Friedrich Stäudlin）[1]单凭几行诗就从一个图宾根出版商手中得了不少杜卡特金币[2]。一年之后，席勒正是与这个施陶德林进行了他的第一场文学论战。为什么他不能也凭他的《强盗》赚个盆满钵满呢？席勒要求彼得森做他的文学经纪人，承诺给他一大笔佣金。因为学院的学生在没有公爵的允许下不得发表任何文学作品，席勒敦促他的朋友严守他假名的秘密。他甚至考虑过借用彼得森的名义，但到底不愿意对好友提这般过分的要求。他稍带卖弄地写道，借彼得森之名，可能“把我的作品想得太好了”。彼得森的努力并没有什么结果。 / 122 和出版商克里斯蒂安·弗里德里希·施万（Christian Friedrich Schwan）[3]以及曼海姆剧院总监赫里贝特·封·达尔贝格建立起的联系，并没有通过彼得森。

席勒欲将作品尽早付梓的第二个理由，是他对“世界的评价”的好奇。到目前为止，他只听到过朋友的评价，很有可能已被这些甜言蜜语腐蚀。但若是要知道“作为一个剧作家、一个作者有怎样的命运等待着他”，就不能在更广阔的公共空间面前胆

---

① 戈特霍尔德·弗里德里希·施陶德林（1758~1796），施瓦本地区诗人。席勒在这里隐射的应当是施陶德林于1780年在图宾根的赫尔布兰特（J. F. Herrbrandt）出版社出版的诗作《阿尔布莱希特·封·哈勒，一首三歌长诗》（*Albrecht von Haller. Ein Gedicht in drei Gesängen*），见后文。一年后，施陶德林在1781年秋出版诗集《一七八二年施瓦本缪斯年鉴》（*Schwäbischer Musenalmach auf das Jahr 1782*），与席勒的《一七八二年诗集》形成直接竞争。席勒在《符腾堡文学索引》中对这部诗集——以及施陶德林的其他作品——曾有极为尖刻的批判。日后，施陶德林曾提携过同来自施瓦本地区的荷尔德林。1796年，因为穷困潦倒，他在斯特拉斯堡（Straßburg）投莱茵河自尽。

② 杜卡特金币（Dukat），16~19世纪欧洲的一种通行金币。

③ 克里斯蒂安·弗里德里希·施万（1733~1815），德国出版商。席勒的前三部戏剧《强盗》、《斐耶斯科在热那亚的谋叛》和《阴谋与爱情》均是在施万出版社付梓。

怯退却。

而这第二个原因却又被他提出的第三个原因所削弱。说实话，他写道，他并不把自己视为未来的文学作家。他的职业是“生理学”和“哲学”。他想要在这两门学科中开展研究、发表成果，并以此有益于大众，或许还能当上教授。“诗歌和悲剧等领域”的作品只会让他分心；但既然已经动笔，就应该坚持到底。他之所以要出版这部文学作品，不过是为了将之“清除出去”，为自己医学—哲学的研究扫清道路。

在这封信的结尾，席勒用当时在朋友之间流行的大丈夫口气写道：“哥几个给我听着！这事儿要是成了，老子就灌它几瓶勃艮第的好酒来尝尝。”

席勒是在离开学院几周之前写下这封信的。他对未来充满期待，可没过多久便经历了一场极大的失落：他被派遣到驻扎在斯图加特的奥杰（Augé）掷弹兵团去当军医，而此团却因为军纪败坏而臭名昭著。公爵曾向他许诺过要“优待”，可他现在却发现自己又几乎身处军队等级的最下层。他不过是一个军医助理，也就是他父亲作为理发师助手用不着经过学院学习便能胜任的岗位。区区 18 个古尔登的月饷是如此可悲，几乎不可能靠这点儿钱生活，以至于席勒不得不依赖父亲的资助。但又不允许对这一任命提出反对意见。父子俩甚至得礼节性地拜访公爵，表达谢意。

席勒和他之前的一位同学一起，搬进了他旧日师长、学院教授巴尔塔萨·豪格宅子底层的一个小房间。他的二房东是路易丝·多萝蒂亚·费舍尔（Luise Dorothea Vischer），一位上尉的遗
/ 123 孀。不久之后，她将在不知情的情况下，成为席勒在“劳拉”颂歌中歌颂的对象。没有将军的允许，席勒不能离开城市；即便是

去索里图德探望父母，他也必须申请许可。席勒父亲请求准许他的儿子在空闲时间着便服行医，也遭到公爵的否决。让席勒深恶痛绝的军服令依旧继续存在。在第一场军医也需参加的卫兵游行中，席勒与昔日亲密无间的好友沙芬施坦重逢；后者已然是一位潇洒的少尉了。穿着制服的席勒显得并不好看，沙芬施坦形容道："可我的席勒看起来多么可笑！整个人被挤压进了这套当时还是按老样式裁剪的军服，特别是军团的医护兵看着尤其僵硬而无趣！军服左右两边都有三处用石膏固定住的僵硬线团；小小的军帽几乎遮不住头顶的发旋，而一根又厚又长的假辫子就梳在这个区域；修长的脖颈被一条用马鬃做成的极窄领结扼得紧紧的；鞋尤为奇怪；垫在白色绑腿下的毛毡让他的双腿看上去像是两根直径可观的圆柱，比被挤入窄小裤子中的两条大腿更加粗壮。绑腿本来就被鞋油搞得脏兮兮的，他就穿着绑腿，不能正常地屈膝，只能像鹤一样走动。这套装束与席勒的理念反差如此之大，之后常常成为我们小圈子里的笑料。"①

席勒在很久之后才能对此付之一笑；他的第一感受是深深的屈辱。虽然他还不曾想到，自己将在几个月后成为举世闻名的作家，但在他体内毕竟有一种力量和天才的预感，而他也因此觉得自己在这些衣衫褴褛、经常烂醉如泥的伤兵当中显得格格不入。野战医院的职责、被迫与堕落之徒为伍、交往中的粗鄙语调、从属的地位、少得可怜的报酬、可悲的军服，这一切都让席勒感到失去了尊严。自尊与这种外在处境之间的对立不能更尖锐了。一
位曾亲眼看着席勒的军团参加城堡前卫兵游行的同时代人，也谈 / 124
到了他所观察到的种种"蔑视人性"、令人义愤填膺的场景。②

① Biedermann 1974, S. 47.

② Zit. n. Buchwald 1956, Bd. 1, S. 313.

几个星期之后，席勒就意识到自己在奥杰将军的军团中坚持不了多久。但他同时也知道，对他而言，眼下并没有作为哲学医生开启学术生涯的转折希望。心灰意冷却又不知何去何从的席勒，就暂时沾染上了他那个阶层的粗俗的行为方式。有几次，人们不得不把酩酊大醉的席勒从某场狂欢的酒席上抬回家里。席勒成了酒鬼的谣言已经传了开来。即便有在席勒离开学院之后仍与他保持友谊的阿贝尔教授出来辟谣，却依旧收效甚微。传言经久不散，甚至在席勒因为《强盗》而名声大噪之后，颇有愈演愈烈之势。席勒常去的“公牛酒馆”（Zum Ochsen）有一张账单保存至今；从账单上可见，席勒每天喝的到底很有限，一般也就是两杯葡萄酒。人们到“公牛酒馆”来，夏天玩九柱球，冬天打牌。从席勒某次空等一群好友之后留下的纸条上，可以见证这儿盛行的腔调：“你们可都是我的好哥们。我到了，结果没有彼得森，没有莱辛巴赫。见了鬼了！……叫魔鬼把你们全收了！要是你们还想叫我，老子已经到家了。不送，席勒。”[①] 这个时期的信件也同样夹杂着激烈的表达。他在致弗里德里希·封·霍文的信中写道：“你倒是想一想这桩比圣事重要千百倍的大计！我等你的回音和钱已经等了14天了……”（1781年2月4日）钱的确不够用了，席勒不得不在“公牛酒店”赊账，而住所看上去也是出奇地贫穷和破败。沙夫豪森描绘道，此地就是一个“一股烟味、臭气熏天的窑洞”，内部的装饰只有一张大桌子、两把长椅、一个床架、一排用钉子做的挂衣钩，一个角落里搁着一摞书，另一个角落则是一堆土豆、餐具和酒瓶。[②] 席勒鄙视自己的住处，因为他觉得自己在这里受人轻贱；所以当他晚上回家却找

① Zit. n. Berger 1924, Bd. 1, S. 133.

② Biedermann 1974, S. 49.

不到钥匙的时候，他就会一脚把门踹开。当然，其中也有所谓的“天才活动”在作祟。年轻人想用这种狂野的举止吓唬“市侩庸人”。席勒高声喧闹、不服管教，还总是吹嘘炫耀。他曾经的同学、来自洛尔希的孔茨准备成为神学家。当他有一次来探访席勒时，席勒当着他的面宣称幸亏自己没有走上教会的道路；否则，他接着说，否则我现在除了是个“图宾根的小硕士”之外，还能成什么气候。[①]

这一时期关于席勒的传言，不仅说他是个彻头彻尾的酒鬼，还说他和“轻佻”的女人过从甚密。朋友们都激烈地予以驳斥。沙芬施坦说：“在我和席勒共同生活的那段时间里，他并不痴迷感官，从根本上说根本不好女色……他最神圣的情欲描写，都是他胸中的预言。除了和一群人一起[②]同几个士兵的女人唱唱跳跳之外，我不知道他还有什么放荡之处（Debauche）。”[③]

法语的“Debauche”是当时表示放纵的词语，而“胸中的预言”则指的是他致“劳拉”的颂歌。席勒与他的二房东路易丝·费舍尔结成了好友，和她的孩子们一起玩，而她则为他弹奏钢琴。这是一段无伤大雅的关系，否则他就不会把这位女性和她的孩子们一起带进他父母的家中。费舍尔太太比他年长几岁，非常热爱生活，也在孜孜不倦地学习。她很享受年轻人在她这儿来往，也参与他们的谈话。彼得森拿席勒与这位女士的交往作为例子，证明席勒当时“对身体的美”还没有什么概念，因为费舍尔太太“无论在思想上还是在姿色上都已完全衰落，真的是一尊木

① Biedermann 1974, S. 47.

② 原文为法语“en compagnie”。

③ Petersen 1904, Bd. 1, S. 28.

乃伊”。[①] 但这一断言与流传下来的她的肖像并不吻合，也不符合另几位认识她的朋友们的描述。沙芬施坦通常对女性评价很低，却称费舍尔太太是个“好女人，尽管一点儿也不漂亮，更不聪明，却善良、迷人而又有吸引力。在缺少其他女性的情况下，她就成了劳拉。席勒必定是真诚地燃起又亲自结束了这段本就短暂的柏拉图式的翱翔”。[②]

阿贝尔也反驳了有关的谣言：“他当然爱过一个人，他的诗歌艺术赋予她的优点，要远多于她实际上所拥有的……但他们中间必然没有发生过什么值得声讨的事情。”[③]

明娜·科尔纳[④] 在之后记录了席勒本人对这段插曲的回应：“那位劳拉，他说，我曾经自称是他的彼得拉克[⑤]；她是一位上尉的遗孀，我曾在她那里租住过，她更多的是通过她的善良吸引我，而非她的思想，更不是她的美貌。她钢琴弹得很好，也懂得调一杯出众的潘趣酒（Punsch）。她自己从来不曾想到，我竟会选她做我的‘劳拉’，更在迷狂中歌颂她……但我也以为，人们肯定从我的诗中看出它们并不严肃，因为单靠这种‘洋溢的热情’，是不会有哪个头脑清醒的姑娘——更不用提一个施瓦本姑

---

① Biedermann 1974, S. 54.

② Biedermann 1974, S. 50.

③ Biedermann 1974, S. 43.

④ 安娜·明娜·科尔纳，娘家姓施托克（Anna Minna Körner, geb. Stock, 1762~1843），席勒好友克里斯蒂安·戈特弗里德·科尔纳的妻子。

⑤ 弗兰齐斯科·彼得拉克（Francesco Petraca, 1304~1374），意大利著名的人文主义者，曾为其爱慕的少女劳拉（Laura）写作了一系列诗歌，表达了相思之苦与所爱之人去世后的悲伤，收入其《歌集》（*Canzoniere*）之中。彼得拉克的情诗脱离了中世纪骑士爱情诗（Minnesang）的俗套，将个人情感置于诗歌的中心，同时确立了十四行诗（Sonnet）的经典形式，即两个四行诗节（Quartett）与两个三行诗节（Terzett）所组成的诗歌，因此成为后世欧洲诗歌的典范。

娘——委身于我的。”[1] 不过，这个头脑清醒的施瓦本姑娘也足够大胆，在这段逸事过后几年又点燃了另一位卡尔学校毕业生心中的激情。

席勒当时创作的劳拉颂歌，的确充斥着难以忍受的过度热情，没有一处显现出一个真实女性的模样。这都是思想的诗歌，其中只有一个按照传统格式被顶礼膜拜的爱人，形象苍白，只为地狱般或天堂般的情绪宣泄提供了契机。此外，这些诗歌不过是韵脚、节奏和诗歌惯用语的练习曲。一切都冰冷僵硬、咯咯作响，只是偶尔——像席勒自我批评的那样——才“在柏拉图式的矫揉造作之下掩盖着某个情欲放荡的段落”。[2]

被席勒视为“放荡的段落”的，可能就是他并未收入洁净版“劳拉”组诗的那几节诗行：“而我们两人——已经接近众神——/在极乐的陡峭尖顶上攀登——/欲仙欲死——摇曳飞升。//难道，劳拉，这情欲的分秒/不是窃自那神圣的时间？/不是曾穿透我们的狂喜？/难道互相交融震颤的自然，/哎，不过是虚弱的痕迹？”[3]

在“劳拉”组诗里的《似曾相识的奥秘》一诗中，这种迷狂贯穿所有26段诗行，直到最后说这两位已幸福地融为一体的爱人“纯洁地互相交融”。在这首诗之后的版本中，26段诗虽然只保留了12段，但依旧足够矫揉、足够冗长。“永远僵硬地贴在你的唇上，/谁能解释这炽热的渴望？（在第一稿中作：愤怒的

---

① Petersen 1904, Bd. 1, S.39.

② MA Ⅰ, S. 905.

③ MA Ⅰ, S. 89f. 语出席勒的《似曾相识的奥秘——致劳拉》(*Das Geheimnis der Reminiszenz. An Laura.*)，作于1781年，首次发表于《一七八二年诗集》中，后经过大量修订，收入1803年出版的《诗集》(*Gedichte*)第二卷。

渴望）/ 谁能解释这情欲，饮用你的呼吸，/ 当一个眼神召唤，/ 便沉入你的存在，然后死去？”①

在“劳拉”组诗中自然也有冷静的瞬间。因为爱人一句略带嘲讽的反驳，诗中的“我”退到一旁，怀疑地倾听自己狂躁的语词。在一首题为《责备——致劳拉》（*Vorwurf. An Laura*）的诗中，席勒写道：“姑娘，你等等——你这任性的丫头要把我怎样？/ 我还是那个骄傲的男人吗？那个伟大的男人 / 姑娘，这样好吗？……你摘下了我的花瓣，/ 把所有闪耀的幻象全部吹散……”②

席勒把这些和其他被吹散了的“闪耀的幻象”收集起来，以填满打算在 1782 年出版的诗集。他想用这部诗集挑战那位四处活动的施陶德林，因为后者凭借其于 1781 年 9 月出版的《一七八二年施瓦本缪斯年鉴》（*Schwäbischer Musenalmanach auf das Jahr 1782*）赚了不少名声。施陶德林自视为施瓦本诗歌的庇护人，正如他在这部缪斯年鉴的前言中所写，他想要证明“天才的美好树苗”也能在“可怜的施瓦本人”那里繁荣生长。③

在整个德国，各处都涌现出一批带着新诗的青年才俊，他们各自找到了活跃积极而善于营销的编纂人。这些编纂人想要采撷几朵诗意之花编成精选，将之投入最近燃起的各地诗歌之争中去。1770 年在萨克森出现了第一部以法国为模板的德语缪斯年鉴，在读者当中获得了颇为可观的成功。当时，上流圈子的夫人小姐们正争相把装帧精致的小书放入闺房或是置于手袋。对于出

① MA I, S. 86.

② MA I, S. 75.《责备——致劳拉》一诗同样作于 1781 年，首次发表于《一七八二年诗集》中。

③ Zit. n. Kurscheidt 1992, S. 805.

版商而言，这些缪斯年鉴是一笔很划得来的买卖。于是年复一年，总有新的精选、年鉴和诗集进入市场。

施瓦本在诗歌领域还是发展中地区；人们想抓住这次繁荣的契机，证明能在这块土地上繁荣的不仅有勤奋、虔诚和诚信，更有文学。约翰·路德维希·胡博（Johann Ludwig Huber）①，艾伯哈特·封·格明恩②以及席勒在卡尔学校的美学教师巴尔塔萨·豪格，是第一批关照诗坛后起之秀的人。他们指出了中世纪施瓦本宫廷抒情诗人的光辉传统，骄傲地说出了兼具声誉与名望的维兰德的名字，也提及了受难的诗人舒巴特。

在此期间，诗歌的精神开始在图宾根神学院的年轻人中间生根发芽。这些年轻人厌倦了“经院哲学的荆棘丛”，举手投足间像维特和克洛卜施托克一样诗意。但教授们却公开流露出他们的痛心疾首，因为符腾堡的“聪明头脑都成了沉醉于感性的神父，他们用歌谣娱乐社会”，而不是劝诫人虔敬地生活。③

与席勒同岁的戈特霍尔德·弗里德里希·施陶德林也曾就读于图宾根神学院，是那批组织起一支施瓦本诗歌连队的出品人中年纪最小的一个。施陶德林自己17岁时就凭借着诗歌出人头地，舒巴特将他称为“在世的符腾堡人中最出色的诗歌天才”。④一首敬献给刚刚离世的瑞士学者、诗人阿尔布莱希特·封·哈

① 约翰·路德维希·胡博（1723~1800），德国诗人、政治家，曾任图宾根（Tübingen）市参议员，反对卡尔·欧根公爵的征税计划与高额军事支出，因此被公爵打入霍恩阿斯佩尔格的监狱，但在民众心中赢得极大的好感。出狱后投身诗歌创作，与艾伯哈特·封·格明恩男爵是挚友。

② 艾伯哈特·弗里德里希·封·格明恩男爵（Eberhard Friedrich Reichsfreiherr von Gemmingen, 1726~1791），符腾堡公国政治家、诗人，自1767年起出任符腾堡公国政府总理（Regierungspräsident），有若干诗歌流传。

③ Zit. n. Berger 1924, Bd. 1, S. 197.

④ Zit. n. Berger 1924, Bd. 1, S. 197.

勒的赞歌，为他带来了伯尔尼（Bern）市议会的丰厚赏赐以及出版商的优渥酬劳，这让听闻此消息的席勒眼红不已。而当席勒于1781年在一份由巴尔塔萨·豪格所编辑的杂志中评论施陶德林的《〈埃涅阿斯纪〉德语试译及其他诗作》（*Probben einer teutschen Aeneis nebst lyrischen Gedichten*）时[①]，他也毫不客气地大加批评。他写道，施陶德林的诗歌表现出“许多诗人的热情”，但首先暴露的却是他“丰富的阅读”。[②]诗人缺少创新，却不乏“追求吟游诗人盛名的瘾”。席勒还像赞助人一样施舍了几句好话，但恐怕施陶德林并不会因此高兴。

在评价施陶德林时，席勒写道，“这个诗人把我们架在天才的火焰上炙烤，尝起来到底有些像食人一族”；或者是“在他的诗中，一切都在灼烧——震颤——旋转”。[③]但施陶德林可以轻易地调转枪头，嘲讽席勒诗歌中的一切都在“旋转、掺混、雷鸣、呼啸”。

虽然席勒对施陶德林评价不高，但他为了继续自己的文学生涯，觉得给后者的年鉴也贡献几篇诗稿才比较明智。然而施陶德林只将其中一首，即《为劳拉着迷》（*Entzückung an Laura*）收入诗集，甚至自作主张地删减修订。这让席勒怒不可遏。必须严惩施陶德林，把他打回原形。在朋友们的帮助下，席勒立马在几个星期之内就编纂出了一部自己的诗集，誓要把对手“碾得粉碎”。但和施陶德林相比，席勒投入战场的诗歌突击队在人数上处于劣势。一大半的诗都需要席勒亲自操刀。为了造成参与者众

① 参见MA Ⅴ, S. 907~915。席勒的评论发表于豪格所编的《施瓦本科学与艺术现状》（*Zustand der Wissenschaft und Künste in Schwaben*）1781年第2期。

② MA Ⅴ, S. 913.

③ MA Ⅴ, S. 914f.

多的假象，席勒用代号给自己的诗歌署名，不过施陶德林却看穿了这套捉迷藏的把戏，并公开加以嘲讽。

诗集并未取得席勒自己所期待的那种商业成功。他甚至为此背上了债务，于是更加怒火中烧地对施陶德林的年鉴口诛笔伐。席勒写道，人们必须把这种诗歌集子的潮流叫作“瘟疫”，后来却又收回了这一说法：他大概是想到自己也曾参与过这种潮流吧。这些年鉴有什么用，他问，它们除了是“把缪斯消化不良的产物灌输到读者鼻尖的肮脏通道”[①]之外，还能是什么？人们再次注意到，写下这段话的是个医学家。尽管席勒居高临下地赞赏了少数几首诗，却给大多数诗下了逐客令。施陶德林所谓“天才的美好树苗”，都被埋葬在“庸才的高谈阔论和韵脚的蛙鸣聒噪”底下。年鉴正文前有一幅铜版题图，展现的是“施瓦本地区旭日初升”，这就让席勒有机可乘，他尖刻地说：“开创时代的人可得小心，别叫清晨旭日的火红光芒给照得睁不开眼，在黑暗中踉跄摸索，撞到了批评的枪尖。”[②]

施陶德林在之后一期名为《施瓦本花集》(*Schwäbische Blumenlese*)的诗集中对此做出了回应。他在前言中将席勒称为“出版业的叫卖贩子”，把他的诗句称为对每一位编者的折磨。在一首隐射席勒给第一期诗集投稿一事的诗中，有这样的句子：“我拆开了第二封信的封蜡——呵！/一场颂歌的风暴——它如何向我呼啸！/到处都是堆砌的胡话/和可怕的词语巨浪——”[③]

于是席勒又挑衅式地评价了一次施陶德林，但随着他逃离斯

---

① MA V, S. 915. 席勒对施陶德林《一七八二年缪斯年鉴》的书评（MA V, S. 915~917）发表在他的《施瓦本文学索引》1782 年第 1 期（即创刊号）上。

② MA V, S. 917.

③ Zit. n. Kurscheidt 1992, S. 808.

图加特，他对这场施瓦本文学之争的兴趣也荡然无存。受了委屈的施陶德林留了下来，又继续攻击了这位“文学界的强盗莫尔”几年，但席勒对此却不再关注。最终，施陶德林克服了他对席勒的怨恨，能够不带苦涩地崇敬他。当席勒于1793年秋天到访施瓦本时，施陶德林重新与席勒建立起了联系，而也正是他让席勒与年轻的荷尔德林相识。施陶德林很早就发现了荷尔德林的诗歌天赋，将他的几首作品发表在自己的缪斯年鉴上，以此提携。只是被荷尔德林称为“美好的人”[①]的施陶德林，结局却十分悲伤。他同情法国大革命，即便是在激进的革命后期；这让他在施瓦本地区陷入了困境。他没有职位，穷困潦倒，居无定所，用他自己的话说，就像“流浪汉”一样。在几次重整旗鼓的尝试都以失败告终之后，他最终于1796年自沉于斯特拉斯堡的莱茵河中。

在这场与施陶德林的文学之争硝烟弥漫之后，《强盗》终于面世，首先于1781年5月匿名出版，但《埃尔福特学者报》（*Erfurtische gelehrte Zeitung*）在10月就公开宣布席勒乃是此剧作者。于是席勒便可以携“《强盗》作者”的威名投入文学战斗。

席勒在1780年深秋写给彼得森的那封信中，曾请求朋友帮助他寻找一位出版商。而自那之后，为文稿找个下家的种种努力，暂时都没能成功。因此席勒决定自费出版这部戏剧。印刷工作于3月开始，也许是经过出版商梅茨勒（Metzler）[②]的介绍，但并不是在他的出版社出版。席勒不得不举债支付总共140古尔

---

① Zit. n. Berger 1924, Bd. 1, S. 198.

② 这里指的应当是小约翰·本尼迪克特·梅茨勒（Johann Benedikt Metzler der Jüngere, 1727~1797），其家族在斯图加特经营着著名的梅茨勒出版社（J. B. Metzler Verlag）。

登的费用，因为利息，这笔债务越滚越大，还会让席勒在之后的几年背上沉重的负担。

1781 年 3 月，席勒拿到了前言与头两幕的第一批共七大张清样，他将之寄给了曼海姆的出版商克里斯蒂安·弗里德里希·施万。显然，最后一刻他还是担心自费出版的风险。施万在本地的名声不错。他在曼海姆经营着一家生意兴隆的出版社书店，在社交生活中也总是宾客盈门。文学界的大人物，例如莱辛、舒巴特和歌德都曾到访他府上。施万自己也从事文学创作，翻译法国戏剧，也写些关于美学主题的小文章。在公国国界之外，他也因为与当时德国首屈一指的曼海姆剧院的良好关系而为人所知。也许席勒正是因此才求助于施万。

席勒致施万的第一封信以及施万表示拒绝的回信，都未能保留下来。施万之后声称，他在读第一遍时就发现剧中“有如此多适合搬上舞台的内涵”，于是就把这部剧推荐给了曼海姆剧院总监达尔贝格。但这部剧就像“一个刚出生的孩子”，必须先擦干净身上的“污垢”。但他却拒绝为自己的出版社“花钱买下”这个剧本，因为要将其中的某些场景“卖给品行正派、教养得体的读者”，施万写道，“我作为一个书商觉得很不合适”。①

书还在印刷期间，席勒就撤回了前言和头两幕的清样，重新创作了一个版本。席勒的这一举动是因为施万的回复，还是与此无关，单纯是因为他有些顾忌，我们不得而知。但必定有极重要的缘由，才会让他如此破费。

人们若是比较被撤回的和发表的两版前言，在内容上发现不了什么差别。两稿都阐明了这部剧本来不适合被搬上舞台，部

① Zit. n. Kluge 1988, S. 942.

分是因为那些只对表面印象有反应的观众会将这部剧误解为“为罪恶辩护”，但这种误解在安静的阅读中就不会发生；另外则是因为作为一部“戏剧小说”，这部剧将会给实际的舞台实践造成很大困难。两篇前言都为对“恶”的艺术塑造做了同样的道德辩护。被撤回的前言偶尔话锋更加激进。它不仅劝阻戏剧的上演，更认为这部戏将不可避免地“永远无法获得剧院中的公民权”。①

或许就在他求助于施万，也就因此间接地求助于曼海姆剧院的瞬间，席勒开始怀疑，将剧作无法上演当作一桩板上钉钉的事实是否真的明智。在正式发表的前言中，席勒的行文就更加谨慎：“因此，我若是贸然把这部戏搬上舞台，恐怕就给自己出了个馊主意。”②而被撤回的前言关于对“恶”的必要移情之论述，也更加激进。例如其中的那句“人们将会崇敬乃至热爱我笔下的
/ 132 杀人放火之徒”，就并未出现在发表的前言之中。显然，任何即便从远处看都像是在助长他正“为罪恶辩护”这种嫌疑的表述，席勒都要尽力避免。

但也有一种猜测，认为席勒将第一版前言撤回可能是因为其中隐射了维兰德的一篇讽刺小文章——文中大肆嘲笑了剧院观众的肤浅。维兰德的讽刺几年前曾在曼海姆引发众怒，因为人们认为文中所指的正是本地的情况。这篇讽刺描述了观众如何因为演员的发型和服饰而情绪激动，却对一部戏剧的内涵冷淡无感。席勒用更加粗鄙化的倾向隐射了此段讽刺，他将这种类型的观众称为“群氓”。在正式发表的前言中虽然还保留了“群氓”的说法，但其他关于维兰德讽刺的隐射都被删去。于是留下的是对观众的羞辱，但和曼海姆的观众没有任何关联。

① MA I, S. 481.
② MA I, S. 487.

撤回第一版前言的种种可能原因都表明，席勒直到最后一刻都想要为他的剧作登上舞台铺平道路。

而关于第一幕第二场的更换——这一场说的是卡尔·莫尔及其同伴的首次登场——是因为其中有一处可做政治解读，并可联系到卡尔·欧根身上；在第二版中就没有了这一段。在此时的席勒眼中可能还是太过冒险的段落，出现在卡尔·莫尔反对暴政的慷慨陈词中："为何要有暴君？为何要千千万万人因为一个胃的情绪卑躬屈膝，听命于它的胀气？"①

1781 年 5 月末，《强盗》面世，不仅匿名，还伪造了出版地。席勒立刻给施万寄去了一本样书，而施万则再次与剧院总监达尔贝格讨论了此剧。7 月初，席勒从达尔贝格处收到了委托，要他为曼海姆剧院改定《强盗》的剧本。达尔贝格应当是向席勒许诺了要在将来继续合作，因为席勒在回信中不过是稍带几分含蓄，就请求达尔贝格从资金上帮助他到访曼海姆，以便通过"眼前鲜活的景象"研究当地剧院的情况。席勒写道，这对于改编《强盗》和将来的合作都是必要的。虽然席勒既没有获得邀请，也没有得到旅行的经费，但收到了几处修改的建议。

在此期间，第一份书评已于 7 月 24 日刊登在《埃尔福特学 / 133
者报》上。席勒在这篇书评中可以读到这样谄媚的句子："如果我们曾期待一位德国的莎士比亚，那就是他了。"②现在，席勒可以带着更坚实的自信与达尔贝格谈判了。为了避免不受欢迎的政治暗示，达尔贝格希望将情节转换至颇受《铁手骑士葛茨·封·贝利欣根》一类骑士剧所青睐的 16 世纪。席勒非常反对："所有的角色都设计得太过启蒙、太过现代，以至于如果改变剧

① MA Ⅰ, S. 957.

② Zit. n. Kluge 1988, S. 950.

情上演的年代，就会完全毁掉整部剧。”（致达尔贝格，1781年11月3日）但席勒的抗议并未奏效。他还必须接受其他对剧本的修改、删减、缓和，而他自己操刀的改编又给他带来了极大的困难。“工作完成之后，”他在10月6日[①]致达尔贝格的信中写道，“我可以向您保证，相比再经历一遍已完成的工作，我用更少的脑力，而且肯定怀着更大的快乐，就能写出一部新剧甚至是一部名剧。”

1782年1月初，作者、总监和演员的所有工作都已就绪：1月13日晚17时，《强盗》在曼海姆剧院首演，由伊弗兰[②]饰演弗朗茨·莫尔。剧场中笼罩着一种紧张而期待的气氛。观众从远近各处接踵而至。许多观众从下午1点起就占好了位置。没有许可不能离开斯图加特的席勒，也和好友彼得森一起悄悄到了曼海姆。途中，两人在施维青根（Schwetzingen）镇上一家酒馆的女服务生那儿耽搁了一点时间，以至于差点儿错过演出的开始部分。

这是一个令人震撼的戏剧之夜；整场演出持续了5个小时。一位在场的观众描述说：“整座剧院就像一个疯人院似的，转动的眼珠，攥紧的拳头，用力的跺脚，沙哑的呼喊，这一切都发生在观众席中！陌生人抽泣着互相拥抱，快要晕倒的女士们跌跌撞撞地扶门而出。这像是一场在混沌中的普遍消融，但从当中的云

---

① 原书作者误作10月8日，已更正。

② 奥古斯特·威廉·伊弗兰（August Wilhelm Iffland, 1759~1814），德国知名演员、导演，也创作戏剧。18岁时为了学习表演而从学校出逃，1779年加入曼海姆剧院，在1782年席勒《强盗》的首演中大放异彩，逐渐成为德国最知名的演员之一。1796年前往柏林，成为御林军广场（Gendarmenmarkt）上的王家民族剧院（Königliches National-Theater）总监，席勒的《华伦斯坦》等多部戏剧都在此首演。

雾里将喷涌出新的创造！”①一位来自曼海姆的年轻医生似乎特别容易受大男子汉式的修辞影响，他在一封信中写道：“看着这部剧，我的朋友，人类的血液必定凝固，演员和观众的神经必定冻结，只要他们的祖先不是用不开窍的木头做的。”②

席勒带着满足和自豪亲历了自己作品的首演。四天之后，他致信达尔贝格：“我相信，德国若是在我身上发现了一位戏剧作家，就必须从上周起计算这一时代。”（1782年1月17日）然而，他并未让自己被兴奋和不绝于耳的称赞冲昏头脑，而是保持着对自己作品的冷静目光，正如在首演结束后不久所做的自我批评证实的那样。

演出结束后，还有一场与演员、剧院总监、施万和市里的其他头面人物一起出席的盛宴，而席勒从剧场财务那儿得了一笔丰厚的报酬，以补偿他旅途的开销。达尔贝格也细化了继续合作的提议。他将席勒引向了《斐耶斯科》的素材，建议他为曼海姆的剧院改编《铁手骑士葛茨》。席勒意气风发地回到了斯图加特；熟悉的工作现在更显得不幸。而等待着他的，还有一场恶意的突然袭击。

皇帝约瑟夫二世在12月授予卡尔学校以大学的等级。皇帝对前来领受这一决定的公爵特使说，公爵肯定一整天都在培养博士。的确如此。公爵要求卡尔学校迄今为止所有的毕业生，都要再写一篇额外的论文，以便授予他们为其他大学所认可的博士头衔。

正因为作家身份而情绪高昂的席勒，现在却要重新回到医学中去。1782年4月1日，席勒带着一丝悔恨写信给达尔贝格，

① Zit. n. Kluge 1988, S. 965.

② Zit. n. Kluge 1988, S. 966.

坦承他对戏剧的“倾心”造就了他“在此世的幸福”中的绝大部分，但他却不能跟随心之所向，因为他又被重新驱赶回那门“手艺科学”的领域中去了。他要求达尔贝格给他更加确定的承诺，看他若是摆脱了斯图加特的处境，到底能否期待在曼海姆谋得一个剧院作家的职位。达尔贝格却语焉不详，让席勒捉摸不透。于是席勒便全身心地投入《斐耶斯科》的创作中，因为他始终相信，在《强盗》大获成功之后，他的未来不是医学，而是戏剧。至少，他没有为通过额外的博士考试做任何努力。

5 月底，公爵动身前往维也纳，以便亲自向皇帝表达感谢，感谢他将卡尔学校提升为大学。席勒利用了这个机会，再次未经允许，偷偷前往曼海姆。他恳求达尔贝格，在他计划在场的两天——即 5 月 27 日与 28 日——安排一场《强盗》的演出。人们同意了。于是他便于 5 月 25 日动身。陪伴他的是他的劳拉，即费舍尔太太，以及亨莉埃特·封·沃尔措根（Henriette von Wolzogen），卡尔学校中一位同学的母亲。

封·沃尔措根太太是迈宁根（Meiningen）的一位女爵，有四个儿子就读于卡尔学校，因此她一年当中有一部分时间在斯图加特度过，而在剩余的日子里，这位善于交际的女士不是在旅行，就是住在她位于迈宁根附近的鲍尔巴赫（Bauerbach）镇上的家族庄园。她的大儿子，威廉·封·沃尔措根（Wilhem von Wolzogen）①，将来会娶席勒的妻姐卡洛琳娜为妻，成为席勒的连襟；他比席勒年长三岁，学习财政学，但因为专业不同、年纪

① 威廉·封·沃尔措根（1762~1809），符腾堡外交官，席勒好友、连襟，曾作为符腾堡派驻法国使节亲历大革命，后服务于萨克森－魏玛－埃森纳赫公国（Großherzogtum Sachsen-Weimar-Eisenach），成功出使俄国，替魏玛大公之子定下与沙皇保罗一世（Paul I）之女的婚约，并晋升为魏玛枢密顾问。

又有差距，不属于席勒的密友圈子。威廉·封·沃尔措根对文学很感兴趣，也非常崇敬这位声名鹊起的旧日同窗。当《强盗》面世时，一本本油墨未干的书就在学院中流传开来，这儿的人们当然清楚究竟是谁隐藏在匿名背后。在读完这部作品之后，沃尔措根在日记中写下了这段关于作者的话："人们在其中完全可以看见他年轻、火热而未经雕琢的天才；可以成为德意志最美的头脑之一，如果他还不是的话。您肯定没有读过任何一部德国人写的剧，竟如此神似被神话的莎士比亚；可惜的是，在几场戏中有几处不甚雅观的内容，尽管安排得很得当，但毕竟不太雅观。"①

在他学识渊博的母亲面前，威廉·封·沃尔措根热烈地谈起这颗在文学天际冉冉升起的新星，让她心生好奇，主动寻求认识席勒。很快，她就成了席勒慈母般的好友。虽然她为了自己在卡尔学校求学的几个孩子，不得不注意和公爵保持良好的关系，但她却在席勒与公爵的冲突激化之时依旧支持席勒。她承诺，若是 / 136
席勒陷入困境，可到鲍尔巴赫的农庄避避风头。席勒很快就会寻求这一帮助，而这位勇敢的女士也将会施以援手。

5 月末，她陪伴席勒第二次悄悄前往曼海姆。可令到访者失望的是，只因有几位演员正在度假，他们期待的《强盗》未能如期上演。但是席勒却感觉整个旅行并非毫无收获，因为达尔贝格在一场私下交谈中，握着手向席勒承诺，他将竭尽全力，从公爵那儿获得让席勒迁居曼海姆的许可。也许正是在这一场谈话中，达尔贝格第一次让席勒注意到了《唐·卡洛斯》的素材。

在这次拜访中，席勒受到了曼海姆剧院上下充满敬意的对待；因此尽管染上了感冒，他还是信心十足，起初甚至步履轻快

① Zit. n. Kluge 1988, S. 893.

地回到了斯图加特——却更加屈辱地感到这儿的生存环境与曼海姆截然相反。终于，他不得不寻找一条逃离斯图加特之痛苦的出路。此前，他在达尔贝格面前几乎总是卑躬屈膝，但现在他却逼迫后者给个明确的说法。在写于 6 月 4 日的信中，他从非常私人的角度描述了自己在斯图加特难以忍受的处境，和达尔贝格推心置腹，向他展示了应如何说服公爵同意自己迁居曼海姆的详细计划。席勒证明，自己的确懂得拨动他人情绪的心弦。例如，他建议达尔贝格给公爵写一封信，在信里说“您将我视作他的孩子，我是通过他才受了教育，在他的学院里才成长起来，这样就等于通过他的教育机构给了他最重要的称赞，就好像这个机构的产物被真正的行家里手赏识追求一样”。人们首先得通过这种方式恭维公爵，随后才能将请求和盘托出，请他恩准将自己天才的学生席勒租给曼海姆一段时间。人们得告诉公爵一个可以预期的期限，“在此期限过后，我又属于我的公爵”。另外，指出在曼海姆也有让席勒作为医生领取俸禄的可能，同样不失为明智之举，“这样人们就不会打着为我着想的旗号来折磨我，不让我离开”。

这封信提出的建议，是一套精心雕琢、冷静计算过的策略，其中充满着自豪与自信——“我有足够的自信，知道自己值得更好的命运。”而偶有抛弃自我的祈求语调，并非谦卑，而是要将乐于抽身离去的剧院总监引入其责任当中。“优秀的男人啊，我能够投入您的怀抱吗？”

达尔贝格虽然很和蔼，意志却不甚坚定；席勒逼得他越紧，他就越想要后退。他什么也不想承诺，也不想坏了他和公爵的关系。他不信任席勒建议的策略，因此什么也没有做。

当席勒还在迫不及待地等待着达尔贝格的一个信号、一个动作、一个回音时，从维也纳回来的公爵听说了席勒未经允许的私自旅行。不知是费舍尔太太还是沃尔措根夫人，两位同行的女士中肯定有一个说漏了嘴。公爵命令席勒到霍恩海姆（Hohenheim）面见自己，狠狠地训斥了他一顿，并开始寻找知情不报者。席勒的确曾经向他的一位长官，封·豪上尉（Oberst von Rau），透露过他的旅行计划；席勒承认了自己的过错，却坚决否认上司知情，以保护他免受公爵怒火的波及。众所周知，席勒对待他的军医工作总是马马虎虎，而且也没有做什么工作来按照命令通过额外的博士考试。这就是玩忽职守。但未经允许擅离职守，进入“别国”，这在公爵看来就和逃兵无异。他惩罚席勒拘禁 14 天且立即执行，同时禁止他和外国再有任何来往。

直到 6 月中旬，席勒一直被关押在总警备处的监狱中，一边创作《斐耶斯科》，一边回顾他迄今的生活和将来的前景。一踏出牢房，他就给达尔贝格写了一封急信，恳求他加强在公爵那儿的活动。若是最近再没有行动，恐怕就来不及了。他在 7 月 15 日给达尔贝格的信中写道：“这一点我可以非常明确地告诉您：若是我在这段时间之内不幸未能到您身边，不出几个月，我就会丧失所有在您身边生活的前景。我将被迫踏出一步，让自己再无可能留在曼海姆。”席勒在信中暗示了自己将要逃离斯图加特，不过他此时就已经意识到，自己作为逃亡者，在邻国躲不过公爵的追捕，因此必须在远方找一处藏身之所。他考虑的或许正是亨莉埃特·封·沃尔措根的提议。

/ 138

达尔贝格没有回应，席勒只能继续等待。他的情绪越发消沉。在这些日子里，一位新结识的朋友给了他巨大的帮助。这就是比席勒小两岁的安德烈亚斯·施特莱歇尔，一位音乐家，他在 1781 年 6 月通过约翰·鲁道夫·祖姆施蒂格（Johann Rudolf

Zumsteeg）[①] 的介绍认识了席勒。施特莱歇尔此前只是因为席勒的创作知道他，但就是在这个瞬间，他认出席勒正是当年在卡尔学校的毕业典礼上让他眼前一亮、曾给他留下过“不可磨灭的印象”的那个人。

施特莱歇尔的母亲是一位手工匠人的遗孀，他跟着母亲长大，从小生活艰辛，很早就投身于音乐，也很快就在钢琴上小有成就，以至于他的母亲倾其所有积蓄，让这个颇有天赋的孩子到汉堡，跟着卡尔·菲利普·伊曼努尔·巴赫（Carl Philipp Emanuel Bach）[②] 继续学业。他原本定于 1783 年迁往汉堡，旅行已近在眼前；而席勒也将他此时正在构思的出逃计划透露给了这位新朋友。施特莱歇尔承诺，若是席勒真的出逃，他不仅会陪伴着自己的朋友，还会用自己前往汉堡求学的钱来支持席勒。席勒仍在犹豫。然而到了 8 月，却又出现了一个让人心烦的新变化。

在卡尔学校令人厌恶的校监当中，有一个名叫库普利（Kuplie）。这个人来自瑞士格劳宾登（Graubünden）。《强盗》中施皮格尔贝格的一段吹牛，就是照着此人写的——施皮格尔贝格说，恶人也不能没有头脑：“可是要造就一个坏蛋就得有灵气——另外还要有一种独特的民族天才，某种像我说的，坏蛋气候，那我就劝你旅行到格劳宾登的国度去，那儿可是今天坏蛋的雅典。”[③]

---

① 约翰·鲁道夫·祖姆施蒂格（1760~1802），德国作曲家、指挥家，曾就读于卡尔学校，是席勒的同学。毕业后在斯图加特宫廷乐团任职，后回到卡尔高等学校担任音乐教授。

② 卡尔·菲利普·伊曼努尔·巴赫（1714~1788），德国音乐家，塞巴斯蒂安·巴赫之子。

③ MA I, S. 538. 语出《强盗》第二幕第三场，汉译参见《席勒文集》（第二卷），第 77 页，有改动。

一个住在汉堡的威斯特法伦人弗雷多（Wredow）觉得受到了这段讽刺的伤害，在当地的一份报纸上愤然抗议。这份报纸声明和其他几封由真正的格劳宾登人起草的情绪激动、怒气冲冲的信件，都落到了路德维希堡园林督察约翰·雅各布·瓦尔特（Johann Jakob Walter）手里。此人妒忌席勒父亲在公爵面前享有的声望，将这些材料交给了公爵，而后者则从中整出了一场政治风波。

8 月末，席勒再度被传唤到公爵面前。公爵禁止他再有任何与医学无关的创作，否则就要剥夺他的职位或是把他送入大牢。如此一来，席勒就再无可能留在斯图加特了。但在他踏上逃亡之路以前，他做了最后一次尝试，想要让公爵回心转意。9 月 1 日，他给公爵写了一封信，语气虽然谦恭，但事实上却依旧自豪。他为自己的文学创作辩护，说公爵给他的俸饷太过微薄，没有别的办法，只能通过创作赚些额外的收入。此外，他已经小有名望，对卡尔学校也是一件好事。更重要的是，人们对他的尊敬甚至要归到“我的教育的发起人”，也就是公爵身上。席勒的策略：把自己的优点说成公爵的成就，以此吹捧奉承。但公爵却拒绝收下这封信。

现在，席勒终于决定逃离斯图加特。因为担心受制于公爵的父亲，他犹豫了很久。他必须考虑到，公爵可能会因为儿子的反叛而惩罚父亲。为了让父亲日后可以问心无愧地宣称自己对儿子的计划一无所知，席勒并未向他透露分毫。只有姐姐克里斯托芬娜知道实情。

就在席勒决心逃离的那个瞬间，他又重新有了活力和欢愉。他夜以继日地创作《斐耶斯科》，想要在出逃前就写完，以便在曼海姆推出这部剧。施特莱歇尔描绘了逃离前最后几周的那种创作激情："当他说起自己又向前推进了多少，说起自己已开始期待，完成这部悲剧的时间能比提笔时所预想的提前很多，他因为日夜不眠而充血的眼睛是多么闪亮！外在的世界越是喧嚣，他就越沉浸在自己的内心，对当时每个人都热衷的稀罕事儿完全无动于衷。"①

当时每个人都热衷的稀罕事儿，是一场盛大欢宴的准备工作——迎接当时的俄国大公、日后的沙皇保罗一世（Paul Ⅰ）和他的夫人，公爵的一个侄女。②当年宫廷聚会的奢华壮丽就要再次绽放。人们从法兰克福和斯特拉斯堡的银行家那儿借了天文数字般的钱款。高贵的客人从整个欧洲前来，杂耍艺人、赌徒、青楼女子、宵小之辈与游手好闲之徒，也都成群结队地到了。整个上流和风流社会，全聚集到了斯图加特及其周边地区。这场喧哗的盛宴据说要持续整整六天六夜。据说，庆典高潮是一场宫廷狩猎，规模之大，人们在德国还从来没有见过。

沉浸在《斐耶斯科》之中的席勒密切关注着这个"喧嚣的外在世界"，根据庆典计划来安排自己的逃跑计划。他将出逃定在9月22日这一天。当天晚上，所有的客人和半个斯图加特的人都会出门，去索里图德欣赏盛大的灯会，以及为当晚庆典锦上添花的焰火盛宴。这就是个悄悄出走的好机会。

确定出走日期的前几天，达尔贝格作为庆典嘉宾到了斯图加特。席勒简短而正式地拜访了他，但并未将秘密告诉他。到这个时候，席勒已经很了解达尔贝格，知道如果让他知道内情，只会把他吓着。

---

① Streicher 1959, S. 140.

② 保罗一世（1754~1801），俄国沙皇，他于1776年迎娶第二任妻子索菲·多萝蒂·封·符腾堡公主（Prinzessin Sophie Dorothee von Württemberg, 1759~1828）。

与此同时，逃跑的各项准备工作也在继续。衣物、书籍、手稿等都被不引人注目地搬到了施特莱歇尔的家中。席勒与他一起最后一次探访了父母。父亲因为庆典兴高采烈，开始滔滔不绝地讲述起来。儿子便得以悄悄地与母亲退到内室。席勒也向母亲透露了近在眼前的逃离，她哭了，却并未试图留下他。逃跑当天早上8点，席勒值完最后一班岗，从战地医院回到住处。行囊已经装车，施特莱歇尔的钢琴也搬了上去。施特莱歇尔来接席勒，可他却还没收拾完。他在整理书籍的时候发现了一卷克洛卜施托克的颂歌集，不收拾行李，却读得入神，然后竟开始创作一首和应的颂歌。“不顾任何催促、任何驱赶”，施特莱歇尔说，自己还是不得不“先听颂诗，再听和诗……等了很长一段时间，诗人才从他的对象中回过神来，重新回到我们
的世界，回到今天，回到正在流逝的一分一秒”。[①]施特莱歇尔 / 141
又帮他的朋友收拾了一会儿，然后便走了。晚上9点，席勒终于来到施特莱歇尔家中。他很得意地展示了藏在夹克下的两把旧手枪。其中一把缺了打火石，另一把扳机坏了。毕竟，这不过是一个戏剧人的武器。

逃亡的路首先通向艾斯林城门（Das Eßlinger Tor），最后一刻得知逃亡计划的沙芬施坦上尉在那儿指挥着守城的兵士。二人就这样顺利通过了检查。在通往路德维希堡的笔直大道上，他们看见了烟火盛会映出的红光。在远处能望见索里图德。天空在焰火的衬托下如此明亮，席勒甚至可以把自己父母家的轮廓指给朋友看。凌晨两点，当二人第一次休息的时候，席勒抽出一本舒巴特尚未出版的诗集，借着烛光给朋友朗诵了《帝王陵墓》

---

① Streicher 1959, S. 110.

（*Die Fürstengruft*）那首诗[①]。这是对符腾堡土地上那位暴君的强烈声讨，而他们刚刚将符腾堡抛在了身后。

11 年之后，席勒还会再次回到这里，最后一次探访他的故乡，他在 1782 年 9 月 23 日夜里伴着火红的烟花离开的故乡。

① 《帝王陵墓》是克里斯蒂安·弗里德里希·达尼尔·舒巴特 1779 年在霍恩阿斯佩尔格的监狱中写下的声讨暴政的檄文。机缘巧合，诗歌竟然通过了文字审查得以发表，并立刻引起强烈的反响与共鸣。

第八章

曼海姆——新生活——勇于拥有勇气——失败的《斐耶斯科》朗诵会——热忱与冷淡——戏剧诞生——谋叛的假面游戏——开放的结尾——不可预知的自由——逃离曼海姆——在法兰克福的绝望——奥格斯海姆——施特莱歇尔弹奏钢琴——踏上前往鲍尔巴赫的路

9月22日深夜至23日凌晨的那个晚上，两位朋友一直在赶路，终于在清晨抵达了他们“朝思暮想的黄金国（El Dorado）”[①]，也就是普法尔茨选帝侯（Kurfürst von Pfalz）领地的边界。“您看呵，”席勒高声喊道，“界桩和栅栏都被涂上了多么友好的蓝白色！”[②]他们进入的是巴伐利亚的领土，因为1777年维特尔斯巴赫（Wittelsbacher）家族的巴伐利亚支脉绝嗣之后，普法尔茨选帝侯卡尔·蒂奥多尔（Karl Theodor）大公就同时成了巴伐利亚大公。[③]宫廷事务迁到了慕尼黑，但曼海姆却保留了一座皇城所有的文化设施，尤其是大剧院。普法尔茨选侯领一巴伐利亚是政治上的强国，因此席勒期望能暂时躲过卡尔·欧根公爵的爪牙。但他绝不能自以为已完全安全，因此在熟人圈子之外，他和施特莱歇尔用的都是假名。

---

① “黄金国”，西班牙语，传说中位于南美内陆印加（Inka）帝国中一处遍布黄金的圣地。

② Streicher 1959, S. 114.

③ 普法尔茨选帝侯是神圣罗马帝国七位选帝侯（即可经选举成为皇帝的王侯）之一，其领地莱茵河畔普法尔茨伯爵选帝侯领（Kurfürst liche Pfalzgrafschaft bei Rhein）以曼海姆与海德堡（Heidelberg）为首府，纹章由蓝白相间的条纹与狮子组成。1214年，来自巴伐利亚的维特尔斯巴赫家族继1180年取得巴伐利亚之后，转引自下页注

因为曼海姆的城门在晚间不对新来的外乡人开放，二人就在施维青根过了一夜，在1782年9月24日一早进了城。他们换上了最好的衣服，“以便装出富裕的样子来博取旁人的尊敬”。[①]首先，他们拜见了剧院导演威廉·克里斯蒂安·迪特里希·迈尔（Wilhelm Christian Dietrich Meyer）[②]。作为斯图加特盛典的宾客，剧院总监达尔贝格还没有回来。看见席勒突然出现在眼前，迈尔着实大吃一惊，他还以为席勒也在斯图加特的庆典上。虽然曾听说过席勒在斯图加特的悲惨生活，但迈尔不曾料到他竟然孤注一掷地逃了出来。被牵扯进一桩违法的事情之中，让迈尔浑身不自在。他建议席勒再向公爵求一次情，并且向他暗示，达尔贝格总监肯定也会在政治纠葛面前却步。

席勒对这场会面原本有完全不同的设想，迈尔的顾虑似乎给他留下了深刻的印象。他把自己关在一间侧屋，开始分别给公爵和自己的两位上司——奥杰将军和卡尔学校的主管齐格上校写信。

给公爵的信又是在语气上谦卑恭敬，在内容上却坚决而自

接上页注③ 又被授予了普法尔茨的统治权，但其子嗣也因此分为巴伐利亚与普法尔茨两支。卡尔·蒂奥多尔·封·普法尔茨（Karl Theodor von der Pfalz, 1724~1799）生于慕尼黑，因1777年去世的慕尼黑选帝侯马克西米利安三世·约瑟夫（Maximilian Ⅲ Joseph von Bayern, 1727~1777）膝下无子而得以继承其领土，同时统治普法尔茨与巴伐利亚，并于1778年迁都慕尼黑。卡尔·蒂奥多尔热爱文化与艺术，在曼海姆建立了普法尔茨选帝侯科学院（Kurpfälzische Akademie der Wissenschaften），同时决定在迁都后依旧保留曼海姆的剧院，使得新建成的曼海姆民族剧院能够在达尔贝格的领导下于1779年开始运营。但是，普法尔茨与巴伐利亚两个选侯领的合并让奥地利虎视眈眈，希望通过领土交换获得巴伐利亚，而奥地利的野心又遭到普鲁士的反对，巴伐利亚继承战争（Der bayerische Erbfolgekrieg）因此于1778年爆发。

① Streicher 1959, S. 115.

② 威廉·克里斯蒂安·迪特里希·迈尔（1749~1783），曼海姆剧院导演兼艺术总监。

信。席勒写道，他不得不逃离符腾堡，因为如果他胆敢再向公爵请求免除创作的禁令，人们就威胁要把他投入监狱。但他必须得坚持这一要求，因为他只有通过写作才能确保自己的生活开销（他也借此间接地抱怨了军医的那点儿少得可怜的薪水），而也只有通过写作，他才能为自己，同时也为他的公爵“挣得名声”。这和他在9月1日请求公爵取消他写作禁令的信中的论点一模一样。但现在却从一个请求中发展出了三项明确的要求：首先，公爵应取消对席勒的写作禁令；其次要允许席勒用写作的收入前往外国游学；最后要允许席勒作为医生“着便服”，也就是在军队之外行医。若是这些要求得到满足，他愿意“从一个陌生的国度赶回我的公爵、我的祖国身边”。（1782年9月24日）

席勒可曾真的认为公爵将会让步？或许没有。但他的确想要淡化出逃这桩大事，所以才会与公爵讨价还价，尤其是考虑到他父亲的职位还依附于公爵。他写道，自己只是为了能提出合理的要求而不被立马打入大牢，才不得不前往外国。席勒给他的出走赋予了一种策略性的、因此显得危害更小的措辞，尽管对于军团医生而言，这种出走原本就如同临阵脱逃。他在1782年11月6日给好友克里斯蒂安·弗里德里希·雅各比（Christian Friedrich Jacobi）的信中写道，这封致公爵的信有一个重要的目的，即“保护我的家庭的安全，同时把我这一激烈的举动尽可能解释成合法的行为”。

/ 144 几周之前，席勒正因为决意出逃而情绪高涨，迷狂般地继续创作他的《斐耶斯科》。然而在曼海姆，迈尔心存疑虑、缩手缩脚的举止，以及众人看见那个被捧上天的《强盗》作者现在竟成了难民出现在眼前时脸上所流露出的惊恐，给他当头浇了一盆冷水。他清醒过来，重又鼓起了勇气。从现在起，就要为了名誉放手一搏了。如果公爵让步，那好，他就会回国，但是要作为得到了辩护的胜者。他绝对不会匍匐着回去。他的自尊不允许他这样做。他不是平白无故地把自己想象成他笔下的强盗世界中反叛的一员，他的心中洋溢着伟大的谋叛者斐耶斯科的激情，而他现在正在全力以赴地创作这部戏剧。他知道自己还亏欠着自己的梦想些什么。现在岌岌可危的，已经不只是自尊，也不单单是对自己行为的忠诚。他知道自己已成了一个公众人物。他出逃的消息像野火一样，很快就在斯图加特内外传开。没过多久，整个德国文学界都听说了此事。因此，他更不能毁了自己的名声。席勒感到，捍卫自己在公众生活中所成为的那个形象，已成为一种责任。他必须继续表现出他自己所构想的样子。出逃是一桩追求自由的举动，然而在这一桩自由之举面前，他却没有了自由。行动不只是理念，理念可以收回，但行动却不行；人只能背叛自己的行动。可席勒却不愿意这样做。他鼓起全部的力量、勇气，誓要实现自己曾经定下的目标。

最艰难的是与家庭的要求所做的斗争。席勒知道父亲期待着他迷途知返，几乎不惜一切代价。在之后的一年里，他将会多次听到家里的情况。当他的期待在曼海姆如此决绝的破灭，当父母以为儿子已彻底失败，再一次明确要求他回家时，席勒在1784年给姐姐克里斯多芬娜的信中写道：“此事若是操之过急，将会给你弟弟的幸福造成永远的打击。德国的一大部分已知道我和你们公爵之间的紧张关系，也清楚我为何对公爵敬而远之。人们对我的兴趣损害了公爵的利益。读者对我的尊敬（毕竟是读者决定了我未来的全部命运）和我的尊严将会如何可怕地降至谷底，一旦人们怀疑我竟在找机会回国！怀疑是我的处境强迫我反悔先前迈出的脚步，怀疑我竟要再次回到祖国去找寻大千世界无法提供的酬劳！倘若我坚持不了，我凭借决绝的逃离所展示出的公开而高尚的胆量，就会被冠以‘幼稚的冲动’或是‘愚蠢的粗暴’这类称呼。”（1784 年 1 月 1 日）

在之后踏出的每一步中，席勒都将拼尽一切来捍卫迈出第一步时的“胆量”。他在给姐姐的信中写道，假如父亲继续恳求公爵允许自己的儿子回国且不受惩罚，公爵当然会拒绝，那么他席勒就有胆量敢“用对公爵的公开讽刺”来报复“自己受到的侮辱”。但这一招肯定不符合父亲的利益，因为他完全依赖于和公爵的良好关系。所以父亲也得考虑到自己儿子的胆大妄为，别再试图在他和公爵中间协调出一种腐坏的和平。

席勒已经笃定心思，决不回国，除非是以胜利者的姿态。这意味着：作为一名作家，不用再小心翼翼地向他人征求写作的许可。直到与斯图加特的悲惨生活拉开了距离，席勒才真正意识到公爵的暴政有多么可怕。现在的他确信，说到底，不能允许任何人干涉他人施展自身的才华。阻挠他人完善自我是一桩罪行。对席勒而言，为了这一信念而工作就成了他的使命，仿佛宗教一般神圣。对他百般阻挠的公爵亵渎了人类的圣物，亵渎了个体将自身的丰富带向世界的权利。

当曼海姆的困苦和轻视压得席勒抬不起头时，他就凭着这个念头重新站起身来：他之所以反抗公爵，绝不是为了今天被日常的悲惨征服。在失败与挫折的情绪中，他总想到卡尔·莫尔的那句话：“让苦难碰上我的傲气无所作为！”[①] 出逃这一高傲的行动就成了为他自己的新生活奠基的神话。

1782 年 9 月底至 10 月底，奥杰将军（受公爵的委托）先后 / 146

① MA I, S. 592. 语出《强盗》第四幕第五场，汉译参见《席勒文集》（第二卷），第 163 页。

四次催促席勒回国，语焉不详地承诺会对他“开恩”。但席勒不要什么“开恩”，只要他的权利，因此他毫不理会回国的要求，直到 1782 年 10 月 31 日，他被打上“逃役”的标签，从斯图加特部队花名录中划去，被正式宣布成了一名逃兵。

逃离之后的几周，席勒的遭遇确实非常悲惨。在他逃难的行李中，就有几乎已完成的《斐耶斯科》文稿。他要在迈尔家中把这部剧念给一众演员听。那是 9 月 27 日下午 4 点，席勒开始了他的朗读。整个剧团围坐在一张大圆桌边。施特莱歇尔对这一场景的描绘给人留下了深刻的印象。朗读第一幕时“虽然安静之至，却没有半点鼓掌的迹象”。人们借着幕间的短暂休息谈论着当天的新鲜事，甚至当席勒已开始朗读第二幕时，谈论也没有立马停止。随后就渐渐安静，太安静了，没有赞许或鼓掌的迹象。最后，人们互相传递着茶点、水果，开始闲聊，其中一位演员甚至提议到花园里玩一场“射弩”。一刻钟后，所有人都走散了，只有主人迈尔和伊弗兰留了下来。人们顾左右而言他，却小心谨慎地避免谈起刚刚朗读的戏剧。出门时，迈尔把施特莱歇尔拉到一旁，问道：“请您现在诚实地告诉我，您是否确实地知道，真的是席勒写了《强盗》？”为了向满脸惊愕的施特莱歇尔说明这么问的缘由，他补充道：“因为《斐耶斯科》是我这辈子听到过的最差劲的剧本，写出《强盗》的席勒绝不可能弄出这么平庸、这么可悲的东西。”①

施特莱歇尔把席勒的手稿给了迈尔，迈尔读了一个通宵。第二天一早，他就有了完全不同的评价。“您是对的，”他对施特莱歇尔说，“《斐耶斯科》是一部杰作，比《强盗》创作得更

---

① Streicher 1959, S. 125.

加完善！”这部作品在他第一次听时给他留下的印象不佳，要归咎于席勒的“施瓦本口音”，以及席勒“那种激昂地朗诵每一个字的令人厌恶的方式！他用同一种高昂的语调诵读一切，无论是‘他关上了门’这样的旁白，还是涉及他笔下英雄的重要段落”。①

事实上，席勒的朗诵风格的确风评不佳。尚在卡尔学校时，他有一回曾在歌德的《克拉维戈》②一剧中出场，但他来回滚动的眼珠、狂放不羁的肢体语言和喊叫，让观众不自觉地笑出声来。可是他并未以此为戒，而是毫不动摇地继续把自己当作一个优秀的演员。在迈尔家灾难性的朗诵会后，席勒根本不曾想过这种糟糕的印象或许和他的朗诵风格有些关联。恰恰相反。他抱怨演员们的不理解，更在施特莱歇尔面前咬牙切齿地说，要是为剧院写作得不到成功，他就要作为演员登台亮相，因为“毕竟没有人能像他一样慷慨激昂地朗诵台词”。③

由于迈尔修正了他对《斐耶斯科》的评价，席勒重新燃起了希望。他虽然还得等待剧院总监的评判，但认为根本不必考虑剧作还会被退稿这种可能性。当孔茨这位学校的老友来拜访他时，席勒对他说：“我的强盗可以毁灭！我的斐耶斯科将会留存。”④

---

① Streicher 1959, S. 125.

② 《克拉维戈》（*Clavigo*）是歌德作于1774年的一部戏剧，讲述了西班牙作家、皇家档案馆馆长何塞·克拉维戈·伊·法哈多（José Clavijo y Fajardo, 1730~1806）因不守与女友玛丽的婚约导致后者死亡，而被玛丽长兄、法国剧作家皮埃尔·奥古斯丁·加隆·德·博马舍（Pierre-Augustin Caron de Beaumarchais, 1732~1799）刺死的故事。情节取材于真人真事，部分对话甚至直接取材于博马舍本人的备忘录（*Mémoires*, 1773~1774），只不过博马舍在现实中并未犯下谋杀罪，而是凭借雄辩告倒了背信弃义的克拉维戈。

③ Streicher 1959, S. 124.

④ Biedermann 1974, S. 55.

而阿贝尔则描述了席勒有一回是如何冲进他的房间，满怀激情地朗读了正在创作的剧本中的一幕，即斐耶斯科站在画家罗马诺（Romano）的画作之前，用崇高的行动来衡量艺术表现的崇高的那一幕。他是这样说的："你在没有生气的画布上绘出冒牌的生机，花费微乎其微的力气使伟大的事业永世长存，就因为这样，你便站在这儿，显出这么自以为是的样子……哼，你的油画是骗人的把戏——假象应当由行动来代替……我已经完成了——你只是画出来的事业。"①

这是值得关注的一场戏，因为作者在此用艺术的手段贬低了艺术的梦想。席勒幻想着自己成了行动着的角色，从那儿带着鄙夷，轻蔑地看着语词织成的网，而行动的梦正是从这张网中诞生。他在写作时常有此感。想象力的激昂一把将他从语词中拽离，让他仿佛置身于现实，直到他忘记自己不过是在舞文弄墨而已。语词是如此真实，以至于他就成了自己笔下的人物。令人惊讶的是，他竟然能如此迅速地从热烈的激情转换到冷静的观察，还能清醒地权衡作品的技术细节。他曾在如痴如醉地朗诵完一段场景后对阿贝尔说，他的目标是使这部剧臻于人们在德国舞台上还从未见过的完美；《强盗》曾沾染的种种错误，不会有任何一个再来使这部剧走样；凭借这部剧，他才能奠定自己作为戏剧诗人的名声。

他本想在正式出版之前把这部剧送给莱辛、维兰德和歌德评阅，但最终还是放弃了。他还没来得及给莱辛寄去手稿，莱辛就去世了；此外，他还听说维兰德和歌德对他的《强盗》评价不高，因此犹豫着是否将新作交给他们。或许席勒听说了维

① MA Ⅰ, S. 692. 语出《斐耶斯科在热那亚的谋叛》第二幕第十七场，汉译参见《席勒文集》（第二卷），第 298 页。

兰德致维特斯①的信，其中写道："对那个涅卡河畔被人称为天才的满脑子怒火的人，歌德和我一样厌恶至极。"②多年之后，席勒早已去世，在歌德的记忆中已近乎神圣；而歌德则带着某种愉悦讲述道，他曾经在马林巴德（Marienbad）③听某位大公谈论起席勒的《强盗》。"倘若我是上帝，"这位大公说，"正要创造世界，却在这个瞬间预见到席勒将要在其中写出《强盗》，我肯定不会创造这个世界。"④在席勒还觉得自己是个"大男子汉"的年代，若是听到这样一句出自王公贵族之口的评价，肯定会让他倍感奉承。

在《强盗》上演之后，席勒就开始了创作《斐耶斯科》的工作。但实际上，他在写作第三篇毕业论文的时候，就已经在着手研究斐耶斯科的形象。论文中提到了花天酒地的斐耶斯科，这是为了证明精神力与性欲可以共存，同时驳斥认为纵欲会削弱精神的通行观点。

斐耶斯科在历史记载中是个强壮而狡猾的美男子，颇受女人欢迎，出身于高傲的贵族家庭，充满不可抑制的政治抱负。他是 16 世纪中期一场针对当时热那亚共和国的统治者、多里阿

---

① 弗里德里希·奥古斯特·克莱门斯·维特斯（Friedrich August Clemens Werthes, 1748~1817），德国作家，与维兰德过从甚密。

② Kluge 1988, S. 960. Werthes. Quelle.

③ 马林巴德（捷克语写作 Mariánské Lázně），即今天捷克的玛丽安温泉镇，是 18 世纪波希米亚地区著名的疗养胜地。1821 年，年过七旬的歌德正是在这里遇见了 17 岁的少女乌尔莉克·封·莱韦措（Ulrike von Levetzow），并一发不可收拾地爱上了她。在求婚遭到拒绝后，歌德写下了那首著名的诗篇《马林巴德哀歌》（*Marienbader Elegie*, 1824）。

④ Goethe MA 19, S. 189.

（Doria）家族的政治阴谋的核心。① 斐耶斯科在历史中的形象并不清晰。人们不确定他究竟是想将共和国从王侯的统治中解放出来，还是想要自立为王。无论如何，他和他的对手安德里亚·多里阿（Andreas Doria）都是典型的文艺复兴时期的人物，无法用善恶来衡量。他身上的吸引力来自他的宏大，但这种宏大究竟
/ 149 源自道德还是罪行，倒可以不必深究。席勒或许是在卢梭那里第一次被引向了这个人物，而卢梭自己对此问题也难下定论。他举“斐耶斯科伯爵”的例子，证明动乱的共和国正是伟大人物的温床，正如人们在普鲁塔克那里便可学到的那样。这些人物或有着伟大的美德，或犯下崇高的罪行，或是二者兼而有之。“风平浪静”的国家罕有英雄，其中充斥着“半桶水式的人物”，根本配不上艺术家的“画笔”②。

席勒和卢梭一样，都是普鲁塔克笔下那些伟大人物的崇拜者。对于他而言，当然存在着一种价值秩序，而强有力的美德自然位居榜首。但居于次席的却是强有力的恶人，并非道德正确所要求的那种软弱的善人，这类人在席勒那里只能接受第三的位置。而既邪恶又软弱的则属于人类的浮渣，例如《斐耶斯科》中的廷臣洛梅利诺（Lomellino），或是《阴谋与爱情》中的内廷总监封·卡尔普（Hofmarschall von Kalb），这类人值得毫无

---

① 乔万尼·路易吉·德·菲耶斯齐（Giovanni Luigi de Fieschi, 1524/1525~1547），人称“斐耶斯科”（Fiesco，德语写作 Fiesko），意大利热那亚（Genua）政治家，曾于1547 年 1 月 1 日晚在法国与教宗的支持下领导了一场针对与神圣罗马帝国皇帝卡尔五世（Karl V）结盟的热那亚总督安德里亚·多里阿（Andrea Doria, 其名德语写作 Andreas，1466~1560）的叛乱；叛军一度取得上风，占领了城门和港口并杀死了安德里亚的侄子加纳提诺（Gianettino），但斐耶斯科却在登上一艘战舰时因为盔甲过重跌落水中不幸溺亡，叛乱遂被镇压。

② Zit. n. Kluge 1988, S. 1150.

保留的蔑视。至于从每个角度看都普普通通的人，叔本华之后会将其称为“类同工业制品的人”；他们虽然乌泱泱成群，但至少对剧作家而言并不重要。起码可以确定，平庸之物并不适合戏剧创作。

因此，斐耶斯科身上的不确定性所关涉的；必定只是价值层级的头两位：他究竟是一个强有力的道德楷模，还是一个强有力的凶神恶煞——这才是此处的问题。席勒还没有敲定这个问题的答案，就开始了这部戏剧的创作。倘若当时他心意已决，就肯定会清楚应当给这部戏以怎样的结尾。但他并不清楚。直到全剧就差最后两场没有写完时，他也依旧没有确定。不过，当他于1782年9月27日下午在曼海姆的导演迈尔家中朗读这部剧的选段却收效相当不佳时，《斐耶斯科》已接近完成了。

为了了解1547年那场密谋的“政治机器结构”与地方特色，席勒一头扎进了历史著作中，详细考察了不少商贸数据，研究了当时的日常风俗。他做这一切并非为了发掘历史真相，而是为了给他的戏剧人物实验赋予一种贴近历史真实的背景。对他来说，贴近真实所带来的舞台效果要比历史真相更加重要。/ 150 谁要是还提醒要忠实于历史档案，席勒就用剧本舞台版的后记中的一句话回答他们：“我敢说自己马上就能搞定历史，因为我不是［给斐耶斯科］写历史的。在我看来，只要能通过大胆的虚构在我的观众胸中激起哪怕一次情绪大迸发，就远胜过最严谨的历史精确。”①

要做到“历史精确”，就要求让斐耶斯科死于一场意外。因为斐耶斯科事实上正是在谋反者的战斗中落水溺亡，当时的他正在港口急匆匆地翻过护板，要登上船去，让蠢蠢欲动的划桨奴

① MA I, S. 753.

隶们恢复秩序。按席勒的话说，这么一种可怜的“意外”绝对不能在一部历史人物剧中扮演决定性的角色。主角要么死于反派之手，要么因为自身的原因失败。脚下一滑却不是什么失败。因此席勒在这个关键节点上用不着什么历史真实。《斐耶斯科》必须另觅结尾；而他则希望能顺着剧本内在的动力——他称之为“机器”——来发现恰当的结尾方式。

在全剧的开头，贵族反对安德里亚·多里阿，特别是反对他那“粗野自负”、专断蛮横的侄子加纳迪诺（Gianettino）；但贵族的叛乱还群龙无首，除了如钢铁般坚韧的共和主义者凡里纳（Verrina），只有几个主要追求一己私利的“心怀不满者”：其中一人想要借起义强夺女人，另一个则是为了摆脱债务，还有一个是为了迎娶自己的未婚妻，也就是凡里纳的女儿。斐耶斯科的举止让反叛者捉摸不清，不知道他究竟是否也是一路人。诡计多端的加纳迪诺有个妹妹，也是声名狼藉，可斐耶斯科却向她大献殷勤，一举一动完全就像个毫无原则的登徒子。甚至连斐耶斯科的妻子莱奥诺蕾（Leonore）也不知道自己在丈夫心中还有没有位置。只有加纳迪诺没有上当。因为他在斐耶斯科享乐之徒的面具后面猜到了他谋叛者的真面目，所以始终提防着他，想要将他除掉。加纳迪诺在仇恨中坚持的，恰恰是席勒在别处为爱情所立下的原则：他曾经在给莱因瓦尔德[①]的信中（1783 年 4 月 14 日）写道，人们所爱的不是他人现在的样子，而是他人将会成为的样子。加纳迪诺就是这样恨着斐耶斯科：不是因为他现

① 威廉·弗里德里希·赫尔曼·莱因瓦尔德（Wilhelm Friedrich Hermann Reinwald, 1737~1815），德国语言学家、诗人、图书馆学家，任职于迈宁根（Meiningen）图书馆，席勒好友，1786 年娶席勒姐姐克里斯多芬娜为妻。曾受魏玛公爵之托整理公爵藏书及艺术珍品。关于莱因瓦尔德与席勒的友谊，参见本书第九章。

在的所作所为，而是因为他可能做出的事。谋刺斐耶斯科的行动却被那个摩尔人刺客抖搂了出来，而斐耶斯科就这样把此人握在手心，在他的帮助下开始了自己针锋相对的密谋。现在，就到了斐耶斯科向其他的密谋者展示自己悄悄进行的叛乱准备工作的时候了。人们立刻就认他作了叛乱的首领。只有凡里纳仍有疑心，担心斐耶斯科追求的不是共和国，而是公爵的头衔。凡里纳对一同起事的众人说：热那亚解放之日，就是斐耶斯科的忌日。①

于是我们就见证了三重谋叛：加纳迪诺正在谋划篡位，要夺叔叔安德里亚的大权，清剿参与的共和主义者；围绕着斐耶斯科的谋叛者要推翻多里阿；而凡里纳则要在谋反事成之后刺杀斐耶斯科。

和如此复杂的机械结构相比，《强盗》的剧情架构就显得简单粗暴：这儿是两个极端的人物平行登场，各自恣意妄为，也没有直接的交集；而《斐耶斯科》则是环环相扣、错综复杂，让人难以洞察。《强盗》中充斥着极端而热烈的情感，在《斐耶斯科》中则是精密而冷酷的算计。席勒在这部剧的前言中写道："我在《强盗》中将一种汹涌情感的牺牲品当作我的主题——而在这里所尝试的却完全相反，即表现艺术与阴谋的牺牲品。"②

一谈到艺术和阴谋，关键的问题就变成：究竟是谁控制谁，是谁在牵动绳索，又是谁不过是提线木偶？那些"心怀不满"的人，即布戈尼诺（Bourgognino）、卡尔卡尼奥（Calcagno）、萨科（Sacco），其动机一目了然，都被其清晰定义了的利益紧

① MA Ⅰ, S. 718. 语出《斐耶斯科在热那亚的谋叛》第四幕第五场，汉译参见《席勒文集》（第二卷），第 344 页，有改动。

② MA Ⅰ, S. 640.

紧束缚。这些人的行动都可以预计。人们一旦将其看透——看透他们其实也简单——就能任意摆布他们。甚至连顽固的共和主义者凡里纳也有明确的动机，但斐耶斯科却低估了凡里纳的刚正不阿，于是他的灵活反倒给自己带来了厄运。斐耶斯科——织成这张“艺术与阴谋”大网的蜘蛛，却喜欢面具和假面游戏。

席勒想把一个不可捉摸的人物搬上舞台。斐耶斯科所扮演的角色光彩照人却不可捉摸。在创作这个形象时，席勒也展露了他隐秘的执念，因为他自己也深爱假面。当席勒在卡尔学校的学年庆典上作为演讲者歌颂公爵和他情人的美德，难道不是一场假面游戏？在1779年1月10日那一天的演讲中，他用这样的句子结尾：“卡尔庆祝的是弗兰琦斯卡的节日！——究竟是谁更伟大，是那个践行美德的人，还是那个嘉奖美德的人？——二人都以上帝为榜样！——我应沉默。”① 但他并未沉默，而是在参加庆典的众人面前绘声绘色地描述了人们日后探访公爵与他的伯爵夫人时的画面——当二人已经作古之时。席勒将自己化装成称颂者与悼唁者——这出谜题一定让听众困扰不已。公爵自己还再次通读了一遍讲稿，只为了搞明白席勒究竟是什么意思。但他也没有头绪，只能满足于照搬席勒对破折号通货膨胀式的运用。但在几年之后给当年的同学威廉·封·沃尔措根的信中，席勒透露，在庆典上给公爵唱赞歌简直令他作呕。他在信中谈到欢乐“轻声而又简单的表达”，并将其与“某些您和我都熟悉的庆典活动”相比照：“它们通过一种丑陋的联想，污染了未来与之相似的其他庆典。”（1783年5月25日）当时的场景让他惧怕，只有通过假面游戏才可勉强忍受。

/ 152

① MA V, S. 249.

流传下来的还有一个场景。公爵在某次召见席勒时，要求他扮演老师的角色，大胆地把公爵当作学生对待，狠狠教育他一顿。公爵颇为入戏，显然没有什么不满，至少没有流露出来。《强盗》的写作也是一场独特的假面游戏。偷偷创作一部“必定会被剥皮人烧掉的书”①，显然让席勒非常享受。那些在林中空地听他朗诵其中选段的朋友们，大概会和他一起觉得自己成了谋反者。席勒充分享受了这个秘密社团的刺激。多年以后，阿贝尔教授隐讳地暗示了“某种存在于少数教师和诸多优秀学生之间的秘密联系”，而人们知道，他当时是共济会的一员。席勒当然属于那些优秀学生之列。阿贝尔回忆说，这一结社的目的是暗中通过“有益的影响”和隐秘的督导来改善“道德品质”。②显然，在正式的教育系统之中又建立起了第二个非正式的教育体系，带有其独特的等级架构，以及看不透的驾驭和控制之网。

这种秘社文化非常符合青年席勒的口味，正如阿贝尔所描写 / 153
的，席勒在其中还扮演了颇为重要的角色。他就是编织这张网的蜘蛛。这就是人们所认识的卡尔学校时期的席勒：在真正的戏剧中是一名差劲的演员，但在真实的生活中却是角色扮演的大师。在与公爵那场命运攸关的对话之后，当公爵因为席勒未经批准就前往曼海姆而将其大骂了一顿后，席勒摆出一张不可捉摸的扑克脸，就这样泰然自若地去了九柱球场，令他的朋友们都惊讶不已。这是好的谋叛之道。而席勒恰恰选择大放焰火的那个晚上出逃，从谋叛的视角出发也有特殊的意义。必须正确地审视那种不可声张的姿态。出逃就应该发生在最华丽的聚光灯下。当整片天空都被火光染成红色时，席勒知道，那个恰当的瞬间已经到了。

① Biedermann 1974, S. 48.

② Biedermann 1974, S. 35.

而施特莱歇尔在出逃前一个小时撞见席勒正在创作一首和应克洛卜施托克的颂歌，或许也是一场角色游戏？难道这不是一场表演，来证明诗歌是如何胜过了慌乱？然后还有在出逃之后的假面戏。席勒当然有充足的理由使用假名，但在众多假名中，他偏偏就选中了“里特博士”（Dr. Ritter），以此告诉旁人，他觉得自己就像一出英雄剧中的人物。[①]他当然也有同样充足的理由在给家人的信中掺杂些故意误导的陈述，因为他必须考虑到，读这些信的恐怕不仅仅是收信人。但人们发现，席勒在这些谜语般的信件中居然如此异想天开，以至于读者几乎不可避免地有这样的印象：写这些信的人一定是特别热衷也特别擅长这类角色游戏。比方说，他曾从奥格斯海姆（Oggersheim）给他的朋友雅各比写信说：“现在我正在前往柏林的路上。”（1782 年 11 月 6 日）他接着写道，雅各比不必对这个消息有任何怀疑，即便他之前的消息全是假的；那都是“政治策略”，因为他毕竟不能透露自己真正的逗留之处。但现在这条信息却是千真万确。承认说谎的同时又说了一个谎。他继续玩着这场混乱的游戏，甚至把遥远的圣彼得堡说成自己旅行的可能目的地。在另一封信中，他甚至开始考虑移民美国。

在讨论下述场景的时候，人们必须考虑到席勒热衷于假面游戏，也热衷于装出一副密谋者的表情。当斐耶斯科向其他谋反者坦白自己也是他们中的一员时，热情但天真的布戈尼诺接过话茬说：“在我们分别以前，让我们通过拥抱来立誓结成一往无前的同盟吧！（他们交叉双臂携手围成一圈）这儿有五颗无比伟大的热那亚赤心融合在一起，它将决定热那亚无比伟大的命运。（彼

① 席勒出逃曼海姆时用了“里特博士”的假名，而“Ritter”是德语“骑士”的意思。

此更加紧密地靠拢）即使这座天地大厦分崩离析，即使法庭的判决隔断血缘和爱情的纽带，这五位连成一体的英雄依然团结如一人。（彼此分开）”①

这类誓言、联盟和谋反的痕迹，在席勒一生的著作中都能寻到，从《强盗》到《唐·卡洛斯》再到《威廉·退尔》（*Wilhelm Tell*）。但与其他剧作不同，对《斐耶斯科》中结盟的描写却只带着冷冰冰的装饰。不仅对于斐耶斯科，而且对于作者本人而言，那些赤诚之心不过是冷静计算过的游戏的材料罢了。

谁若是热衷于面具，那么摘下面具、揭露真容、展示真相的瞬间就会带给他特别的享受。戏剧家席勒着迷于那个念头，即在某个假名背后蓦然显现出一个天才的伟大。全剧整个前半部分的戏剧紧张，都来源于情节向着揭示出“一个伟大人物”的真正伟大而发展。在该剧舞台版的《给观众的提醒》中，席勒说：“斐耶斯科，一个伟大而可怕的头脑，在柔弱的伊壁鸠鲁②式的游手好闲这一副掩人耳目的皮囊背后，躲藏在静谧而无声的黑暗中，就像在混沌之上孕育万有的精神，孤独而悄无声息地孵化出一个世界，以一个游手好闲之徒的空洞假笑欺骗众人。与此同时，宏伟的蓝图和痴狂的愿望正在他熊熊燃烧的胸膛中酝酿——斐耶斯科，他已被人误解了足够长的时间，终于像天神一样走上前台，在众人惊诧的目光中呈上成熟而完满的大作，如同观众般气定神闲，看着这

---

① MA I, S. 694. 语出《斐耶斯科在热那亚的谋叛》第二幕第十八场，汉译参见《席勒文集》第二卷，第301页。

② 伊壁鸠鲁（Epikouros，德语作 Epikur，约前314~前270），古希腊哲学家，其学说认为情欲与享乐乃是人生之核心。

座伟大机器的齿轮分毫不差地转向他所期待的目标。”①

当席勒让他的斐耶斯科“像天神一样”摘下面具的伪装，他就是在品尝那征服一切之权力的瞬间；当作者让作品中已完成的“机器”开始作用于观众身上时，他所感受到的正是这同一种天主显灵般的权力。斐耶斯科有权力意志，而作者亦是如此。席勒在《给观众的提醒》中也坦然承认，并且写道：“剧院中那个安静而宏伟的瞬间总是神圣而庄严……在剧院中，我能用缰绳驾驭观众的灵魂，像皮球一样任凭我的喜好扔向天堂或是地狱。”② 席勒钟情于假面伪装与揭露真面目的游戏，也同样喜爱不可预见的 / 155 自由，无论是在戏里还是在戏外。

谁若是严肃地对待自由这个未解之谜，对他而言就不存在可以预测的人物。在剧院作家和各类决定论者中盛行着这种观念：人们只要选取一个固定的角色并将之置于情景之中，就必定能从中算出他的举止与决断。必然性的幻象就这样产生了。然后人们就可以事后诸葛亮式地断言：所发生的正是必然要发生的。寻常的作家都会这样安排一切，以便让人产生那种必然性的印象。但席勒却非比寻常。他热心于自由，而他对自由之可怕的探究，也远远超过他的前辈。

《斐耶斯科》在这个意义上乃是席勒的第一部伟大杰作，因为在剧中，自由行动的不可预见性成了问题。如果一个作家竟称自己不知这部剧该如何收尾，他难道还能在自由问题上陷得更深吗？斐耶斯科不知道他应当如何行动，而席勒也不知道他该让斐耶斯科如何行动。斐耶斯科举棋不定，而席勒亦是如此。

这部剧所涉及的自由不仅困住了主角，更困住了作者。席勒

① MA I, S. 752f. 原文作者误将《给观众的提醒》写作《后记》(*Nachwort*)，已更正。

② MA I, S. 754.

带给我们的是一个犹豫踌躇的斐耶斯科，他不知道是应当利用叛乱登上统治者的宝座，还是借此保卫共和国。他不确定的性格足以让两种决定都成为可能。

席勒已经意识到，充分定义的性格不过是一种虚构，在真实的生活中并不存在，并没有充分的定义。在每个真实的人当中都留有如此多的不确定性，可以将他卷入自由的冒险。自我决断只存在于不充分定义的背景下。自由的谜团恰恰就位于这一空白之处，位于这一充足定论之链的空当。席勒在斐耶斯科那段著名的独白中提到了这一自由之谜，也正是这段独白展现了斐耶斯科在
两种行为可能之间的摇摆不定：“这儿是悬崖绝壁，是美德的边 / 156
界，是上天堂下地狱的交叉路口。”①

斐耶斯科探寻着自己行动的可能，望向内心就像望着深渊。他在如此之多的不确定性面前头晕目眩：“我心潮澎湃！隐蔽的念头此起彼伏——如同准备作案的黑道团伙蹑手蹑脚、小心翼翼……万千幻影在我心头掠过。”②

良心不是问题。要问的不是应当如何行动，而是究竟想要采取哪一种行动。要问的不是人应当欲求什么，而是人想要欲求什么。可一个人究竟该如何发现自己真正想要的东西？只有当他行动之后才会发现。人必须先决断、先行动，才能了解自己到底是怎样的人。没有任何关于自我身份的认知能先于行动。我是谁，无从提前知晓，只能在行动之后了解。席勒对斐耶斯科这一形象的勾勒之所以如此大胆，正是因为他否认通常那种“行动出自自

---

① MA I, S. 695. 语出《斐耶斯科在热那亚的谋叛》第二幕第十九场，汉译参见《席勒文集》(第二卷)，第301~302页。

② MA I, S. 695. 语出《斐耶斯科在热那亚的谋叛》第二幕第十九场，汉译参见《席勒文集》(第二卷)，第301页。

我认识”的观念。斐耶斯科只有在行动后才会发现他究竟是怎样的人。他感受到了那种逼迫他决断的自由，而这种自由只是在他做出决定之时，才让他得以认识自己。

席勒对自由的理解如此激进，就如后世的萨特。他在笔下主人公的自由困境当中陷得如此之深，以至于作者自己也不知道应该让他的人物如何行事。他在前往曼海姆之前，已经完成了几乎整部作品，只有结尾例外。而这出戏之所以是一部杰作，正是因为根据情节的走向，存在着两种开放的可能：斐耶斯科可以篡权成为独裁者，然后——在最后成书的版本中——被凡里纳所杀；但他也可以——如舞台版中一样——夺取权力，只为了将之交还到共和国手中。在成书的版本中，斐耶斯科的独白也包含了另一种结局的可能性：“夺取冠冕是伟大的，舍弃冠冕是神圣的。”①而在舞台版中，斐耶斯科折断独裁的权杖、宣布热那亚的自由时，所说的正是这同样的一句话。

这样一来，斐耶斯科的自由就和作者的自由纠缠在了一起。在戏剧的两个版本中，斐耶斯科行为虽然不同，但两种可能都可自圆其说，两次都是“源自自由的因果性”（康德语）②。而当作

157

者前往曼海姆时，他仍旧因剧本应如何收尾而举棋不定。无论是对于作者还是对于他的角色而言，自由都是一个跃动的点，从作者跳跃到他的角色，又从角色跳跃回作者，直到最后一瞬间都无法预测。

然而对席勒来说，同样无法预测的还有他的逃离。这场自由的实践究竟何去何从，究竟将如何收尾？

① MA I, S. 695. 语出《斐耶斯科在热那亚的谋叛》第二幕第十九场，汉译参见《席勒文集》（第二卷），第302页。

② Kant, Bd. 4, S. 506.

剧院导演迈尔的夫人从斯图加特回来，谈起在当地广为散播的传言——公爵将要求曼海姆交出逃犯。为了躲过这种危险，席勒和施特莱歇尔决定到法兰克福（Frankfurt）暂避风头。法兰克福就在前往施特莱歇尔原本的目的地汉堡的路上。而对席勒而言，法兰克福也是一处暂时可以提供若干安全感的地方。

席勒身无分文。他本来希望能通过《斐耶斯科》预支一笔钱。但原本可为他支取这笔钱的达尔贝格，却还没有从斯图加特回来。两位好友只得以施特莱歇尔的旅费拮据度日。

搭乘邮政马车花销太高。于是两人在1782年10月3日步行踏上了前往法兰克福的旅途。在路上，席勒默默地酝酿着一部新剧，取名《路易丝·米勒琳》（*Louise Millerin*）——也就是之后的《阴谋与爱情》。两天之后，在达姆施塔特（Darmstadt）和法兰克福之间，席勒筋疲力尽，支撑不住，在森林边缘的一处灌木丛中睡下。安德烈亚斯·施特莱歇尔守护他安睡。一个普鲁士征兵官悄悄靠近，想要捉住二人，但施特莱歇尔成功地将其赶跑。10月5日晚，他们终于到达法兰克福。次日，席勒便给达尔贝格写了一封信，详细描述了自己悲惨的经济状况："向您吐露这些心声，真叫我羞愧得脸红，但我知道，这不会把我打趴下。"席勒如是写道，同时恳求预支《斐耶斯科》的稿酬，并承诺在三周后呈上该剧适合舞台演出的版本。

施特莱歇尔讲述道，席勒写下这封信时，"是怀着压抑的心情，而且双眼绝不是干的"。[1]尤其让席勒抬不起头的，是谈及他所欠的债务。但债务也正是他最为沉重的负担。这些还是当时

① Streicher 1959, S. 131.

为了印刷《强盗》和《年鉴》所欠下的旧债；而由于朋友和熟人为他作了担保，席勒不得不开始担心在他逃离斯图加特以后，他们会遭到债主的逼迫和骚扰。“我要向您承认，”席勒在给达尔贝格的信中谈到自己的债务时写道，“我担心他们要远胜于担心自己如何在这个世上苟且。直到在这一方面了结干净之前，我永远都得不到平静。”（1782 年 10 月 6 日）

席勒想要留在法兰克福，直到他收到达尔贝格的消息。于是他和朋友便在城内无休止地漫步，以打发漫长的等待时间。席勒夫人日后写道，席勒有一回在萨克森豪瑟桥上竟动了纵身跃入河中的念头。他试图把自己的诗《魔鬼爱神》（*Teufel Amor*）① 卖给一位书商，开价 25 古尔登。对方出价 18 古尔登，但席勒却不愿贱卖。在另一位书商那里，他才听说《强盗》卖得出奇地好。席勒在书商面前没有吐露真名，但这个消息又让他稍稍振作。直到 10 月 9 日，他终于等来了曼海姆的消息。

达尔贝格小心翼翼地避免和流亡的席勒有任何私人接触。他让迈尔转达：《斐耶斯科》目前的版本无法演出，必须再做修改，因此无法预支稿酬。

施特莱歇尔记录下了这条“打击人的消息”对席勒的影响：“他的自傲所受的最大侮辱，就是他竟白白坦诚了自己的悲惨处境；这段描述使他任由他人的专断摆布，而他曾理所当然地盼着

---

① 《魔鬼爱神》是席勒一首散佚的诗，作于 1782 年。在被书商拒绝后，席勒愤怒地将诗稿丢弃，只有诗的前两句因施特莱歇尔的记录得以传世：“甜蜜的爱神请你留步 / 在旋律优美的飞翔中”（Süßer Amor verweile / Im melodischen Flug）。此诗未收入慕尼黑版《席勒文集》，而收入法兰克福版《席勒文集》的诗歌卷中（Friedrich Schiller: *Gedichte*. Hg. von Georg Kurscheidt. Frankfurt a. M. 2008, S. 725.）本诗的标题意味着爱神乃是魔鬼，恐怕是情伤之人的哀叹；原书作者误将标题写作《魔鬼的爱神》（*Teufels Amor*），已更正。

从此人那儿获得支持。”①

在这样的处境中，施特莱歇尔再次证明自己是一位忠实的朋友。他先前又收到了一笔去往汉堡的旅费，却一刻也不曾犹豫，不仅将之赠给自己的朋友任凭他取用，还和他一起重新回到距离曼海姆不远的奥格斯海姆。迈尔已在那里安排了住处，让流亡者可以在此不引人注目地生活与工作一段时间。

施特莱歇尔决定留在朋友身边并将钱财供他使用，他这是在拿自己的职业生涯冒险。他的熟人因此对他颇有微词，但施特莱歇尔在回信中却这样解释自己的所作所为："即便踏出这一步对我自己的命运造成了如此致命的后果，我也必须为席勒一辩……不是每个人都能有这样的命运。如此之不幸中必有某种伟大。伟人的命运正与他们的精神和心灵相称。君王的不幸与臣仆的不幸绝非一致。这里便是如此。”②

10 月 13 日，二人抵达奥格斯海姆，在“牧庄”（Viehhof）旅社要了一间屋子，睡在同一张床上。施特莱歇尔带上逃亡之路的钢琴起到了很大的作用。席勒仍对《斐耶斯科》的结尾犹豫不决，现在又开始着手创作《路易丝·米勒琳》。入夜时分，他请求朋友为他弹奏一曲。根据施特莱歇尔的讲述，席勒听着音乐便“不能自已”，进入了忘我的情绪，摆脱了步步紧逼的现实。音乐将他带入正在诞生的新作的世界之中。“当黄昏降临，他听一首钢琴曲的愿望得到了满足。与此同时，他就在只有月光照亮的屋里来回踱步，一连好几个小时，时常发出含混不清却热烈激动的声音。”③

---

① Streicher 1959, S. 140.

② Streicher 1959, S. 8.

③ Streicher 1959, S. 147.

在奥格斯海姆的那几周是孤独的。某几天晚上，席勒会步行前往曼海姆，小心谨慎地避免被人发现，以便去拜访迈尔，有几回还在那儿过夜。而在奥格斯海姆，他们只和一位受过教育的商人雅各布·德莱因（Jakob Derain）有交往。此人是一个正直友爱、有些特别的启蒙主义者。他有一份小小的家业，因此有本钱在他的店里从早到晚地阅读，绝不受门铃的打扰。顾客们得求着他把东西卖给自己。他对国人健康的热情已到了如此程度，居然言之凿凿地为那些想要在他那儿买些糖、咖啡和调味品之类的顾客阐明这些东西的坏处，劝他们别买，尽管他正是因为这些商品收入不菲。此外，他还为顾客讲述提高农田和果园产出的方法，给他们推荐相关文献。他也乐意从他馆藏丰富的图书馆中借书给他人。他的铺子就像某种大众启蒙的传教所。席勒很喜欢与这个人谈天说地，但即便在他面前也没有透露自己真实的身份。德莱因却是个十足的启蒙主义者，在这个问题上也发现
/ 160 了真实的情况。对这一发现起了很大帮助的，是那些被当作垃圾扔掉的笔记和草稿。客店老板娘预感到其中有些意义特别的东西，就把这些笔记带给了德莱因。德莱因于是询问了一位喜欢读文学作品的贵族小姐，她则对施特莱歇尔大献殷勤，直到他最终吐露了施密特博士也就是席勒的秘密。德莱因感谢命运竟送来这样一位人物与他短暂地做几天邻居。于是两人间发展出一种真挚而充满信赖的关系。席勒之后将会乐意想起德莱因。这是那个深秋在奥格斯海姆“牧庄”酒店阴雨的几周中小小的一丝光亮。

1782 年 11 月初，席勒结束了对《斐耶斯科》的修改，终于给了这部剧一个结尾。在这第一版中，斐耶斯科选择了公爵的荣耀，于是被共和主义者凡里纳一把推入了水里。在之后的舞台版

修改中，席勒又尝试了一个皆大欢喜的结局。斐耶斯科与凡里纳在新成立的热那亚共和国的庆典上相互拥抱。他对施特莱歇尔说，最后几场戏“耗费的思考远远多过”剩下的整部戏剧。①现在，他就静候达尔贝格的回应。两周之后，席勒终于提醒达尔贝格给自己一个答复。达尔贝格依旧避免与流亡者直接谈判，而是让迈尔转达，说现在这个改编版的《斐耶斯科》还是不能用，因此不会被接纳，也不会有报酬。

这样一来，席勒的一切希望就都破灭了。为解燃眉之急，席勒不得不当掉了他的手表。他好歹成功地将《斐耶斯科》的手稿卖给了出版商施万，得来的钱除了还清在“牧庄”赊的账外，还有一小部分还给了施特莱歇尔。施特莱歇尔前往汉堡的旅费已经花完，无法再去那里跟随卡尔·菲利普·伊曼努尔·巴赫，而只能在法兰克福教几节钢琴课赚几个小钱糊口。他虽然自己生活困苦，却依旧仰慕席勒在困苦中的高傲。

对席勒而言还有一个去处：亨莉埃特·封·沃尔措根愿意接他到自己在鲍尔巴赫的农庄小住一段时间。席勒仍然可以接受她的建议。他还在犹豫。但就在此时，曼海姆突然出现了一个符腾堡的中尉，到处询问席勒的踪迹。人们不由地警觉了起来。当此人叩响迈尔家大门时，席勒正在里面做客，于是人们立马将他藏到了衣橱当中。当晚，施特莱歇尔和席勒就在巴登男爵（Freiherr von Baden）空无一人的房子中熬过了一夜。第二天一早，人们从当地部门得知，那个军官身上显然没有公务文件，没有听说任何逮捕令的消息。（后来才知道，军官原来是席勒在卡尔学校的同学。）但席勒的朋友和熟人却很不安，建议席勒另

① Streicher 1959, S. 151.

找别处藏身。同一天，伊弗兰的建议，即给席勒未被接纳的《斐耶斯科》八个路易金币①的报酬，也因为达尔贝格从中作梗而被驳回。现在，除了接受亨莉埃特·封·沃尔措根的邀请，席勒再也看不见别的出路。1782 年 11 月 30 日，他终于动身，踏上了前往图林根鲍尔巴赫的旅途。

施特莱歇尔和迈尔陪着他走完了第一段前往沃尔姆斯（Worms）的旅途。现在天已渐寒，席勒冻得瑟瑟发抖，却没有钱购置冬装。他时而步行，时而搭乘邮政马车，终于在七天之后，于 12 月 7 日抵达了大雪纷飞的鲍尔巴赫。

① 路易金币（Lousd'or）是 17~18 世纪欧洲通行的一种金币，于 1640 年由路易十三引入。一个路易金币在 18 世纪末约等于 9 个古尔登金币。

第九章

与莱因瓦尔德的友谊——捉迷藏的信——追求夏洛蒂·封·沃尔措根——被召回曼海姆——《阴谋与爱情》——遭到考验的爱之哲学——恶的社会机器

鲍尔巴赫，一座距离迈宁根城不远的小镇，坐落于森林之中。沃尔措根家族在17世纪末买下的那座古老的庄园已经破败，亨莉埃特为自己和孩子们又买下一座农庄，让人重新修缮一番，成了简约而舒适的住处。附近的居民大约有300人，一半是需交地租的佃户，一半是犹太人。这些犹太人交了保证金，得以在此生活，做些小生意。

当席勒1782年12月7日到达鲍尔巴赫时，冬天已经来临。雪积得很厚，整个村庄和周围断绝了交通。席勒被一片宏大的寂静所笼罩，就好像“一艘沉没了的船上的乘客，拼尽全力才从波浪中爬上岸”。（致施万，1782年12月8日）所有的一切都已准备妥当。屋子已经收拾干净，壁炉里燃起了火，床上已铺好了床单，食品间也堆得满满当当。

鲍尔巴赫的避难所让席勒得以回归自己的内心。甫一到达，他就在1782年12月8日给施万的信中写道：“我现在正处于感受自己灵魂的状态，一定会好好利用。”在这个孤寂的冬天，他与世隔绝，决定“只做一个诗人”。同一天，他在给安德烈亚斯·施特莱歇尔的信中也写道：“没有需求能再让我害怕，没有外在的干扰能侵搅我诗意的梦、我理想的幻景。”

他用“里特博士”的假名在这儿住下，但村里的人很快就发现，这人有些不对劲的地方。他的身上隐藏着什么秘密，让人想要一探究竟，也有些许传言，但总的来说，村民们对他很友好，也乐于给予他帮助。但人们看得很清楚，他的灯一直到深夜都还亮着，也看见他大清早就在花园里忙碌，走来走去。让农人们觉得奇怪的是，一到打雷下雨，这人就常常离开家，爬上附近的一座小山，就好像一点儿都不害怕闪电和雷鸣似的。他向周围的人详细询问当地的故事和传说。人们也能在礼拜时遇见他。没过几个星期，他就迫切地向教区提出了更新的要求：原来的赞美诗集应当换掉，改用收录更多盖勒特诗歌的新版本。

亨莉埃特·封·沃尔措根一开始将席勒引介给了迈宁根的图书管理员，威廉·弗里德里希·赫尔曼·莱因瓦尔德，请他为席勒提供书籍、把他介绍给有趣的人认识。很可能正是因为二人的性情完全相反，席勒很快便与这位长自己 22 岁、忧郁多疑的老学究成了好友。莱因瓦尔德是一个具有文学修养，但在其他方面却无可救药的胆小鬼。他做了多年抄写员的底层工作，终于混到了一个还算过得去的职位，成了迈宁根公爵图书馆的秘书。他像勤劳的工蜂，认认真真地将图书馆的馆藏整理归类，但他的付出却没有获得回报：当他理出了图书馆的秩序之后，人们就把管理的职位交给了一位年轻的硕士，而莱因瓦尔德只能继续当他的秘书。这个愤愤不平的男人身上的确有些可怜之处，但他通晓书籍世界，通过给杂志写些书评也略微参与一点文学生活，他还出版了一本薄薄的小书《诗意情调、小说、书信和杂记》（*Poetische Laune, Erzählungen, Briefe und Miszellaneen*），甚至钻研各种语言。

和席勒的交往却让这个上了年纪又郁郁寡欢的单身汉焕发了第二春。他是这样活泼而愉快，先前认识他的人几乎认不出他现在的模样。一年之后，他甚至鼓起勇气向席勒的姐姐克里斯多芬娜求婚，并且居然一举成功。席勒对此却高兴不起来，因为他想要给姐姐找个不那么干瘪积灰，而是更加开朗的丈夫。

但对于鲍尔巴赫的孤寂而言，莱因瓦尔德却是正确的人选。他定期从迈宁根过来做客。有时候，两人甚至在半路上的马斯菲尔德（Maßfeld）不期而遇，于是一同继续走回其中一人的家里。在冬天，这条路要穿越积着厚雪的森林，而在早春，土地又 / 164
是如此泥泞，以至于人们不得不暂停相互拜访。席勒让他的新朋友也参与他的计划和项目，为他朗读自己这几个月来一直在创作的新剧《路易丝·米勒琳》中的场景。而当席勒于1783年春开始创作《唐·卡洛斯》时，莱因瓦尔德又为他提供了必要的历史文献。席勒心怀感激地接受了莱因瓦尔德的建议和批评，年轻人与年长者之间产生了一种真心而充满信赖的联系。而年长的莱因瓦尔德也在席勒身上再度感受到自己的青春。若是席勒周六晚上在迈宁根过夜，他就会在周日一大早从迈宁根动身离开，因为他周日“没刮胡子、没穿白色的衣服就不想出门”。（致莱因瓦尔德，1783年5月11日）这段友谊大概充满了兄弟义气，席勒也还没有完全消除斯图加特时期那种“野小子”的脾气。两人之间常用那种真诚但粗野的语调，席勒有一回这样预告他即将对莱因瓦尔德的拜访：“我要利用今天的大好时机，开始我的围攻。”（1782年12月17日）

头几个星期，席勒很享受孤独，《路易丝·米勒琳》的工作稳步前进。但他很快就意识到，自己并不习惯一人独处太久。在卡尔学校，他生活在同学当中；而在斯图加特，他又是和朋友合租屋子。在逃离之后，施特莱歇尔始终陪伴在他左右。可现在在鲍尔巴赫，孤独有时竟让他感到害怕。于是他请求莱因瓦尔德给他寄来报纸，因为“倘若我在报纸上读到自己的名字，就能知道自己还活着”。（1783 年 2 月 14 日）比报纸更好的是拜访，席勒现在也越发迫切地请求莱因瓦尔德前来做客。他在 3 月给后者的信中写道：“您前天的到访对我起到了非常美妙的效用。我加倍地感受到了自己，更温暖的生命注入了我的每一根神经。在这孤独中，我的状况给我的灵魂带去了一潭死水般的命运。如果不时常有些起伏，这潭水恐怕就会腐烂。”

但莱因瓦尔德不是唯一一位贴近他心灵的相识——他还有一桩情事。

临近新年的时候，席勒的贵人亨莉埃特・封・沃尔措根和她的女儿夏洛蒂一起到达了鲍尔巴赫。席勒被这个 16 岁的姑娘迷住了。他陪伴着母女二人去往临近的瓦尔多夫（Walldorf），亨莉埃特的兄弟、高级森林官迪特里希・马沙尔克・封・奥斯特海姆（Dietrich Marschalk von Ostheim）就住在那里。1783 年 1 月 4 日，他步行回到了鲍尔巴赫，当晚就从这里给亨莉埃特写了一封信，但他汹涌的情感更多的是给女儿而非母亲。“自从您离我而去，我就丢失了自己。我们当时怀着强烈而生动的喜悦，就像那个曾长久注视着太阳之人一样。太阳仿佛仍在他面前，即便他早已转过了双眼。从此，他再也看不见任何稍弱一些的光线。”席勒把这次拜访描述为一份感情的春天，就这样突然降临在他身上。与之相对的是，他注意到，过去几个月自己身上积累了多少“对人类的恨”。“我带着最炽热的情感拥抱了半个世界，到头来却发现自己怀里只有一块寒冷的冰块。”他在夜里写了信，第二天一早就又出发前往瓦尔多夫。现在的他忍受不了孤身一人。他在瓦尔多夫住了四天，想要在那里做梦、在那里沉醉，但现实却又把他拉了回来。

亨莉埃特请他给自己写封信，可以拿到斯图加特用来掩盖他的行踪。因为她的保护者欧根公爵绝不能得知她竟把逃亡的席勒藏在自己家里。于是在逗留瓦尔多夫期间，席勒又写了一封捉迷藏的信，虚构了一种虽不存在但很有可能的真实。他在1783年1月8日写道，他故意散布自己身处鲍尔巴赫的谣言，但事实上却已在前往柏林的路上；他怀揣着宏伟的蓝图，想要一睹新世界的模样："当美国实现自由，我就非去那儿不可。在我的血管里有些东西正在沸腾——我想要在这个满是坑洼的世界中跳上几下，让后人都来讲述我的飞跃。"

在他血管里"沸腾"的，不单单是新世界的自由之梦，还有自由发泄出内心倾诉的梦。因为在现实中，席勒不得不隐藏他对夏洛蒂的情感，他知道亨莉埃特期待给她的女儿寻一份门当户对的贵族亲事。但他这个先前的军医、现在正在逃亡路上而身无分文的诗人，肯定不能自以为和夏洛蒂门当户对。不光是在美国，现在在鲍尔巴赫他就想要"跳上几下"，让他可以越过贵族阶级的界限。

爱的精神在等级社会中到底无法自由徜徉，这正是席勒此时在《路易丝·米勒琳》中用文学手法所要处理的问题。而自从爱上夏洛蒂之后，他自己的整个存在也卷入其中。于是，在他1783年献给亨莉埃特之女的一首婚礼诗中，席勒不仅抒发了自己坠入爱河的情感，还引人注目地在一首致出身市民阶级、也嫁入市民阶级的新娘的诗中，夹杂了对阶级差异与偏见的义愤："得怎样艰难地越过等级和先祖 / 受苦的自然找寻着自己的路！"①

1月末，亨莉埃特和女儿再次前往斯图加特，情感的风暴得以暂时平息。但当亨莉埃特3月宣布，自己此次将在一位年轻的封·文克尔曼先生的陪同下回来时，席勒的情感再度被点燃了。

① MA I, S. 117.

他怀疑这个封·文克尔曼可能就是夏洛蒂未婚夫的候选人。他把嫉妒隐藏在假称顾虑背后，托词说卡尔·菲利普·封·文克尔曼（Carl Philipp von Winkelmann）原先也是卡尔学校的毕业生，认得他本人，因此可能揭露他隐姓埋名。他在给亨莉埃特的信中写道，如果她不能放弃文克尔曼的陪同，他就得离开鲍尔巴赫。当亨莉埃特告诉他，自己将和女儿一起——没有文克尔曼的陪同——回到鲍尔巴赫，席勒终于稍稍出了一口气。为了迎接二人的到来，他在5月20日准备了盛大的欢迎仪式，在庭院入口用鲜花布置了一道荣誉之门，给村口到农庄的大路上的每一棵树都挂上了小旗，清扫了教堂，又用花环彩带装点了整间屋子。

亨莉埃特和夏洛蒂大受感动，但当席勒听说人们还是在期待文克尔曼的光临时，心中不免又泛起阵阵醋意。亨莉埃特就好像压根儿没注意到席勒的情感似的，还来征求他的建议，问他是否应该把女儿嫁给文克尔曼。人们也可以用这种方式告诉陷入爱河的人，他的追求恐怕要白费力气。在母亲的鼓动下，夏洛蒂的哥哥威廉·封·沃尔措根也来向席勒请教他妹妹的终身大事。席勒应该提提建议，这样就不用想着为自己的事儿操心了。而席勒还能怎么建议？自然是委婉又含混。他在1783年5月25日给沃尔措根的信中写道："我认识这位封·文克尔曼先生，他并非配不上您的妹妹。一个很优秀也很高贵的人，虽然有些缺点，
/ 167 有些叫人侧目的缺点……我真心欣赏他，虽然我现在也不能算作他的朋友。"席勒忙不迭地指出，只有他才能牵动夏洛蒂的灵魂。虽然这儿谈的只是监督她的教育——应夏洛蒂哥哥的请求——但席勒却在这一语境中掺杂了一份警告："请您信任我对她教育的细致，我之所以几乎不敢负责她的教育，是因为从景仰与热烈的关怀到其他情感的转变，总是来得太快。"（1783年

5 月 25 日）

5 月 27 日，母女二人前往迈宁根，去拜见戈塔公爵夫人（Herzogin von Gotha），是她一直支付着夏洛蒂在希尔德布格豪森（Hildburghausen）的一所寄宿学校内的教育费用。夏洛蒂在那儿并不开心，想要离开，但那儿的人却不想失去公爵夫人的资助。谈判极为棘手，而席勒一句半是玩笑的建议又让此事在没有必要的情况下变得更加复杂。他给亨莉埃特写道："倘若您完全拒绝寄宿学校，我要不了多久就能再写出一部悲剧，题目就叫《给洛蒂的悲剧》。"（1783 年 5 月 28 日）

和公爵夫人的谈判一直持续，席勒紧张地等待着消息。这几日来，他的爱意已蜕变成了真正的激情。他无法工作，不安地在森林里漫步，只能通过和村里的人一起玩九柱球来转移注意力。他不敢向夏洛蒂表露真心，始终还是借道她的母亲："我从未像现在这样急需您充满爱意的鼓励，远近四方也没有一个人能对我破碎而狂野的想象施以援手……我甚至害怕信中的自己。要么在信里说得太少，要么说得太多，多过了您所应听到的，也多过了我所能负责的。"他在 1783 年 5 月 30 日如此写道。

对自己信件的害怕并不是毫无根据：他尝试着克制自己的激情，可激情却总是将他穿透，甚至在他特别提醒自己要慎言的信中。他自问：诗人的荣耀对他还有什么价值？什么也不剩了，他回答道，引用了《斐耶斯科》中莱奥诺蕾的爱情之梦来隐射："让我们躲开吧……让我们把所有这些自夸而空虚的废物都扔到尘土里去吧，让我们在美景如画的原野上完完全全为爱情而生活吧！"[①]他想要，席勒写道，在亨莉埃特家里"长久地"建立起自

① MA I, S. 732. 语出《斐耶斯科在热那亚的谋叛》第四幕第十四场，汉译参见《席勒文集》（第二卷），第 366 页。

己的幸福。他将会克服一切阻挠。在通读刚刚写下的字句时，席勒意识到，他说得又比自己所能负责的要多，于是在结尾处写道："这是一封疯狂的信。但请您原谅，如果我在言语上就是个傻瓜，那么写到纸上恐怕也不会聪明多少。"（1783年5月30日）亨莉埃特与公爵夫人的谈判进展得并不顺利，女贵人撤回了她给夏洛蒂的资助。最后，夏洛蒂被托付给了附近的一位官员夫人，以便学习家务经济。

在此期间，夏洛蒂和文克尔曼之间的关系蒙上了一层阴影。年轻的军官一定是发表了什么让母女二人颇为受伤的评论。对席勒而言，"这位年轻先生的厚颜无耻"来得正是时候，因为现在他就能畅想给他的情敌来个"有力的回应"；此外，他更可以期待在夏洛蒂"心里还有一块可观的地界尚不属于那个异教偶像可以继承的私产"。①

夏洛蒂和文克尔曼之间的关系渐渐淡了下来。之后，文克尔曼加入了尼德兰东印度公司，前往锡兰（Ceylon）和爪哇（Java）②，再未留下任何痕迹。

但文克尔曼的离开并没有导致席勒坐享渔利。人们不清楚具体情况，不知道是夏洛蒂太过矜持，始终不能决定，还是她的母亲明确拒绝了席勒对她女儿的追求。无论如何，席勒先回曼海姆暂过几周的决定——至少一开始是这样计划的——的确受到了追求心上人时的种种挫折经历的影响。他想要在曼海姆探索自己的职业机

---

① Zit. n. Berger 1924, Bd. I, S. 317.

② 尼德兰东印度公司（Vereenigde Oostindische Compagnie，缩写VOC），是17世纪初尼德兰商人为了开拓东南亚与南亚市场而成立的垄断组织，由尼德兰政府背书并授予特权，在从事商贸之外进行殖民活动。主要港口为以尼德兰的拉丁语名命名的"巴塔维亚"（Batavia）城，即今天印度尼西亚（Indonesia）首都雅加达（Jakarta）。锡兰（Ceylon）即今天的斯里兰卡（Sri Lanka），爪哇（Java）则是印度尼西亚四岛之一。

遇，同时看一看空间上的距离是否会增加在鲍尔巴赫的爱情机遇。

现在先回曼海姆吧。席勒前往鲍尔巴赫的初衷是能有一段时间完全投身于创作。在《斐耶斯科》的惨败之后，他开始怀疑自己是否能够长久地作为剧院写手、作为作家生存下去。他并没有排除重拾医生这个糊口的行当，回到他的“手艺”。而他的新剧《路易丝·米勒琳》对他而言也是一种自我试炼。他想要测试一下自己在“催人泪下的”市民悲剧这一剧院需求量极大的新式体裁中的技巧。用施特莱歇尔的话说，他想要弄清“他是否也能屈

尊下降到市民的领域”。①

在曼海姆的惨痛经历之后，席勒根本没有想过这部戏能在那儿上演。他将触手伸向了戈塔（Gotha）和魏玛，希望能在别处找到有意的出版人和剧团。但1784年初，他再次听到了曼海姆的“塞壬之声”②，“让他的神经如此兴奋，竟无法抵抗它的召唤”。③达尔贝格再度和他联系，友好地询问他的工作进展，问他最近是否又完成了一部新剧。达尔贝格之所以踏出这一步，是因为曼海姆剧院在这个冬天的演出季并不成功，剧院总监需要新的闪光点。而鉴于人们又从斯图加特听说席勒现在不必再担心公爵的追捕，于是小心谨慎的达尔贝格便又和席勒取得联系，也不必担心因此在宫廷圈子里出什么洋相。

---

① Streicher 1959, S. 70.

② 塞壬（Sirene）是希腊神话中的半人半鸟的女妖，通过其动人的歌声迷惑过往的船夫，使船倾覆，船夫丧命，与德国传说中的罗蕾莱（Loreley）类似。后世用“塞壬的歌声”（Die Stimme der Sirenen）形容危险的诱惑。荷马在其名著《奥德赛》第十二卷中就描述了塞壬的歌声：“你首先将会见到塞壬们，她们迷惑 / 所有来到她们那里的过往行人。”参见〔古希腊〕荷马《荷马史诗·奥德赛》，王焕生译，人民文学出版社，1997，第220页。

③ Streicher 1959, S. 177.

席勒谨慎而自信地回复了达尔贝格的询问。他让达尔贝格明白，自己并不想再被当成傻子耍一次。为了避免这种状况，他描绘了新剧的几处特色。这些特点在他看来突出了新剧的质量，但可能会被剧院总监视为剧本的缺陷：“除了角色众多、情节曲折、讽刺过于自由，以及对贵族蠢货和恶霸的嘲弄之外，这部悲剧还有一个缺陷，即可笑与可悲、任性与惊吓的交替。”席勒在1783年4月3日致达尔贝格的信中写道。

达尔贝格并未被吓退。他奉承作者，把信中提到的“缺点”称为“舞台美德”，请求他寄来为舞台修订好的剧本，但没有邀请席勒前往曼海姆。整个夏天，席勒都忙于为剧院改编《路易丝·米勒琳》，而当他完成时，莱因瓦尔德和亨莉埃特·封·沃尔措根都向他推荐魏玛或柏林，作为他可以大显身手的地方；但席勒却不顾二人的建议，毅然决然地踏上了前往曼海姆的旅程，不是为了长住，而是到现场去谈他新剧的上演。

/ 170 当他踏上旅途时，剧本已经完成了。人们无从得知，他究竟在这上面花费了多少时间。我们从他夫人的一封信中得知，席勒在多年之后是这样描述的：他在1782年6月末至7月中旬的14天禁闭惩罚中，构思了全剧的大纲，草拟了其中的若干场戏。在这两周时间里，他一定倍加觉得自己是公爵专横暴政的牺牲品，而这种感觉也恰好与全剧的理念相契合，因为该剧讲的同样也是君主的权力、腐败的官僚、任意的监禁和僵化的等级制度。不过，当时形成的可能只不过是一些大纲梗概和场景草稿，因为这段时间他主要还是在创作《斐耶斯科》。安德烈亚斯·施特莱歇尔描述了席勒是如何在从曼海姆到法兰克福的徒步旅行中酝酿了《路易丝·米勒琳》的提纲。和被关禁闭一样，决定这一场景的也同样是遭公爵权力逼迫的窘境。

在他匿名躲藏的奥格斯海姆，席勒继续创作着这部剧。当他到达鲍尔巴赫时，他想要在两周内完成剧本。但工作时间不断延长，部分也是因为他开始被唐·卡洛斯的素材吸引；于是，《路易丝·米勒琳》被搁置了几个星期，直到达尔贝格的询问信寄到。

在公爵治下的糟心经历，在1782年夏的禁闭与1783年在鲍尔巴赫的夏天之间的那段时间还未淡去——毕竟，每当他又请求亨莉埃特再写一封捉迷藏的信，以便在斯图加特四处展示、洗脱他的嫌疑时，他就会想起这一切。至于等级偏见，席勒在对夏洛蒂至今无果的追求中，不断地积累起新的负面经验。同时，他还得继续面对贵族的傲慢和君主的专横，因此，这些相应的经历在新剧中扮演着重要角色就毫不令人诧异了。但他们却并不决定这部戏真正的内涵，而只不过属于布景，属于总体的社会条件。

若是米尔福特夫人（Lady Milford）的侍女把公爵称颂为“整个国家里的第一美男子——第一有情人——第一智多星”①，而紧接着的宫廷内侍一场中，说得却是这个美男子、有情人和智 / 171 多星把他的臣民当作士兵卖到美国；若是谈起公爵“让国内的清泉冲天直喷，弯成豪雨一样的拱形或者拿臣属的辛勤所得挥金如土”②，那当时的人们就会注意到其中对喜好奢华、一掷千金的卡尔·欧根的隐射。当米尔福特夫人说起她是如何制止情妇经济的病态泛滥，如何阻止公爵随意把农村少女和市民妇人拉来侍寝——“我往羔羊和猛虎中间一站”；当她高傲地谈起自己——

① MA Ⅰ, S. 778. 语出《阴谋与爱情》第二幕第一场，汉译参见《席勒文集》（第二卷），第437页。

② MA Ⅰ, S. 778. 语出《阴谋与爱情》第二幕第一场，汉译参见《席勒文集》（第二卷），第438页。

“暴君纵情欢乐，在我的拥抱中瘫软如泥，我就从他手里取过缰绳”①，那么当时的世人便会想起霍恩海姆女爵，正是她成功地驯服了卡尔·欧根。还有那些阿谀奉承、残忍暴虐的宫廷群像，也让人想起符腾堡的真实模板。人们尤其清楚地记得那位遭人痛恨的宫中红人蒙马丁，他扳倒了同样遭人痛恨的里格上校。施特莱歇尔描绘道，此类隐射实在太过显眼，以至于席勒在剧本上演前还试图再做修改，让剧情背景和人物不至于被人一眼认出。但尽管如此，1792 年斯图加特的宫廷圈子还是在抱怨某部上演的戏剧“过多地带着他们的痕迹”。②于是公爵对剧院总监发出警告，禁止该剧再度上演。不过，把贩卖人口钉上耻辱柱的宫廷内侍那一场戏，在席勒有生之年的大多数演出中总归是被整个儿删掉的。

席勒的剧本展现了社会政治的地方色彩——羞辱、控诉和揭露——但对公爵权力带有个人情感的愤恨却渐渐冷静了下来，因为有另外一些方面占据了前台。

在奥格斯海姆完善的剧本大纲，也考虑到了曼海姆剧院安排演出计划的政策，有些主要角色甚至是为那儿的演员量身定制的。为了照顾曼海姆观众的偏好，剧本的控诉姿态被换成了煽情的家庭剧形式。帝国男爵封·格明恩的剧本《德国的家庭父亲》(*Der deutsche Hausvater*)曾在曼海姆大获成功，而席勒也曾在致达尔贝格的一封信中专门称赞了此剧。当时淹没德国舞台的，
172
正是以这部戏为模板的无数粗制滥造的类似作品。在格明恩的戏里，贵族家庭的孩子惹出的种种问题——名誉危机、赌债、诱拐市民阶级的少女、意外怀孕等——最后都通过父亲的智慧和孩子

---

① MA I, S. 787. 语出《阴谋与爱情》第二幕第三场，汉译参见《席勒文集》(第二卷)，第 451 页。

② Klug 1988, S. 1351.

的信任得以解决。在这个室内剧场的幸福世界，虽然也存在等级冲突，也不乏贵族混蛋，但最终胜利的总是家庭的秩序和等级世界的公正。席勒从格明恩那里继承了若干情节动机和人物组合。和席勒一样，格明恩笔下的贵族父亲也有一个叫作费迪南的儿子。尽管他的父亲给他规定了从军的严酷道路，可这个费迪南却也有着柔软而热情的天性。另一个儿子则爱上了一位市民家庭的少女，而她的父亲也和席勒剧中的乐师米勒（Musikus Miller）一样，不愿意把他的闺女嫁给超越自身等级界限的贵族青年。但与格明恩之剧本的共同点却让二者的差异凸显得更加明显：《德国的家庭父亲》的尾声是皆大欢喜，而席勒的戏剧却以一场悲剧结束。

既然要参考家庭情感剧，那就可以选择一个比《德国的家庭父亲》更加伟大的榜样。十年之前，莱辛的《爱米丽亚·迦洛蒂》①征服了德国的舞台。这部划时代的剧作展现了一位王侯专横的罪行，他的淫欲不惧怕市民道德，最后甚至不惜暗中谋杀。这也是一部适合室内小剧场的戏：一个幸福而充满家庭气息的内部空间，竟被外来的贵族强力蹂躏破坏。为了挽救女儿的名誉，正直的父亲不得不在她被放浪的贵族诱拐之前，亲手把她杀死。

---

① 戈特霍尔德·埃弗拉伊姆·莱辛（Gotthold Ephraim Lessing, 1729~1781），德国启蒙主义文学的典范，不仅是杰出的剧作家、剧评家，更是启蒙主义美学的理论家，创作了不少寓言来宣传启蒙主义思想。其代表作包括讨论艺术体裁的《拉奥孔，或曰画与诗的界限》（*Laokoon, oder über die Grenzen der Malerei und Poesie, 1766*）、提出18世纪最重要的戏剧美学概念之一“同情”（Mitleid）的《汉堡剧评》（*Hamburgische Dramaturgie*, 1767~1769）、开创“市民悲剧”（Bürgerliches Trauerspiel）这一体裁的《萨拉·桑普森小姐》（*Miß Sara Sampson*, 1755）、批判战争与僵化荣誉观的喜剧《明娜·封·巴尔海姆，或军人之福》（*Minna von Barnhelm* oder das Soldatenglück, 1767），以及其最著名的两部戏剧：批判荒淫的贵族统治与独断的家长制的市民悲剧《爱米丽亚·迦洛蒂》（*Emilia Galotti*, 1772），以及宣扬宗教宽容理念的戏剧诗（Dramatisches Gedicht）《智者纳旦》（*Nathan der Weise*, 1779）。

莱辛在这里重拾的戏剧主题，可以一直追溯到古罗马历史学家李维[①]：品行端庄的年轻罗马姑娘维吉尼娅被她共和派的父亲亲手杀死，因为父亲只有这样才能保护她免遭一个好色贵族的跟踪与骚扰。于是维吉尼娅的死便成为一场反对贵族飞扬跋扈的群众起义之契机。[②]不过，莱辛尽量避免了维吉尼娅这个母题中的共和与反叛倾向；他认为，英雄化地塑造一个被父亲以市民道德的纯洁要求之名而牺牲掉的女儿就够了。从此之后，赶在外部暴力强加于己之前先顺从地在自己身上实践这种暴力，竟成了一种英雄行为。女儿属于父亲的自我，当父亲杀死女儿时，他就牺牲了其自我的一部分：这种无节制的市民家庭道德很受当时人们的欢迎——当然只是在舞台上。只有在舞台上，才能幻想着享受市民道德受虐狂似地战胜贵族的罪恶。从莱辛开始，批判贵族堕落与赞美市民道德的结合，就成了戏剧中的定式。

和格明恩的《德国的家庭父亲》一样，莱辛的《爱米丽亚·迦洛蒂》也引来了不少模仿者。莱辛笔下的奥多阿尔多·迦洛蒂（Odoardo Galotti）率领着长长一溜言辞激烈粗鄙但总体上值得尊敬的父亲形象——就像席勒的乐师米勒；奥多阿尔多的夫人，柔弱的克劳蒂亚（Claudia Galotti），则是许多头脑单纯的母亲的前辈，她们很想使自己的女儿能在更好的圈子中飞黄腾达——

① 提图斯·李维（Titus Livius, 约前 59 – 17），古罗马历史学家，著有巨制《罗马史》（*Ab urbe condita*）。

② 李维在《罗马史》第三卷中记叙了约发生于公元前 448 年的维吉尼娅（Verginia）的故事。时任罗马最高立法机构“十人委员会”（Decemviri）——即于公元前 450 年颁布《十二铜表法》（*lex duodecim tabularum*）的机构——成员之一的阿皮乌斯·克劳狄乌斯·克拉苏斯（Appius Claudius Crassus）试图霸占年轻貌美的维吉尼娅；其父卢修斯·维吉尼乌斯（Lucius Verginius）为了保护爱女荣誉，只能狠心将她刺死；罗马民众得知后，出于对阿皮乌斯·克劳狄乌斯·克拉苏斯的愤怒，起义推翻了十人委员会的统治，重新建立了共和国。

就像路易丝的母亲；激情似火的玛乌德（Marwood）和高傲的奥尔希娜（Orsina）则成了数不胜数的懂得权势又老于世故的女性的标杆，她们想要从一个多愁善感的姑娘那里夺走一位摇摆不定的男士——就像席勒的米尔福特夫人。①

席勒从莱辛的《爱米丽亚·迦洛蒂》与格明恩的《德国的家庭父亲》这两部剧中都获得了灵感，但他却借此写出了特别具有个人风格的作品。

费迪南（Ferdinand），一个贵族青年，是一个小公国贪污腐败且罪行累累的首相之子。他爱上了一位市民阶级的少女，路易丝·米勒（Louise Miller），一位宫廷乐师的女儿。他爱她爱得正直而热烈。他不是玩弄感情的狡猾的诱惑者，而是被自身的情感所控制。路易丝也全身心地爱着，但她的爱更现实：她害怕无法冲破二人间等级的界限，而她的父亲也强化了这种担忧。于是她只能梦想在彼岸的真正结合。

爱情就说到这儿，现在来看阴谋。

首相想让他的儿子娶了被公爵抛弃的情妇米尔福特夫人，以便在仕途上更上一层楼，于是和帮手乌尔姆（Wurm）一道试图破坏费迪南和路易丝的这段感情。他一开始来硬的，谎称路易丝是个骗子、一个风尘女子，因而要把她投入大牢。费迪南威胁要 / 174
把自己父亲见不得人的过去全都抖搂出来，这才暂时阻止了这一切。但拆散费迪南和路易丝的第二次尝试竟成功了。乌尔姆的想法是，必须在费迪南心里激起对路易丝的怀疑，以便从内部破坏这段爱情。他们把路易丝的父亲掳作人质，胁迫她给一个廷臣写一封不存在的情书，然后再让这封情书落到费迪南的手里。根据

① 奥多阿尔多·迦洛蒂、克劳蒂亚·迦洛蒂和奥尔希娜均是《爱米丽亚·迦洛蒂》一剧中的角色；而玛乌德则是《萨拉·桑普森小姐》剧中的人物。

乌尔姆的算计，嫉妒必会将二人拆散。但如意算盘却落了空。虽然他们成功地使爱情分裂，但其引起的链式反应却证明是不可控的。费迪南暴跳如雷。最终，他给自己和爱人都下了毒。在这一场悲剧后，首相和他的帮凶虽然被交给了世俗的法庭审判，但这不过是从表面上重建的秩序罢了。

“当然，首相大权在握，”费迪南在他尝试保护乐师一家免遭首相侵扰的那场戏中说道，“可是只有爱情才能上刀山、下火海。”① 席勒的戏展现了一场残忍的爱情实验：这部剧试图发现，人们究竟能把爱情逼到多远，而此时的爱情又会陷入何种内在（不单单是外在）的矛盾。爱情所要面对的只是外在的阻力和障碍，还是说它也受到其自身、受到它对绝对之要求的威胁——这就是在揭开一种激情的内在结构时贯穿始终的疑问。席勒在这部剧中将自己关于爱的哲学送上了试验台。爱情的力量与无力才是真正的主题。问题不仅是一个腐败的世界是否会击碎爱情，而且同时也是：当爱情要求一种对他人的排他性占有，是否也促成了世界的腐败？

总之，费迪南深陷爱河。他不是诱惑者，而是被他自己的爱情所诱惑。他是如何爱的？爱对他而言意味着什么？

就在首相毁灭性的登场前不久，费迪南自己曾用他那种豪迈的方式对路易丝说：“把你的手放在我的手里……拉开这两只手的瞬间，也就扯断了我和一切造物间的纽带。”②

对他而言，爱情就是最根本的形而上学原则，连接着他和一

---

① MA Ⅰ, S. 793. 语出《阴谋与爱情》第二幕第五场，汉译参见《席勒文集》（第二卷），第 461 页，有改动。

② MA Ⅰ, S. 793. 语出《阴谋与爱情》第二幕第五场，汉译参见《席勒文集》（第二卷），第 461 页，有改动。

切造物。瞧，“存在巨链”又出现了。与所爱之人间的联系，使得整个存在巨链得以维持；若是它在这里断开，就会导致整条链的断裂。人不能爱整体，只能爱某个个体，但在这个个体中，人爱着的又是整体。如果对个体的爱遭到破坏，人们原本得以借之感受作为某种可以爱之物的整体所需的媒介，就一并消失了。不是说全体的爱汇入个体的爱，而是恰恰相反，对个体的爱扩展到了整体。不是整体承载爱，而是爱承载着整体；倘若它在单个人身上看走了眼，整体就会轰然倒塌。对个人的爱必须成为全部，爱才能将自身全体化。

费迪南要求的，就是二人互相成为对方的全部。

这就首先意味着：完全的透明。“我看透你的灵魂，”费迪南说，“就像看透这颗清泉般的宝石一样……没有什么想法能逃得过我这双眼睛，出现在这张脸庞上。”①他人不再是某种晦暗、阻碍或隐藏之物。他变得透明。不再有令人陌生的外在。爱之注意力的光芒不会因任何介质而转向或折射，它穿过外表，直接深入内心。两个人的内心就这样融为一体，或不如说：两个人的内心世界就相互映照，没有横亘其中的外物的异化。这就是爱情，它是最伟大的沟通，让两个人一条心、一个灵魂，肝胆相照。

完全的透明，就如费迪南向路易丝所要求的那样，让他者身上令人不安的秘密消失殆尽。但爱情难道不也正是依赖于被爱之人的神秘与不可捉摸吗？当人们完全看穿一个人后，还能爱他吗？自然，人们可以把他玩弄于股掌之间，直到索然无味。但若是所爱的人不再带来任何惊喜，还算是爱情吗？至少费迪南为他的爱情要求那个彻底透明的“你”。但这样透明的“你”就不

① MA I, S. 766. 语出《阴谋与爱情》第一幕第四场，汉译参见《席勒文集》(第二卷)，第420页，有改动。

再是“你”，因为每一个“你”都意味着一个提出挑战的不同世界，人不可能与之毫无界限地合为一体。这种“合一”的要求消解了他人的现实性，将他与“我”等同，哪怕只是在我的体验中。这样或许能坚持一段时间，但过不了太久，他人就会因其不同，更加决绝地要求摆脱因“我”对“合一”的要求而给他强行套上的形象。于是就导致了那种在伟大的交融与激烈的敌视之间、在融为一体的热切与无止境的怀疑之间的循环往复。

早在这对情侣的第一场戏中，费迪南就起了疑心。路易丝提醒他，自己不过是市民出身。这让费迪南气不打一处来。她怎么能对这种庸俗而外在的东西顾虑重重？对于爱情来说，除了爱情，只有——爱情。“要是你对我一片真心，哪里还有时间去比高低呢？……可是你除了情意以外难道还另有掂量一番的心计吗？”① 爱情之外不应再有任何生命的力量，这便是爱的绝对要求。在爱的魔力场域中，剩下的世界都应当消散，不可有任何掂量与比较，不可对其他物或其他人多望一眼，不可顾虑日常世界——人们毕竟借助爱情提升超越了这个世界。费迪南所梦想的爱情是自我完满的，因此没有世界：这种爱情不需要余下的世界。

当费迪南预感到已无法长久地保护他的爱情免遭父亲的阴谋暗算时，便试图说动路易丝与他一起逃亡。还有什么能让我们留在这里，他问她，难道我们拥有自己不就足够？只要带上我们的爱情，难道我们不能走到天涯海角？“你，路易丝，与我和爱情！——整个天地不就在这三而合一的乾坤里面吗？还是说你还

① MA Ⅰ, S. 766. 语出《阴谋与爱情》第一幕第四场，汉译参见《席勒文集》（第二卷），第 420 页。

要第四个？”[①]路易丝却用一个简单的问句来反驳爱的专制：“除了爱情之外，你就别无应尽的本分了吗？”[②]至少她还有别的责任。她有一位深爱着的父亲，若是她和费迪南远走高飞，首相的报复很可能就会落到她父亲的头上。自然，她爱费迪南超过一切，却不至于为了他而使“市民社会四分五裂”。[③]对于费迪南而言，爱情就是此世的彼岸，就是此世的无世界。然而对路易丝来说，对费迪南的爱虽然也很热烈深沉，可考虑到社会的阻挠，她只能在此世之外、在宗教的彼岸幻想这份爱情的真正实现。“今生今世我只好放弃他。”[④]

路易丝固守着传统与宗教中对此世与彼岸的区分，将爱情的实现置于那早已为人所熟知的彼岸；但费迪南的爱却是一种尝试，要在此世就实现彼岸：这便是他世俗化了的爱的宗教。这种“宗教”却和原来的宗教一样严酷、一样绝对：它绝不能容下另外的神明。正因如此，当路易丝顾及自己其他的责任，不愿一起远走时，费迪南便再度起了疑心：“毒蛇，你在撒谎！你是移情他处了。”[⑤]

于是人们发现，费迪南虽爱着路易丝，却不了解她；这种爱情觉得自己不必再劳心劳力地去了解对方、让对方做自己。路易

---

① MA I, S. 807f. 语出《阴谋与爱情》第三幕第四场，汉译参见《席勒文集》(第二卷)，第484页，有改动。

② MA I, S. 808. 语出《阴谋与爱情》第三幕第四场，汉译参见《席勒文集》(第二卷)，第485页，有改动。

③ MA I, S. 809. 语出《阴谋与爱情》第三幕第四场，汉译参见《席勒文集》(第二卷)，第486页，有改动。

④ MA I, S. 765. 语出《阴谋与爱情》第一幕第三场，汉译参见《席勒文集》(第二卷)，第418页。

⑤ MA I, S. 810. 语出《阴谋与爱情》第三幕第四场，汉译参见《席勒文集》(第二卷)，第487页。

丝身上有些东西与他格格不入，而正是这种东西立刻成了怀疑的源泉。这便是绝对的爱情要求所做的敌我辩证法。

阴谋家乌尔姆看穿了这种爱情的弱点，可以将之玩弄于股掌之间，并让其为自己的目的服务。“您要使他对那个姑娘产生疑心，”乌尔姆对首相说，“其实一丁点儿酵母便能把整团面粉发酵得不可收拾。”①

一封人们强迫路易丝给宫中弄臣、内廷总监封·卡尔普写的虚构情书将会成为那导致“不可收拾”的发酵的酵母。让所有心理学预期大跌眼镜的是，费迪南的疑心大增，以至于他竟没有看穿这场诡计。这个廷臣是个十足的可怜虫，倘若费迪南真了解他的路易丝的话，绝对不会有任何一个瞬间相信此二人之间有什么情愫。正因为费迪南要求爱人间的完全坦诚，才会被盲目完全击中。他的爱情远远算不得什么上天的力量，只不过是真正掌权之人阴谋算计中的玩具罢了。他的爱情想要自足，却不能满足现实的要求；在现实的灌木乱丛中，他和他的爱情再也无法理清头绪。

可是费迪南曾宣告：“只有爱情才能上刀山、下火海”②，而他也的确把自己和爱人逼上了绝路：先是要完全地占有她、与她一起超脱于平庸的现实之上，然后爱情又让他跌入谷底：既然他做不了她的天使，就要成为她的恶魔。怒不可遏的费迪南摆出一副要报复一个失败造物的架势。怀疑撕碎了他心中的存在巨链，现在他的眼中不再有万物的秩序，只有充斥着“大千世界的畸形

---

① MA Ⅰ, S. 800. 语出《阴谋与爱情》第三幕第已场，汉译参见《席勒文集》(第二卷)，第 473 页。

② MA Ⅰ, S. 793. 语出《阴谋与爱情》第二幕第五场，汉译参见《席勒文集》(第二卷)，第 461 页，有改动。

作品”的深渊。路易丝心如死水，却依然平静。她如此评判费迪南爱情的僭越，认为这不过是假道他人的自恋：“他宁可攻讦上帝，也不愿承认自己操之过急。”①

而当路易丝的父亲阻止她轻生时，她对父亲所说的话也同样适用于费迪南：“柔情逼人比暴君的怒火还要蛮不讲理。”②

在伊弗兰的建议下，这部剧的标题后来改成了《阴谋与爱情》。它当然是一部关于君主专断与等级偏见的戏剧，但更是一部批判爱情的专制与暴政的戏剧。

费迪南将会成为谋杀路易丝的凶手，尽管他曾在开篇热情洋溢地宣告过自己世俗化的爱情福音：“我的路易丝注定要倚在这条胳膊上欢度一生。当上苍重新得到你的时候，你一定比他当初让你来到人世的时候更加美丽，他一定会怀着惊异承认，是爱情将灵魂最后塑造成型。”③

但与他在爱情的高昂情绪中所设想的完全不同，费迪南在剧末真的会对爱人的灵魂下手。他不仅会与路易丝共赴黄泉，还在死前带着绝望的玩世不恭戏谑路易丝的父亲，仿佛是要用钱把他女儿买下来似的。席勒让这场戏落幕的方式，充满了残酷的讽刺。

费迪南并不属于自莱辛的《爱米丽亚·迦洛蒂》以降那些诱惑少女、声名败坏的贵族，他只是沉溺于自己爱情密教的痴情人。对他而言，两个灵魂交融在一起的那个瞬间，大可以将余下

---

① MA I, S. 853. 语出《阴谋与爱情》第五幕第七场，汉译参见《席勒文集》(第二卷)，第551页，有改动。

② MA I, S. 839. 语出《阴谋与爱情》第五幕第一场，汉译参见《席勒文集》(第二卷)，第531页，有改动。

③ MA I, S. 767. 语出《阴谋与爱情》第一幕第四场，汉译参见《席勒文集》(第二卷)，第422页，有改动。

的世界付之一炬。但只要有任何东西阻挠灵魂的交融，他就会毁了自己身后连接世界的桥梁而成为凶手。这种阻碍可以是外在之物，比如一场阴谋、一种等级偏见、一个权力的命令。但它也可以是、更首先是他者的不同。如果爱情不仅仅是一场以自我为中心的痴迷，不仅仅是将他人作为镜子与契机的自恋，就必须将这种不同带入其中。

费迪南并不理解他爱的路易丝。但路易丝身上有什么难理解的呢？她和费迪南一样，读了那些宣扬新式爱情福音的书。她对父亲说，自己“再也不能虔诚地祈祷了”。她因为对费迪南的爱情怠慢了上帝。可她紧接着说：“如果我对上帝杰作的喜爱使我忽视了他自己，不是一定也会使上帝高兴吗？”①

这就像从书里读来的格言：我们不是在教堂里，而是在与他人的交往中敬爱上帝——父亲立马就起了疑心：“果然！这是目无上帝的读物带来的后果。”②费迪南却能明白，这话很合他的口味。但路易丝却不像费迪南一样，把爱的神学推广得如此之远。对她而言，还有市民与家庭义务的上帝。当费迪南要求成为她的一切时，路易丝的耳中听到了些许干扰的杂音。这一要求中藏着某种权威，她在费迪南的爱情专制中发现了贵族专制的痕迹。因此她才对费迪南说：“你的心属于你的门第。”③她不是要指责，只是提醒费迪南，他的想法是多么受制于他的阶级。在这种条件下，她又要如何相信一个在一切社会约束之外的爱情的世外桃

① MA Ⅰ, S. 764. 语出《阴谋与爱情》第一幕第三场，汉译参见《席勒文集》(第二卷)，第416页，有改动。

② MA Ⅰ, S. 764. 语出《阴谋与爱情》第一幕第三场，汉译参见《席勒文集》(第二卷)，第416页，有改动。

③ MA Ⅰ, S. 809. 语出《阴谋与爱情》第三幕第四场，汉译参见《席勒文集》(第二卷)，第486页，有改动。

源？她很相信死后那个古老而伟大的彼岸，但无法相信费迪南所梦想的新式的此世彼岸。她虽然能理解，但觉得这个此世彼岸美得太不真实。于是她一方面保留着传统的宗教虔诚，另一方面又很现实。“我的责任要我留下逆来顺受”，她说，而费迪南却怒不可遏地回答道：“冰冷的责任取代了火热的爱情！”①

自然，小市民的规范的确束缚着路易丝，她限制了自己的生命——但她的心灵和想法却绝不会因此而冷冰冰。她或许有些畏惧，但她害怕失去根基，害怕成为漂萍，这难道就毫无道理吗？若是她跟了费迪南，就不得不与她迄今为止生命中的一切割断联系；她将会任由费迪南的暴力摆布，即便这是爱的暴力。但她已经明白：这种爱也可以傲慢无礼，也可以如暴君般专横跋扈。

路易丝谈论的不是自由，而是她的责任。看上去就好像费迪南要把她从约束中拯救出来似的。他不单单是作为热烈的爱人，更是作为解放者出现在路易丝面前。然而费迪南的内心却并不自由。他虽然反抗父亲、抵制他的计划，并在这个意义上与他的出身决裂，但怀疑的复仇女神却始终紧咬他不放。他不是自己行动的主人，而是爱之专制的牺牲品，早已走火入魔，毫无自由，所以才会任凭其他那些懂得他的疑心的势力摆布。他就是后来黑格尔所称的那种“抽象性格”。② 与他相比，路易丝则更加具象， / 180

① MA I, S. 810. 语出《阴谋与爱情》第一幕第三场，汉译参见《席勒文集》（第二卷），第487页，有改动。

② 原书作者并未给出黑格尔原文的来源；这里可能是化用黑格尔在《美学》第一卷第三章《艺术美，或理想》（*Das Kunstschöne oder das Ideal*）关于人物性格（“Der Charakter”）这一节中论述性格需具有“丰富性”这一特点时所举的反例：“如果人物性格没有见出这样的完满性和主体性，而只是抽象的，任某一*种*情欲去支配的（abstrakt, nur *einer* Leidenschaft preisgegeben），它就会显得不是什么性格，或是乖戾反常，软弱无力的性格。”参见〔德〕黑格尔《美学》（第一卷），朱光潜译，北京大学出版社，2017，第377~378页。

但也因此更加局限。这种局限性当然也是她的问题。超越门第界限去体验她的爱情，的确困难重重，但路易丝不仅是在面对这种困难时想得很现实，她还缺乏不顾一切的激情和勇气。她还没有不理智到要和费迪南私奔的地步。费迪南提出，带上她的父亲一起逃亡。可她却担心这样一来，首相的诅咒就会落到他们头上，爱情的结合得不到祝福。她说，他们会像“幽灵”一样被人“从一个大海追赶到另一个大海”。[①]路易丝的现实主义，也包括她对自己牢牢扎根于一个“普遍之下永恒不变的秩序”的感受；[②]若是一场爱情会让她陷入与这一秩序的矛盾，甚至导致秩序在她心中瓦解，那么这场爱情便是在剥夺她内心的每一丝自由，也在剥夺她爱的能力。她的拒绝并不只是屈服于外在的责任，也是为了保住自己的人格。她也因此感受到自己正被另一种力量召唤：不是一走了之的力量，而是为了她自己而选择留下与放弃的力量。“若是只有越界才能把你留在我身边，那么我总还是有失去你的力量。”[③]

首相的秘书乌尔姆曾让路易丝发誓，绝不能透露伪造情书的诡计。即便是对恶人许下的诺言，她竟也觉得自己应受之约束。这是因为在上帝面前做的每个承诺都约束着她，不论承诺的对象究竟是谁。她也因此不能自由地在起了疑心的费迪南面前揭露这场阴谋的真相。严苛的道德感让她不得不屈服于男人们的阴谋诡

---

① MA Ⅰ, S. 808. 语出《阴谋与爱情》第三幕第四场，汉译参见《席勒文集》（第二卷），第486页。席勒在这里化用了传说中永世不得安生的幽灵船“飞翔的荷兰人”（Der fliegende Holländer）的传说。

② MA Ⅰ, S. 809. 语出《阴谋与爱情》第三幕第四场，汉译参见《席勒文集》（第二卷），第486页。

③ MA Ⅰ, S. 809. 语出《阴谋与爱情》第三幕第四场，汉译参见《席勒文集》（第二卷），第486页。

计。秘书乌尔姆对此一清二楚。当首相反驳说强迫的誓言结不出什么果子时，乌尔姆回答道：“大人！我们的誓言什么用也没有，可这一类人的誓言却价值连城。”①

“这一类人”正是臣民，而路易丝同样属于其中。席勒就是这样描绘她的，当然，也带上了一切能引起人们对她同情的特征。

在这部剧中，没有一个角色是自主或自由的。《阴谋与爱情》的世界就像一部社会机器，激情与思想仿佛齿轮般紧紧咬合；由它们所推动的社会命运的机械装置，导致了出乎所有人预料的结果。席勒将这一社会过程搬上了舞台，诸多角色在其中发挥作用，可他们中间却没有一个人能有意识地掌舵全局。

对这台机器把控得最熟练的是秘书乌尔姆，他是邪恶的化身。不过他也未能得偿所愿，即便用了各种压迫的手段也无法赢得路易丝，到头来还是落入法网。但他却像弹奏钢琴一般，娴熟地玩弄他人的弱点，懂得以此控制旁人，将之作为工具为己所用。乌尔姆清楚地知道如何对待那些人物才是操纵他们的最好办法。他的统治艺术关涉的是人类心中种种不自由的方面，他对这些不自由如何运作早已了如指掌。他意识到相对于费迪南，路易丝与她的父亲更加亲密，而她也绝不会背弃自己的誓言。他发现费迪南的爱情专制很容易受到怀疑的攻击，还发现费迪南不是个贵族登徒子，而是在爱情中像市民阶级一样要求纯洁，即要求所爱的姑娘珍惜声誉、未受玷污。所以只要给那个姑娘泼点脏水，就能搞定费迪南。他也能向父亲建议该如何对待儿子。他对首相说，像费迪南那样的性格，“永远不能把他视为心腹，也永

① MA Ⅰ, S. 802. 语出《阴谋与爱情》第三幕第一场，汉译参见《席勒文集》（第二卷），第473页，有改动。

远不能使他成为敌人”。①但既然现在首相已把他儿子牵扯进自己这桩阴暗的密谋中来了，就别无选择，必须防止费迪南与自己为敌。若是首相摆出父亲的架势，乌尔姆说，这事儿肯定成不了。他必须得换一种策略。乌尔姆建议他结合父亲的温柔与宫廷的权谋。通过这种手段，首相也曾短暂地在他儿子身上获得了成功。

也就是说，全剧的反派正是乌尔姆这个卑鄙小人。他是操控社会机器的大师，熟知整个齿轮传动的结构，更知道应该给哪儿上点润滑油。

在悲剧降临的最后一幕，每个人都试图推卸自己的罪责。费迪南不愿成为唯一的凶手，所以指控他的父亲——首相。首相则把责任推给了乌尔姆。但在最后的瞬间，乌尔姆却展现出 E. T. A. 霍夫曼②之后所创造的真正恶魔的形象。

整部剧就这样作为对由爱情串联起的存在巨链的悲剧戏仿而落幕。所有人都在罪责的关系网中相互联结，而最后一环则是乌尔姆。他“恶毒地”放声大笑：“我要把重重黑幕抖搂出来，听到的人们都会起鸡皮疙瘩。”③于是在这座象征世界的舞台上便清晰地展露出：这个世界已经分崩离析，人与人之间的联结充满着

---

① MA Ⅰ, S. 799. 语出《阴谋与爱情》第三幕第一场，汉译参见《席勒文集》（第二卷），第 470 页。

② 恩斯特·特奥多尔·阿玛德乌斯·霍夫曼（Ernst Theodor Amadeus Hoffmann, 1776~1822），德国浪漫派小说家，著有《金罐》（*Der goldene Topf*, 1814）、《胡桃夹子与老鼠王》（*Nußknacker und Mäuserkönig*, 1816）、《斯居德里小姐》（*Fräulein Scuderi*, 1819）等中短篇小说及童话。霍夫曼偏爱“双影人”（Doppelgänger）母题，在小说中故意混淆现实与魔幻之间的界限，并着力构造阴森可怖的氛围，故也被视为“黑暗浪漫主义”（Schwarze Romantik）的典型代表。

③ MA Ⅰ, S. 858. 语出《阴谋与爱情》末场，汉译参见《席勒文集》（第二卷），第 559 页。

不详，而爱情则是权力游戏中的玩物。

席勒正是把这样一部剧作装入行囊，于1783年7月27日抵达了曼海姆。

/ 第十章

回到曼海姆——剧院里的阴谋——政治上可疑——辞退——被辞退的剧院作家争取舞台的审判权——“喜欢夸张的不幸倾向”——债台高筑——莱比锡来信——伟大友谊的预感——夏洛蒂·封·卡尔普

奇怪的是，席勒并没有把自己回到曼海姆的事告诉他的好友施特莱歇尔。当施特莱歇尔再次拜访迈尔家时，吃惊地看到席勒也在场。他不敢相信自己的眼睛，“现在在他面前这个表情活泼、气色极好的人，竟然真的是人们以为尚远在千里之外的席勒”。①

剧院总监达尔贝格又一次不在曼海姆。彼时，他正在荷兰，直到两周之后的1783年8月10日才重新回到曼海姆。席勒在剧院见到了他，受到了他极为热情的欢迎。显然，达尔贝格是要让席勒忘掉之前不愉快的回忆。第二天，他就表达了希望席勒长留曼海姆的愿望，并且向席勒承诺要上演他的《斐耶斯科》。8月13日，达尔贝格举办了盛大的聚会，试排《路易丝·米勒琳》。剧作反响不错，人们对作者说，这部戏将会产生“宏大的效果”。众人称赞戏剧情节的交织、主角之间的多次直接交锋，以及立体的形象；他们说，这部剧激起了恐惧与同情。

席勒本可以心满意足，但他却仍有所怀疑，因为他现在已经看清了达尔贝格。“此人火热得很，”他在1783年8月11日或12日给亨莉埃特·封·沃尔措根的信中写道，“但可惜这只是火药，一点就着，一吹就散。”

---

① Streicher 1959, S. 181.

亨莉埃特也建议他要谨慎，所以席勒在给她的信中保证：“世上不会有任何东西能够束缚住我。”但为了向她暗示，对他而言另有更重要的儿女情长的纽带，席勒请求亨莉埃特转告她的女儿夏洛蒂：“给她的信，我已经开了头，却又撕了个粉碎，因为我没办法给她写一封冷冰冰的信，而那位公务员夫人（夏洛蒂就寄宿在她家中）又不想看见任何热情洋溢的书信。”

/ 184

没过多久，亨莉埃特就从鲍尔巴赫来信说，文克尔曼先生又会来拜访沃尔措根一家并小住一段时间。这对准备接受达尔贝格提议的席勒来说可不是个好消息。从 9 月 1 日开始，席勒将作为剧院诗人工作一年，职责是写出三部能够上演的戏剧，包括《斐耶斯科》《路易丝・米勒琳》以及一部新戏。他一年的酬劳是 300 古尔登，外加每演一场戏的门票收入。他还得参加剧院委员会的工作，也就是说，评审其他剧本并共同敲定演出计划。作为回报，他被允许在曼海姆之外的地方度过炎热的夏季。“请您和我一起感谢上帝，”他在 1783 年 9 月 11 日至 12 日给亨莉埃特的信中写道，“感谢上帝在这里给我开辟了一条出路，通过改善我的处境将我拽出了债台高筑的困境，让我得以继续做个诚信的人。”

随着他决定留在曼海姆，席勒可能也停止了对夏洛蒂的追求。在一封信的附言中，他请求亨莉埃特向她女儿确保他“永远的友谊”，并且加上了这一句苦涩而讽刺的评论：“文克尔曼现在大概就在您身边，却没有人想起远在天边的可怜人 S。”他虽然会在 1784 年 6 月再次写信给亨莉埃特，诉说他多么希望能找到一个“懂我心意”的姑娘，又是多么梦想成为她的女婿，但几天之后，他便将这个愿望称为“愚蠢的期望”和“傻瓜的念头”。这段单相思就这样翻了篇。

在索里图德的父母家中却是一片欢腾，因为游子终于回到了家乡近旁，并且显然前途一片光明。但父亲还是有些担心。他虽然称赞儿子的剧作，在信中写道，若是在英国，席勒将会拥有“梦幻般的幸运”，但在德国却得“使尽浑身解数，才能逃出某个王侯的追捕”。①席勒尝试去安抚他，想把现在让自己意气风发的那种乐观情绪也传递给父亲。在给亨莉埃特的信中，席勒写道，他感觉到自己的命运将在未来10个月内尘埃落定。他将会把剧本改编得适合舞台演出，也预感它们将会大获成功；他将会完成他的《唐·卡洛斯》，期望能以此剧一举胜过自己先前的所有作品。他心情愉悦，幻想着要把曼海姆打造成德意志戏剧的重镇。在鲍尔巴赫的孤寂中，他显然收获了信心。

眼下，他感到自由而不受拘束。有一天，一个游历至此的共济会成员特意前来拜访并告诉席勒，在多份共济会成员的名单中都已经有他的名字；听了这话，席勒很受用。他将之视为一种赞美，虽然他很可能没有加入共济会社团。而人们对他青眼有加，也让他心中洋溢着满足感，因为这说明人们把他算进了当地精英的行列。

现在他才真正认识了剧院的运作与曼海姆这座城市，以及其中的社会阶层和文化生活。在这座先前的都城中，有些东西让他想到了路德维希堡。1722年，挥霍无度而又笃信天主教的卡尔·菲利普大公出于对海德堡（Heidelberg）新教徒的愤怒，将他奢华的宫廷从海德堡城堡搬到了曼海姆。在过去一个世纪的战争中本已衰败的小城，被重建得极为华丽。在卡尔·菲利普的继任者卡尔·特奥多尔治下，雄伟的都城城堡便成了统治整座城市的中心：南北向的街道在此会合，其他的街道则有规律地排成了四

① Kluge 1988, S. 1349.

方形。在重要的交会点，一座座宏伟的新建筑拔地而起，包括一座耶稣会教堂、一个商场与一个军械库。还有数不胜数的艺术与博物收藏、一座绘画与雕塑学院、一个巨大的图书馆、众多自然标本博物馆，当然还有最重要的“古典之屋”①——展出了当时最著名的古希腊罗马雕塑的石膏浇铸件。所有人都来这里朝圣：歌德、莱辛、海因瑟②、施莱格尔兄弟、温克尔曼③和克洛卜施托克。这里才是18世纪末对古典世界的新热情的真正诞生之处。席勒关于古典艺术的第一篇文章，《一位丹麦旅人的信札》④，正是将古典之屋作为故事的发生地。

当席勒在曼海姆逗留时，这座城市早已摆脱了小城市的阴影。卡尔·特奥多尔命人建造了一座专门上演意大利歌剧和法国喜剧的奢华建筑。当时，宫廷的文化与品位还是法式的，而上层市民阶级也依样画起了葫芦。1773年，舒巴特还 / 186

① “古典之屋”（Antikenkabinett）又称“曼海姆古典厅”（Mannheimer Antikensaal），于1767年由卡尔·特奥多尔选帝侯下令作为绘画学院的一部分建成，但当卡尔·特奥多尔于1778年迁都慕尼黑时，他将“古典厅”中的雕塑石膏件尽数带走。直到20世纪70年代，人们才得以逐步重建曼海姆古典厅。

② 威廉·海因瑟（Wilhelm Heinse, 1746~1803），德国作家，对艺术颇有造诣，代表作是书信体小说《阿丁盖罗》（*Ardinghello*, 1787）。

③ 约翰·约阿希姆·温克尔曼（Johann Joachim Winckelmann, 1717~1768），18世纪德国最伟大的艺术史学家与考古学家，首次将古希腊雕塑艺术作为艺术之美的典范。并在《关于在绘画和雕刻中模仿希腊作品的一些意见》（*Gedanken über die Nachahmung der griechischen Werke in der Malerei und Bildhauerkunst*, 1755）中提出了古希腊艺术“高贵的单纯”与“静穆的伟大”（Edle Einfalt, Stille Größe）这两个美学标杆（参见〔德〕温克尔曼《希腊人的艺术》，邵大箴译，广西师范大学出版社，2001，第17页）。此后，他还出版了《古代艺术史》（*Geschichte der Kunst des Altertums*, 1764），开创了艺术史这一学科。

④ MA Ⅰ, S. 879-884. 席勒于1784年4月10日参观了古典厅，并作《一位丹麦旅人的信札》（*Brief eines reisenden Dänen*），其中对艺术作品的描写流露出温克尔曼美学思想的影响。参见MA Ⅰ, S. 1281。关于席勒对古希腊艺术的接受，参见本书第十四章。

评论说，人们“既可以将曼海姆当作法国人的殖民地，又可以把它当成德国乡下人的地盘”。[①]但现在，情况却有了变化。随着启蒙运动的发展，德国的文化自信也传到了曼海姆。在此过程中，席勒的赞助人与出版商克里斯蒂安·弗里德里希·施万可谓居功至伟。这个积极活跃也见过世面的人致力于维护德语，出版《黑板》(*Schreibtafel*)杂志，资助德语戏剧——正是他把《强盗》带到了曼海姆——更在家中办了一个“知识外商处”，专门摆放国内外的书报杂志。而建立普法尔茨选帝领“德意志协会”[②]同样也是为了促进德国文化。这个组织半是科学院，半是名人汇，专门致力于保护语言和文化；当席勒1784年被接纳为协会成员时，他足以为此感到荣幸。

在曼海姆的文化史上，1778年9月1日是一个重要的日期。为了“增添城市与市民阶层的精神食粮”(这是选帝侯官方文件的原话)，曼海姆“民族剧院”就在这一天揭幕，达尔贝格男爵出任剧院总监。他将德国当时最著名的演员都请到了曼海姆：伊弗兰、贝克[③]、拜尔[④]。在席勒刚开始工作的头几个月，他曾多次称赞曼海姆剧院是当时全德国最好的剧院。但当他不得不经历几次和演员、观众及演出安排的不愉快后，席勒收回了他的评

---

① Zit. n. Berger 1924, Bd. 1, S. 327.

② 普法尔茨选帝领德意志协会(Kurpfälzische Deutsche Gesellschaft)于1755年由选帝侯卡尔·特奥多尔建立，以著名的法兰西学术院(Académie Française)为模板，旨在弘扬德语语言与艺术。当时的德国境内已有多个类似机构，如1727年由戈特舍德(Gottsched)在莱比锡建立的德意志协会，其宗旨是构建一种不受外来词或地区方言口语影响的统一德语。

③ 海因里希·贝克(Heinrich Beck, 1760~1803)，18世纪德国知名演员、导演。

④ 约翰·大卫·拜尔(Johann David Beil, 1754~1794)，18世纪德国知名演员。

价。尽管如此，曼海姆的剧场依旧声名斐然，若是一位剧作家能在这里上演他的作品，是很可以骄傲一番的。

达尔贝格用启蒙改良主义的精神来管理剧院。他公开宣布，自己工作的目标是改善品位、使道德高尚并培养理智。他要让剧院受人尊敬，认为应避免宫廷的淫欲和市民的粗鄙。在剧院总监的领导下，剧院委员会讨论并选出适合上演的戏剧。让演员们倍感折磨的是，人们还开设研讨课，讨论诸如“何谓舞台上的真正自然？”，“何谓舞台上的得体？”，“法国悲苦剧是否能在德国舞台上为人喜爱，又应如何排演？”等问题。

日后，席勒将会在自己的戏剧理论著作中，继承这种受戈特舍德[①]影响的曼海姆传统。自打戏剧表演从漫游剧团那种如赶大集般千奇百怪的世界中解放出来后，到处都有戏剧哲学家和剧场立法者出来活动。达尔贝格的专长是反对自然主义的僭越。比方说，当演员博克（Böck）为了表演受了伤的伊阿古[②]，竟要拿真血抹在肚皮上的时候，达尔贝格就插手其中：他要在舞台上杜绝此类“悲剧里的滑稽戏”。“得体”问题始终挂在他的心头。放肆不羁、蔑视传统的天才，在他眼中都很可疑。他之所以接纳了席勒的《强盗》，还得归功于他巧妙地估计到了这部戏可能引发的轰动与让人眼花缭乱的效果。但这部戏并不是他的心头肉。相比起张狂，达尔贝格总是偏爱井井有

---

① 约翰·克里斯多夫·戈特舍德（Johann Christoph Gottsched, 1700~1766），德国作家、戏剧家、理论家，启蒙主义文学的代表人物之一，以法国古典主义（Klassizismus）为标杆，坚持“三一律”，并根据理性主义系统哲学原则为文学制定了一系列规范，被称为“规范诗学”（Regelpoetik），其理论著作《为德国人写的批判诗学试论》（*Versuch einer critischen Dichtkunst vor die Deutschen*, 1730）即为这一理念的集中体现

② 伊阿古（Iago）是莎士比亚名剧《奥赛罗》（*Othello*）中的角色。

条的搭配，这也不仅仅是出于经济利益的考虑。因为他首先不是个商人，而是一个热衷于剧院的贵族。他虽然很注意剧院的收支平衡，却可以为了戏台，毫不犹豫地从自己的口袋中掏出7000古尔登。他允许自己为喜好小小破费，甚至敢于做些戏剧实验，即便它们不合自己的口味。对他而言，席勒就是这样一场实验；他之所以愿意一试，就是因为觉察到此人日后必成大器。

现在，席勒的兜里揣着合同，浑身充满干劲。1783年8月31日，《强盗》在座无虚席的剧院中上演，以向他致敬。但第二天，他就被“低烧”击倒——这是当时人们对疟疾的称呼。这是因为1783年那个夏天异常炎热，环绕整座城市的护城河中充斥着淤泥和污水，酷暑导致空气污浊，才引发了这场突如其来的瘟疫。当席勒也感染上疟疾的时候，城中20万居民中已几乎有三分之一病倒了。

席勒是自己的医生。他给自己开了一副让人畏惧的药方：用
/ 188 过量的金鸡纳对抗高烧，严格控制饮食，几乎把胃给毁了。直到10月底，席勒一直拿自己的病灶做实验，没有活力，无精打采，很是抑郁。

到了11月，他再次拿起《斐耶斯科》，想要将之改编得适合舞台演出，于是又一次因为结尾想破了脑袋。到最后，他还是给了全剧一个乐观的转折。斐耶斯科放弃了公爵头衔，与凡里纳握手言和，莱奥诺蕾仍在人世，甚至连贝塔与尤丽亚的情节都有明显的缓和。这部剧更讨人喜欢了：显然，12月阴冷潮湿的日子要求晴朗与敞亮。达尔贝格也再三提醒他，一定要考虑观众的口味。

而几段小小的暧昧也有助于让日子变得明亮。首先是和女演

员卡塔琳娜·鲍曼（Katharina Baumann）。在斯图加特甚至有传言说二人马上就要成婚。谣言甚至传到了父亲耳中：他质问儿子，儿子则把此事说得无足轻重。但他对另一位女演员卡洛琳娜·齐格勒（Karoline Ziegler）的倾慕则更加认真。这个芳龄十八、家境殷实的金发少女，不顾父母的反对加入了剧院。相比起她的才华，席勒更敬佩她的勇气。但她应该对席勒的爱意少有回应，因为她在1784年与演员贝克结了婚。对卡洛琳娜的父母而言，这桩婚事就把丑闻推向了顶峰。因为贝克不单是个演员，还是个新教徒。严守天主教戒律的一家人暴跳如雷，而神父们则从旁煽风点火。席勒很关注这一系列事情，因为卡洛琳娜与贝克不得不忍受的种种敌意与阻挠，让他想到了自己剧中路易丝与费迪南所要经历的内心斗争。

在《阴谋与爱情》1784年4月15日于曼海姆的首演中，卡洛琳娜饰演路易丝一角。她最擅长饰演温柔却要承受痛苦的富于美德的角色。她懂得展现出充满灵魂的和谐，不仅是在舞台上，更在家中；在这儿，安静的她就是社交生活的中心。席勒常去她家做客，剧院的其他成员也乐意经常过来串门。有时候别的客人都走了，只留下席勒一个人还在那儿。卡洛琳娜准备好葡萄酒与咖啡，而诗人则泼墨挥毫，写了一整个晚上，直到晨光熹微。她偶尔发现席勒就在扶手椅上睡着了。有一次她问席勒，这样不停地写一整晚，想法会不会用完。“可不嘛，”席勒带着浓重的施瓦本口音回答说，“但您瞧，要是想法用完了，我就画几匹小马。”在他的手稿中还真有几页，潦草地画满了小马驹和小人儿。若是席勒的文字中有几处让卡洛琳娜不太满意，她就开玩笑似地问席勒：“您这儿大概画了小马吧？”[1] 但她无法一直问下去，因为这个年轻的姑娘于1784年7月便不幸早逝，让留在世间的丈夫贝克悲痛欲绝。席勒与贝克一直保持着友谊，即便他后来对演员“这类容易激动的人”评价并不高。回首往事，贝克把他和席勒共同度过的岁月称为一生中最美好的时光。

1783年末，《斐耶斯科》终于改编到能上舞台的程度了。由于作家显然因为剧本而左右为难，不知道该如何收尾，在演员中间已经有人开始嘲讽他了。当《斐耶斯科》于1784年1月11日首演时，曼海姆剧院的气氛相当压抑。因为莱茵河结冰造成的巨大损失，曼海姆人根本没有进剧院消遣的心情，所以台下的观众寥寥无几。同时，这部戏对于当地的戏剧品位而言也太过政治化。席勒在之后给莱因瓦尔德的一封信中这样描述曼海姆观众的反应：“观众根本不懂斐耶斯科。共和的自由在这个国家就是个没有意义的回声，一个空洞的名字罢了——在普法尔茨人的血管中流淌的不是罗马的血液。”（1784年5月5日）没过多久，《斐耶斯科》便在法兰克福与柏林取得了相当可观的成功。政治上已经觉醒的观众群体，自然会喜欢一部关于密谋、颠覆和保卫共和自由的戏剧。

曼海姆的人们期待着《强盗》的作者再写出的是一部配乐独白剧式的震撼，而不是冷冰冰的阴谋、政治倾轧或共和主义激情。上演两次之后，《斐耶斯科》就被排除出了演出计划，而达尔贝格也在剧院委员会中发泄了他的尖锐批评。他宣称，这部剧太长，语言太激动，主题太牵强。他也让人明白，自己对作者拖
/ 190
拖拉拉的工作方式非常不满。这就促使席勒立刻开始着手改编舞

① Biedermann 1974, S. 107.

台版的《路易丝·米勒琳》。

和《斐耶斯科》不同，这一次的结尾就没有那么多反复。改编工作很顺利。伊弗兰提议把题目改成《阴谋与爱情》，席勒不仅接受了建议，作为回报，还给伊弗兰的新剧起了个夺人眼球的名字：《沽名钓誉的犯罪》。①

伊弗兰的戏也是一部市民悲剧，先于席勒的戏登台，一上演便在观众当中大获成功。这部戏很讨巧，没有什么政治上碍眼的内容，人物角色也都性情温和。席勒不得不担心自己的剧在和伊弗兰的直接竞争中败下阵来，在曼海姆观众中取得的效果恐怕要差得多。但《阴谋与爱情》4 月 15 日在曼海姆的第一次上演（两天前全剧已在法兰克福首演）就取得了巨大成功：每一幕结束后都响起雷鸣般的掌声，全剧终了，席勒从他的包厢中站起身来，向观众鞠躬致意。

然而，尽管成功首演，这部戏在当年只加演了一次。席勒和演员们的不睦在排练时就已经初露苗头，现在更显出影响。有一次，席勒大声地对拜尔饰演乐师米勒时的那股粗俗气表示非常不满，感到受了侮辱的演员则在一场戏中把下场太快的米勒太太给叫了回来，并且说："按照作者的指示，我还得在您屁股上狠狠踢一脚。"② 同样让席勒火冒三丈的还有演员们背诵台词时的漫不经心：他们毫无顾忌地删减、即兴发挥、说些陈词滥调。可演员们却不吃席勒这一套，反而抱怨剧本太矫情、太做作，就算诚心诚意地花大力气也背不下来。他们说，和作家合作实在太难，他

---

① 《沽名钓誉的犯罪》（*Verbrechen aus Ehrsucht*）是奥古斯特·威廉·伊弗兰于 1784 年首演并发表的剧作；席勒建议的标题与他在 1786 年发表的小说《受侮辱的罪犯》的初版标题"Verbrecher aus Infamie"有异曲同工之妙。

② Zit. n. Berger 1924, Bd. 1, S. 395.

总是太把自己的作品当回事，不懂作品为演员服务而不是演员为作品服务的道理。

于是在演员当中就形成了一个反对席勒的小团体。既是演员又是作者的伊弗兰也站在演员这边，在剧院总监面前说席勒的不是，指责他对演员要求过高，忘了他们每晚都要登台，因此无法按单独一个作家的心情去表演。“必须照顾到演员的体力，”伊弗兰在给达尔贝格的信中写道，“我不是在夸张，但如果要在一场狂欢节中饰演弗朗茨·莫尔和凡里纳，我不可能不彻底告别我的健康或者作为艺术家的感觉。”①

演员们认为席勒的举动简直是蹬鼻子上脸。所有人的不满终于在 1784 年夏天找到了发泄口。人们趁着剧院总监与席勒不在曼海姆的大好机会，于 8 月 3 日上演了一出由高特②创作的两幕滑稽剧《黑人》。这部剧当中有个丑角叫卜丁化③，也是个可怜的剧院诗人。这个填不饱肚子的家伙倒是很懂得骂人和赊账，却写不完他的剧本草稿。最主要的是，他从来找不到合适的结尾。“这第五幕啊，”他高喊道，“你这该死的第五幕！你是我那些不幸遭了海难的同事的悬崖峭壁，难道我竟也要栽在你的手里？——我的面前有两条路。要么让阴谋大白于天下——皇帝战胜了自己——逆贼得到宽恕……不成！这么着就

① Zit. n. Berger 1924, Bd.1, S. 397.

② 弗里德里希·威廉·高特（Friedrich Wilhelm Gotter, 1746~1797），德国剧作家、诗人；《黑人》（*Der schwarze Mann. Eine Posse in zwey Akten*）是他作于 1784 年的一部讽刺短剧。

③ “卜丁化”原文为“Flickwort”，由德语中的“补丁”（Flicken）以及“词语”（Wort）两个词新造而成，故译为“补丁话”的谐音，意在讽刺“狂飙突进”戏剧作品中的人物情绪激烈的表达，通常只呼喊几个词，而不是逻辑连贯地说出整个句子，从这里引用的“卜丁化”的台词中便可见一斑。

和另外20部剧太相似了。我可不偷不抢。我是原创。我得让美德失败。越不道德，就越恐怖。”①

这本应是一段针对“狂飙突进”（Sturm-und-Drang）时期那些“强力天才”（Kraft-Genie）的讽刺，可是人们却添油加醋，明摆着要针对席勒。谁都知道他处理起自己剧本的结尾来有多挣扎。排演《强盗》与《斐耶斯科》这两部戏时，演员们曾对此有切身的体会。在上演的这出滑稽戏中，还有其他影射席勒的地方；而为了让每个人都能发现这段讽刺究竟针对的是谁，伊弗兰在饰演卜丁化一角的时候，还刻意模仿席勒的动作、手势和姿态。

曼海姆剧院就这样嘲弄着在这儿有个固定职位的剧场作家。整个阴谋的幕后黑手伊弗兰在不久后给达尔贝格的一封信中，表达了自己的后悔：“我们从来就不该去演（《黑人》）那出戏，出于对席勒的尊重就更不该了。我们在观众眼皮底下（他们本来就不能完全理解席勒）冲着他丢了第一块石头……于是席勒不再‘永不出错’，不再如伟人般不可侵犯。他现在又该如何带着他的作品出现在台前？”②

伊弗兰的悔意不过是装装样子，只不过是为了铺垫他给达尔贝格的建议：在下个演出季完全放弃席勒的剧本。

在这个纷纷扰扰的夏天，还有续签席勒合同的问题。合同8月就要到期，单是出于经济原因，席勒肯定希望能续约。他原本期待着达尔贝格主动提出再给他一个职位，但他也清楚，自己到目前为止并没有满足别人对他的期望。这一年的成果并不乐观。因为疾病，席勒缺席了很长一段时间。在他应当交出的三

① Zit. n. Berger 1924, Bd.1, S. 396.

② Zit. n. Buchwald 1956, Bd. 1, S. 425.

部剧作中，只有两部被搬上了舞台:《斐耶斯科》没能成功,《阴谋与爱情》没能延续首演的成功；第三部剧《唐·卡洛斯》的完工还遥遥无期；他和演员关系紧张，在后者面前，作家丢了不少颜面。席勒觉得自己得主动出击才行。于是，他在7月向达尔贝格提交了一份《曼海姆剧评》的撰写计划，给的理由也很讨好剧院总监：莱辛的《汉堡剧评》所开启的工作，只有在曼海姆才能继续完成。可是达尔贝格不仅无动于衷，还通过剧院医生、宫廷顾问迈伊（Mai）向席勒建议，还是转回医学为好。席勒一开始还没听明白，其实这个建议就意味着解除他在剧院的职务。他还以为，如果他在剧院工作之外要完善自己的医学训练，达尔贝格就会间接地支持他。席勒以为，达尔贝格虽然还想把他留在剧院，但建议他通过行医来确保额外的收入。在危机四伏的那几周，这也正是席勒眼中所看到的出路。因此他才在拜访过宫廷顾问迈伊之后，于1784年6月末给达尔贝格写道:“大人，您昨日让宫廷顾问迈伊对我说的那番话，再次让我的心中充满了对您这样一位杰出男性最温暖、最真挚的敬仰，因为您是如此宽宏地关注我的命运。即便回归我的主专业早已不是我内心中的唯一愿望，但单是您高贵灵魂如此之美的举动，就要求我必须不加思考地服从。然而我的内心也早已在吸引我往那里去；我并不是在杞人忧天，而是真的担心了很久，如果诗
/ 193 艺竟成了我的饭碗，我对它的热情之火早晚就会熄灭，但反过来，一旦我只是把诗艺当作消遣、只把最纯洁的瞬间奉献给它，它就必然又会对我产生新的刺激。只有那时，我才能带着全部的力量，怀着永远活跃的热忱做个诗人——只有那时，我才能期望这一生中都延续着对于艺术的激情与能力。请您评价看看，我是多么欢迎您使的这个眼色，允许我在您面前吐露

心扉！”

他请求达尔贝格给他些经济资助。他希望能再次到海德堡学习一年医学，通过一场整个世界都承认的博士考试，然后再回到曼海姆，扎根做个医生，并作为作家为剧院出一分力。他请求达尔贝格能为这一年的学业给他一份奖学金。

但达尔贝格可不愿给他什么钱，只想把他一脚踢开。安德烈亚斯·施特莱歇尔警告过他的好友，绝不能把希望寄托在达尔贝格身上，别给他写信，别向他袒露自己的困境，因为人们只能收到一份“打着官腔、推三阻四的回复”。在施特莱歇尔看来，当别人需要帮助时，此人总是抽身而去。可惜席勒并没有听朋友的劝。“他那高贵而纯洁的心，只会用自己的方式去评价他人。”施特莱歇尔说。①

当席勒还在期盼着回复时，人们在幕后就已经决定了他的命运。达尔贝格并不想和席勒做赔钱的买卖；席勒并没有证明自己是吸引票房的磁石。《强盗》一开始的成功或许给人以过高的期待。演员们也对驻场作家百般抱怨。达尔贝格需要的，是一个笔头极快，而且一写就能有舞台效果的作家；他很可以期待，终于找到了三年写成三部热门大戏的伊弗兰这样一位写手。而达尔贝格愿意倾听的那些戏剧圈内人，早已在他的耳边讲了不少对席勒的怨言。弗里德里希·威廉·高特这个来自戈塔的流行剧作家，曾给达尔贝格写信说，他会“在‘恐怖’这个门类中”给席勒的戏剧颁个大奖；他生怕收信人没读懂这个提议的讽刺之处，还特意加上一句：“但求老天保佑我们，别再有更

① Streicher 1959, S. 212.

多这个门类的作品了。”[1]弗里德里希·路德维希·施罗德[2]，汉堡和维也纳的剧院总监，曾在1784年致达尔贝格的信中提到《强盗》和《斐耶斯科》：“皇帝不要什么狂飙突进的戏，他是对的……可惜了席勒的才华，他选的发展道路，正是德意志戏剧的废墟。后果很清楚。要是人人都喜欢这种狂飙突进剧，那么一出戏如果不像个万花筒似的，每隔五分钟就变个花样，就没有一个观众会看……我也厌恶这种毫无规则的戏剧，它们会毁了艺术和品位。我厌恶席勒，因为他又重新开启了那条本已被风吹散了的道路。”[3]

这一切的背后还有一场政治阴谋。18世纪80年代初，巴伐利亚和普法尔茨出现了一场针对“光照派”（Illuminatenorden）这一共济会（Freimauerei）干训学校的运动。[4]这场运动的背后是慕尼黑宫廷中的天主教圈子，他们要求强有力地镇压国内

① Zit. nn. Berger 1924, Bd. 1, S. 393.

② 弗里德里希·路德维希·施罗德（Friedrich Ludwig Schröder, 1744~1816），德国演员、导演、剧院总监，自1771年起主理汉堡剧院，曾于1781年短暂地执掌维也纳宫廷剧院（Hoftheater）。施罗德本人是共济会成员。

③ Zit. n. Berger 1924, Bd. 1, S. 393.

④ “光照派”是德国的一个秘密组织，1776年由亚当·魏斯豪普特（Adam Weißhaupt, 1748~1830）在巴伐利亚的因戈尔施塔特（Ingolstadt）建立，它反对天主教会，宗旨是通过启蒙实现人与人之间的平等与普遍自由，消灭剥削与统治关系；其名中“光”的意象正与“启蒙”（Aufklärung）“照亮”的本意相呼应。光照派试图用其理念影响诸侯，通过自上而下的改革实现其目标，为此提倡会众进入现行统治体系担任职务，暗中为实现启蒙运动的政治目标做好准备。但结社内部却等级森严，会众相互监视，而会长独揽大权。18世纪晚期盛行多种与光照派相关的阴谋论，甚至有传言认为法国大革命就是由光照派策划的。当时有不少名人，包括歌德与魏玛公爵卡尔·奥古斯特等，或似乎加入了光照派，或是与之有千丝万缕的联系；而其中有不少同时又是共济会成员。随着“光照派”秘密活动愈演愈烈，也引起了统治者的警惕。1784年，新近继承巴伐利亚公爵头衔的普法尔茨选帝侯卡尔·特奥多尔发布敕令，禁止一切未经授权的结社，“光照派”也在取缔之列。

的启蒙运动和反教士运动，以此回应1773年取缔耶稣会的决议。①1784年6月24日，一道敕令禁止了巴伐利亚及普法尔茨境内所有的光照派分会。就在这个夏天，当席勒正为了继续得到剧院作家的任命而奋斗时，曼海姆城内笼罩着一股疑神疑鬼的风气。什么东西只要和“启蒙”或者“狂飙突进”沾上一点边，就被扣上“光照主义”的帽子，被斥为革命与颠覆。整个戏剧圈子都遭到怀疑，甚至有传言说，达尔贝格也属于某个光照派分会。很可能是为了自证清白，也为了使他的剧院免遭怀疑，达尔贝格决定暂时与席勒断绝联系，因为在上头看来，席勒在政治上颇为可疑。

正是这个夏天，就在人们背地里准备要辞退席勒的时候，他在“普法尔茨选帝侯德意志协会”做了一场题为《一座优秀的常设剧院究竟能起什么作用？》的演说——之后刊印时将题目改为《论剧院作为一种道德的机关》（*Die Schaubühne als eine moralische Anstalt betrachtet*）。②他研究了戏剧在道德上、审美上与政治上的伟大未来，尽管就在此时，连他自己在剧场的未

① 1773年，教宗克勉十四世（Clemens XIV, 1705~1774）在法国、西班牙和葡萄牙的压力下，宣布取缔建于15世纪的天主教团体耶稣会（Jesuitenorden，拉丁语称 *Societas Jesu*）。耶稣会致力于传播天主教——著名的传教士汤若望（Johann Adam Schall von Bell, 1591~1666）便是耶稣会士——并宣扬对教廷的效忠，反对宗教改革并试图对新教诸侯施加影响，使之皈依天主教，并根据1555年《奥格斯堡宗教和约》（Augsburger Religionsfrieden）中“教随国定”的原则扩大教廷的势力范围。为达此目的，耶稣会不惜煽动混乱，散播谣言，以此削弱世俗君主的权力，故在启蒙时代陷入人人喊打的境地。不过，庇护七世（Pius Ⅶ, 1742~1823）在1814年撤销了取缔耶稣会的敕令。

② 席勒于1784年6月26日做了这场演讲，并在1785年《莱茵塔利亚》第一期上全文刊载了演讲（未改标题）。直到1802年编著《短小散文著述》第四卷时，席勒才更改了题目，并做了大幅修订，删去了整个导言部分，以及关于莎士比亚与自己的戏剧《强盗》相关的若干段落。参见 MA 5, S. 1266。

来都已岌岌可危。然而正因如此，他更要为自己的职位奋斗，为自己在公众面前的名望奋斗，更是为了他在“德意志协会”这个会聚着来自市民与贵族阶层的名人、以改善道德与纯洁语言为目标的小圈子当中的声誉而奋斗。席勒觉得自己十拿九稳，能当上这个协会的秘书。这事一旦成了，就会是一份报酬丰厚的副业；此外，他还能在这个岗位上确保“协会”致力于剧院事业。这样一来，他就能在要求更高的那部分观众那儿为剧场争取到更强有力的后盾。席勒知道，对于“协会”的多数成员而言，纯文学、艺术和戏剧不过意味着一桩令人愉悦但无关紧要的事罢了。他们喜欢看戏，但只把戏当作纯粹的消遣，而绝不会将之视为严肃之人的严肃活动。

席勒想要把这个在政治上颇有影响力的“协会”争取过来，让它致力于维护“作为一种道德机关”的剧院。“协会”受启蒙精神的熏陶，想要“改善”——无论是人、习俗、语言，还是社会机构。因此他必须在那些先生们面前清晰地说明，剧院有益社会、有益启蒙。整篇演说的目标就在于此，只可惜好事做过了头。从来没有人怀着如此高涨的热情与决心强调过舞台的社会政治作用与道德作用。

剧院被奉为社会生活中除国家与宗教之外的第三种力量。在半年之后给克里斯蒂安・戈特弗里德・科尔纳的一封信中，席勒将会谈起他“喜欢夸张的不幸倾向”，以及“只要有一点儿苗头，就常常能让我的期待神往到九霄云外”（1785年2月10日）。在“德意志协会”的演讲中，席勒在描述剧院的社会角色时就试演了他热衷夸张的倾向，令人印象深刻，人们还可以从旁观察到，他是如何被自己的激情所裹挟的。

席勒展现了对剧院效力的无限信任。还有什么是舞台不能做或做不到的呢！它揭示罪恶并激起观众的义愤；它让愚蠢受到讥笑嘲讽；它令观众了解到其灵魂的迷宫；它揭露了恶人的伎俩，使得人们可以更好地保护自我；它教导观众设身处地地体会不同人物、承认每个人的独特权利——也就是在实践中练习宽容与 / 196 正义。

席勒要为了剧院争取“协会”中那些有头有脸的人物，并为自己争得一个秘书的职位。但就算在这种情况下，他有多么放任自己“喜爱夸张的倾向”，只消与两年前的旧文《论当前的德意志戏剧》（*Über das gegenwärtige teutsche Theater*）做个对比，就能看得特别明显。

两年前，他关注的也是剧院使道德高尚的力量，却不带幻想地得出结论：观众首先得改善自身，剧院才能改善观众。“在观众为了舞台受到教育之前，舞台恐怕难以教育它的观众。”① 席勒一针见血地指出，观众们私底下享受的，恰恰是理应让他们感到愤怒的事。譬如说在舞台上，淫欲胜过了道德，那么观众通常将自己代入的不是道德，而是淫欲。淫欲就在剧场前排就座，而演员们也懂得挑逗之——即便他们饰演的是富于美德的角色。“淫欲的牺牲品”由“淫欲的女儿”出演，而痛苦、恐惧与害怕的场景，最终只不过是为了“在市场上吆喝女演员修长的身姿、精巧的小脚和举手投足间的妩媚”。剧院作家可不能自作多情，以为“我们这一大群甜蜜的游手好闲之徒”真心想要“智慧的泡沫”和“情感的纸钱”。② 几个小时愉悦的情绪、激动与头脑游戏，然后人们就会重新回归日常的营生，仿佛什么也没有发生过。可谁若是能被舞台上的情节打动得更深，就证明他已经是个更好的

① MA V, S. 813.

② MA V, S. 813.

人，为了改善他的道德，其实已根本用不着剧院了。

在这篇作于1782年的论文中，席勒不认为作为道德机关的剧院能有什么大用。他仅仅是提出了几个改善作家与演员技艺的想法。这种技艺应处处参照自然与生活之真实的尺度。即便剧院不能改善人类，至少也应该好好建设。但要是剧院搞得好，艺术

/ 197

便能够保有其尊严，而这或许能对观众产生积极的影响："一种高贵而纯粹的心绪在舞台前捕捉到充满生机的新温暖——即便是在更粗鄙的大众那里，至少也有一根被忽视的人性心弦会孤独地跟着鸣响。"① 论证的逻辑是，人不能对效果期待太高，因为也不应首先关注道德目的；作者反而应该全身心地投入作品中，以作品自身为目的，只关注艺术之美。其他的一切，无论是效果还是真理，都会水到渠成。至于道德，人们只有在不瞄着它的时候，才能最准确地触动它。

两年之后，席勒在"德意志协会"所做的演讲就是完全另一套论述。现在他的实践经验更加丰富，但这些经验却不可能让人对戏剧作用于观众道德的可能性有更乐观的估计。然而席勒却大胆地说出了这样一句话："剧院是条公共的运河，智慧的光芒从人民当中相对更好也会思考的那部分出发，注入这条运河，再从运河化为更柔和的光线扩散全国。更为正确的概念，更为精炼的原则，更为纯净的感觉都从这里流入人民的大小血管；野蛮和迷信的浓雾逐渐消散，在凯旋的光明面前，黑夜远遁。"②

与第一篇论文相比，这里对于剧院道德作用的假设为何如此

---

① MA V, S. 818.

② MA V, S. 828. 汉译参见《席勒文集》（第六卷），第12页，有改动。《席勒文集》选译的是1802年修订后的版本。

夸张？自然，他想要说服“德意志协会”的众位先生。但借着这个机会，他还瞄准了更高的目标：“谁若是不可辩驳地证明，剧院能实现人类与民族的教化，就决定了剧院与国家的头等机构平起平坐。”①

这位正为自己职位而斗争的剧院作家，力图抬高剧院在公共生活中的等级：剧院应能够在国家之外、与国家相对地要求独立的权威，因此席勒才要证明剧院对“人类与民族的教化”之贡献。他再度会聚起了这个世纪为了给剧院辩护所提出的一切论据。

/ 198

自卢梭发表《致达朗贝尔论戏剧书》(*Brief an d 'Alembert*)②并在其中公开斥责舞台败坏道德——席勒将这部作品称为“最犀利的攻击”③——以来，在法国和德国兴起了一场激烈的辩论。表面上，这是一场美学与道德论战，但实际上却是一场政治斗争。而席勒也在捍卫剧院的同时抒发了政治诉求：他的表述毫不含糊，今天已成了一句经典：“世俗的法律力不能及之处，剧院便开始审判。……倘若有权有势的人的恶行公然嘲笑正义软弱无力，……那么剧院便拿起宝剑和天平，把恶人揪到一个可怕的法官座前。”④

---

① MA V, S. 819.

② 让·勒朗·达朗贝尔(Jean le Rond d' Alembert, 1717~1783)，法国物理学家、启蒙主义哲学家，同时也是《百科全书》(*Encyclopédie*)的主编之一。1757年，达朗贝尔在《百科全书》第七卷中发表了词条“日内瓦”(Genevé)，提议在城中设立一座剧院作为其政治昌荣的点睛之笔。但卢梭却表示坚决反对，在1758年作《致达朗贝尔的信》(*Lettre à d'Alembert*)回应，认为剧院耗费财政，同时戏剧情节有违伦常，戏子污浊风气、败坏道德，因此戏剧不可能“有改变人的感情和社会风尚的功能”。参见［法］卢梭《致达朗贝尔的信》，李平沤译，商务印书馆，2011，第33页。

③ MA V, S. 820.

④ MA V, S. 823. 汉译参见《席勒文集》(第六卷)，第5页。

剧院是一种美学与道德的制衡力量；为了强调其政治要求，席勒不顾个人经验，夸大了舞台的道德功用。他把根本不听自己指挥的军团派上了战场。但在这场振奋人心、激情四射的演说中，席勒的现实主义偶尔也会绊他自己一脚。正当他描绘剧院“巨大的作用范围”时，心中却升起怀疑：“我自己也认为……强盗卡尔·莫尔的不幸故事也不会使大路变得更加安全。”① 于是他只能低声地重申自己的论证，即剧院虽然“没有消除也没有减少恶行”，但至少让我们认清了罪行的真面目。② 可是新信息量有限，因为人们必定早已在其他场合对罪恶有了足够多的了解。而席勒的断言，即人们能通过舞台对罪行的“侵袭”有所准备并更好地保护自己，恐怕只不过是他一厢情愿罢了。

试图证明剧院的道德益处，的确有些牵强。但直到演讲尾声，语言解放的瞬间才最终到来——当席勒描述的不再是道德和政治状态，而是真正的审美状态之时。席勒在这里阐述了他没过几年便将大放异彩的美学理论：“老是不间断地受着日常事务的折磨，这是人的天性所难以忍受的；感官的刺激一得到餍足便死去……剧院是一所娱乐和教育相结合、休息和紧张相结合、消遣和修养相结合的机关，在这里没有一种心灵的力量紧张起来却损及其他的心灵力量……我们神游在这虚构的世界里，忘却真实世界，我们的天性又得以复萌，我们的感觉又重新复苏，起死回生的激情摇醒我们沉睡的天性，驱使我们周身的血液奔腾得更加迅猛。”③

这里所论的不再是道德作用、启蒙和教导，而是在描写另

① MA V, S. 826. 汉译参见《席勒文集》(第六卷)，第9页。
② MA V, S. 826. 汉译参见《席勒文集》(第六卷)，第9页。
③ MA V, S. 826. 汉译参见《席勒文集》(第六卷)，第15页。

一种状态，亦即审美经验的状态。此时的精神不再服务于现实原则，能自由地尝试，自由地被诱惑。挥动指挥棒的不再是为了自立于世的自私，而行动试水的空间也得以开启，人们还能在舞台的虚构中探究极端的情感，没有危险地在人性可能的边缘进行实验。也就是说，人在此时与他的种种能力游戏，并且意识到，只有游戏时，他才真正成为人。

席勒把艺术作为放松的终极练习推荐给“德意志协会”中那些一本正经的先生们：按席勒在演说结尾热情洋溢的说法，他们应当“抛弃各种矫揉和时髦的桎梏”，从日常俗务的逼迫中抽身，并切身感受到，他们在游戏中通过一种“包容一切的同情心联合成了兄弟”。席勒就差要求他们往前一步、握起手来跳轮舞了。究竟什么是审美状态？就是那令人醉心的感受，“成为一个人”。①

席勒还用一种愿景吸引着“德意志协会”的众位先生们：只要有了一座“民族剧院”——不如就在曼海姆？——“我们就会成为一个民族”。②但协会的先生们却不为所动。他们并没有和剧院合作，也没有给席勒任何支持。1784 年 8 月末，他的合同到期，未获延长。他不得不认定，自己已被辞退。

席勒被辞退的消息很快就传到了斯图加特。他的债主们闻风而动，要求席勒即刻偿还所有欠款。待清偿的还是席勒于 1781 和 1782 年为了能自费印刷《强盗》和《一七八二年诗集》③所借的钱。这笔钱还没有还上。一位下士的妻子曾为席勒介绍了一笔借款，并为他担保，现在却在债主的逼迫下不得不逃到曼海姆。

① MA V, S. 831.

② MA V, S. 830. 汉译参见《席勒文集》(第六卷)，第 13 页。

③ 原文作者此处误作“《年鉴》”，已更正。

在斯图加特，还有传言说席勒帮她伪造了外汇。席勒的处境着实令人绝望。他的父亲也同样为他担保，现在也有被卷入这桩丑事的危险。父亲给他支援了一笔钱，却是杯水车薪。他给儿子写了许多充满责备与苦涩的信。“没有到手的薪水必定会出意外或事故，只要你还在寅吃卯粮，就会一直有麻烦缠身。”① 儿子抱怨他倒霉的命运，但父亲却回了他一顿批评：“我亲爱的儿子，你还没有真正和自己斗争过，把你的不情愿归咎于学校的教育，实在是太没有礼貌，大错特错。”满是怨言的父亲让儿子好好反思：“如果你留在这儿，就根本不会陷入任何窘境；倘若你当初更多地留在中庸的道路上，而不是想要做划时代的英雄，肯定会更快乐，对自己更满意，也会对世界更有用。”②

即便再有心，父亲也帮不上忙了，他已经给出了最后一分钱。最终帮了席勒一把的，是他的房东水泥师傅安东·霍尔策尔（Anton Hölzel）夫妇。席勒曾医治过他们的儿子，将他从重病中救了回来。二人给了席勒一笔钱，使他得以先稳住最难缠的几个债主。逃到曼海姆的下士太太终于可以重回斯图加特了。

在亨莉埃特·封·沃尔措根那里，席勒也欠下了不少债。她为席勒在鲍尔巴赫的逗留以及返回曼海姆的旅程预支了一些钱。又因为这些钱不够用，她还在一个放贷人那儿为席勒作了担保。但此人一听说席勒的困境，就去纠缠亨莉埃特，而她现在也友好但坚决地要求席勒偿还债务。席勒又羞愧又绝望，不敢动笔给这位好友写信，承认自己生活困难。直到几个星期之后，到1784年10月8日，他才向她坦白了自己绝望的处境：“不幸的命运还

① Zit. n. Berger 1924, Bd. 1, S. 487.

② Zit. n. Berger 1924, Bd. 1, S. 408.

是摧毁了我们的友谊，还是强迫我在您眼中成了不知感恩的卑鄙小人；我从来不是也绝不会成为这样的人……对您的想念曾经总是给我快乐，可它如今却在提醒我的无能，成为折磨的源泉。您的模样在我的灵魂中一出现，我的眼前就浮现出我不幸命运的全部画面。我害怕给您写信，因为我能给您写的不是别的，始终不是别的，只有永远的那句：请您对我有耐心。”亨莉埃特的确在耐心等待，她成功地让那个鲍尔巴赫的放贷人暂时消停了下来，尽管她自己也依赖于他。

就在百般困厄中，席勒于1784年5月末收到了一份来自莱比锡的匿名包裹。四位陌生的朋友，两男两女，聚到了一起，匿名寄了自己的肖像，更在一封信中表露了对诗人发自内心的崇敬。席勒后来才得知四人的名字：克里斯蒂安・戈特弗里德・科尔纳，德累斯顿高等教会监理会（Oberkonsistorium）顾问；他的未婚妻明娜・施托克（Minna Stock）；她的姐姐朵拉[①]；以及朵拉的未婚夫路德维希・费迪南・胡博（Ludwig Ferdinand Huber）[②]。科尔纳附上了为《强盗》中阿玛莉亚唱的歌所谱的曲子，而明娜则添上了一个亲手缝制的钱袋。他们在信中写道：“在这个时代，艺术越来越自甘堕落，成为有钱有势的登徒子可以买来的女奴；但有一位伟人就在此时挺身而出，将人类现在还

① 此处原作者误将科尔纳的未婚妻说成朵拉・施托克，而将明娜的未婚夫说成胡博，已更正。

② 朵拉・施托克（Dora Stock, 1759~1832），德国女画家，明娜・科尔纳的姐姐。路德维希・费迪南・胡博（1764~1804），德国作家、翻译家，席勒好友，法国大革命坚定的支持者，曾与朵拉・施托克订婚，但在1792年法国占领美因茨后，与格奥尔格・福斯特（Georg Forster, 1754~1794）等德国雅各宾派（Deutsche Jakobiner）共同建立持激进政治立场的美因茨共和国（Mainzer Republik），爱上了福斯特的妻子特蕾莎（Therese Forster, 1764~1829）并因此取消了与朵拉・施托克的婚约。

能做到的展示出来，使人倍感欣慰。”

正如席勒在日后给科尔纳的信中写的那样，他当时倍感羞愧。种种困境已将他的自信压抑得如此之低，以至于他甚至不敢相信自己配得上这份尊敬。当他在收到包裹半年之后，于1784年12月7日终于鼓起勇气，提笔回一封感谢信时，他为自己的沉默表示道歉，并写道：“收到您的信时……我的心正陷于最悲伤的情绪……我当时的心绪，并不适合第一次出现在像您这样的贵人面前。您对我的赏识当然只是一场愉悦的幻想……因此，我最亲爱的几位呵，我才想要等到一个状态更好的时刻再给你们回信——等到我的灵感到访，等到我在命运的眷顾下拥有更美好的情感之时。”他继续写道，他诅咒诗人的行当，怀疑自己以至于绝望。在这种情绪下，他既不能也不愿提笔写信。

1785年初，自信与力量又重新回到了席勒身上。这也是因为在经过重重屈辱之后，席勒终于能再度体验成功的美好。

亨莉埃特有一位亲戚是路易丝·封·梅克伦堡公主宫中的嬷嬷。1784年圣诞，席勒在她的推荐下，被邀请去了达姆施塔特的宫中，当时，魏玛公爵卡尔·奥古斯特正在那里做客。人们让席勒从他正在创作的新剧《唐·卡洛斯》中朗读几段。朗诵让人印象深刻，因为席勒已经学会如何更有舞台效果地朗读自己的剧本。第二天，他又和魏玛公爵长谈了一次，在席勒的请求之下，大公“非常愉快”地为他授予了魏玛公国顾问的头衔。又是一个只要有“一点儿苗头”就开始“神往”最宏伟的希望的契机。要不干脆离开曼海姆剧院这个不知感恩、只会给他羞辱的地方，前往魏玛？或许他可以在那儿重新开始，再做个作家、做个剧院作家，而且他反正也学过一点儿法律，说不定还能在那儿的宫廷中

找个管事的职位，也许这个新鲜出炉、有名无实的顾问，会变成 247
真正的顾问，就在枢密顾问歌德的近旁……

无论如何，1785 年 2 月的席勒又充满了自信。2 月 10 日，他在给莱比锡朋友们的信中写道，他现在已经从他的“蠢事”中得出结论，“自然对他有特殊的安排……”

关于莱比锡的伙伴们，他还知之甚少；但用他自己信里的话说，他“带着急不可耐的神情”一下子投入了友谊的怀抱，尽管这段友谊暂时还只不过是一个幻象：“我最亲爱的朋友们呵，在你们面前，我绝不会有任何粉饰；这种冰冷之心的可悲的庇护所，我根本就不知道。”他们还没见面，但也不是非见面不可，能够互相想象就足够了，而想象告诉他：“这些人属于你，你也属于这些人。”这段前路未卜的友情，这种汹涌满溢的真挚，竟然全建立在臆测与想象之上，难道不是有些疯狂吗？或许吧。但这个热衷于友谊的人却觉得自己不同寻常，他在上文已引过的那封 2 月 10 号的信中骄傲而自信地宣布：“自然为部分人拆毁了‘时髦’那无趣的樊篱……”这一句话中凸显的主题，半年之后，将在席勒为他与科尔纳牢不可破的友谊而创作的《欢乐颂》（*An die Freude*）中强有力地回响：“你的魔力，重新联结 / 时髦之剑分开的一切”（在第二版中改作“你的魔力，重新联结 / 时髦无情分开的一切”）。[①]

他继续写道，如果朋友们忽然被一股“忧愁”的情绪袭扰，那他们可以确信，就在这个瞬间，一定是“席勒在想念他们”。
忧愁？当然，他们是应该再读一遍卡尔·莫尔在多瑙河畔的哀 203
诉了：“你们瞧，所有的人都出来，沐浴在春天和平的阳光之

① MA I, S. 133. 这两句诗，汉语较为熟悉的翻译是“你的力量能使人们消除一切分歧”。

中……所有的人都如此幸福，通过和平的精神互相成为兄弟姐妹！——全世界都是一个家庭……只有我一个人遭到摒弃……永远不配获得恋人充满缠绵柔情的目光——永远永远不会得到知心朋友的拥抱！”①

2 月 10 日的那封信结束得很突然。搁置了几乎两个星期，席勒才又一次提笔，像是吹响了冲锋号。他说，他已经经历了一场“革命”，“开启了我生命的新时代”。他不能也不愿意再留在曼海姆：“12 天来，我把这个念头藏在心底，就好像这是与世界诀别的决定。人群、关系、土地和天空都叫我反感。我在这里找不到一个可以填补我内心的灵魂，一个也没有；也没有一个朋友，无论是男是女。”他已经下定决心，要去莱比锡找这几位朋友。只有那儿，他们身边，才是他真正的家乡。一旦他去到他们那儿，就能重新找回自己。“我诗意的血管已经堵塞，正如对我先前的那些圈子，我的心早已干涸。您必须重新温暖它们。在您身边，我将两倍、三倍地找回过去的自我，甚至还不止，我亲爱的朋友们呵，我将会幸福……我还从来没有幸福过，因为名声、尊崇和所有其他伴随着作家这个行当出现的事物，都比不上友谊与爱情带来的一个瞬间。”热情裹挟着他，把他带向朋友们。席勒对科尔纳、胡博和两位施托克家的姑娘还没有印象，他将会在莱比锡认识他们四人。

但在 2 月 22 日的信中，席勒隐晦地提到了一桩情事，这件情事既让他留在曼海姆，又迫使他远离曼海姆：“那些或许会让我心心念念的人和事，习俗与境遇却逼迫我与之分离。”席勒在此隐射

① MA I, S. 561. 语出《强盗》第三幕第二场，《席勒文集》（第二卷），第 113~114 页。

的，是他和夏洛蒂·封·卡尔普①的故事。

夏洛蒂是个奇女子，整天沉醉于她的梦境与幻想。她是亨莉埃特的远房表亲，婚前是马沙尔克·封·奥斯特海姆女爵（Freiin Marschalk von Ostheim）。她很早便成了孤儿，和她的兄弟姐妹一样被寄养在亲戚家里，生活在城堡或庄园中，孤独而喜欢一个人沉思。她有些忧郁的情绪。在她的回忆录中，这位当时已上了年纪、双目失明的老妪谈起过她的祖母，据说后者在她出生时曾大喊："你不该来这世上。"这句话决定了她的一辈 / 204
子，她写道。的确，她不得不忍受多次命运的打击：她景仰也爱慕的哥哥在哥廷根求学时忽然暴毙；她的姐姐爱上了一个平民男子，却嫁给了一个贵族，婚后很快就因相思之苦而离世；另一个姐姐则被逼与被解职了的魏玛宫廷总务丞相封·卡尔普②成婚。接任此职的歌德曾评价此人说，他是个平庸的商人，政治头脑差劲，却是个可怕的人。夏洛蒂则被许配给了卡尔普的弟弟。这个海因里希·封·卡尔普③刚刚从北美回来，他在那儿作为军官为法国效力并与英国作战，现在被派到了兰道（Landau），而夏洛蒂则从兰道来到了临近的曼海姆，以便拜访她崇敬的席勒。她早已多次读过席勒的作品，一口气买了6本《斐耶斯科》，对这本书和这位作者崇拜得五体投地。因为法军军官的夫人们通常不被

① 夏洛蒂·封·卡尔普（Charlotte von Kalb, 1761~1849），德国女作家，于1784年在曼海姆认识席勒，二人很快发展出一段亲密关系，但席勒最终与她分手。夏洛蒂命运多舛，其夫其子相继离世，最后双目失明，在柏林孤独离世。

② 约翰·奥古斯特·封·卡尔普（Johann August von Kalb, 1747~1814），魏玛贵族，1776~1782年任魏玛宫廷总务丞相，席勒在《阴谋与爱情》中便以他为模板塑造了"内廷总监封·卡尔普"的讽刺形象。

③ 海因里希·封·卡尔普（Heinrich von Kalb, 1752~1806），在驻美洲的法军中任职的德国军人，与夏洛蒂奉父母之命成婚，并不幸福。在法国大革命后失去职务与收入，其后家庭状况每况愈下。他于1806年在慕尼黑自杀身亡。

允许和丈夫一起生活在军营城市中，夏洛蒂便得以在1784年夏在曼海姆租了一间住处，来到了席勒的近旁。当她于9月产下第一个儿子，却在第二天出现了种种并发症时，正是席勒在她身边，确保她有医生照料。从这天起，夏洛蒂就视席勒为她儿子的救星。后来，在席勒的介绍下，她的儿子被交给了家庭教师荷尔德林照管。

在她分娩后的几个星期，席勒几乎每天都去探望她。我们不知道二人之间是否真的有一段风流韵事。夏洛蒂在回忆录中有所暗指，但她的回忆录并不十分可靠。当席勒在5年后找到另一个夏洛蒂时，夏洛蒂·封·卡尔普将会经历一场灵魂的崩溃。她这样迷狂而爱幻想的人，很可能真的期待过与她最爱的诗人共度余生。席勒将会在15年后给她写信，回忆二人当年在曼海姆共同度过的时光：“当时，您把我精神的命运放在您那友好的心上，尊重我那尚未完全发展、仍在犹犹豫豫地与质料斗争的才华。您之所以看重我，不是因为我当时如何，也不是因为我事实上有些什么成就，而是因为我将来或许会成为的样子、或许会完成的事
/ 205
业。若是我今天已将您当年对我的期望变成了现实，没有辜负您对我的关怀，我就绝不会忘记自己有多么亏欠那段美好而纯真的关系。”（1799年4月20日）

在1784年的这个秋天，当席勒与夏洛蒂这段棘手的友情开始之时，他曾写下一首诗，题为《激情的自由思想》（*Freigeisterei der Liebe*）①。诗中描绘了道德和来自有夫之妇

① MA 1, S. 127~129. 全诗标题为《激情的自由思想——当劳拉于1782年成婚时》，是席勒的“劳拉”组诗之一，很明显地以他与夏洛蒂·封·卡尔普的情事为素材。“自由思想”（Freigeisterei）在18世纪指离经叛道的思想，既可指偏离宗教教义（即无神论），又可指无视道德规范。1800年，席勒将此诗做了删改，重题为《斗争》（*Der Kampf*），收入《诗集》第一卷。

的诱惑之间的冲突。诗中写道，“美德”无法平息“心中烈焰的驱使”。一生道德高尚的承诺，这个自由思想者已不愿再遵守：“收回去吧，让我犯罪。”于是之后四节就详细描述了要如何“犯罪”。这倒是很有道德的情欲高潮，还要仔仔细细地确保自己有放纵的权利。难道这个姑娘不是被逼入了一桩糟糕的婚事，被逼入了一个“让羞红的自然后悔”的结合吗？屈服于这种违背自然的事情，难道还是美德吗？要求这种屈服的美德，难道不就是暴君，不就是“尼禄”（Nero）吗？诗中坠入爱河的无神论者为了平息情欲的索求，竟与整个道德世界的秩序开战。这个特立独行的浪子不仅扑向爱欲的床笫，更同时冲向神学的战场。到最后，对女性的爱情几乎已被忘却，只剩下慷慨激昂否认上帝的姿态：“哦，在这个上帝面前，让我们紧锁神殿，/没有一首赞歌将他颂扬，/没有欢喜的泪水为他继续流淌，/他永远失去了他的报偿！”①

这首诗的构架是对一个有夫之妇的爱，若是席勒真的与夏洛蒂·封·卡尔普有一段风流韵事，这首诗倒的确很契合。人们通常也是这样解读的，把它视为诗歌形式的自白。但也不是非这样不可。人们还可以把它当作一首角色诗，一首无神论者写的诗，对这个人而言，神学论证看上去几乎比他所爱的女人更加重要。无论如何，作者席勒还是认为诗中有不少情欲的冲动，故而第一次发表该诗时（《塔利亚》杂志1786年第二卷），添上了一段评论以避免可能出现的误解：人们不应“将一个虚构的爱人之绝望”看作“诗人在表明信仰”。在此诗后来的一个版本（即《斗争》（*Der Kampf*）一诗）中，所有易被误解的对某位已婚女性

① MA 1, S. 129. 这四行诗并未收入第二稿（即《斗争》）中。

的隐射都被尽数删去，而否认上帝的语调也得到了缓和。

另一首作于同一时期的诗歌题为《断念》。在二十节的长诗中，情感被诗意地颠倒，发生了变换："我也曾生在阿尔卡狄亚…… / 可是短促的春天只给了我眼泪。"① 这是一段对承诺很多却实现寥寥之生活的怨言，形象生动而又滔滔不绝。1784 年最后几周的情绪，一定便是如此。

1785 年初，席勒终于在心里和曼海姆剧院做了个了结。1 月 18 日，他又经历了一场《阴谋与爱情》的糟糕演出，差得让人上火。这部剧就这样被毫无感情地从头演到尾，演员们忘了词，开始随意即兴发挥。席勒愤然给剧院总监写了一封言辞激烈的信，人们由此可以看出，他现在已无所顾忌。"我们这儿的演员先生们，"席勒写道，"为了自己方便，用优秀的表演拔高差劲的对白，又用差劲的表演糟蹋优秀的对白。"这摆明了是针对演员偏爱伊弗兰的剧本而糟践自己的剧本。"《阴谋与爱情》因为漫不经心的排练……被扯成了破烂。"（1785 年 1 月 19 日）

当席勒写下这些话的时候，他知道自己已不再有任何东西可以失去。他基本上已经下了决心，要去莱比锡寻找他的新朋友了。最终下决心前往莱比锡的决定则是在 2 月底做出的。他又等了几个星期，直到把一切都安排妥当。4 月初，他与熟人和为数不多的朋友一一告别。出版商施万那个芳龄十六的女儿，席勒曾几次歌颂过她的动人可爱；她为席勒缝制了一个信袋，眼里噙着泪水，在离别时塞到了他的手中。这让席勒感慨万千。这个很快就拿定主意的男人从莱比锡向她提了亲，然而却被姑娘的父亲给回绝了。

---

① MA 1, S. 130. 全诗标题为《断念——一段幻想》（*Resignation. Eine Phantasie*）。

在曼海姆的最后几天，席勒是和他忠实的朋友安德烈亚斯·施特莱歇尔一起度过的。1785 年 4 月 8 日，二人推杯换盏，长谈至午夜。他们制订了一系列计划：施特莱歇尔要重新开始学习作曲，而席勒也再次坚定了他的目标，即“只有在最兴奋激动的时候才迎接缪斯的拜访；怀着全部的热情再度投身于法律学习中去，他期待能凭借法律挣得一种富足无忧的生活状态”。① 只可惜这不过是大醉时的计划，席勒再也没有想起过它。但在这最后一晚，两位朋友却为此干杯，用一个拥抱给它盖上印章，“谁也不给对方写信，直到一人成了部长，或是另一人成了乐团指挥”。②

两位挚友就此别过。他们再也不曾重逢。

① Streicher 1959, S. 229.

② Streicher 1959, S. 229.

去莱比锡——科尔纳——胡博——《莱茵塔利亚》——友谊的热情——“亿万生民，一起相拥！”——哲学书信体小说——再论爱的哲学——物质主义的冷水——热情认识现实——重生

席勒正在前往莱比锡拜访他的新朋友的路上。他预感到这将开启他人生的一个全新阶段。“远方就像未来一样，”他在1785年致路德维希·费迪南·胡博的信中写道，“一个闪烁着晨光的巨大整体横亘在我们灵魂的前面，我们的知觉在其中渐渐模糊，可当彼处已成为此地时，却发现一切照旧，而我们的心仍渴求着错过的甘泉。”

事实就是如此，也将会是如此。他满怀希望地前往莱比锡，走向这“闪烁着晨光的整体”。而当他两年之后迁往魏玛时，回首与朋友们一起度过的岁月，就仿佛是在莱比锡错过了那眼甘泉。在与科尔纳和他的朋友们共度的两年时光的尾声，席勒将会从魏玛写信向留在莱比锡的朋友们坦白：“若是我在离开你们之前不曾如此深刻地感受到自己精神的退化，我永远也不会与你们分别。”①（1789年3月9日）

但在这种“退化”的体验之前，还有过激动、兴奋与热情的瞬间。在莱比锡、戈利斯（Gohlis）、德累斯顿（Dresden）和洛施维茨（Loschwitz）度过的两年是文学上多产的两年：《哲学通信》得以收尾，《唐·卡洛斯》顺利完成，席勒还创作了诗

① Zit. n. Berger 1924, Bd. 1, S. 487.

歌《欢乐颂》，开始动笔写作小说《招魂唤鬼者》；但在回顾往事时，在他看来更为重要的不是创作，而是友谊的幸福。他在1787年8月8日从魏玛寄出的给科尔纳的信中写道：“对我而言，没有哪一种幸福能比完全享受我们俩的友谊，能比我们俩的存在、欢乐与痛苦那种完整而不可分割的融合更确定、更高级。”莱比锡的两年如何开始，就如何结束：一头一尾都是一曲对友谊的赞歌。

1785年2月10日，在马上就要动身离开曼海姆前往莱比锡之际，席勒给科尔纳写了一封信：“名声、尊崇和所有其他伴随着作家这个行当出现的事物，都比不上友谊与爱情带来的一个瞬间——因为心在挨饿。”席勒迫切地奔向那段友谊，尽管它眼下只是期待，尚不是现实。他决定前往莱比锡，尽管直到此时，他对科尔纳和胡博的认识仍只是区区两封信。但这两封信就足以让他对他们产生信赖。科尔纳在1785年1月11日写道：“我们所知道的关于您的一切，已经足以让我们在收到您的信后，就向您呈上我们全部的友谊；但您还不太了解我们。所以请您尽快亲自前来。这样，有些现在不能写下的话，就可以当面倾诉了。”

克里斯蒂安·戈特弗里德·科尔纳比席勒年长三岁，出生于莱比锡一个受人尊敬的富裕市民家庭。他的父亲是圣多马教堂（Thomaskirche）的主事与牧师，是一个严格的路德宗信徒，反对儿子对艺术的偏爱，不愿意在自己家招待《强盗》的作者。父亲于1785年逝世，这对儿子来说是一种解脱，因为父亲也反对他和“铜板雕刻匠家里的小姐”明娜·施托克的婚事。因此二人只得等到父亲过世后，才于1785年8月成了婚。对父亲等级执念的反抗，又更加点燃了这对新人对《阴谋与爱情》作者的热望。

除此之外，克里斯蒂安·戈特弗里德·科尔纳还在他父亲严苛的教育原则之下吃了不少苦头。他本应当去读神学，却拒不从命，启蒙的哲学——他听过加尔弗和普拉特纳的课——让他对父亲的信仰越来越陌生。这个年轻学生找不到方向，从一个专业换到另一个专业，学过古代语言、哲学、自然科学、数学和法学，也投身于国民经济和行政管理学。他劲头十足地深入钻研各种不同学科，但也未曾忽视实践运用。他想成为有用之才。在第一封致席勒的详尽长信中，科尔纳写道："拓展科学的领域，以此扩大人类支配其周围事物的力量，为人类打开新的幸福之源——这个念头当中确实有些壮美的东西。"
/ 210 （1785年5月2日）作为哲学硕士、法学博士，他于1779年在故乡莱比锡的大学取得教授资格，并立刻被任命为公证人和法官。同年，他又得到大好机会，可以陪同一位年轻的萨克森公爵在欧洲壮游[①]。他游历了荷兰、英格兰、法国与瑞士，就这样有了某种圆滑世故。1783年5月，科尔纳被调往德累斯顿，获任高等教会监理会顾问，兼任农业经济代表团成员。与此同时，他对艺术、音乐和文学的热爱却有增无减。在父母家里和他的职业圈子中，艺术充其量不过是一种美好的消遣，但他却想要将之推入生活的中心。对他而言，艺术就是"一种方法，让一个更好的灵魂生动地呈现在他人眼前，将它们引向高处、引向自身，在他们心中唤醒伟大与善良的种子，一句话：让一切靠近它的，都变得高尚"。[②]科尔纳对鉴赏懂得足够

① "壮游"即德语"Kavalierstour"或英语"Grand Tour"，指的是18世纪欧洲贵族家庭的青年在成年后需游历整个欧洲，扩展社交联系并增长人生阅历的旅行。译名典出杜甫的诗歌《壮游》。

② Zit. n. Berger 1924, Bd. 1, S. 487.

多，知道自己谱曲与诗歌创作的尝试算不得数。但他却天性善感，能够全身心地深入钻研别人的作品，歌德称他为“接受的天才”。与艺术和艺术家交游是他生命的必需。若干年后，他在给席勒的信中写道：“我就这样欣赏着你精神的健康和充沛力量……你的存在，在我眼中就是这样，而当我试图把握它时，便感到我自己的存在也更加丰富、更加美丽。”（1801年9月22日）

如果说科尔纳懂得将热情与踏实结合到一起，那么路德维希·费迪南·胡博则太过沉溺于幻想，缺乏使之平衡的脚踏实地。胡博的母亲是法国人，父亲则是一个醉心法国文化的巴伐利亚文人，把狄德罗算作他的朋友。他从小浸淫在文学世界中，读过各种重要的法语、英语和意大利语作家的作品。这个早熟而极具语言天赋的年轻人十分自信，活在对自己将来伟大的预感当中。但现在他却依靠做些翻译工作的稿酬度日，也尝试当个剧院诗人。席勒将会在《塔利亚》杂志中刊登他的一部剧作《秘密法庭》（*Das heimliche Gericht*）。[①] 这部剧曾在曼海姆上演，未获成功。席勒非常欣赏这位小他5岁的朋友的天赋，但同时也注意到了他的弱点。胡博的性格中有些不安分、不稳定的因素，他固然很有才华，然而却有胡乱发展的倾向。正如席勒在给科尔纳的一封信中所写，他希望“能帮着引导他精神的各个时期”（1785年7月3日）。首要的是得帮助他找到一个可以糊口的职位。人们想要安排他去当外交事务部门的秘书，却因为胡博不愿工作而不了了之。胡博与明娜的姐姐朵拉·施托克订了婚，但始终没有成婚，他在这桩人生大事上也缺乏说到做到的决心。他自

---

① 《塔利亚》杂志的第5期（1790年）匿名登载了胡博于同年同样匿名发表的戏剧《秘密法庭》（*Das heimliche Gericht*）的片段。席勒为之撰写了一段导言，参见MA 5, S. 862。

己虽然始终需要别人的鼓励，却很善于站在朋友们的立场上为他们鼓劲。席勒很珍视他那种极具感染力的鼓舞能力。有一回，席勒在给这位朋友的信中谈起《唐·卡洛斯》的创作，字里行间满是绝望：“为什么我……一仰视莎士比亚，就总觉得头晕目眩。”（1785 年 10 月 5 日）10 月 11 日，胡博回信说：“别在英国人莎士比亚面前晕眩——德意志的席勒！”

这就是胡博，有一些高傲自负，总在过分热情与懒散倦怠之间徘徊，只要心情好，就巴不得和每个人都掏心窝。

起初与席勒过从甚密的，也是胡博。还在曼海姆时，席勒便首先向他袒露了自己经济上的困难。他请求胡博借他一些钱，好让他还清在曼海姆的欠款，同时能留下些旅费。胡博和科尔纳把席勒介绍给了格奥尔格·约阿希姆·葛勋①，科尔纳是葛勋在莱比锡新成立的出版社的隐名合伙人。席勒以他的新杂志《莱茵塔利亚》作为担保；杂志的第一期已于 1785 年 3 月在他迁居莱比锡之前不久付梓面世。席勒给他的朋友们算出了一个他所期望的数。虽然葛勋并不太看好这个出版计划，但因为有科尔纳的资金保障，他还是同意从第二期开始由自己的出版社发行这份刊物。席勒所请求的 300 塔勒，作为预支款汇给了他。

把未来的收入寄希望于一份杂志，是非常冒险的事。席勒相信能给自己的杂志争取到 500 份左右的订阅量——可事实很快就证明这不过是虚幻的希望。席勒的种种杂志计划，在经济上总是不太幸运。还在斯图加特时，他和朋友彼得森以及老师阿贝尔共同编辑的《符腾堡文学索引》只给他带来了一屁股债。但他却

/ 212

① 格奥尔格·约阿希姆·葛勋（Georg Joachim Göschen, 1752~1828），德国出版人，1785 年成立了自己的出版社，出版了魏玛古典主义文学的多部作品，包括歌德的第一部八卷本文集（1786~1790 年）。

希冀着以此确保收入来源。席勒对内容的要求也同样高远。他的目标不是别的，是从根本上革新文学批评。他要创造一种新的书评文体。席勒在《符腾堡文学索引》发刊词中写道：“一个作家，要是更在意平常报纸上瞎写的赞美，而不是他作品的有用性和内在完善，他在我们眼中就是个活该遭鄙视的人，阿波罗和所有的缪斯就该把他从他们的国度驱逐出去。”①

在《符腾堡文学索引》失败之后，席勒想要借助《莱茵塔利亚》最终实现他的宏大目标。这一回，他也同样要狠狠地敲打在“平常报纸上瞎写”的那群人的乱象，以及某些高估自己的文人的自负。这个项目也同样不光是在财务上雄心勃勃。

《莱茵塔利亚》诞生于一个折戟的计划：席勒原本是要按照莱辛的模板，为曼海姆的舞台编纂一部名为《曼海姆剧评》的剧场纪事。席勒本来想要争取达尔贝格，但后者却始终对此兴趣寥寥。在从曼海姆离职之后，席勒积极地开始自费出版这场冒险，单枪匹马也要实现自己的雄心壮志。在宣告杂志涉及的主题领域时，他的野心就已经可见一斑：“非凡之人及其壮举的画卷……积极生活之哲学……普法尔茨之美景与艺术……德意志戏剧……诗歌与狂想曲，戏剧断篇……我的自白……通信。”②

这份作于1784年秋的《莱茵塔利亚》发刊词，无疑是德国杂志史上一份值得注意的文献。还从来没有一位主编是用坦陈自己心路历程的方式向读者介绍自己。正是在这篇发刊词中，席勒第一次透露了自己在卡尔学校的命运；也是在这里，他第一次详尽地与他的公爵对簿公堂：“他育人的学校为数百人创造了幸福，却恰恰辜负了我的幸福。”同样是在这里，他写下了那句精辟的

① MA V, S. 854.

② MA V, S. 857.

话，作为对早期作品的自我批评："因为不了解人类和人类的命运，我的笔必然找不准天使与魔鬼中间的那条线。"① 他向他的读者开诚布公，甚至涉及私密话题，就仿佛要和读者结为秘密联盟。他奔向读者的怀抱，并且宣布："读者现在是我的全部，是我的研究、我的主宰、我的知己。我现在只属于他一人。我只服从于这唯一一个法庭。我只敬畏也只尊敬这个法庭。除了世界的评判，不忍受其他任何枷锁——除了人类的灵魂，不祈求任何其他的王座：一想到这里，我就忽然感受到一种伟大的情绪。"②

短短几个月后，席勒正是带着同样的姿态投入了莱比锡的朋友们的怀抱。只不过现在这还是一个匿名的群体，因为读者有多重面孔，或者完全没有面孔，而席勒会在之后将之称为一个"怪物"。

曼海姆剧院让他失望，达尔贝格给他羞辱，于是席勒带着他的杂志计划逃向了前方，这就意味着：逃向了读者，逃向了一个自由作家对市场好恶的依赖。

席勒总拿极端情况做试验，这一次也不例外；这样，他才能发动自己振奋精神的力量，才会开始夸张，才会使转向读者几乎成了一段爱的表白。席勒在发刊词结尾大声疾呼，创办这份杂志的目的不是别的，正是"在读者与我本人之间连接起友谊的纽带"。③

同样属于这段友谊的还包括，席勒带着些许激情宣布自己已做好准备，要在读者眼前完成一段学习的过程。他要让他的读者一窥自己创作的工坊，读者可以见证一部作品是如何逐步完善

---

① MA V, S. 856.
② MA V, S. 856.
③ MA V, S. 860.

的。因此，席勒在《莱茵塔利亚》的第一期中刊印了《唐·卡洛斯》的第一幕，这也是他彼时正在撰写的剧本。一直到1787年春，他在另外三期杂志中记录了剧本创作的进展。一位作家把他正在创作的剧本像连载小说一样呈现在读者面前，这也是从来没有过的。因此，当席勒于1787年初真把他的《招魂唤鬼者》作为连载小说出版，将一种新的体裁引入德国，就一点儿也不让人惊讶了。

《莱茵塔利亚》与席勒十年之后的杂志《季节女神》完全不同。《季节女神》更多的是培育一种循循善诱、要为人师的文风，而前者则是在铺垫友情的精神。于是刚刚与读者订立友谊同 / 214
盟的席勒，现在便急匆匆地赶往莱比锡，要投入真正的朋友们的怀抱。

席勒于4月17日星期天抵达莱比锡。他下榻在“蓝天使”（Blauer Engel）客栈，从那儿请人给胡博送信，告诉他自己已经到达。他“被一场对我来说史无前例的旅行摧残得筋疲力尽，因为通往你们的道路，我亲爱的朋友们，路况差得可怜，就好像人们传说中通往天国的道路似的”（1785年4月17日）。

科尔纳当时正在德累斯顿，但他的未婚妻明娜和明娜的姐姐朵拉在莱比锡。第二天一早，席勒就被请进了她们位于阁楼的住处。在两位女士的想象中，席勒应当是另一副模样，如明娜日后描述的，应该“像波希米亚森林中的卡尔·莫尔，炮筒靴、厚马刺，腰间系着长穗的佩剑”。可看到站在眼前的是个“金发碧眼、有些腼腆的年轻人”，“眼中噙着泪水”，几乎不敢向二人问好，她们不由地感到诧异。① 但席勒很快就不再拘谨，到最后，他们

① Biedermann 1974, S. 129.

虽是初次见面，却仿佛已是故交旧识一般。

胡博为席勒租下了一间朴素的学生房。让席勒尤为高兴的是，他在同一栋楼里碰见了在法兰克福短暂逗留期间结识的女演员索菲·阿尔布莱希特（Sophie Albrecht）。有传言说他们二人有一腿，但若是读一读索菲·阿尔布莱希特日后对这位诗人的描述，就会发现这种风言风语毫无根据。“席勒日常的服装，”她写道，“不过是一件简陋的灰大衣，配饰无论从质地还是搭配上看，连审美眼光的最基本要求都根本满足不了。除了不会打扮之外，他的身材也不吸引人，常抽西班牙烟又使他给人留下不好的印象。”①

到目前为止，除了在法兰克福的短暂停留，席勒只在王侯的都城中见识过城市生活，来到这座萨克森重要的商业中心和大学城，就好像踏入了无奇不有的大千世界。当时的人们把莱比锡称作“小巴黎”，因为在广场上，在宽阔的街道上，在数不尽的商店和咖啡馆里，在城市郊外的大花园中，到处上演着活力四射、多姿多彩的生活。席勒之前就听说过“里希特的咖啡屋”（Richters Kaffeehaus），知道能在这儿遇见各种有地位有名望的人，学者、艺术家、政治家、交际花，不一而足。他在这儿才意识到，自己现在也算是个名人了。《强盗》的作者就像奇禽异兽一样被人围观。在给施万的一封信中，席勒嘲讽了“要了命的乌泱乌泱一大群”好奇之徒，“就好像粪堆里的苍蝇似的绕着作家嗡嗡作响”，“因为几张沾满墨水的稿纸就想和他高攀成同行”（1785 年 4 月 24 日）。

不出几个星期，席勒就受够了城里的喧嚣，和胡博、葛勋

① Biedermann 1974, S. 133.

及另外几位新认识的朋友一同迁到了临近的戈利斯村，这是莱比锡人青睐的郊游目的地，坐落在秀美的玫瑰山谷（Rosental）之中。歌德在莱比锡时，就常爱来此远足。

席勒在村口的一栋农家小屋中找到了一个简朴的住处：一个低矮的阁楼小房间，只有两扇小窗、几把椅子和一张小书桌，边上就是卧室。他在这里度过了整个夏天，一直到1785年9月10日。他一边创作《唐·卡洛斯》，一边享受与熟人朋友们在一起的时光。还有些好事者专程前来，就为了看一眼席勒。

7月的一个晚上，卡尔·菲利普·莫里茨出现在了戈利斯。他曾在书评中把《阴谋与爱情》贬得一无是处，说席勒触碰过的地方，都会“在他的手中变成浮沫与气泡”。① 放松的气氛与夏日的悠闲，让这个尖锐的批评家也得到了友好的招待。虽然莫里茨还是遭到了席勒的当面质疑，但他勇敢地为自己辩护，以至于席勒甚至承认他在某些方面的确说得有理。二人一直交谈讨论到深夜。第二天一早，席勒朗读了《唐·卡洛斯》中的几幕戏。莫里茨非常激动，临别时还拥抱了诗人。尽管没有收回对《阴谋与爱情》的负面评价——后来，他依旧表示“剧中没有一丝诗意的火花”②——但他越发热烈地称颂《唐·卡洛斯》。在戈利斯的那个夏夜，席勒为自己赢得了这个几乎只欣赏歌德的严肃男人。

事实上，要想免受热情似火的席勒的影响，的确不容易。在戈利斯度过几周时光的出版商葛勋，就曾这样描述心情好的 / 216 时候的席勒：“他一开口就引人入胜，滔滔不绝，眼中饱含着泪水，一遍又一遍地刺激着朋友们，每个人都得在自己的领域用

① Kluge 1988, S. 1378.

② Kluge 1988, S. 1381.

上所有的气力，只为了有朝一日能成为世界所不愿失去的那种英才。”[①] 在给弗里德里希·尤斯廷·贝尔图赫（Friedrich Justin Bertuch）[②] 的一封信中，葛勋写道：“我简直无法向您描述他面对每一条批评时是多么谦恭、多么感恩，他是如何努力地完善道德，他又有多么热衷于不间断的思考。我知道莫里茨给他写的书评……很不客气，但尽管如此，当莫里茨来这儿的时候，他还是带着尊敬、友好和殷勤接待了莫里茨，以至于……莫里茨在临走时……向他承诺要做一辈子的朋友。”[③]

席勒通常昼伏夜出，但在戈利斯却把自己的作息颠倒过来。他每天都早早起床，有时四点就起来，穿着睡衣走过田野。房东的一个帮工得拿着水壶和玻璃杯在他身后跟着。这个带着水壶的年轻人描述道，在一次这样的散步后，他透过窗户看见诗人趴在地上，身体在剧烈地颤抖。他大惊失色，连忙冲到他身边，问他是不是哪儿磕碰了？但席勒只不过喊了一句：您别管我！过了一段时间，筋疲力尽的诗人走到他面前，告诉他自己刚刚拟定了《唐·卡洛斯》中一幕的大纲。[④]

现在席勒已经和胡博成了知心朋友，但科尔纳还在德累斯顿，暂时脱不开身。二人互通书信，语调是如此真挚而衷心，以至于年长一些的科尔纳最终向朋友提议以“你”互称。这是为了回应席勒 5 月 7 日那封热情洋溢的长信：“我曾经只能作为

---

① Zit. n. Berger 1024, Bd. 1, S. 451.

② 弗里德里希·尤斯廷·贝尔图赫（1747~1822），德国作家、出版人，长居魏玛，于 1785 年与维兰德等人合作创立了德国最重要也最权威的文学评论杂志《文学汇报》（*Allgemeine Literatur-Zeitung*），又于 1786 年创办了欧洲最早的画报之一《奢侈品与时尚杂志》（*Journal des Luxus und der Moden*）。

③ Biedermann 1974, S. 139.

④ Petersen 1911, S. 127.

诗人隐隐预感到的，觉得如今已在我俩身上真正实现。——让精神成为兄弟，乃是通往真理那不可或缺的钥匙。我们单个人成不了气候……欢欣雀跃吧，亲爱的朋友，我们的友谊是如此幸运，能在平常人与人的纽带断裂的地方开始。从现在起，您不必再为这段友谊感到害怕，它将会永远持续。”他提醒朋友要提防考验的时刻，提防“冷漠的侵袭”。那种亲密的情感有可能表现得像“幻想”。但这不是幻想，席勒写道，“或者说，幻想至少是在享受我们未来伟大的提前爆发，而我绝不愿意拿这样一个瞬间去交换冰冷理性的最高胜利”（1785 年 5 月 7 日）。

他们不仅在情感中沉醉、互相保证对对方的一片忠心。席勒饱受经济问题的困扰，但还鼓不起勇气开诚布公，这一切，科尔纳都看在眼里。他考虑得足够周全，没有干等着席勒来找他、求他支持。他想为席勒省去这种尴尬，因此在信中写道：“我知道，只要你打算为了面包而工作，就肯定有能力满足自己的所有需求。但请至少给我一年的快乐，把你从挣面包的必要中解放出来。”（1785 年 7 月 8 日）席勒承认了自己的“顾虑”，在信中道歉说：“我的脸上不由自主地泛起羞红，而我的哲学却对此无能为力。”然后他立马从哲学上论证：为自己的窘迫感到羞愧，的确是不明智的。因为人们对此无能为力，无论是像科尔纳一样继承了一份遗产，还是像席勒一样，出生的时候就两手空空。一个人的价值绝不是由他所拥有的金钱价值决定的。而友情如果不是互相帮助，如果不是使一个人的真正价值得到发展，那它还能是什么？因此，友谊便是一段成功人生的“圣殿”。席勒对于自己将来的成就自信满满，在给他朋友的信中写道：“当我成为我现在所梦想的那个样子——还有谁会比你更加幸运？”（1785 年

7 月 11 日）

凭借着这几行字，席勒为他的科尔纳引入了二人友谊的基本旋律：他们都会致力于激发一个更好的、更成熟的作家席勒。这完全不是自私，因为席勒感到自己的灵魂属于大众：对他而言，让自己有所成就乃是某种任务。于是友谊便是在为共同塑造那客观上有效之物服务。

小村博尔纳（Borna）坐落于莱比锡与德累斯顿之间。1785 年 7 月 1 日，席勒与科尔纳终于在博尔纳的卡恩斯多夫农庄（Gut Kahnsdorf）第一次见到彼此。整个朋友圈，胡博、葛勋、施托克姐妹和其他人都在场，这一大群人让两位朋友无法深入交谈。第二天，胡博、葛勋和席勒再度动身前往戈利斯，在路上的一家酒馆稍做休整。这一天阳光明媚，他们点了些酒，情绪渐渐高涨，开始谈论起将来，每个人都必须起誓，要忠于自己所选定的目标。一种无可比拟的兴奋笼罩着整张酒桌，而接下来发生的一切，席勒是这样描述给他的朋友科尔纳的："直到现在，还没有提到你一个字，但我却在胡博的眼中读到了你的名字——不由自主地将它说出了口。我们的目光交会，而我们神圣的目标就在神圣的友谊中交融……哦，我的朋友！只有我们最紧密的联结，我必须再这样称呼它一次，唯独我们最亲密的友谊，才能让我们伟大、善良而幸福……我们将来所实现的完美不能也不应建基于另外的支柱，除了我们的友谊。"（1785 年 7 月 3 日）

席勒将来还会多次让朋友想起或自己回忆起这个瞬间，他曾三次称这个瞬间是"神圣"的，对他而言，其意义不亚于"一场圣餐礼的开始"。但这不是为了准备献出生命或忍受苦难，而是预示着轻盈自由的人生。在这段友谊中，即便是重负也很轻，而席勒正是在这里实现了他之后用文字所描绘的愿景："你要架着她的翅膀高高飞扬，/ 就要把尘世的忧苦摆脱，/ 从狭隘、阴沉的现实生活中逃亡，/ 进入那座理想的王国！"①

夏天过去了。当秋天来临时，席勒已搬到了科尔纳在德累斯顿的住处，头几周先是住在城外，就在科尔纳坐落于洛施维茨的葡萄庄园的一栋房子里。科尔纳已和明娜成亲，组建了新的家庭。几个人再一次沐浴在秋日金色的阳光中，在花园里的一棵核桃树下坐到了一起。他们喝着酒，席勒大声说，要为这快乐的相聚干杯。"酒杯相碰，"明娜讲述道，"发出清亮的响声，但席勒却在高昂的情绪下如此用力地与我碰杯，以至于我的杯子竟碎成了碎片。红葡萄酒洒满了第一次铺上的锦缎布，让我惊恐万分。席勒大喊：这是对天神的祭酒！让我们把杯中酒倒尽……随后，他抓过所有倒空了的酒杯，一把掷出院墙，落到外面的石子路上，让它们通通碎了一地，同时充满激情地呼喊：不要分离，不要孤独！愿我们同年同月同日死！"②

就是在这种情绪下，诞生了那一首后来因为贝多芬的谱曲而如此闻名于世的《欢乐颂》。席勒虽然因为这首诗创作的那 / 219
个瞬间而喜爱它、珍视它，但当他在一段时间后以更冷静、更批判的眼光去审视时，就觉得其中仍有不少问题，因此一开始并不愿意将这首诗收入他的诗集中。但在最后一版诗集中，这首颂歌经过修改，终于蒙恩，当之无愧地被收录在内。"亿万生

① MA Ⅰ, S. 201. 语出席勒的名诗《理想与生活》（*Das Ideal und das Leben*, 1804），汉译参见《席勒文集》（第一卷），第59页。

② Biedermann 1974, S. 137.

民，一起相拥！/这一吻给全世界！/兄弟们呵——星空之上/必有慈父居苍穹。/谁能拥有，如此大幸，/成为朋友的朋友；/谁能迎娶，一位贤妻，/就来加入这欢唱！/谁只要有，一个灵魂，/可在世间称知己！/谁若不能，就请快走，/哭着离开这团圆！”①

正是这些炽热友谊的瞬间，让席勒回想起他在《尤里乌斯的神智学》中阐发的爱之哲学。用两位好友间的书信形式撰写一部哲学小书的计划，又被他重新拾起。席勒真的考虑过由自己扮演尤里乌斯，而让科尔纳扮演书中拉斐尔（Raphael）的角色。然而，小说终究还是没有写成。席勒于1786年在《塔利亚》中发表的，只有尤里乌斯的两封信、拉斐尔的回信，以及尤里乌斯的一篇长文。因为科尔纳没能完成，拉斐尔的回信是席勒自己写的；而尤里乌斯的长文中则包含了1780年就已成文的《尤里乌斯的神智学》。整个文本的结尾是尤里乌斯的后记，现在的他已冷静了下来。两年之后的1788年4月，科尔纳终于以拉斐尔的口吻写成了一封信，席勒虽在《塔利亚》第七卷中将之发表，但他早已疏远了这项计划。

当席勒收到科尔纳的来稿时，他向好友承认，哲学思辨着实让他伤神，他也因此放弃了原先的书信体哲学小说的计划。“我从来没有想过要完全放弃，因为这个问题的的确确在某些瞬间对我而言意义非凡。但如果你想一想，关于这些内容我读得有多么少，而相关的杰作又已经有那么多，以至于人们要想不叫人发现自己什么也没有读过，脸上就不得不羞得通红。这样一看，你就会相信我说的，写一封尤里乌斯的信，总是比创作最好的一幕

① MA 1, S. 133. 此段由译者自译。

戏剧还要困难得多。觉得自己一文不值——而且你得承认，这种感觉傻透了——只有在写作这类文章的时候，才最强烈地侵扰着我。”（1788 年 11 月 14 日）

但是，他为什么在 1786 年重又拾起了这项“困难得多”的 / 220 工作，特别是当时他还得迫切地写完《唐·卡洛斯》？这是因为，正像他在 1786 年 4 月 15 日给科尔纳的信中所写，当时他的脑海中又有一阵“理念的无政府”，又有一种“思辨与热烈、想象与天才、冰冷与热情”的混杂。他在 80 年代初写作医学哲学论文、研究精神与物质的关系时所冒出的那些困境，又再次浮现，要求得到解答。这主要也是因为精通哲学也热衷于此的科尔纳常常把二人的谈话引向这个领域。

科尔纳当时正着手研习新近出版的《纯粹理性批判》（*Kritik der reinen Vernunft*）。对他来说，康德乃是伟大的精神导师，而他也曾几次三番地鼓动席勒与自己一起研读康德。但席勒却有些犹豫。为什么？他在 1788 年 4 月 15 日致科尔纳的信中给出了答案：“我从（自己曾读过的那寥寥几本）哲学著作中，只取那些富有诗意感觉也能用诗去处理的内容。”但对他而言，康德的哲学暂时只是“对人类认识的枯燥研究”，因此也就不适合让人“富有诗意感觉，同时也能用诗去处理”。

然而，人们可以从《哲学通信》，尤其是导读的《前言》（*Vorerinnerung*）之中察觉到，作为德国哲学之理论良心的康德，已开始在席勒背后发挥影响。

1784 年 12 月 5 日，《柏林月刊》（*Berlinische Monatsschrift*）刊登了康德的文章《答复这个问题：什么是启蒙运动？》

（*Beantwortung der Frage: Was ist Aufklärung?*）。① 一石激起千层浪，这篇文章引发的公开讨论，远远超出哲学圈；而定期阅读《柏林月刊》的席勒，若说没有读到这篇纲领性的短文，恐怕也不太可能。

康德将启蒙运动定义为“人类脱离自己所加之于自己的不成熟状态”。② 和他一样，席勒也在“启程”的比喻意义上运用“启蒙”概念。他写道，我们生活的时代，“承认无知的幸运断念已开始为一种半桶水的启蒙腾出地方，只有极少数人停留在出生的偶然给他们规定的位置。” ③ 如果康德要求人们自己寻找一条脱离不成熟状态的出路，同时还要“运用自己的理智”，那么席勒则是要与这一号召相呼应，但他却力图描绘每一个发现了运用理性之乐趣与痛苦的人，究竟是什么处境，他们又得走怎样的弯路、陷入怎样的迷宫。他要一边反思自己迄今为止的精神发展，一边讲述理性自身的种种命运。“理性，”《哲学通信》的开头写道，“和心灵一样，有自己的时代与命运，但它的历史却罕有人记叙。”理性自身的命运——对席勒而言，这就是那种既可以思

① 《柏林月刊》是由约翰・埃里希・比斯特（Johann Erich Biester, 1749~1816）和弗里德里希・戈蒂克（Friedrich Gedike, 1754~1803）共同编纂的杂志，于 1783~1796 年间出版。1783 年，《柏林月刊》刊登了新教牧师约翰・弗里德里希・佐尔纳（Johann Friedrich Zöllner, 1753~1804）的一篇文章《缔结婚约时不再通过宗教确认，是否明智？》（*Ist es rathsam, das Ehebündniß nicht ferner durch die Religion zu sanciren?*），其中有一段挑衅式的脚注：“何谓启蒙？这个问题几乎与‘何谓真理’同样重要，理应在人们开始启蒙之前先得到回答！但我还没有在任何地方看到对它的回答！”作为回应，摩西・门德尔松（Moses Mendelssohn, 1729~1786）于 1784 年 9 月在《柏林月刊》上发表了文章《关于这个问题：何谓启蒙？》（*Ueber die Frage: Was heißt aufklären?*）；同年（原文误作 1783 年，已修正）12 月，康德也同样在《柏林月刊》上发表了他的名篇《答复这个问题：什么是启蒙运动？》。

② 参见〔德〕康德《历史理性批判文集》，何兆武译，商务印书馆，1996，第 22 页。

③ MA V, S. 336.

考，亦可以让人“富有诗意感觉，同时也能用诗去处理”的哲学视角。康德要求理性启程上路，而席勒则想在他的书信小说中，讲述理性在路上所遭遇的种种命运。

尤里乌斯与拉斐尔是一对好友，但二人间的关系却并不对称。拉斐尔更年长，是导师，也是心理疏导者，他引导年轻的尤里乌斯，在不经意间便将其引入了一场教育大计。这里就显露出席勒日后不再认同的共济会精神。科尔纳所作的拉斐尔的回信于1788年姗姗来迟，信中批评尤里乌斯的神智学，认为这是生命中那个热衷抽象推论、太过于激动的阶段所必然犯下的错误。席勒对这封信却回应说，“知道真理在人世间也有潮起潮落……知道人在这儿和你们共济会的社团一样，第一第二级可以相信乃至应当相信的事，第三第四级会将之当作没用的外壳给剥去”，对他算不得什么“宽慰”（1788年4月15日）。这些话，席勒是在完成《唐·卡洛斯》后写下的，那时的他已借由波萨侯爵与唐·卡洛斯的关系，理解了一种精心设计的意志去操控一颗善感之心的灵魂，究竟会造成怎样的问题。

在1786年的文章中，尤里乌斯是个年轻人，经历了“思想之革命与时代”的三重发展阶段。他曾有一段“天堂般的时光”，感觉让他眼前的世界栩栩如生，一种信仰为万物赋予了意义；这是安逸的封闭空间。这时，拉斐尔出现了。他教会尤里乌斯“思考”，教会他康德的sapera aude：“要有勇气运用你自己的理性！”[①]他本已准备好把自己托付给理性，却发现还年轻的理 / 222
性尚没有那么可靠。理性首先将他引向或不如说诱惑他进入一种热烈的抽象思考：作为这一时期的见证，尤里乌斯与拉斐尔分享

① 参见〔德〕康德《历史理性批判文集》，何兆武译，商务印书馆，1996，第23页，有改动。

了他的《尤里乌斯的神智学》。这篇文章的确是青年席勒在卡尔学校时的哲学自白，在《哲学通信》的背景下由席勒自己首次发表，反映了他第二个发展阶段的思想。尤里乌斯将这些思想的展露与一段评论联系在一起："我研究着精神的法则——将自己提升到无限，却忘了证明精神确实存在。物质主义的一次大胆攻击就能摧毁我的创造。"①

在"骄傲兴奋"的幸福时光后，作为第三阶段的"冷静"便紧跟着到来。但这并不是康德意义上的冷静，不是理性通过证明自身的界限理智地限制自身（科尔纳在他姗姗来迟的拉斐尔的信中才会提到这一点）。这种冷静是由席勒在卡尔高等学校时就已熟悉的医学生理物质主义所引发的。在他当时写作《尤里乌斯的神智学》一文的时候，就曾不得不应对物质主义的批评。

和尤里乌斯不同，在席勒自己的精神发展历程中，热烈的爱情哲学与物质主义的冷静并不是相继而至，而是同时到来。这两种思维方式互相角力，热情与冷静的思想作为两种相反的心境，在席勒身上交替出现。矛盾的同时性让席勒的精神生平有别于尤里乌斯。后者只是忧郁地回顾他的热情，就像在回望某种完全"逝去之物"。但在席勒那里，正因为爱情哲学从一开始就必须面对生理物质主义泼的冷水，它才成为一种经得住批判的选项。这种爱情哲学绝不会彻底消失，只是会失掉它迷狂的幼稚。

让我们再一次回忆尤里乌斯在他的《尤里乌斯的神智学》中所阐述的这种热情的爱之哲学的原则。

宇宙是上帝的一个念头。自然饱含意义，自然现象是符号，可为人类精神所解读。自然的意义并非如康德所言，只是人类精 / 223

① MA V, S. 344.

神的一种投射，而是从自身出发，向人类精神展现出一种意义。在“整个自然中”，没有一处缺乏意义的“荒野”。①

自然回答着人类关于起源、方向与目的的问题。

自然可以像一件内在完满的艺术品一样被人阅读。所谓内在完满的艺术品，是指其内部就蕴含了所有的合目的性。或许在表面还有些许不和谐或是差异——还有邪恶、腐坏、死亡与弱肉强食——但在更深的层面上，所有的一切都相互协调，是一种和谐。如果目光钻研得足够深，深入这个宇宙的存在，各个世界的和谐就会显现。从意识的角度出发，这种和谐会被发现，但从存在的角度出发，是这种和谐展露自身。于是就导致了伟大的合一。因此认知是交融的行动，也就是爱的行动。谁若是深入探究这种存在，就会发生一种变形：他自身的状态就会趋近于整体的和谐。变形的瞬间便是理念实现的瞬间。“我坚信，在理念的幸运时刻，艺术家、哲学家与诗人就会真正成为他们所描绘的那些伟人与善人。”②

被解读为爱之行动的认知，并不寻求把握一个对象以便控制它，而是为了——让其存在。被认知的客体应能在认知主体的眼前展露自身。在认知的意识与其对象之间，有一种善意在游戏。人们怀着善意望向世界，而世界则同样怀着善意回望。在主客体两边都发生了力的解放。爱着的人有了新知，而求索的人也感到自己被人所爱。在给予和索取之间就有了一种坦诚。

这样一来，关于起源、方向与目的的问题就得到了解答。

起源？

所有的一切都来源于爱，因为作为上帝思想的宇宙是出自

---

① MA V, S. 345.

② MA V, S. 347.

爱的创造：“伟大的世界主宰，/ 没有朋友，深感缺憾，/ 为此造了不少精灵，/ 作为他极乐的极乐之镜。/ 最高的本质，不曾找到 / 任何东西和他品级相若，/ 从整个存在王国的圣杯中 / 无限为他泛起波澜。”[①] 这个远景影响确实很大，毕竟黑格尔日后也将用出自《尤里乌斯的神智学》的这几行诗来为他的《精神现象学》收尾。

方向？

所有的一切都已内在完满，但人类精神却肩负任务，要通过认知和爱同整体融合，以实现自我完满，也就因此有意识地与整体相契合。但正是这种发自个人意识与意愿而实现的契合与自我完善，是世界向有意识且有自信的存在所要求的特殊成果。这样一来，第三个关于目的的问题便也得到了回答。

目的？

人类之外的存在在宏图中有各自的角色，但它们既缺乏意图，又毫无计划，便完成了自己的任务。对它们而言，不存在仍需争取的完满。它们就是它们之所是，已然完满，是其之所应是的表达。而只有人才需要实现这种作为自我完善的完满——通过他的行动。自我创造被当作任务摆在了人的面前。于是他的目的便是：成为他能成为的样子，而他将通过自我完善，实现这个目标。

这个愿景是精神性的，却并不需要一个彼岸。神性在创世之后便完全内在于世界，在爱的游戏中发生。这种游戏包括了认知与行动，在其中实现了不同存在之间的互相坦诚，而意识也因此可以体验作为存在巨链的世界整体。谁若是相信爱的力量，就

① MA V, S. 353.

不再需要超然于世的上帝。如果相爱的“精神间的引力”已足够强大，甚至可以“造出一个神来”。①这便是在合一之力中展露自身的上帝。因此人们不需要超验的上帝，更不需要那种把信仰当交易的上帝，比如：我之所以虔诚也有道德，是为了有朝一日在天堂获得回报。爱，以及由爱而生的美德，其本身就已经是回报。生命在任何时候都能成功，人们不必等待彼岸的奖赏。生命可以借助爱而成功。因此诅咒并不来源于某个彼岸的审判，无爱之人现在便是在遭受惩罚。他与世隔绝、冥顽不化，只是像守财奴似地守着他可怜而渺小的自我，成了它的囚犯。他就在利己主义的监狱里蹲大牢。“利己主义将其中心设定在自身之内；爱却将中心向外播种在永恒整体的轴线上……爱就仿佛一个欣欣向荣的自由国度中共同执政的公民，而利己主义则像荒芜世界中的一个独裁暴君。”②

暂且不论席勒是否有意，但他的这一设想的确接受了乔达诺·布鲁诺③与皮科·德拉·米兰多拉④思想中的若干主题。我们不知道席勒是否研习过这两位文艺复兴时期的哲学家，但他一定曾在阿贝尔的课上听闻过两人的大名。布鲁诺将爱理解为具有创造力的宇宙之力，而米兰多拉则阐释了人类充满创造力的未完成性这一概念：人的任务，就在于发扬自身的潜力。米兰多拉写道，

① MA V, S. 353.

② MA V, S. 351.

③ 乔达诺·布鲁诺（Giordano Bruno, 1548~1600），意大利天文学家、哲学家，坚定支持日心说，认为宇宙是开放的、无限的；同时坚持泛神论，批判教会僵化的教条，于1600年被宗教裁判所宣布为异端、施以火刑而死。其经典著作包括《论无限、宇宙和众世界》（*De l'infinito, universo e mondi*, 1584）。

④ 乔万尼·皮科·德拉·米兰多拉（Giovanni Pico Della Mirandola, 1463~1494），意大利人文主义者，曾有著名演讲《论人类的尊严》（*De hominis dignitate*）作为遗稿于1496年发表。后引文即出自这一名篇。

我们并非由自然所规定："我们是我们想要成为的人。"[①] 自我完善是创造力的作品，而人正是由此模仿伟大的创世者。在尤里乌斯的幻想中，他将爱的宇宙合一之力与自我完善的创造之力这两种思想合二为一。

尤里乌斯几乎是带着羞怯，展示了他以"人类智慧织成的泛泛蛛网"[②]。在坚持康德思想的科尔纳所要扮演的拉斐尔面前，他不得不担心自己要出洋相。

尽管席勒在若干年之后才会开始细致地研习康德，但他毕竟对这个"碾碎一切的人"（门德尔松[③]语）有所了解，知道康德要给"思考"一点儿教训，精确地给它算清楚：它在什么情况下、受什么刺激的诱惑，会不管不顾地脱缰越界，在与之无关的土地上四处偷猎，尽管那儿本是可使人幸福的原野。席勒也知道，这位来自柯尼斯堡（Königsberg）的哲学家给"思考"圈定了地界，给了形而上学空想的高烧好一顿痛打；知道康德用他如枯骨般干瘪的思辨，手把手地将那些空想家和热心人引向他们那些虚幻图景的隐蔽作坊。对于此时的席勒而言，康德仍是一位思想警察，声称自己已不可辩驳地证明哪些东西是完全行不通的。他预感到，这样一种形而上的爱之哲学很有可能也行不通。而科尔纳于1788年迟来的信则证实了席勒的预感。科尔纳在信中写道："自负的理性的确想要通过各种杂耍和花招避免丢面子，

---

① Mirandola 1940, S. 53.

② MA V, S. 357.

③ 摩西·门德尔松（Moses Mendelssohn, 1729~1786），德国著名启蒙主义哲学家，犹太人，莱辛至交，曾著有美学著作《论情感的通信》（*Briefe über die Empfindungen*, 1755），在其中探讨悲剧的心理学效应；此外还著有柏拉图风格的哲学对话《菲多，或论灵魂不死》（*Phädon oder über die Unsterblichkeit der Seele*, 1767）等。门德尔松同时是柏林犹太启蒙的主要推动者之一。

承认在其知识的扩展中确实不能超越人类自然的边界。”[①]

十年之后的席勒将会目睹谢林试图超越康德的努力，而谢林在此所回归的自然哲学，与他自己在《尤里乌斯的神智学》时期的那种自然哲学颇有些相似之处。席勒还将会看到人们是如何一一扫除康德的顾虑的。但现在的他还是感受到，康德的巨大阴影是如何笼罩着自己的每一次尝试。只是现在威胁着要撕碎他空想之“蛛网”的还不是康德的先验怀疑，而是那场能够摧毁他全部“创造”的“大胆攻击”。这种威胁来源于席勒长久以来已很熟悉的生理物质主义。

作为生理学家的席勒，关注的并不是认知在精神层面的边界，而是其在身体维度的界限。对于认知而言，身体是最大的挑战，或者说是它的命运。冷静下来的尤里乌斯将精神与身体之间的紧张关系称为“自然不幸的矛盾——这自由地向上求索的精神竟被束缚在不免一死的身体那僵化不变的钟表装置当中”。[②]此处响起的并不是柏拉图式的古老哀诉，认为身体不过是灵魂的监狱；这里更多的是在严肃地谈论精神生理学，它将精神认定为身体的一部分，并以此为之祛魅。如果精神不过是“在我的大脑里搭建起它的王座”，那么它的威严就不过是一种岌岌可危的幻象。“我大脑里只要有一根断裂的经脉”[③]，整个精神世界就像鬼魂一样消失无踪。

这里讨论的不是（康德意义上的）认知的先验界限，而是精神与大脑的关系——被泼了一盆冷水的尤里乌斯就在苦思冥想这个问题，而席勒也曾在他的医学哲学论文中对此做过思考。“是

① MA V, S. 1180.
② MA V, S. 341.
③ MA V, S. 340.

精神为自己塑造肉体”，《华伦斯坦之死》(*Wallensteins Tod*)剧中有言。[①]但是“大脑”又该作何解——这里是否也能用个类比：是人的精神在运用大脑？是说精神这种存在，虽然其位置居于大脑当中，但其他时候都是随心所欲地流转游走——还是说精神不过是大脑的一个产品，某种分泌物，随着大脑的消失而消失？我们的所思所想，是我们想要思考的，还是我们的头脑“想要”让我们思考的？思想究竟有多自由？如果思想不过是大脑的产物，那它还有什么效力？难道精神的生理学起源不会减损其效力吗？

就是这些问题，让尤里乌斯心烦意乱、哀叹连连：“若是这件乐器的琴弦在我生命的关键时期让人校错了音——若是我的信念和我的脉搏一样摇摆不定，我就完了！”[②]

人们不能宣称上述问题在《哲学通信》中得到了完全的解答。其实又怎么可能有解，毕竟这是席勒自他的医学哲学论文起就一直未能弄明白的开放问题。他就好像在一个旋转舞台上：一会儿在精神中看见大脑的作用，一会儿又在大脑里发现精神的效果。在文章最后，尤里乌斯用这些忧郁的语词评论了他的神智学：“我在这里所描绘的世界，或许不在别处，而只有在你尤里乌斯的脑海中才是真实的。”[③]

然而，问题并不曾就这样盖棺论定。生理学的内在性使得精神无法再振翅高飞，但尤里乌斯居然还想到一招，能将自己从这种内在性中解放出来。就算伟大的真理与精神的愿景真的只是一

① MA Ⅱ, S. 472. 语出《华伦斯坦之死》第三幕第十三场，汉译参见《席勒文集》(第三卷)，第688页，有改动。

② MA Ⅴ, S. 340.

③ MA Ⅴ, S. 355.

个或许已陷入混乱的大脑的畸形产物，大脑也还属于自然；这样说来，就是自然在这个大脑中生成了它自己所特有的镜像。“大脑的每一个产物……都在造物这层更大的意义上具有不可辩驳的公民权利。”① 尤里乌斯想要在一种苦心营造的三段论里找到庇护：所有现实的都是真理的。热情的爱之思想——作为思想——也是现实。因而它亦属于真理。

可这种三段论太过牵强，不能让人满意，因为它给了所有思想甚至是最荒谬的念头以一种真理的价值。虽然救得了热情的神智学，但代价却是也同时救了每一种胡思乱想。

席勒自己却从他的神智学中以另一种方式——务实的方式——保留了另外的东西。他从爱的宇宙哲学中摘取了较为实用的自我激励，鼓励自己与他人结成真正的友谊，于是也将友谊尊奉为充满创造力的——因此是最高级的——生命形式。这位刚刚用“亿万生民，一起相拥！/这一吻给全世界！”的诗句歌颂过友谊之盟的诗人，有资本让尤里乌斯的神智学产生效力，即便带着些许揶揄以保持距离。“谁能拥有，如此大幸，/成为朋友的朋友”，尤里乌斯的神智学对他而言便不是什么困扰，他很可以听着形而上学的高调而自得其乐，因为赞颂友谊的调门永远都不嫌高。“至少，”席勒在 1785 年 10 月 5 日给胡博的信中写道，“我们得肩并肩、手牵手，直闯到死亡的活板门前。”

/ 228

热情有它伟大的瞬间，但我们不能忘记：瞬间也会消散。席勒在 10 月 5 日的那封信中，用一幅美妙的图景描绘了热情之易逝：“热情是把弹珠掷向空中的大胆而有力的一投，但如果有人期待这颗弹珠永远沿同样的方向、永远以同样的速度飞行，只能

① MA V, S. 357.

说他是个傻子。弹珠会划出一道抛物线，因为它在空中会失去力道。但在理想主义分娩的甜蜜瞬间，我们常常只想着推动力，而忽略了重力，也忽略了物质的阻力。”

友情也是如此。它也是一道抛物线，眼看着就要坠落。1786 年春，在徜徉于他和科尔纳及胡博的同盟一年之后，席勒终于开始露出疲态。“我现在几乎无所事事，”席勒在 1786 年 5 月 1 日给胡博的信中写道，“为什么？我很难说得上来。我总觉得闷，而且很不满意。再没有之前兴奋的脉搏。我的心已经缩到了一起，我想象力的灯火已经尽数熄灭。真是怪事，几乎每一次苏醒、每一次躺下，都让我更接近一场革命、一个决心……我需要一场危机——大自然准备着毁灭，是为了再度新生。”

科尔纳也听到过类似的抱怨。席勒当然不觉得朋友们厌烦，但他们已无法再使他回到初结友谊的头一年中的那种高昂的情绪中去了。平凡的辛劳开始了。席勒往后得从自己的创作中寻找激情。《唐・卡洛斯》曾被搁置了一段时间；席勒现在又重新将之拾起，而在闲暇时则追寻着另一个念头：他开始创作小说《招魂唤鬼者》。

他就这样渐渐找回了活力。1786 年 10 月，他志得意满地向出版商葛勋宣布，《唐・卡洛斯》年底就能完成。

显而易见，他成功“再度新生”。

第十二章

《唐·卡洛斯》的诞生——行动的阻碍与人类的激情——波萨侯爵发迹史——粉墨登场前的踌躇——转向小说《招魂唤鬼者》——从左派阴谋到右派阴谋——密谋家、秘密结社和卡里斯玛——波萨侯爵与启蒙辩证法

《唐·卡洛斯》——席勒是1782年夏天从达尔贝格那里获得的灵感。达尔贝格把德·圣·雷亚尔神父[①]1691年版的《唐·卡洛斯秘史》(*Histoire de Dom Carlos*)留给席勒作读物，提示他说，从中很可以写出些适合剧院的东西。达尔贝格了解他的观众，知道催人泪下的古装家庭剧一定很受欢迎。例如，约瑟夫·奥古斯特·封·托林伯爵(Joseph August Graf von Toerring)的《阿格尼斯·贝尔瑙厄琳》(*Agnes Bernauerin*)在曼海姆的演出就大获成功。[②]达尔贝格相信，将费利佩二世之子的悲伤故事改编成戏剧，也会有类似的效果。圣·雷亚尔的叙述更像小说，基本不太注意史实的准确。费利佩二世的第三个妻子、瓦卢瓦(Valois)家族的伊丽莎白(Elisabeth)，原本是被许配给了储君唐·卡

---

① 塞萨·维查德·德·圣·雷亚尔(César Vichard de Saint-Réal, 1639~1692)，法国作家、历史学家，其作品并非严格的历史著作，而是包含着文学虚构，在当时广受欢迎。席勒在创作《唐·卡洛斯》时曾参考了他的《西班牙国王费利佩二世之子唐·卡洛斯秘史》(*Histoire de Dom Carlos, Fils de Philippe* Ⅱ *Roy d'Espagne, 1672*)(1691年版)，参见Friedrich Schiller: *Don Karlos*. Hg. von Gerhard Kluge, Frankfurt a. M. 2009, S. 1050。

② 约瑟夫·奥古斯特·封·托林伯爵(1753~1826)，巴伐利亚政治家、剧作家，巴伐利亚科学院成员，著有《阿格尼斯·贝尔瑙厄琳》(1780)。

洛斯。[①]这位法国作家想要让她的形象更加光明，于是把费利佩塑造成了恶人，而唐·卡洛斯则是无辜的牺牲品。圣·雷亚尔将王子与王后的情事推到了故事的中心，尽管历史上对此并无确凿记载。到最后，妒火中烧的费利佩让宗教裁判所处决了自己的儿子，又让王后中毒身亡。这也是史料中所没有的。至少根据官方说法，宗教裁判所并没有什么动作。唐·卡洛斯被父亲剥夺了继承权，又因其举止狂躁易怒甚至有虐待倾向，而遭到监视，最终死于肠道感染。但当时人们便怀疑王子也和三个月后离世的王后一样，都是被人下了毒而死的。

/ 230

圣·雷亚尔始终是席勒主要的素材来源，尽管他之后还使用过其他一切更忠于史实的历史书籍，例如罗伯特·沃特森（Robert Watson）《西班牙国王费利佩二世执政史》（*Geschichte der Regierung Philipps des Zweyten, König von Spanien*）1778 年的德语译本[②]，以及威廉·罗伯逊（William Robertson）《皇帝查理五世执政史，及欧洲社会生活自罗马帝国覆灭至十六世纪初之兴盛与发展概况》（*Geschichte*

① 1559 年，来自哈布斯堡家族的西班牙国王费利佩二世（Felipe Ⅱ，又译腓力二世，1527~1598）与出身瓦卢瓦家族的法国国王亨利二世（Henri Ⅱ，1519~1559）及英国女王伊丽莎白一世（Elizabeth Ⅰ，1533~1603）签订了《卡托－康布雷齐和约》（Peace of Cateau-Cambrésis），结束了法西两国自 1459 年以来为了争夺在意大利的霸权而发动的意大利战争。为了确保和约的履行，亨利二世将时年 14 岁的女儿伊丽莎白·德·瓦卢瓦（Elisabeth de Valois, 1545~1568）许配给费利佩二世，尽管她之前已与卡洛斯（Carlos de Austria, 1545~1568）订婚。卡洛斯同情信仰新教的西属尼德兰的起义，本期待父王任命他为尼德兰总督并和平地平息动乱，但费利佩二世拒绝，并委任阿尔巴公爵镇压尼德兰起义。卡洛斯因此与其父不合，性情乖张，最终被剥夺继承权并遭软禁，在因叛国罪受审前离世。

② 苏格兰历史学家罗伯特·沃特森（1730~1781）于 1771 年出版了其著作《西班牙国王费利佩二世执政史》，1778 年被译为德语。

der Regierung Kaiser Carls V. Nebst einem Abrisse vom Wachstume und Fortgange des gesellschaftlichen Lebens in Europa, vom Umsturz des römischen Kaisertums an, bis auf den Anfang des sechzehnten Jahrhunderts）1771 年的德语译本[①]。若干年后，席勒还将为了他的《尼德兰独立史》（*Abfall der Vereinigten Niederlande*）[②] 这部历史巨著而参考这几部作品。

席勒之所以能毫无顾忌地以圣・雷亚尔为基础，是因为他所在意的并非历史真实，而是心理上的可能事件以及强有力的戏剧效果。至于他和历史真实的关系，席勒已在《斐耶斯科》的后记中把该说的都说了："我敢说自己马上就能搞定历史，因为我不是……写历史的。在我看来，只要能通过大胆的虚构在我的观众胸中激起哪怕一次情绪大迸发，就远胜过最严谨的历史精确。"[③]

而他在圣・雷亚尔那里发现的历史，不仅会在"观众胸中"产生影响，更是首先让席勒自己的"情绪大迸发"。他在这儿也发现了在前几部作品中就深深吸引他的母题：父子冲突、阴谋诡计，以及一场致命的爱情。还有一个他在《强盗》中只是一笔提过的主题也能在此展开：宗教裁判所。它被视为邪恶的代名词，被时代的启蒙精神钉上了耻辱柱。今天的人们相信自己已克服了那段黑暗的时代，但他们之所以依旧回忆起早已不复存在的宗教

① 威廉・罗伯逊（1721~1793），苏格兰历史学家，苏格兰启蒙运动的代表人物之一，曾任爱丁堡大学校长，其著作《皇帝查理五世执政史，及欧洲社会生活自罗马帝国覆灭至十六世纪初之兴盛与发展概况》于 1769 年在伦敦出版，1771 年被译为德语。

② 席勒于 1788 年出版了其历史著作《尼德兰联省脱离西班牙统治独立史》（*Geschichte das Abfalls der Vereinigten Niederlande von der Spanischen Regierung*）第一卷（一般简称为《尼德兰独立史》），参见本书第十三章。遗憾的是，席勒未将这部历史巨作写完。

③ MA Ⅰ, 753. 语出席勒为《斐耶斯科在热那亚的谋叛》在曼海姆的演出而作的宣传材料《给观众的提醒》。

裁判所，是为了作为警醒，在记忆中唤起那黑暗时代的反面图像。“此外我还要在这部剧中给自己立下义务，通过对宗教裁判所的描写为被逼为娼的人类复仇，将它的耻辱污点令人畏惧地钉在耻辱柱上。”（致莱因瓦尔德，1783 年 4 月 14 日）

在创作《斐耶斯科》时，席勒已经认识到，政治行为只有“出自人心”，才适合搬上舞台；而他也在剧作前言中断言，作为市民作家的自己尤其有资格将政治心理化、内在化。“我和市民世界的关系也让我更了解人心而不是内廷，或许这种政治弱点已转变为文学美德。”①

/ 231

1783 年春在鲍尔巴赫的第一个创作阶段，席勒极其用心地关注了不幸爱上继母的卡洛斯。他对待卡洛斯就像对待情人一样，席勒在给莱因瓦尔德的信中写道：“我和他一起，徜徉在鲍尔巴赫近郊。”（致莱因瓦尔德，1783 年 4 月 14 日）

很可能正是在鲍尔巴赫的这个春天，当席勒漫步在鲍尔巴赫附近还浸着雨露的草地、还很松软的小路的时候，诞生了阿兰胡埃斯（Aranjuez）御花园中第一场戏的那几行诗。多明各（Domingo）对卡洛斯：“最美的春日——欢悦的花园——/ 周围是一片花海的田野——/ 甚至天空也与大地争艳，/ 艺术与自然斗奇——只为了博您开心。”②

席勒在鲍尔巴赫勾勒了剧本的大纲。他要用“五步”③给这段危险的爱情系个死结，到最后解开时导致灾难。同样深爱着唐·卡洛斯的艾伯莉公主（Prinzessin Eboli）促成了一系列误会，一场针对王子的宫廷阴谋拉开了帷幕。妒心极盛的费利佩

① MA Ⅰ, S. 641

② MA Ⅱ, S. 1101. 这几行诗是席勒发表于《塔利亚》杂志上的断篇，并未收入定本。

③ MA Ⅱ, S. 1099f.

“决定了其子的毁灭”。波萨侯爵也已在大纲中出现，他为了保护朋友卡洛斯，将秘恋王后的嫌疑引到自己身上。但在第一份草稿中，这一设计并无后续，波萨又悄无声息地消失了。国王依旧怀疑他的儿子。王子和王后放弃了他们的爱情。或许席勒在初稿中就已考虑到，要用某种方式把宫中的爱情故事和佛兰德（Flandern）①的起义联系到一起。在第四幕的笔记中有这么一句：“国王发现了王子的一场叛乱。”宫廷与宗教裁判所必须在剧末经历一场大失败。卡洛斯虽然死了，但控诉他的人却被揭穿，显露出罪犯的嘴脸。整部剧应当以“被欺骗的国王之悲痛”及对欺君之“始作俑者的复仇”结尾。也就是说，没有旧势力的胜利，但也没有新势力令人瞩目的登场。波萨侯爵的伟大密谋和自由之“暴政”的问题，虽然之后会成为全剧的思想核心，但在这里还未显现。

1784 年夏，当席勒正为了曼海姆剧院的续聘而斗争的时候，他在达尔贝格面前如此夸赞自己这部初露雏形的新戏：“《卡洛斯》肯定不会是一部政治剧——说到底，这是一出帝王世家中的家庭戏。”（1784 年 6 月 7 日）这标志着席勒有意讨好剧院总监的口味和他对待政治的谨慎，因为政治维度——“王子的一场叛乱”——本来是在全剧最初构思时就有的。

在和曼海姆剧院分道扬镳之后，席勒把精力集中到了《唐·卡洛斯》的创作中。他不再受义务的约束，有时间，还需要钱。他希望尽快把剧本写完，给自己定下不切实际的期限。1784 年秋，他决定不同于自己之前的剧本，要用抑扬格（Jambus）来写这出新剧。这与他先前几个月在剧场中所经历

① 佛兰德（荷兰语 Vlannderen）泛指尼德兰地区，也包括今天比利时的弗莱芒地区。

286 的屈辱有直接关联。他之所以选抑扬格的诗歌形式，是有意要抬高格调，将之作为对风格的打磨，并以此从剧院阴谋的泥潭中抽身而出。现在他考虑的不再是使他觉得自己抬不起头的现实剧院，而是一个想象的剧院；他要用诗行赋予文字以新的珍贵与精致，并让它们在剧院中鸣响。施特莱歇尔描绘了席勒一开始下了多大的功夫，到最后又从中收获了多大的喜悦。“为了让抑扬格诗行流畅，他不得不尝试按着韵律去思考。但只要一场戏披挂上了这种格律，他自己便发现这不仅是最适合戏剧的形式，而且因为抑扬格甚至还能强调平庸的想法，就更会令遣词造句中的崇高与美感愈显高雅。大功告成之时，他的欢乐与享受便提高了他对生命与工作的乐趣。”①

但席勒所感受到的并不仅仅是这种新的乐趣，更有一种责任。维兰德于1784年在《德意志水星》杂志（*Der Teutsche Merkur*）②上给剧院诗人的建议，给席勒很大启发。维兰德说，剧院诗人得学会运用诗行，才能在德国戏剧与法国戏剧的比较中，赋予德国戏剧更高贵的名誉。

在动身前往莱比锡之前，席勒笔耕不倦，怀着兴致勤奋地创作他的剧本。又有新的主题从他的生活中进入了作品。当他将命运与科尔纳和胡博的友谊联结起来之后，他构思了唐·卡洛斯与波萨侯爵之间那几出伟大的戏，而友谊的主题也赢得了远超最开始计划的重要意义。

/ 233 直到1787年动身前往魏玛之前，席勒在莱比锡、戈利斯与德累斯顿度过的两年总是断断续续地继续着创作；而当他最终

---

① Streicher 1959, S. 214.

② 《德意志水星》是克里斯多夫·马丁·维兰德及几位同僚于1773~1789年编纂出版的文学评论杂志，一开始为季刊，自1785年起改为月刊。

完成时，剧本篇幅早已超出了所有德语戏剧艺术迄至当时为止的体量。在完工前的最后几周，作品就像磁石一样，有那么多的想法在吸引着他。他其实可以一直写下去。1787 年 4 月 22 日，他在给科尔纳的信中写道："另外，你可以发现，我不得不放弃许多绝妙的想法……《卡洛斯》现在已经装得太满，而这些其他的种子只会在臻于完善的收尾关头发出芽来，让我措手不及。"

席勒这些年来学到了很多，也变了很多。这些都会在剧本中显现。当他开始创作时，席勒还对自己非常好奇。没错，他是会写出一部作品，但这部作品又会把他变成什么样子？

1787 年夏，在完成《唐・卡洛斯》、告别德累斯顿之后，席勒曾在魏玛城堡花园与赫尔德的一次交谈中说，自己"在漫长的文艺工作过程中"发生的变化，让他倍感特别；而鉴于他始终在"进步"，于是"在这样一部作品收尾时的思想与感受，就会与刚开始时完全不同"（致科尔纳，1787 年 8 月 8 日）。

构思中最重要的变化，就是波萨侯爵强有力的出场，甚至将主角唐・卡洛斯挤到一边。席勒在 1788 年发表的《〈唐・卡洛斯〉通信》（*Briefe über Don Karlos*）① 中回应了对他作品的批评，就这一点也做了说明："与此同时，涌入我脑海的新念头取代了原来的构想；即便是卡洛斯也不再叫我喜欢"，而正是波萨"取代了他的位置"。② 我们可以很精确地确定发生这一转变的日期。四期《塔利亚》杂志——1785 年 3 月、1786 年 2 月、1786

---

① 《〈唐・卡洛斯〉通信》是席勒于 1788 年发表于《德意志水星》上的一系列阐释自己剧作的信件，共 12 封，分别发表于 1788 年第三期（7 月出版，含第 1~4 封信）与第四期（12 月出版，含第 5~12 封信）。

② MA Ⅱ, S. 226.

年 4 月、1787 年 1 月——陆续刊登了剧本的若干场景，就到国王与波萨侯爵在第三幕的那场影响深远的会面之前。

当席勒于晚秋将手头已写完的戏交去付梓的时候，国王与波萨的这一场戏（书中的第三幕第十场）还尚未完成。正是在这几个星期，席勒再度搁置了《唐·卡洛斯》的写作，开始新的工作，即小说《招魂唤鬼者》——整个过程颇为奇怪。我们还是先详细考察一下在波萨侯爵与国王费利佩二世的那场伟大对话之前的情节与人物之发展吧。

唐·卡洛斯爱着他父亲的妻子伊丽莎白。这不是乱伦的冲动，因为伊丽莎白不是他的母亲，而是一位与他年纪相仿的姑娘，首先被许配给他，随后却因为王室联姻的考虑，被卡洛斯的父亲娶作（第三任）王后。但是这份爱在他自己和他父亲眼中——如果被父亲察觉的话——却是一种罪孽，因为儿子不得侵入父亲的权力范围，而女人正属于其中。唐·卡洛斯必须有所伪装，藏起自己的情感。他的爱不能公开，王子必须谨言慎行，因为他活在无数圈套之间，活在怀疑与假面的环境中；这是宫廷的世界，所有人都得小心翼翼，尤其是王子。"我知道，"卡洛斯在阿兰胡埃斯的花园中对多明各说，"有千万双眼睛拿了钱来监视我。"①

危险的情感和宫廷生活错综复杂的关系，使得王子内心与外部的困境在戏中变得越发尖锐。外在的形式——例如王子拜见继母都必须先由国王批准——以及语言习俗还能控制住欲望，而如果欲望还是得到了表达，那也是含蓄而隐晦的。重要的东西只能点到为止。

---

① MA Ⅱ, S. 1108. 语出《唐·卡洛斯》载于《塔利亚》杂志上的断篇，未收入定稿。

席勒在《斐耶斯科》中呈现了一台化装舞会，主人公像君主一样，兴致勃勃地把一切都安排妥当。然而这里的假面却是出于强制与恐惧。由于内心活动找不到恰当的表达，卡洛斯胸中的紧张与日俱增，每个瞬间都有可能爆发。在第一场戏中就已经到了这般地步。卡洛斯情绪激动地对多明各神父说："你说母亲？/哦苍天啊，让我忘记那个/把她变成我母亲的男人！"[①]王子的选词掂量得不够小心，也没有意识到神父是要诱使他不由自主地承认心中禁忌的情感。卡洛斯演得还不够好，也不知道人们和他玩的究竟是哪一出。害怕"'疑心'这条毒蛇的啃咬"[②]让他无法行动。或许席勒曾借助巴尔塔沙·葛拉西安（Baltasar Gracián）的《智慧书》（*Handorakel*）[③]研究过西班牙宫廷社会中作为行为准则的"冷漠"。毕竟这是他老师阿贝尔所喜爱的书籍。但至少卡洛斯还没有熟谙此道。他想要真诚，想要热心，他的内心就像18世纪晚期的一位多愁善感的市民。然而他却必须隐藏他的情感，而他的行动也因此受阻。行动的障碍，让他看上去仿佛是哈姆雷特（Hamlet）的兄弟。

他的朋友波萨侯爵的登场则大不相同。和他一对比，卡洛斯便怀着羞怯与忧郁意识到了自身的拘束、停滞与碌碌无为："一条隐蔽的虫/正啃食着这株骄傲灌木的心，/于是它永远无法生长。"[④]在《塔利亚》断篇中，一时还分不清楚波萨侯爵的葫芦里

---

① MA Ⅱ, S. 1104. 语出《唐·卡洛斯》载于《塔利亚》杂志上的断篇，未收入定稿。

② MA Ⅱ, S. 13. 语出《唐·卡洛斯》第一幕第一场，第124诗行，汉译参见《席勒文集》（第三卷）第12页，有改动。

③ 巴尔塔沙·葛拉西安（1601~1658），西班牙作家、耶稣会士，其名著《智慧书》（*Oráculo manual y arte de prudencia*, 1647）收集了三百余条人生箴言，对后世叔本华、尼采等哲学家产生了重要影响。

④ MA Ⅱ, S. 1112. 语出《唐·卡洛斯》载于《塔利亚》杂志上的断篇，未收入定稿。

卖的是什么药。剧中自然有真心的友谊，二人在回忆中沉醉；但波萨还是保持了距离，他在王子眼中看到的是未来的统治者。卡洛斯向他承认了对王后的爱，波萨大惊失色，警告朋友：“请您照顾 / 您父亲的安宁！”① 这是波萨的一个念头，但他立刻就准备好为王子与王后的见面牵线。波萨侯爵想要帮王子一把，将他对王后的无望激情转移到政治行动上来。波萨要为佛兰德的自由斗争赢得自己的朋友。

《塔利亚》版本里只是暗示了波萨侯爵的计划，但在成书的版本中却能清晰地看出，波萨是在组织一场真正的密谋以解放尼德兰。卡洛斯应当在其中扮演重要角色，因此他对王后的爱应当转化为对全人类的爱，并应当以大爱之名，成为尼德兰自由斗争的领袖。波萨只把这个计划透露给了王后，要求她也升华自己的爱。这对王后而言不那么困难，因为她爱得不那么激烈。但侯爵还没有为这个计划争取到卡洛斯。王子还在自己情感的监牢中酝酿着他的爱情，被宫廷的势力监视着一言一行。

在第二次见面时，卡洛斯向朋友提议两人以“你”相称，侯爵则提醒说，等级之间不可逾越的鸿沟使他们分隔。卡洛斯呼唤超越一切等级限制与宫廷礼俗、联结起所有人类的“心”。侯爵最终同意了，给了他一个大大的拥抱，互相立下忠诚的誓言。王子向上天的权柄呼喊：“这里相拥，/ 这里相吻，在你的面前，/ 两位青年，充满梦想的勇气，/…… / 在下界 / 人们总叫他们君王与臣子，/ 但在天上却称为兄弟。”②

侯爵敬佩王子的热情，却保持着一颗清醒的头脑：“请善意

① MA Ⅱ, S. 1116. 语出《唐·卡洛斯》载于《塔利亚》杂志上的断篇，未收入定稿。

② MA Ⅱ, S. 1139. 语出《唐·卡洛斯》载于《塔利亚》杂志上的断篇，未收入定稿。

地低头 / 朝这美丽的幻象微笑吧，/ 崇高的命运。”只在那短短的一瞬，卡洛斯才决心将友谊的热情引向更宏大的政治：“和你手挽着手——/ 我要挑战我的世纪！”①

卡洛斯是个感性的人，侯爵则是个策略大师，始终紧盯着将来；王子却听凭一时情绪的摆布。正是出于一时兴起，卡洛斯向父王要求已交给阿尔巴公爵（Herzog von Alba）的佛兰德军队的指挥权，但未能成功。在短暂踏足政治却失望而归之后，王子再度成为其爱意情感的牺牲品，最终导致了他在同样爱着王子的艾伯莉公主面前的致命误解。她约王子前去幽会，可王子却以为邀请他的是王后。当他在约定的地点没有见到王后，只看见公主时，无法再掩饰脸上的失望。艾伯莉被深深地伤到了。从现在起，她就要为自己受了伤的爱情复仇。

就这样，卡洛斯又重新落入了爱情的喧嚣，侯爵试图将他带离的种种努力，也全是白费力气。侯爵告诫王子，他表面上爱的是王后，其实爱的不过是他自己，他不应再这样下去，而应该将他的爱扩展到整个人类。为了普遍的自由，他要完成一份公共的使命，不应把珍贵的时间浪费在毫无前途的激情之上。侯爵提醒王子毋忘他的公共义务，伟大的使命不给儿女情长留任何时间，而侯爵则作为这使命的代管人登场：“不是作为少年卡洛斯的游伴，站在这里——我是作为全人类的代表在拥抱您，/ 是佛兰德各省 / 扑在您的胸前哭泣。”② 侯爵就这样敲打着他忧郁的朋友的良心：“是的，/ 从前情况完全不同。你那时如此富有，/ 如

① MA Ⅱ, S. 1139. 亦见 MA Ⅱ, 44. 语出《唐·卡洛斯》第一幕第九场，汉译参见《席勒文集》(第三卷)，第 63 页。

② MA Ⅱ,S. 1111. 亦见 MA Ⅱ, S. 14. 语出《唐·卡洛斯》第一幕第二场，汉译参见《席勒文集》(第三卷)，第 14 页。

此温暖，如此富足！你那广阔的胸怀 / 包容整个世界。这一切现在全都 / 荡然无存，为一种激情，/ 一种渺小的自私心所吞噬净尽。/ 你的心已经死灭。对于佛兰德各省 / 极端痛苦的命运你已没有眼泪可流，/ 你对此连一滴眼泪也没有！——啊，卡尔，/ 你变得多么贫穷，贫穷得像个乞丐，/ 自从你除了自己谁也不爱以来！”①

/ 237 波萨侯爵现在该拿卡洛斯怎么办呢？情况很不乐观。侯爵料到受了羞辱的艾伯莉会将王子对王后的爱偷偷告诉国王，她一定会为自己报仇。多明各神父和阿尔巴也早已让国王起了疑心，他们为了扳倒卡洛斯并确保自己的权力，会更加强国王的妒意。国王不知如何是好，更不知道是否应当相信这些指责。《塔利亚》断篇最后几幕之一，就包含了国王的一长段独白：“现在请赐给我一个人，善良的命运。”② 他翻阅着档案——诺瓦利斯曾称之为“国家的记忆”——一眼就看到了波萨侯爵的名字。档案上记载着不少他的光辉业绩，但他却甚少在宫廷中露面。他为什么不来向国王讨一声感谢？“我的上帝，在我统治的众多王国之中，/ 无求于我的，就他独自一人！”③ 此人必然一身正气。可以向他询问，可以委以重任，国王想。

《塔利亚》断篇的场景就到百官觐见国王为止。在这个过程中，波萨侯爵的名字被点到。但在波萨入殿之前，断篇便戛然而止了。

---

① MA Ⅱ, S. 1204f. 亦见 MA Ⅱ, S. 96. 语出《唐·卡洛斯》第二幕第十五场，汉译参见《席勒文集》（第三卷），第 144 页。

② MA Ⅱ, S. 1222. 亦见 MA Ⅱ, S. 111. 语出《唐·卡洛斯》第三幕第五场，汉译参见《席勒文集》（第三卷），第 169 页，有改动。

③ MA Ⅱ, S. 1223. 亦见 MA Ⅱ, S. 112. 语出《唐·卡洛斯》第三幕第五场，汉译参见《席勒文集》（第三卷），第 171 页。

1786年夏末，《唐·卡洛斯》就发展到这里。现在，有新的东西开始浮出水面。现在饰演主角的不再是卡洛斯，而是波萨侯爵。现在，人类热情的深渊将会显现，追求自由的意志将会展露其专横的一面。“暴政”①——在他的《〈唐·卡洛斯〉通信》中，席勒将会用这个词代指波萨侯爵。

席勒将会用波萨侯爵这个形象去摸索历史的隐蔽心房。在波萨侯爵的矛盾中，他预料到了一种启蒙的辩证：理性向人类幸福之暴政的转变。不久之后，这种辩证就在法国大革命中化作了现实。

但席勒还在犹豫：他发现眼前是一项浩大的工程。他想要深入思考启蒙辩证法和革命之困境：革命希望解放个体，但同时却将其消耗殆尽。他在《〈唐·卡洛斯〉通信》中写道，为了继续写下去，自己需要“一颗完全不同的心”。② 他知道全剧的中心将会从唐·卡洛斯转移到波萨侯爵。必须得找到一种过渡方式，使重心的偏移在戏剧上成为可能。可是要怎么找？ 238

他必须把侯爵塑造成行动的载体；为此，波萨需要赢得费利佩的信任。“但全剧的结构只允许我用唯一一场戏，”席勒写道，“去实现这超乎寻常的效果。”③ 至少有一点他很清楚：这场戏也将有超乎寻常的分量；他必须成功地让这个热心于自由的人，这个革命家，这个冷静的策略大师以一种能施展其全部魔力的方式登场。必须令人信服地让国王也对他刮目相看。但

① MA Ⅱ, S. 262.

② MA Ⅱ, S. 226.

③ MA Ⅱ, S. 227.

国王之后还应继续代表旧势力的精神。在理念的高原，革命的精神与专制的精神必须相互碰撞。换言之：必须把18世纪末欧洲对于自由与秩序的话语聚拢到一起，这里所要求的是一出理念的大戏，是政治—哲学上的种种矛盾的一场搏击表演。但席勒不可能知道：这一切所发生的历史时期，恰恰是大革命的前夜。

席勒之所以在一开始被这项工程吓退，正是因为预感到它会对自己提出何种苛求。因此他先用一个新计划暂作回避，开始创作小说《招魂唤鬼者》。

这部小说讲述的是一场阴谋，即耶稣会——或许是玫瑰十字会——秘社导致一位新教的王位继承人改宗的密谋。席勒一个猛子扎入秘密结社、共济会分舵和阴谋诡计的那个含混不清且神神秘秘的世界；这个世界一半真实，一半幻想，在法国大革命前夜吊起了整个欧洲舆论的胃口。

席勒中断《唐·卡洛斯》的创作是为了赢得与作品的距离、获取新的力量。可他从一部关于左翼共和派之谋反的戏剧中缓过神来的方式，却是埋头创作一部关于右翼阴谋的小说。

/ 239 由于席勒暂时放下了《唐·卡洛斯》的创作，我们也暂停一下对这部戏剧的分析，像席勒一样转向《招魂唤鬼者》。

当《招魂唤鬼者》在《塔利亚》上连载两期、席勒被出版商和读者催着更新之后，他给科尔纳写信说：“这该死的《招魂唤鬼者》让我到现在都提不起兴趣；究竟是哪个魔鬼给了我这个题材！”（1788年3月6日）

这个在1786年夏天给了席勒这部小说灵感的魔鬼，出自一种时代精神正在翻涌的情绪。这一年中发生的几桩事情，吊起了读者的胃口：法国的“钻石项链丑闻”①、原形毕露的卡廖斯特罗及其倒台②；反“光照派”运动及其秘密仪式的曝光；弗里德里希二世于1786年8月17日逝世；弗里德里希·威廉二世（Friedrich Wilhelm Ⅱ）③继承普鲁士王位，他的蒙昧主义倾向天下皆知，人们纷纷担心启蒙的时代将会在他手上终结。空气中笼罩着一种将要变天的预感。

尤其是卡廖斯特罗的得势与倒台，更让人觉得是世界将要分崩离析的征兆。关于这场发生在1785年冬至1786年初的“钻石项链丑闻”，歌德曾在《法兰西战纪》（*Campagne in Frankreich*）中写道：“项链的故事在1785年就已经像戈耳工

① “钻石项链丑闻”（法语*l'affaire du collier de la reine*，德语称Halsbandaffäre）是1785~1786年发生在巴黎的一桩惊天骗局。落魄贵族德·拉·莫特伯爵夫人（Comtesse de La Motte）欺骗想要讨好王后玛丽·安托瓦内特（Marie Antoinette, 1755~1793）的红衣主教德·罗昂（Cardinal Louis-René de Rohan, 1734~1803），谎称王后想要一条名贵的钻石项链。主教立刻向两位珠宝商人订购并承诺分期付款。伯爵夫人伪造了王后的签名并骗走了项链，将之拆分后出售，中饱私囊；当主教无力支付款项时，珠宝商设法面见王后，这才了解到其中的骗局。尽管后世多数史家认为王后并不知情，但当时种种传言认为德·拉·莫特伯爵夫人是王后同谋，陷害罗昂主教，让大骗子卡廖斯特罗盗走了项链。“钻石项链丑闻”沉重打击了玛丽·安托瓦内特在民众心中的形象，使得王室的声誉一落千丈。

② 阿莱山德罗·卡廖斯特罗伯爵（Alessandro Conte di Cagliostro, 1743~1795），原名朱塞佩·巴尔萨摩（Giuseppe Balsamo），意大利冒险家，自称是埃及共济会成员，声称懂得招魂术与炼金术，游走于法国大革命之前的欧洲宫廷，因为深陷“钻石项链丑闻”而遭逮捕，最终死于狱中。

③ 弗里德里希·威廉二世（1744~1797），1786年登基成为普鲁士国王。他厌恶弗里德里希二世的开明君主专制，于1788年重新引入了书报审查制度并收紧了宗教自由，禁止除新教改革宗与路德宗之外的宗教团体传教，同时禁止宣讲不符合基督教教义的内容，遭到广泛的抵制与反对。

的头颅①一样，把我吓得不轻。我眼睁睁地看着国王的尊严正是因为这一闻所未闻的恶劣行径降到了谷底、在革命之前就被消灭，而从这一天起，事态的所有发展不幸都证实了这可怕的预想。”②

对于卡廖斯特罗现象，席勒起初表现得很冷静。1781年夏，他为《斯图加特实用及消遣新闻报》（*Stuttgarter Nachrichten zum Nutzen und Vergnügen*）撰写了一篇题为《卡缪斯特罗——无事生非》（*Caglistro-viel Lärm um Nichts*）③的报道，其中写道：“不管他是谁，只要人们把迄今所报道过的一切综合起来，就可以确定，此人远远算不上什么能让盲人复明、让瘫痪者重新行走……或是让已半截入土的人重获生机的圣徒式的人物。”④尽管心存疑虑，但他还是怀着浓厚的兴趣追踪着“钻石项链丑闻”的发展，这在当时也是不可避免的。

/ 240 卡廖斯特罗原名朱塞佩·巴尔萨摩，来自西西里岛的一个穷人家庭，通过魔法招魂、炼金实验和神秘预言让他的观众尤其是来自贵族阶层的观众极为着迷，而他自己也借此得以出入法国国王的宫廷。他受主教罗昂委托，要为王后玛丽·安托瓦内特⑤置

---

① 戈耳工（Gorgone），古希腊传说中的蛇发女妖，共有三个，分别是斯希娜（Stheno）、尤瑞艾莉（Euryale）和美杜莎（Medusa）。根据神话，人只要看一眼戈耳工三姐妹的头，就会立刻被石化。

② MA 14, S. 510.《法兰西战纪》是歌德自传性的散文，记录了他于1792年跟随魏玛公爵在第一次反法同盟中参加瓦尔密炮战（Kanonade von Valmy）的经历，于1822年出版。

③ 席勒在这里化用了莎士比亚的喜剧《无事生非》（*Much adoe about nothing*，德语译为 *Viel Lärm um Nichts*，1600）的标题。

④ MA V, S. 849.

⑤ 玛丽·安托瓦内特，奥地利女皇玛利亚·特蕾莎之女，法国王后，1793年10月在法国大革命中被送上了断头台。

办一条钻石项链，但到了交付的时候，这条珍贵的项链却不翼而飞，而用于购置项链的钱也不见了。人们怀疑卡廖斯特罗从中做了手脚，尽管不能证明他有罪，还是将他驱逐出境。这桩丑闻揭露了王室腐败、轻率与奢侈的深渊。不只是歌德一个人将这一事件视为欧洲贵族日后命运的不祥之兆。

关于卡廖斯特罗，歌德早在1781年致拉瓦特[①]的一封信中写道："相信我吧，我们的道德与政治世界就像一个大城市常有的那样，底下早已挖了各种暗道、地窖和阴沟，没有人想到或者考虑……它们之间的关联。"[②]在"钻石项链丑闻"大白于天下之后，席勒也将卡廖斯特罗的得势与倒台视为一个地底被挖空的世界陨落前的征兆。

1786年5月，席勒在《柏林月刊》这份启蒙运动的核心刊物上，读到了女作家伊丽莎·封·德·雷克（Elisa von der Recke）[③]撰写的一篇揭露真相的报道，其中描写了她在自己位于波罗的海地区的叶尔加瓦城中的庄园与卡廖斯特罗见面的场景。女爵曾一度被这个江湖术士蒙蔽，希望从他那儿得到医学诊疗，并一起召唤鬼神。但她现在已破除了幻想，将卡廖斯特罗形容为一个骗子，描述了他的若干把戏，得出结论：即便是已启蒙的人，也并不总能免于陷入"占了上风的不切实际的幻想、招魂

---

① 约翰·卡斯帕尔·拉瓦特（Johann Caspar Lavater, 1741~1801），瑞士教士、作家，歌德好友，开创了面相学（Physiognomie），即从人的面部特征推断其性格。

② Goethes Brief, Bd. 1, S. 365.

③ 伊丽莎·封·德·雷克（1754~1813），生于拉脱维亚，波罗的海德意志人，于1779年发表了《关于臭名昭著的卡廖斯特罗1779年在米陶之逗留及其魔术伎俩的消息》（*Nachricht von des berüchtigten Cagliostro Aufenthalt in Mitau im Jahre 1779 und dessen magischen Operationen*），揭穿了卡廖斯特罗的真面目。米陶（Mitau）即今天拉脱维亚的叶尔加瓦（Jelgava）。

唤鬼以及其他秘术”的危险。[①]

伊丽莎·封·德·雷克之所以要写这篇文章，是因为卡廖斯特罗在“钻石项链丑闻”的审判中，将伊丽莎的父亲搬了出来，作为自己名誉的担保。在女爵拜访德累斯顿的科尔纳夫妇时，席勒得以认识了她本人，并由此了解到更多她与卡廖斯特罗接触的经历。此人虽然是个骗子，但是——席勒在同女爵的对话中至少会意识到这一点——此人一定是个天才的骗子。他肯定不能施什么魔法，却能让人像着了魔一样。不仅仅是力图揭露真相的启蒙精神，更多的是出于对这种不祥的卡里斯玛的 / 241 着迷，席勒才让他小说中的那个神秘的亚美尼亚人作为人类捕手而非单纯的江湖骗子登场。席勒同样被这种神秘所触动。就连他也不能免俗。

对秘密的兴趣当时风头正劲。启蒙之光暂时失去了辉煌，它本来也没有下沉到普通民众中；而在贵族圈子中，人们也只是和理性玩玩游戏，实际上都在练习“桌灵转”（Tischrücken）的招魂术[②]。到18世纪末，“神异”（Das Wunderliche）又得以大摇大摆地作为“奇妙”（Das Wunderbare）登堂入室。先前被关在劳教所的“神医”现在又跑来露头，城市里的人们又聚集到一起听所谓先知宣扬世界末日或者救世主降临的布道。在萨克森和图灵根，驱鬼者伽斯纳（Gaßner）又开始兴风作浪，而莱比锡的酒店老板施莱普菲尔（Schrepfer）又作为招魂人短暂地出了一阵风头。社会的风气变了，人们又开始喜欢神秘的东西，对

---

① Dann 2002, S. 1021.

② 所谓“桌灵转”是一种流行于18世纪的招魂术：一群人围坐在一张圆桌边，将手置于桌上，共同发挥精神力，使得桌子开始转动，此时逝者的灵魂便将显灵并说出有关生者的预言。

透明性与世界的可预期性的信仰变弱了。对神秘与奇异事物的兴趣也同样出现在世纪末的文学文化中，预示着日后浪漫派精神的爆发。在这种山雨欲来风满楼的气氛中，卡廖斯特罗这一类骗子凭着命运和自己的本事出人头地，竟成了神话一般的人物。他们如同彗星划过天际，人们可以在社会的天空短暂地发现他们的身影。

由于今天对恐怖主义的过度敏感、对阴谋论的过度热衷，我们完全可以设想，当时对于秘密结社与密谋的臆测令公众的不安达到了何种程度。但这种氛围却对一种文学体裁相当有利，这便是秘社小说——席勒的《招魂唤鬼者》也属于这一类。此类小说用吸引人的恐怖语气讲述神秘组织及其行事，在18世纪八九十年代，出现了接近二百部叫得上名的作品。尽管其中大多数只属于通俗读物，却对文学高峰产生了极大影响。在歌德的《威廉·麦斯特》中就有神秘的“塔社”（Turmgesellschaft）①；让·保尔（Jean Paul）的《提坦》（*Titan*）②、阿希姆·封·阿尔尼姆（Achim von Arnim）的《皇冠守卫者》（*Die Kronenwächter*）③或是蒂克的《威廉·洛维尔》（*William*

---

① “塔社”，典出歌德《威廉·麦斯特的学习时代》，小说中对威廉的成长轨迹施加过影响的大多数角色都是“塔社”这一神秘社团的成员，威廉的学习时代是“塔社”一手安排的结果，见《学习时代》第七卷第九章。参见《歌德文集》（第二卷），第464~469页。

② 让·保尔（1763~1825），原名弗里德里希·里希特（Friedrich Richter），因崇敬让－雅克·卢梭而改名，代表作小说《提坦》讲述了年轻人阿尔班诺（Albano）的成长故事。

③ 阿希姆·封·阿尔尼姆（1781~1813），德国浪漫派作家，与克莱门斯·布伦塔诺（Clemens Brantano）共同搜集了德国民歌并编成了《男童的神秘号角》（*Des Knaben Wunderhorn*, 1805）。《皇冠守卫者》是其发表于1817年的一部长篇历史小说。

Lovell）① 则均受秘社小说传统的影响。

一般认为，席勒是秘社小说的开山鼻祖，而此类小说亦有其惯常套路：一个平凡人陷入了种种神秘的阴谋诡计之中，被人追踪，到处遇见对他知根知底的人；渐渐地，他意识到自己落入了某个不可见的组织的罗网中。经常有一个美貌的女人作为诱饵：甜蜜的幽会成了危险的秘密。或许主人公能打入秘社，甚至踏足其最核心的地牢，阴暗的黑洞摇曳着微弱的烛光，他只能看见一副副苍白的面孔。有时候，他能得悉某种神秘知识或隐秘安排中的玄妙，认识秘社的领袖，但绝不会见到最高首领。让他大吃一惊的是，那些向他揭露自己真实身份的人，往往是他早已熟识却只在另一种环境下见过的人。这些故事中时不时会出现正邪两派的秘社，而如果叙述二者的争斗，整个故事就彻底变得复杂，根本看不清其中脉络；到处充斥着双面间谍，几乎没有一间屋子不带着夹层地板、双层柜或是暗门。人们也不会穿越一条街巷而不被某个长脸薄唇密使搭话。

这些故事——包括席勒的小说——与现实的共同点，就在于不同秘社的交织或对立：耶稣会、共济会、光照派或者玫瑰十字会。耶稣会于 1773 年被禁，但人们怀疑它现已改变目标，要通过秘密行动鼓动将要继位的新教王储改宗天主教。坊间流传着各种这类可怕故事，其中有一些让席勒特别感兴趣：在符腾堡公爵家族中就发生了这样一起改宗——卡尔·欧根的父亲改宗天主教，而他的侄子没过多久也改宗天主教。

在伊丽莎·封·德·雷克关于卡廖斯特罗的报道见报后不

① 《威廉·洛维尔》是路德维希·蒂克于 1795~1796 年发表的一部书信体长篇小说。原书作者误将小说标题写作“Wilhelm Lovell”，已更正。

久，符腾堡的弗里德里希·海因里希·欧根王子①也在《柏林月报》上发声，坦诚自己与女爵刚好相反，非常相信可以“与更高的精灵交流”，因为教会曾经教导：我们必朽的身体内住着不朽的灵魂；那为什么一个有形的精神不能与无形的精神产生联系？到目前为止，符腾堡王子还一直算是启蒙人士，难道是最近被引入了蒙昧的阵营？或许幕后黑手正是耶稣会？

在启蒙的柏林，人们就是这样想、这样揣测的，席勒对此也有所听闻。或许他正因此起了念头，想要描述一场意图蛊惑王子改宗的耶稣会秘社阴谋。《招魂唤鬼者》就是这样一部关于落入阴谋网的王子的小说。

无论左翼还是右翼，秘社活动的模板都是共济会。到了18世纪末，先前被视为启蒙藏宝室的共济会分舵中，神秘主义的倾向渐渐占了上风。例如，“苏格兰共济会”就建立了一套精密的礼制，即分级透露本社秘密的硕大的等级制度。最内部的秘密不是别的，不过是一套满是幻想的起源神话。“苏格兰共济会”的基础是所谓的圣殿骑士传说：据说，圣殿骑士团在中世纪惨遭血腥镇压后，有少数幸存的圣殿骑士在暗中继续活动，将他们的教义与技艺的秘密传给后世。但他们所传授的究竟是哪些教义与技艺，却无从得知。席勒将会在1790年所做的《摩西之使命》（*Die Sendung Moses*）的讲座中，将圣殿骑士传说的神秘传统追溯到古埃及的教士。在席勒看来，这一传说的核心秘密，在于

---

① 卡尔·亚历山大·封·符腾堡公爵（Karl Alexander von Württemberg, 1684~1737）因曾服役于哈布斯堡皇室的军队，于1712年改宗天主教。弗里德里希·海因里希·欧根·封·符腾堡王子（Prinz Friedrich Heinrich Eugen von Württemberg, 1758~1822），符腾堡公爵卡尔·欧根的侄子，笃信玫瑰十字会、共济会与神秘主义，他成为席勒小说《招魂唤鬼者》的原型。

对发明一神论的叙述。席勒的论点是，如果人们要信仰这个独一无二的神，那就必须掩盖这个神起初是出于道德目的被发明出来的事实。席勒认为，圣殿骑士团的核心秘密实际上是启蒙的，尽管当时人们的想象总揣测其中有些介于犹太秘术与炼金术之间的东西。

这种被阴谋论怀疑刺激到的想象力，正是历史哲学庸俗的早期形式。人们想要发现历史进展的秘密，想要握住引导历史的那只“无形的手”。当时最热门的秘社小说，是在席勒的《招魂唤鬼者》之后没几年出版的卡尔·格罗瑟（Carl Grosse）的小说

《天才》（*Der Genius*）。① 小说开头就是纲领性的一句话：“在所有表面的意外纠葛中，都探出一只无形的手，它或许正飘荡在我们中某些人的脚下。”②

到18世纪末，这种想象陷入了普遍政治化的泥淖。人们觉得到处都是阴谋，对它的揣测与“揭露”牢牢占据了公众的视线。为了反对那些据称与革命共谋的秘密社团，就有另一些捍卫现存秩序的秘密社团开始行动。在耶稣会之外最著名的就是玫瑰十字会。正是在席勒创作《招魂唤鬼者》的那一年，玫瑰十字会在弗里德里希·威廉二世的宫廷中的影响力越来越大。据说当时的文化大臣约翰·克里斯多夫·沃尔纳（Johann Christoph Wöllner）③ 就是玫瑰十字会成员，他誓言要与启蒙这条“九头

① 卡尔·格罗瑟（1768~1847），德国通俗作家，代表作四卷本小说《天才——出自C**·封·G**侯爵手稿》（*Der Genius. Aus den Papieren des Marquis C** von G***, 1790~1794）为后世惊悚小说与哥特式小说（Gothic Novel）提供了启发与素材。

② Grosse S. 7.

③ 约翰·克里斯多夫·沃尔纳（1732~1800），弗里德里希·威廉二世治下普鲁士政治家，于1788年升任政务及司法部长并掌管宗教部门，极力促使国王于1788年7月9日颁布了限制宗教信仰自由的法令（Religionsedikt von 9. Juli 1788），又于12月19日颁布了出版审查令（Zensuredikt vom 19. Dezember 1788）。

蛇”斗争到底。1788年后，朝中连续下了几道谕旨，先是要求教士，再要求全体公职人员信奉严格的新教正统教义，另外还加强了出版审查。当席勒让他笔下的波萨侯爵要求“思想自由”时①，也是在批判普鲁士的反动政府。

人们猜测，在所有反动派和敌视启蒙者的背后，都是同样有着严格教规的玫瑰十字会。这样一来，整个政治领域就变得神神鬼鬼的了。人们以为到处都是不可见的力量在发挥作用，让各种千奇百怪的揣测都有了由头。这就导致新闻出版界一片骚动，也给热衷秘社与怀疑的精神所导致的臆想提供了充足的素材。但事实上，这些秘社并没有人们所想象的那么可怕。我们今天知道，共济会成员聚集到一起，是为了共同阅读塞内卡②、阿里奥斯托③、普鲁塔克与维兰德。这些“密谋者”们偶尔也鼓起勇气阅读些禁书，例如霍尔巴赫、爱尔维修、狄德罗等。

然而，“光照派”这个秘社中的秘社，行事却更加激进。他们踏上一场征服各级机构的大行军，梦想着夺权。为了能够测量“道德上的进步”、选择候选人、赋予成员恰当的等级，他们把共济会式的逐步净化道德的理念变成了一套相互监视的系统。光照派的一份内部命令如是写道：“请您关注您的每一个下级，观察他在有机会成为与他之所应是（的人）不同的人时的表现：

① MA Ⅱ, S. 126. 语出《唐・卡洛斯》第三幕第十场，汉译参见《席勒文集》（第三卷），第194页。

② 塞内卡（Lucius Annaeus Seneca, 1~65），古罗马斯多葛派（Stoa）哲学家、文学家，著有若干悲剧及关于道德哲学的《道德书简》（*Epistulae morales*），因被古罗马暴君尼禄（Nero, 37~68）怀疑卷入针对他的行刺事件而被迫自尽。

③ 路多维科・阿里奥斯托（Ludovico Ariosto, 1474~1533），意大利人文主义者，文艺复兴时期的重要作家，代表作《疯狂的罗兰》（*Orlando furioso*, 1516）是一部以中世纪骑士史诗《罗兰之歌》（*La Chanson de Roland*，约作于12世纪初）为蓝本的诗化小说。

这个瞬间就能展现出他进步了多少。”①借助这样一个监视体系，确实可以在组织中心积累起对某些人极为危险的知识，因为这些信息都牵涉他人的隐私。组织不仅可以向自己人，也可以向其所监视的外人施压，施加影响。在查禁“光照派”后，对这个组织的怀疑由于其内部文件的出版而愈演愈烈。就在席勒创作《招魂唤鬼者》的当口，人们对光照派的猜想开始泛滥。没过几年，就有人声称，法国大革命事实上是从因戈尔施塔特（Ingolstadt）操纵的，而亚当·魏斯豪普特（Adam Weishaupt）②正是在此城创立了光照派。庸俗的头脑就是这样幻想着那些创造历史的秘密工坊。

无论是对于创建秘社的人，还是对于那些沉溺于预感、揣测与想象的人，向往秘密的意志都是一种驱动力。谁参与了这行当——不管站在哪一边——其举止都像是诺瓦里斯此后不久站在浪漫主义空想精神的高原上——自然不带有政治目的——所要求的那样：“当我赋予平凡之物以高远的意义，赋予日常之物以神秘的模样，赋予熟悉之物以未知之物的尊严，赋予有限之物以无限的表象，我就是在将世界浪漫化。”③

席勒的《招魂唤鬼者》就是一部先于时代的浪漫派小说。

属于浪漫派的，还有对故事发生地威尼斯的特别兴趣。自古以来，这座城市就一直激起人的幻想。人们把威尼斯想象得和卡纳莱托（Canaletto）④的画里一样：古典、无瑕、澄明的天空下

---

① Zit. n. Lennhoff 1930, S. 40.

② 亚当·魏斯豪普特（1748~1830），德国教会法学家，于1776年在巴伐利亚的因戈尔施塔特创立了“光照派”。关于“光照派”，可参见本书第十章注释部分。

③ Novalis Bd. 2, S. 334.

④ 卡纳莱托（1697~1768），意大利画家，尤擅威尼斯风景画。

如大理石般洁白。但同样知名的还有狂欢节期间狄奥尼索斯式的躁动。威尼斯就是疯狂的假面之城。再加上席勒年轻时曾在路德维希堡听说过一个传言：卡尔·欧根公爵曾经在威尼斯狂欢节上栽了一个大跟头，因为欠债太多，不得不飞也似地逃出了城。席勒或许是第一个用文学手法如此引人入胜地描述这座城市可怕之处的作家。他将威尼斯塑造成了一桩交织着秘密、阴谋与纠葛的故事的背景。席勒的《招魂唤鬼者》开启了“死于威尼斯”的母题。[①] 威廉·海因瑟的艺术家小说《阿丁盖罗》(*Ardinghello*)[②] 续写了这一母题，威尼斯在小说中则彻底成了爱情、死亡与欲望的都城。此后便一发不可收拾。作家若是想要笔下的主人公学会狄奥尼索斯式的生之艺术与生之痛苦，就让他们到威尼斯去。直到今天依然如此。

/ 246

今天的威尼斯已经成为不可避免的文学圣地，但当席勒将之作为其小说的发生地时，威尼斯还没有如此出名。他的朋友胡博帮了他大忙。二人在那个夏天共同构思了一卷《最奇特的叛乱与阴谋故事》(*Geschichte der merkwürdigsten Rebellionen und Verschwörungen*) 合订本的出版计划。胡博提供了《1618 年贝德玛侯爵颠覆威尼斯共和国》(*Verschwörung des Marquis von Bedemar gegen die Republik Venedig im Jahre 1618*) 的文稿，席勒因此掌握了他无法亲眼看到的城市风貌。但想象力有时却比记忆画得更好，阅读经验可能比生活体验更加深刻。人们

① 关于“死于威尼斯”的母题，可参考托马斯·曼（Thomas Mann, 1875~1955）的经典小说《死于威尼斯》(*Der Tod in Venedig*, 1911)，汉译参见〔德〕托马斯·曼《死于威尼斯》，黄燎宇译，人民文学出版社，2012。

② 《阿丁盖罗》是威廉·海因瑟于 1787 年发表的书信体小说。海因瑟对艺术颇有造诣，曾于 1780 年周游意大利，并将见闻写入此书，在歌德《意大利游记》(*Italienische Reise*) 发表 30 年前就展现了藏于意大利的古希腊罗马艺术世界。

或许根本不必看过这座城市，就能像席勒一样将其描绘得如此形象。

为1787年1月第四期《塔利亚》准备的第一部分稿子，席勒像玩儿似的写得很轻松。一年之后发表于1788年4月的第二部分，则已经给他添了些困难。他在1788年3月17日给科尔纳的信中写道，他不知道有什么工作“能像胡乱炮制这篇小说一样，让我如此清楚地意识到自己正在罪恶地浪费着时间”。准备第三部分时，他给科尔纳写信说，“在一桩毫无计划的事情中加入计划，把那么多断开的线头重新接上”，对他而言无异于痛苦的拉大车活计（1788年5月17日）。而1789年的最后两部分则又写得很轻松。所收到的优渥稿酬更使工作成了他的一桩开心事。然而，当席勒于1789年末决定停笔，不顾读者的要求让小说戛然而止时，依旧让他如释重负。他曾把自己与读者带入迷宫，到头来自己也认不得出路，于是终于想要逃离。他于1789年底将未完成的小说修订后以书的形式出版，成了他当时经济上的最大成功。到处都有这部残本小说的盗版，其他作家则自行创作了各种奇异的续集。出版商多次询问席勒是否想要将小说写完，但席勒一一拒绝。他很庆幸能够从他招来的鬼神手中抽身而去。

正如席勒自己承认的，当他动笔创作时，其实并没有计划，只有关于阴谋与秘社的大概想法，确定了故事的地点、氛围与若干角色：主要是一位东宫太子，还有神秘的亚美尼亚人。但并没有详细的情节规划。这部关于秘密的小说对他本人也成了一个秘密。这让席勒很兴奋，所以他才会在不知道情节后续如何发展的情况下就动笔开始创作。他获得了素材，但私底下却希望被素材征服。他想要被某种自己开启的东西推动。小说的精灵得帮他的想象力一把。

起初明确的只有这些：王子性格内向、忧郁、接受过新教教育，却落入了一个富有魅力的亚美尼亚人之手。此人有无数帮手，可以指挥一场复杂的假面舞会。王子应被劝诱改宗、失掉内心的自由、性格大变，而这一切都应产生灾难性的后果。在大革命前风雨欲来的那几年，席勒构思了这个充满未知期待的故事。而他之所以完全失去了将小说写下去的兴趣，或许正是因为大革命这场起初净化天地的暴雨，居然真的发生了。

整个故事首先是从在威尼斯狂欢节期间陪伴在王子身边的封·O.伯爵的视角讲述的。席勒一上来先为王子画了一幅肖像：他“正当35岁的盛年，却抵挡住了一个荒淫放浪的城市的百般诱惑。”① 他离群索居，生活在自己的“幻想世界”，因此在现实世界成了一个“怪人”。他做梦，却不能想象现实世界究竟有多么梦幻、可怕而充满诱惑。由于他的目光总向着内心，就看不清世界。他的原则并不是通过经验与学习得出，因此在其中找不到坚实的基础，而只是半梦半醒地顺从着。甚至他的感觉也缺乏明晰的形象，他听凭自己被间或迷狂的情感牵着鼻子走。游移不定的性格最终将让他厄运临头。“没有人生来就受制于人。”②

封·O.伯爵与王子在圣马可广场散着步，跻身于众多假面之间。有一个假面却紧跟着他们，即便在熙熙攘攘的人群中也甩不开。伯爵和王子找了一张偏僻处的长椅坐下，但没过多久，这个假面就现身了，自然而然地坐到了王子身边。二人刚惊愕地起身，却听这陌生的假面下传出声音：“您该庆幸自己交了好运，

① MA V, S. 49. 语出《招魂唤鬼者》，汉译参见《席勒文集》（第一卷），第344页。

② MA V, S. 49. 语出《招魂唤鬼者》，汉译参见《席勒文集》（第一卷），第344页，有改动。

王子……他在九点钟死了。”①

二人之后得知，执政的大公于当日九点去世，而王子正是他的继承人。而这个带着亚美尼亚人假面的陌生人究竟如何得知死讯，作者却语焉不详。由此开始，这个亚美尼亚人就在小说中到处作祟。但小说中还有很多地方和他一样神秘。心神不宁的王子开始和他的随从一起找寻此人。他们穿过了众多广场，探访了大小酒肆，却哪儿也找不到他。此人行踪难觅，只在想露面时现身，就这样在人群中陡然出现在王子面前，对他耳语道，王子将从参议院收获一项殊荣。他又是从哪儿知道的？王子忽然觉得，一张监视与操纵的无形大网正在他身边越收越紧。在一个赌场里就上演了惊险的一幕。一个相当粗鄙的威尼斯人挡住了王子，不让他上牌桌。王子不从，其他人就一拥而上对付他，他不得不担心自己将遭不测。突然，赌场里出现了国家宗教裁判所的几个衙役。他们将王子和伯爵领入了一间挂着黑幕帘的屋子，一大群身着黑衣的男子显然正在等待二人的到来。那个威尼斯莽汉被带上前来，人们宣判了他的死刑，立刻将之斩首。还有些其他的怪事，眼色、暗示、阴影、被抹去的痕迹。随后是一场在布伦塔河（Brenta）上的乘船出游。

正是在这长舒一口气的平静瞬间，席勒为他从未见过的风景描绘了一幅明快的画卷：“这次河上泛舟令人心旷神怡。布伦塔河两岸风景如画，引人入胜，而且仿佛每过一道河湾都更增一分美丽，更添一层异彩……无数迷人的花园和幽静的别墅散落在河两岸的山水之间，我们背后便是那威严、壮丽的威尼斯城，千百个塔楼和桅杆兀立在水面——所有这一切都向我们展示了我们这

① MA V, S. 50. 语出《招魂唤鬼者》，汉译参见《席勒文集》（第一卷），第345页，有改动。

世界的光辉灿烂的景象。”①

人们下了游船。在岸上是乡间的盛会，人们载歌载舞，各显神通，人群熙熙攘攘。可是所有花式繁多的活动都像特意为王子安排的一样，仿佛人们在期待他大驾光临。而一个西西里人邀请郊游的众人去欣赏一场招魂表演，则更加深了这种印象。王子现在才注意到一位样貌不同寻常的俄国军官：“在我一生当中，我从未见到过如此丰富的表情和如此贫乏的个性，如此令人景慕的古道热肠和如此令人反感的严酷冷漠同时表现在一张脸上。在这张脸上，一时仿佛全部激情不可抑制地涌现出来，而随之又全然消失，留下来的只是那一双洞察一切的深沉目光，这是老练的识人者的目光，不论谁的眼睛碰上它都会给吓得悄然避开。”②

事情一下子就清楚了：这就是亚美尼亚假面后的那个人。招魂开始了。王子试图保持怀疑，像是要嘲讽这一切似的，要求看一看他死去的法国战友。房间已经布置得当：黑色的幕帘、一部喀尔迪亚《圣经》（*Chaldäische Bibel*）③、祭坛上的骷髅、蜡烛、厚重的烟雾、浓烈的香气。死去的朋友先是出现在墙上，随后他的身形又出现在房间中。所有人都愕然了。魔术师朝鬼魂开了一枪，可子弹却打偏了。王子向这个形象提问，它的回答却全是些隐晦的暗示。鬼魂消失了，人们打开百叶窗，天早已亮了。在整个招魂过程中不知所踪的俄国军官忽然走到魔术师面前，冲他

① MA V, S. 55. 语出《招魂唤鬼者》，汉译参见《席勒文集》（第一卷），第350页。

② MA V, S. 56. 语出《招魂唤鬼者》，汉译参见《席勒文集》（第一卷），第352页。

③ 喀尔迪亚人（Chaldaoi）是一支生活在阿纳托利亚（Anatolien）高原北部及亚美尼亚的古代近东民族，信仰喀尔迪（Chaldi，或作Haldi）神。

说："变戏法的，你再也不能招魂唤鬼了。"[①]西西里人一看见俄国军官，就惊愕地倒在了地上。

席勒到这里便中断了叙述。他在《塔利亚》杂志上连载的小说的第一部分，的确是一系列恐怖浪漫主义的场景，而人们也很能体会为何读者强烈要求他更新续集。一期接一期，读者不断地催他继续写下去。十年之后，席勒终于可以在《赠辞》中讽刺："劳烦德尔斐的天神，也是值得的，/ 只要他告诉你，我的朋友，谁是那个亚美尼亚人。"[②]

/ 250 谁是亚美尼亚人、他葫芦里卖的什么药、他究竟如何行事、王子又会怎么样——席勒暂时把这些问题全搁在一旁，重新回到了《唐·卡洛斯》，回到了波萨侯爵的那次伟大登场。从某种意义上说，波萨侯爵在全剧的第二部分也是亚美尼亚人，故而转回创作戏剧对席勒而言并不是什么太困难的决定。因为波萨侯爵也把自己包裹在重重秘密之中，像棋子一样摆布着王后与他的朋友卡洛斯。对一个人命运的秘密与公开操纵这一母题，就是席勒从小说《招魂唤鬼者》回归他这部剧的桥梁。和王子一样，唐·卡洛斯也不过是更高精神手中的一件工具，而波萨侯爵这个光辉的形象，就像藏在暗处的亚美尼亚人一样，想要扮演不可见的手这一角色。

在完成《唐·卡洛斯》之后，席勒还会有一些关于《招魂唤鬼者》的灵感。一看到亚美尼亚人就崩溃了的西西里魔术师，将会坦白自己是他手里的傀儡。一开始王子还能看穿针对他的阴谋，但读者能知道王子所不知道的事：这一切都是亚美尼亚人安

① MA V, S. 65. 语出《招魂唤鬼者》，汉译参见《席勒文集》（第一卷），第 363 页。

② MA I, S. 272. "德尔斐的天神"指太阳神阿波罗（Apollo）。阿波罗在德尔斐的圣庙是古希腊著名的神谕与预言之所。

排好的，就是要让王子看穿，这样他才能仗着自己的理性，以为自己高枕无忧。这其中的算盘是：要让王子学会相信自己的理性，然后要让理性离开王子，因为他高估了它。王子要成为一个放荡不羁的纨绔子弟，根本不吃神秘主义这一套，但眼中也不再有任何神圣之物。亚美尼亚人要解放王子的天性，使他自由，但要像个奴隶一样自由，逃跑时戴着脚镣，所以可以轻松地再抓回来，用作其他目的。王子一开始可以在狂野的聚会与感官的享受中声色犬马，可以欠一大笔赌债，而一旦他的灵魂已千疮百孔，精神上不再有依靠，他就羸弱得想要抓住教会强有力的臂膀。“您还记得那个去年曾弄得我们晕头转向的亚美尼亚人吗？亲王投身到他的怀抱中去了，五天以前，他已经听过第一次弥撒了。”①

小说成书的版本就到此结束。按照计划，王子会在接下去的故事中犯下一桩谋杀罪行，并作为一个优秀的天主教徒登上王位。但席勒为自己省去了这一切。在他看来，王子这个形象的可能性已然穷尽。他展现了一个人物的自身发展与遭人摆布，描绘了他从多愁善感的忧郁者到怀疑者，接着成为无神论者、纨绔子弟，直到深陷于阴谋魔咒，最终回到教会的怀抱。从晨昏晦暗的状态到虚假的光明，最后又坠入黑暗。整段发展过程，王子虽亲身经历却并不能理解，因为这一切都是亚美尼亚人操纵的（正如歌德笔下的威廉·麦斯特自始至终受到塔社的引导）。这是一个关于自觉自由却并不自由之人的故事。小说原有一段哲学对话，但为了不让王子有过多清醒的认识，席勒在小说后来成书的版本中又将之删去。在这段对话中，席勒让王子坦言：“我就像

---

① MA V, S. 160. 语出《招魂唤鬼者》，汉译参见《席勒文集》（第一卷），第453页。

个信使，把一封封了漆的信送到它的目的地。"[①]但他并不知道这封信究竟是什么内容。因为他不了解自己，才会对自己、对自身命运无能为力。狡兔死，走狗烹：他为人所用，最后依旧被人抛弃。

现在，同样的命运正威胁着落入波萨侯爵之手的唐·卡洛斯。

让我们回到《唐·卡洛斯》。席勒将之暂搁一边时，马上就要写到著名的第三幕第十场。现在就来谈谈这一场国王与波萨侯爵之间的伟大对话。

侯爵被国王召见入宫。国王苦于统治者的孤独，周围尽是些谋求私利的廷臣，因此并不相信阿尔巴公爵、多明各神父和艾伯莉公主在他耳边所说、试图让他对卡洛斯起疑的那些话。国王想要知道卡洛斯与王后之间关系的真相。

侯爵并不曾料到这次谒见。他的计划并没有考虑到这一点。他虽然鼓动卡洛斯向国王要求佛兰德军队的指挥权，但王子的尝试却未能成功。现在轮到侯爵自己奉诏入宫。他身上的政治家气质立刻让他觉察到，自己必须抓住这个送上门来的好机会。或许能够"向专制君王的心理 / 大胆地投入真理的火光一缕"。[②]国王受困于妒心的窘境，正要寻求帮助，他想要找"一个人"，觉得侯爵就是他要找的那个人。君臣二人都陷入了一场错综复杂的假面游戏。国王想要和波萨套近乎，而波萨则要为了自己宏伟的

① MA V, S. 167. 语出《招魂唤鬼者》，汉译参见《席勒文集》（第一卷），第421页，有改动。

② MA Ⅱ, S. 117. 语出《唐·卡洛斯》第三幕第十场，第2967~2968诗行。汉译参见《席勒文集》（第三卷），第181页。

政治目标利用这种亲近。他们一个寻求个人的真实，而另一个则想要帮助一种政治真理冲破束缚。

侯爵之强，是因为国王要拉拢他。波萨一直对国王避而不见，拒绝因为过去的英雄事迹领受奖赏。他就这样确保自己的独立。而习惯了他人之臣服的国王在这里要面对的，正是这样一种非同寻常的骄傲与自信。这向他提出了挑战。他给侯爵提供任何他想要的官职，但后者却什么官都不想做："我不能充当君王的奴仆！"① 官职会把他变成一台大机器中的工具，但他却不想成为某个更高意志的执行者，而是要做自己行为的主人。

他享有"国王的特权"，即享有未被分割的自主。他不想成为他人目的的工具："在我本可以成为艺术家的地方，我却只能降低身份去当一把凿子？"②波萨要求的是君王的主权，因为每个人都应是自己生命的君王。对于波萨而言，这种自主正是历史的目的。在国王面前，他践行了自己为全人类所要求的自由："请您允许 / 思想自由！"③

在席勒那个年代，"思想自由"这种说法还不常见。德语区内首先是赫尔德受英法启蒙运动的启发，在概念的意义上运用这个词。但正是席勒通过波萨侯爵的形象，赋予这一概念以丰富而极具纲领性的意义。思想自由意味着：在宗教、道德、国家与科学，也就是在生活中一切重要的领域都能够自由地运用个体的理

---

① MA Ⅱ, S. 120. 语出《唐·卡洛斯》第三幕第十场，第 3020 诗行。汉译参见《席勒文集》（第三卷），第 184 页。

② MA Ⅱ, S. 120. 语出《唐·卡洛斯》第三幕第十场，第 3034~3035 诗行。汉译参见《席勒文集》（第三卷），第 184 页。

③ MA Ⅱ, S. 126. 语出《唐·卡洛斯》第三幕第十场，第 3213~3214 诗行。汉译参见《席勒文集》（第三卷），第 194 页。

性。这里所设想的理性存在于每个个体，只要教育得当就能发展。在这个意义上，思想自由不是别的，就是个体通过自身的理性实现自主。

这种对思想自由的理解所要求的，自然远比像弗里德里希二世这样的开明君主所打算给予的要多得多。众所周知，弗里德里希二世曾有一句名言：“你们爱怎么思考就怎么思考，但要听
/ 253 话。”与之相比，“思想自由”要求的不仅仅是自由的思考，还有出于理性原因的实践自决。正如艺术家决定其作品，并在作品中实现他的目的，每一个个体都应自主决断，在他赋予自己生命的形式中找到自己的目的。只要头脑中的理性渐趋成熟，每个人都应当只服从自己，并只在他人的命令与自身理性的声音相一致时才服从他人。

这一理想的前提是一副积极正面的人类形象。“人不只是您想象的那样”①，波萨说，而国王则回答他：“我知道，/ 您若一旦像我一样认识人，您的看法也会改变。”②国王的论述和霍布斯如出一辙。人性本恶，人不为己，天诛地灭，只要没有一个君主统御他们，人与人之间永远不会有宁静与和平。君主管控人群，给予安全，人在安全的守护下可以过上好日子：“请您在朕的西班牙环顾四周。/ 在这里，市民的幸福繁荣 / 滋长于毫无阴霾的和平环境。”③并非如此，波萨回答道，这样一种和平不过是“坟墓

---

① MA Ⅱ, S. 125. 语出《唐·卡洛斯》第三幕第十场，第 3186 诗行。汉译参见《席勒文集》(第三卷)，第 193 页。

② MA Ⅱ, S. 128. 语出《唐·卡洛斯》第三幕第十场，第 3290~3292 诗行。汉译参见《席勒文集》(第三卷)，第 197 页。

③ MA Ⅱ, S. 124. 语出《唐·卡洛斯》第三幕第十场，第 3157~3158 诗行。汉译参见《席勒文集》(第三卷)，第 190 页。

般的宁静而已！”[①] 这正是卢梭反驳霍布斯的论据。

在这场争辩中，国王几次让人意识到，他根本无需反驳。他知道辩论意味着自我辩护。但谁要是在他的臣属面前辩解，就已经失去了一半的王权。然而，国王也不免被侯爵的魅力所折服。“我要作为老人，不是作为国王 / 来反驳这个鲁莽冒失的年轻人。/ 我想要这样，因为我愿意。”[②]

他作为普通人加入了争论，即便作为国王的他没有丝毫论辩的义务。他所代表的权力领域中的游戏规则，并不承认更好论据的力量。费利佩之所以反驳，是因为他开始喜欢这个热情似火的侯爵了。费利佩的论据就是瞄着侯爵这个人：如果人人都像波萨一样，自然可以准许他们自主。但侯爵不是普通人。人们不能从他身上得出人类的普遍性质。因此必须坚持把安全与和平的原则摆在自由与自主的危险原则之前。故而宗教裁判所，也就是对思想自由的禁止，就是必要的，而费利佩只能建议侯爵：“避开我的宗教法庭。——不然我会 / 抱憾终生”。[③]

/ 254

波萨则用这个理念反对国王消极的人类观：人只有在运用自由时才能学会正确地使用自由。只有在自由的幻景中，人们才能学会利他主义与为了大众福祉牺牲小我这两种美德，而此二者是捍卫自由秩序所不可或缺的。共和主义的美德只有在共和国中

---

① MA Ⅱ, S. 124. 语出《唐・卡洛斯》第三幕第十场，第 3160 诗行。汉译参见《席勒文集》（第三卷），第 192 页。

② MA Ⅱ, S. 127f. 语出《唐・卡洛斯》第三幕第十场，第 3263~3265 诗行。汉译参见《席勒文集》（第三卷），第 196 页，有改动。

③ MA Ⅱ, S. 128. 语出《唐・卡洛斯》第三幕第十场，第 3268~3269 诗行。汉译参见《席勒文集》（第三卷），第 196 页。

才能生根发芽，这是孟德斯鸠的论据。[①]只有自由的文化才能为自己的存在创造精神与道德的前提。因此始终必须考虑到，将会有一段危险的学习过渡时期。虽然无法避免这种风险，但无论如何，都必须把人的自我还给人，也就是使他自由，这样才能让“自由的崇高、骄傲的美德繁荣生长”。[②]

这里关涉的是自由能力的问题。在法国大革命爆发后，席勒将会在自己的美学论文中详细地处理这个问题。他将会在论文中阐明，革命虽解放了人类，但人的内心却依旧不自由，也就是不具有自由的能力。这就导致了暴民统治，无论是在社会底层还是在社会顶层。有那么一个瞬间，波萨侯爵看上去似乎也同样怀疑被压迫者的自由能力：“这个世纪还未成熟，不能接受我的理想。/ 我生而为即将到来的一代人中的市民。”[③]但侯爵只是策略性地运用这种怀疑。当他注意到自己对费利佩的吸引力有多大时，便立马请求国王即刻解放佛兰德各省。.

波萨侯爵沉浸于自己热烈的豪言壮语，以为自己能像引导领袖一样指挥国王。他的思想已翱翔至国家大政。国王却被妒忌所侵扰，因此要求侯爵助他一臂之力。想要解放佛兰德的侯爵，居然要放弃自己的尊严，去当国王的眼线：“请您接近我的儿子，/

---

① 夏尔－路易·德·塞孔达·孟德斯鸠男爵（Charles-Louis de Secondat, Baron de Montesquieu, 1685~1755），法国著名启蒙主义思想家，在其代表作《论法的精神》（*De l'esprit des loix*, 1748）中分析了共和政体、君主政体与专制政体等三种政治组织形式，认为美德乃是共和国的立国之本。参见《论法的精神》第一卷第三章第三节“民主政体的原则”及第五章第二节“在政治的国家中品德的意义”，汉译参见［法］孟德斯鸠《论法的精神》（上册），张雁深译，商务印书馆，1995。

② MA Ⅱ, S. 127. 语出《唐·卡洛斯》第三幕第十场，第 3246 诗行。汉译参见《席勒文集》（第三卷），第 195 页。

③ MA Ⅱ, S. 121. 语出《唐·卡洛斯》第三幕第十场，第 3076~3078 诗行。汉译参见《席勒文集》（第三卷），第 187 页。

研究王后的心。”①

刚刚还陶醉于自己的政治野心的波萨侯爵，就这样被牵扯进了国王阴谋的泥潭中。他会如何行事？他可以拒绝国王的强人所难，坦承自己和卡洛斯的友谊；这样当然诚实，但考虑到他的政治目标，这么做却不明智，所以他表面上应下国王的要求。可如此一来，他既背叛了国王，又背叛了他的朋友卡洛斯，因为他没有向其透露新情况，反而试图按照自己的政治目的操纵卡洛斯。即便是在帮他的时候，波萨也在骗他："为什么要让沉睡的人 / 看他头上悬着的乌云浓密？"②尽管他的本意是好的，但他到底让那些信任他的人降格成了实现他目的与计划的工具。

他的最高目标是一份"充满热情的方案，要创造人类社会可以企及的最幸福状态"。③所有一切都要服从这一目标，无论是与卡洛斯的友谊、对王后的尊敬，还是国王对侯爵的信任。侯爵对待他的朋友就像对待一个懵懂的少年：不仅得防止他伤到自己——事实上，波萨为了保护他，也的确把他关进了监狱——还得向他"解释"对王后的爱④，将他的情感引向为了自由的斗争。而王后对卡洛斯的温柔情感，也同样被用于政治，心凉了一大半的王后抗议："您大概没有考虑到，倘若我们 / 用这种名字来美

① MA Ⅱ, S. 130. 语出《唐·卡洛斯》第三幕第十场，第 3345~3346 诗行。汉译参见《席勒文集》(第三卷)，第 200 页。

② MA Ⅱ, S. 144. 语出《唐·卡洛斯》第四幕第六场，第 3646~3648 诗行。汉译参见《席勒文集》(第三卷)，第 225 页。

③ MA Ⅱ, S. 253.

④ MA Ⅱ, S. 175. 语出《唐·卡洛斯》第四幕第二十一场，第 4340 诗行。汉译参见《席勒文集》(第三卷)，第 275 页。

化我们的激情，/ 将有多大的风险，威胁着我们的心？”[①] 至于国王的信任，波萨两三句话就打发了：“我对国王 / 又能有什么用处？——在这僵硬的土地上 / 我的玫瑰花已经不再生长。”[②]

侯爵以为自己算准了一切：要怎么保护王子免遭其父的怀疑；如何争取王后，让她令卡洛斯泛起爱情、燃起对自由的热情；还有如何帮助王子奔向佛兰德。这些计划都失败了；从中作梗的有意外、误解，以及生命与激情人尽皆知的晦涩不清：“谁竟那样自不量力忘乎所以，/ 妄想把命运沉重的船舵驾驭，/ 而自己并非全知的上帝？”[③]

到最后，侯爵只能牺牲自己：他将与王后私通的怀疑引向自己，以换取卡洛斯的清白。然而，为卡洛斯前往佛兰德铺路的信件被人发现。王子被交到了宗教法庭大法官手里，波萨白白牺牲了。最终胜利的是传统势力，他们一开始就监视着侯爵，只等时机一到，就把精心织成的反叛之网撕个粉碎。与革命的密谋相比，宗教裁判所证明自己才是更强的那个秘社。宗教法庭大法官谈起波萨侯爵时说：“他扑腾在绳子一端，/ 这根绳子很长，可是撕扯不断。”[④]

借助波萨侯爵这个角色，席勒在大革命爆发三年之前，就揭示了革命道德的深渊。

---

① MA Ⅱ, S. 175. 语出《唐·卡洛斯》第四幕第二十一场，第 4346~4348 诗行。汉译参见《席勒文集》(第三卷)，第 275 页。

② MA Ⅱ, S. 174. 语出《唐·卡洛斯》第四幕第二十一场，第 4315~4316 诗行。汉译参见《席勒文集》(第三卷)，第 274 页。

③ MA Ⅱ, S. 170. 语出《唐·卡洛斯》第四幕第二十一场，第 4222~4224 诗行。汉译参见《席勒文集》(第三卷)，第 269 页。

④ MA Ⅱ, S. 210. 语出《唐·卡洛斯》第五幕第十场，第 5256~5257 诗行。汉译参见《席勒文集》(第三卷)，第 334 页。

波萨爱着人类，也为自己那些服务于人类幸福的行动而倍感振奋。他自然也爱他的朋友卡洛斯，但把卡洛斯当作全体的代表："在我的卡洛斯的灵魂里 / 我为千百万人创造了一个天堂。"①对人类的爱吞噬了对个体的爱。这就导致侯爵犯下了灾难性的错误："干涉他人的自由，置对他人权利的尊重于不顾，行事还时常任意专横。"②

革命道德在个体身上出卖的，正是它力图为全人类所争取的：自由。一方面，革命道德要求人自为目的，而另一方面却将之作为实现自己大计的工具。"暴力"、"秘密"与"统治欲"③时常隐藏在自由斗争的面具后面。

正是在这一背景下，席勒在他的《〈唐·卡洛斯〉通信》中特别提到了光照派的阴谋实践。没过多久，罗伯斯庇尔④就会以理性与自由的名义让真正的人头落地。波萨侯爵的战略行动中，便已预示了革命恐怖。普遍理性想要"抄捷径，把任务简单化，将零落而迷惘的个体性转化为一般性"⑤，而侯爵没能经受住诱惑。"抄捷径"意味着：利用人类；谁要使人类幸福，就不能在芸芸众生面前止步不前。而将个体性"转化为一般性"则意味着：牺牲个体。然而侯爵连牺牲自我也毫无畏惧，这彰显了他人性的高贵，更以悲剧的方式重塑了原初的友谊。尽管如此，侯爵

① MA Ⅱ, S. 172. 语出《唐·卡洛斯》第四幕第二十一场，第4257~4258诗行。汉译参见《席勒文集》(第三卷)，第271页，有改动。

② MA Ⅱ, S.261.

③ MA Ⅱ, S.261.

④ 马克西米连·罗伯斯庇尔（Maximillien Robespierre, 1758~1794），法国大革命中雅各宾派领袖，曾积极主张处死法国国王路易十六，而在1793年进入"公安委员会"（Comité de salut public）后更是以捍卫美德之名推行血腥的"恐怖统治"（La Terreur），直到在1794年7月的"热月政变"中被推翻并被处以极刑。

⑤ MA Ⅱ, S. 261.

的自我牺牲依旧让人有所怀疑，正如王后对他说的：“是您自己投身到这个您称之为 / 崇高的事情。您不要否认！ / 我了解您，您早就渴望做这件事情，/——哪怕千百颗心为之破碎，这和您有什么相干，/ 只要您的高傲得到满足就行。”①

/ 257 席勒探讨了道德与超道德之间的棘手关系。他揭示出，与个体的具象的人际交往相关联的自然道德直觉，要比空想出的关涉整体的道德原则可靠得多。

人类幸福的梦想，当然生发于卡洛斯与波萨亲密无间的友情；侯爵在自己牺牲前不久，让王后转达给朋友的话，是多么美妙：“请您告诉他，如果想做一个大丈夫，/ 应该尊重他青年时代的梦境。”② 不放弃梦想，但也不忘记每个有血有肉的个人——这就是波萨侯爵未尽的人的任务。

这部宏伟之作所展现的“无论如何铭记都不为过的经验”，席勒在《〈唐·卡洛斯〉通信》中是这样表述的：“为了在道德事物中上升到一般抽象而远离自然的实践情感，不可能毫无风险；人们信任心灵触动或是眼下已有的个体的正义感，要比信任人为构想出的普遍理性观念之引导更加安全——因为不自然之物绝不会导向善。”③

这里就预示着席勒之后对康德的批判。

---

① MA Ⅱ, S. 176. 语出《唐·卡洛斯》第四幕第二十一场，第 4380~4384 诗行。汉译参见《席勒文集》（第三卷），第 277 页。

② MA Ⅱ, S. 173. 语出《唐·卡洛斯》第四幕第二十一场，第 4287~4289 诗行。汉译参见《席勒文集》（第三卷），第 273 页。

③ MA Ⅱ, S. 262.

第十三章

来自汉堡的邀约——爱情喜剧——告别挚友——魏玛：著名的蜗牛壳内的世界——魏玛众神——维兰德、赫尔德和其他人——第一次读康德——《尼德兰独立史》——为何写历史？

在经历了曼海姆剧院的种种失望后，为了创作《唐·卡洛斯》，席勒只能设想自己的剧作不是为剧院，而是为读者所写的。而为了找到恰当的情绪，他绝不能幻想剧本有任何上演的可能。必须把难堪的回忆与糟糕的情感挡得远远的。在《塔利亚》杂志上发表的《唐·卡洛斯》残篇上，有这样一则脚注："几乎不用再说明，《唐·卡洛斯》不会成为一部戏剧。作者大胆地越过了剧院的界限，因此也不再受剧院尺度的评判。"①

他把全剧称为一场"行动的对话"，只有在不受"剧场之法则"的限制时，才能发挥出最大效果。但当全剧的尾声已近在眼前时，他还是允许自己设想一场可能的演出。他在 1786 年夏天请求他的出版商葛勋，接洽一下维也纳的城堡剧院。他从曼海姆演员贝克那儿得知，汉堡的剧院总监施罗德很赏识《塔利亚》上发表的残篇，于是立马给他写信。席勒不知道的是，施罗德早先曾警告过曼海姆的剧院总监达尔贝格要小心席勒，可现在他的确对席勒的评价更加正面。施罗德颇具名望，对当时的剧院生活也是一言九鼎。因此席勒毕恭毕敬地和他套近乎："我向您承认，我早就在心中幻想最欢愉的希望，即能结识整个德国唯一能将我

① MA Ⅱ, S. 224.

所有的艺术理想化作现实的人。”（1786 年 10 月 12 日）他接着写道，由于人们在舞台上对自己的剧本“极为失当的处理”，自己在曼海姆“几乎失去了所有对戏剧的热情”。他希望情况能通过施罗德的影响得到改善。与施罗德合作最能实现浮现在他眼前的舞台艺术理想，因此“我所有的剧作都应当为了您的舞台而创作”。他请施罗德关注《唐·卡洛斯》，同时还预告明年自己会有一部新戏《愤世嫉俗者》（*Menschenfeind*）①。他用一段自白着重强调了这一提议：“我怀着急不可耐的憧憬，一直向往着那种舞台，能允许自己的想象力稍稍大胆，不必目睹感觉的自由飞行竟遭到如此惊人的阻碍。对于环绕舞台的木墙以及剧场法则中的其他必要事项为诗人所框定的界限，我现在也已经了解得很清楚。但渺小的精神和贫乏的艺术家还给自己设立了更狭窄的限制，而伟大的演员和艺术家的天才则必须将之超越。我希望能免于此类限制。”

施罗德很快就回了信。他说，他自己也非常希望能与《唐·卡洛斯》的作者建立起联系。他不仅表示了对作品的兴趣，更邀请诗人前往汉堡，因为在他看来，一位戏剧诗人必须身处舞台所在的地方。我们不清楚施罗德所设想的是一个固定职位，还是较为自由的合作。能得到施罗德的青睐，起初让席勒觉得颇受奉承。但深思熟虑之后，他还是决定不迁居汉堡。

最重要的理由是席勒认为，离真正的剧院太近反而会妨碍他的创作。他现在已很了解自己艺术创造力的条件。“此外也请您相信，”席勒在 1786 年 12 月 18 日给施罗德的信中写道，“如能保有一种幸福的幻想，我对表演艺术的热情就会有很大收获。但

① 即席勒未完成的戏剧断篇《和解了的愤世嫉俗者》（*Der versöhnte Menschenfeind*），参见席勒年表。

只要幕布和纸墙在我工作时让我想起我的界限，这种幻想就会立马消散。首先做完全自由而大胆的尝试，等到整理与修订时再来考虑剧场的限制和惯例，这样始终是更好的选择。”他还在信中承诺明年到访汉堡。

事实上，当席勒于1787年7月20日动身前往魏玛时，原本的目的地的确是汉堡。他只是想在去汉堡的路上经过魏玛歇歇脚。1787年8月29日，《唐·卡洛斯》在汉堡首演，正如一位观众所言，演出收获了“雷鸣般的掌声”。① 不过施罗德本人却没有那么激动。或许他还在因为席勒不来汉堡而闷闷不乐。他在 / 260 1787年11月14日致席勒的信中表示，他至少没有吝惜“苦功夫或是开销”，此外还希望“全剧的时长或许能缩减一个小时”。

施罗德在1786年秋的招徕，促使席勒重新思考了他现在在德累斯顿的状况。是什么还让他留在德累斯顿？当然，他的朋友，特别是科尔纳。但日复一日，起初的热情也在习以为常中慢慢消散。席勒感到自己停滞不前。“你看，”他在魏玛写信给科尔纳，回顾德累斯顿的时光，“从此之后——对咱们大家都是如此——我们事情做得很少，享受的却很多。”（1787年9月22日）之后，他对德累斯顿生活中不尽如人意的地方看得更加清楚。1789年3月9日，还是在给科尔纳的信中，席勒写道：“我们为什么得相互分开生活？若是我在离开你们之前不曾如此深刻地感受到自己精神的退化，我永远也不会与你们分别。”

比起友谊，德累斯顿本身就更不可能留住席勒。他在最初几个月已享受过这座城市的建筑之美与艺术珍宝，但城市的文化生活却让他大失所望。“那儿一片精神的荒漠……德累斯顿人完全

① Kluge 1989, S. 1136.

是一群肤浅、萎靡、叫人无法忍受的乌合之众，和他们在一起从来不会让人舒心。他们整天就关心自己那点儿私利，一个自由而高贵的人会彻底迷失在众多饥饿的国民之中。”［致夏洛蒂·封·伦格费尔德（Charlotte von Lengefeld）与卡洛琳娜·封·伦格费尔德（Karoline von Lengefeld）①，1788 年 12 月 4 日］

德累斯顿早已失去了强者奥古斯特（August der Starke）②时代的那种社会与宫廷的辉煌。王室已经出于政治原因改宗天主教，盲目虔诚与假正经之风盛行。剧院审查越发严格。例如，《唐·卡洛斯》必须做大量删减才能在德累斯顿上演，主要是那些针对宗教裁判所的文字成了文字审查的牺牲品。整个社会生活都停摆了。当席勒在魏玛被人问起，为何离开了美丽的“易北河畔的佛罗伦萨”，他回答说：“平庸的交流造成的损害，比最美的风景和最有品位的画廊所能补偿的要更多。”③

1787 年春天，发生了一件让他开心不起来的绯闻，完全毁了他在德累斯顿的最后几个月。席勒于 1787 年 2 月在一场假面舞会上结识了 19 岁的亨莉埃特·封·阿尔尼姆（Henriette von Arnim）。这个姑娘全城闻名，有不少条件不错的追求者，而且美貌动人：黑色的卷发，雪白的肌肤，还有一双棕色的眼睛。她选了一套吉卜赛女郎的装束。席勒被她选中，欣然应允，与她跳了一整个晚上。他恋爱了。科尔纳警醒席勒，亨莉埃特的母亲要给她安排一桩更好的婚事，却依旧无法把他劝住。他追求她，少

① 关于卡洛琳娜与夏洛蒂·封·伦格费尔德姐妹，参见本书第十四章。

② 弗里德里希·奥古斯特一世（Friedrich August Ⅰ, 1670~1733），又称“强者奥古斯特”，于 1670 年登基成为萨克森选帝侯。他大兴土木，改建了茨温格宫（Zwinger）、建造了历代大师画廊（Gemäldegalerie alter Meister），并组织能工巧匠仿制瓷器，将德累斯顿打造成“易北河畔的佛罗伦萨”。

③ Kluge 1989, S. 1089.

女很享受，但也没有因此而放弃其他爱慕者。亨莉埃特与席勒商定，她的窗边若是燃起一根蜡烛，就表示当晚无法与席勒见面。可明娜・科尔纳却声称，她发现这个暗号只是为了打发走席勒，好诱惑更受她青睐的情敌。

席勒的激情与嫉妒共同增长。这段关系一直持续了两个月，直到科尔纳说服自己的朋友，暂且先去附近的小镇塔兰特（Tharant）住上一段时间，以便不受干扰地写完《唐・卡洛斯》。4 月的天气相当糟糕，席勒在旅店一家供暖不足的房间里，觉得自己就像被丢在了一座“荒芜的孤岛”（1787 年 4 月 18 日）。他完全没有“诗兴”，拿爱情折磨着自己，不能写作，只能拿英国啤酒消愁，请求德累斯顿的朋友们给他一点读物来对付“可怕的空洞时光”。明娜・科尔纳找到了恰当的东西。她给席勒寄去了肖德洛・德・拉克洛的《危险的关系》（*Gefährliche Liebschaften*）①。席勒似乎并没有发现其中隐藏的警告，觉得这本书“写得真是太棒了”（1787 年 4 月 22 日）。

亨莉埃特致席勒的书信，有两封保留到了今天。在 1787 年 4 月 28 日的信中，这个 19 岁的少女形容自己已经历了种种失望，因此决定不再去爱，而只让别人坠入爱河：“我想像大多数男人一样薄情，让自己免于会激起情感的一切，却还要在我周围聚集起一支追求者的大部队。”可她说，席勒完全打乱了她的计划；在他面前，她再也不能保护她的心“免于遭逢爱情”②。

---

① 肖德洛・德・拉克洛（Choderlos de Laclos, 1741~1803），法国作家，其代表作《危险的关系》（1782）是一部描述巴黎上层贵族情爱的书信体小说，被视为 18 世纪法国最杰出的情色文学之一，汉译参见［法］拉克洛《危险的关系》，叶尊译，上海译文出版社，2012。

② Gleichen-Rußwurm o. J. 132.

席勒给亨莉埃特的回信没能流传下来，但从她5月5日的第二封信里可以推想，席勒显然没有把她的第一封信当作爱的表白，而是将其视为承认自己的风流，于是拿她先前的情史去责怪她。但她的回应很自信："您说这是我的罪过，但您本来也可以批判您自己。"她觉得席勒的举动是一种僭越，因此在信中抗议："您信中的每一处都向我证明，在您心中，爱情还太过于屈从自傲。"①

二人就这样过了一段时间，互相猜疑，却又离不开对方。5月2日，席勒给她送去了一首诗，把眼前情感的困扰归咎于二人初次靠近的那场假面舞会。"这段生命的一幅惟妙肖像，/一场假面舞会，让你成为我的女友。/我第一眼看见的是——欺骗。/但我们的缘分，在说笑中结下，/有心灵的共通作见证。/……/我们友谊的开始不过是——假象！/接下去的应当是真实。"②

但真实却无从寻找。一切都是那么混乱，特别是背后还有亨莉埃特的母亲插手这段感情。她虽然欣赏席勒这位知名的诗人，但并不认为他便是自己日后的乘龙快婿。席勒有所察觉，却始终不愿相信。他折磨着自己，即便是德累斯顿朋友们的鼓舞与命令也于事无补。"打起精神来，该死的！"胡博在5月2日写道，"快把你自己哄回你力量的白昼。不过，国家本来是该给单相思的可怜人一点儿补助。"

5月底，席勒终于找回了力气，结束了这段痛苦的感情。他避免公开分手，甚至还在信中保留着一点对亨莉埃特的友情。没过多久，她便按照等级要求，远嫁东普鲁士，在一座庄园中生活，丈夫死后才重回德累斯顿，直到1847年方去世，非常高寿。

① Gleichen-Rußwurm o. J. 134.

② MA I, S. 149.

她十分珍重年轻时那段爱情的回忆，总是骄傲地向访客展示席勒的画像。这幅被常青藤环绕的画像就挂在她的墙上。

1787 年 7 月 20 日，在用《唐・卡洛斯》的书稿与汉堡剧院版本的稿酬偿还了部分债务后，席勒动身前往魏玛。之所以去魏玛，也是因为他的经济状况依旧不保险。他期待着几年前授予他顾问头衔的魏玛公爵能赏他一口饭吃——要么是像歌德或赫尔德一样有份差事，要么是像克尼贝尔①一样挂个闲职——让他可以投身于写作而不必以此为生。

可是他刚到魏玛，这种希望便破灭了。他在瑙姆堡（Naumburg）听说公爵已经在同一家驿站换了马，要继续前往波茨坦。也就是说，他暂时不会在魏玛见到公爵，依旧得靠写作维持生计，必须续写稿费优渥的《招魂唤鬼者》这部小说。此外，他还有一部关于尼德兰独立史的著作，刚写了开头几页。席勒原本计划只写一篇关于尼德兰独立的文章，收入《最奇特的叛乱与阴谋故事》的合集中；但他感觉到，从中可以有更大的收获。他于 1787 年 7 月 21 日傍晚到达魏玛，行囊中就有这两份书稿。

谁不曾被魏玛的文学光芒迷住了眼，那么他快到魏玛的时候就会恼怒地发现，不管从哪个方向来，都得离开方便通行马车的大路而拐上小路。这个德国文化的秘密首都完全处于交通上的死角。通往魏玛的最后一段路，路况差得可怜。席勒在“太子客栈”（Erbprinz）落脚时，全身脏得一塌糊涂，整个人在车里摇晃得都快散架了。他在当地唯一的熟人就是夏洛蒂・封・卡尔普。他几

① 卡尔・路德维希・封・克尼贝尔（Karl Ludwig von Knebel, 1744~1834），德国诗人、翻译家，歌德好友，曾于 1774~1780 年任魏玛公爵之子的教师，随后短暂离开。在 1784 年重回魏玛时他被魏玛公爵卡尔・奥古斯特任命为少校，但并不承担任何实际工作，得以潜心创作与翻译。

乎每天都去见她，而她则把席勒引入了城里的文化生活。

当时住在魏玛的一共约有6000人。虽然在文化上声名斐然，但这里依旧没有失去乡村小镇的风貌。穿着丝绸长袜的剧院观众还能在街上碰见猪群，在陵园的草地上还放牧着牛群。各家门口的粪堆也是市景的一部分，在夏天吸引着成群的蚊虫，因此条件更好的市民才会逃向周边的温泉小镇。

这些“条件更好的市民”都围绕着公爵的宫廷：首先是宫中官员、大臣、内廷顾问、宫女、有头衔的教士，然后还包括政府与警察等部门的公务员，宫廷乐团及剧院成员，教师、医生、药剂师、律师——他们有别于手工业者、农民和短工。无论社会分层如何细致，对一个带着很高期望踏入这座著名城市的外人而
/ 264 言，原先的大世界倏然缩水成了乏味的小地方。“在魏玛，”一份当时的游记写道，“人们徒劳地寻找一座都城中应有的欢快纷繁或是喧闹的感官之乐；这儿喜爱闲暇的人太少，家境殷实、可以在无用的消遣中自我放纵的人也太少；根本不需要警察，更不需要什么秘密警察，整座城市之小，以及惯常的生活方式，就把每个人都置于宫廷的监管之下……只求享乐之徒很容易把魏玛视为一个悲伤的地方。人们白天都在工作，即便是那些不用干活的少部分人，也羞于被当作游手好闲之徒……一到六点，人人都赶去剧院；称之为一场大家族的聚会，倒是很恰当……演出大概九点结束；可以想见，到十点钟，每个酒馆老板都已睡得很深，至少也是在他的四面墙内安安静静地度过整晚。”①

只有当魏玛在定期举办的集市中回归它的乡村本真，这座城市的公共生活才会活跃起来。其中著名的有洋葱集市，还有席勒

① Pleticha 1983, S. 18.

初到不久便赶上的丰收节。人们用绿叶装点屋子，畅饮美酒，在街上载歌载舞，到处都能闻到大葱和芹菜的味道。而木材集市也办得很热闹。来的甚至还有富有的荷兰造船厂主——对于正在创作《尼德兰独立史》的席勒而言，的确是值得纪念的会面。每个月都会在雅各教堂门前举办一场猪集，让住在边上的高等教会监理会顾问赫尔德很是恼火。

但席勒才刚到魏玛不久，就不得不得出结论：在这些定期举办的乡村欢庆集会的间歇，魏玛从近处看就是一个“蜗牛壳内的世界”。贵族的小团体为其社会地位而骄傲，不与旁人来往；市民与小市民的圈子亦是如此。人们到处炫耀荣誉，这些荣誉或许是因为表现听话或者在要求之前就服从，从社会的上空像雨一样掉下来的。对头衔的癖好和乱封顾问的现象，魏玛比别处更加严重。“特别引起我注意的是，”一位访客说，“始终只听见宫廷顾问维兰德、枢密顾问歌德、副首相赫尔德。”[①] 幸好，席勒现在也可自称“顾问”了。

精神的世界就夹在宫廷与市民世界之间——而即便是这里，也有蜗牛壳、党争和派系。到处都树起了旗帜，同一派的就在旗下集合。维兰德与赫尔德分别是两派的头目，二人互不来往。只有仍在意大利的歌德，遨游在所有人上方：克内贝尔是他的代理人，定期把朋友们聚集到歌德的花园别墅中来纪念他。维兰德则总向公爵母亲安娜·阿玛利亚[②]献殷勤。

---

① Pleticha 1983, S. 18.

② 安娜·阿玛利亚·封·不伦瑞克－沃尔芬比特尔（Anna Amalia von Braunschweig-Wolfenbüttel, 1739~1807），魏玛公爵夫人，魏玛公爵卡尔·奥古斯特的母亲，热爱文学与艺术。她改建了魏玛的图书馆，并促使其对公众开放，使之成为德国最重要的文化珍藏之一。今天的图书馆就以她的名字命名为“安娜·阿玛利亚公爵夫人图书馆”（Herzogin-Anna-Amalia-Bibliothek）。

通过夏洛蒂·封·卡尔普，席勒在最初几天就结识了好几位伯爵、内廷大臣和宫中贵妇，其中就包括封·伊姆霍夫夫人[①]，她是封·施泰因夫人[②]的妹妹。伊姆霍夫夫人为席勒介绍了一个住处。他和夏洛蒂一起游走于魏玛的上流社会。在7月23日给科尔纳的信中，席勒写道，自己像“晕头转向”了一样：“我不得不把整个人分散到这么多人际关系中，在每一段关系中还都必须完全在场；这些关系吓跑了我的勇气，让我感到自己本质的限制。”

当他终于见到“魏玛众神和偶像崇拜者”时，也像初次登台一样忐忑不安。“我拜访了维兰德，”他在7月24日的信中写道，“穿过一群可爱的孩子和小不点，才能见到他。我们初次见面就仿佛早已相识。一个瞬间就决定了一切。我们得慢慢开始，维兰德说，我们要多花些时间，成为对方需要的人。他在我们第一次见面中，就为我画好了我们未来关系的走向；而让我高兴的是，他不是将之作为短暂的相识，而是一段为了将来而延续并成熟的关系。我们二人直到现在才认识，让他觉得非常幸运。我们要这样做，他对我说，谈话要互相诚实而坦率，就像人和他的守护神的交流。”

克里斯多夫·马丁·维兰德与他的大家庭一起生活在魏玛附

① 路易丝·弗兰琦斯卡·索菲亚·封·伊姆霍夫，娘家姓封·夏尔特（Louise Francisca Sophia von Imhoff, geb. von Schardt, 1750~1803），歌德女友施泰因夫人（Frau von Stein）最小的妹妹。席勒于1787年7月自德累斯顿到达魏玛时，首先便是在伊姆霍夫家落脚。原书作者将其夫家姓拼作“Imhof”，这是较少见的写法。

② 夏洛蒂·封·施泰因，娘家姓封·夏尔特（Charlotte von Stein, geb. von Schardt, 1742~1827），魏玛大公夫人安娜·阿玛莉亚宫中贵妇，曾是歌德女友，与歌德书信频仍，但在歌德于1786年不辞而别前往意大利、又爱上出生市民家庭的少女克里斯蒂安娜·乌尔皮乌斯（Christiane Vulpius）之后，二人关系破裂。

近的奥斯曼施泰特（Oßmannstedt）镇上的一座庄园里。他是温和的一家之主，总戴着一顶天鹅绒小帽。他膝下子女众多，而当他情绪不错或是谈话的主题吸引他时，他自己也表现出些无忧无虑的孩子气。他对席勒说，他俩的年纪也没差太多：席勒比实际年龄要成熟10岁，而他则比实际年龄要年轻10岁。维兰德的情绪变化无常，这也是孩子气的一部分。他可以几乎带着哭腔抱怨，人们在他“人还活着的时候”就开始忘记他了。席勒不得不安慰他，让他想起他的重要意义一直持续至今。维兰德毫不羞怯地坦承自身弱点与自我怀疑。尽管他有时也会惊诧、否认乃至自傲，但他的调侃缓和了这一切。这是一种友好的而非恶意的讽刺。维兰德说话还带着些施瓦本口音，让席勒听着很舒心。

/ 266

席勒自打学生时代起就崇敬维兰德。这位诗人、杂志主编、记者、翻译家、檄文作者和太子太傅为德语文学带来了广度，教会它法国的优雅与精神、古典的造型与生活艺术。他可以一边轻浮，一边又具有教育意义。他不理会精神上的分工，用哲学方式对待文学，用文学方式对待哲学。正是他的著名译本，才让莎士比亚在德国真正家喻户晓。他不害怕命运与性格的黑暗深渊，但接近它们之时却带着轻松淡然的意识，就好像一个懂得传播光明的人，不介意偶尔被人批评肤浅。他憎恨蒙昧主义，厌恶任何一种局限，颇为自信地称自己是个“世界主义者”。他是个优雅的启蒙者。他不允许宗教教条主义者或粗鄙的物质主义者破坏他的自由理念。他喜爱可以亲身体验的真理，因此安娜·阿玛利亚公爵夫人才会在1772年将此时已声名远播的教育小说《阿迦通》（*Agathon*）的作者召至魏玛，辅导太子学业。于是他便在魏玛为接着到来的伟大精神——尤其是歌德与赫尔德——铺好了路。维兰德才是古典主义魏玛的真正奠基人。他领着一笔可观的终身年俸，是公爵出于对他的感激与尊重而首肯的。这位充满智慧与善良的老人在魏玛社会的活动畅通无阻，甚至能被允许在公爵夫人的沙发上酣然入睡。

看到这位来自比贝拉赫（Biberach）的前市政文员显然已登上了德国精神生活的奥林匹斯山巅，卡尔学校的学生们自然充满了同乡的自豪。维兰德就是他们的英雄、他们的榜样。对于席勒亦是如此。他曾将《强盗》寄给维兰德，不过却没有收到回音。他从旁人口中听说，维兰德觉得这部剧很差，但作者却很有才华。至于之后的作品，席勒同样非常重视维兰德的评价。因此，他才会怀着紧张而激动的心情盼望着与维兰德的见面。于是他现在便能亲身体会维兰德是如何平等地对待他。他骄傲地对科尔纳说，“与魏玛巨人们的深入交往”甚至改善了他对自己的评价（1787 年 7 月 28 日）。而另一个帮助他改善自我感觉的巨人，正是赫尔德。

赫尔德初次接待他时就没有说那么多好话。“他招待我，”席勒在 1787 年 7 月 24 日的信里说，“就完全像在招待一个只略曾听闻过的人一样。我估计他自己还没读过我的作品。”

赫尔德很有礼貌，不久更是相当热心。不过，他还是维持他的尊严，注意与人保持距离。他的谈吐很有思想，说起话来是这样流畅而美妙，就如同他的行文。人们可以发现，他也爱听自己说话。即便是在某个瞬间的灵光一闪，他即兴发挥的意见，听着也像是经过深思熟虑一样。他的知识多得令人惊讶，但绝非半瓶子醋。他把一切相互关联起来的能力堪称大师，尽管这种联系更多的是音乐性而非系统性的。让他感兴趣的是事物间的共鸣而非逻辑推导。席勒承认能一连几个小时听这个男人滔滔不绝。

令人讶异的是，这个通晓一切的人，这个共情的天才，这个言外之意的阐释者，居然在个人的情感生活中是如此的极端。“他的感情，”席勒写道，“只有恨或爱。”（1787年7月24日）他“以一种近乎神话的方式”爱着歌德这位斯特拉斯堡时代的好友。

当时是1770年的秋天，两人在“精神之家”（Zum Geist）客栈的楼梯间偶然相遇。歌德之后会在《诗与真》中描述，此人的头发扑满了粉，用别针一直别到发髻，看上去仿佛一位教士；他登楼梯的样子相当优雅，潇洒地把黑色丝绸大衣的下摆塞在裤兜里。[①] 彼时的歌德还是听讲者，是学生。在这个长他5岁的人面前，他觉得自己各方面都不如他。但是这并没有让歌德感到不快，因为赫尔德举手投足间充满智慧，并没有好为人师，而是热情洋溢，甚至有些过度激动。正是赫尔德为天才正名，鼓励人们更多地追随“自然”而非规则。赫尔德对语言的爱极富感染力，在与歌德共登斯特拉斯堡大教堂时，这两位朋友萌生了出版文集《论德意志的特色与艺术》（*Von deutscher Art und Kunst*）[②] 的念头。后来，这部作品成为“狂飙突进”运动的奠基文本。

时任比克堡（Bückeburg）宫廷牧师的赫尔德对他的工作并不满意，于是歌德在1776年将他聘到魏玛，担任首席牧师。歌德以为自己给他找了份闲差，但事实上，首席牧师的工作压力让

---

① 相关描述见歌德《诗与真》第二卷第十章，汉译参见《歌德文集》（第四卷），第413页及以下。

② 《论德意志的特色与艺术——若干松散的纸页》（*Von deutscher Art und Kunst. Einige fligende Blätter*）是赫尔德与歌德于1773年匿名出版的一册文论集，收录的文章包括赫尔德的《论莪相及古老民族之歌谣的通信片段》（*Auszug aus einem Briefwechsel über Ossian und die Lieder alter Völker*）、《莎士比亚》（*Shakespear*），以及歌德以斯特拉斯堡大教堂为例所写的《论德意志建筑艺术》（*Von deutscher Baukunst*）。这本小册子从文学与艺术的层面强调德意志性，将莎士比亚而非法国古典主义视为戏剧的典范，将哥特式建筑视为德意志典型，提倡搜集原生的德意志民歌，这一切都促使德国文学完成了从强调普世性的启蒙主义到强调民族特点的“狂飙突进”与浪漫派的范式转换。

人喘不过气来。赫尔德要负责公爵领地内的牧师、教师、掘墓人、唱诗班领唱和管风琴手。他是学校教学计划的最高监督，人们期待他的视察、监督和检查。他是行政管理者，是精神导师，是牧师，却更想成为一位作家、哲学家、神学家、考古学家、诗人和批评家。他的确也喜欢与他的职位和任务联系在一起的权力，但他更爱思想的权力与雄辩的魔法。于是，他整个人就渐渐地被烦闷的阴影所笼罩。

没过多久，他就开始在席勒面前唉声叹气，抱怨自己的糟糕处境。他有一回曾说，教会的人觉得他思想太过自由，而有思想的人却觉得他太像个教士。他没法让任何人满意。他爱歌德，但也嫉妒他。歌德才用不着为这么多小事烦心，而且如果工作真的太辛苦，他还能跑去卡尔斯巴德，或者就像现在一样跑到意大利。赫尔德敬佩歌德敢踏出如此大胆的一步，同时也很生气。他自以为歌德离了他不行，可现在歌德居然把他一个人丢下。当歌德于 1788 年夏从意大利返回魏玛时，赫尔德做好了安排，自己也立马动身前往意大利了。他非得和朋友扯平不可。

无论如何，赫尔德都爱着歌德——同时厌恶康德。这一点，席勒在二人第一次见面时也同样注意到了。

/ 269 赫尔德曾跟着康德学习，起初也是他的好友。只要前批判时期的康德讲授的是关于宇宙起源、太阳系和地球的宇宙学猜想，以及人类学、民族与地理学的研究成果，赫尔德就觉得自己与他精神相通。可是当这位柯尼斯堡的哲学家开始为知性划定界限、降低直觉的意义，二人便逐渐分道扬镳。康德严肃地捍卫理性的原则，赫尔德则青睐直观的富足，让他的直觉引导自己。康德要求、也给出了严格的概念，赫尔德则沉醉于譬喻和类比。在赫尔德那里是语言的盛典，而康德则尖刻地扯碎了招魂唤鬼者的幻梦。

二人的差别在70年代中期就已可见。当时正值赫尔德的著作《人类最早的文献》(*Älteste Urkunde des Menschengeschlechtes*)出版。正如他自述的那样，他在书中是作为一个“神学浪荡子”出场的。他相信自己在《圣经》的起源中找到了流传下来的一种更古老的神话秘符。它强有力地将赫尔德引向了历史记载的起源。而康德则对此不屑一顾，他在一封致哈曼[①]的信中以略带讽刺的谦虚写道，哈曼得给他解释一下，他的朋友赫尔德究竟想的是什么。“但如果可能，请用人类的语言。我这个可怜人，”康德继续说，“还没有按照直观理性的神性语言准备好。人们按照逻辑规则、用平庸的概念给我一个词一个词拼写出来的东西，我大概还能理解。”[②]

但赫尔德不会就此停止在人类历史的伟大叙事中参考“直观理性”。康德的《纯粹理性批判》出版后没过几年，赫尔德就发表了《人类历史哲学随想》(*Ideen zur Philosophie der Geschichte der Menschheit*)。[③]当席勒于1787年见到赫尔德时，这部巨著的前三部分已经出版。它开启了德国的历史哲学，立刻引发了极大轰动。现在，赫尔德与康德之间的对立就彻底明朗了。赫尔德在《纯粹理性批判》中只读出了“空洞的辞藻”或“警察式的禁令”。与一代人之后的黑格尔一样，他也批评康德，害怕错误

---

① 约翰·格奥尔格·哈曼(Johann Georg Hamann, 1730~1788)，德国作家、哲学家，一生大多数时间均在故乡柯尼斯堡(Königsberg)度过。他歌颂作为神之创造的语言，鼓励按照“自然”生活与创作，因此常被视为“狂飙突进”运动的思想先驱。

② Zit. n. Vorländer 1962, S. 234.

③ 康德的《纯粹理性批判》于1781年出版，而赫尔德的四卷本《人类历史哲学随想》第一卷则于1784年出版。他的另一部著作《人类最早的文献》则已在十年之前于1774年付梓。

本身也是一种错误。他不想被认识论的先决条件束缚住手脚，而是直接面对“事物”。在他看来，“事物”就是：人类自动物界的进化，通过躯体结构阐明精神，作为生命有机体的文化，以及人类生活与表达方式的多样化。认识的器官，对赫尔德而言是直观、直觉和语言，而康德则认为是经过规整的知性之范畴以及理性之原则——被认识的世界正是凭借这些范畴与原则出现在我们的脑海中。

在席勒见到赫尔德前不久，康德发表了对赫尔德《片论》第一部分的批判。康德的批评言辞讽刺，内容更是毁灭性的。在康德看来，赫尔德的历史哲学不过是空中楼阁。他写道，书里谈到“完全超乎可观测的自然学说”的自然力①；赫尔德不如观察一下“定义概念时的逻辑准确性”，给他的“想象力”套上缰绳②，对不可思议的事就别用更不可思议的方式去解释。康德认为，赫尔德没有理解哲学的真正任务，即“剪除而不是催生过于繁茂的小树苗”。③

因此，席勒在记叙他拜访高等教会监理会时才会说：“赫尔德憎恨康德。”（1787 年 7 月 24 日）就对历史的理解而言，席勒更偏向于赫尔德这边。但这并不会阻止他研习康德，并从中为自己的历史著作汲取理念。

在席勒初到魏玛的头几周，主要是妇女们追问他《招魂唤鬼者》的后续，可他眼下却没什么兴趣接着写下去。写作《尼德

---

① Kant, Bd. 12, S. 792.

② Kant, Bd. 12, S. 781.

③ Kant, Bd. 12, S. 793. 康德对赫尔德的批判可参见其《评赫尔德〈人类历史哲学观念〉》一文，载于〔德〕康德《历史理性批判文集》，何兆武译，商务印书馆，1990，第 32~58 页。

兰独立史》这部历史书籍倒很对他的胃口。到了1788年10月，写好的文稿就已如此丰富，以至于他建议出版商克鲁休斯①干脆出个单行本。

历史让他着迷。不只是尼德兰独立这段历史，更是作为文学体裁的历史。有两个因素起了关键作用，一个是经济动机，一个是心理动机。科尔纳劝他别写历史，催促他回归文学；但在给科尔纳的信中，席勒对此做了说明。

心理动机：早在创作《唐·卡洛斯》时，席勒就曾在1786年4月15日给科尔纳的信中写道："即便是在最好的土地上，野蔷薇也结不出梨子，但梨树在空荡荡的土壤中同样无法生长。我们的灵魂不过是培养瓶，天地元素必须先往其中加入物质，才能让这种物质生长出饱满多汁的绿叶。"而这种物质便是他每天都越加珍视的"历史"。之所以选择历史，是因为它为席勒提供可以依赖的"事实"；他已经注意到，"我们想象力的虚构远远不具有权威、得不到我们的信任，因此无法提供……长久的坚实基础"（1788年1月7日）。

为了创作《唐·卡洛斯》，他详细学习了历史，但到头来还是得依靠自己的想象。对他至关重要的东西，在历史里找不到，只能自己幻想。这让他筋疲力尽。"现在的我，是我经常性不自然地绷紧自身力量的结果。每天的工作都很沉重——因为我写得多。我的产出与接收到的不成比例。这样下去，我有把自己写到油枯灯灭的危险。"（致科尔纳，1788年1月18日）

① 西格弗里特·雷布莱希特·克鲁休斯（Siegfried Leberecht Crusius, 1738~1824），德国著名出版商，不仅于1788年出版了席勒的《尼德兰独立史》，更在1800年、1803年分别出版席勒的两卷本《诗集》（*Gedichte*），后又在1804年及1805年刊印经席勒再度校订的第二版两卷本《诗集》。

写完《唐·卡洛斯》以后，席勒觉得自己被掏空了。他一开始不愿相信，因为新生活、新环境和魏玛的“众神与偶像崇拜者”转移了他的注意力，让他兴奋。“首先，”他在1788年1月7日给科尔纳的信中写道，“我真的越来越少关注自己，连自己都不认得自己了。”当他终于意识到已经把自己“写空了”的时候，不得不寻找一种新的写作形式，能使产出与接收之间、想象与接受之间、思考与学习之间的比例更为协调。所以他才选择写历史：“有些工作，学习占一半，思考占一半——写一部戏剧我用不着书，却需要我的整个灵魂和全部的时间；而写一部历史作品，书籍就贡献了一半的材料。我为这两者投入的时间几乎一样多，但写完一部历史作品，我能扩展既有理念，接收新理念；写完一部剧，却要失去不少。”（1788年1月18日）

经济动机：因为他要一边写作一边学习，就必须注意“让学习本身也帮我赚些钱”。故而他得想出一部历史作品，能吸引更大的读者群体。到目前为止，整个德国还没有这样的书籍。于是席勒便创立了一种文学上高要求、学术上又富有内涵的历史书写方式。席勒在《尼德兰独立史》的前言中写道：“只要我的这次尝试能让一部分读者相信，一段历史可以写得既忠于史实又不必考验读者的耐心，只要它能让旁人相信，历史既能从一门相关的艺术中获得借鉴又不必因此变成小说，就可算是非常成功了。”①

科尔纳担心，席勒会因为与现实过于紧密的联系而无法再度诗意地振翅飞翔。但席勒十分自信地回应道：“在一个伟大的头

① MA Ⅳ, S. 31.

脑中，每一种对象都能够变得宏伟。如果我有这样一个头脑，就能在历史学中实现伟大。”（1788 年 1 月 18 日）

1787 年 10 月 24 日，席勒在夏洛蒂·封·卡尔普家中朗诵了手稿的选段。维兰德也在场。10 月 26 日，席勒在给胡博的信中写道：“他被书稿深深吸引，断言我生来就是写历史的。他热情地拥抱了我，宣布在历史的体裁中没人在我前头。”

维兰德的热情给了席勒一针强心剂，也证实了他的预感，即或许能借助这项工程完成一桩大事。他不假装谦虚，在给胡博的信中点明了自己作品的优点：文笔“优美而高贵的风格”，整理材料时“像驴一样勤恳”，对发挥作用的历史之力的“清晰分析”——以及“哲学阐述”。

这的确是席勒历史作品独一无二的特征。关于“优美而高贵的风格”：在席勒之前，还没有人用这种文学大师的笔调写过历史。他把《唐·卡洛斯》的诗行中那种对韵律的感觉带入了散文之中，只要读一读下面这段关于尼德兰人民的句子就能发现：“这个民族在富足的幸福闲暇摆脱了需求缩手缩脚的小圈，学会了追求更高的满足。”①说《尼德兰独立史》是德语散文的重要成就之一，一点儿也不为过。

这本书的写成，得感谢“驴一样勤奋”地对当时可以取得的资料的彻底整理，即便席勒理所当然地参考过先前的著作。他在前言中写道，自己自然乐意从“一手材料”中得出一切，“重新创作”这段历史，“独立于那些有思想的前辈将之流传至今的形 / 273 式”。②但这样一来，他要花在上面的就不是短短几年光阴，而是整个生命。席勒想要讲述的是自由在过去的胜利；但他不想做

① MA Ⅳ, S. 35.

② MA Ⅳ, S. 31.

个编年史家，成为历史的奴隶。

而关于“清晰分析”，席勒以古典时期的历史写作，尤其是修昔底德（Thukydides）[①]作为标杆。像修昔底德一样，席勒也将历史之趋势与动力浓缩到若干突出人物身上，为他们作了精彩的肖像画。正是这些人物间的对话展现了各种历史力量的相互角力。

但最令席勒得意的还是“哲学阐述”。之所以具有哲学性，是因为他以理念之光阐释历史。这些理念中有一部分是他在历史中发现的，另一些则是他在时代精神的启发下创造的。

席勒的历史哲学野心让他身处众多志同道合者之中。自从维柯[②]、培尔[③]、孟德斯鸠、伏尔泰以及最近的赫尔德与康德以降，历史已经得到了哲学的升华。虽然在一代人之后，浪漫派将会声称启蒙运动对历史没有任何概念。但这种说法显然不对。当席勒着手对尼德兰独立史作“哲学阐释”时，可以依靠一种历史哲学思考的传统。这一传统有两种基本倾向，最近在德国表现为赫尔德与康德之间的矛盾。

其中之一，即赫尔德的倾向，是从人类的自然天性出发；而康德所代表的另一种倾向则将理性，也就是自由置于中心。但二者均在历史中看到一种发展，只不过一种是人类的自然史，而另一种是人类的理性史。

---

① 修昔底德（约前460~前400），古希腊史学家，其巨著《伯罗奔尼撒战争史》（*Der Peloponnesische Krieg*）以史料翔实、视角中立而被视为历史学的开端之作。

② 詹巴蒂斯塔·维柯（Giambattista Vico, 1668~1744），意大利哲学家，其著作《新科学》（*Scienza Nuova*, 1725）考察了人类文明的发展历程，被视为历史主义（Historismus）在思想史上的重要奠基人之一。

③ 皮埃尔·培尔（Pierre Bayle, 1647~1706），法国哲学家、怀疑论者，倾向无神论，坚持信仰自由，在其主要著作《历史批判辞典》（*Dictionnaire historique et critique*, 1697）中为每一个词条附上了正反两面史料与论据，被视为历史研究方法的先行者之一。

在卡尔学校求学的岁月，作为医科学生以及弗格森读者的席勒首先接触的是人类自然史的理念。其出发点是坚信人类乃是一种动物，与其他动物相比，本能更弱、意识更明朗。自我保存的冲动、与自然交换和斗争的必要，都将人类等同于其他生命体。 / 274
但在人类身上，自我保存的斗争发展了他的意识的自然基础。他变得富有创造力，成了一个会制作工具的动物，能够改变自己、改变自然，同时塑造他的文化。人学会了用社交的形式约束并优化自我保存的天然冲动。正因为他不再被本能牵着鼻子、在生命的实现中来回绕圈，人就有了历史，就开始创造历史。创造他的历史与他创造的历史——二者共同形成了人类的自然史。人们应当如何理解这一自然史？年轻的席勒在他的毕业论文中，用短短几句有力的话做了描述：“一种内在而积极的自然冲动，以及对母性环境的需求，教会我们的祖先想得更大胆，帮他们发明了房屋……这儿又是新事物、新危险、新需求、精神的新奋斗。动物冲动的碰撞让部族与部族反目，将生铁打造成刀剑，诞生了冒险家、英雄和暴君。城市得到加固、国家得以建立，随着国家又产生了市民的义务与权利，产生了艺术、数字、法律、狡猾的牧师——和神灵。”①

自然史—物质主义的方法教会席勒，在撰写尼德兰历史时同样要关注气候、地理、经济、文化与政治事件的相互交织。以人类与自然的物质交换为主线来阐释历史，也是赫尔德的方法。因此席勒才会在二人初次见面时，就感受到他们之间有“共同点”（致科尔纳，1787 年 8 月 8 日）。

赫尔德认为人类是一种动物，而自然或上帝——二者在赫尔

① MA Ⅴ, S, 303f.

德看来是可以互换的同义词——则赋予了人类任务："你从天性中能创造出那些高贵与杰出之物，就创造吧；我不能借助奇迹为你撑腰，因为我已将你作为人的命运交到你作为人的双手之中。但我所有神圣而永恒的自然法则却会助你一臂之力。"① 成为人的任务是作为自然的升华而得以实现的。对赫尔德而言，人性就是真正的自然性，是人类亲自开启的一场进化的成果。在这里，人类的整个历史不过是宏大的自然史中的一章，或许是胜利的终章。

当然，这种"人性"的思想还很模糊。赫尔德谈的都是"自行起作用的自然"、"自由行动的范围"、"可理解性"、"恰当"与"优雅"。起决定作用的是一幅各种力量和谐共生的有机图像。而正是康德在他对赫尔德《片论》的书评中，批判性地指出这种将人性理解为有机体的表述。康德写道："人类灵魂的精神性质、它的持久性以及趋向完善的进步，都应从与物质的自然构造尤其是与它们的机体进行类比而得到证明。" ②

/ 275

赫尔德对人性的有机理解，席勒并不陌生。创作《尤里乌斯的神智学》书信时期的爱之哲学，走的是同一个方向。但在初次见到赫尔德后不久，席勒就读了康德本人的历史哲学纲要，即《世界公民意图下的普遍历史之观念》(*Ideen zu einer allgemeinen Geschichte in weltbürgerlicher Absicht*)③。 维兰德的女婿卡尔·莱恩哈特·莱因霍尔德（Karl Leonhard

---

① Herder 1984, Bd. 3, S. 583.

② Kant, Bd. 12, S. 790. 汉译参见康德的《历史理性批判文集》，第 41 页。

③ 《世界公民意图下的普遍历史之观念》是康德于 1784 年发表的论文，汉译参见《历史理性批判文集》，第 1~21 页。何兆武先生将标题译为《世界公民观点之下的普遍历史观念》，可能是误将德语"Absicht"（意图）看作"Ansicht"（观点）。

Reinhold）[①]是耶拿著名的康德哲学传播者。当席勒告知他自己正在专攻历史时，正是莱因霍尔德让席勒注意到了康德的这部作品。

这篇历史哲学论文是第一部对席勒产生长远影响的康德著作。或许他是在读了这第一部康德的著作后，才体会到了把一篇历史论文写成一部大书的兴趣和挑战。康德的作品中，主要有三个思想对席勒意义重大。

第一，人类历史的“自然意图”，乃是人类将其自然禀赋发展成理性与自由。

第二个思想则是：理性的自由只能在自私自利的“对抗”中实现。“感谢自然，”康德写道，“感谢其中有这种不合群性，有这种竞相猜忌的虚荣心，有这种贪得无厌的占有欲和统治欲吧！没有这些东西，人道之中的全部优越的自然禀赋就会永远沉睡而得不到发展。人类要求和睦一致，但是大自然却更懂得是什么东西才会对他们的物种有好处；大自然在要求纷争不和。”[②]

/ 276

即便“纷争不和”有利于理性的自然禀赋之发展，历史中理性与自由的实现也并不就因此板上钉钉。这是因为“到头来，这种对于我们的种属如此之自然的纷争”，可能会导致“一座万恶的地狱”或是“野蛮的破坏”。[③]所以人们不能完全信赖“自然意图”，而是——这是康德的第三个思想——要坚持自由的理念，

---

① 卡尔·莱恩哈特·莱因霍尔德（1757~1823），德国哲学家，耶拿大学哲学教授，是德国最早系统性地讲授康德哲学的学者。关于席勒与莱因霍尔德，参见本书第十五章。

② Kant, Bd. 11, S. 38. 语出康德的《世界公民意图下的普遍历史之观念》，汉译参见《历史理性批判文集》，第7页。

③ 语出康德的《世界公民意图下的普遍历史之观念》，汉译参见《历史理性批判文集》，第13页。

这本身也是自由在历史中得以实现的前提。康德将之称为“千年福祉王国学说”。①

我们从最后一个理念说起。席勒在作品中运用了“千年福祉王国”的概念，将尼德兰的自由之战塑造成可以燎原的星星之火。尼德兰人民揭竿而起的力量，“在我们身上并不曾消失；只要那个时代重返，同样的缘由呼唤我们做出同样的举动，当初为他们的冒险加冕的那种幸运成功，也定不会辜负吾辈”。②

这段话写于法国大革命发生前两年。此时，大革命的阴影已经投射在传单、辩论、阴谋、党争和零星的动乱之中了。在1801 年的新版中，已经对大革命的进程感到失望的席勒删去了这句话。现在的他觉得这句话实在太过乐观了。

康德的核心论点是：自由的逐步实现乃是历史的“自然意图”。这就证明了席勒的看法，即他借助对尼德兰从西班牙之暴政中争取独立的描写，展现了人类自我解放的漫长进程中的一个阶段。这一点为文章赋予了独特的激情，而其中所描述的当地事件也具有了更加重要的意义，成了“自由”之全球史中的一个篇章。

最后，认为人类解放之实现是通过种种自私与僵化的利益间的“对抗”，认为只有历经斗争的“纷争不和”才能实现统一：这样的观点给了席勒越发深入地钻研当时的复杂斗争的契机。

但这么做就有相应的后果。

---

① Kant, Bd. 11, S. 45. 语出康德的《世界公民意图下的普遍历史之观念》，汉译参见《历史理性批判文集》，第 13 页。所谓“千年福祉王国学说”（Chiliasmus，从希腊语表示一千的“Chilia”一词而来）是指在基督教中对耶稣基督再度降临并在人世间建立起如天堂般美好的千年王国（Tausendjähriges Reich）的信仰。

② MA Ⅳ, S. 1022.

全书导言处理的还是邪恶暴君与良善的自由追求之间的矛盾，一边是“独裁者的臂膀”，另一边则是“勇敢的抵抗”，但随着叙事的进程，这种二元对立的表现方式便被放弃了，就仿佛历史的复杂性摆了作者一道。科尔纳就已经发现了这一点，于是在1788年11月底给席勒的信中写道：“对尼德兰人民的兴趣被 / 277 弱化了，因为你不允许自己为他们举止中的愚蠢与卑劣开脱。”有时读者甚至想要“站在费利佩这一边”——对科尔纳而言，这是一种令人愤怒的无理要求。

事实上，这段历史在某些地方读起来，的确像是在描述争取自由的运动是如何因为腐败与阴谋而走向衰亡。“乞丐军”（Geusen）①中的密谋者看上去都是虚伪的骑墙派，明面上向国王宣誓效忠，私底下在煽动动乱，到了危急时刻却脚底抹油，一走了之。席勒描述了导致反叛者分裂的狂热仇恨：路德教徒与加尔文教徒相争，贵族与市民相争，一省与另一省相争，追求虚名与自私自利互相矛盾。他将“捣毁圣像派”（Bilderstürmer）②形容成“数不胜数的粗野大众，是一群来自最底层的乌合之众，因

① 1564年，信奉新教的尼德兰贵族上书西班牙总督玛格丽特·封·帕尔马（Margarethe von Parma, 1522~1586），要求取消宗教裁判所并停止迫害新教徒。玛格丽特·封·帕尔马身边的侍从轻蔑地将他们称为一群乞丐。上书者得知后，便提议以“乞丐”（Geusen，荷兰语作geuzen）自称，并改着乞丐常穿的灰布衣。在之后爆发的尼德兰联省反抗西班牙统治的起义中，义军也延续了“乞丐军”的称呼。

② 自宗教改革（Reformation）以来，信奉“唯独圣言”（solo verbo）的新教徒，尤其是加尔文教徒视天主教教堂中的圣像画为洪水猛兽。一方面，圣像违背了“摩西十诫”（Zehn Gebote）中的第一诫“不可为自己雕刻偶像，也不可作什么形像”，另一方面，圣像也是教会骄奢淫逸的体现之一：对《圣经》人物形象的描绘凸显了人的肉体性，同时这些艺术作品也花费了教会大量钱财。1566年，“捣毁圣像运动”（Bildersturm）席卷尼德兰，而在教堂中打砸艺术品的狂热信徒便被称为“捣毁圣像派”。

为遭到牲畜一样的对待，行事也如牲畜一样野蛮”。他们的动机：“狂热导致暴行的产生，但最终犯下暴行的，却是在这里可以得到充分满足的低级冲动。”①

那些伟大的主角，哀格蒙特②、霍尔恩③、布雷德罗德④，都达不到历史进程的高度——可能只有威廉·封·奥兰治（Wilhelm von Oranien）⑤是个例外。他们有性格却无洞见，没有长远的目光，总在黑暗中摸索，行动受到限制，只在极少的情况下才能引导历史，却总在历史的洪流中身不由己。

而他们的对手，费利佩二世、格拉维勒大主教⑥、阿尔巴公爵⑦，则显得器宇轩昂，令人畏惧，坚定果断。那种几个世纪以来的惯性所凝结成的权力，与他们融为一体。热心自由的席勒，

---

① MA Ⅳ, S. 215.

② 拉莫拉尔·凡·哀格蒙特伯爵（Lamoraal van Egmont, 1522~1568），尼德兰贵族，虽被视为尼德兰联省起义的领导者之一，却并未真正投身革命，于1568年被新任总督阿尔巴公爵以叛国罪名逮捕，并于同年6月5在布鲁塞尔遇害。歌德在悲剧《哀格蒙特》（*Egmont*, 1788）中以文学化的手法重塑了他的形象。

③ 菲利普斯·德·蒙莫伦希·凡·霍尔恩伯爵（Filips van Montmorency, graaf van Hoorn, 1524?~1568），尼德兰贵族，致力于尼德兰独立运动，同哀格蒙特一起于1568年被阿尔巴公爵处死。

④ 亨德里克·凡·布雷德罗德伯爵（Hendrik van Brederode, 1531~1568），尼德兰贵族，曾为尼德兰宗教自由而斗争，“乞丐军”之名正是由他提出。

⑤ 威廉·封·奥兰治，荷兰语作威廉·凡·奥兰治（Willem van Oranje, 1533~1584），又称“沉默者威廉”（Willem de Zwijger），尼德兰反抗西班牙统治的领袖，被尊为尼德兰国父，在1584年即将加冕为尼德兰国王威廉一世前两天遇刺身亡。

⑥ 安托万·皮埃诺·德·格拉维勒大主教（Antoine Perrenot de Granvelle, 1517~1586，其名有时亦作“Granvella”，如席勒在其著作中的拼法），费利佩二世宠臣，曾任西班牙属尼德兰联省总理，积极镇压新教徒起义。

⑦ 费尔南多·阿尔瓦雷斯·德·托莱多·阿尔巴大公爵（Fernando Álvarez de Toledo Gran Duque de Alba, 1507~1582），费利佩二世麾下大将，于1567至1573年任尼德兰总督，血腥镇压尼德兰独立运动。

却出乎意料地很能体会权力的灵魂。

“在我们看他如何行动之前，必须先浮光掠影地瞥一眼他的灵魂”——席勒为费利佩二世所做的精彩肖像就是这样开始的。“他从来不是个为人着想的人，因为他从自我出发，只会向上攀登，而不会向下体恤众生。他的信仰既残忍又阴暗，因为他信奉的神是个可怖的存在。他从神那里什么也得不到，然而却要敬畏神……他越是不能屈尊下降到众多类属与个体，就越是得心惊胆战地遵守普遍的规则。从中可以得出什么结论？相比于千篇一律的信仰与法律，费利佩二世没有更高的追求，因为他没有这两样就无法统治。”①

/ 278

尽管如此，争取自由的斗争最终必将获胜，但这场胜利却不是某一个人所安排的。“但人们不能以为，在这场行动之前对各种力量曾有过如此精密的测算，或是这些力量在踏足这片未知的大洋前就知道他们未来将会靠岸的海滩。”②

历史的迷雾就在于，历史在大多数情况下并不会以行动者的目的为转移。对此，康德曾写过：“个别的人，甚至于整个的民族，很少想得到：当每一个人都根据自己的心意并且往往是彼此冲突地在追求着自己的目标时，实际上是不知不觉地在为他们自己也不自知的、作为主线的自然意图……而工作。”③

席勒将康德笔下的“自然意图”称为“不可见的手”。这个引导历史并赋予意义的权威不为人知、令人生疑且不受支配。席勒认为，将之视为偶然或是一个“更高级的理性”在插手，是我

---

① MA Ⅳ, S. 77~79.

② MA Ⅳ, S. 44.

③ Kant, Bd. 11, S. 34. 语出康德的《世界公民意图下的普遍历史之观念》，汉译参见《历史理性批判文集》，第 2 页，有改动。

们的自由。

但这样一来，逐步但不间断地在历史中实现自由的愿景，难道不会蒙上一层阴影吗？

席勒在导言中回答了这个问题。“时代带来的那块原石，人们加工、平整、塑形；瞬间与地点属于人类，但世界历史却是偶然所驱动的。”①

对每个人而言，在属于他的那个瞬间、那个地点践行自由，既是可能的，也是必要的；但由此产生的结果却要听从一个任何历史主体都无法参透的过程。

当然，历史是人类创造的。可是人类却无法按照计划控制或引导历史。但席勒在意的是，即便人类不是历史的主人，也要这样去描写，仿佛自由是可能的——不单单是个人的自由，更是作为人类的历史使命的自由：这种信念知道无法依赖号称客观的历史进程，而必须将其富有活力的契机带入历史，才能使自己成真。追求自由的意识没有成功的保证，最多只能像一个自我实现的预言一样发挥作用。然而，它也可能遭遇可怕的抵抗。

/ 279

席勒用阴暗的笔调形容了宗教裁判所的残暴。宗教审判的可怕之处，不仅在于任意动用暴力，而且在于它毒害了整个社会的机体。“(宗教法庭)将它违背自然的裁判力一直扩展到人最隐秘的思想领域。每一种激情都被它收买；它懂得为了自身目的而利用友谊、正直的爱与自然的一切冲动；它的圈套遍布生命的每一种欢愉。而它的耳目所不能及之处，就用恐惧确保良心的服从，一种认为它无处不在的模糊想法束缚住了意志的自由，即便是在灵魂深处也不例外。”②

① MA Ⅳ, S. 44f.

② MA Ⅳ, S. 1024.

席勒将宗教裁判所描述成这样一个机构：不光毒害社会，更诱发出在社会机体内循环的种种下作与丑恶。它搜集着毒药，将之与宗教混合，就这样织成了一张恐怖的大网。它从卑鄙与崇高的结合中创造了可怕。

在极权主义于欧洲得势的一个半世纪前，席勒就借助宗教裁判所的例子预见了极权统治的本质。但这样一种直抵“灵魂深处”的权力究竟从何而来？或许它正是来自“灵魂的深处”？席勒在《尼德兰独立史》中触及了这个将会困扰他一生的问题。他最伟大的戏剧《华伦斯坦》就是为了回答这个问题。

席勒原本想要将这部历史著作分为六卷，但在1788年10月出版了第一卷之后，他放弃了这个计划。在他停笔时，阿尔巴的恐怖统治即将开始，哀格蒙特被捕入狱，威廉·封·奥兰治仓皇出逃，宗教裁判所正在肆虐。尼德兰的自由跌落在谷底。全书就这样以阴暗的前景暂告一段落。

但是人们清楚，至少这段历史会有一个还算好的结局。

/ 第十四章

一位艺术家的困扰——想象力的危险——自我鼓励——古典之梦——《希腊的群神》——重新赢回的自信：《艺术家》——坠入爱河的鲁多尔施塔特之夏——夏洛蒂与卡洛琳娜姐妹——与歌德的序曲

在写作他的历史著作时，席勒有一种满足感，觉得自己做的是件有用的事。人们需要学习历史；无论如何阐释，历史始终属于关涉人类所在的现实世界的必要知识，为世间生活提供了必要的指引。历史事实虽然偶尔晦暗不明，但毕竟比想象力创造出的一切都更加可靠。历史可以成为力量的源泉。谁沉浸其中，不必总是给予，还能有所收获，更能在所谓的客观事物中找到依靠。

为了他的新作，席勒每晚都写到深夜，在工作的重压下叹息。但从另一个意义上说，他在历史中总归也得到了休息，因为历史在他眼中是一份踏实的工作，不光是经济上，更是心理上的踏实。历史给了他素材和坚实的基础，而他感觉到自己是多么需要这些东西，因为他当时正处于一场危机当中。“你不知道，”他在 1788 年 1 月 7 日给科尔纳的信中写道，“我的内心是多么荒芜，我的大脑是多么昏暗——这一切不光是因为外在的命运，因为就这个方面而言，我在这儿过得真的不错；还因为我的情感内在的过度劳累。”

他不光觉得作为作家的自己被“写空了”；对艺术之于生活的功用的怀疑，也悄然侵袭着他。诗人除了“给你端上些你可以省去的美好”，又能做些什么？美是一种富足，难道不也因此多余？

但若是人们能用美来装点某种必要与有用的东西，例如对历史的认识与传承，那就没什么可以指摘的了。这就像是人们在必经之路上发现了一张“舒适的长凳”。正因为它能为必须之事助力，才比位于“人们可以从旁经过的大花园”中的一张同样舒适的长凳更受人欢迎。处于艺术自留地中的“美”避开了生命的艰苦，因此算不得有什么本事。难道为艺术而艺术不是一条歧路？难道它不是在浪费力气？难道人们不应优先去做那些“在人们以为只能收获辛劳的地方播撒享受”的事？那将会是这样一种艺术，即谦卑地将自己限定于从属性、服务性的角色，不逃避必然，而是装点必然，将之变得讨人喜欢。

科尔纳被席勒突如其来的怯懦情绪震惊了。他在 1 月 13 日的回信中写道：“难道你要将自己降格为满足俗人低级需求的小工，尽管你的天职是统御精神？”

这里所涉及的是市民生活之庸俗对诗人的烦扰。当席勒写作一部文学作品时，因为有创作氛围的保护，几乎不会受外人观点的影响。热情让他免遭对艺术之意义的怀疑。但在工作间隙，当创作的红线断开、想象力不再令他痴迷，债务的重压迫使他不得不四处搜寻赚些钱的机会时，怀疑便到来了。他为什么没有找一份稳定的市民工作？比如说，做个医生，他或许能收入不菲，也不会怀疑工作的益处。可是艺术呢？它被周围的市民社会所承认的用处，不过在于装饰，以及在收工后的放松。一位对自己有所期待的艺术家是无法满足于此的。艺术家虽然也得把作品搬到市场上出售，但他的自尊却要求他捍卫自身想象力之创作的尊严与意义。人只要活在艺术中，就只是在为艺术的美与艺术的理念服务。但在自我怀疑与怯懦逃避的瞬间，艺术之“美”就必须得为自身辩护。

然而，还有一种更险恶的攻击，来自想象力本身。艺术创作同它的模板——上帝创世一样，都是“无中生有”（creatio ex nihilo），因此必须面对自身特有的消极性。由于“无中生有”一方面意味着从虚无中产生存在，这是对创世的正面解 / 282 读，即“生有”的意识。然而还有“无”——这样一来，每一次创造中都同时蕴含着对虚无与空洞的体验。每一位面对一字未写的白纸时首先感到恐惧的作家，都熟悉这种体验。人会感觉被此种“虚无”所威胁——特别是当他毫无头绪或是忽然觉得自己的创作一文不值的时候。席勒偶尔就有此感，尤其是在最初几年。在鲍尔巴赫的那个冬天，他甚至一度觉得自己的作品被一场悄无声息降下的柔和大雪所覆盖。洁白的柩衣覆盖着那“舞文弄墨的世纪”。①

对空荡与虚无的预感就潜伏在创作的激情中。在热情里就有恐惧的暗流，害怕清醒，害怕这如同梦游般的安全感终将结束。谁依赖想象力，就必须预计到会被它抛弃。这是想象力真正的深渊。当席勒在1788年春天觉得筋疲力尽，已经把自己“写空了”的时候，就经历了这个深渊。于是他才会寻找自己所书写的历史“事实”的保护。谁书写“关于”某物的内容，就有依靠，有支撑。而需要创作的人则不然。他冒险与“虚无”来一场约会。因此，歌德笔下的浮士德在人为地造就海伦娜的形象前，必须降入“母亲的国度”②，沉入内在的冥府，进入无形阴影的世界：在那里，海伦娜的形象介于存在与虚无之间，摇摆不定，无法辨别。而这种虚无与无意义渗入作品，成为怀疑、自我

---

① 语出《强盗》第一幕第二场，汉译参见《席勒文集》（第二卷），第21页。

② 典出《浮士德》第二部第一幕“皇帝的行宫”中“阴暗的走廊”一场，参见《歌德文集》（第一卷），第257~261页。

怀疑和恐惧。艺术家在他的音调、语句和虚构中间，听见背景声中那空荡荡的噪声。诞生于想象力之虚无中的艺术，可能会重归这种虚无。一种毁灭与自我毁灭的潜能在其内部形成。人们于是谈起叙事的危机，谈起刻意的残篇，谈起形式的消解。怀疑艺术的形象不单在社会意义上存疑，更在内部阴影重重而没有实质——这便是内在于想象力的消极性，正是它剥夺了艺术对自身的信赖。

但现在却发生了一桩怪事：当席勒怀疑艺术的价值与
想象力的可靠性时，他在那个瞬间竟然开始梦想这样一种古
希腊的古典：据说在那儿，“美”和想象的力量能够不战而 / 283
胜。1788年春天，他创作了诗歌《希腊的群神》(*Die Götter Griechenlandes*)，开头四行便是：“当你们还统治着美丽的世界，/ 用欢愉的轻快牵绳，/ 领着更幸福的一代人，/ 神话世界的美丽天神！”①

像席勒一样回溯到古希腊的古典时代，是那个时代的特点。自从温克尔曼划时代的巨作《关于在绘画和雕塑中模仿希腊作品的一些意见》(*Gedanken über die Nachahmung der griechischen Werke in der Malerei und Bildhauerkunst*) 于1755年发表以来，人们就开始思考并效仿其中提出的“高贵的单纯与静穆的伟大”这种艺术理想。②自温克尔曼以降，德国再度开始争论起古希腊以及——略逊一筹的——古罗马的典范作用。这是17世纪末在法国思想界发生的那场“古今之争”

---

① MA 1, S. 163. 汉译参见《席勒文集》(第一卷)，有改动。

② 关于温克尔曼这篇杰作及两个划时代的美学范畴，汉译参见〔德〕温克尔曼《希腊人的艺术》，邵大箴译，广西师范大学出版社，2001，第17页。

（Querelle des Anciens et des Modernes）① 的延续，讨论的问题是：与古典相比，“现代”艺术与文学是呈现为进步，还是仍需以伟大的过去为师。在法国，这场论战主要还是以自信的“现代派”获胜而告终。然而，当争论在半个世纪后于德国重燃时，占据统治地位的却成了“古典派”。

“高贵的单纯与静穆的伟大”这句名言，在法国的论争中就已出现大意类似的表达。但温克尔曼却超越了一种艺术风格的形式，试图用它来把握一个已逝时代的生活风格。他在意的是对希腊生活作文化人类学的整体观察，将希腊人视为被“血统”、“气候”与“教育”所眷顾的人种；在人类历史中，也正是古希腊人第一个为自己争得并享受了自由的果实。对温克尔曼而言，古希腊的古典就是一种在类似的社会前提条件下可以重现的模板。他认为，只要把具有创造力的自由之理想作为社会组织的原则，要复兴这种曾在雕塑、诗歌、悲剧、哲学与政治艺术中目睹过这般完美作品的文化，其实也并非不可能。

这种“自由”体现在何处？例如在“拉奥孔”（Laokoon）

---

① “古今之争”是发生在17世纪末至18世纪初法国的一场大论战，核心问题是古典文学是否依旧是当今文学的典范。1687年1月，著名的童话作者夏尔·佩罗（Charles Perrault, 1628~1703）为庆贺“太阳王”（Roi Soleil）路易十四（Louis XIV. 1638~1715）大病初愈，在法兰西学院（*Académie française*）作诗《路易大帝的时代》（*Le siècle de Louis le Grand*），将路易十四统治的时代与古罗马皇帝奥古斯都（Augustus, 前63~前14）时代相提并论，认为古典时代的人“虽伟大，这不假，但毕竟也是人，和我们一样”（Ils sont grands, il est vray, mais hommes comme nous）。这一对比质疑了古希腊罗马的典范性作用，引起了推崇古典主义诗学并著有《诗艺》（*L'Art poétique*, 1674）的尼古拉·布洛瓦（Nicolas Boileau, 1636~1711）的反对。一场影响深远的大论战就此揭幕。

群像[①]中。这组雕塑群像所表现的，是一位特洛伊祭司与他的两个儿子被一条深海怪蛇所缠绕，眼看着就要窒息而死。但这组形象不单是“美”的。“正如海水表面无论多么波涛汹涌，但深处总是静止一样，希腊艺术家所塑造的形象的面容，在一切剧烈情感中都显现出一个伟大而平和的灵魂。”[②]温克尔曼认为，痛苦中的淡然与灵魂的宁静，正是一颗苦难不能移的心灵所具有的自由。这心灵正因淡然而美丽。“身体感受到的痛苦和心灵的伟大仿佛经过平衡，按同等的力度分散在雕像的整个结构……拉奥孔的悲痛触动我们的灵魂；但我们也希望能像这位伟大人物一样承受得住苦难。”[③]

按照这一理解，“美”不是对超感官之物的提前享受，不是绝对之物反射出的光芒，而是淡然地与可怕乃至死亡和解。“就连美也必须死亡！”席勒那首攫取人心的《挽歌》就是这样起的头。而在温克尔曼那里，重要的则是在“美中死去”这门艺术。这只能通过对先绽放再凋零的身体的认同才能够实现。

温克尔曼所构想的图景，是“美的灵魂”与“美的身体”之和谐，是那种身处极端情况却仍能与自身及世界协调一致地生活着的人。他那句“高贵的单纯与静穆的伟大”是照着拉奥孔群像说的。身体与灵魂、自我与世界之和谐的理想，并不意味着某种

① 在古希腊神话传说中，拉奥孔是特洛伊（Troja）城的祭司，因为曾警告特洛伊人提防希腊人的木马，连同两个儿子被雅典娜派出的两条巨蛇杀死。现藏于梵蒂冈博物馆、可能诞生于公元前1世纪的拉奥孔群像被视为古希腊雕塑的经典，也激发了后世艺术史学家与美学家的研究兴趣。除了温克尔曼，同样著名的还有莱辛讨论诗画界限的名著《拉奥孔》（*Laokoon*, 1766）。

② 语出温克尔曼的《关于在绘画和雕塑中模仿希腊作品的一些意见》，汉译参见〔德〕温克尔曼《希腊人的艺术》，第17页，有改动。

③ 语出温克尔曼的《关于在绘画和雕塑中模仿希腊作品的一些意见》，汉译参见〔德〕温克尔曼《希腊人的艺术》，第17页，有改动。

安抚或讨好，而是意味着在痛楚的撕裂中所获得的统一。拉奥孔与一种终将胜过他的自然与命运之力斗争，并在斗争中与之化为一体。他将会死去，却得以保存自己的尊严。

在温克尔曼之后，莱辛、歌德与赫尔德也把这组塑像当作了思想的试金石。最后则是青年席勒。借着参观曼海姆古典之屋的契机，他在1783年创作了《一位丹麦旅人的信札》，其中写道："这般剧烈的疼痛就显现在他的眼中与唇边，正在用力喘息的胸部高耸——在这个瞬间、这种状态下，自然本来很容易忘了自己，很容易退化成可憎的模样，但在这里却依然如此真实、如此柔美。"①

这一段描述让席勒留在了温克尔曼走过的道路上。他和温克尔曼一样，在拉奥孔群像中看见的是一种被"柔美"地呈现出的可怕痛苦。对他而言，这是美对可怕真实的胜利，是一种文化特有的表现形式。正如席勒所描述的，人们在这种文化中"绝望"地哲思、信仰，而追求美的意志也正因此在阳光与气候的促进下 / 285 变得无比强大。即便是悲剧、毁灭和痛苦——也都是美的。英雄与神灵亦是如此。因此席勒认为，对希腊人而言，美乃是天与地、神与人的合一点。

1783年草稿的最后，是席勒在《希腊的群神》一诗中重新拾起并生发为一首对逝去世界状态之哀歌的思想。"希腊人，"他在1783年写道，"将他们的神绘作更高贵的人的模样，并使人亦更趋近于神。这是*同*一个家族的孩子。"②而现在，《希腊的群神》中几乎有一模一样的诗句："因为那时的神还更具人性，/

① MA **V**, S. 881.

② MA **V**, S. 883.

人才更像是神。”①

为什么这首诗能成为一剂对抗忧郁的良药，去应对1788年春兴起的对艺术的怀疑？为什么诗人能借此一扫被科尔纳批评过的那种暂时的怯懦？

他在诗中探寻了艺术家自我怀疑的根源，又为此目的尝试将现代与传说中的古典世界对立起来。他认为古希腊的古典烙印着一种美学的世界关联。艺术、舞蹈、音乐，乃至感官可体验的每一种美都是文化的生命要素。对艺术的质疑在此没有立锥之地。审美位列一切可能的目的序列之首，无须在任何上级机关面前为自己辩护。而在现代则并非如此：占统治地位的是理性科学、物质主义和有用性。世界成了一座劳改工厂，艺术在其中只能扮演一个漂亮却无关紧要的角色。

席勒当然知道，古希腊的现实与审美世界的幻景并不完全一致。但他在意的也不是具体描写一个已不可挽回地消逝了的历史时期，而是一种别样的世界理解之基本模型，与现代形成对立。他想象了古希腊的“童话世界”来扩展思考的空间。这里所涉及的是面对自身时代之强迫时的自由，因此才必须要勾勒一种不一样的选择，一种人类之可能的其他选项。近一个世纪后，尼采同样是在回望古希腊时曾这样描述：“只有作为美学现象，存在与世界才是永恒称义的。”②

人们只有从尼采的话出发才能理解，席勒在《希腊的群神》

① MA 1, S. 169. 语出《希腊的群神》第一稿，在汉译《席勒文集》所参照的修订稿（即席勒于1800年发表的《诗集》第一卷）中被删去。

② Nietzsche, Bd. 1, S. 47. 语出尼采《悲剧自音乐精神中的诞生》（*Die Geburt der Tragödie aus dem Geiste der Musik*, 1872）第五节。“称义”的德语原文为“gerechtfertigt”，直译是“得到了辩护”，在基督教语境中指的是人如何才能在背负原罪的情况下作为“义人”出现在上帝面前——路德的“因信称义”就是一种解答。

中所做的是怎样一种大胆的尝试。

和他之后的尼采一样，席勒考察了不同的文化在面对可怕之事时如何成功地安排生活，并以此视角为起点，发展出了一种类型学。研究的问题是：每个文化分别是建立在怎样一种应对生命过程之不可抗力的隔断系统之上的？这里关涉的是文化运转的机密。人们如何坚守生命，如何提振生命，如何保护生命免遭破坏与自我毁灭的影响？在文化史中已有过不同模型的尝试。古典时代选择了艺术之美的面纱；基督教文化污蔑感性，祛魅世界，选择了一种道德严肃的一神教；现代则借助一个新神继续推进世界的祛魅：科学理性。

古希腊的美学模型催生了奥林匹斯众神的世界。这不是身居彼岸的苍白的神，而是升华了的人。他们并未超越身上的人性、情欲与激情，而是使之变得高尚。他们赋予自然以灵魂，活在爱与痛的宏大情感之中，在艺术家的热情里发挥作用："如天堂般永恒的火焰，/ 在品达骄傲的颂歌中流淌，/ 落入阿里翁的七弦琴，/ 浇筑进菲迪亚斯的石雕。"①

自然，这些神明也不过就是想象力的虚构，却深入人类对生活的构建，帮助他们拥有一种不服命运的乐观情绪。这是因为席勒也清楚：美的体验为事物、人类与命运戴上了一层舒适的面纱。在他看来，希腊人的情绪既欢乐又悲伤。"希腊人，"他在《一位丹麦旅人的信札》中写道，"绝望地哲思，更加绝望地

① MA Ⅰ, S. 164. 语出《希腊的群神》第一稿，在修订稿中被删去。品达（Pindar, 约前518~前483），古希腊诗人，尤以"合唱颂歌"（Dithyrambus）见长；阿里翁（Arion），传说生活在公元前7世纪的古希腊诗人，将祭祀酒神狄奥尼索斯所唱的合唱颂歌发展成一门完善的艺术形式，而古希腊悲剧便是从中产生；菲迪亚斯（Phidias, 约前480~前430），古希腊最杰出的雕塑家，其最著名的作品包括雅典帕特农神庙（Parthenon）中的雅典娜（Athena）雕像等杰作。

信仰，而行动——绝不比我们少一分高尚。”[①]希腊众神无论有何寓意，都还是深色背景上的光辉形象。人们最好在音乐、舞蹈和迷狂中接近这些神明。他们是狄奥尼索斯式的生命之感的表达：“酒神杖挥舞者的欢呼歌唱，/ 拉着华丽的神车前来的文豹，/ 报告伟大欢乐使者的来到，/ 羊人和林神在前面蹒跚开道；/ 酒神狂女在四周跳个不停，/ 用舞蹈赞美他的葡萄美酒，/ 红光满面的主人就邀请来宾 / 喝它一个大醉方休。”[②]

希腊众神世界的诞生得感谢神话意识。神话直观且极富形象地赋予原本无意义之物以意义。一再对意识塑造神话的潜能提出挑战的，是世界的同质化。人们不愿想象一个无法有那种“与我相关”之感的世界。认识着世界的人也希望能被认识，不单是被旁人，更能被一个充满意义的宇宙发现。人虽属于自然，却因其意志与自然产生了距离，期待着在身外的自然中能有某种与他的意识相类似的类意识。人不愿孤零零地只与他的意识为伴。他希望自然能给他回应。神话便是开启与自然对话的尝试。对于神话意识而言，自然的过程就有了意义。

正是席勒这首关于希腊群神的诗，在十年后启发荷尔德林试图复兴神话意识的尝试。荷尔德林将跟随席勒的脚步，为神话体验寻找一种诗意的语言，满怀哀伤地悲叹：我们已失去了这种体验的轻巧与不言自明；他同时认为，神话体验对古希腊人而言必定曾是一种日常经历。在荷尔德林看来，这种损失会导致一整个维度消散，而真实恰恰是在这个维度里才真正显露在人的视野与体验之中。所以人们才“看不见”土地，“听不见”鸟鸣，人

① MA V, S. 883.

② MA 1, S. 165. 汉译参见《席勒文集》(第一卷)，第 41 页。狄奥尼索斯是古希腊神话中的酒神。

与人之间的语言也“枯萎了”。荷尔德林将这种状态称为“神之夜”，并告诫人们要警惕那种将神话主题与名字滥用作纯粹的杂耍游戏的“虚伪神圣”。①

在席勒召唤古希腊众神世界的过程中，人们无法忽视其中的炫技特征。通读全诗，有不少段落就像古希腊神界的人物大全。人们时不时地发现，作者似乎详尽运用了当时通行的索引文献，即本雅明·赫德李希（Benjamin Hederich）的《神话大百科全书》（*Gründliches mythologisches Lexikon*）②，以至于人们现在为了理解诗歌的细节，自己也得去查阅这部辞书。科尔纳就已经批评过这首诗在刻意掉书袋；而歌德则觉得这诗虽然能打动读者，但还是太冗长、太烦琐。

这种百科全书式的冗长，要归功于席勒追寻神话意识之生命力时的全身心的痴迷。这首诗的真正主题并非强作古典的学究气，而是后世的尼采所称的“狄奥尼索斯式”的世界构想。这里所涉及的，是那种将节庆的丰饶重新赋予存在的生命力。在席勒看来，若要在自然的冷淡之中创造一块富有意义的区域，最有效果的方式就是诗意精神。诗意能将不冷漠带入人际交往，带入团结、信任，也带入组织人际间有意义之关联的规则与机制。诗意精神与想象力在席勒看来是同一回事，二者共同克服了世间的冷

---

① 原书作者并未指明出处，可能典出荷尔德林作于1798年前后的诗《虚伪神圣的诗人》（*Die scheinheiligen Dichter*）：“你们冷冰冰的伪君子，休提众神之名！/你们有理智！你们不信赫里奥斯，/不信雷神与海神。”参见 Friedrich Hölderlin: *Werke und Briefe*. Bd. 1. Hg. von Friedrich Beißner und Jochen Schmidt. Frankfurt a. M. 1969，第39页。赫里奥斯（Helios）即古希腊神话中的太阳神，雷神（Donnerer）指主神宙斯（Zeus），海神（Meeresgott）指波塞冬（Poseido）。

② 本雅明·赫德李希（1675~1748），德国学者、辞书作者，于1724年首次出版了《神话大百科全书》。

漠，让人类及其所有感知力在这个世界如在故乡。但先是在基督教时代，随后是在世俗化的现代，这一切都不复存在；而席勒关注的正是这种反差。被荷尔德林称为“神之夜”的，席勒是这样描写的：“群神悠闲地回到诗歌世界，/ 尘世的凡人不再需要他们，/ 世人已长大，不再靠神的引导，/ 可以自己保持平衡。”①

世界的新状态、当前占统治地位的意识，其突出特点是宏大的祛魅：一方面是由于基督教的一神论；与之相关的另一方面则是理性主义与物质主义冷冰冰的理性。

希腊众神生活在一个可以感知的现实中，基督教的上帝却抽身返回了不可见之中。上帝不再从自然中发生，不再直接与感官相连，只在内心与良知的深洞中发挥作用。试图找到这个隐秘之神的人，可用两句诗形容：“在理念之国我辛劳地搜寻，/ 在感官世界我一无所获。”②

在创作这首诗时，席勒在自己正阅读的沙夫茨伯里的《一封论激情的信》(*A Letter concerning Enthusiasm*)中找到了这样一句话，令他开始怀疑基督教的上帝：“我们不光要有一般的好 / 289
心情，更要有最好的心情，必须要对世界有着最愉悦、最温柔的情绪，才能正确地想象，我们赋予神性的性质之中究竟蕴含着什么。”③ 席勒所强调的基督教上帝的性质，并不是源自好心情，而是源自恐惧、嫉妒，以及对感觉的敌视。这是一个孤独的神，孤僻地以自我为中心，煽动人类也陷入那种没有结果的自我中心，令他们过于内向，从而同样孤独。“没有朋友，没有兄弟和同伴，/ 没有女神，没有尘世的儿子，/ 另一个神就在以太的国度

① MA I, S. 165. 语出《希腊的群神》，汉译参见《席勒文集》(第一卷)，第44页。

② MA I, S. 165. 语出《希腊的群神》第一稿，在修订稿中被删去。

③ Shaftesbury 1990, S. 27.《一封论激情的信》是沙夫茨伯里伯爵于1708年发表的文章。

统治，/ 端坐在萨图恩未被推翻的宝座。/ 极乐，却没有生命围绕他欢颜，/ 极乐，只能在无人的原野，/ 他在时光的长河中，/ 永远只能看见——他自己的模样。”①

这个神不屑于同人类为伍，除非是残忍地要求人类献祭其子。他攫取人心靠的不是世间的欢乐，而是负罪感。为了隐射这个严厉的神所能够做到的，或不如说，人们可利用它实现的，席勒提到了宗教裁判所的歹毒：希腊众神虽然偶尔也很残忍，却从未施行过宗教审判。这是对思想的窥探与奴役，是在将形而上学转变为酷刑工具。这些可怕的侍神之人，行事完全依据一个充满恶意又心怀妒忌的神所立下的灾难性的法则——他们不是“神圣的蛮人”，还能是什么……

这个神不是生命之友，不是爱之友，不会像希腊众神一样将尘世的享受分享给人类；不过这也不足为奇，因为他毕竟是恐惧与负罪感的畸形产物。他不是希腊众神那样的迷狂的生命欢愉之神：“那在造物胸中流淌的愉悦，/ 造物主曾离它更近。”② 人们若要遵从那个有碍观瞻的神，就得告别欢乐的感官世界：“我到了哪儿？这悲伤的寂静 / 它在向我宣告造物主的到来？ / 他的面纱和他一样黑暗，/ 能颂扬他的只有——我的断念。”③

因此，批评家们将这首诗贬得一无是处，就并不让人奇怪了。施托尔贝格伯爵等批评家指责作者心怀亵渎神明的无神论——他们倒也没有说错，因为过于激烈的基督徒信奉的那个愠

① MA I, S. 168. 语出《希腊的群神》第一稿，在修订稿中被删去。萨图恩（Saturnus），古罗马神话中主播种的天神，对应古希腊神话中的克诺罗斯（Kronos），在神话中夺取其父之权后吞噬了自己的孩子，直到被其子主神朱庇特（Jupiter）即希腊神话中的宙斯（Zeus）推翻。

② MA I, S. 165. 语出《希腊的群神》第一稿，在修订稿中被删去。

③ MA I, S. 166. 语出《希腊的群神》第一稿，在修订稿中被删去。

怒的上帝并不符合席勒的口味。

席勒的独到之处在于，他认为在基督教一神论与抽象理性在现代世界的统治之间存在关联。基督教一神论将上帝置于一个不可见的彼岸及一个同样不可见的内心世界，就这样让世界变得冰冷。只需再迈一小步，就能从这个一神论、没有灵魂、祛了魅的宇宙跨越到现代的科学祛魅。世界一开始是上帝的作品，然后就成了计算着的理性的质料。太阳神赫里奥斯与山之女神、俄瑞阿得斯诸仙女（Oreanden）曾在天际闪耀过的地方，现在空空荡荡，只有“一个火球在没有灵魂地转动”。无论科学的目光投向哪里，最终都只能发现一副“骨架”。不管是基督教的上帝还是科学的神，都可以说：“北方凛冬寒风的呼啸 / 尽数吹落那些花朵。/ 为了让众神之一富足，/ 整个神界都得毁灭。”①

这首诗描绘的是神话意识与现代意识之间那场巨人之战；这也曾是《哲学通信》的主题，不过当时所处理的是爱之哲学与物质主义怀疑论之间的冲突。我们回想一下热情的尤里乌斯那时的哀叹：“物质主义的一次大胆攻击就能摧毁我的创造。”②投射在古希腊古典之中的神话意识，其处境与爱之哲学如出一辙。它同样遭到了毁灭——一开始是因为基督教的一神论，随后又是现代的理性主义。

然而，尽管有哀歌悲诉——神话意识却并未完全消失，而是可以在诗歌中重返。如果希腊众神返回的是“诗歌世界”，为什么不能让他们在诗歌的语言中重生？为什么不能用诗歌的再度神化来回应自然的巨大沉默？为什么诗歌不能为那已变得过于道

---

① MA I, S. 168. 语出《希腊的群神》，汉译参见《席勒文集》（第一卷），第43页，有改动。

② MA V, S. 344.

德、过于劳碌的生活开启对庆典的感受？为什么诗歌就要终止赋予无意义之物以意义的尝试？

也就是说，席勒考虑的是在诗歌的边界中复兴神话意识；他拒绝接受理性化以及资产阶级式的毫无感情的经济思维对世界的“祛魅”与“夺魂”。他悲叹他的时代没有神话，期望神话能在艺术中
/ 291 归来。当时，艺术在经济盈利与“有用”的狭隘思维的压迫下，已开始成为美丽却无足轻重的小事；可席勒却依旧在为了艺术的地位而抗争，要将之重新抬高到生命中所有可能目的之序列的顶端。

我们不能忘记：在创作这首诗时，席勒正深陷于自我怀疑；在艺术的高远目标前，他已变得怯懦。这首诗是热情的自我暗示，而他也借此转入了一种新的情绪，允许他让“美”再度胜过“善”、“真”与“有用”。

半年之后，从1788年秋至1789年初，诞生了第二首长诗《艺术家》(*Die Künstler*)。诗中延续了“美”胜过“善”、“真”与“有用”的思想，但这一次不再是通过投射回希腊古典，而是将之作为人类种属之历史的丰富呈现。席勒在1789年2月9日致科尔纳的信中，表达了这首“哲学诗”的基本思想。他颇为自豪地说，之前还从未有人做过类似的尝试：“首先要从哲学与历史的角度阐明这个思想，即艺术是科学与道德文化的铺垫，然后再说明后一种文化并非目标，而是通向目标的第二级阶梯，尽管研究者与思想家总是急不可耐地先抢占王冠，把低自己一等的位置指定给艺术家：因为人类之完善，必须要等到科学与道德文化重新融于美中之时才能实现。”

与《希腊的群神》不同，《艺术家》这首诗并没有将当下描绘成祛魅而无灵魂的样子。从后来的诗歌中可以发现，先前对现代的描写为了突出对比，过多强调了其中的负面因素。但

人们现在注意到，席勒对现代的评价还远不止如此。或许的确是冰冷的异化规定了当今世界，但在席勒看来，这种异化不过是解放的背面。不断增长的自由将人从旧秩序中解救出来，催促他重新施展自己的力量，而在这个视角下，对自然的评价就会更为积极。席勒将之解读为过渡的时代。难道说，自由之所以先将人引向异化与孤立，是为了使一种新的、自由的统一最 / 292
终在更高的阶段成为可能？而它要如何达到这一更高的阶段？席勒在《艺术家》这首诗中给出的答案是：通过审美意识的提高。

这首诗的开头——用席勒几乎是在向科尔纳道歉的话说——是从这个世界“较好的那一面”做的热情描摹。“多美啊，人呵，你带着棕榈的桂冠 / 矗立在世纪的尾声，/……/ 自然之主，它爱你给的锁链，/ 在千百场斗争里试炼你的力量，/ 在你麾下骄傲地走出野蛮！”①

在法国大革命爆发前的半年，席勒写道，当今世界已迈出了赢得启蒙与自由的重要步伐，已发展到了一个相当可观的高度。但这是如何做到的？文化发展并不是从理性，而是从审美意识起步；而当今世界若要保存这种自由的意识，就必须将审美意识视为自身的本质，始终铭记将它带到如此高度的力量。因为正是审美意识在道德上驯服了人类并使之高尚，同时引导着人的好奇与研究欲。当前的知识与道德文化中本就有许多东西应归功于审美意识，因此只有继续将之纳入审美文化，才能保留人类的尺度。人类游戏着成为人，一旦停止游戏便会退化。这是在对现时代的所有赞美中隐藏着的批判。这样一来，《艺术家》一诗便接上了

① MA Ⅰ, S. 173.

《希腊的群神》中对当下的荒芜与失魂之哭诉。但《艺术家》却并未哀伤地回溯过往，而是鼓励现代去克服自身在审美上的自我遗忘。

这种鼓励之所以显得那样急迫，是因为急需这种鼓励的，恰恰是席勒自己。

《艺术家》这首诗承载着相当分量的思想，其中更有对人类审美教育的初步研究。几年之后，席勒将会以极大的手笔着手探究审美教育的工作。

然而，席勒的1788年并不仅仅献给了《希腊的群神》与《艺术家》这两首诗，更是献给了两位触动席勒心灵的女性。

1787年12月，席勒动身前往迈宁根拜访姐姐和老朋友、现在已经是他姐夫的莱因瓦尔德，在临近的鲍尔巴赫还见到了亨莉埃特·封·沃尔措根。五年前的那个冬天，满脑子都是《唐·卡洛斯》的席勒在雪后的森林里漫步；现在，他希望重新寻回当时的灵魂之景，却再也找不到了。他已经变了很多，感到自己已成了一个不同的人，剧院的琐事不再叫他担忧、给他羞辱，他不再需要逃离对他心存恶意的君主，也不再爱着亨莉埃特的女儿。这一切和那五年一样，都已被他远远地抛在身后。“那种魔力，”他在1787年12月8日给科尔纳的信中写道，“就像是被吹散了一样。我什么也感觉不到。所有那些当时让我的寂寞变得有趣的地方，现在没有一处在对我说话。一切都失去了说给我听的语言。”

在亨莉埃特位于鲍尔巴赫的家中，席勒见到了她的儿子威廉·封·沃尔措根。他带着席勒一起前往鲁多尔施塔特（Rudolstadt）郊游。那儿住着沃尔措根一家的远亲——伦格费尔德家族：守寡的母亲是鲁多尔施塔特宫廷中的贵妇，她的两个女儿分别是与博尔维茨（Beulwitz）先生有一段不幸婚姻的卡洛琳娜①，以及待字闺中的22岁少女夏洛蒂②。

“11月的一个阴天，”卡洛琳娜多年后这样描绘当时那场值得怀念的相遇，“大路上来了两位披着风衣的骑士。我们认出了堂兄威廉·封·沃尔措根，他开玩笑似地用风衣遮住了半张脸；但另一位骑士我们却不认得，让我们很是好奇。”③

之后，席勒和夏洛蒂将会互相坦承，他们在见面的第一晚围坐在壁炉前的时候，就已经互生情愫。席勒在告别时表达了希望下个夏天能在伦格费尔德一家府上或邻处小住几周的愿望。两姐妹听了，自然满心欢喜。

伦格费尔德家族属于古老的帝国贵族。汉斯·克里斯多夫·伦格费尔德（Hans Christoph Lengefeld）曾任林区总管，是当时业内的著名人物，曾极其有效地制止了毫无计划的乱砍滥伐，以至于弗里德里希二世想将他任命为全国森林的最高监管。但伦格费尔德却谢绝了。他于1775年撒手人寰，留下了两个女儿。大女儿卡洛琳娜生于1763年，更活泼、更有激情。她的偶像是当时柏林沙龙中那些参与社会精神生活的自信妇女，例如亨莉埃特·赫尔兹（Henriette Herz），也在远方加入了赫尔兹的“美

/ 294

① 卡洛琳娜·封·沃尔措根，娘家姓伦格费尔德（Karoline von Wolzogen, geb. von Lengefeld, 1763~1847），德国女作家，席勒妻姐，1794年与第一任丈夫离婚后嫁给了席勒同学威廉·封·沃尔措根，改为夫姓。其小说《艾格尼斯·封·莉莉恩》（*Agnes von Lilien*, 1798）出版时颇受好评，甚至被人认为是歌德的作品；而她撰写的《席勒生平》（*Schillers Leben*, 1830）是席勒研究的重要文献之一。

② 夏洛蒂·封·席勒，娘家姓封·伦格费尔德（Charlotte von Schiller, geb. Von Lengefeld, 1766~1826），席勒之妻；二人于1790年成婚，共养育了四个孩子。

③ Petersen 1911, S. 141.

德联盟”（Tugendbund）。① 她与卡洛琳娜·封·达赫霍登 ② 是好友，后者将来会成为威廉·封·洪堡的妻子。正是卡洛琳娜让席勒结识了洪堡。在妻子卡洛琳娜去世后，洪堡写信给伦格费尔德家的卡洛琳娜：“在您身上……美丽而深刻的女性特征出现了一种全新的独特形象。但这种形象，或至少是它在您身上的那种完美表现，也会随着您而陨落。我认为，我能有幸与这个形象如此接近，能这样去把握它，的确是我生命中最大的幸事。” ③

洪堡在他的文章《论男性与女性之形式》（*Über die männliche und weibliche Form*）④ 中描绘了女性的优点。当时的人们就猜测，给他当模特的不仅是夫人卡洛琳娜，还有卡洛琳娜·封·伦格费尔德。

卡洛琳娜是性情中人，足够冲动、直接和大胆，有时敢于无视社会定下的规范。她不愿将自己局限于贤妻良母的角色。“当我想起，”她在1789年6月3日给席勒的信中写道，“我们的生活是被怎样一张琐碎小事的大网所笼罩，这张网又如何经常使人失去最好最高贵的享受，我就愤愤不平，不能自已。而这却是我们女性生活的常态。”

她的梦想是像柏林的姐妹们一样开一个充满智慧的沙龙。当她与博尔维茨离婚并嫁给远房堂兄威廉·封·沃尔措根之后，她

---

① 亨莉埃特·赫尔兹（1764~1847），德国女作家，她在柏林举办的文学沙龙是当时文化界最重要的思想交流场所之一，早期浪漫派的代表如施莱格尔等都是她沙龙的座上宾。“美德联盟”是赫尔兹与同样热爱文学艺术的女性们共同组织的小型聚会。

② 卡洛琳娜·封·洪堡，娘家姓封·达赫霍登（Caroline von Humboldt, geb. von Dächeroden），1791年与威廉·封·洪堡成婚，共养育了8个孩子。

③ Zit. n. Buchwald 1956, Bd. 2, S. 103.

④《论男性与女性之形式》是洪堡在1795年发表于席勒主编的《季节女神》第三期的文章。原书作者遗漏书名中的定冠词“die”，已补上。

将会在魏玛实现这个梦想。有一回，沃尔措根在动身开启一次长途旅行前，将家人托付给一位朋友照料。在给朋友的信中，沃尔措根写道：“内人是我在生命中遇见过的最美好的女性之一——这样多的思想，这样无尽的温柔；这样多发自内心的爱，这样积极地追寻更高的事物；如此单纯得让人无法理解，却又如此全面；她是个好主妇，温和的母亲，但她美丽的幻想却在这样的和谐中创造了诸多世界。亲爱的朋友，我无法向您描述和这位万里 / 295
挑一的女性所度过的岁月，我是多么幸福。”①

之所以要稍稍描述一下这位“万里挑一的女性”，是因为人们不清楚在1788年夏开启的那段情事中，席勒更倾心的究竟是卡洛琳娜还是更矜持的夏洛蒂。有时候，他暗诉衷肠的亲密信件是同时写给姐妹二人的，而她们则得从字里行间找出线索，看看信中说的究竟是谁。席勒与二女的关系让科尔纳心生疑虑。席勒则将他的模棱两可解释为一种策略：“我通过这样的二分法减弱了我的情感，这样一来，我们的关系就能处于亲密而理性的友谊的界限之内。”（1788年11月14日）而即便是席勒的示爱越发明显，也依旧是同时对着姐妹二人说的。

1789年末，这段关系已持续了快两年，夏洛蒂有些按捺不住了。她终究要从席勒那儿知道，他更喜欢的究竟是姐妹中的哪一个。她让席勒清楚，自己并没有姐姐那样光彩夺目的品质，若是迫不得已，她也懂得放手。席勒的回答将让她一时无法忘记：“卡洛琳娜与我的年纪相当，我们俩情绪和思想的形态也因此几乎相同。亲爱的洛蒂，与你相比，她让我把心中更多的情感化作语言——但我无论如何也不愿意这种状况有任何变化，不愿看着

① Zit. n. Buchwald 1956, Bd. 2, S. 104.

370 你变成另一个模样。卡洛琳娜胜过你的东西，你必须从我这里得到；你的灵魂必须在我的爱中释放，你必须成为我的造物，你的花朵必须在我爱情的春天中飘落。若我们相遇得更晚，你就会剥夺我这种美好的快乐，即看着你为我而绽放。”（1789 年 11 月 15 日）

席勒显然认为：向他追求的少女宣布，要把她当作自己的“造物”，显然是一种爱的证明。夏洛蒂并不觉得被冒犯；她之后寄给席勒的信中，流淌着温柔与关爱。

即便席勒的模棱两可让姐妹俩陷入相互竞争，二人之间也没有任何不和谐的声音。“没有人像您一样，”卡洛琳娜在 1788 年 11 月 18 日给席勒的信中写道，“懂得触动我最内在的天性——我近乎落泪，一想到您是如何温柔地在那些阴暗的瞬间抚慰和支
296 撑我的灵魂。——我多么需要活在这种希望之中！”卡洛琳娜或许会为了席勒与她不爱的博尔维茨离婚。但她却让妹妹先来。在席勒迎娶夏洛蒂之后，她才与丈夫分道扬镳。

卡洛琳娜喜爱玩乐，热衷表演，想要给她的生活增添一抹浪漫的色彩，也的确创作了一部小说。席勒将会把这部题为《艾格尼斯·封·莉莉恩》（*Agnes von Lilien*）的小说匿名登载在他的杂志《季节女神》上。包括奥古斯特·威廉·施莱格尔在内，当时有许多人对小说评价颇高，甚至以为这是歌德的作品。

在回顾生命中那段生活在席勒近旁的岁月时，64 岁的卡洛琳娜在日记中写道：“但尘世享乐的诱惑引诱我堕落；头脑里的小聪明、求知欲，甚至在更高、更好的事物中玩想象力的游戏，这种按我的心意指挥一切的冲动搅乱了我的灵魂。”上了年纪的卡洛琳娜变得虔诚。她为自己挑选的墓志铭是：“她迷惘过、痛

苦过、爱过，在对基督、对宽恕之爱的信仰中离开了人世。”①

现在来看妹妹夏洛蒂。卡洛琳娜总是口若悬河，而她则羞涩而矜持。她读书很多，诚实地将自己的想法记录在一个草稿本上，日后把它交给席勒阅读。她最爱的书之一是吉本的《罗马帝国衰亡史》（*Verfall und Untergang des Römischen Reiches*）②，还曾将其中几章译成德语。她的忧郁性格使得她不仅喜爱衰亡的故事，也喜爱秋天。英雄传奇吸引着她，但只有当人性的强大结合了秀美，才能叫她敬佩。这是另一个她喜爱的作家沙夫茨伯里教会她的；她能整页整页地背诵沙氏的作品。夏洛蒂的母亲本想将她送入宫中，但对于这个名利场，她必须离得远远的才能勉强忍受。她在1788年11月26日给席勒的信中写道：“相比于亲自和宫里的人搅和在一起，从远处看着他们才更有人性；因为人如果能发现人类所有的渺小之处，他对人类的炽热情感恐怕就会被扼杀。我在自己的闺房中过得宁静而平和，能和自己打交道就让我觉得很高兴了。”她期待着两个人的孤独，“因为我其实并不想让所有人都能享受您的陪伴”。她与自然对话，觉得自己像自然的一部分，不直接表达她的情感，而是描绘一处风景，让它代诉心声。1788年末到1789年初的寒冬，她曾对二人关系的未来有过怀疑；冬天过去后，她在信中写道：“我被寒冷完全击倒了，觉得自己就像是一朵被霜打落的花，仿佛只有一半的生气……今天，我头一次重新见到自然，觉得开心极了。我走在

---

① Zit. n. Buchwald 1956, Bd. 2, S. 104.

② 爱德华·吉本（Edward Gibbon, 1734~1794），英国历史学家，著有巨制《罗马帝国衰亡史》，记叙了罗马帝国（包括拜占庭帝国）从2世纪中期到1453年君士坦丁堡被土耳其人占领的千余年历史。

水坝上，萨尔河（Die Saale）是这样美，大块的冰靠在河岸边，山又蓝了，而太阳也照耀得这样可爱；我觉得仿佛到了春天，花骨朵已经显出红色；我的胸中如此宽广，如此远大，我的灵魂仿佛更加自由……”①

夏洛蒂是施泰因夫人的教女。施泰因夫人曾给她写信说："就算我真的变成一块石头，我心中属于我忠实的洛蒂的火花也绝不会熄灭。"②歌德也很喜欢这个他在施泰因夫人家中时常见到的小姑娘。当夏洛蒂还是个孩子的时候，他就曾和她一起玩耍。夏洛蒂将会巧妙地安排席勒和歌德的初次见面；席勒与歌德之所以能逐步相互靠近，也要算她一份功劳。

在 1787 年 11 月于鲁多尔施塔特初次见面后，席勒与夏洛蒂开始频繁地互通书信。夏洛蒂很真诚，却依旧矜持。她说起友情，而席勒却让她明白，自己并不满足于友情。他认为友情最多也只是"种子"，"一旦春日的阳光照耀在上面，我们就能看见它究竟会开出怎样的花朵"（致夏洛蒂·封·伦格费尔德，1788 年 4 月 5 日）。他沉浸在对夏天的向往和愉悦中，在脑海里畅想着二人将如何漫步在鲁多尔施塔特，一起阅读，在花园里闲聊。"我为这个夏天想象出多么美妙的梦，而您可以让这些梦一一成真。"但一想到"尊贵的小姐"可能在这段对他意味着"至高幸福"的感情中只发现"暂时的乐趣"，他就感到不安。因此席勒尝试将夏洛蒂从她的矜持中引出来。可她却依旧那么规矩得体，即便席勒殷勤地奉承："我的幻想应当永不停歇地在我眼前描绘出您的模样，就好像它在我将之交给缪斯的八年中，始终只在练

① 原书作者并未给出信的出处。"今天"以下应出自夏洛蒂于 1789 年 1 月 26 日给席勒的信。

② Zit. n. Berger 1924, Bd. 1, S. 555.

习这一幅画像。”（1788年4月5日）

夏洛蒂忠实地向他描述了日常琐事，以及她看着春天里苏醒的自然时的情感。席勒能把这些解读成她对自己的春日之情吗？他拿不定主意，于是写信给她，说他希望能在鲁多尔施塔特的乡间宁静中重新寻回他在魏玛的社交与工作中间或失掉的“自己的内心”（1788年5月2日）。

夏洛蒂很谨慎。但席勒的书信偶尔也让人觉得，他要找的不是某个人，而是某种能让他感到充实、意气风发的处境。面对心存疑虑的科尔纳，席勒毫不遮掩地表达了这个意思。“我需要一种媒介，”他在1788年1月7日写道，“才能由此享受其他的乐趣。只要有一系列精致、舒适而又温馨的情绪不间断地让我准备好迎接欢乐，重新温暖我僵化的内心，友谊、品位、真理和美就会对我产生更大的影响。直到今天，我一直是个孤独的异乡人，在自然中迷了路，也没有任何属于自己的财产。我所依赖的一切，都有某些比我更宝贵的东西，这叫我的心如何是好。我渴望能有个市民一样的家庭，这也是我现在唯一的期待。”

他希望自己所找的那位女性能给他那种“家”的眷恋。只有“家”才能为精神之欢愉赋予坚实的基础和“市民”式的团结。当然，“心”也要参与其中。不愿将好友拱手让给一个女人的科尔纳警告说：如果席勒要为家长里短操心，就会失去他作为作家的独立。他或许出于财政原因不得不做些妥协，为当时流行的读者口味服务。但如果能找到一位“有钱的姑娘”，就可以“算一算富足带给你的好处，是否抵得过你可能失去的家庭欢乐”（1788年1月13日）。

夏洛蒂并不是“有钱的姑娘”。她虽然出身良好的家庭，但伦格费尔德一家并不是大户，因此对母亲而言，把女儿许配给同等级的贵族就显得更加重要了。席勒知道，这事从理性的角度看遂不了他的愿。但他自然不光在算，更在幻想。

4 月初，他收到了一个无法接受的怪异提议：有人从施韦因富尔特（Schweinfurt）向他提供了“一个报酬优渥的市议员职位，附加一位有数千塔勒财产的女性”。席勒把这件事当作对择
/ 299 偶时的权衡与算计的讽刺，告诉了先前要他在此类事情上保持冷静的朋友科尔纳（1788 年 4 月 25 日）。

1788 年 5 月 18 日，席勒动身前往鲁多尔施塔特。让席勒住在伦格费尔德一家府上并不妥当，因此夏洛蒂在临近的福尔克施泰特（Volkstädt）村的教堂唱诗班领唱乌比豪恩（Unbehauen）家中为客人安排了住处：一间带卧室的整洁而安静的小屋，可以远眺美丽的风景。一条小路沿着萨尔河顺流而下，经过花园、玉米地和古树，一直通到鲁多尔施塔特的新街。伦格费尔德和博尔维茨两家人就在这条街上比邻而居。夜幕初降，席勒沿着小路漫步，这几乎成了一种仪式。有时，他还能在半路上碰见伦格费尔德姐妹。姐妹俩穿着洁白的长裙站在那座小桥上，向他招手，把他簇拥到中间，三人就这样一起走完到伦格费尔德家的最后一段路。人们就在客厅或花园里稍坐。家中有客时，席勒若是对惯常的闲谈感到无聊，还能回到夏洛蒂的房间，因为他还有许多工作要做：他要在这个夏天写完他的历史著作，此外还有《〈唐·卡洛斯〉通信》以及《招魂唤鬼者》的最后一部分。他刚写到纸上的东西立马就朗诵，人们喝着茶或饮着酒，对文章发表评论。席勒在这里发现了让他舒适的东西：“我很乐意谈谈严肃的事物，谈谈精神的杰作，谈谈情感——在这里，我可以随心所欲地谈，还可以轻轻松松地就跳转到玩笑上去。”他在 1788 年 7 月 27 日给科尔纳的信中如此写道。如果天气不好，或是感冒与牙疼折

磨着他——这种情况更加常见——就有一位女邮差带着信来回穿行。他们一起读了福斯①翻译的荷马，尝试他的风格作为游戏。就像参与其中的人日后所回忆的，这是他们的“荷马之夏”。席勒致洛蒂：“您今晚在您那张精致的小床上睡得怎样？甜美的睡眠是否到访了您可爱而妩媚的眼睑？请您用几行漂亮的诗告诉我吧！”（8 月末）洛蒂致席勒：“在破晓的初晨带着玫瑰色的玉指醒来时，我希望您还依然安睡。”（1788 年 9 月）就这样过了一段时间，席勒甚至被允许用夏洛蒂在家里的小名“小洛洛”称呼她。

/ 300 关于这个世外桃源般的夏天，卡洛琳娜在多年之后这样写道：“一颗开放而纯洁之心的高尚严肃与它优美且充满智慧的轻快，在和席勒的交往中总是那样充满生机……人们和他交谈时，就像在天空中不变的星辰与泥土上的花朵之间穿行。我们觉得自己就是有福之人，我们的精神摆脱了大地的束缚，在‘自由’那更纯洁、更轻盈的环境中欢庆相互间的完全理解。”②

而在席勒未能到来的晚上，夏洛蒂便一个人穿过草地，坐在河岸边背诵着《希腊的群神》。有一天夜里，她甚至梦见了威廉·封·奥兰治，于是第二天立马将梦写进信里，配上一束刚刚从田野里采摘的鲜花，寄给她在福尔克施泰特的诗人。他高兴地看见自己的幻想与她的想象交织在了一起，觉得很幸福。他 1788 年 5 月 26 日写信给夏洛蒂，说他觉得自己“像是歌德《伊菲革涅亚》（*Iphigenie*）中的俄瑞斯特（Orest）……您将会代替善良

---

① 约翰·海因里希·福斯（Johann Heinrich Voss, 1751~1826），德国古典语文学家、翻译家，曾将荷马的《伊利亚特》与《奥德赛》两部史诗译为德语。

② Petersen 1911, S. 144.

的女神，保护我免遭阴间邪恶势力的袭扰。”①

就在席勒为自己发现希腊古典这一年，他在鲁多尔施塔特还着手翻译了欧里庇得斯（Euripides）②。他读了歌德的《伊菲革涅亚》，原本是想为之写篇书评。歌德离他很近。自打席勒在年轻时读了《维特》，又在当年卡尔学校的结业晚会上看见歌德就在卡尔·欧根和魏玛公爵身旁，一同站在装饰华丽的楼廊上之后，歌德的形象便始终浮现在他眼前。初到魏玛的头几个月，没有一场社交活动不谈到歌德。赫尔德在一次共同的郊游中曾说歌德像“上帝一样”。但他也不得不听些关于歌德的风凉话。有人说，歌德忽略了公职，作为诗人没有耐心；他的意大利之旅实际上就是在逃避；他不要脸地抛弃了施泰因夫人，就是为了在南方过上放荡的生活；他不负责任、反复无常，人们总是把他看得太重。

不过在此期间，歌德已于1788年6月18日从意大利回到魏玛，而席勒则紧张地期待着最终见到歌德本人。现在的他已有
/ 301 了足够的自信——“但我已重新感觉到自己的天才”，他在1788年7月5日给科尔纳的信中写道——可以毫无羞怯地走到这个伟人的面前。当歌德于9月6日前往封·施泰因夫人位于魏玛附近科赫贝格（Kochberg）的府上做客时，机会来了。夏洛蒂拜访了她的教母，成功地说服众人到鲁多尔施塔特待上一天。可是席勒急迫的愿望却未能实现。这次相遇并没有在两人间建立起私人

① 《伊菲革涅亚在陶里斯》（*Iphigenie auf Tauris*）是歌德发表于1787年的剧作，讲述了阿伽门农（Agamemnon）之女、侥幸逃脱其父献祭而流落陶里斯岛的伊菲革涅亚，在国王托阿斯（Thoas）面前反对杀死异乡人的法律，以保护因弑母而落难至此的哥哥俄瑞斯特。

② 欧里庇得斯（约前480~前406），古希腊三大戏剧家之一，其名作《在陶里人中的伊菲革涅亚》（*Iphigenie bei den Tauriern*）是歌德《伊菲革涅亚》一剧的模板。

联系。

当时的歌德情绪低落。在呼吸过意大利的“生命的自由空气”之后，他回到了魏玛狭隘局促的环境中。日后，他如此描述自己在重新适应魏玛的头几个月的感受：“我被人从多姿多彩的意大利赶回了形式全无的德国，把晴朗换成了阴天；朋友们不仅不安慰我、不重新接纳我，还让我陷于绝望。我对最为遥远、几乎无人所知之物的醉心，对已逝时代的痛苦与哀诉，仿佛是对他们的侮辱，我找不到任何一丝关怀，没有人懂我的语言。身处这种尴尬的境地，我找不到自己。”①

在从意大利返回德国的途中，歌德在马车上给自己将来的行事定了几条规矩：“隐瞒——当前的状态……不谈任何关于意大利的东西。”可即使他的心情已如此糟糕，但为了至少表现得不至于太不近人情，歌德不得不在鲁多尔施塔特的伦格费尔德家中把话题引向了意大利。“他乐于谈起意大利，说话时总带着激动的回忆”，席勒在1788年9月12日给科尔纳的信中写道。他在信中详尽描述了与歌德共同度过的这一天。二人没能面对面交谈，这让席勒倍感遗憾。他在信中也做了说明：“当然，整个聚会人数太多，而且所有人都为了和他说上话而在那里争风吃醋；这让我没办法和他独处，更没有办法和他探讨一些日常的鸡毛蒜皮之外的事情。”

席勒没弄明白，或者故意不愿明白，妨碍他的不仅仅是其他客人带来的干扰，还因为歌德在二人的第一次会面中避免和席勒真正相见。后来，歌德解释说，他从意大利回来后，惊愕于席勒在公众舆论中所享有的盛名。但在他眼中，席勒还只是《强盗》 302

① Goethe MA 12, S. 69.

那部叫他“痛恨”的剧的作者。他认为席勒是一个“充满力量但尚不成熟的人才”，正在“用奔涌的洪流向祖国大地上倾泻那些我试图从自己身上洗去的道德上与戏剧上的悖论”。[①] 他太让歌德想起自己当年在“狂飙突进”时期做过的傻事，而席勒后来的发展，歌德还没有去了解。但他现在不能不注意到，即便是在自己的朋友那儿，席勒的名声也在与日俱增。甚至克尼贝尔也在他耳边絮叨着称赞席勒；而在出于其他原因成了他的累赘的封·施泰因夫人那里，他也听到了许多关于这个不讨他喜欢的作家的好话。

所以说，在歌德礼貌的冷淡中，藏着比席勒想的更多的刻意。但或许席勒真的有所察觉，因为在他对这值得纪念却又令人失望的一天的记述中，还是能读出些许不快。这一点，在他描写歌德的外貌时就起了头：“人们告诉我，他的外表英俊而富有魅力；可第一眼看到他，就让我的高昂情绪瞬间跌到了谷底。他不过是中等身材，穿着僵硬，走起路来也一样；他的脸上眉头紧锁。”

席勒对这场初次见面的结论很冷静：“我怀疑我们俩是否真有一天能够那么接近。现在让我感兴趣、让我期待与希冀的很多东西，在他身上都已经过时；他远远在我前头（年龄还在其次，更多的是他的生活经验与自我发展），以至于我们在人生路上永远不会碰面；他整个人的天性从一开始就和我不一样；他的世界不是我的世界，我们想象的方式似乎有着本质区别。不过，从这样一次见面中也得不出什么确定翔实的结论。时间会告诉我们余下的一切。”（1788 年 9 月 12 日）

---

① Goethe MA 12, S. 86.

第一次见面的失望一直影响到了后来。当席勒从鲁多尔施塔特回来，见到真的把歌德当作圣人崇拜的卡尔·菲利普·莫里茨时，他气不打一处来。他嘲笑歌德崇拜者的“宗派”，进而渐渐地产生了怨恨。1789年2月2日，他在给科尔纳的信中写道：“常在歌德身边恐怕会使我不幸；即便是对他最亲密的朋友，他也不会有倾诉内心的时刻，他让别人无从把握；我的确相信他是个非同寻常的自我主义者。他有牢牢吸引别人的才华……但他却懂得保持自己的自由。他大发慈悲地告知众人他的生活，但是像神一样，不会交出自己……人不应让自己周遭出现这样一种存在。因此我才厌恶他，尽管我发自内心地爱他的思想，认为他很伟大。我就当他是个高傲而做作的大小姐，得把她肚子搞大，才能在整个世界面前羞辱她。”

这是一种“爱与恨的奇异混合”，令他无法离开歌德。在他的想象中，他自视为一个追求者，而歌德则是他要“搞大肚子”的女人。他就像那个恶人弗朗茨·莫尔一样怨恨自然亏待了他，抱怨自己不像卡尔一样受到自然的照顾。席勒了解由此产生的恨意——他毕竟曾在《强盗》中描述过这种恨的后果。但这里不仅有恨，而且有爱，所以才让这段关系如此复杂。多年之后那句令他与歌德之间的真正友谊得以可能的奇妙话语，他还尚未找到。这句话出自他1796年7月2日写给歌德的信：“我多么生动地体会到……面对杰出的物与人，除了爱，没有别的自由。”

但席勒眼下还没有那么自由。虽然已经有了爱，但恨却依然在，还有由此产生的怨念。他不得不始终拿歌德同自己相比，必须在脑海中将自己的作品送到歌德那里审阅。歌德会喜欢吗？他扪心自问。当听说歌德对《希腊的群神》评价不错时，他感到由衷的喜悦；而在创作长诗《艺术家》时，他则把歌德想象成将来的读者。于是后者也产生了“许多影响”，让席勒“想要把诗写到真正完美”。

一个月之后，席勒的情绪有了变化。他觉得《艺术家》已经相当成功，可以对先前给朋友的信中写的东西报以一笑。他在1789年3月9日写信给科尔纳，告诉他不必反感他的“弱点”：“我很乐意让你了解我现在过得怎样。”那么，现在的他究竟如何？他觉得自己就是被命运亏待的人，已经学会了抗争，要从造物主给他的那些微不足道之物中创造出最好。可是，他前一秒还能笑对自己的怨言，后一秒想到歌德，就立马再度怒火中烧：“这个人，这个歌德，现在挡了我的路。他总是在提醒我，命运待我是多么严酷。他的天才被他的命运托举着，是多么轻巧，而我却不得不奋斗到这一分钟！……但我还有勇气，相信未来会有一场幸运的革命！”（1789年3月9日）

/ 304

事实上，他的生活状态的确在经历一场革命，而歌德并没有袖手旁观。正是歌德不断地支持着将席勒作为历史学教授聘请到耶拿的努力。这件事的契机，是席勒通过其历史著作《尼德兰独立史》新近赢得的名声。与他交好的枢密顾问福格特①是魏玛当时最有影响力的宫廷官员，早在1788年12月就和席勒通了通气。这份动议让席勒倍感光荣，他表现得很高兴，于是很快点头同意——按照他后来的说法，或许同意得太快了。当他发现这个职位没有俸禄，自己只能依赖少得可怜的课时费生活的时候，已经太迟了。科尔纳建议席勒拒绝；毕竟，他始终致力于帮助作为诗人的朋友抵抗其他所有诱惑和义务。但席勒在一番踌躇之后，还是接受了聘书，期待着能有好事从中产生，比如一个薪酬更

① 克里斯蒂安·戈特洛卜·封·福格特（Christian Gottlob von Voigt, 1743~1819），萨克森-魏玛-埃森纳赫公国首相，枢密顾问，同时也是歌德的同僚。

高、教学义务更少的教职，或者在宫中的一个名誉职位，又或者是其他某个可以确保他经济独立的闲职。但他确定的是，他绝不会为了学术而牺牲艺术。“我必须全身心地做个艺术家，否则我就不愿再活着。”（致科尔纳，1789 年 3 月 9 日）

作为艺术家，他还会继续以歌德为标杆，但要同时确保能够发挥自身的力量。他也将在歌德面前展现出不再拘束的自信，最终甚至能和他平起平坐、真心往来。而歌德则将会钦佩这位朋友，向他学习。他将会评价席勒，说没有一个人曾像他那样在自己的生命中产生过“划时代”的影响。

但现在还未曾到这般境地。关于歌德，卡洛琳娜曾建议席勒耐心等待；但在搬去耶拿前不久，席勒在给她的信中表达了自己将来几年的生活构想：“倘若我和他（歌德）孤零零地在一座荒岛或同一条船上，我一定不怕花再多的时间和精力，也要解开他性格的谜团。但鉴于我并不是只和这唯一的一个人捆绑在一起，鉴于这世上的每个人，像哈姆雷特说的那样，都有自己的事做，/ 305
因此我也有自己的事业；说真的，人真正的生命实在太短，不值得花时间和精力去解读一个难以解读之人……这是一种所有人都能懂的语言，说的是：运用你的力量。如果每个人都用其力量发挥作用，就不会消失在他人面前。这就是我的计划。既然我的处境让我能够发挥我的全部力量，他和其他人就能够认识我，就像我现在认识他的精神一样。”（1789 年 2 月 25 日）

于是席勒将暂时先孤身一人走自己的路，静静地等待着，仿佛只从远方眺望歌德。

/ 第十五章

耶拿——城市与其精神——“学生之壮举”——伟大的登场：就职讲座——乐观的历史哲学及其在《招魂唤鬼者》中的撤回——“仿佛”的目的论——封了漆的信——《摩西的使命》——发明一神论——《塞伊斯的蒙面像》背后的虚无——祛魅之后：美学宗教

席勒之所以接受了耶拿的聘任，是因为他在1787年8月初次到访时，对这座城市有过相当不错的印象。他在当时给科尔纳的信中写道，自己还从来没有觉得那么舒心过。特别是自由的大学生活给他留下了深刻的印象。

耶拿大学并不只属于一位君主，而是由四个小公国共同资助建立的。这四位所谓的“哺育人”包括魏玛、科尔堡（Colburg）、戈塔和迈宁根四地的公爵。由于所有决定都需要四人的一致同意，教授们一般可以做任何他们想做的事。席勒觉得耶拿大学就像一个“自由而安定的共和国，压迫在其中难以施行”（致科尔纳，1787年8月29日）。

这里的基调是由学生和教授们定下的。在这座萨尔河畔小城的高墙内，生活着约5000个居民，还有800个学生。50年前，学生的比例还要更高：1750年前后，耶拿大学甚至吸引了3000名学生，直到周边国家开始花更大力气将本国学生留在本土大学后，学生数量才有所回落。但其人数之多，依然足以主导城里的生活。“人们第一眼就能发现，”席勒在同一封信中写道，“学生们在这儿说得上话；甚至即使人们闭上眼睛，也能分辨出自己走在学生丛中，因为他们走起路来的步伐就像一个从未被征服过的人。”说到底，“这群学生先生们的粗鄙”实在引人注目：他们戴着大圆帽，见到教授也绝不摘下；他们当街抽烟；他们在酒馆里争执吵闹、大声喧哗；晚上有时会在街巷中响起“当心脑袋！”的喊声，因为学生们伏在窗户上，往街上倾倒他们的夜壶。吓一吓听话的市民，就是学生们的乐趣。

1789年之后，学生们的斗殴与暴力便带上了政治色彩。当学生们因为还不起欠下的酒钱和房租而被丢进监狱时，就爆发了抗议游行。1792年夏天，动乱到达了顶峰。学生要求建立自己的法庭，规范其荣誉纠葛和债务丑闻；当局自然不愿让步，反而增加了驻军。学生们觉得这是对其学术自由的侵犯，于是在1792年7月19日决议抵制。超过2/3的学生聚集到萨尔河畔的草地，共有600余人；他们组织起同乡会，伴着音乐和旗帜向城里进发，威胁要转学去埃尔福特（Erfurt）。这下可叫耶拿市民慌了神。没有学生和教授，这座城市的经济将会一蹶不振。政府派了密使去追赶学生。当队伍行进到附近的诺拉（Nohra）村时，双方展开了谈判。政府承诺不施加纪律处分，学生们凯旋，回到耶拿，得到市民高呼“万岁”的迎接。歌德的同僚福格特松了一口气，向魏玛公爵汇报：“我们耶拿的这些雅各宾派终于安分了。”当费希特在两年后惹恼学生“骑士团”时，将会再一次引发冲突。有几个学生做得太过，以至于费希特担心自己性命不保，匆忙逃亡到临近的奥斯曼施泰特。

席勒并不欣赏这种“学生的壮举”；不过，在这座“知识的市集之城”，还是有些东西可以补偿他。虽然这里没有剧院，文化生活也完全局限于学术，但城市确定在学术这个方面发展得相当出色。除了藏书5万册的大学图书馆，还有7个分类齐全的书店；集市边上就是福格特的学术阅览所，收藏有国内外近百种杂志。各处的政治新闻汇聚于此，立马就得到讨论。在教授们的住处，也有活跃的社交生活。俱乐部、茶话会、室内乐之夜、众多酒馆中时常满座的定期聚会——娱乐和消遣的途径相当充足。和魏玛相比，人们在这儿的交往更加自在。甚至连歌德从魏玛到这里来时，也像是换了个人似的。他在魏玛更加死板、更摆架子；在这儿混迹于学生和教授之中，他就随性多了。到了冬天，这儿的人们可以看他如何在结冰的河上滑冰。

城里精神生活的一个重要据点是克里斯蒂安·戈特弗里德·许茨（Christian Gottfried Schütz）① 的家，全德首屈一指的书评报刊《文学汇报》（*Allgemeine Literatur-Zeitung*）就在这里出版。关于他自己的首次到访，席勒说："在耶拿，这栋房子干脆就叫文学，造得很漂亮、很舒适。我让人领着参观了办公室，发现里面放着数不尽的出版社样书，按照出版商姓名排列，静候他的判决。说实话，书评社是个残忍而可笑的机构，我得向你坦承，我很想要搞一场针对它的阴谋。"（致科尔纳的信，1787年8月29日）

但《文学汇报》的力量是如此强大，以至于席勒日后不得不与之合作。他将会乖乖写他的书评，怀着紧张的期待读《文学汇报》上关于他作品的评论。没什么阴谋，除非算上几年之后席勒在出版自己的杂志《季节女神》时和《文学汇报》达成的约定。

① 克里斯蒂安·戈特弗里德·许茨（1747~1832），德国学者，于1779年出任耶拿大学诗学教授，与维兰德和贝尔图赫一起创立了《文学汇报》。

根据这项约定，《季节女神》的出版商科塔①将为《文学汇报》对这份新杂志的正面评价支付印刷费用。

此时的耶拿还不是德国哲学的秘密首都；但自从卡尔·莱恩哈特·莱因霍尔德这位最知名的康德哲学传播者于1787年被聘到耶拿、开办有300名学生听讲的课程后，耶拿大学的哲学声望日趋见涨。费希特、谢林和黑格尔一个接一个到此任教。最终，耶拿成了德意志唯心论的诞生地。

莱因霍尔德曾是耶稣会士，后来半路出逃，成了共济会和光照派教徒，同时也是维兰德的女婿。此人引发了席勒的好奇心。
他借描绘头一回登门拜访维兰德的契机，给这位业已闻名的大 / 309
教授“画”了一幅肖像，其中蕴含着作为对照的自我性格分析：“莱因霍尔德绝不会成为我的朋友，我也不可能成为他的朋友，尽管他开始以为会是如此。我们俩的性格非常对立。他有着冷冰冰但看得很清楚的深刻理智，这是我所没有也无法欣赏的；但他的想象力贫乏且狭隘，他的头脑比我的头脑更加受限。他在与一切美和道德事物打交道之时丰富而铺张地散播开的生动情感，是从一个几乎被榨干的脑袋和心中不自然地挤压出来的。他必须四下寻找然后聚拢起来的情绪，实在叫人疲倦。对他而言，想象力的国度就是一片陌生的领域，他在其中找不到方向。与我相比，他的道德更加胆小怕事，而他的智慧看上去时常与软弱和怯懦没什么两样。不论是大胆的善事还是罪行，无论是在理念里还是在

① 约翰·弗里德里希·科塔（Johann Friedrich Cotta, 1764~1832），德国著名出版商，出版了魏玛古典主义及浪漫派多位作家的作品。除了《季节女神》，席勒的《华伦斯坦》《玛利亚·斯图亚特》（*Maria Stuart*, 1802）等戏剧，以及在他去世后出版的十二卷《文集》（*Sämtliche Werke in 12 Bänden*）也由科塔出版。关于科塔，请参见本书第十八章。

现实中，他都永远做不到，这其实很糟糕。一个人要是不能办到其中一样或者两样，我可当不了他的朋友。”（致科尔纳，1787年8月29日）

耶拿大学最近的上升势头就是随着莱因霍尔德的到来开始的。与哈勒和哥廷根不同，萨克森的“哺育者”们财力有限，只能付得起较低的薪水，因此只得依赖后起之秀。后来证明，这样做大有益处。当费希特、谢林、黑格尔和施莱格尔兄弟等人来到耶拿时，他们的学术生涯才刚刚起步。甚至对于席勒而言也同样如此。这个已经举国闻名的作家到底还是个新手教师，不拿工资，看起来得全靠学生听课费那点微薄收入。但他毕竟从写作中赚了相当可观的稿费，因此处境不同于许多前途一片光明的年轻教授。他们跟着聘书来到耶拿，却不知道该拿什么钱生活。这样一个没有收入的青年才俊就会，比方说，在公告栏上贴张布告，宣称自己准备开一门康德批判哲学的讲授课，只要有人愿意把原著借他一用。大学只有很少几间上大课的教室，那些知名又有财力的大教授——例如远近闻名的医学家施塔克①或者神学家格里斯巴赫②——在各自家中就有自己的教室，可以出租给同事。格里斯巴赫家的讲堂是全城最大的一个。谁在这儿站上讲台，便可以觉得自己成了明星。席勒现在还不敢这么想。

/ 310 1789年5月11日，席勒到达耶拿，在施拉姆（Schramm）姐妹专为学生和教授开的膳食公寓“施拉姆之家”租下了三间屋

① 约翰·克里斯多夫·施塔克（Johann Christian Stark, 1753~1811），德国医学家，自1784年起任耶拿大学医学教授，是公爵夫人安娜·阿玛莉亚及魏玛公爵卡尔·奥古斯特的御医，也是席勒的家庭医生。

② 约翰·雅各布·格里斯巴赫（Johann Jakob Griesbach, 1745~1812），德国神学家，自1775年起任耶拿大学新教神学教授，1796年出任耶拿大学校长。

子。这三间屋子，席勒在5月13日给科尔纳的信中写道，第一次让他有了“市民生活”的感觉。这是三间宽敞的屋子，层高很高，墙纸颜色明亮，窗户不少，还有“为数众多的漂亮”家具，牌桌、3个大斗橱、18把带着红色长绒坐垫的椅子——他也可以在这间屋子里上研讨课。让他尤其喜欢的是那张按照他的要求定制的书桌。这件“最为重要”的家具让他头一次能够引以为豪。他每天花两个格罗申[①]在自己屋内用午餐，比魏玛要便宜一半。他最近接下了编辑《历史回忆录全集》(*Allgemeine Sammlung Historischer Memoires*)的工作，这将会为他带来400塔勒的收入；他希望能用这笔钱在耶拿立足，把其余的收入拿去偿还剩下的债务。

席勒带着些许自信展望着未来，但对即将面对的事情却感到相当紧张。还有两个星期就是席勒的就职讲座了。这场讲座将在耶拿开启一个全新的时代。席勒按部就班地着手准备：首先认识了当地的名人，接待了到访的学生。在给科尔纳的信中，席勒写道：“我并不是说不觉得当众演讲会很尴尬；但为了彻底克服它，我想要更多地熟悉这些面孔，免得第一次讲课时面对的全是陌生人。”(1789年5月13日)

5月26日晚6~7点就是席勒的就职讲座时间。之后，席勒为这次讲座起名《何谓及人们为何学习普遍历史》(*Was heißt und zu welchem Ende studiert man Universalgeschichte*)。他选了莱因霍尔德的讲堂，却发现地方太小。于是就出现了那已被讲述过无数次的场景。用席勒自己的话说，当时的情况是这样的：“我完全不期待有很多人，也不想初次登场就用最大的讲堂，

① 格罗申(Groschen)，18世纪德国通行的一种辅币。

388 这种谦逊却以一种极给我脸上添光的方式得到了回报……才到5点半，讲堂就坐满了。我在莱因霍尔德的窗外看见一群群听众顺着大街走上来，根本看不到头。尽管我不免有些害怕，但还是因为不断增长的人数而感到开心，终于鼓起了勇气。总的来说，我
/ 311 用一种坚决让自己硬气起来，而对此贡献良多的是这两个念头：我根本不怕别人拿我的讲座去和在其他任何一个耶拿的讲台上做的报告比较；而我的听众都承认我比他们高出一筹。可是人越来越多，以至于讲堂、走廊和台阶上都挤满了人，有几群来了又走。就在此时，我身边有一个人忽然问我，是不是还能给这场讲座换一个礼堂。格里斯巴赫的女婿正巧在学生当中，于是我让人向他提议在格里斯巴赫的讲堂上课，他欣然接受。现在就是一出最有趣的戏。所有人都冲了出去，仿佛一条长龙顺着约翰尼斯街向下；学生像是种子似的，洒满了这条耶拿最长的街之一。为了在格里斯巴赫的讲堂抢个好位子，他们能跑多快就跑多快，所以整条街就像敲响了警钟，所有人都扑到了窗边。到处都在问：怎么回事，发生了什么？然后人们喊道：新来的教授要讲课了……我过了一会儿才在莱因霍尔德的陪伴下跟上大部队，感觉像穿过了整座城市被游街了一样……”（致科尔纳，1789年5月28日）连格里斯巴赫的讲堂也挤满了人：学生们挤作一团，坐在前厅和走廊里；5月的夜晚很暖和，所以讲堂开着窗，于是在街上也聚集了不少听众。席勒仿佛是凯旋的将领，在诸多大学中有头有脸的人物的簇拥下，从众人中间穿过。他“在雷鸣般的敲打声中登上讲台——敲打声在这儿就是掌声——只见自己身处人山人海的环形剧场……在语气坚定地说出前十个词后，我就完全淡定了下来，用一种有力而稳健的声音讲完了课，连我自己都感到惊讶”。

这场讲座给人留下了如此深刻的影响，以至于城里整个晚上都能听见对讲座的讨论。学生们弹奏了一首夜曲，高呼万岁，而第二天的讲堂同样人满为患。在临近的魏玛，席勒的一炮而红也成了人们谈论的话题；而在一周之后，人们甚至在汉堡、法兰克福、斯图加特和维也纳谈起他来。不过，对于他公开亮相的效果，席勒自己却心存疑虑，害怕激起同僚的“嫉妒心”。他的担心很有道理，因为几周之后，历史系的讲席教授就以官方名义禁止同事席勒挂上“历史教授”的头衔，理由是这个新教授“只 / 312
是”聘来教哲学的。但与这些冷遇相比，更让席勒焦虑的是他对自己是否真能打动众多听众的怀疑。即便学生们围满了讲台，他还是能清楚地感觉到一种“难以逾越的界限。人们把语词和思想投进去，却不知道也几乎不敢奢望它们能在某处有所收获，几乎要相信它们被400只耳朵误解了400次，而且这些误解时常还很怪异，不存在像在对话中那样迁就对方理解力的可能。在我身上这种情况尤其严重，因为我很难也不习惯降格到那种平淡的清楚”（致科尔纳，1789年5月28日）。

在5月里的这个和煦的晚上，席勒用并不平淡却很清楚的话语触动了学生们的良心。他首先区分了“挣面包的学究”和怀着“热情”追寻“真理”的“哲学头脑”。[①]讲座的开场就像一场让人觉醒皈依的布道。现在的席勒作为教师，在青年学生面前侃侃而谈，一定会想到自己年轻时热爱且尊重的老师阿贝尔。当年的阿贝尔也是以平庸的头脑与有天赋的头脑之区分开始他关于“天才”的演讲。与阿贝尔一样，席勒也希望激励他的听众，鼓动他们更加大胆：他们应当发现自己体内蕴含的力量，不该让自己被

① MA Ⅳ, S. 750.

驯服成可以被到处差遣、任劳任怨的工作动物。席勒传的道是为了真理的热情。但追求的是何种真理？暂时还没有提及。这里所说的首先是一种姿态，一种内心的态度。

“挣面包的学究”和热情的哲学头脑有何区别？对于挣面包的学者，用知识赚来的金钱、职位和名望有多少，知识就值多少钱。他不愿意为了科学生活，而是以科学谋生，缺乏献身精神。他颠倒了价值的秩序：他不认为精神力量的发展是他的目的，而仅仅是赢得“金钱、报章吹捧和王公青睐”的手段。①

席勒在讲座一开始就勾勒了一个热情洋溢的学术道德纲领。他将以此在这里开创一个传统。因为当费希特于1794年、谢林
/ 313 于1799年在耶拿做入职讲座时，都回顾了席勒的讲演。他们也将和席勒一样，要反对“小商贩的灵魂”而捍卫学术的精神和对真理的热爱。他们也将会使用席勒在讲座中第一次如此铿锵有力地奏出的高昂语调：“可悲可叹的人啊，他们用着科学与艺术这两种最高贵的工具，所追求与所实现的，却不比拿着最劣质工具的短工更高半分！他们身处最完美自由的国度，却带着一个奴隶的灵魂！”②

挣面包的学究会注意确保他的知识保有流通价值，因此科研进步便成了他眼中的洪水猛兽，要拼命阻止。因此，挣面包的学者对“知识国度中有益革命的进展”怀有敌意。他在自己的学派体系周围垒起路障，把自己封锁在其中，就像在城堡之内。他必然会成为教条主义者，只有在阻挠发展与进步时才能感受到自己的力量。但“哲学头脑”则更爱真理而非体系，愿意自我质疑，总是重新开始。他热爱的是提问，而不是经过证

① MA Ⅳ, S. 751.

② MA Ⅳ, S. 751.

明、使人安心的答案。挣面包的学者害怕竞争，想要守住自家的一亩三分地，而热衷思考的头脑则追寻“各种精神财富的紧密的共同体”，因为一个人“在真理的国度所收获的，也是所有人的收获”。①

席勒直到讲座的第二部分——也就是第二天晚上——才谈到他真正的主题“普遍历史”。作为过渡，他提出，只有一个哲学的头脑才能把握研习普遍历史的意义与价值。这是由于人们若是从挣面包的学问的立场出发，就会因为观察普遍历史的实际好处和其在日常生活中的用处而失望。必须得让眺望广远的天际成为一个人的需求，人必须先被这样的问题折磨：我们从何而来，又将往何处去？

卢梭对此的回答是，自然的生活环境才是乐园，却已被我们抛在身后，而文明的历史则是从完美衰落到腐败的历史。席勒读过卢梭，但他早已抛弃了卢梭的答案。没有理由理想化人类的过去。人们只要想一想欧洲航海家在遥远的国度所做的发现：“他们为我们展示了多个民族，它们……像不同年纪的孩子 / 314
围绕着一个成人，用它们的例子让他回想起自己曾经的模样与原先的起点。”那些民族展现出的我们童年的样子，让人“羞于面对”。②席勒与卢梭针锋相对地断言：人最初是“可鄙的”。本能和粗俗的欲望统治着他，非理性的恐惧困扰着他，敌意是他对待陌生事物的第一反应。早期的人类是毫无防备地听凭他的恐惧与敌意摆布。他的聪慧是由阴谋诡计起的头。只有在强迫下，人才学会了社交与顾及彼此的美德。席勒与后来的诺伯特·埃利亚

① MA Ⅳ, S. 753.

② MA Ⅳ, S. 754.

斯（Norbert Elias）①一样，勾勒了文明缓慢而悠长的进程。文明的进程把受外部控制的人转变为由内在驱动的人，让他学会信赖自身，并将形成道德所必要的强制内在化。“当强制义务离人而去，道德就会把他接过。任何惩罚都吓不退、任何良心都拦不住的人，现在则有礼节与荣誉的法则来约束他。”②

人与人间的原初平等之梦，也是将自然视为“失乐园”之理念的一部分。在席勒看来，这种平等事实上只属于动物世界。人们的理性一旦苏醒，就会发现各人间的区别。更有甚者，他的虚荣感就在于与众不同。这里指的当然是对自己有利的不同。文化就是区别的意志。平等的意志恐怕根本不会让文化产生。因此，一个文明化的社会必须丧失原初平等，但它却能在更高的层面上重新赢回失掉的东西，即法律面前人人平等而无损于各人在其他各个领域的不平等。“人通过明智的法律，重新得到他踏入社会时失去的平等。”③

1789 年 5 月末，正当席勒做他的讲座时，人们在耶拿也可以听闻法国纷至沓来的可怕政治发展。3 月，法国举行了三级会议的选举，控诉与改革建议如潮水一般从外省涌向首都巴黎。饥荒导致的起义让整个国家陷入动荡。在三级会议开幕后，巴黎城内开始暗潮涌动，到处飞舞着传单，广场上遍是群众集会的演说人，咖啡馆和俱乐部里尽是阴谋家。第三等级先是称自己为“公社”，随后又于 6 月 17 日自行组建国民议会。时代将要变天的预感影响到了远方，甚至在耶拿也能察觉。人们意识到：惊天壮

① 诺伯特·埃利亚斯（1897~1990），德国著名社会学家，著有《论文明的进程》（*Über den Prozess der Zivilisation*, 1939），将文明的演进作为动态过程加以考察。

② MA Ⅳ, S. 757.

③ MA Ⅳ, S. 756.

举正在酝酿，这是一个伟大的时代。

席勒的就职讲座也同样被一种独特的激昂情感所支配。他说，人类已经有许多成就，我们正身处巅峰。“甚至我们在这一瞬间共聚于此，怀着这种程度的民族文化，带着这样的语言、这样的习俗、这一种市民生活的优势、这一种良心自由的尺度聚集在此，或许是先前所有世界性事件的结果：至少可以说，需要整个世界历史，才能解释这一个瞬间。”①

我们走得很远，席勒说，因此我们还会走得更远。历史是人类广袤无垠的工作场所。谁要是从这个角度观察世界历史，他的眼前就会浮现“一幅关于时代与民族的伟大画卷”，他将会离开纯粹私人的幸福生活的洞穴，从“自私自利的有限判断”中解放自身；他的眼光将会超越生命从出生到死亡的短暂期限，看到自己的命运与宏大的历史相连接；他将“悄无声息地把个体引向种属之中”。②

席勒用激情洋溢的一段话结束了他的讲座：“一种高贵的追求必须在我们胸中燃起：我们从前人那里继承的真理、道德与自由的丰厚遗赠，必须要从自己的财富中再添上一份，使之更加丰厚再交给后代；我们必须就这样将自己飘忽易逝的存在牢牢固定在穿越所有人类世代的不朽链条上。”③

在着手修订他的就职讲座前不久，席勒为倒数第二期《招魂唤鬼者》小说的连载创作了那篇伟大的《哲学对话》（*Das Philosophische Gespräch*）。借着这个契机，他头一次感到写这部小说为他带来了真正的享受，并且视这篇《哲学对话》为自己目前为止最好的哲学作品。他虽然有所保留，表示这种哲学不能

① MA Ⅳ, S. 758f.

② MA Ⅳ, S. 765

③ MA Ⅳ, S. 767.

完全算到他的账上，而是必须被视为一个小说人物的想法，但他还是如此心满意足地看到人们不由得觉得他认同文中所表达的观点。他在 1789 年 3 月 9 日给科尔纳的信中写道："请把这种哲学与尤里乌斯的哲学（出自《哲学通信》）做个对比。你肯定会发现它要更成熟、更全面。"

然而，小说《招魂唤鬼者》里《哲学对话》中的观点，却与入职讲座形成了尖锐的对立。入职讲座呈现的是席勒对历史的理解中光明而热情的一面，而《招魂唤鬼者》中的对话体现的则是阴暗、怀疑甚至绝望的一面。与席勒的生理—哲学论著一样，这里也再次出现了双重视角：当时是生理学的物质主义与热情的爱之哲学的对立；而现在，正面是热情的启蒙式的进步观念，背面则是一个被所有善良天使抛弃了的世界的幻景。两种思维方式在争斗：温暖与冰冷，光明与阴暗，热情与怀疑。

就职讲座将生命时间展开成了世界时间，历史精神通过"视觉的欺骗"将短暂的人生"铺展在一个无边无际的空间中"。但《招魂唤鬼者》的哲学对话却锁闭了这个空间。"冥思苦想的理性"[①]让人意识到只有"当下"，我们也只能把握"当下"；我们只有在"当下"的范畴内才拥有实存，一切超越其外的，不过是想象罢了。

与就职讲座中关于空间宽广的世界历史之哲学相反，《招魂唤鬼者》里的对话强调的则是"当下"的哲学。历史哲学欺骗性地在人眼前展示出一段长久的时间，可这段时间人们根本无从体验。我们设想自己身处历史进程之中，直到感受到一种其实并不

① MA V, S. 125.

存在的坚实与可靠；我们觉得自己是一种在某个历史平面上展开的存在，掠过历史的大洋，却忘了自己不过是“大风在海面上吹起的波痕”①。历史的整体并不是可体验的现实，只不过是思维的建构或是幻象。人只生活在“现实之当下”这条位于“过去”与“将来”这两种可怕的非现实之间的狭窄山脊上。

但不可否认，毕竟存在着过去与将来？当然。只是当我们想要把握过去与将来时，它们却离我们远去。——但毕竟存在过去的痕迹，今天的结果毕竟指向过去的原因？当然。可是这痕迹只在当下，而这段痕迹的源头却已消逝，成为过往。痕迹 / 317
是当下的符号，但它与每一种符号一样，都不包含其所指，而只是指向它。作为符号的当下就是这样指向着一个已不存在的过去。当人们谈起历史中的“原因”与“结果”时，也会发现这种关联。（过去的）原因消散在（现在的）结果中，而未来的结果只能在现在的原因中把握。这样看来，还是只有“当下”存在。它与前后的联结只存在于思维与想象之中。正是历史思维在历史的空间中联结起体验到的瞬间；它将事件之线编织成一张大毯中的花纹，然而这张毯子却只存在于想象之中。我们的历史图景的想象纹路，很容易就再度消散，只留下那些被撕开的瞬间，无论是在回忆中还是在眼前。整体四分五裂，无法再被理解，人们甚至还不能握住那一个瞬间，尽管它只有一个瞬间那么长。

就职讲座将历史描绘成一个连续体、一幅全景图像；而在《招魂唤鬼者》的对话中，“冥思苦想的理性”就像一把“锋利的镰刀”，它伴随着思维的每一个新动作，“割下我的幸福的一

---

① MA V, S. 161.

根新枝芽”。[①] 个体发觉其自身与历史及过去充满意义的联系已被割断，他自己碎裂得如原子一般。他的苦想已把意义之关联糟蹋成了幻象。席勒在一幅宏伟图像中描述了这个棘手的困境："在我之前发生的以及紧跟在我之后发生的，我将之看作两块无法穿透的黑色罩布，悬挂在人生命的两端，还不曾有一个活着的人揭开过它们……许多人看到自己的影子与自己激情的形象被放大在‘未来’的幕布上活动，于是惊恐地在他们自己的样子前吓破了胆……一种深沉的静谧笼罩在这块罩布背后，没有一个曾到过后面的人从后面应过一声；人们所能听见的，不过是问题的空洞回响，就仿佛是朝着墓穴呼喊一样。”[②]

人们必须正确理解此处所表达的恐惧：这里涉及的不光是人之易逝，不光是个体生命如戏剧般的有限性，更不光是关于过去与未来的不确定性，而且是对某种无意义的体验：过去与现在以及现在与将来之间有意识的因此也是有意义的联系已然断裂。换句话说：在历史中不再有目的论，便不再有可以统摄一切的意图，不再有“目的因”，只有无视目标的“动力因”。[③] 文章继续写道，悬挂着的幕布愚弄着人类：他要在后面寻找深刻的秘密，却几乎无法抵御那种怀疑，即“幕布后面空空如也”。

这就导致了两个结论。其一：作为体验过与生活过的整体逃

① MA V, S. 125.

② MA V, S. 166.

③ 古希腊哲学家亚里士多德（384~322）在《形而上学》中认为，因果律共有四种，分别为事物之所以如此的本原，即“形式因”（causa formalis, 德语作 Form-Ursache）；事物的质料，即“质料因”（causa materialis, 德语作 Mateiral-Ursache）；事物构成的动力即“动力因”（cause efficiens, 德语作 Wirk-Ursache）；事物所意图的目的即“目的因”（cause finalis, 德语作 Zweck-Ursache 或 End-Ursache）。关于亚里士多德的“四因说”，可参见 Met. A.3, 983a25~30，汉译参见〔古希腊〕亚里士多德《形而上学》，苗力田译，人民大学出版社，2003，第 7 页。

离了我们，只留下关于它的建构与幻象。

其二：人们试图依旧在一个历史过程中理解整体时，得不到目的论，而只能把握原因与效果的一种“盲目”的相继。

当然也存在单个有明确意图的行为；但起决定性意义的是，这些行动全都相互交织、相互打乱，其必然导致的总的结果是所有参与者都不曾预想到的。在有限的内部关系中存在着意向性，但是支配大环境的却是无意图的“原因—效果”原则。《招魂唤鬼者》的对话明确反对将原因与效果曲解为“手段”与“目的”；而入职讲座却明确拥护这种解读。席勒在讲座中提到，历史研究者必须尝试“将他视为原因与效果而相互关联之物，连接成手段与目的”①，就好像作为整体的历史在追寻若干“目的”，而人则被“用于”这些目的。然而，《招魂唤鬼者》却认为并非如此：整体不是别的，不过是决定一切的“无情的必然性”②之化身。人类并非被一个更高的目的所利用，而是被这种无情的必然所耗尽。这一想法在下述问题中变得更为尖锐：“难道说整体已死而部分还活着？难道说目的如此卑贱而手段如此高贵？”③而就职讲座则恰好相反：整体在这里是真实与生动之物，会运用低级的动因来实现自身的目的。入职讲座表述了那条原则：“自私之人虽可以追逐其庸俗的目的，却在不知不觉间推动着高尚的目的。”④黑格尔将会把这一理想主义纲领称为“理性的诡计”（List

① MA Ⅳ, S. 764.
② MA Ⅴ, S. 181.
③ MA Ⅴ, S. 162.
④ MA Ⅳ, S. 766.

der Vernunft)[①]。但《招魂唤鬼者》却揭示出，诡计多端的理性说到底还是上当受骗的理性。面对“无情的必然性”，它什么也做不了。唯一成立的是：即便是高尚的人，也只能推动整体的无意义。

然而，《招魂唤鬼者》和就职讲座的作者，一个是怀疑论者，一个热情洋溢，但他们却并不居住在理论的平行宇宙，而是相互影响。尤其是当席勒在就职讲座中阐发历史目的论原则的方法时，人们可以看得特别清楚。席勒在讲座中说，符合目的论的并非历史本身。认为历史合乎目的论的论断太强，我们要它成为真理，却无法实现这种要求。不如说，这种目的论原则是我们从自己身上得出的，我们让真实在“借来的理智之光”中披挂上“更加欢快的形象”[②]；我们在“万物的秩序”中播撒自身的“和谐”。原因何在？我们由此为自己创造了一种“更高的满足”，驱使我们为实现历史的所谓更高目的添砖加瓦。

在由《招魂唤鬼者》发展而来的“无情的必然性”的阴暗背景下，就职讲座所呈现的目的论就不过是一种“仿佛”的目的论罢了。人无法成为“目的的知情者”，了解“自然要通过他实现

---

① 黑格尔在其《历史哲学讲演录》(*Vorlesungen über die Philosophie der Geschichte*) 的导论部分提出了“理性的诡计”这一概念：“正是‘特殊’(das Besondere) 在相互斗争中精疲力竭，其中一部分甚至遭到毁灭。踏入对立与斗争、踏入危险的并不是普遍理念 (die allgemeine Idee)；它不受攻讦、不受损害地居于后台。这可以称为*理性的诡计* (Die List der Vernunft)，理性让激情为之活动，而它借之得以成为实存的东西，却遭到损害与破坏……多数情况下，‘特殊’比起‘普遍’都太过渺小，个人会被牺牲，会被放弃。”参见 Georg Wilhelm Friedrich Hegel: *Vorlesungen über die Philosophie der Geschichte*, Hg. von Theodor Litt, Stuttgart 2002, 第 78 页。

② MA Ⅳ, S. 764.

的目的”。[①] 但只要他能幻想这种知情就够了。可他为什么要这样做？因为想象力赋予人在实践中的信心。人们从黑暗中来，又要进到黑暗中去，在这一片阴暗中，信心才是那闪着亮光的天使。尽管有这两种黑暗，人们还是始终可以尝试如此行事，就好像有上帝或者历史在善意地对待我们。

这样一种行事方式——无论在个体身上发挥何种作用：效果的链条不可预见，因此也无法对此负责——其自身就蕴含着奖赏。席勒在《招魂唤鬼者》中为之找到了一幅美妙的图像：“我就像是个信使，要将一封封了漆的信带到指定的地点。信中的内容对他无关紧要——他能挣的只有作为信使的工钱。”[②]

对于就职讲座而言，普遍历史是一场大型活动，一封封“封了漆的信”在其中传递，而这场活动也因为信件的流通而不曾停歇。那里满是信使，急匆匆地到处赶路，给整个活动赋予了一种混乱而神秘的观感。然而，那儿还有少数几个历史的案犯，拆开了某些信件的封漆，他们相信自己懂得这儿上演的是什么戏，而且也有一些信息要让一无所知的信使替他们传递。

/ 320

《摩西的使命》（*Die Sendung Moses*）[③] 也是那个夏天的一场讲座。这是一篇值得注意的文章，席勒对它是如此自豪，以至于立刻将之发表在《塔利亚》杂志上，之后又将其收录在自己的散文选集中。

---

① MA Ⅴ, S. 165.

② MA Ⅴ, S. 167.

③ 原书作者在这里利用了德语“Sendung”一词的多义性：既指“使命”，又指“信件”。席勒将这场于1789年夏所做的演讲，于1790年发表在《塔利亚》杂志第10期上，又在1792年一字未改地收入了文集《短小散文著述》中。

400 这篇文章所谈及的不是别的，正是一神论在埃及的发明以及这一奥秘如何经过摩西这个男人传到希伯来人那里。希伯来人的世界历史意义，恰恰在于违背其自身的意愿，用基督教包装这一使命并寄往整个世界。可以说，文章是要揭示一种经历了曲折道路才大获成功的宗教的运作秘密。

要传达极为重要的信息但自己却对信息一无所知的信使——这幅肖像很适合席勒笔下描绘的希伯来人的世界历史角色。他们从摩西那儿学到了一神论，这是一种相较多神论更为启蒙的宗教，可以用理性把握，甚至可以被创造。但希伯来人对一神论的理解并不纯粹，而是掺杂了迷信和愚蠢的仪式；在席勒看来，他们根本没有能力理性地把握其宗教，而只能“盲目”地信仰。他们用错误的器官接受了真理，不是用理性，而是用信仰，于是无法真正地理解真理。因此可以说：他们是一种福音的信使，却不懂福音的整个意义。尽管如此，席勒写道：“希伯来民族在我们眼中必然是一个重要的普遍历史民族；人们通常指摘这个民族的种种罪恶，自作聪明的头脑试图矮化他们的种种努力，这都不会阻止我们公正地对待希伯来人。”①

所以说，福音是理性的一神论。认为摩西并非通过天启，而是从埃及的祭司那里接纳了作为秘术的一神论，这样的论断肯定是对大多数读者的挑衅。但共济会和光照派对此却并不陌生。席勒自己则是从他耶拿的同事，同时也是光照派成员的卡尔·莱恩哈特·莱因霍尔德那里吸取了这一观点。一年
/ 321 前，莱因霍尔德出版了他的著作《希伯来之谜或最古老的宗教共济会》（*Die hebräischen Mysterien oder die älteste religiöse*

① MA Ⅳ, S. 784.

Freimaurerei）。尽管成功的出版商葛勋对这本书照顾有加，它却始终未能超出会众弟兄的小圈子。莱因霍尔德想影响更大范围的读者，但这部薄薄的小册子还是过于深奥。莱因霍尔德自己所依据的是古埃及学的研究与揣测，尤其是约翰·斯宾塞（John Spencer）[①]与威廉·沃伯顿（William Warburton）[②]。但还是席勒通过发表他的讲座文章，让更多的读者了解了这个神秘而充满挑衅意味的主题。

当席勒发表他的讲座文章时，知识界的公共舆论还对斯宾诺莎主义之争记忆犹新。1785年8月，歌德的好友弗里德里希·海因里希·雅各比（Friedrich Heinrich Jacobi）[③]让人出版了他的文章《论斯宾诺莎的学说——致摩西·门德尔松先生的信》（*Über die Lehre des Spinoza in Briefen an den Herrn Moses Mendelssohn*）。文章之所以一石激起千层浪，是因为雅各比在其中公开了莱辛对斯宾诺莎的认同。当时，斯宾诺莎还因为他的"神即自然"（deus sive natura）原则而被认为是个秘密的无神论者。难道莱辛也是个秘密的无神论者？至少雅各比是这样暗示的。他引用了一段对话，声称莱辛当时是这么说的："关于神性的正统概

---

① 约翰·斯宾塞（1630~1693），英国宗教学家，其著作《论犹太律法》（*De Legibus Hebraeorum*, 1685）被视为比较宗教学的先驱之作。

② 威廉·沃伯顿（1698~1779），英国宗教学家，其著作《摩西的神圣使命》（*The Divine Legation of Moses*, 1738）在18世纪中期被翻译为德语出版，参见MA Ⅳ，第1057页。

③ 弗里德里希·海因里希·雅各比（1743~1819），德国哲学家、作家，与歌德、莱辛、克洛卜施托克等18世纪德国重要作家保持着友谊与通信。他在1785年发表的《论斯宾诺莎的学说——致摩西·门德尔松先生的信》激起了一场被后世称为"泛神论之争"（Pantheismusstreit）的论战。为了捍卫莱辛，门德尔松撰写了《致莱辛的朋友们》（*An die Freunde Lessings*, 1786）一文，但在此文出版前不幸溘然长辞。

念对我来说一无是处；我可无法享受它们。一即一切（Hen Kai Pan）！别的我什么都不知道。”①

把神理解为“一即一切”或“一与一切”，就意味着：并不存在作为人格化的现实与世界对立的上帝，不存在外于世界并与之相对的上帝。上帝不再是某个受人朝拜、可仁慈可冷酷的权威。很简单，他是所有存在之物的化身，通过因果律在万物与人类间发挥作用。这个斯宾诺莎主义的上帝不是别的，就是席勒所称的“无情的必然性”。

摩西·门德尔松立刻也写了一篇文章，捍卫他的朋友莱辛，反驳雅各比的无神论质疑，但还没能看见文章出版就不幸撒手人寰。人们当时说，门德尔松是被愤怒和忧愁逼死的，他的死要算到雅各比头上。不过事实上，门德尔松是在1月将手稿交给出版商时不幸患了一场感冒，因此才去世的。

席勒的《摩西的使命》一文的挑衅之处在于：古埃及秘术
/ 322 中的上帝观念，据说被摩西原封不动地传递给了希伯来人，但与斯宾诺莎式的无神论中的上帝有令人生疑的共同点。席勒引用了一尊古埃及女神伊西斯（Isis）雕像上的文字：“我是存在的万物。”（Ich bin, was da ist）②这句话与旧约式的句子“我是我之所是”（Ich bin, der ich bin）形成了尖锐的对立。在后一句中，上帝作为人格、作为“我”被认知。而在前一句中，上帝则消融在存在的万物之中。在后一句中，上帝与世界相对；而在前一句中，上帝就是世界。正如席勒所写，这个古埃及秘教中的上帝不是别的，恰是“万物的普遍关联”③。重点

① Jacobi, S. 22.

② MA Ⅳ, S. 792.

③ MA Ⅳ, S. 790.

在于“关联”。上帝是存在秩序中的必然，因此既是“统一”又是“全能”的原则。人无法求助于这个上帝，而只能求助于自己的理性，用它来研究万物间的关联。运用理性才是真正的礼拜。

席勒勾勒了一段简短的宗教社会学，以阐释这样一种斯宾诺莎式的“宗教”在何种条件下才会在古埃及产生。他写道，这是一个社会分工相当完善的文明，祭司们——他们是“操心神圣事物”的专家——利用了科学与技术的进步，也正是他们实现了“对自然之物理结构的更明晰的探究”；理性必须“最终胜过那种粗俗的谬误，而对于最高存在的想象也必须自我升华”。[①]但原本要管理国定的多神教的祭司们心里清楚，人民更愿意盲目地信仰而不是运用自己的理性，因此不能强行将这些更清晰的见解灌输给他们。因此，古埃及的斯宾诺莎主义才始终是祭司内部的秘教。

席勒之后的一个世纪，古埃及学试图解开法老埃赫那吞[②]身上的秘密。埃赫那吞显然试图强迫他的国家改信某种太阳神一神教，而扬·阿斯曼（Jan Assmann）[③]指出，这种宗教与斯宾诺莎的“神即自然”有若干相似之处。法老的尝试以悲剧告终。一场内战爆发了，埃赫那吞的宗教被镇压，所有的痕迹都被抹去。以这一历史研究为依据，西格蒙特·弗洛伊德（Siegmund Freud）

---

① MA Ⅳ, S. 790.

② 埃赫那吞（Echnaton, 或作 Akhenaten），原名阿蒙霍特普四世（Amenhotep Ⅳ），古埃及第十八王朝法老，试图树立独尊太阳神阿顿（Aton）的一神论新宗教，以取代古埃及其他神明，但宗教改革未获成功，反而导致其国内的动荡。

③ 扬·阿斯曼（1938-），德国埃及学专家、文化史学家，在从事古埃及研究之外，也探讨“记忆文化”（Erinnerungskultur）与“文化记忆”（Kulturelles Gedächtnis）等主题。

将会把摩西塑造成一个被迫害的埃赫那吞派信徒。① 在当时的混乱中，埃及的国家秩序几乎分崩离析。席勒虽然对埃赫那吞灾难性的实验一无所知，却描述了一种能被设想的可能性，而这恰恰是当年的现实：人们如果推翻了多神教，“也就同时推倒了支撑整个国家建筑的所有梁柱；而取而代之的新宗教是否能够立马结实稳固地立起，以支撑那座建筑，还很不好说”。②

所以说，祭司们将其学说保护成秘密，而摩西则从他们那里学到手，并在犹太民族面前将之用作政治工具。他要领导他的人民脱离埃及的囚禁，因此必须赋予他们信心与自信。他必须给他们一个神。但摩西很快意识到，这个神不能是他从祭司那里学到的理性神。因为这样一个神虽然“独一无二并无所不能”，但不是人格化的。这个神既是一又是一切，存在并活动在万物之中；但也正因如此，他不再是个对一个特定民族尤为仁慈的神，不再是一个有所偏爱的上帝。“他必须赋予他向他们宣告的那个真正的上帝以他们孱弱的头脑既可以接受也值得推荐的特质。”③ 在席勒看来，摩西的神来之笔就在于，一方面教会希伯来人把其他民族的神看作虚幻的空想之物——古埃及的秘密启蒙，他只允

① 西格蒙特·弗洛伊德（1856~1939），德国心理学家、哲学家，开创了精神分析（Psychoanalyse）这一学科，深入探究人的潜意识（Unterbewusstsein）、无意识（Unbewusstsein）与“本我”（Das Es）。曾提出人类心理所共有的“弑父娶母”这一“俄狄浦斯情结”（Ödipus-Komplex），认为人的行为均是由欲望驱动。著有《梦的解析》（*Traumdeutung*, 1900）、《图腾与禁忌》（*Totem und Tabu*, 1913）等名著。弗洛伊德的最后一部著作《摩西其人及一神教》（*Der Mann Moses und die monotheistische Religion*, 1939）作于其生命的最后一年，他在书中认为摩西不是犹太人而是埃及人，生活在埃赫那吞统治时期，将全新的太阳神“阿顿”教传授给了世代在埃及为奴的闪米特族。

② MA Ⅳ, S. 790.

③ MA Ⅳ, S. 803f.

许他们了解到这里——另一方面却用“异教的华服”让希伯来人喜欢上他的神。而这种异教的华服，就是他给希伯来人带去的“天选之族”的信仰。一个普遍而非人格化的神却有着私人的偏爱——这是摩西影响深远的天才创造。这就是他的普遍历史使命。但对后世而言，重要的是把私人偏爱和“天选”的幻想这两种异教的添加物从这个斯宾诺莎式的普遍之神——“我是存在的万物”——身上洗净。

而席勒的神又是怎样的？他笔下摩西的使命，是否也传递到了他的肩上？他相信自己和他所依据的莱因霍尔德一样，已经洞悉：人格化的上帝观念不过是为了迁就希伯来人有限的想象力。自从童年结束后，他就不再能接受一个人格化的神。对于诗歌中——例如克洛卜施托克的作品里——的神，他只能偶尔产生些兴趣。但这早已不是基督教的上帝。美学之神并非唯一，而是为 / 324
数众多。准确地说，在自然、社会生活和自我关系中有多少真挚情感的瞬间，就有多少个神明显现。席勒在《希腊的群神》中清晰地表示，只有多神论才是真正的美学宗教。这种宗教居于此岸，如此丰富、如此多样，就像现实世界一样，只承认强度造就的神圣。在《希腊的群神》中，对于《摩西的使命》中所描写的那种人格化的神没有半句好话：“为了要抬高一位唯一的神，/ 这个多神世界只得消灭。/……/ 我在树林里，我在水上唤你，/ 却听不到任何回音！”① 人格化的一神教——上帝在其中不是万物而是唯一——也可以被理解为一场大祛魅的第一幕戏。

如果说神性从这个世界抽身离去，只留下这唯一的一个神，如果说这就是一神教的隐秘含义，那么一神教对席勒而言就不过

① MA I, S. 168. 汉译参见《席勒文集》(第一卷)，第43页。

是某种在审美上了无品位的愚蠢。我们现在已经知道，席勒认为埃及的隐秘之神与斯宾诺莎式的“神即自然”有着极大的相似性；埃及的神究竟是神，还是说他不过是无所不包的自然关联的一个崇高概念，这一点依旧无法确定。席勒或许会喜欢这种神的概念。如果这就是摩西传达的真正信息，席勒就能确认已经收讫。

然而众所周知，即便是面对“神性的”自然关联，席勒也有其困境。如此理解下的自然在他眼中就仿佛一幅多重像：人们一会儿在其中看见“无情的必然性”，一会儿又看见“鲜活而充满爱意的联系”，这完全取决于人在接近自然奥秘时的心情。

五年之后，席勒将在他的诗歌《赛伊斯的蒙面像》（*Das verschleierte Bild zu Sais*）中再次探访冥府中的埃及。凭借《摩西的使命》，他也出了一份力，使得埃及与其古老的神话在90年代成了热门话题。

/ 325

在《赛伊斯的蒙面像》中，半埃及半斯宾诺莎式的一神教上帝再一次遭遇了考验。追寻真理的少年站在蒙着面纱的塑像前，祭司声称，塑像后就藏着“真理”。可真理为何蒙着面纱？“‘请你去和神讨论’，圣师 / 回答说，‘任何凡人，神说，不能 / 移动这面纱，除非我亲自揭起。/ 谁要是用他亵渎的、有罪的手 / 预先揭起这禁止移动的圣物，那么他，神说’——‘怎么？’——就看到真理。”①

可为什么人们追寻的真理却同时是一种惩罚？或许是因为：在内部契合整个世界的真理，人不能展示也不能揭露。如果人们不能抵御好奇心，就会看到他揭开的真理与惩罚几无二致。至少

① MA Ⅰ, S. 224. 汉译参见《席勒文集》（第一卷），第72页，有改动。

诗中的少年在见到真理真容后没能再活下去。难道有两种不同的真理：一种是它表现出的模样，而另一种则只有在人揭示它的时候才会显现？不，它们是同一种真理，只不过有着两副面容，取决于人是接受真理还是强行获取真理。同一种真理——是哪一种？和《摩西的使命》一样，这还是“神即自然”的真理。但取决于我们把握它的态度，或者自然呈现神性，或者神性不过是自然——用席勒的话说，就是“无情的必然性”或“鲜活而充满爱意的联系”。

有些美德的报偿就在其自身之中，而有些罪恶用不着惩罚，因为其自身便是惩罚。同样的，也有一种对真理的追求是自我惩罚。作为医生的席勒明白：人们要是解剖开肉体，不会找到灵魂；要是切开头颅，也不会找到思想。

让我们回到《摩西的使命》和《赛伊斯的蒙面像》：世界运行的秘密究竟是上帝还是自然，最终是由人面对世界的态度所决定的。我们对真理的追问，只能得到我们应得的回答。而赛伊斯的那位少年在强行揭开雕像的面纱后，看见的究竟是什么，我们或可揣测一二，因为席勒已在《招魂唤鬼者》的《哲学对话》中给了我们些许提示：在世界之秘密的遮盖后面，文中写道，很可能——什么也没有藏着。或许赛伊斯的少年所发现的正是它——无足轻重——于是因此惊惶而死。

/ 326

这就意味着：人不应想着揭开伟大的真理，否则真理将会把人推向平庸；人们更应该怀着激情与热爱将真理付诸行动，因为真理只有这样才会变得富足而美丽。

这就是弗里德里希·席勒的美学宗教。

/ 第十六章

作为当代神话的革命——席勒的谨慎——“不知晚到的理性是否还能找到早来的自由？”——人之海洋上的榛子壳中——人民之春和爱情之春——订婚——结婚——太过丰富的理念——嫉妒的夏洛蒂·封·卡尔普——《三十年战争》有多现实？——席勒：德意志的普鲁塔克——高昂情感——病骨支离——将死——新生

1789年夏天，当席勒正在讲授普遍历史和一神教之史前史的时候，在法国发生了一系列事件；当时的人们立刻意识到，这些事件具有世界历史意义，直到后世还将引起惊愕与崇敬。它们在发生的那一瞬间就已闪耀着神话的光芒，被解读为新时代诞生的原初场景。这些事件甫一发生，就在各地，包括遥远的耶拿被视为值得大书特书的“经典”：6月20日的“网球场誓言”（Ballhausschwur），第三等级的代表组建国民议会（Nationalversammlung），宣誓要为了新宪法的颁布而团结在一起①；自由派的财政总监内克尔②于7月11日遭到解职，这是反革命的第一枪；紧接着是7月14日的攻占巴士底狱（Bastille）；暴民私刑泛滥；第一批贵族被吊上路灯；国民

① “网球场誓言”（Serment du Jeu de paume），即1789年6月20日参加三级会议的第三等级代表因无处集会，便在凡尔赛一处无人的网球场上召开会议，宣誓在成功制定一部宪法前永不分裂。

② 雅克·内克尔（Jacques Necker, 1732~1804），瑞士银行家，在1776~1781年的第一段任期后于1788年9月再度出任财政部部长，试图通过改革避免激进的革命。因向第三等级做了若干妥协，王室视其为引发大革命的罪魁祸首，将之罢免并命令他限期离境。其女即著名的斯塔尔夫人。

卫队（Nationalgarde）的组建；7 月 17 日国王第一次投降，他向国民卫队屈服，佩戴上了三色帽花①；革命的风暴席卷法国全境，国家权力在各省崩溃，农民动乱、城市起义；让全国喘不过气来的“大恐慌”②；贵族开始流亡。旧日法国的“荣光”纷纷踏上逃亡都灵的路，走在这浩浩荡荡近千人队伍最前头的是国王的两个兄弟；8 月 3 日至 4 日那个值得纪念的夜晚，国民议会沉醉于自身的勇气，用无数激情洋溢的政令将几个世纪以来法国的古老封建体制击个粉碎；《人权与公民权宣言》（Erklärung der Menschen-und Bürgerrechte）于 8 月 26 日的盛大宣布③；10 月 5 日巴黎第二次大起义：请愿的市场女贩迫使国王和国民议会从凡尔赛宫迁往巴黎市内。④

伴随着这场革命，在法国及其周边国家仿佛一夜间出现了一种对政治的新理解。政治原本只是宫廷的特权，现在却可被理解成一件能被人们时刻记在心上的运动。对这场政治大爆炸所造成的重大转折，人们必须有清晰的认识。先前向宗教提出的意义之

---

① 在巴黎起义者攻占巴士底狱之后，国民议会选举产生了新的巴黎市政当局。7 月 17 日，路易十六及整个宫廷扈从从凡尔赛前往巴黎向新产生的巴黎市政府表示效忠，并戴上了红白蓝三色帽花，以象征认可革命的有效性。

② “大恐慌”（Grande Peur），指 1789 年夏因有传言贵族将镇压革命，而在法国各地发生的农民起义。起义者反对地主与贵族的特权。正因如此，贵族代表于 8 月 3 日至 4 日晚间承诺放弃其土地特权、司法权以及对农奴的人身控制，而仅保留作为法国人的平等权利；国民议会于 4 日午夜通过决议，废除了包括王室年金、贵族免税权与封建特权在内的所有封建制度，后又在 5 日至 11 日陆续通过法令，废除所有形式的农奴制、狩猎权、领主司法权及其他封建特权。

③ 《人权与公民权宣言》是 1789 年 8 月 26 日由国民议会通过的纲领性文件，共有 17 条，确立了自由、平等、天赋人权等政治原则，是法国大革命最重要的成果之一。

④ 1789 年 10 月 5 日，由于巴黎面包供应紧张，巴黎市民在一群妇女的带领下进军凡尔赛，要求国王解决温饱问题；路易十六在压力下被迫同意接受《人权与公民权宣言》，承诺提供凡尔赛库存的面包并前往巴黎，事实上成为革命的囚徒。

410 问，从现在开始就提给了政治；这是一种世俗化的推动，将所谓“终极之问”变成了社会政治问题：作为政治解答的自由、平等与博爱，并不否认其宗教来源。罗伯斯庇尔将来会上演一场政治理性的宗教礼拜。

在法国大革命之前，历史对于大多数人而言就是命运，它像是瘟疫或自然灾害，就这样给个人降下灭顶之灾。只有到了1789年，种种事件方才让当时的人们产生了一种大体上理解了历史进程的感觉；而与政治化相伴而生的则是加速化。横扫欧洲的革命军队不仅给传统的内阁与雇佣军战争画上了句号；除此之外，作为全副武装的民族之化身的人民军队更意味着，历史从现在起也可以征募小人物来共同干一番事业。

席勒懂得如何将历史时刻的激情用于他的讲座，但他却避免直接谈及当时的政治事件，即使是在信件中也只有寥寥几句隐射的话。有一次，他在给夏洛蒂和卡洛琳娜的信中讲了几桩从一个巴黎游客那儿听来的逸事。“你们可以借此在宫中行好运”（1789年10月30日），他这样评论道。席勒描述了国王在列队前来的国民卫队面前是如何一手拿着帽子一手拿着三色徽章想要回应革命军队的掌声，却发现腾不开手，只好把徽章塞进嘴里，戴上帽子，最终得以轻松地用力鼓起掌来。或是另外一幕：当请愿的巴黎妇女到达凡尔赛宫时，廷臣们是如何惊慌失措，以至于
329 忘了国王的御膳，最后只能给饥肠辘辘的国王端上一小杯酸葡萄酒和一块黑面包。夏洛蒂听到的故事更加可怕：人们传说有几个巴黎的女商贩“聚集在一个禁卫军士兵的尸体周围，剜出了他的心脏，用酒杯接了他的血狂饮”。①

① Gleichen-Rußwurm 1908, S. 362.

席勒详细地追踪着历史的发展。他如饥似渴地阅读每一份报道巴黎事件的报纸；他现在的心情还没有像路易十六被送上断头台之后那样；到那时，他会在给科尔纳的信中写道："十四天来我无法再读法文报纸，我讨厌这些卑鄙的刽子手。"（1793 年 2 月 8 日）

席勒耐心等待着。他不像赫尔德、福斯特①、维兰德、克洛卜施托克等人那样，头脑一热就公开地为革命拍手叫好；他不像克洛卜施托克，克洛卜施托克为法国自由写了一首颂歌："高卢为自己/戴上了公民的桂冠，前无古人"②；他也不像毕尔格③，毕尔格给封建秩序的灭亡写了一首叙事谣曲。他也不像荷尔德林、谢林或者黑格尔那样，在图宾根涅卡（Neckar）河畔的草地上种下自由之树。他自然心怀同情地关注着革命的最初几步，例如

---

① 格奥尔格·福斯特（Georg Forster, 1754~1794），德国博物学家、作家、政治家，曾随詹姆斯·库克船长（Capt. James Cook, 1728~1779）环球航行并探访南太平洋岛屿上的原住民。法国大革命爆发后他积极投身政治运动，思想激进，作为德国雅各宾派的一员活跃于美因茨共和国（Mainzer Republik），受命出使巴黎以期将美因茨并入法国，但不得不目睹革命转向恐怖，于 1794 年在巴黎去世。关于福斯特，请参见本书第十七章。

② 语出克洛卜施托克作于 1788 年、发表于 1789 年的颂歌《三级会议》（*Die Etats Généraux*），参见 Friedrich Klopstock: *Ausgewählte Werke*. Hg. von Karl August Schleiden. München 1962, 第 140 页。

③ 戈特弗里德·奥古斯特·毕尔格（Gottfried August Bürger, 1747~1794），德国诗人，尤擅形式通俗的谣曲。席勒曾于 1791 年发表《论毕尔格的诗》（*Über Bürgers Gedichte*），批判其流于"大众化"而忽视了诗人"理想化"（Idealisierung）的真正目标（参见MA V, 第 970~985 页；汉译参见《席勒经典美学文论》，第 567~590 页）。原文作者并未明确说明这里提及的是毕尔格的哪一首叙事谣曲，但应当指的是《农民致暴君殿下》（*Der Bauer an seinen durchlauchtigen Tyrannen*）这首作于 1773 年、收录于 1789 年出版的毕尔格诗集中的诗。关于席勒与毕尔格，参见本书第十七章。

"网球场誓言"、米拉波伯爵①极富激情的演说、封建体制的取消以及人权宣言；席勒意识到，波萨侯爵的若干梦想已在此实现，因而感到由衷的高兴。他心情振奋。将来，卡洛琳娜会把革命的最初几个星期比作订婚时那种扬帆起航的心情。她说，人们同时经历了爱的春天与人民的春天。

然而——席勒依旧保持着谨慎。法国大地发生了强震，先前存在的一切尽数倒塌，但现在却必须有个定论，看看启蒙思想是否已强大到足以掌控那像原始的自然之力一样决堤迸涌的自由。席勒之所以缄口不语，不是因为缺乏关心，而是因为他正屏着呼吸，看着眼前不可思议的进程；理性与自由之后的命运，就全由这些事件决定了。

在这个紧张期待的瞬间，也就是1789年11月，席勒为自己主编的《历史回忆录全集》撰写了一篇关于中世纪与近代早期
/ 330
的导读。他一开始很抗拒这项从别人手里接过来的任务，闷闷不乐地提笔开写，却忽然一下有了灵感，叫他自己也十分惊讶。他一口气写成这篇文章，兴奋的情绪还未消退，就向卡洛琳娜汇报："我还没有完成过有这等价值的作品……我从来没有把如此多的思想内容与这样出色的形式结合起来，从来没有通过想象力如此美妙地助了理智一臂之力……我从来没有这样生动地意识到，现在的整个德意志世界没有一个人能写出我刚刚写下的文章。"（1789年11月3日）

这种成功的幸福感源于席勒相信，自己对"哪些中世纪的前

---

① 奥诺雷·加布里埃尔·德·里克蒂·米拉波伯爵（Honoré Gabriel de Riqueti, comte de Mirabeau, 1749~1791），法国政治家，极善雄辩，在法国大革命中作为第三等级代表参加三级会议，于1791年出任国民制宪会议（Assemblée nationale constituante）主席，但于当年4月陡然离世。

提条件促使了宗教改革的成功”这一问题有了激动人心的想法，可以借此更好地理解当前革命的困境。根据席勒的想法，中世纪一方面存在着有机活力之发展的不同时性，这种种活力以想象力、热情、牺牲精神和自由意志等形式表达自身；而另一方面则有理性与启蒙的力量。在席勒看来，十字军东征让整个欧洲的精英动身参加了一场热情的冒险，这正是文明无穷的活力的证明；但这种活力却没有理性的引导，缺乏启蒙的照亮。因此之后的世纪就会面临如下困难：是否能够长久保留这种自由的活力，直到发展得更为缓慢的启蒙能够接纳它为止。席勒认为，这一点决定一切：“不知晚到的理性是否还能找到早来的自由？”①

这句表达，席勒用起来就像在运用一段历史法则。它关涉的是不同时性的问题：一方面是基本的活力（席勒在这个语境下称其为“自由”）；另一方面则是理性。在二者发展的不同时性中蕴藏着风险：基本的力量没有经过理性的教诲，可能在混乱中消亡；或是发展成熟的理性姗姗来迟，只能发现一段已释放完其全部力量的生命。这将会是颓废的时代。而在席勒看来，宗教改革恰恰是幸运事件，因为启蒙了的头脑还能找到强健的心灵，而思维方式的革命打动了有力而坚韧的族群。曾在十字军东征的迷信冒险中消耗殆尽的力量，在宗教改革启迪头脑之时依旧活着，因此可以为一个基督徒的全新自由而斗争。生命保留了它激情的力量，能在之后的战斗中将之投入理性这一边。而宗教改革是理性的胜利，这在席勒看来则是不言自明的；但胜利的是一种与强烈情感结盟的理性，这些情感比任何理性都更加深刻。席勒正是因此才会对这段历史产生兴趣。

/ 331

① MA Ⅳ, S. 80.

两年之后，在《为尼特哈默尔编写的维托所著之〈马耳他骑士团史〉而作的前言》（*Vorrede zu Niethammers Bearbeitung der Geschichte des Malteserordens von Vertot*）①一文中，席勒再次借机回顾了关于理性与活力不同时性的想法；而这一次则与他眼前上演的这部世界历史大戏有着更清晰的联系。“中世纪的英雄们为了一个被他们错当成智慧的空想——正因其对他们而言是智慧——而献出了鲜血、生命和财产；尽管他们的理性所受的教导相当糟糕，但他们对其最高法则的服从则充满英雄气概——而作为他们更臻完善的子孙，我们是否能夸耀自己为了我们的智慧所做的大胆投入，有他们为他们的愚昧投入的一半多？”②

在这篇文章中，席勒也同样没有明确地谈到法国大革命，但他探索革命前景的疑问却与之前完全相同：“不知晚到的理性是

---

① 马耳他骑士团（Malteserorden），又称“医院骑士团”（Hospitalorden），全名“耶路撒冷、罗德岛及马耳他圣约翰主权军事医院骑士团”（按其官方语言意大利语作 Sovrano Militare Ordine Ospedaliero di San Giovanni di Gerusalemme di Rodi e di Malta），是成立于 11 世纪的一支天主教骑士团，以救死扶伤为己任，初名圣约翰骑士团（Johanniter），1530 年前后迁往马耳他（Malta）。时至今日，骑士团依旧是国际公法上的特殊独立实体，与百余个国家建有外交关系，且是联合国的观察员。弗里德里希·伊曼努埃尔·尼特哈默尔（Friedrich Immanuel Niethammer, 1766~1848），德国哲学家、神学家，自 1794 年起任教于耶拿大学。勒内·奥贝尔·德·维托（René-Aubert de Vertot, 1655~1735），法国神父，其于 1726 年发表的《耶路撒冷圣约翰医院骑士团史》（*Histoire des chevaliers hospitaliers de Saint-Jean de Jérusalem*）经尼特哈默尔改写后，附上席勒的前言，于 1792~1793 年分两卷出版。席勒的谣曲《屠龙大战》（*Der Kampf mit dem Drachen*, 1798）正是取材于此书，参见 MA Ⅰ, 第 390~399 页，汉译参见《席勒文集》（第一卷），第 241~254 页。他还曾计划创作一部关于马耳他骑士团殊死守卫圣埃尔默（St. Elmo）城堡的悲剧《马耳他骑士》（*Die Malteser*），但遗憾并未完成。参见 MA Ⅲ, 第 155ff 页。

② MA Ⅳ, S. 992.

否还能找到早来的自由？”

更进一步说，“早来的自由”意味着服务于不自私的目标的坚强意志与坚强信仰，即便这些目标与迷信相关联；意味着以人性的质料塑造的强有力性格，这样“晚到的理性”才能从中搞出些名堂。

一段时间之后，席勒将会得出结论：在革命中登上历史舞台的“晚到的理性”，不再或还没有发现自由而强有力的人类。在那封 1793 年 7 月 13 日致奥古斯腾堡公爵[①]的著名信件中，席勒写道：“当时恰逢最有利的时刻，但这一时刻却只发现了一个配不上它的衰败世代”；这“不容置疑”地证明，“人类还离不开监护人式的权力……一个离人性自由都还差得如此之远的人，还没有成熟到可拥有公民自由”。

所以说，人性自由不仅意味着受理性之引导，还意味着强有力的性格。

在公开场合，席勒暂时还倾向于只是间接地谈论革命，因为他不信任下得太快的结论。他清楚，自己对革命事件还了解得太
少。像维兰德那样仿佛了解革命的真正秘密似地立刻给出他的判 / 332
断，让席勒觉得很可笑。他讨厌这类迫不及待的断言以及以通晓内情自居的嘴脸。歌德也和他一样，充满厌恶地评论说，革命一下子把守规矩的人都变成了“好谈政治的家伙”。在巴士底狱被

① 弗里德里希·克里斯蒂安二世，石勒苏益格－荷尔施泰因－松德堡－奥古斯腾堡公爵（Friedrich Christian Ⅱ, Herzog von Schleswig-Holstein-Sonderburg-Augustenburg, 1765~1814），丹麦贵族（在 1864 年普丹战争之前，石勒苏益格－荷尔施泰因属于丹麦领土），倾心于德国文化，于 1791 年起为大病初愈的席勒提供了三年的丰厚年金，以保证诗人能够继续创作而无后顾之忧。作为感谢，席勒自 1793 年起给奥古斯腾堡公爵撰写了一系列关于美学的信件，即日后《审美教育书简》的前身。关于奥古斯腾堡公爵的慷慨馈赠，参见本书第十六章末。

攻占后的那几天，歌德给他的第二首《罗马哀歌》添上了这样几行诗："还有别的人也给我三五成群走开吧，/ 你们几乎经常令我大失所望。/ 各种无聊的政治见解翻来覆去，/ 在整个欧洲狂热地缠住这个流浪人。" ①

成为伟大历史事件的同时代人乃至见证者，究竟意味着什么？当这些历史事件触及个人时，究竟会发生些什么，又应该发生些什么？难道人们不是该先改变自身，才能配得上这些大事？难道人们不是得先褪去自己日常的一面？之所以会有那么多愚蠢的论断，难道不正是因为人们仅仅穿着"宽松的家居服"就去接近崇高之物，不再能正确地区分公共与私人？

这些问题，席勒在1788年11月收到朋友沃尔措根从巴黎给他写的信时，就已经在问自己了。他在1788年11月27日给卡洛琳娜的一封信中对这些纷繁杂乱的信件评论说，人们首先得把内心提升到宏伟对象的高度。谁要是做不到，就请让出历史的位置。他不是为此而生的。不是人人都能出现在伟大的地方，与大事相伴。"谁对宏伟的人类世界有意识又有兴趣，就必须忍受这宽广而伟大的元素；与之相反，我们的市民生活与政治处境是多么狭小与可怜！……人类要是能齐心协力发挥作用，就会始终是一种伟大的存在……但我是个安静的小人物，从我的榛子壳中观察宏大的政治社会，差不多就和一条在人身上蠕动的小毛虫看人一样。我对这一浪接着一浪的宽广的人之海洋有着无穷的尊敬，但我在自己的榛子壳中倒也觉得舒坦。"

席勒明白自己的视角受限，一刻都没有忘记他不曾一个猛

① Goethe MA 3.2, S. 39~41. 汉译参见《歌德文集》(第八卷)，第166页。

子扎入“人之海洋”，而是坐在干爽的地方，也就是“施拉姆之家”里的书房；他也没有忘记，自己只能设想，却不能直接体会同心协力发挥作用的人这个“伟大的存在”。因此他很谨慎，避免态度强烈的争辩和观点层出不穷的无休止论战。

另外，在这几个月中还有另外一件事让他的内心更加牵挂：席勒与夏洛蒂在1789年8月订婚、1790年2月成婚。

在1788年他们于鲁多尔施塔特共同度过的那个长长的夏天之后，卡洛琳娜、夏洛蒂和席勒之间的书信就连续不断。他们互相事无巨细地诉说当天发生的新鲜事，席勒更在这些信中试验自己正在创作的作品里的想法和表达。他允许她们一窥自己的工坊：“历史全然不过是我想象力的库房，历史对象必须接受它们在我手中变成的模样。”（1788年12月10日）席勒从未在别处如此清晰地表达过他作为历史学家的自我认识。与夏洛蒂和卡洛琳娜的交往刺激着他的想象力，鼓动他产生更大胆的念头。有一回，他像玩儿似的轻轻松松就勾勒出一种天才的自然哲学的轮廓：“我从来没有如此强烈地感觉到，我们的灵魂面对所有造物的世界是多么自由——毕竟它能给自己的很少很少，全是从灵魂那里获得一切。”（1789年9月10日）如果我们不曾把我们的情感借给自然，自然不过就是“其现象的永恒单调”以及“对自身的永恒模仿”。他写道，自然就像太阳的火球，曾被不同的人观察过“千百万次”，但在这无数视角的焦点中，它却始终未曾变化。“它当然可以休憩，因为人类的精神正在替它活动——我们周围的一切就是这般死寂，活着的没有他物，只有我们的灵魂。”但“自然固守的千篇一律”又是多么令人舒适。我们迷惘地四下游荡，总是有迷失自我的危险；我们回归自然，而自然则让我们回想起我们先前置于其中的情感。我们把善变的自我放在自然之中保存，而在我们即将迷失的那个瞬间，又从自然那里仁慈地重获自我。“我们这些不得不节俭地将过去的欢乐也一并划入个人私产的人类，如果不能将这些易逝的财富安置在这位恒久不变的友人那里，将会多么不幸！我们整个人格都得感谢自然，因为如果它明天换了个模样出现在我们面前，我们在其中就再找不到昨天的自我。”（1789 年 9 月 10 日）

/ 334 在写作中，席勒方意识到，自己刚刚的想法有多了不得：“对你们的回忆把我引向一切，因为一切又让我回想起你们。而且，我还从来没能这般自由而大胆地在思想的世界中徜徉，因为我的灵魂有了它的私产，再也没有迷失自身的危险。我知道去哪儿能再找回我自己。”（1789 年 9 月 10 日）可惜的是，席勒并没有继续发展他关于作为保险柜的自然与重寻自我的理念。但爱情不懂节俭，它挥霍着、浪费着，因此有些书信中的遐想才能躲过会计式的利用。

卡洛琳娜同样在信中表现得很有想法，既有理论思考又有反思，而夏洛蒂则练习着形容自然给她留下的印象。无论是夏洛蒂还是卡洛琳娜，二人都很爱描述聊天、见面、剧院演出、散步郊游，偶尔还有社会上的八卦，时不时地再次保证是多么想念席勒；他们陶醉在上个夏天的回忆之中，互相发誓与对方是多么亲近，又与现在周围的人们有多么陌生。席勒写道：“我就像个流落在异乡海岸的人，不懂得这个国家的语言。”（1789 年 7 月 24 日）而夏洛蒂立刻回信说：“我在这些家伙中间总是浑身不自在，觉得自己是这样孤单，就像身处一座荒岛；我的心和他们没有共同语言。”（1789 年 7 月 27 日）

然而，他们二人还没有给相互间真正的心事找到清晰的语言。尽管席勒自当上教授之后就下了决心要追求洛蒂，却还没有勇气向她吐露心迹。而洛蒂自然也有些动情，却同样没有勇气坦承。席勒之所以踟蹰，也是由于他明白二人间的等级差距，又已经很了解夏洛蒂的母亲，知道她很在意给小女儿找一门门当户对的亲事。这种种阻挠能被克服吗？席勒在信心与担忧之间摇摆不定。他也不确定洛蒂的情绪，不知那是爱还是友谊，更不知道如果他向她表白爱意，会不会毁了这段友情。至少席勒之后是这样向他的新娘解释自己长久的犹豫。

1789 年夏天，他两次尝试向夏洛蒂表明心意。他 6 月去 / 335
鲁多尔施塔特待了几天，谈了很多，却在关键问题上沉默不语。而当两姐妹于 7 月 10 日到耶拿短暂探访他时，也是一样。在这之后，他写信给洛蒂："我从来不曾想要向您倾诉如此之多，但也从来不曾比当时说得更少。有些话我不得不藏在心头，这使我沮丧，即便是见到您也不能让我开心。"（1789 年 7 月 24 日）可席勒非但没有把不敢亲口说出的话写到信里，反而引用了他从《唐·卡洛斯》中删去的两行诗："糟糕……灵魂需得化作声响，/ 才能出现在灵魂之前。"他再一次以意味深长的方式沉默了。

到了 8 月 2 日，在两姐妹度假休养的劳赫施泰特（Lauchstädt），终于迎来了解脱般的倾诉衷肠。可是这一回席勒依旧不是和夏洛蒂，而是和卡洛琳娜坦陈了内心的想法。她其实也很希望听到席勒对自己的表白，却不得不替这个担心害怕的男人鼓起向自己妹妹求婚的勇气。卡洛琳娜暗示席勒，洛蒂也爱着他，并且愿意与他白头偕老，但还是得谨慎行事，首先做好母亲的工作。暂时不能把意图告诉母亲，席勒得先改善他的职业前景，人们或许可以替他在魏玛公爵那儿谋一份更丰厚的俸禄，或是在科堡王太子那里安排一个宫廷顾问的职位。卡洛琳娜想得非常实际，而 8 月 2 日的倾诉谈的也不单是爱情，还有这些实际问题。直到离开劳赫施泰特时，席勒也没有和洛蒂谈起这一切。但他现在知道，自己可以向她表白而不会被她拒绝。于是他第二天便提笔给她写信："这是真的吗，最亲爱的洛蒂？我能希冀卡洛琳娜读懂了您的灵魂，从您的内心回答了我不敢承认的问题？"（1789 年 8 月 3 日）

席勒正在前往莱比锡的路上，他会在那里遇见朋友科尔纳。到目前为止，他还对科尔纳只字未提；而当席勒现在向他坦承一切的时候，科尔纳觉得自己被欺骗了。半年之前席勒还给他写信说："你要是能在一年之内给我找个身价 12000 塔勒的女人……就让耶拿大学舔我的屁股去吧。"（1789 年 3 月 9 日）而在 5 月 28 日，当席勒已决意要向洛蒂求婚时，他还在科尔纳这儿问："另外，你要是知道一门优渥的亲事，一定要给我写信。"两位朋友间的不和将会持续到 1790 年席勒大婚后的一段时间。在科尔纳看来，这是对信任的背叛，而他肯定也有些嫉妒：他太想要独占这位朋友了。 / 336

但在这件事上，席勒却没什么负罪感，因为他还没有忘记 1788 年初科尔纳是怎么劝他不要结婚，即便他已清楚地看到了自己在此事上的灵魂的苦楚。席勒当时曾在给他的信中写道："我必须得有个人在身边，一个属于我的人，一个我能够且必须使之幸福的人，我的存在能因为她的存在焕然一新。你不知道，我的精神是多么荒芜，我的头脑是多么昏暗——而这一切……全是因为我的情感在内心过于操劳。如果我不能在自己的存在中织入希望……我就算完了。"（1788 年 1 月 7 日）

科尔纳没有或者不愿听懂席勒求救的呼声，因此席勒干巴巴 421
地宣布：如果他再在信中写到结婚的事，“我这样做，就是为了让你们了解我所做的决定”（致胡博，1788 年 1 月 20 日）。于是他就这样做了。直到 1789 年 8 月，当一切都尘埃落定之后，席勒才把实情告诉他的朋友。

在母亲面前的保密工作渐渐松懈了；又因为席勒的职业处境眼见一时半会儿不会有根本性的改善，也就没有什么合理的理由再保守订婚的秘密。1789 年 12 月 15 日，夏洛蒂和卡洛琳娜向母亲坦白了这个秘密，而席勒则在三天之后给封・伦格费尔德夫人写了一封信，正式请求她将女儿许配给自己。犹豫了一段时间之后，她终于同意了，但也少不了担忧地追问：“请您原谅一位母亲的关心与义务：不是非要光彩夺目的幸福，但除了您温柔的爱情之外，您还能给小洛洛一份足够温饱的收入吗？”（1789 年 12 月 21 日）

席勒能告诉她母亲的收入前景，暂时还很有限：公爵承诺给他 200 塔勒的薪俸；作为教授的他能期待从学生那儿收入一些听课费；此外还有隐约的希望：美因茨的助理主教卡尔・封・达尔贝格[①]，也就是曼海姆剧院总监的兄弟，或许能在美因茨给席勒一份报酬颇丰的教授岗位。这年年底，他还和葛勋签下了一份为《女士历史日历》（*Historischer Kalender für*
Damen）供稿的合同。合同约定的稿酬有 400 塔勒，这可是 337
相当高的数字；与之相比，歌德的八卷版文集才收到 1000 塔

① 卡尔・特奥多尔・封・达尔贝格（Karl Theodor von Dalberg, 1744~1817），德国宗教王侯，于 1787 年被选为美因茨大主教助理，于 1802 年成为最后一任美因茨选帝侯大主教（Kurfürst-Erzbishof von Mainz）——1806 年神圣罗马帝国解体，不再有“选帝侯”。

勒。在之后的三年，从这篇稿子中将会诞生席勒第二部也是最后一部长篇历史著作：《三十年战争史》（*Die Geschichte des Dreißigjährigen Krieges*）[①]。席勒之所以接受了这项任务，起初并不是因为主题，而是因为丰厚的稿酬，刚结婚的他很需要这笔钱。

1790 年 2 月 22 日，婚礼在耶拿城门外的小耶拿（Wenigenjena）乡村教堂中悄无声息地举行，到场的只有作为证婚人的卡洛琳娜和姐妹俩的母亲。学生们若是来贺喜，恐怕既吵闹又混乱，一家人对此避之不及。

封·伦格费尔德夫人给新婚夫妇赠送了衣物、餐具、家具；但他们还没有建立自己的家庭，而是在"施拉姆之家"多租了几间房。洛蒂请了一位女佣，而席勒则雇了个跟班。施拉姆姐妹继续为他们提供饭食。

"家庭"生活就这样开始了。席勒曾用陶醉的词语这样描述过家庭生活的理想场景："不间断地温柔练习着几个人的欢愉，它为生命创造了多么美丽的基础和底色，对一个始终在动脑劳心的人而言，是多么治愈，又是多么不可或缺。"（致胡博，1788 年 1 月 20 日）

婚礼前不久的平静只有两次被打破。席勒在他多年的女友夏洛蒂·封·卡尔普面前隐瞒了他与洛蒂订婚的事，甚至在她于

---

① "三十年战争"是于 1618~1648 年在整个欧洲大陆上展开的战争，起初是天主教与新教之间的宗教战争，但很快就转变为奥地利哈布斯堡皇朝、法国和瑞典争夺欧洲霸权的混战。战争于 1618 年 5 月 23 日以哈布斯堡驻波希米亚总督被信仰新教的波希米亚民众推出布拉格城堡窗外这一事件——史称"布拉格掷出窗外事件"（Prager Fenstersturz）——为起点，至 1648 年《威斯特伐利亚和约》（Westfälischer Friede）为止，前后共计三十年。当时依旧小邦林立、四分五裂的德国成了列强逐鹿的主战场，在三十年战争中遭到了巨大的摧残。

1789年9月底告诉席勒，她希望能在赫尔德的帮助下实现离婚的时候，席勒依旧对她三缄其口。她甚至暗示，在离婚后就可以与席勒结为连理；最迟在这个当口，席勒本应该告诉她自己的婚约。夏洛蒂·封·卡尔普有所察觉。1789年12月底，在魏玛的一次宫廷宴会上，她让洛蒂极为难堪。她用很不文明的词语咒骂不在场的席勒，连公爵过来干涉时也不停止。直到2月8日，也就是婚礼两周之前，席勒才给曾经的女友写了封信。两天之后，两位夏洛蒂就再次在魏玛撞了个照面。又是令人难堪的一幕。夏洛蒂·封·卡尔普本来就因为戏很多而为人所知，名声又不好，这一次就“像是个发了疯的人，一阵爆发之后如此筋疲力尽，整个人仿佛全毁了……她坐在我们当中，就好像是来自另一个星球的幽灵……”[①] 这是洛蒂的描述，毫不遮掩胜利者的语气。

洛蒂当然也有理由把这个性情激烈的女人视为威胁。夏洛蒂·封·卡尔普退让了，有一段时间避免与席勒有任何联系。她要求他退回她的书信，也把他寄来的尽数销毁。40年之后，已经双目失明、一贫如洗的夏洛蒂·封·卡尔普这样总结她的爱情经历：“人们想要和一个人、一个存在共同生活：这是最大的谬误。”她熬过了这段失意，爱上了让·保尔，还将为荷尔德林燃起爱意。她也还会再次接近席勒，甚至成功地与他结下一段不那么紧张的友谊，一直持续到席勒去世。回顾往事，她把自己叫作“一个忠诚的德意志女性”，从没有停止“去爱席勒”。[②]

在“家庭幸福”的第一年里，席勒忙个不停，几乎是狂热

① Gleich-Rußwurm 1908, S. 516.

② Biedrzynski 1992, S. 230.

地一心扑在工作上。他给自己添了太多重担。每天都要上课，但他还没有现成的课程资源；他必须现学现卖，把自己刚刚学会或读到的内容教给学生；他必须监督《历史回忆录全集》的出版工作，为之撰写长篇导读。但最主要的还是写作那本关于三十年战争的书。这项工作越来越花时间。即便他对材料的研习不像当年写《尼德兰独立史》时那样细致，还是得通读大量文献。春天来了，又到了郊游与花园宴会的时节。可席勒却枯坐家中，面前的书堆得像山一样高。而洛蒂和正在耶拿小住的卡洛琳娜，只能自己约着出游玩乐。起初，《三十年战争史》应该是一本简短的通俗读物，专为女性读者所作，因此写起来应当不费什么劲儿。然而事与愿违。作品在席勒手中不断生长，因为这一话题越来越强烈地吸引着他。

席勒在1786年春天第一次研究了三十年战争。在读完一部
/ 339 法语的相关著作以后，席勒给科尔纳写道：“民族苦难最深重的时期竟恰是人类力量最光辉的时期！从这个黑夜里走出多少伟人！”（1786年4月15日）

准备了几周之后，席勒就开始动笔写作。在1790年酷夏的某些天里，他要在手稿上花15个小时。“运气不错”，他对一位访客说，因为他问席勒为什么晚上很少能在屋外看见他。这正是他两年前在写作《尼德兰独立史》时已经体验过一次的幸运。当时，他在给科尔纳的信中写道：“历史是我能够运用自己全部力量的领域。”（1788年3月17日）

有几件事情碰巧凑到了一起：席勒在工作中再度感受到自己叙事的天才——他还在科尔纳面前骄傲地夸耀自己是“德意志的普鲁塔克”（1790年11月26日）——那些属于黑夜的英雄，华

伦斯坦①、曼斯菲尔德伯爵（Graf Mansfeld）②、古斯塔夫·阿道夫③，都让他屏息凝神，而那段逝去历史的现实意义也越来越清晰地展现在他眼前。

关于现实意义，席勒很明确地表示，指引他把目光转向历史的不是“爱国”情怀，而是“世界历史”兴趣。他在 1789 年 10 月 13 日给科尔纳的信中写道：“我们新时代人的手中握有一种兴趣，不仅是希腊人和罗马人不曾见识过的，也是爱国的兴趣远远及不上的。后者只是对不成熟的民族、对世界的青年时期来说才是重要的……为一个民族写作，不过是一个可怜而渺小的理想；哲学精神完全不能忍受这种限制。他绝不能止步于这样一种如此多变、偶然且任意的人类组织形式，止步于这种断篇之前（即便是最重要的民族，不是断篇又是什么？）。只有当一个民族或其历史作为人类进步的条件对他而言意义重大时，他才会对此产生热情。如果一段历史……能够起到这样的作用、能够与作为种属的人类相关联，那它就有了足够多的道具，能在哲学家手中变得

① 阿尔布莱希特·文策尔·尤西比乌斯·封·华伦斯坦，弗里德兰公爵（Albrecht Wenzel Eusebius von Wallenstein, Herzog von Friedland, 捷克语作 Albrecht z Valdštejna, 1583~1634），生于波希米亚（Böhmen），是“三十年战争”中最杰出的将领之一，曾两度出任哈布斯堡帝国军队元帅，但因不愿服从皇帝调令、执意与瑞典议和以拥军自重，被忠于皇帝的军团士兵刺死。席勒将会以华伦斯坦生命最后阶段的故事为蓝本，创作戏剧经典《华伦斯坦》（*Wallenstein*, 1801），参见本书第二十一章。

② 菲利普·封·曼斯菲尔德（Philipp von Mansfeld, 1589~1657），“三十年战争”中华伦斯坦麾下大将，曾经参与围攻马格德堡（Belagerung von Magdeburg）等重要战役。

③ 古斯塔夫·阿道夫二世（Gustav Ⅱ Adolf, 1549~1632），瑞典国王，“三十年战争”中最著名的将领，率领瑞典军队横扫欧洲，以确保瑞典在欧洲北部的霸权地位；1632 年在吕岑（Lützen）战役中与华伦斯坦正面交锋，瑞典军队虽取得大胜，但古斯塔夫·阿道夫却被流弹击中，不幸战死沙场。

有趣起来。”

席勒在《三十年战争史》中突出了普遍历史兴趣的三个连接点。

首先，这场浩大的毁灭性战争同时也是现代欧洲国家联合的助产士。众多欧洲国家的彼此为敌、互相破坏，共同摧毁了他们相互间敌对行动的历史舞台；一种命运共同体的意识便这样产生了。在这场大战之中——也作为这场战争的后果——欧洲“首次意识到自己是一个密切相连的国家性社会”。[①] 这一点再次验证：作为万物之父的战争，同样处于一种欧洲共同意识的开端。到了战争结束时，满目疮痍的欧洲将其学习的过程编纂总结，就成了《威斯特伐利亚和约》(Westfälischer Frieden)。它订立了维护和平的规则，虽然不能阻止每一场战争，但保证了冲突规模有限，不会再度导致如此可怕的生灵涂炭的局面。至少在席勒开始写作的那个历史节点，情况依旧如此。再次使欧洲成为一片废墟的革命战争尚未打响。而当1792年战争真正开始时，席勒正写到作品的关键章节。他本来计划详细地赞美《威斯特伐利亚和约》，却再也没有将之付诸笔下。当《威斯特伐利亚和约》体系在150年后轰然解体之时，席勒也不再有耐心去把最初构想的对这部和约的神化改写为对逝去之物的哀歌。

其次，在“三十年战争”中，有一种全新的激情登上了政治舞台：“宗教热忱”。[②] 大众与政治的惯常关系发生了根本性的转变。在此之前，大众对政治要么漠不关心，要么相当害怕；他

---

① MA Ⅳ, S. 366. 汉译参见〔德〕弗里德里希·席勒《三十年战争史》，沈国琴、丁建弘译，丁建弘校，商务印书馆，2009，第2页。

② MA Ⅳ, S. 367. 汉译参见《三十年战争史》，第3页。

们像面对某种自然力似的，对政治逆来顺受，通常是政治的对象或是牺牲品。但现在政治却成了大众心头牵挂的事，这是因为政治已成为宗教事务。尽管这对于王公贵族并不成立——对他们而言，宗教依旧是一种权力政治的工具；但对于人民来说却是如此。“很少有人会自愿为国家和诸侯的利益而战，而若是为了宗教，则商人、艺术家和农民均会乐意拿起武器。为国家和诸侯，人们就连极少的一点儿捐税都不愿出，而为了宗教，人们甘愿献出财富和鲜血乃至放弃尘世间的所有希望。”①

通过宗教热忱，现代大众的政治得以实现；而随着法国大革命及其在德国激发的热潮，这种政治化也达到了一个全新阶段。席勒看到了 17 世纪的宗教热情与眼前刚刚苏醒的民主热情之间的关联。一开始是宗教转化为政治，而现在则是政治转化为了宗教。

但席勒并没有十足的信心认同这种发展。毫无疑问，热情是一股令人印象深刻的力量，可以激发不只会小心翼翼地算计着自保利益的强有力的个体。热情让人敢于牺牲，让人意识到“生命不是人生最高的财富”②；但如果没有理性的指引，热情也会堕落成盲目的狂热。解放的民主热情也是一样：在这里，席勒同样观察到了向着狂热的堕落。理性被夺权之后，解放的热情就成了盲目的狂人；而当解放的冲动只向外在而不向内心发挥作用时，理性就被剥夺了权力。在席勒看来，打着自由旗号的狂热分子，是个内心不自由的人。

再次，在“三十年战争”的“黑夜中”涌现出了不少伟人。

---

① MA Ⅳ, S. 372. 汉译参见《三十年战争史》，第 6 页。

② MA Ⅱ, S. 912. 语出席勒戏剧《墨西拿的新娘》（*Die Braut von Messina*, 1803）最后一行诗，汉译参见《席勒文集》（第五卷），第 150 页。

席勒将之理解为一段教诲。指明未来的就是华伦斯坦如彗星般的大起大落：他从一个波希米亚的伯爵一跃而成为挟天子以令诸侯的掌权者，摆布皇帝、羞辱帝国王公，凭空就召唤出西方世界有史以来所见过的最庞大的军队。正当性的系统性危机，就是一无所有之人平步青云的好时机。当历史的土地被耕种过后，人们就必须想到，其中会生长出人类伟大的不可思议的可怕作物。历史的黑夜将诞下庞然大物。当席勒写到关于华伦斯坦的段落时，他预感到在革命的法国也将会诞生这种现代的怪物。当他在五年之后着手创作《华伦斯坦》三部曲时，正值拿破仑开始扶摇直上；而他搁笔时，拿破仑已大权在握。

1790 年 9 月，席勒写完了《三十年战争史》的头两卷（最终一共是五卷），感觉像完成了一桩大事。他在 1790 年 11 月 26 日给科尔纳的信里写道："要是我认真起来，我看不出有任何理由说我成不了德国首屈一指的历史作家。"而他已经是第一了。同样颇负盛名的历史学家约翰内斯·封·穆勒（Johannes
/ 342 von Müller）[①] 也在技高一筹的席勒面前甘拜下风，在一篇书评中将他与修昔底德相提并论。穆勒写道，席勒所描写的历史不是写给女士们，而是写给整个民族，并且将激情与客观结合到一起的技巧发挥到了极致。穆勒认为，席勒的文风值得赞叹，短时间内不会再出现一个在文学地位上与他旗鼓相当的历史作家。穆勒说对了。单就叙事的文学光芒而言，至今还无人可赶得上史家席勒。

这部作品销路极好，短短几周就卖出了近 7000 册，葛勋

① 约翰内斯·封·穆勒（1752~1809），瑞士史学家，于 1786 年起发表其代表作《瑞士联邦史》（*Die Geschichte schweizerischer Eidgenossenschaft*）。席勒在创作《威廉·退尔》（*Wilhelm Tell*, 1804）时参考了穆勒的著作，参考本书第二十二章。

不得不赶忙加印。在重印数版之后，这本书能在每一户受过教育的德国人家中找到。这是席勒第一本成为德国家庭读物的作品。当席勒的父亲从施瓦本给他来信，说斯图加特人都在读《三十年战争史》时，席勒带着心满意足的骄傲回答说："之所以在历史学科上的名声对我绝不是无关紧要的，全是因为公爵。最终也得让他听见，我在国外可没给他丢脸。"（1790 年 12 月 29 日）

席勒就这样怀着高昂的情绪，轻松愉快地在年底前往埃尔福特（Erfurt）拜会卡尔·封·达尔贝格——美因茨的助理主教，也是美因茨选帝侯内定的继承者。他给席勒展示了若干颇具诱惑力的职业前景。席勒被人领着依次介绍给了埃尔福特的上流社会成员，更在一场盛大的会议中作为历史学家被接纳进入了"选帝侯实用知识科学院"（Kurfürstliche Akadamie nützlicher Wissenschaft）。然而随后灾难就发生了。

1791 年 1 月 3 日，在一场为美因茨选帝侯庆生的奢华音乐会上，席勒忽然开始发高烧，像抽搐似的不住咳嗽。他瘫倒在地，暂时失去了意识，被担架抬回了住处。这是疾病的第一次爆发。当时的人们把这种病称为"伴随着干性胸膜炎的格鲁布肺炎（kruppöse Pneumonie）"。在经受了病痛的长久折磨之后，席勒将会在 14 年后因此病离世，可 1791 年 1 月 3 日的他就已经快撑不住了。但他康复了，在魏玛的封·施泰因夫人那儿停留了一天，然后回到了耶拿。1 月 14 日，他再次高烧、吐血、咳嗽化脓、呼吸不畅、打冷战、胃痉挛，整整六天无法进食，因而是如此虚 343
弱，只要稍稍一动就会昏厥。

席勒快不行了。学生们为他守夜。其中一个就是 19 岁的诺瓦利斯，他上了席勒关于"摩西的使命"与"十字军东征"的两门课程，发自内心地喜爱他的教授，也热烈地崇敬着他。他在席勒的床边守了几个晚上，为他擦去额头的汗水。席勒是他青年时代的偶像。几个月后，诺瓦利斯将会在给莱因霍尔德的信中提到他：“哎！只要我一说起席勒的名字，就会有一大堆情感在我心中苏醒……而每当我被那折磨人的念头烦扰，想到他，席勒，这个千百万寻常之人都及不上的席勒，竟曾如此接近毁灭……我就不由自主地因为自己还活在世上而震颤，我的双唇间挤出一声叹息，叹息中刻印着对那只提着线的更高的手的所有信仰，以及对人类的全部爱意与同情……即便他从不曾和我说话，从未关心过我，从未注意到我，我对他的心意也依然会是如此；因为我在他身上认出了统御着几个世纪的更高的天才……令他喜欢，为他服务，让他对我产生哪怕是一丁点儿兴趣，就是我白天的创作与思考，也是我的意识在夜里消弭时的最后一个念头。”①

两周之后，直到1月底，高烧终于退去了，席勒终于开始缓慢恢复。1791年2月11日，他向出版商葛勋保证会写完《三十年战争史》。2月22日，他又给科尔纳写了一封长信。他在1月12日的上一封信里还说：“我现在再一次觉得好极了”；六个星期之后，席勒冷静地实事求是，不忌讳令人反胃的细节，像专家一样描述了他的情况。他给自己做了诊断，认为严重的危机已经过去，但病灶还藏在他体内。他将带着病活下去，必须从病症那里夺过他的生命。深呼吸时，他能感觉到刺疼，咳嗽与胸闷又复发了。他在1791年4月10日给科尔纳的信中写道，“我不能告诉这儿的任何人，我对这种状况是怎么想的；但

① Novalis 1978, Bd. 1, S. 509~511.

我觉得自己仿佛得把这些牢骚留在自己心里……我的情绪挺乐观，就算最坏的事降临到我头上，我也不会缺乏勇气。”

4 月，席勒和洛蒂在鲁多尔施塔特住了一段时间以恢复体力。他又可以重新享受社交生活，也开始骑马外出。但 1791 年 5 月 8 日，出现了第三次、也是目前为止最严重的一次症状：他每呼吸一口气就觉得肺像是要爆炸了，高热寒战，四肢冰冷，几乎摸不到脉搏。耶拿著名的医生施塔克被请了过来，他给席勒开了鸦片。他的诊断：横膈膜化脓，小腹也有脓液，或许是肺穿孔导致的。两天之后又是一次发作。在给科尔纳的信中，席勒写道：“我还以为自己熬不过今天；呼吸时费劲得可怕，我每时每刻都担心自己要因此而死去；我已经失声了，只能颤抖着写下自己还很想说的话……但我的精神还算乐观。”（1791 年 5 月 24 日）根据当时在场的卡洛琳娜的报告，席勒写下了这句话：“照看好你们的健康，人没了它可过不了好日子。”当他又能发出声音时，他开始和卡洛琳娜讨论起旅行计划。他希望能最终探访北极的遥远国度：“那里的人们为了生存要和一切自然元素斗争。”还有一次，卡洛琳娜按他的愿望，给他朗读了康德《判断力批判》（*Kritik der Urteilskraft*）中暗示灵魂不死的一段话。①

在席勒缓缓恢复的同时，德国国内四处流传着他已

---

① 《判断力批判》是康德继《纯粹理性批判》和《实践理性批判》之后于 1790 年发表的第三部“批判”。原书作者并未明确说明这里所说的是《判断力批判》中的哪一段落，但应当是全书最后一节，即第 91 节“关于通过实践信仰而认为真的方式”（Von der Art des Fürwahrhaltens durch einen praktischen Glauben）。康德在其中认为，无法通过单纯理论（即“自然之路”）证明上帝存在或灵魂不死等命题，而必须通过道德或“自由”这一概念的路径。参见〔德〕康德《判断力批判》，邓晓芒译、杨祖陶校，人民出版社，2002，第 333~334 页。

经去世的谣言。6月底，谣言甚至传到了哥本哈根。以延斯·巴格森和丹麦首相恩斯特·封·席莫尔曼（Ernst von Schimmelmann）①为首的席勒崇拜者们当时正想要在哥本哈根为他们最爱的诗人办一场盛会，以表达对席勒的敬意。于是喜事成了丧事。众人朗诵了《欢乐颂》，巴格森为之加入了一段告别的诗行："我们逝去的朋友，万岁！/所有朋友齐声呼喊！/他的精神将把我们萦绕，/就在这希腊的天国之林。"②

当丹麦的朋友们听说席勒还在人世的时候，都觉得他们像死而复生了一样。这几位朋友，特别是首相席莫尔曼和奥古斯腾堡公爵，将会在这不幸的一年行将过去之际，于12月13日在一封动情的书信中给久病的诗人送去一份慷慨的提议："两位朋友，因为世界公民意识而紧密相连，共同给您寄出了这封信，高尚的人啊！他们俩您都不认识，但他们都尊敬您、爱着您。他们都敬仰您的天才的高昂飞翔，它将您近年来的几部作品都标记成人类一切目的中最崇高的那一种……您的健康因为太过频繁的劳累与工作已受了损害，人们告诉我，若要使之恢复并预防威胁您生命的危险，您需要好好静养一段时间。只是您的处境和您命运的情况让您不能有片刻平静。您是否愿意赐我们一份快乐，准许我们使您更轻松地享受这种宁静？为此，我们将向您提供为期三年、每年1000塔勒的赠礼。"席勒很受触动，感激不已地接受了提议。一份如此高尚地呈敬的礼物，不会令受赠者感到自卑。

345

① 恩斯特·海因里希·封·席莫尔曼（1747~1831），丹麦政治家，于1784年出任丹麦财政与外贸大臣。

② Zit. n. Kurscheidt 2002, S. 1172.

当席勒奄奄一息地躺在病床上时，他定下了假使再次逃过一劫就要实践的计划与目标。而正是这份厚礼给了他将之变为现实的自由。

/ 第十七章

与病症共生——投身艺术与研读康德的决定——“思维方式的革命”——超越康德——《卡里亚斯》通信——“美是现象中的自由”——自由的审美盛宴——革命恐怖——美因茨共和国——福斯特——胡博深陷其中——诗人的道德——《秀美与尊严》——纠正康德——美的灵魂——歌德对“若干段落”的不满

作为医生，席勒一直观察着自己身体的命运。在1791年上半年连遭重病之后，他心里清楚，自己活不了多少年了，漫长的死亡已经开始，必须精打细算地用好他剩下的时间。从现在开始，他要把注意力集中到真正重要的事情上，这就意味着：他要回归文学，回归他本来的专长。

他的历史创作很成功，也让他很愉快；他觉得自己已经成为德国首屈一指的历史学家，在这个领域获得了所能获得的一切，也学到了所能学到的一切。他已明白，历史真实并不是一项计划的实现，而是有着纷繁复杂的矛盾，以及无人曾预见到的后果。他已认识到，人们虽可以在阅读历史时加入目的论原则，却无法从历史中读出这一原则；然而，的确存在无法否认的进步，也的确可以谈论哲学头脑所钻研的“普遍历史”。受康德的启发，席勒将哲学精神引入历史，并用历史来探寻人类的可能性；历史丰富的素材为他的诗意想象提供了养料。因此，当席勒在第一次生病后不久，即1791年1月与助理主教卡尔·封·达尔贝格在埃尔福特的一次谈话中首次提到写一部关于华伦斯坦的戏剧的念头，就不是什么偶然了。

席勒不能立刻从他作为历史学家的责任中抽身而走。他还得写完《三十年战争史》，但这将是他最后一部长篇历史著作。疾病总是复发、折磨着他，然而他仍将会在与病痛的艰苦斗争中完成这部作品。

在1791年5月的重病过后，席勒暂时好转了起来。高烧退了，下腹部的痉挛也更少了。“胸闷的感觉，”他在1791年8月27日记录道，“虽然没有一天缺席，但已经不那么强烈，持续的时间也没有那么长了。”9月6日：“痉挛症状还没有完全消失，还是有些气短。”但他每天已经可以读两三个小时书了。11月19日：“呼吸和下腹部的情况还没有好转。”病情就这样一直持续着。在短暂的缓和与恢复之后，疼痛又卷土重来。“通常情况下……一天的好心情得用五到六天的压抑和疼痛来偿还”，他在1797年12月8日回顾那几年受的苦时这样写道。

如果人不得不与病痛共生，最重要的就是习惯病痛。席勒曾在一次对话中说，人们必须把疾病看作一个不讨人喜欢的家庭成员，虽然总是硬要彰显自己的存在，但因为人们没法和他一刀两断，还是只能把他接纳进家庭，不过得起码让他少惹事。席勒改变了他的生活节奏与生活方式。他参加社交活动的次数更少了，戒掉了有一阵子曾滥用过的兴奋剂。如果疼痛让他晚上睡不着觉，他就起来工作，转移自己的注意力，然后在白天补觉。大声说话会导致呼吸困难，于是他中断了讲课，申请休假，获准带薪休养。1793年春天，他再次继续课程，直到一阵剧痛让他晕厥在讲台上。此后，他再也没有回归课堂。他让洛蒂加入了柏林的遗孀普遍保险，确保她在自己身故后能得到400塔勒的养老金。

席勒现在过着一种低调却不孤立的生活。他很少拜访别人，但业已成名，接待了许多前来拜访的客人。同时，他还与很多人有着频繁的书信往来。人们可以把席勒的信件看作他作品中的重要部分。他虽不在场，却依旧像往常一样在公共领域如此引人注目。全世界都知道他病得有多重，因此更惊讶于他的创造力。连歌德也在90年代初和席勒的交往中，感到他是徘徊在鬼门关的人。“当我第一次认识他时，”歌德日后对爱克曼说，“还以为他活不过四个星期。”①

就是在得病的最初几年，席勒发展出了一种和自己身体的对抗关系。从现在起，自由对他而言就是那种抵抗身体的进攻、为自己赢得活动空间之力量的代名词。从现在开始应该说：身体才是那害你的刺客！正是因此他才宣布，由自然决定的身体状态根本不属于他的自我，而是必须将之看作“某种外在的陌生之物”。②但他最大的对手、也是之后的朋友歌德，则无法认同这一观点。他称其为席勒的“自由福音”，表示自己“不愿意看见自然的权利遭到克扣”。③这反过来又让席勒看不惯。他认为自然已经足够强大，不用再来什么帮手；人们更应该助受到威胁的精神权利一臂之力，并确保自由的力量。

早年间，席勒曾无忧无虑地折腾自己的身体，活得超出了身体的极限。他吸鼻烟、抽烟、喝过量的咖啡，用金鸡纳和鸦片治疗自己经常出现的黏膜炎。曾经的军医很懂得如何下猛药，不仅给别人，也给自己开烈性的方子。1784年冬天，他第一次

---

① Goethe MA 19, S. 341. 约翰·彼得·爱克曼（Johann Peter Eckermann, 1792~1854），德国作家，于1823年初次拜访歌德，很快成为其忘年交；歌德在遗嘱中嘱其编辑自己的遗稿。由爱克曼编辑出版的《歌德谈话录》（*Gespräche mit Goethe in den letzten Jahren seines Lebens,* 1836/1848）是了解晚年歌德思想世界的重要文献，汉译（选译本）参见〔德〕爱克曼辑录《歌德谈话录》，朱光潜译，人民文学出版社，2008。

② MA V, S. 502.

③ Petersen 1904, Bd. 3, S. 20.

感觉自己的治疗方法可能有些过头，担心他的方子可能已给自己“造成了一辈子的损害”（致威廉·封·沃尔措根，1784 年新年）。[①]

当时的他对待自己的身体根本不计后果，可现在却谨慎得如同一名身处敌境的士兵，关注着身体的每一个信号。他还不想败给身体，想要从身体上赢得尽可能多的东西。在那封 1794 年 8 月 31 日致歌德的著名信件中，席勒总结了他的人生，写道：“我恐怕没有时间在自己体内完成一场宏大而普遍的思想革命，但我会做我所能做的一切；当整座大厦最终倒塌时，我或许已经从大火中抢救出了值得保存的东西。”

“值得保存的东西”？对席勒而言，这首先就是艺术，就是美。但他知道：“就连美也必须死亡！它征服人与诸神，/ 却无法打动冥府宙斯铁一般的胸膛。”[②]

在濒死时分，席勒决定将他剩下的时间献给美、献给艺术、 / 349
献给这短暂的永恒。他想要从现在开始不离那个身处艺术之中的神半步。他在死亡的领域起誓要将有限的生命化作文字，这便是美的宗教：“成为爱人口中的一首挽歌也无限美好，/ 因为平庸之物只会无声息地坠落阴曹。”[③] 不，他不愿意悄无声息地离开人世。

他决定要投身艺术，但在此之前，他还要先开始详细地研读康德。投身艺术与研究康德，这两个决定又是如何关联到一起的？

席勒读康德，当然也是因为人既然在耶拿，莱因霍尔德又在这里建立了康德的教会，就肯定得读康德的三大批判，才能理解

① 原文作者并未给出此句出处。经查，席勒的担心出自他于 1784 年 1 月 1 日致亨莉埃特·封·沃尔措根的信，因此前句“1784 年冬”应为“1783 年冬”。

② MA I, S. 242. 语出席勒的名诗《挽歌》（*Nänie*）。

③ MA I, S. 242. 语出席勒的名诗《挽歌》。

他所引发的“思维方式的革命”（门德尔松语）。但1791年2月，在两次重病期间阅读康德的《判断力批判》让他产生了对康德的特殊兴趣，个中缘由也在他要投身艺术的决定里。他希望能在自己和读者面前用哲学说清楚，为什么艺术值得成为也应当成为首要之事。他要在哲学的严格考试中测试他投身艺术的决心。

席勒知道，康德重新构建了精神性的与实践性的生命活动之间的关联，也重新定义了理解世界的活动空间。他在康德那里寻找对这个问题的回答：我在写作时，究竟是在做什么？我所感受到的美、优雅和崇高，究竟又是什么？为什么这些感受能促使我花费生命的能量使其产生？

席勒不需要康德来做出投身艺术的决定，但他需要康德来更好地理解自己对艺术的热情。

为了艺术的利益，席勒要通读康德哲学。当他于1791年2月开始时，曾写信给科尔纳：“你大概猜不到我现在读的与学的是什么？不是什么差劲货，而是康德。我自己买了一本他的《判断力批判》，书中清晰而又智慧的内容让我一读就停不下来。这本书带给我的最大渴望，就是一点点深入研究他的哲学。”
/ 350 （1791年3月3日）席勒以为他很快就能读完。因为已经有艺术计划在催他，《华伦斯坦》的戏剧在他脑海中有了最初的形状，他还有若干续写《招魂唤鬼者》的想法，而《大钟歌》（*Das Lied von der Glocke*）①的第一份提纲也已完成。尽管有各种文

① 《大钟歌》是席勒作于1799年的名诗，于1800年发表于《一八零零年缪斯年鉴》（*Musenalmanach für das Jahr 1800*）。全诗以民歌式的诗节用浇铸大钟的过程作喻，描述了社会的发展过程及最后实现和谐之理想的过程——诗中的大钟最后即被命名为“和谐”（Concordia），其中不乏对法国大革命的隐射。因其形式简约、内容明了，《大钟歌》也是在文学史上被戏仿最多的德语诗歌之一。汉译参见《席勒文集》（第一卷），第124~142页。

学项目，席勒却依然被康德牢牢攫住。先是《判断力批判》，然后是《纯粹理性批判》——席勒起初怀着敬畏之心看着这部巨作如同一座大山似的在自己眼前升起——从对二者的研读中发展出一种独特的活力，几乎占用了席勒所有的工作时间。一年之后的1792年1月1日，席勒写信给科尔纳："我现在怀着很大的热情钻研康德哲学，要是能和你在晚上闲聊些相关的内容，我倒是愿意放弃很多东西。我不会收回我的决心，在把它搞明白之前绝不放弃，即便要花上三年的时间。另外，我已经在其中有了很多收获，并把它们转变成了我个人的财富。"

席勒在接近康德时清楚地意识到，康德之于哲学，正如法国大革命之于政治：二者都是18世纪末的伟大转折点。

自打康德登场以来，西方思想便不再与先前一样；康德自己也知道这一点，所以才骄傲地说："向来人们都认为，我们的一切知识都必须依照对象；但是……我们不妨试试，当我们假定对象必须依照我们的知识时，我们在形而上学的任务中是否会有更好的进展……这里的情况与哥白尼①的最初观点是一样的，哥白尼在假定全部星体围绕观测者旋转时，对天体运动的解释已无法顺利进行下去了，于是他试着让观测者自己旋转，反倒让星体停

① 尼古拉·哥白尼（Nikolaus Kopernikus, 1473~1543），欧洲最伟大的天文学家之一，生于今属波兰的普鲁士，于1543年发表著名的《天体运行论》（*De revolutionibus orbium coelestium*），通过观测与数学演算认为行星绕太阳公转而地球则绕其自转轴自转。哥白尼的日心说推翻了中世纪教会认为的地心说，引发了史称"哥白尼转折"（Kopernikanische Wende）的天文学革命。后用"哥白尼转折"指称学科中发生的革命性变化。由于康德的《纯粹理性批判》将认识论研究的对象从客观世界转移到了认识主体，因此也被称为哲学上的"哥白尼转折"。

留在静止之中，看看这样是否有可能取得更好的成绩。”①

康德用老式形而上学的风格开启了他的研究：他追问思想的前提，也就是追问思想在一切经验（有“形”之物）之前被给定的确定性，因此依照传统可以奠基一种“形”而上学。康德找到了一切经验之前的确定性，即先验确定性；但他揭示出，这些确定性只适用于经验——它们不能构建一种形而上学。这如同一声惊雷：“先验”（a-priori）被从天上取下，而形而上学的教堂必须坍塌。

这让席勒觉得熟悉。他很懂得这样天塌下来的情景，毕竟他曾就自己那种空想形而上学式的爱之哲学说过：“物质主义的一次大胆进攻就能摧毁我的创造。”②然而康德的攻击不是物质的，而是先验的。这里使形而上学祛魅的不是生理或身体性的因素，而是对认识行为之结构的反思。这里所关涉的是限制以及可能性的条件。既施加束缚又给予可能的先验性从被认识的真实中剥夺了一些其所谓的客观性，转而将之给了主体这一边。归根结底，客观性只可能对主体而言存在。一个不依赖于主体的客体不合逻辑。这一思想让席勒茅塞顿开。因此他才在 1793 年 2 月 18 日给科尔纳的信中，将康德的原则称为一个凡人所能说出的最伟大的话语之一：“自然处于知性法则之下。”运用到物质主义的问题上，这句话就意味着：威胁要摧毁精神之创造的物质主义，其本身也是精神的建构，但精神在建构时却没有注意到这一点。从先验的角度看，物质主义实际上就是自我遗忘之理性的教条主义。在试图将创造力与自由推入人之中心的尝试中，席勒正是从

① Kant, Bd. 3, S. 25. 语出《纯粹理性批判》第二版导言，汉译参见〔德〕康德《纯粹理性批判》，邓晓芒译、杨祖陶校，人民出版社，2004，第 15 页。

② MA V, S. 344.

康德那里借来了优秀的理论良知。无论是物质主义的“物质”，还是笼罩着物质的天空（过时的形而上学曾将其世界一直建入天际）——一切都在主体之中。

毫无疑问，这也是一种祛魅。但与此同时，外在的秘密却越来越神秘，因为那既创造世界又隐藏世界的“先验”机制得以被揭示，而我们正是依赖这一机制才能厘清现实世界。而且这儿还有什么没被康德发现的：既有作为直观形式的空间与时间，我们别无他法，只能以此把握现实，因此无从知晓是否真有“自在”的空间和时间；同样如此的还有因果性，这是我们知性的一种样式，我们在其帮助下才能整理经验素材。但是否存在“自在”的因果性，我们不知道，也完全无法知道。空间、时间、因果性，这是我们感受与认知的最重要的先验条件。
说它们在经验“之前”，是因为只有它们才使得经验成为可 / 352
能；它们并非处于经验的彼岸，或是在某个臆测的、形而上学的“无处”。康德的“先验”（das Transzendentale）在某种意义上就是“超验”（das Transzendente）的反义词，因为先验分析恰恰证实了我们无法获得任何有关超验的知识。没有从先验通往超验的道路。康德证明了因果律不过是我们知性的原则，所以无法提供任何关于“自在”之真实的知识；而随之轰然崩塌的，还有数百年来对上帝存在之理性证明所构建起的环环相扣的华丽论据链，这一证明本希望将万物附着在因果律的主线，并证明上帝乃是最初的根因。但康德通过证明此种形而上学的范畴谬误而将其摧毁，并以此为现代认识论洗礼。现代认识论清除了那种以为认识主体仅仅是接受者的误解，因为康德证明了“认识”始终也意味着“产出”。

当然，这种认识论也承认存在一个独立于我们认识的自然。

但正因如此，我们无法认识自然。倘若我们确实“认识”了自然，也只是由于我们的知性为其订立了法则，我们却以为自己是从自然中“读出”了这些法则。

这种认识论一定在席勒那里找到了一块富饶的土地，因为它对席勒而言既非完全陌生，也不是崭新的。在他早期的哲学尝试中，符号理论就曾扮演过重要的角色；当他试图理解康德的认识论转折时，就可以联系到自己在第三篇毕业论文及《哲学通信》中所阐发的符号理论。这一理论不认为在符号与被符号描述之物中存在任何实质性的共同点，而只是有一种传统的联结；它因此将人类限定在其符号世界里，正如康德的认识主体被禁闭在其先验前提的世界之中。但符号理论依旧允许现实闯入符号世界。可席勒却在康德那里学到，要是将认识主体自身的力量藏得更深，这一种闯入就不再可能。自然，一种缺乏精神的物质主义之幻象依旧可能将他压倒，但他可以告诉自己，这种物质主义不能算作现实之物的闯入，而只不过是精神的建 / 353 构。就连那种可能是毁灭性的物质主义也不是毫无遮掩（sans phrase）的现实，而只是对现实的一种阐释。席勒感到被康德引向了安全地带。甚至在主体自觉无力之处，主体的创造力也依然在发挥作用。并不存在剥夺精神权力的物质主义“真理”，因为物质主义本身只是精神的一种构想。的确有真实，世界并不是一场幻梦；但我们所遇见的每一种真实，正因为被我们遇见，才只是被阐释过的真实。即便物质主义会在暗中侵蚀理想主义，但它始终只是精神的造物；只要精神任人戳破其幻想，就会忘记，正是它自己造就了让它失落的物质主义阐释。物质主义是一个不知道自己所作所为的精神的产物。假以时日，席勒会在《审美教育书简》（*Über die Ästhetische Erziehung des Menschen in einer Reihe von Briefen*）[①]中写道："真理并不像现实或事物的感性存在那样，能够从外界接受，它是思维自主和自由地创造出来的。"[②]这对于物质主义以及其中所蕴含的（机械）必然性之设想也同样成立。它始终是自由精神的造物。精神自由地将作为其建构产物的不自由置于外在真实的领域，又将这种不自由投射到自身之中，因此可以说：必然性不过是自由的一项功能，甚至是自由的一种虚构。在上文已引用过的席勒于1793年2月18日给科尔纳的那封信中，席勒曾略显激动地谈起他的康德体验中最关键的一点，而他所说的就是这个想法："的确，还没有一个凡人说出的话能比康德说出的那句话更伟大，这句话同时也概括了他的全部哲学的内容，他说：由你自己规定自己吧。这句话在理论哲学中就是：自然受制于知性的规则。"[③]

最后那句话标志着先验认识论的原则；从现在起，先验认识论也将对席勒具有规范性。而第一句话——"由你自己规定自己吧"——说的则是人之创造力的方面，这是这一切的基础。康德没有满足于认识论理论家的角色，而是在最高的意义上成为研究具有创造力之自由的哲学家，因此才让席勒对他视之甚高。

的确，康德所做的，远不止分析乃至监管知性有规律的工

① 准确来说，这一系列书信的标题应译为《人之审美教育书简》，译文则取汉语学界通行缩写；而原书作者在提及席勒这篇名著时，无一例外均误将标题中（作第二格）的"人"（des Menschen）一词写作"人类的"（des Menschengeschlechts）。已更正，此后不再一一说明。

② MA V, S. 642. 语出席勒《审美教育书简》第二十三封信，汉译参见《席勒经典美学文论》，第330页。

③ 此信亦是席勒与科尔纳的《卡里亚斯，或论美》（*Kallias, oder über die Schönheit*）通信的一部分，汉译参见《席勒经典美学文论》，第38页。"卡里亚斯"在希腊语中表示"美"。

作。而他多做的那部分，对当时的世人，包括席勒在内都产生了解放性的影响。

康德像打造一台洛可可风格的八音盒一样，建构了我们的感知与认识能力；其中包括四种不同的判断，每一种都固定上了三个范畴的夹臂。例如与质的判断相联结的是“实在性、否定性与限定性”这三个范畴，以此类推。康德甚至想为他的八音盒装上更精密的齿轮，至少他威胁如此，声称自己可以随心所欲地“完全描绘出纯粹知性的家族树”。① 但这整个装置绝不可能是棵“树”；为了要使之能够工作、能先研磨营养物质再将其重组，它须有鲜活的能量。确定这一能量是康德哲学的核心质疑。他将之称为——这个名词会让今天每一个只把康德看作知性机械主义者的人大吃一惊——“具有创造力的想象力”。“想象力，”康德写道，“是知觉本身的一个必要的成分，这一点倒还没有一个心理学家想到过。” ②

因此，将想象力扶上王座并不只是“狂飙突进”或后来的浪漫派的功劳。康德本人就确保了想象力登基。如果考虑到康德在公众中的名望，或许可以说，他才是最有影响力的造王者。至少对席勒而言，康德所带来的想象力地位的提升，乃是哲学可以给文学的最美好的礼物。

这种在感知与认识等接受性的活动中依旧作为基础的创造力原则，被康德称为“想象力”。他还给这个词发明了更加艰深的概念，毫不在意语词堆积似的将之称为“先验统觉”

---

① Kant, Bd. 3, S. 120.

② Kant, Bd. 3, S. 149. 参见《纯粹理性批判》，A120 注释部分，汉译参见《纯粹理性批判》，第 127 页。

(transzendentale Synthesis der Apperzeption)①，或者简单地叫作“纯粹自我意识”(reines Selbstbewusstsein)，并认为“统觉的综合的统一就是我们必须把一切知性运用甚至全部逻辑以及按照逻辑把先验哲学附着于其上的最高点。”②而席勒则将这个“最高点”称为“自我规定”(Selbstbestimmung)。

当席勒将康德那句“由你自己规定自己”的格言评价为其最重要的思想时，他就以此表明自己的确已进入康德哲学的核心，即“人类自由”这一神秘之物。康德接近它时所采用的方式，与他的认识论一样产生了划时代的效果。这是一条九曲十八弯的道路，最终将会通向那人人谈之色变的“物自体”(Ding an sich)。 / 355

康德在《纯粹理性批判》中将未被我们把握的自然称为“物自体”。所谓“物自体”就是那不可知之物，但吊诡的是，这种不可知之物乃是我们在尝试了解它时所创造的。一切事物，我们都只能理解其为了我们所显现的样子。这种“为了我们”会留下一片阴影：也就是那不可设想却作为空洞的念头到处游荡的“自在”，因为当我设想“自在”时，“自在”就已经变成“为了我”的样子。伴随着“物自体”，一个全新的超验世界出现在视野之中；不是传统的彼岸，而是一切表象永不可见的背面。康德极为淡然地表示，认识论上的“物自体”外在于我们，然后就此打住。但他却用一个大胆得史无前例却又符合逻辑的转折，将这一“背面”又放回我们心中。

---

① “先验统觉”这一概念参见《纯粹理性批判》，A107，汉译参见《纯粹理性批判》，第120页。

② Kant, Bd. 3, S. 136. 参见《纯粹理性批判》，B134注释部分，汉译参见《纯粹理性批判》，第90页。

因为我们只要想了解自己，我们自己就会成为自己的表象；但我们虽是意识，却也是独立于意识的存在。因此对我们而言，我们自己就是那不可认识的“物自体”。于是先前那个崇高的超验世界就这样转变成我们存在的那一小块盲点，成为每个经历过的瞬间的黑暗。这一解读有着戏剧性的后果。因为当我们理解自我时，只能发现因果律，就和外面的现实世界一样。从外头看，我们在自己身上找不到自由，而只有因果律和决定论。但在体内，我们却能够感受自由。我们所经历的自我已经足够不确定，足以让我们自行决定我们的行为。事后从外部看来（人要从“外部”观察作为个人的自己，也只能是在“事后”），我们又必须宣布不存在自由。这就像一个旋转舞台：从里看是自由，从外看是必然。在行动的那个瞬间，必然存在的宇宙破裂了。康德用一个相当庸俗的例子阐释了他的观点：“如果我现在（例如说）完全自由地、不受自然的必然规定影响地从椅子上站起来，那么在这个事件中，连同其无限的自然后果一起，就会绝对地开始一个新的序列。”① 事后，在我站起来以后，一切都能得到解释；必然性出现在体验的自由之处。必然性始终在自由的事件过去之后才可见。在行动的那个瞬间，我感受不到任何将我完全包围的强制，因为行动与具有多重选项其实是一回事。有意识的行动始终处于开放性之中，它将我置于选择之前，把我交给我其实偶尔也想摆脱的自由。

“必然性”“因果律”——它们都是我们设想着的知性之范畴，也就是显现出的、显现在我们眼前的世界之范畴。而只要我观察自己、反思自己的行动，我对自己而言便同样也只是表象。但同

① Kant, Bd. 4, S. 432. 参见《纯粹理性批判》，A450/B478，汉译参见《纯粹理性批判》，第378~379页。

时我又在自由中体验到自己。人活在两个世界中。他一方面——用康德的话说——是个“现相”(Phainomenon),是感性世界的一种元素,只根据感性世界的法则而存在;但另一方面,他又是个“本体”(Noumenon)①,是一种“物自体”——某种具有生命力之物,从不能被充分地客观化,因为它同时也是每一次客观化的主体。在尝试理解自身之时,总有一个盲点。它是最具活力也最神秘莫测之物。它就是内在的“物自体”,就是自由的瞬间。

席勒意识到,康德哲学的重心就在这里。康德自己也在一封信中承认了这一点,坦言恰恰是自由问题——“人是自由的,但反过来:不存在自由,一切都是合乎自然法则的必然性”——把他从“教条主义的迷梦”中叫醒,促使他开始对理性的批判。②

席勒在80年代末就已经研读过康德的历史哲学论文;除此之外,他是从《判断力批判》开始读康德的。也就是说,他从三大批判的最后一部著作着手,因为他希望了解康德对于艺术与美

---

① “现相”与“本体”这一对概念参见《纯粹理性批判》,B306,汉译参见《纯粹理性批判》,第225页。

② 原书作者并未给出其所引的康德的信与原文之出处。不过,这里所表达的含义同时是康德在《纯粹理性批判》中所描述的先验理性的第三个二律背反(Antinomie),即“由自由而来的因果性”与“自然律”之间的矛盾。参见《纯粹理性批判》,A445/B473至A451/B479,汉译参见《纯粹理性批判》,第374~379页。“教条主义的迷梦”一语则出自《任何一种能够作为科学出现的未来形而上学导论》(*Prolegomena zu einer jeden künftigen Metaphysik, die als Wissenschaft wird auftreten können*, 1783)导言部分。康德在其中写道:“我坦率地承认,就是休谟的提示在多年以前首先打破了教条主义的迷梦。”(汉译参见〔德〕康德《任何一种能够作为科学出现的未来形而上学导论》,庞景仁译,商务印书馆,1982,第9页)“休谟的提示”指的是休谟对于“因果性”(Kausalität)这一概念的批判性质疑,而非对自由与必然的思考。

有何高见。他毫不例外地被深深吸引进了康德三大批判的整个宇宙，但依然坚定地追寻着审美的踪迹。从《判断力批判》中，他能为他的美学兴趣赢得些什么？

如果说知性在自然中到处都发现了必然性与因果律，也就是只有“盲目的”动力因而无有意识的目的因，如果说知性在自然中发现不了目标与目的或是目的论的原则，又如果说另一方面的实践理性在自由行动中发现，这样的目标与目的恰是人所应为与人所欲为之时，我们所生活的世界就有将我们分割进两个平行宇宙的危险。因此康德才试图在“判断力”中找到那种中庸的现实观，也就是这样看待自然：“仿佛”有个目的论原则在其中发挥作用，“仿佛”自然也被目的因所决定，“仿佛”在自然中有个目标，而它正向着目标发展，从萌芽到开花再到结果，从自然的基础到完全展开的形象。这适用于有机物：如果只从机械因果律的意义上去领会它，对它的理解就会始终不尽如人意。只有当我们为自然添上一种“仿佛的目的论”（Teleologie als ob），才有心满意足之感，觉得好歹能够符合自然的“内在本性”。为何会有这种满足感？因为知性与想象力在此结合，而内在生命的活跃为我们做好了铺垫，去面对归根结底无法看透的外在生活。正是想象力将内在的生动借给了外在的生活。

然而，如果想象力从为认识论的服务中脱身，开始其自由的游戏，那么便会产生“美”的感受。什么是“美”？康德的回答：美是想象力的自由游戏所允许我们获得的东西。但这种游戏为何以及在何种程度上是自由的？康德说，它是自由的，因为它不是由某种欲念所驱使，而是“无意图的”；它是自由的，因为它不受制于道德律令；最后，这种游戏之所以是自由的，还因为它并不以认识的增长为目标；想象力被驱动着开始游戏，在其中享受它自身解脱了束缚的力量。这便是康德的观点。

但在席勒看来，康德走得还不够远。他认为康德在艺术享受，也就是在接受者那里就停步不前，并没有深入美的对象即艺术作品。对席勒而言，康德尚未发展出客观美的概念。

在开读康德几周之后，席勒带着胜利者的语气给科尔纳写信说，他现在已在哲学上发现了从主观美到客观美的道路。“关于‘美’的本质，我已经弄明白了很多，相信可以用我的理论把你争取过来。‘美’的客观概念自然也足以成为审美（Geschmack）的客观基础，康德曾为此绝望，但我坚信已经找 / 358
到。我会整理一下我的想法，编成一部对话，就叫《卡里亚斯，或论美》（*Kallias, oder über die Schönheit*），在下个复活节出版。”（1792 年 12 月 21 日）

席勒并没有真的去写这部计划好的“对话”，但在 1793 年 1 月 25 日到 2 月 28 日之间，他给科尔纳写了一系列书信，在其中阐发了他的想法，并按照最初所构想的《卡里亚斯》对话的顺序将之整理好。

席勒问，究竟是什么让一个对象足以成为“美”的经验？对象必须具有什么特质，才能产生“美”的效果？席勒在这里所暗示、之后又详细说明的答案，乃是：美是“现象中的自由”。

自由只属于人类而不在自然之中。但自然里却有某种“类自由”（Freiheitsähnlichkeit），当它触动我们的时候，就被感知为“美”。“自我规定”的伟大理念从某些自然现象中反射到我们身上，而我们则将这些现象称为“美”①。

这样就有了自然美。席勒举了一匹按照自己天性无拘无束

① MA V, S. 400. 语出《卡里亚斯，或论美》第二封信（1793 年 2 月 8 日），汉译参见《席勒经典美学文论》，第 33 页。

地自由活动的纯血骏马作为例子；而其反面则是拉车的驽马，负重、工作和强迫已经刻进了它的身体。这是两种自然物的差异，席勒写道，“其中之一是完全的形式，表现出生命力对质料的完全统治，而另一种却要受它的质料的奴役”。[①]哪种生物能够发挥其自然天性，没有扭曲、不受压抑、未曾走样，哪种生物能自发地在它具有生命力的形式之兴盛中实现自我发展——这就是“类自由”，因此也就是自然中的美。嫩芽开出花朵，就是一种自我规定；其内在天性的发展、将自身定型，虽不是美的充分条件，却是必要条件。那被强迫的、被阻挠的、被压抑的，席勒说，绝不可能成为美的。有机形式正因为其中的“类自由”才能被感知为美。而在艺术对象中，即用没有生命的材料所创造的对象中，我们更加期待这种“类自由”。“一个器皿，”席勒写道，“倘若它不违背它的概念，看起来又像其本性的自由在游戏似的，它就是美的。一件器皿上的把手仅仅因为它有用才加上去的，
/ 359
因而它是因为一个概念而存在的；不过，倘若这件器皿应当是美的，这个把手就必须无拘无束地、自由自在地从器皿中凸显出来，以至人们忘记了它的规定性。但是，如若这个把手以直角弯曲、宽大的腹部突然紧缩成狭窄的颈部，或有其他诸如此类的东西，这种方向的突变就摧毁了所有自觉自愿的外表，现象的自律也随之消失。”[②]

形式与质料的游戏决定了自然之美。如果形式能不受阻挠地清晰显露自身，而质料也不碍眼，我们就能感受到美。但如果质

---

① MA V, S. 416. 语出《卡里亚斯，或论美》第五封信（1793 年 2 月 23 日），汉译参见《席勒经典美学文论》，第 65 页。

② MA V, 420. 语出《卡里亚斯，或论美》第五封信（1793年2月23日），汉译参见《席勒经典美学文论》，第 69 页，有改动。

料太过沉重而成了畸形，导致形式在其中迷失，如果表达的姿势与运用被阻碍、走了样，只能扭曲地表现自己，我们就会带着不悦乃至厌恶回应。沉重的质料不能让人觉得它遭到“强迫”，而是必须自发地、“自愿地”（freiwillig）服从于形式意志，至少看起来应当是这样。

当然，这种“自愿性”用在非人类的自然上时只是一种类比，但它却为“美”的判断提供了视角，对人与物之间美的互动具有规范性。席勒以“衣着”为例做了形象的说明。“人什么时候会说这个人穿得美？在这样的时候：衣服的自由没有由于身体受到损害，同时身体的自由也没有由于衣服而受到损害。”① 如果衣物太紧，就会凸显身体而有损于衣物；反之，如果衣物太宽松，就会凸显衣物而有损于身体，并将人降格为纯粹的衣架。席勒有足够的胆量，居然用这个可以说是无关紧要的例子来展示他的审美社会化模型：“在这个完全不同于最完美的柏拉图式的理想国的审美世界中，就连穿在身上的外套也要求尊重它的自由，它像一个害羞的仆人一样，要求我不要让任何人觉察出它在为我服务。不过，为此它也要做出回报，答应我可以适度地使用它的自由，以便我的自由也不至于受到损害。如果双方都遵守了诺言，全世界都会说，我穿得很美。”②

席勒的基本观点是：美同物质——事物、材料、理念、语言——进行着游戏，让它们各自的本意与本来价值得以表达，使它们保 / 360 持自由却又服从一个整体。在“审美世界”中，席勒写道，每一

① MA V, 420. 语出《卡里亚斯，或论美》第五封信（1793年2月23日），汉译参见《席勒经典美学文论》，第69页，有改动。

② MA V, S. 421. 语出《卡里亚斯，或论美》第五封信（1793年2月23日），汉译参见《席勒经典美学文论》，第70页。

种元素都有“同等的权利”，为了整体的利益不能“受到强制”，而是必须与一切“保持一致”。审美世界是构建这世界的一切元素间充满张力的共识。“现象中的自由”意味着如此呈现组合在一起的元素，使它们的自由或“类自由”得以显露出来。审美之作是一种天才的尝试，它赋予自由精神以感染力，并让其传播到整个现象世界甚至包括无生命的自然中。世界的美学关联也同时建立了万物的众议院。

这些想法会对严格意义上的艺术创作产生后果：艺术家不能听凭他的理念统治质料——“矫饰”（Manier）就是这样产生的：艺术家把自己看得太重，想要凸显自身，极力追求独创性，要在艺术的名利场站稳脚跟。但艺术家只有在把他的意图与质料的本意结合到一起，让某种不会混淆的独特之物从中产生时，才能拥有“风格”（Stil）：它既不能被约略为艺术家，也不能被缩减成质料，而是从此二者的结合中诞生的第三种东西。艺术家必须这样创作，让他的理想看上去像源自质料本身一样。例如，剧作家必须尊重笔下角色的个性，不能按他的意图随意改变角色。舞台上的情节不能生搬硬造，而必须发展出其自身的活力。确实，是艺术家塑造了这一切；但属于“美”之概念的还有这样一种表象，即仿佛是被塑造之物本身迫不及待地要展现自己。情况就和米开朗琪罗①曾暗示过的一样：他说，是雕像把自己藏在石块中，人只需要将多余的石料敲掉，让形象展露出来便是。艺术家不过是那迫切想要进入现象世界之物的助产士。席勒甚至将这一

① 米开朗琪罗·博纳罗蒂（Michelangelo Buonarroti, 1475~1564），意大利著名画家、雕塑家，文艺复兴三杰之一，代表作包括梵蒂冈西斯廷教堂（Cappella Sistina）穹顶的组画《创世纪》（*Storie della Genesi*）与壁画《最后的审判》（*Giudizio universale*），以及雕塑作品《大卫》（*David*）、《圣母悼子》（*Pietà*）等。

思想运用到哲学上："有一种教学方式，是由已知达到未知，这种教学方式是好的；如果教学方式是苏格拉底式的，也就是同样的真理是通过提问从听众的头脑和心灵中产生出来的，它就是美的。第一种方式，听众的信服是从知性那里索取来的；第二种方式，听众的信服是从知性那里诱导出来的。"①

所有那些不是强加给存在或从存在处强求来的，而是"诱导"出来的意义，审美世界就是它们全体的代名词，它也因此才 / 361 会如此诱人。整个世界将开始歌唱，只要人们说出那个神奇的语词。②

自由在审美世界中欢庆着它的节日。一切都出现了，回归自身，展示自己本来的样子，加入一场游戏，在其中每个玩家都被鼓励玩出他力所能及的最佳状态。这场游戏不必很和谐，完全可以以悲剧收场，但它却是富有生命力的万物在其鼎盛状态下的合奏。生活就是如此：形象丰富，危险却美丽。当万物与众人都回归自身，在其可能性与生命力最完善的姿态下上演一出生命的戏剧，当精神在活着的一切甚至是最底层的、缄默的、石化的自然中显露自身——这就是席勒的理想主义。在那里也能找到美，只要人有一双发现美的眼睛；而当人在塑造自己生命的力量中体验过美以后，就会发现美无处不在。

在美的共和国里，"任何一种自然之物都是自由公民，它与

---

① MA V, S. 423. 语出《卡里亚斯，或论美》第五封信（1793 年 2 月 23 日），汉译参见《席勒经典美学文论》，第 73 页。

② 原书作者在此处化用了德国浪漫派诗人约瑟夫·封·艾兴多夫（Joseph von Eichendorff, 1788~1857）的诗《寻宝魔杖》（*Wünschelrute*, 1835）："有一首歌谣沉睡在所有 / 不停做着清梦的事物中，/ 整个世界将开始歌唱，/ 只要你说出那神奇的语词。" 参见 Wolfgang Frühwald（Hg.）: *Gedichte der Romantik*, Stuttgart 2012, 第 371 页。

最高贵者拥有同等的权利；而且即使是为了整体的利益它也不可以受到强制，而只能是必须与一切保持一致”。[①]当席勒写下这几句高昂的话时，法国大革命正强烈地吸引着他的关注，比他所愿意的要更多。

1792年8月26日，巴黎的国民公会在一场盛大的庆典中将“法兰西公民”的头衔授予席勒。这让席勒倍感喜悦，但他却没能收到官方文件，因为公函是寄给“德国政论家谢勒先生”[②]的。法国人的无知用半吊子的德语音标给他起了这个新名字，但人们在德国可找不到一位叫“谢勒”的作家，更不知道该把证书寄给谁。因此证书就在斯特拉斯堡静静躺了几年，直到1798年3月1日才转交到席勒手中。证书上有丹东等人的签名，可他们都早已上了断头台。歌德的贺词值得人深思：“关于从死者的国度给您送来的荣誉公民证书，我只能祝贺您收到它时尚在人世。”（致席勒，1798年3月3日）

当席勒在1792年秋听说自己被授予荣誉公民后，至少还很严肃地当回事，想要插手法国大革命中令他义愤填膺的事件。这其中就包括“九月大屠杀”[③]，接近2000人惨死于巴黎暴民之手。在死者中有不少教士，他们被杀的原因仅仅是因为拒绝向新国家宣誓效忠。此外还有发生在群情激奋的外省中数不尽的暴行。四

① MA V, S. 421. 语出《卡里亚斯，或论美》第五封信（1793年2月23日），汉译参见《席勒经典美学文论》，第70页。

② 原文为法语：“Le sieur Gille, Publiciste allemande”。

③ “九月大屠杀”（Massacres de Septembre）是发生于1792年9月2日至6日的一桩惨案，面对已攻占凡尔登（Verdun）的反法联盟军队对巴黎的直接威胁，巴黎民众恐惧国内的革命敌人乘势破坏革命。时任司法部长的丹东默许狂热的巴黎群众未经审判就屠杀已被囚禁的神职人员，只因他们出于宗教信仰不愿对新共和国宣誓效忠。同时死于非命的还有国王的瑞士近卫军。据粗略估计，共有1200余名囚犯死于这一场大屠杀。

处弥漫着恐惧，而恐慌则引发了过激反应。这个秋天发生的一切，在德国报纸上被描述得比可能的情况还要更加血腥。一年之后，当席勒在给奥古斯腾堡公爵的信中写下那著名的几句话时，眼前浮现的就是当年的情景："人是用自己的事业为自己画像的——可是在现时代的镜子中呈现的是我们怎样的一幅景象？……在下层阶级中，我们看到的是粗野的、无法无天的冲动，在市民秩序的约束解除之后这些冲动摆脱了羁绊，以无法控制的狂暴急于得到兽性的满足……因此国家并非压迫着自由的人，而只是将野兽拴在有益健康的铁链上。"（1793 年 7 月 13 日）①

九月惨案就发生在普奥领头发起针对革命法兰西的第一次反法联盟的那个动荡年代。反法联盟在最初几场战役中的胜利，引发了法国普遍的歇斯底里，而九月惨案也打上了这种极端情绪的烙印。在这一系列引起席勒厌恶的事件之后，新选出的国民公会决定废除君主制，而对路易十六的审判则于 1792 年 10 月开始。国民公会为了"公共安全"（salut public）放弃了法制思想，否定了只有当法庭 3/4 多数同意才能判处死刑的现行法律，宣布简单多数就足够了。当法国军队在初期的失败后取得一场又一场胜利，向着莱茵河边境挺进时——歌德曾亲历的瓦尔密炮战在 9 月末带来了战争的转折点——国民公会正在审判国王，指控他犯有叛国罪。就在这个历史性的瞬间，席勒认为该自己出手了。他在 1792 年 12 月 21 日给科尔纳的信中写道："我几乎无法抵挡那种诱惑，想要插手关于国王的争辩……要是有个德国作家自由而雄辩地宣告自己关于这场争论的立场，或许能给这些随波逐流的脑子留下点印象……一个公开为国王辩护的作家，在这件事上大概

① 此信修改后成为《审美教育书简》的第五封信，参见《席勒经典美学文论》，第 224 页。

比别人能多说几句重要的实话……你或许会建议我沉默，但我相信，人在这些场合不能冷漠地袖手旁观。倘若每个思想自由的头脑都沉默了，那么我们就永远不会向着自我完善迈出一步。有些时候人就得公开发声。”

席勒甚至准备亲自前往法国，在那里公开发表他的意见。他很严肃地权衡着利弊，尽管出于健康原因，他本不该强加给自己这样一次长途旅行。然而，席勒对巴黎所发生的一切出离愤怒，以至于把其他所有顾虑都抛在了脑后。他向科尔纳打听有没有法语翻译，又向到过巴黎的熟人询问旅行路线与住处。他是认真的。

他要向法兰西民族说些什么？他计划撰写的檄文并没有保存下草稿，我们只能全凭揣测。席勒是个共和主义者，他的剧作便是明证。但他却是孟德斯鸠意义上的共和主义者，也就是说：实行统治应通过建立在人权基础之上的法律，而非个人的独断专行。这种法治在一个立宪君主政体中也是可行的，他或许会为这一派辩护而反对披着民主外衣的专横与暴民统治。席勒虽对国王无甚好感，但在他看来，国民公会针对国王的行动正是多数之暴政的恶性案例。因此，席勒虽可能在他的檄文中为自由发声，却要求将自由严格地束缚在权利与法律之上。

当席勒还在写他的檄文和关于“美的共和国”的书信时，路易十六在巴黎被判处了死刑。他在1793年1月21日被送上了断头台。而在此之前，德国也发生了一次革命的间奏，这必然会引起席勒的关注。1792年10月21日，法国的革命军队占领了美因茨，驱逐了美因茨选帝侯；这对席勒来说可不是什么好消息，因为美因茨的助理主教卡尔·封·达尔贝格曾给过他在美因茨挂个闲职的希望。选帝侯遭驱逐暂时毁了与之相关的一切愿景。

在这个秋天，美因茨不但经历了占领，更经历了一场革命。在法国的支持下，“自由与平等之友协会”（Gesellschaft der Freunde der Freiheit und Gleichheit）成功推翻了政府，成立了历时半年的共和国，并开始以法国为榜样重塑社会，直到反法同盟于1793年7月23日重新夺回这座城市。这次革命尝试的首领是格奥尔格·福斯特。

在此之前，福斯特作为散文家、自然研究者、环球旅行家和启蒙主义者，一直受到席勒的崇敬。1765年，11岁的福斯特陪着父亲前往俄罗斯，随后在英国生活了几年，17岁便得以参加库克船长前往南太平洋的远洋科考之旅。格奥尔格·福斯特现在几乎成了传奇。他和朋友利希腾贝格①共同编辑出版了《哥廷根科学与文学杂志》（*Göttingisches Magazin der Wissenschaft und Literatur*），在其中发表了关于不同主题的论文——自然、艺术、宗教、国家政治，都被广为传阅。他在所有这些领域都坚持自己的经验主义立场：理念，他写道，只有在经过实践的检验之后才有效力。歌德很欣赏他，但与歌德正相反，福斯特是从自然科学进入政治，而歌德则是从政治退回自然科学。随着革命的法国军队逼近美因茨，福斯特觉得已经到了在实践中检验他关于人之权利、农民解放和共和政体等理念的时候了。他坚持一种雅各宾式的极端启蒙的纲领，不会自视甚高，更不排斥实际任务，例如着手重组市政管理与学校，以及组织一支市民武装——对法国大革命的热情给了他鼓舞。“后世不会忘记，”他在1793年新年对美因茨雅各宾俱乐部的致辞中宣告，“是我们的弟兄第一次

① 格奥尔格·克里斯多夫·利希腾贝格（Georg Christoph Lichtenberg, 1742~1799），18世纪德国启蒙主义学者，善写讽刺短文与箴言集。《哥廷根科学与文学杂志》是他与福斯特于1780~1785年间创立的杂志。

推倒了一个野蛮世纪里的暴政的纪念碑，第一次让我们深受屈辱的人民习惯于把头颅高高昂起，感受到自己是获得自由之人。”①利希腾贝格虽然在原则上也是大革命的追随者，但他却警告自己的朋友福斯特，不要过于信任法国人的占领政策。之后，当他的怀疑得到证实时，利希腾贝格讽刺地写道：“法国人在他们收养的国家中承诺兄弟之爱；到头来，他们只把自己限定在姐妹之爱。”②

/ 365 席勒也同样不认为美因茨的革命企图有任何机会。他在1792年12月21日给科尔纳的信中写道：“我对美因茨人完全没有兴趣，因为他们的所有举动证明的更多是那种想要凸显自身的可笑嗜好，而不是健康的原则。”福斯特参与其中，让席勒感到失望，并开始怀疑其政治判断力。他在同一封信中接着写道：“福斯特的举动肯定会为每一个人所不齿；可以想见，他最后肯定是带着耻辱与后悔从此事中抽身离去。”

此时的席勒仍不知道，他的朋友胡博在这件事情中陷得有多深。1793年2月26日，他才从科尔纳那里得知，胡博在美因茨有一份萨克森教会使团秘书的职务，同时与当地的雅各宾派保持联系。他大约正是因此才放弃了工作，决心要作为自由作家大展一番拳脚。他和格奥尔格·福斯特的夫人特蕾莎有一段私情，却对科尔纳的妻姐、和他订婚多年的朵拉·施托克只字未提。人们私拆了特蕾莎给胡博的信，科尔纳听到消息，这才知道特蕾莎已怀上了胡博的骨肉。格奥尔格·福斯特也被蒙在鼓里，当他了解到这段私情后是如此绝望，让人在3月把他任命成代表派往巴黎，在国民公会上要求将美因茨共和国并入革命的法国。他的努

① Zit. n. Ueding 1987, S. 59.

② Lichtenberg, Bd. 1, S. 708.

力是徒劳的，因为不久之后反法联盟就重新夺回了这座城市。福斯特亲历了公安委员会（Comité de salut public）的恐怖统治，他的幻想破灭，流亡巴黎，于 1794 年 1 月去世。

未婚夫的不忠给了朵拉·施托克沉重的打击，她觉得自己最好的年华因为胡博而被白白浪费了。科尔纳在 1793 年 2 月 26 日的信中把一切都告诉了席勒，同时向朋友暗示，他自己因为和胡博的关系而在政治上遭人怀疑。胡博两面三刀的做法叫席勒出离愤怒，他站在心灰意冷的朵拉这一边，相信那些将特蕾莎抹黑成“泼妇”和“红颜祸水”的中伤，把胡博看成女人阴谋的软弱牺牲品。“福斯特那个女人什么也没有，胡博自己已经泥菩萨过江自身难保了，她还想着让胡博养她和她那几个孩子。我可实在搞不明白他到底想要做什么。”（致科尔纳，1793 年 2 月 28 日）

早在几个月前，席勒就批判了一心想要解除和朵拉·施托克婚约的胡博。“胡博的一举一动，”他在 1792 年 9 月 21 日给科 / 366
尔纳的信中写道，“就像我们预料的一样毫无性格、毫无大丈夫气……他始终是那副样子，一个只会动脑的白面小生，一个好脾气的自私鬼。”

在二人互相淡出对方的视野之后，早年间那种热烈的友情几乎已荡然无存。来自美因茨的新消息让席勒更坚定了他的怀疑，因为他也觉得自己被当年的好友从背后捅了一刀。他在给科尔纳的信中写道，朵拉可以和他一样用这个念头安慰自己：把一个人设想得比实际更好，毕竟是件值得尊敬的事。“从现在开始，我想，你们可以把他完全忽略、彻底遗忘。要是有必要复仇，我觉得福斯特那个女人就会让他吃足够的苦头。”（1793年3月22日）席勒写下这封给科尔纳的信前不久，刚见到了来耶拿逗留几天的胡博。他看到的是一个失了神的紧张而不安的人，当胡博离开时，他长出了一口气。这是两人的最后一次见面。此后几年，他们之间还有几封零散的通信。因为担心政治迫害，胡博与特蕾莎迁往瑞士。席勒则忘记了这位昔日的朋友，直到1804年末听到他的死讯。席勒虽感震惊，却也不觉得自己有错；他在给科尔纳的信中写道："胡博的死会让你们和我一样震惊，我现在还不愿意去想这件事。谁能料到是他最先离开了我们！虽然我们和他断了联系，可他毕竟曾为我们活着，在那太过美好的时代与我们紧密相连，叫我们永远无法冷漠地对待他。我很确定，你们现在也会更温和地对待他曾犯下的过错；他一定有深刻的体会并努力地为之赎罪。"（1805年1月20日）

席勒对胡博的愤慨远超个人原因。在他看来，胡博的例子证明了眼下的革命并不能吸引内心自由的人们，而只能吸引歌德所谓的"被煽动者"①：那些受人指使、被人驱赶之徒，性格不够坚定，无法厘清生命的秩序。

坚强的性格、决心和正直——这不仅是席勒对自己的要求，更是他对每一个要赢得他赏识的人的要求。他甚至可以用伤人的严肃将这些要求付诸实施。

/ 367

正是在这种精神的指引下，席勒开启了针对戈特弗里德·奥古斯特·毕尔格的文学论战。他指责这位流行叙事诗人的不是什么小问题，恰恰是其软弱的性格。在他发表于1791年初的文章《论毕尔格的诗》（*Über Bürgers Gedichte*）中，席勒写道，毕尔格在"流行"面前牺牲了"更高的美"，这不仅是艺术上的弱点，更是性格上的软弱，是对诗人道德的违背。"作家能给予我

① 《被煽动者》（*Die Aufgeregten*）是歌德于1793年开始写作但未能完成的一部关于法国大革命的戏剧，他在其中描写了一场针对地主的农民起义，既批判了封建压迫，又讽刺了所谓"革命者"的虚伪。

们的一切都是他的个体性的呈现，因此这个个体性必须是值得向诗人以及后代展示的。作家在他可以感动杰出人士之前，他首要和最重要的工作是，尽可能使他的这个个体性变得高尚典雅，将它提升到最纯粹、最壮丽的人生高度。”① 毕尔格被这段批评伤得很深，尤其是因为他自己很崇敬作为诗人的席勒。他于1794年去世，而席勒的评论毁了他生命的最后几年。

胡博也同样难以接受朋友决绝的断交。

自从第一次大病以后，席勒身上的这种严肃性有了明显的增强。身处咫尺之遥的死亡的阴影下，席勒意识到，一段脆弱的生命若要保留它的尊严，就必须以坚定的决心使之变得高尚。在死亡面前，生命的时光是那样珍贵，绝不能就这样让它在指尖溜走。席勒尤其将诗人——胡博也想成为其中之一——置于自我完善的义务之下。因此，让他恼怒的不单单是胡博软弱的性格，更是他不顾这些弱点也要彰显自己是个诗人这件事。他曾在给科尔纳的一封信中说胡博不过是个“空谈家”（1792年11月17日）。这是毁灭性的判决，下判决的人现在对待艺术的游戏是如此严肃，以至于认为必须从艺术的圣殿中赶走每一个配不上的人。

席勒曾相当生硬地将作为艺术创作之道德的“高尚化”（Veredelung）用到毕尔格和胡博身上。但当他在《卡里亚斯》书信集中将“美”定义成“现象中的自由”（Freiheit in der Erscheinung）时，“高尚化”还没有升格成专门的主题。这要等到席勒创作完《卡里亚斯》书信后，在1793年写作《论秀美与尊严》（*Über Anmut und Würde*）这篇伟大论文时才会实现。

① MA V, S. 972. 汉译参见《席勒经典美学文论》，第570页。

虽然席勒知道，他通过“美是现象中的自然”这一定义构建了美感的客观标准，并因此超越了康德，他也知道自己将“美”的概念从人的领域扩展到了整个自然界，即“类自由”的领域，但纯粹作为人之作品的特有的“高尚化”还没有得到充分阐释，而他现在就要让“高尚化”的概念能为人所理解。在“秀美”（Anmut）与“尊严”（Würde）这两种形式中，“高尚化”得以可能。

“秀美就是形体在自由影响下的美。”①形体美源于自然，例如身体的形态，因此席勒也将之称为“结构美”。这个概念所指的不是别的，就是物的构造和形态。可在这其中也包括了肉体性，也就是我们身上的自然，它并不是我们意图、决断和理性的产物。“秀美”不只是这种“自然”的美，但它也不仅仅是理性与自由的表达。它不是统治自然的产物，而是自然与自由的合作——这是全篇的核心观点。人类的精神促使自然——包括人自身的自然——共同参与精神意图的实现；当自然精神化时，精神也反过来自然化了。通过这种方式，或许就能克服那种在道德中感受得到的身体与精神、自然与自由间的二元论。这里便是席勒寻求与康德论辩的第二战场。

在康德那里，道德命题中的这种二元论显得尤为突兀。对他而言，自由的道德行动是从自然那里强制得来的。根据康德的观点，绝对命令（Kategorischer Imperativ）所表达的不是我们天然“欲求”的，而很有可能与我们所“欲求”（Wollen）的相反，是我们所“应当”（sollen）的。道德理性在自然中就像身处敌境。它必须强制。这种道德的“自由对自然的影响”正因为

① MA V, S. 446. 汉译参见《席勒经典美学文论》，第131页。

其强制性而不可能是“秀美”的。这样一来，如此理解下的道德自由就完全失掉了美。

席勒的目标很有雄心：正如他曾想要将康德关于“美”的概念客观化一样，他现在就要把康德关于道德的概念从其僵化的二元论中解放出来，在“秀美”的图景中为人类赢得一幅完整的画像。在他看来，“秀美”是欲求与自由、自然与（道德）理性之间和解的标志。如果成功实现了这种和解——席勒认为和解的确可以实现——人就会成为“美的灵魂”（schöne Seele）。席勒是这样定义“美的灵魂”的：“假使人的所有感觉的道德感最终都 / 369
得到充分的保证，以至它可以毫无顾忌地让内心冲动指引意志，而又绝不会有内心冲动的决定违背意志的危险，这种道德感就被称为美的灵魂……它轻松愉快地履行人类最痛苦的义务，仿佛仅仅是由它而来的本能在行动，它让自然冲动做出最壮烈的牺牲，但让人觉得这种牺牲像是自然冲动自愿的结果。”①

在一大段表示敬意的话语的包裹下，席勒还是说出了他对康德的批判：“在康德的道德哲学中，义务的理念表现出一种严酷无情，它吓跑了所有的妩媚女神，而且可能轻而易举地就诱使软弱的知性在黑暗的和修道士的禁欲道路上去寻找道德的完美。”②

席勒对康德的构想做了根本性的改动。在康德那里，“应当”就是自由的代名词。不是经验，而是他的哲学体系迫使他得出“应当”与“自由”等同且二者均与“欲求”相反的结论。先是一段负责的论证，不过最后还是一个简单的念头把他引向了这一结论：“欲求”——这就是我们体内的自然。我们体内的自然所欲求的，就是自然的必然而非自由。而只有当我们证明自己具

① MA V, S. 468. 汉译参见《席勒经典美学文论》，第162页，有改动。

② MA V, S. 465. 汉译参见《席勒经典美学文论》，第156~157页。

有挣脱束缚着作为自然存在的我们之锁链的力量时，才是自由的。自由是对我们自然冲动的胜利。如果我们不再让自己受自然的限制——即被自然物化——就能不受限制地行动。作为自然存在，我们属于现象世界；但作为自由的存在，我们能听到“应当”的声音，能够超越必然性的国度；我们不再是物，而是从内心体验到的“物自体”。用康德的话说，正是我们的道德将我们引向了世界沉默的核心。在康德那里，道德的“物自体”正是在此处接过了古老形而上学的遗产。“物自体”“自由”“道德法则”“良心”“应当”——这一切合在一起，就成了“实践理性”，它用头脑中的道德天空补偿了一片空荡的外在天空。就好像那被赶下王座的古老的形而上学本已被驱逐出宇宙的广袤空间，却又聚集起剩下的所有力量，闯入了世俗化了的主体之良心中。

/ 370 理论理性与实践理性陷入了一种令人惊异的境地：按康德的说法，理论理性的范畴只有在被当作可能经验的条件时才能发挥效用。而在实践理性那里却刚好相反：它只有在反对实践—道德的经验规则（例如自私、自保、追求幸福）时才具有效力。倘若实践理性只要求经验所教导、自然所强制的东西，就不可能来自“自由”、来自内在的“物自体”。但它应当是这样。这是体系的强制所要求的。因此，自由的力量在康德那里便不隐藏在（接近自然的）欲求之中，而在“应当”中。按照康德的论述，来源于神秘的“物自体”的实践理性具有一种力量，能够导向那些纯粹是因为符合理性，因此应当完成的行动。这一力量不能依赖任何起协助作用的偏爱或恐惧的冲动，甚至必须拒斥冲动。“许多人很富于同情之心，”康德写道，“他们全无虚荣和利己的动机，对在周围播撒快乐感到愉快……但我认为在这种情况下，这样的行为不论怎样合乎责任，不论多么可爱，依旧不具有真正的道德价值。”①

这让康德的信徒席勒感到无法接受。他在其中看见的是一种没有秀美的道德，一幅丑陋扭曲的自由之像。他在《论秀美与尊严》一文中用细致的论述做了反驳。在几年之后的《赠辞》里，他觉得自己已足够自由，可以狠狠地加以嘲讽：“我很乐意侍奉快乐，可惜侍奉时得带着愉悦，/ 所以心中常有芥蒂，觉得自己不够道德。// 没有别的建议，你得尝试鄙夷观之，/ 然后怀着厌恶去做，正如义务要求你的一样。”②

但席勒想要的并非如此：“应当”不应统治“欲求”，相反，应通过艺术驯化“欲求”，使之将“应当”纳入其所欲中。当然也可以想见，在一些情况下“我”无论如何不能“欲求”“我”所“应当”之事，在一些场合中“我”不得不逼迫自己做出某些事情——对席勒而言，这就是特殊情况，虽然在其中无法表现出“美”或“秀美”，却能展露“尊严”。

与《卡里亚斯》通信中一样，席勒用一幅政治图像描述了秀美与尊严之间的区别：“因此，在尊严那里，精神在躯体内是作为统治者在活动，它面对专横独断的内心冲动必须保持自己的自主性，因为内心冲动总是想在没有精神的情况下采取行动，摆脱精神的枷锁。相反，在秀美那里，精神却是以自由思想进行管理，因为在这里是精神使自然本能动起来，而且没有必须要战胜的反抗。”③

① Zit. n. Gulyga 1985, S. 186. 语出康德的《道德形而上学基础》（*Grundlegung zur Metaphysik der Sitten*, 1785）第一章《从普通的道德理性知识过渡到哲学的道德理性知识》，汉译参见〔德〕康德《道德形而上学基础》，苗力田译，上海人民出版社，1986，第47页。

② MA I, S. 299f.

③ MA V, S. 477. 汉译参见《席勒经典美学文论》，第175~176页。

因此，“美的灵魂”就仿佛一个自由的国度。人们不会预设普遍敌对或是人的狼性[①]，而是相信众人能在其任性的甚至是自私的追求中最终形成一个和谐的整体。在这篇文章中，政治暂时还是个隐喻。但没过多久，席勒就会将这一审美自由的思想继续引申，使之成为一种关于从必然王国向自由王国过渡的政治文化理论。

凭借《强盗》，席勒成了“狂飙突进”运动中首屈一指的剧作家；凭借他的历史杰作，他又成了最重要的历史作家；而凭借这篇《论秀美与尊严》，他几乎一夜之间就成了德国最权威的艺术哲学家。甚至必定感到被文中的批判所击中的康德，也毫无妒心地承认了席勒的地位。他在《单纯理性限度内的宗教》(*Die Religion innerhalb der Grenzen der bloßen Vernunft*)的第二版中称席勒的文章有大师风范，认为自己需因此弱化他关于道德之构想的几个方面。席勒立刻自豪地告知了好友科尔纳：康德“非常尊重地谈起我的文章，说它出自大师之手。我没法告诉你，这篇文章能到他手中、给他留下这样好的印象，叫我有多么高兴”(1794 年 5 月 18 日)。

因为康德的赞美，更因为康德随即修正了他的道德哲学(尽管他声称所谓“修正”只是把问题讲得更清楚一些)，席勒觉得自己很受恭维；但他依旧怀疑自己是还追随着康德轨迹，还是说已在论证时与康德背道而驰。1795 年 6 月 29 日，在给向他提出这个问题的弗里德里希·海因里希·雅各比的回信中，席勒写道：“我在单纯地破旧、攻击其他教条思想时，是严格的康德式的；只不过当我在立新时，却发现自己与康德相对立。但现在他

① 人的“狼性”典出霍布斯对自然状态中“人皆为他人之豺狼”(Homo homini lupus)的描述。

给我写信，说他对我的理论很满意；我真是说不清楚，在他面前我究竟身处什么位置。”

席勒的文章《论秀美与尊严》开启了一系列美学—哲学鸿篇，它们影响了谢林、荷尔德林、黑格尔、施莱格尔、诺瓦利 / 372 斯和施莱尔马赫①那一代人。对于仍在幕后候场的年青一代而言，这一系列论著就是一种审美思想的学派。但歌德对此还显得很冷淡而拒斥。回首往事，他在作于1817年的《幸运的事》(*Glückliches Ereignis*)一文中写道，席勒还没有归还自然属于它的所有权利，还是在复述康德式的理性统治。歌德认为，席勒在“自由与自我规定的高昂情绪中”还不感恩“伟大的母亲（即自然），它一定不曾像继母一样亏待过他”。②

这一评价令人吃惊，因为相比起歌德在这里所描述的，席勒事实上要更站在自然那一边。歌德本人之后也将会在《威廉·麦斯特》中重拾席勒关于自然与理性和谐统一的“美的灵魂”之理念。③歌德的抗拒可能有别的理由。他自己暗示道：“我甚至可以将若干不留情面的段落联系到自己身上，它们将我的信仰置于一种错误的光线之下。”④

这“若干段落”指的是席勒那几段批判所谓“自然天才”的

---

① 弗里德里希·施莱尔马赫（Friedrich Schleiermacher, 1768~1834），德国哲学家、神学家，与浪漫派作家过从甚密，著有名篇《论宗教》(*Über die Religion*, 1799)，认为宗教性与理性一样，同属人的天性；而他的遗稿《阐释与批判》(*Hermeneutik und Kritik*, 1838）则是近代阐释学的奠基之作。

② Goethe MA 12, S. 87. 歌德在作于1817年5月22日的《幸运的事》一文中，回顾了他在1794年夏初次与席勒相识时的场景。

③ 参见歌德小说《威廉·麦斯特的学习时代》第六部《一个美的灵魂的自白》(*Bekenntnis einer schönen Seele*)，汉译参见《歌德文集》（第二卷），第333页及以下，译名有改动。

④ Goethe MA 12, S. 87.

文字。哪一种更值得人尊敬，席勒问，是精神那种将可能不利于己的自然拢入其游戏的力量，还是一个天生的天才，不必与任何抵抗搏斗就能完成其作品？对席勒而言，更值得尊敬的是那为自己塑造身体的精神。和在社会中一样，席勒写道，功劳应当比与生俱来的特权和自然的青睐更受重视。歌德倒是可以把这段评论联系到自己身上，因为他的确觉得自己是“自然的宠儿”。[①]这段话是否真是针对歌德，已经无从得知。但无论如何，歌德是把它联系到了自己身上。尽管他出于其他原因欣赏《论秀美与尊严》并将之为己所用，但这篇文章暂时还是二人相互接近路上的一大阻碍。

然而只需再过一年，歌德与席勒就将结下他们划时代的友谊之盟。

① MA V, S. 457.

第十八章

崇高与病症——回施瓦本的旅行——荷尔德林首次来访——老希律王之死——丹内克的半身像——与科塔的计划——回到耶拿——费希特的革命——做自我的新兴致——自我的命运——耶拿浪漫派——歌德与席勒相互接近

1793 年初，席勒创作了《卡里亚斯》通信；由于病情加重，他在 2 月底暂时搁笔，直到 5 月初才重新拾起思想的红线，很快在六个星期之内便写完了《论秀美与尊严》，即便他的健康状况依旧不容乐观。“先前的不适，”他在 1793 年 5 月 27 日给科尔纳的信中写道，“在这种多变的天气下复发得那么频繁，通常又持续得那么顽固，导致我三天里肯定要失去两天的时间；所以我必须在感觉不错的间歇中抓紧时间，才能完成我的工作中必要的那部分。”

席勒不得不在与病痛的搏斗中思考的事实，也反映在他于此时开始创作一篇关于激情的论文这件事上。他之后会将这篇文章分为两部分，其一讨论的是“崇高”（Das Erhabene），其二则是“激情”（Das Pathetische）。[①] 在这两篇论文中，对过分敏感之毁灭性后果的清算占了很大篇幅。“溶解性的美”（Die schmelzende Schönheit）不讨他喜欢，他嘲笑那种只是为了

① 指席勒作于1793年春的文论《关于崇高》，最初发表于1793年的《新塔利亚》（*Neue Thalia*）杂志上。在1801年修订时，席勒删去了文中关于“崇高”的第一部分，只留下第二部分并将之重新命名为《论激情》（*Über das Pathetische*），收入《短小散文著述》第三卷中。

“挤干人们的泪囊”① 的文体。他现在所处的境地迫使他与身体病痛做斗争，而那种娇弱的美学完全不符合他在这一处境中的情绪。他很紧张，不愿失败，因此思考的更多的是“振奋性的美”(Die energische Schönheit)。② 他用康德所发展的“崇高”概念来解释这种“振奋性的美”，而康德本人则继承了思辨“崇高”的传统。自埃德蒙·伯克（Edmund Burke）的《论崇高与美》(1773 年被译为德语)③ 以降，这一思想史传统在 18 世纪末推动着众多哲学、神学与文学头脑继续思考。在“崇高”这一概念下，人们首先想到的是上帝的伟大，祂突破了一切维度的现实，人们不能爱祂，只能敬畏祂。随后，“崇高”从上帝过渡到自然的若干方面，过渡到宇宙、沙漠、高山与海洋令人害怕的美——人在这种自然面前必定觉得自己渺小而迷失。而正是康德开启了“崇高”从客体到主体的过渡。现在，“崇高”意味着主体在庞然大物面前的自我提振。“有两样东西，”康德说，“使内心充满……惊奇和敬畏：我头上的星空和我心中的道德律。”④

---

① MA V, S. 516. 语出席勒的《论激情》，汉译参见《席勒文集》(第六卷)，第 56 页。

② “溶解性的美”和“振奋性的美”这一对概念，席勒曾在《审美教育书简》第十六封信中做过区分，参见 MA，第 620 页，汉译参见《席勒经典美学文论》，第 292 页。

③ 埃德蒙·伯克（1729~1797），英国哲学家、政治家。著名的《对法国大革命的反思》(*Reflections on the Revolution in France*, 1790）使之被后世视为保守主义鼻祖。而他早年的美学论著《对我们关于崇高与美的理念之渊源的哲学探究》(*A Philosophical Enquiry into the Origin of Our Ideas of the Sublime and Beautiful*, 1757）则将“崇高”(The Sublime）作为重要的美学范畴，开启了相应的美学与诗学探讨。

④ Kant, Bd. 7, S. 300. 语出康德《实践理性批判》的“结论”部分（Kp V 186），汉译参见〔德〕康德《实践理性批判》，邓晓芒译、杨祖陶校，人民出版社，2003，第 200 页。当然，康德关于“崇高”的论述更应参阅其《判断力批判》中《崇高的分析论》这一章，参见〔德〕康德《判断力批判》，邓晓芒译、杨祖陶校，人民出版社，2002，第 82 页及以下。

席勒继承了“崇高”的主体化。他也同样认为：崇高的 471
并非对象，而是我们自身，尤其是当我们在一种看上去过于庞大的强力面前不轻易投降，而是在我们心中发现某种不可战胜之物，发现一种力量，能够抵御那些让我们变得渺小甚至将我们消灭的强力。根据他的生存处境，席勒把这一从康德那里接受而来的“崇高”的主体化用到了自己的身体上。抵御身体的命运、在病痛的物质面前捍卫精神的自由，就成了他的任务，而完成这项任务则会赋予他崇高的尊严。他必须证明：“我们的生理状态可以被自然所决定，但我们却并不将之算作自我，而是视之为某种外在的陌生之物，对我们的道德人格不产生影响。”[①]

康德把这种胜利的独立性限定在道德人格上，但席勒却认为它也适用于审美状态。如果一种美的感受能无视身体的煎熬打动人心，如果能成功写出一句话、一行诗、一个音符，如果人能说出他所忍受的是怎样的痛苦，如果人甚至能用美的方式说出——那么精神的自由就能在感官的领域实现，而不仅仅是像康德所以为的那样，只能在与感官的对立中实现。道德的主权表现得严肃而冷峻，但审美的主权却在游戏，哪怕是在紧要关头。这虽然不会带来永生，却能防止人们在死亡之前就已经死去。“美”让人活下去；它没有终点，因为它还能美化每个终点，也就是美化死亡。不是某个虔诚的人（席勒并不是这样的人），也不是道德家，而首先是美学家席勒在要求“摆脱尘世的恐惧”。[②]席勒将他关于
“崇高”的论文分成两部分，并将后一部分以《论激情》（*Über* 375

① MA V, S. 502. 语出席勒《关于崇高》一文。

② MA I, S. 201. 语出席勒的名诗《理想与生活》，汉译参见《席勒文集》（第一卷），第59页，有改动。

das Pathetische）为题发表；他在其中描写了剧作家如何与“可怕之物”和痛苦“游戏”。只要人仅仅是一场舞台表演的观众，这一美学胜利就对他没有太多要求。但谁若能以观众的态度面对自己的生命，甚至在其被可怖的暴力所威胁之际依然如此，就在自己身上证明了美的力量，因为他是在与自己所陷入的极端情况游戏。对席勒而言，这种美的力量具有某种崇高之处，他也因此觉得康德对崇高的道德化尚有不尽如人意之处。席勒认为，自由在哪里胜过自然与命运的强制，哪里就有崇高的参与；而自由既可以在道德的自我坚守中又可以在审美游戏中赢得胜利。在前一种情形中，人的精神自然展现出的是尊严，在后一种情形中则显现出秀美。

当席勒完成了《论秀美与尊严》《关于崇高》（*Vom Erhabenen*）及《论激情》三篇论文后，他终于得以在1793年7月1日给朋友科尔纳的信中写道：“我个人觉得自己现在比之前很长一段时间要好多了。”在同一封信中，他宣布了自己下一个宏大计划；要回到施瓦本的故乡。父亲马上就要70岁了，他担心父亲时日无多，而母亲也抱有小恙。洛蒂怀孕了，席勒希望自己的第一个孩子能在祖辈的故土上来到这个世界。他在经济上能负担这场旅行，因为丹麦方面的第一笔1000塔勒的年金在7月寄到了。在动身前不久的1793年7月13日，他给奥古斯腾堡公爵寄去了关于“美的哲学”的第一封信。他计划写一系列信件，在其中对自己关于艺术的思考做个总结。他计划将这一系列书信出版，并作为感谢公爵大方赠予的年金的谢礼。公爵给了他生活保障，而席勒则想要公开地（coram publico）告诉公爵，自己是如何好好利用了这段生命。然而在1794年2月26日哥本哈根的克里斯蒂安堡宫（Schloss Christiansborg）大火中，席勒先前寄来的信被尽数焚毁。幸好，席勒让人做了抄本备份，也因此才能在1794年夏、在他与歌德友谊拉开序幕的激发下，重新拾起创作这一系列书信的工作，并最终以《审美教育书简》为题编辑出版。整个古典主义时代正是通过这一部作品实现了其真正的自我意识，而歌德之后也将给予这部著作最高的赞美：他还从来没有在任何地方发现那些“部分是我所经历的、部分是我所期望经历的东西，竟以这样一种前后连贯且高雅的方式被表达出来”（致席勒，1794年10月26日）。 / 376

1793年8月1日，席勒踏上了前往施瓦本的回乡路，8月8日抵达海尔布隆（Heilbronn）。这个帝国自由市为他提供了庇护。席勒必须先探一探情况，看他自己是否能没有风险地回到卡尔·欧根统治的地区，所以暂时还是需要家人先来海尔布隆。席勒的父亲和妹妹路易丝前来探望他。洛蒂就要临盆了，于是路易丝留了下来，好帮着做些家务，也可以在洛蒂生产时给她帮助。在海尔布隆，席勒与医生格梅林博士（Dr. Gmelin）[①]有些交往。他是动物磁性催眠学说的重要权威，二人详尽地探讨了梦游与相关现象。或许席勒正是在这里产生了创作一部关于奥尔良圣女贞德（Jeanne D'Arc）的戏剧的念头，因为贞德可是一位形而上学的催眠师。无论如何，他将会在之后创作《奥尔良的童贞女》（*Die Jungfrau von Orleans*）时想起当年的对话。正是通过格梅林，海尔布隆才作为奇异事件的秘密中心而举世闻名；因此，克莱斯特让他笔下那位梦游的姑娘小凯蒂在海尔布隆开始她的故

① 艾伯哈德·格梅林（Eberhard Gmelin, 1751~1809），德国海尔布隆市的医生，研究动物磁场基础上的催眠术与治疗术。

事①，也就不令人惊讶了。

8 月末，席勒正式请求卡尔·欧根公爵准许他踏上符腾堡的土地。公爵当时正在莱茵地区逗留，并没有给他回复；但从宫中传来消息，席勒即便进入符腾堡地界，人们也会无视他。于是席勒冒险在 9 月 8 日搬到了路德维希堡，在求学时期的好友霍文家附近找了一个住处。他们两人重新开启了友谊，几乎每天都见面。现在已经是知名医生的霍文在 9 月 14 日帮着洛蒂生下了第一个儿子卡尔·弗里德里希·路德维希（Karl Friedrich Ludwig）②。

夏洛蒂·封·卡尔普曾请席勒帮忙为她的儿子找一位家庭教师。9 月末，席勒接待了一位施陶德林大力推荐的年轻神学硕士，弗里德里希·荷尔德林。他对这个腼腆地站在屋里，甚至不敢落座的英俊的年轻人并不是一无所知。席勒曾在《施瓦本缪斯年鉴》（*Schwäbischer Musenalmanach*）上读到过他的几首诗歌。
/ 377
这位年轻的硕士“并非没有诗歌才华”，席勒给夏洛蒂·封·卡尔普写道，“我相信……您一定会喜欢他的外表。另外，他也展现出许多教养和礼貌。人们对他的品行评价不错；但在我看来，

---

① 海因里希·封·克莱斯特（Heinrich von Kleist, 1777~1811），18 世纪末 19 世纪初德国重要作家，既非古典主义亦非浪漫派，而是具有很强的个人风格，尤擅中短篇小说，《米夏埃尔·科尔哈斯》（*Michael Kohlhass*, 1808）、《O 侯爵夫人》（*Die Marquise von O*…, 1808）均已成为文学经典。此处指的是克莱斯特著名骑士剧（Ritterschauspiel）《海尔布隆的小凯蒂，或火之试炼》（*Das Kätchen von Heilbronn oder die Feuerprobe*, 1810），这也是他少有的获得舞台成功的戏剧作品之一。文学创作上的失意、哲学上的困惑与危机，以及祖国普鲁士在拿破仑战争中的战败，使得克莱斯特罹患抑郁症，于 1811 年 11 月自沉于柏林的万湖（Wannsee）。

② 卡尔·弗里德里希·路德维希·席勒（Karl Friedrich Ludwig Schiller, 1793~1857），席勒长子，后担任符腾堡护林官。

他还没有定型，我也不期待他的知识与行为能有多么细致”。①

在第一次见面中，荷尔德林很紧张也很兴奋，因为席勒就是他青年时代的神。16 岁那年，他为《强盗》而激动，在钢琴上练习《布鲁图斯与恺撒》(*Brutus und Caesar*) 的曲子②，想象自己就是布鲁图斯那个角色。年轻的荷尔德林觉得，《强盗》里的阿玛莉亚和《阴谋与爱情》里的路易丝就是他女性理想的化身，更将这种理想转移到年轻时的爱人路易丝·纳斯特（Luise Nast）身上。还是个孩子时，荷尔德林就活在席勒的人生里；当他有一次到了奥格斯海姆时，就去了席勒在逃亡斯图加特路上曾住过的那间客栈。“这里对我来说是如此神圣，”他在给母亲的信中写道，“泪水因为对这位伟大的天才诗人的崇敬涌上我的眼睛，而我要花很大力气才能藏住眼中的那一滴泪。”（1788 年 6 月 4 日）

对荷尔德林而言，在与席勒本人初次见面的那个瞬间里，“伟大人物就在附近，这让他变得无比严肃”。③

在席勒的推荐下，夏洛蒂·封·卡尔普聘用了年轻的荷尔德林。于是荷尔德林出发前往瓦尔特斯豪森（Waltershausen），期待当他所敬仰的席勒回到耶拿时，自己能离他近一些。荷尔德林相信，作为诗人的自己能受到席勒的提点，但在二人初次见面时，他还不敢说出自己的愿望。半年之后，他终于鼓起勇气，在一封长信中详尽地总结了自己在教育上的种种努力，并在信后附上了他的诗歌《命运》(*Das Schicksal*)，请席勒批评并发表在

---

① Zit. n. Borcherdt 1948, S. 659.

② 《布鲁图斯与恺撒》是席勒《强盗》一剧第四幕第五场中主人公卡尔·莫尔所唱的歌谣，参见 MA I, 第 589f 页，汉译参见《席勒文集》(第二卷)，第 159~162 页。

③ Zit. n. Borcherdt 1948, S. 113.

《新塔利亚》(*Neue Thalia*)[①]杂志上。这封信很务实，语调也是汇报性的；然而在某一处，荷尔德林终于发出了内心的呼喊："为什么我必须如此贫穷，却对精神的财富有如此多的兴趣？我永远得不到幸福。但是，我必须有所追求，我也会有追求。我要成为一个男子汉大丈夫。请您时不时地赏赐我认真的一瞥吧！"(1794年4月)同龄人诺瓦利斯也同样狂热地崇拜着席勒，他的信又怎么会有任何不同："我当然能更轻松地忍受一切，只要我知道您对我有分毫的好感，知道当我再度见到您时，还能在您的心中找到我原来的位置。"[②]尽管是诺瓦利斯在追求席勒的赏识，但他的言语却带着对待同辈时的自信亲切；而荷尔德林则在对席勒的崇敬中丢失了自信，觉得自己缩了水，变得羞怯，又为自己的羞怯而感到愧疚。因此与诺瓦利斯不同，荷尔德林永远不会在他尊敬与爱戴的席勒面前找到他的自由。

在席勒动身前往符腾堡之前，胸部和下腹部的痉挛消退了；但才过了几周，恰逢荷尔德林来访时，病症不仅复发，而且更加猛烈。在感觉尚好的那个把小时，席勒为他计划创作的《华伦斯坦》做了若干笔记；而当他感觉更糟糕的时候，他就写美学书简。他不让人看出自己正忍受着痛苦。他给荷尔德林留下的印象，是自己果断、专注同时又好客而友善的精神。但在某些瞬间，他还是觉得病痛很快就会让自己无法坚持了。1793年12月10日，他给科尔纳写了一封绝望的信："我身上这种顽固的病症……最终也会征服比我更强大的勇者。我用全部的抽象天赋、

---

① 《命运》(*Das Schicksal*)是荷尔德林作于1793年的诗歌。在1791年患重病后，席勒暂时放下了《塔利亚》杂志的编辑工作，直到1793年才在葛勋的建议下重新着手编辑，并将杂志改名为《新塔利亚》。

② Novalis Bd. 1, S. 506.

用我所有丰富的想象力与之对抗，但还是守不住阵地……我的健康这样脆弱，只能自己心中找出一切能让我苏醒的方法……老天保佑我不要失去耐心，保佑一段时常被真正的死亡打断的生命，还能保留些许价值。”

在这封哀诉的信中，还有一段简短的评论：“老希律王（Herodes）① 之死除了让所有曾经要直接与这位贵人打交道的人——例如我的父亲——感觉好极了之外，对我和我的家庭都没有任何影响。”被席勒称为“希律王”的卡尔·欧根公爵于 10 月 24 日去世。席勒不曾忘记公爵曾是自己年轻时的暴君；在他的信中没有丝毫宽恕之感的痕迹。但霍文在他的回忆录中却有不同的描述：公爵之死让席勒的心中充满悲伤，“就好像收到了一位朋友的死讯”。② 而姐姐克里斯多芬娜则说：“当公爵的遗体从斯图加特被运往路德维希堡的王室墓地时，我弟弟从他的住处望着出殡的队伍驶过，饱含着真挚的触动——他的眼中噙着泪水，对在场的人说：‘上帝啊，现在他也走了——我真的有许多地方要感谢他。’”③ 但人们不能太相信这两份记载。当克里斯多芬娜于 1826 年把这则逸事告诉施特莱歇尔时，她不得不考虑到席勒的大儿子正作为护林官领着符腾堡公国的俸禄，而霍文的说法则是在 30 年后从一个性情温和、易于宽恕的老人的视角出发写下的。但对席勒而言，年轻时受的压迫在 1793 年秋还没有淡去。回到家乡，当年令人压抑的记忆便重新涌上心头，以至于据说

① 希律王（约前 73~4），古罗马犹太行省犹地亚（Judäa）的统治者；根据《圣经》（《马太福音》第二章）记载，因听闻耶稣将取代其统治的预言，他曾下令杀尽伯利恒（Bethlehem）城内的男婴，因此被视为暴君的代表。

② Biedermann 1974, S. 221.

③ Petersen 1911, S. 232.

他曾对在路德维希堡重逢的年轻时的好友艾尔维特（Elwert）说过："我恨斯图加特。斯图加特不会在白天见到我。"[①]的确，他第一次回斯图加特就是在夜里，没待几个小时就又离开。但席勒却不再公开地表达他的愤慨与受伤，而是坚守着当年（1784年）在《莱茵塔利亚》杂志发刊词上立下的原则："我对剩下的都保持沉默，因为我认为，与在此之前一直待我如父的那个人作对，在任何情况下都是不礼貌的……我与他的一切联系现在都一笔勾销。"[②]

从路德维希堡出发，席勒前往图宾根拜访了他的老师阿贝尔；此时的阿贝尔已被聘往图宾根任教授。对二人而言，这是一场触动心灵的重逢。阿贝尔为他闻名遐迩的学生感到骄傲，在席勒于图宾根逗留的几天中根本不愿离开他身边，甚至晚上也不行。当时也在场的霍文描述说，阿贝尔手中举着蜡烛去到席勒的卧室，一连对他说了好几个小时的话，根本没有注意到席勒早已沉沉入睡。

到了11月，席勒访问了卡尔高等学校。为了向他表示尊敬，400位学生共同聚集在欢庆的盛宴，用热烈的"万岁"呼声迎接他。席勒感动得几乎落泪，情绪也变得忧伤，因为他也听闻了卡尔·欧根的继承者打算关闭卡尔学校的传闻。而在3个月后的1794年4月16日，传闻最终变成了现实。斯图加特人说，学校大楼差一点就要被改造成马厩，全靠席勒在卡尔学校的同学、也是施瓦本诗人的约翰·克里斯多夫·豪格（Johann Christoph Haug）精彩的讽刺才得以幸免。豪格提议给马厩刻一个特别恰当的铭文："Olim musis, nunc mulis"——"曾献给缪斯，今服

① Petersen 1911, S. 230.

② MA V, S. 856.

务骡马。”

1794年3月初，战事逐渐逼近[①]，威胁符腾堡。一座皇家野战医院被转移到了路德维希堡附近，而在周边的某个地方则暴发了疾病，人们怀疑是野战医院迁来的后果。“一片充斥着瘟疫的军医院阴云正冲着施瓦本而来，”席勒在1794年3月7日给格梅林博士的信中写道，“我得保护自己，别让闪电击中我那间摇摇欲坠的小屋。”他匆匆忙忙地计划在几天之后离开，随后就从父亲那里得到了悲伤的消息：新公爵正打算把索里图德的育林场也一关了之。这可是父亲一生的心血。“我之后的命运如何，”父亲在给正准备远行的儿子的信中写道，“现在还不好说；但我不会害怕任何事情，因为我在上帝的庇护之下，就像当年费利佩二世听到他的海军上将报告整支无敌舰队[②]都已被摧毁殆尽之时一样。”本想离开的席勒又犹豫了，尽管父亲也建议他先走为上：“既然我已见到你们，或许是最后一次见到你们，我还能对命运抱怨什么，即便我们现在就要再度分离！”父亲本想在3月9日派辆马车过来，接席勒一家最后一次到访索里图德。但席勒在此期间已经改变了心意。他推迟了返乡之旅，在3月15日搬去了离危险较远的斯图加特，还将在这里住上两个月。他住在一个漂亮的花园洋房，这是一个让人沉醉的春天。席勒的病痛渐渐减轻了，在临近的博蒲瑟森林（Bopserwald）中散步；当年，他就是在这里给他的同学们朗诵《强盗》的。从父亲那里也传来好

① 指第一次反法联盟战争（Erster Koalitionskrieg, 1792~1797）。

② 西班牙“无敌舰队”是西班牙国王费利佩二世于1588年为征服英国、推翻英国女王伊丽莎白一世（Elisabeth I, 1533~1603）而创建的海军舰队，但在同年8月8日英西格瑞弗兰海战（Battle of Gravelinas）中遭到重创，150余艘战舰仅有43艘返回西班牙母港。

消息：他先前工作的地方得以保留，自己甚至被提拔为少校。如果阳光灿烂，席勒就会再次拿出《华伦斯坦》的手稿；心情大好时，他还宣布：只要敲定了剧情的计划，他就能在三个星期之内在斯图加特完成这部作品。在斯图加特，老朋友和新朋友们在他身边聚集成一个完整的圈子，其中就有当时的知名诗人弗里德里希·封·马蒂松（Friedrich von Matthisson）[①]——席勒之后会写一篇关于他的详尽评论；还有雕塑家约翰·海因里希·丹内克（Johann Heinrich Dannecker）[②]：他将会在这最后几周为席勒雕刻那座著名的半身像，其数不胜数的复制品正是19世纪席勒崇拜的组成部分。丹内克于1794年9月22日把第一尊浇铸件寄往耶拿，并附信说："真是奇妙，当我完成它时不再喜欢它，可现在却像个傻瓜一样深深地爱上了它。但我也得和你说，你的塑像会给人留下不可捉摸的印象：那些曾见过你的人都觉得完全和你一模一样；那些只从你的作品中认识你的人，觉得这一座塑像甚至比他们的理想所能创造的还要多。"席勒现在则开始逐渐习惯被当作经典作家对待，并在给丹内克的回信中说："我可以在它前面一连站上几个小时，不断地发现作品中全新的美。"这尊"无可比拟的半身像"也给席勒的父亲留下了深刻印象；他几乎想要把它买下来，但最后还是他身体里节俭的施瓦本性格占了上风："要是它只要两三个路易金币，我肯定很乐意出这笔钱，因

/ 381

---

① 弗里德里希·封·马蒂松（1761~1831），德国诗人，擅田园诗与风景诗。席勒于1794年9月在《文学汇报》上发表了《论马蒂松的诗》（*Über Matthissons Gedichte*），对其诗作评价颇高，并借此阐发了自己关于自然诗的美学理论。参见MA V，第992~1011页。

② 约翰·海因里希·丹内克（1758~1841），德国古典主义雕塑家，曾就读于符腾堡的"军事育才学校"，后任卡尔高等学校雕塑教授。他于1794年为席勒制作的半身像成为最重要的席勒塑像之一。

为我们由此获得的快乐是无法估量的。”[①] 在席勒去世后，丹内克以半身像为起点，完成了一尊纪念碑：“我想要把他神化！”

在1794年这个明快的春天，席勒与奋发进取的出版商约翰·弗里德里希·科塔（Johann Friedrich Cotta）开始建立起联系；日后，这种联系将会带来丰硕的成果。年轻的科塔学习过法学与数学，身处一个年轻艺术家与时评人圈子的中心，他1787年继承了父亲的图书事业，定下雄心勃勃的目标，要把这家成立于1659年、包括一个印刷厂的家族企业扩张成在德国独领风骚的出版社。席勒的毕业论文就是在这家印刷厂付梓的。有这样坚实的本钱，再加上他企业家的技巧、他的社交才华和他在智识上的好奇心，他用不了几年就实现了自己的雄心。他旗下的作家除了歌德和席勒，还有让·保尔、荷尔德林、奥古斯特·威廉·施莱格尔、路德维希·蒂克，以及黑格尔、费希特、谢林与洪堡。科塔想要进军报纸杂志市场，计划办一份日报。巧的是，席勒刚好又在考虑编一份新杂志，1792年10月就想为这个新计划争取他的出版商葛勋。“我原先的打算是出版一本有分量的双周刊，请德国最好的30~40位作家为我撰稿；我总是认为这个计划对您是最好的，您将会有一份人生的杰作；您将会也必然会因此成为德国首屈一指、最受人尊敬的出版商。”（1792年10月14日）可是葛勋没有接受这个提议，因为《塔利亚》在经济上失败后，葛勋对席勒的杂志计划始终抱有怀疑。1794年3月，在约翰·克里斯多夫·豪格的介绍下，席勒与科塔第一次见面；当科塔在这次会面中听席勒谈起他的计划时，他对于通过席勒吸引过来的众多大名鼎鼎的人物创立一个文学—哲学平台之愿景感 382

① Zit. n. Berger 1924, Bd. 2, S. 156.

到非常兴奋。在5月初的第二次见面中，他们一起远足去了下图克海姆（Untertürkheim）；途经卡棱山（Kahlenberg）时，葡萄酒与春日的阳光让他们的情绪充满着对未来的喜悦，于是二人立刻敲定了两个项目：一份日报与一份美学月刊。

席勒把这两项计划装进行囊，于1794年5月6日与洛蒂和孩子一起踏上了回耶拿的旅途。与父母的告别令人动容，因为他预感到自己不会再与他们相见，即便父亲在告别时表现出心意已决的样子，要在第二年骑着自家的马去图灵根，探望自己在迈宁根和耶拿的孩子。他打算通过卖自己关于培育树木的书挣足旅费，而席勒已经和科塔约定了出版这部著作。父亲的书的确在第二年出版了，但他的快乐只持续了很短一段时间：他病倒了，于1796年10月撒手人寰。

在9天的旅途后，席勒1794年5月14日到达耶拿，健康状况还算不错。他搬入了在下集市街（Am Unterem Markt）上的新家，正好与2月搬来耶拿的威廉·封·洪堡比邻。在莱因霍尔德被聘往基尔（Kiel）后，尚在施瓦本的席勒就开始运作，希望能让费希特被聘来接替莱因霍尔德的教席。费希特上门拜访了还在斯图加特的席勒；他之所以接受耶拿的聘书，也是因为他敬仰席勒，觉得与席勒一起在大学里发挥影响的前景颇具诱惑力。他对洪堡说，席勒“对哲学而言意义重大”，在他身上可以“期待哲学的全新时代”。①不过，费希特也足够自信地把这种“全新时代”与他自己的登场联系起来。而他在耶拿教学生涯的开始也的确像几年前席勒的入职讲座一样，成了当地的一件大事。“费希特现在就是耶拿的灵魂”，荷尔德林在给他的朋友诺伊费

① 语出威廉·封·洪堡于1794年9月22日给席勒的信。

尔（Neuffer）[①]的信中写道（1794 年 11 月）。

当费希特来到耶拿时，已经是个著名人物了。他哲学生涯的开始就是一声惊雷。

约翰·戈特利卜·费希特（Johann Gottlieb Fichte）生于1762 年，是一个手工匠人的儿子。在大学修习神学与法学之后，费希特首先成了一名家庭教师。他的一个学生想请他带领自己一探全世界都在谈论的康德哲学，于是费希特拿过了《纯粹理性批判》。他之前还因为这本书晦涩难懂而在其面前却步，可现在竟为之深深吸引，以至于他立马在 1791 年夏前往柯尼斯堡拜访那位伟大的哲学家。他遇到的是一位疲倦的老人，对他一副相当无所谓的样子；并不奇怪，因为当时已举世闻名的康德早已被崇拜者们包围。甚至近来还有女士们向这位声名远播的老处男寻求在生活窘境中的道德建议。和其他不少先生太太一样，费希特一开始也被打发回家。他在家中闭关 35 天，带着发了烧般的迫切写出一部作品，想要借此在大师面前自荐。这就是《试论一切天启》(*Versuch einer Kritik aller Offenbarung*)。这部作品给康德留下了如此深刻的印象，以至于他不仅邀请作者共进午餐，还为他介绍了一个出版商。1792 年春，此书出版，却是匿名——这违背了费希特的意愿。因为顾忌审查，出版商做事非常谨慎，同时也有商业上的考虑：在宗教问题上，公众等康德的最终结论已等了很久；而现在这部作品完全是按康德的精神写就的，以至于出版商预计读者会将之视为康德的作品并乐意购买。情况确实如此。在耶拿出版的《文学汇报》报道说：“借助

① 克里斯蒂安·路德维希·诺伊费尔（Christian Ludwig Neuffer, 1769~1839），德国诗人，曾于 1786~1791 年就读于图宾根神学院（Tübinger Stift），并在这里认识了荷尔德林，与之结下了友谊。

这一系列作品，这位柯尼斯堡的哲学家为人类做出了不可磨灭的贡献；每个人只要读过这些著作中的一丁点儿，都能立刻认出那本书（《试论一切天启》）崇高的作者。"[①] 康德随后在同一份报纸上感谢其恭维地将此作归在自己名下，同时解释说自己并非那位"崇高的作者"；这份荣耀应归属当时仍籍籍无名的费希特。因为康德的澄清，费希特一夜之间就成了德国最知名的哲学作家之一。

/ 384 席勒也同样立马读了费希特关于宗教的论著，并相信这本书出自康德之手。在给科尔纳的多封信中，他表达了对论著基本思想的同意：并非宗教创立了道德；恰恰相反，是道德创立了宗教。如果一种宗教的天启偏离了上述事实，就不能被视为真正的天启。道德自我的自律（Autonomie）是检测真理的唯一试金石。

初次登场就一炮而红让费希特极为振奋，于是大胆地试图重构迄今为止的整个哲学。他将康德的自由概念推向了极端。他在耶拿第一次讲授了《知识学》（*Wissenschaftslehre*）[②]；在这部书中，他从康德的名言"'我思'必须能够伴随着我的一切表象"[③] 推导出了一个全能之"自我"（Ich）的概念；这一"自我"将世界体验为其"本原行动"（Tathandlung）的惰性阻碍或可能质

① Jacobs 1984, S. 34.

② 1794 年，在歌德与席勒的推荐下，费希特被聘往耶拿大学任哲学教授；他立刻在当年冬季学期开设了"知识学"这一课程，首先出版了小册子《论"知识学"或所谓"哲学"的概念，作为参加作者关于这门科学之课程的邀请函》（*Über den Begriff der Wisseschaftslehre oder der sogenannten Philosophie als Einladungsschrift zu seinen Vorlesungen über diese Wissenschaft*）以吸引学生选课，并将自己在每节课前撰写的讲义编纂成书，即费希特的代表作《全部知识学的基础》（*Grundlage der gesamten Wissenschaftslehre*, 1794/1795）。

③ 参见〔德〕康德《纯粹理性批判》（B132），第 89 页。

料。费希特作为具有生命力的“自我”之使徒而登场。在耶拿的人们传说费希特曾要求课上的学生盯着对面的墙看。“先生们，请诸位想想那面墙，”费希特说，“然后再将你们自己设想为与之不同之物。”人们嘲讽般地可怜那些好学上进的学生们：他们成群结队地拥进费希特的课堂，却只能毫无头绪地盯着墙看，什么也发现不了，因为他们还没有意识到其自我。但费希特却希望通过这堵墙的实验将寻常的意识从其自我僵化与自我物化中解放出来，正如他常说的，要让人们把自己当成月球上的一块熔岩，比让他们视自己为充满生命力的自我要容易得多。

但不是所有人都一头雾水地坐在墙的前面。费希特雄辩的口才也让很多人心潮澎湃。人们还从来没听谁这样谈起“自我”这个奇迹。从他艰深的探究中，有一种独特的魔力发散到一个如此陌生又如此近在咫尺的世界。费希特希望能在他的听众中播撒成为“自我”的兴趣。他教导说，康德的出发点是作为给定之物的“我思”，但这样是不行的，人们必须先观察当思考“我思”时，在我们头脑中究竟会发生什么。“自我”乃是我们在思考中方才创造出的，而创造之力乃是我们体内不可追思的自我性（die unvordenkliche Ichheit）。思想的与被思想的自我在我们体内运动，构成行动的闭环，既包含思想又包含被思想之物，因此就不存在我们可依凭的确定存在，而只有这种能让我们思考的不可追思的运动。一切都活着，都在运动之中，我们思考着一切，更重要的是：我们在自身的生命力中感受着一切。世界从一个行动开始，而我们称之为“自我”的，也同样由一个行动而生。费希特可能会说：我创造了作为我的自己，因此我存在。

费希特从他的原则中得出的结论乍看之下非常吓人。他宣称："一切实在性的来源都是自我"①，因此"非我的一切实在性都只不过是一种从自我让渡过来的实在性。"②而自我给自我施加的阻力，也就是对象性，恰是自我向外投射的惰性。这种阻力也是"自我"所"设定"的，正如"自我""设定"自身一样：每一种限制都是隐藏的自我设限。是自我的物化给了外物力量，而倘若"自我"意识到自身，外物也会失去那种力量。如果将这些想法理解成要否定外在世界而坚持一种绝对的唯我论，它们必然会显得可怕。但在费希特那里并非如此。他当然认为存在着一个"外在世界"，只是——他会不厌其烦地指出这一点——这一外在世界始终与一个正在经历它的自我相联系。世界就是一切经验。而一个独立于我的经验的世界又是什么？不过是空洞的文字游戏罢了。这是因为人们若真要思考独立于"我"的世界，就会立刻将之变成"为了我"而存在的世界。因此费希特摒弃了康德的"物自体"。上承戈特洛布·恩斯特·舒尔茨（Gottlob Ernst Schulz）与所罗门·梅蒙（Salomon Maimon）对康德的批评③，费希特发展了自己的论证：当康德在《纯粹理性批评》的第二版中将"物自体"视为现象世界的原因时，他自己被"物自体"的概念蒙蔽了。这是因为正如康德自己所证明的，因果律原则只对现象世界成立，因此当他承认"物自体"这一非现象也具有因果性时，就犯了错误。"物自体"永远不能成为任何事物的原因，因此可被摒弃。为什么要用各种词语建构一个毫无意义的平行宇

① 参见〔德〕费希特《全部知识学的基础》（第 §4. C~2 节），王玖兴译，商务印书馆，1986，第52页。

② 参见〔德〕费希特《全部知识学的基础》（第 §4. E 节），第96页。

③ 戈特洛布·恩斯特·舒尔茨（1761~1833），德国哲学家；所罗门·梅蒙（约1753~1800），德国犹太裔哲学家；二人对康德的批评主要集中于如何在因果律不适用的情况下从"物自体"过渡到现象世界。

宙？所以只存在由自我构建的世界。“物自体”的确是不合情理之物。因此只留下了唯心主义的基本定理：世界是我们所设想的样子。自我规定不仅适用于道德，也同样适用于理论认识。不存在任何超越自我之专制主义之外的东西。

与此相连的是第二个令人畏惧之处，即人们会把这种作为每一段经验之前提的自我性与心理学上及日常口语中的“我”相混淆。这样一来也的确容易被人嘲笑。让·保尔说：“哎，如果每个自我都是他自己的父亲和创造者，为什么就不能也成为他自己的索命鬼呢？”①歌德和席勒尽管非常欣赏这位不羁的哲学家，但同样也会开他玩笑。当费希特陷入与学生社团的争执，学生们晚上冲他扔窗玻璃时，歌德在给他的部长同僚福格特的信中写道：“所以您看到了陷入极大窘境的‘绝对自我’，而大晚上很没有礼貌地飞来的窗玻璃，则是本已经‘设定’好的‘非自我’。”②席勒虽将费希特称为康德之后“这个世纪最伟大的思辨头脑”（致霍文，1794 年 11 月 21 日），可他也同时略带讥讽地给歌德写信说，这个世界对费希特而言“不过是个皮球，‘自我’把它抛出，又在反思时重新接住。他真可以就这样将他的神公之于众，正如我们最近所期待的那样”（1794 年 10 月 28 日）。费希特因为批评学生过量饮酒、夜晚喧闹和打架斗殴，与学生们发生冲突，当他因此在 1795 年不得不逃往近旁的奥斯曼施泰特躲一躲风头时，席勒就在给歌德的信中写道：“关于此地的新鲜事，我没有什么可以向您报告的；因为荒唐举止的最丰富的源泉已经随着吾友费希特的离开被封上了。”（1795 年 5 月 15 日）

人们对费希特的印象是两个极端。他让一部分人心潮澎湃，

① Jean Paul, Bd. 2, S. 74.

② Zit. n. Ziolkowski 1999, S. 206.

而另一部分人则对他非常愤慨；两派中都有那种成为“自我”的新兴趣的参与。“对有头脑的年轻人而言，那是一段危险的时期，”一位当年的亲历者在日后回忆说，“生活在各种极端之间摆动……非常激烈而紧张。”① 人们因而认为费希特的自我哲学应当对每一种极端负责，将他的自我哲学误解为对鲁莽轻率与自私自利的辩护。费希特虽然试图抵抗这种误解，却无济于事。那么，什么是对他的哲学的正确理解？

/ 387

在《致更广泛读者的关于哲学之本质的如白日般清晰的报告》（*Sonnenklarer Bericht an das größere Publikum über das eigentliche Wesen der Philosophie*, 1801）——该书有着醒目的副标题《一场强迫读者理解的尝试》（*Ein Versuch, die Leser zum Verstehen zu zwingen*）——中，费希特几乎绝望地拼命证明，自己绝不是为自私自利说话，而是要以自我主义的方式（egologisch）将“存在”付诸语言。他的论据是：只有当人们把整体当作自我来设想时，才能理解历史与自然生命进程的动力。驱动自然与历史的力量，与我们在自我之能动与自发性中所体验到的力量是同一种。费希特在这里大胆地将卢梭的想法推演到底，即“我”之所以能理解世界的开始与运动，是因为“我”自己在每个瞬间都可开始或运动。自我经历将我们引向作为自发性之宇宙的世界。“我在”是世界的公开秘密。在费希特看来，这一洞见就是那道耀眼的“闪电”，一直照亮到他哲思的终点。

这道“闪电”也来自法国大革命阴云密布的精神气象。费希特同样发表了一份捍卫大革命的宣言（四个公国的政府因此在将他聘到耶拿时曾有过一番犹豫），但他发挥影响靠的并不是

① Zit. n. Ziolkowski 1999, S. 206.

只有极少数人能理解的艰深的理论推导，而是掷地有声的词语，从中立刻能打造出通行的硬币，可以在“成为‘自我’”这个新兴趣的流通中使用。他促进了新一代野蛮人的青年崇拜，歌德在《浮士德》第二部中让他们口出狂言（这是他当时就写下的诗句）：“一个人过了三十岁，无异于行尸走肉。及时自杀，才是上策。”① 自然，这里有卢梭、天才崇拜和“狂飙突进”做的铺垫。人们正是在这种传统下学会了桀骜不驯、反抗社会习俗的自我中心。直到现在，那些划时代句子的号角般的声响听着依然激动人心：“只有我是这样的人。我深知自己的内心，也了解别人。我生来便和我所见到的任何人都不同。”② 这是卢梭《忏悔录》的第一句；还有维特的那句：“我回到我的内心，发现了一个世界。”③ 人们也想这样，如此唯一而又如此普遍，如此熟悉自己而又能如此掌握自己，并用这种力量点亮整个世界。

费希特大张旗鼓地将这个“自我”搬上了哲学的奥林匹
斯山，耸立在山巅的“自我”就像卡斯帕·大卫·弗里德里希 / 388
（Caspar David Friedrich）画中的那个人物，世界就在他脚下
展开④：多么精彩的风景！通过费希特，“自我”一词有了不可思
议的分量，只有之后尼采与弗洛伊德给“本我”（Es）所赋予的

① Goethe MA 18.1, S. 175. 语出《浮士德》第二部第二幕：“高拱顶、狭隘的哥特式书斋。”汉译参见《歌德文集》（第一卷），第 278 页。

② 语出卢梭带有自传性质的《忏悔录》（*Les Confessions*, postum 1782）第一部第一章，汉译参见［法］卢梭《忏悔录》（第一部），黎星译，商务印书馆，1986，第 1 页。

③ Goethe, MA 1.2, S. 203. 语出歌德《少年维特之烦恼》中维特 5 月 22 日的信；汉译参见《歌德文集》（第六卷），第 8 页，有改动。

④ 卡斯帕·大卫·弗里德里希（1774~1840），德国早期浪漫主义最重要的画家之一，其画作中常描绘人物背影，而画中人物则望向窗外与远方，象征对自然与无限的向往。原书作者在这里所设想的应当是弗里德里希的名画《雾海上的漫游者》（*Der Wanderer über dem Nebelmeer*, 1818）。

丰富意义才可以与之相提并论。大众化了的费希特成了主观主义与无限可操作性之精神的最重要的见证人。据说“创造”具有力量，听上去很让人兴奋。于是在18世纪的尾声，荷尔德林、黑格尔和谢林开了一瓶葡萄酒，坐在一起商量出了一种需要人们去“创造”的新神学之轮廓。这种新神学要上哪里去找？自然是在人自己心中。三人很有自信，提出了一个构造社会的全新理念，以此将异化了的社会机制转变为一种共同体式的生活。日后，他们会将这次振奋人心的聚会的记录称作《德意志唯心主义最初的体系纲领》（*Das älteste Systemprogramm des deutschen Idealismus*）。在这份被“创造”与“自我”那股塑造世界的精神所驱动的文稿中，有这样一句话：“第一个理念自然是关于我自身的观念，即将我自身设想为纯粹自由的存在。伴随着这个自由且自信的存在，一整个世界同时从虚无中升起，这是出自虚无的唯一真实也唯一可以纪念的创造。”①

那些如此强烈地确证其自我的人，总是觉得受到世界的威胁与限制，因为这个世界毕竟还是给自我发展的追求造成了相当可观的阻碍。“自我”必须抵御一个极其强悍的“非自我”的实存，甚至偶尔有在悲苦与疼痛中消亡的危险。年轻的荷尔德林在1797年11月2日给他哥哥的信中写道：“当世界的拳头落到人身上的时候，谁还能把他的心限制在这样美好的边界之内？在我们周围的虚无像深渊一样盯着我们，而社会与人类活动的千千万万件事情正无形、无魂且无爱地追逐着我们，让我们分心；我们越是受到这种虚无或千万件事

① Hölderlin 1970, Bd. 1, S. 917.《德意志唯心主义最初的体系纲领》是一段残篇，只有黑格尔誊写此文的手稿传世，于1913年被发现，1917年首次发表；但其建立在唯心主义体系哲学基础上的伦理学与美学却与谢林和荷尔德林的思想有若干接近之处。

情的纷扰，我们这一侧的抵抗就必须越激情、越激烈、越暴力……外在的困境与贫乏会让心灵的富足成为你的贫乏与困境。”“心灵的富足”要求行动及其力量的喷涌；阻碍与自控是致命的。在种种将他的自我带到世上的尝试的最后，是图宾根的塔楼；作为“高贵的装病者”也好，作为真正的病人也好，荷尔德林就是在这里隐姓埋名地度过了他生命的最后几十年。这个“自我”已经放弃，不再想要征服世界并将之作为它“本原行动”的舞台。而年轻的弗里德里希·施莱格尔正寻求接近费希特和席勒；与荷尔德林一样，在他身上的“自我”之感也同样从黑暗中涌现。他在给同在第一时间就成为费希特信徒的好友诺瓦利斯的信中写道：“我这个流落的人没有家，被赶入了无穷（我就是宇宙的该隐），必须得从自己的心灵与头脑中造出一栋屋子。”①弗里德里希·施莱格尔也感受到了“心灵的富足”，为它洗礼并命名为费希特式的“自我”；但与荷尔德林不同，他下定决心，不能让这种“心灵的富足”毁在否定他的现实世界手里。他将否定的力量拉到自己这边，自信地否定那否定他的一切。没有时间悲哀，荷尔德林献给逝去之物的哀歌不适合弗里德里希·施莱格尔；在《关于诗歌的对话》（*Gespräch über die Poesie*）中，施莱格尔将自己塑造成一个“乐意用他革命的哲学将毁灭扩大”的人。②当他写下这句话时，这种“革命的哲学”对他

---

① Zit. n. Arendt 1970, S. 19.

② 参见 Friedrich Schlegel: *Gespräch über die Poesie*, In: ders. Kritische Schriften. Hg. von Wolfdietrich Rasch, Darmstadt 1971, 第 473~529 页，此处参见第 478 页。《关于诗歌的对话》是弗里德里希·施莱格尔的诗学文论，1800 年发表于浪漫派的旗帜刊物《雅典娜神殿》第三卷中。

而言就是费希特的哲学。

费希特从1794年起入职耶拿，一直任教至1799年。有一段很短的时间，耶拿曾聚集着所有想要借助其“自我”一飞冲天的人。奥古斯特·威廉·施莱格尔在耶拿讲授文学，并为席勒的《季节女神》杂志撰稿。他的家会成为那场后世称为“耶拿浪漫派”（Jenaer Romantik）的青年运动的中心。路德维希·蒂克在耶拿；而已经成为魏森菲尔斯（Weißenfels）盐矿助理的诺瓦利斯也常来耶拿。克莱门斯·布伦塔诺（Clemens Brentano）[1]在这里学习医学，同时与善感而美丽的索菲·梅罗（Sophie Mereau）[2]套近乎；席勒视梅罗为她这一代最有天赋的女作家。荷尔德林也来了，为了离席勒更近，也为了聆听费希特讲课。谢林凭借那句名言“自我就是绝对不可物化的东西”自荐为费希特的信徒，从图宾根来到耶拿，并在90年代末拿到了教职。也不能忘了身居幕后的聪明女人们：多萝蒂亚·菲特（Dorothea Veit）[3]，摩西·门德尔松之女、弗里德里希·施莱格尔的伴侣；

---

① 克莱门斯·布伦塔诺（1778~1842），德国诗人，海德堡浪漫派（Heidelberger Romantik）代表，其文学语言充满游戏性，恣意不羁，尤擅童话。他与阿希姆·封·阿尔尼姆共同搜集整理德国各地的民歌，编辑成了著名的《男童的神奇号角》。

② 索菲·梅罗（1770~1806），德国女诗人，颇受席勒赏识，曾在其主编的《塔利亚》与《季节女神》上发表过多首诗歌。梅罗1803年与克莱门斯·布伦塔诺结婚。

③ 多萝蒂亚·菲特（1764~1839），德国女作家，启蒙主义哲学家摩西·门德尔松之女，18岁时便嫁给犹太商人西蒙·菲特（Simon Veit, 1754~1819），于1797年在亨莉埃特·赫尔茨的沙龙中认识弗里德里希·施莱格尔，很快与之结为生活伴侣，后于1804年在巴黎结婚；著有小说《弗洛伦汀》（*Florentin*, 1801）。

以及卡洛琳娜·施莱格尔（Caroline Schlegel）①，她正是在这几年中改嫁给了谢林。后来成为自然哲学家的亨里克·施特芬斯（Henrik Steffens）②也属于这个圈子，他在回顾往事时说："他们结成了亲密的联盟，事实上也的确属于彼此。作为外在自然事件的革命，以及作为内在绝对行动的费希特哲学所创造的一切，这个联盟都希望将之作为恣意游戏的纯粹想象继续发展。"③

耶拿浪漫派倾向于使用"创造性的想象力"（produktive Einbildungskraft）这个概念，以便明确他们所在意的是其"本原行动"的美学而非道德层面。这种"创造性的想象力"在康德那里让"统觉"（Apperzeption）的齿轮组能够持续运转，在费希特那里则完成了协助道德世界诞生的助产士工作，而在浪漫派那里则将成为"神圣想象力的原则"。但通晓艺术游戏的席勒却认为，这一切都实在太过头了。"幻想家背离自然天性仅仅是出于任性，"他写道，"为的是能因此更加无拘无束地顺从顽固执拗的欲求和变化无常的想象力……但是，正因为幻想放纵的不是自然而是自由，因而也就是说，正因为它源于一种就其本身而言值得尊敬的、能完美导向无限的禀赋，因而它也会走向无止境的境地，坠入无底深渊，最后只能以毁灭而告终。"④

---

① 卡洛琳娜·施莱格尔（1763~1809），娘家姓米夏埃利斯（Michaelis），德国女作家，曾积极追随法国大革命的理念，并活跃于1792年的美因茨共和国中。浪漫派领军人物奥古斯特·威廉·施莱格尔是其第二任丈夫，二人于1796年成婚。当施莱格尔于1800年底前往柏林后，卡洛琳娜与谢林之间擦出火花，她于1803年和施莱格尔和平分手，并在同年与谢林成婚。

② 亨里克·施特芬斯（1773~1845），德裔挪威哲学家、作家，认同谢林的自然哲学；后任教于柏林大学并于1834年出任校长。

③ Zit. nach Arendt 1970, S. 33.

④ MA V, S. 780. 语出席勒的名篇《论质朴与多情的文学》，汉译参见《席勒经典美学文论》，第448页。

但浪漫派觉得自己无需这种提醒。他们一直希望凭借其智识上的高超技艺超越自身，而也正是这种高超的智识把他们振翅高飞的风险呈现在他们眼前。路德维希·蒂克、弗里德里希·施莱格尔、克莱门斯·布伦塔诺——他们都对自己奋斗方向里的深渊有着敏锐的嗅觉，更从“虚无主义”（这个词就是在那个时代出现的）的危险中获得一种独特的享受。蒂克让他小说中的人物威廉·洛维尔高声呼喊：“与我一起飞翔吧，伊卡洛斯，飞翔着穿越云层，我们要像兄弟一般欢呼着冲向毁灭。”①如果有人批评他们太过“任性”，他们便会回答说：否则呢？任性是我们身上最好的部分。但让·保尔为了不至于身陷那群魔术师的学徒②之中，站到了席勒这一边；他在《美学预科》中写道：“现今的时代精神只是为了在虚无里的自由游戏空间中放空自我，就宁愿自私地毁灭世界和宇宙；从这种时代精神无法无天的任性中，可以推论，……它必然会轻蔑地谈论对自然的模仿与学习。”③他知道自己在说什么，因为他本人也乐于在诗意的自我提振与征服世界中沉迷。

在费希特的小圈子里，人们不光是轻蔑地谈论学习自然。根据费希特的推导，“自我”作为有目的之变化的力量，向下深
/ 391 入，直抵存在之基；有了这一理论的武装，人们也想要一窥自然

---

① Tieck, Bd. 1, S. 670. 语出蒂克的书信体小说《威廉·洛维尔》第三卷第31封信（威廉·洛维尔致罗莎）。

② “魔术师的学徒”典出歌德著名的同名叙事谣曲《魔术师的学徒》（*Zauberlehrling*, 1797），讽刺了那些学艺不精却想要出出风头，导致后果难以收拾的半吊子学徒。汉译参见《歌德文集》（第九卷），第46~50页，译名有改动。

③ Jean Paul, Bd. 5, S. 31.《美学预科，及莱比锡的几场关于现时代各派别的讲座》（*Vorschule der Ästhetik, nebst einigen Vorlesungen über die Parteien der Zeit*）是让·保尔作于1804年的三卷本美学文论。

的内部。谢林靠他的自然哲学用体系的方法尝试，而矿山工程师诺瓦利斯则信任他天才的直觉。“这条神秘的路通往内心”[①]，他写道，又如：“外在不过是升入神秘状态的内在”[②]；又如：“我们在世界中寻找草图，而这张草图却是我们自己。”[③]诺瓦利斯将审视自然“外在眼光”与“内在眼光”相对立：前者，如康德所教导的，必然会处处发现因果律；而后者则能领悟种种“类比”。这一“内在的”思维方式让我们“将自然或外在世界预想为一种人类的存在，它显示出，我们只能也应当像理解自己与我们的爱人，理解我们与你们一样，理解世界的一切”。[④]在这一类比方法的支撑下，诺瓦利斯勾勒了许多绝美的图像，例如他的那句：自然或许只是在看见人类时才石化成了山岩。诺瓦利斯所辩护的并非对自然事件的冷冰冰的分析，而是与自然交游的情欲。费希特那个也应作为自然之基础的“绝对自我”，在诺瓦利斯那里却成了一个“你”。而就像在爱人之间一切皆有可能一样，这里也是

① Novalis Bd. 2, S. 233. 语出诺瓦利斯于1798年发表在浪漫派杂志《雅典娜神殿》上的断篇《花粉》(*Blüthenstaub*)之十六，汉译参见〔德〕诺瓦利斯《夜颂中的革命和宗教：诺瓦利斯选集卷一》(以下简称《夜颂中的革命和宗教》)，林克译，华夏出版社，2007，第80页。

② 语出诺瓦利斯作于1798~1799年的《一般草稿——百科全书之材料》(*Das allgemeine Brouillon. Materialien zur Enzyklopädistik*) 第295条断篇，参见Novalis: *Das allgemeine Brouillon.* Hg. von Hans-Joachim Mähl, Hamburg 1993, 第53页。汉译参见〔德〕诺瓦利斯《夜颂中的革命和宗教》，第192页(断篇IX, 295)，有改动。

③ 这一断篇出自由施莱格尔和蒂克在诺瓦利斯去世后的1802年为其编纂的文集第二卷中《不同内容的断篇》(*Fragmente vermischten Inhalts*)，参见Novalis: *Schriften.* Hg. von Friedrich Schlegel und Ludwig Tieck. Zweyter Theil. Berlin 1802, 第278页。

④ 这一断篇同样出自诺瓦利斯文集第二卷中《不同内容的断篇》，参见Novalis: *Schriften.* Hg. von Friedrich Schlegel und Ludwig Tieck. Zweyter Theil. Berlin 1802, 第269页。

如此："我所要的，定能做到——在人类那里没有不可能的事。"①由于我们的身体是我们身边最接近自然之物，在诺瓦利斯的畅想中，我们爱的力量也应当扩展到身体之上。他在席勒病榻边度过的那许多个小时给他打上了深深的烙印；看着这位备受自己尊敬的人与死神搏斗，最终战胜死神，他写道，这种爱着自身自然的力量，也包括每个人都能成为"他自己的医生"，甚至或许能够"修复失去的肢体、仅凭意志自杀，由此才得到关于身体、灵魂、世界、生命、死亡与精神世界的真正解答。在此以后，是否赋予死者以灵魂，或许就全取决于他。他将强制自己的感官，创造他所要求的形象，并能够在最本原的意义上活在他的世界中"。②

谁像诺瓦利斯一样，把他的自我如此之深地沉入自然的非自我，就会在最后有一种奇特的体验：自然在他眼中不再像自我，他的自我反而像自然。他与他眼中的自我一起进入了"自然幽暗而诱惑的怀抱"，"可怜的个性在情欲一浪高过一浪的波涛中消解"③：这是出自《赛伊斯的学徒们》（*Die Lehrlingen zu Säis*）
/ 392 中的文字，而此文是在席勒《赛伊斯的蒙面像》一诗的启发下写成的。想要在各处重新找到、重新看见自身的"自我"，蓦然立于黑暗，陷入了自然深夜的那一面。一个阴影的国度在它心中升起。那块"无意识"的未知大陆，其轮廓开始清晰可见，它将成

① 参见蒂克于1846年新编辑的诺瓦利斯文集（第三卷）中的断篇补遗：Novalis: *Schriften*. Hg. von Ludwig Tieck und Ed. v. Bülow. Dritter Theil. Berlin 1846，第191页。

② Zit. n. Korff, Bd. 3, S. 253. 这一断篇同样出自诺瓦利斯文集第二卷中《不同内容的断篇》，参见Novalis: *Schriften*. Hg. von Friedrich Schlegel und Ludwig Tieck. Zweyter Theil. Berlin 1802，第300页。

③ Novalis, Bd. 1, S. 227.《赛伊斯的学徒们》是诺瓦利斯作于1798~1799年前后的哲学小说断篇，与他的大多数作品一样，都在他去世之后的1802年才由施莱格尔和蒂克编辑发表。

为一种新式好奇的漫游目的地。也不会有其他情况：谁想要如此强烈地感受并理解自身，就会很快发现不可定义与含混不清之物。但我们不清楚，究竟是黑夜在吸引那内心激动着的人，还是说是抒情方才呼唤出了黑夜；黑夜究竟是来自那不可言说之物，还是作为阴影伴随着语言的迷狂。无论如何，艾兴多夫在日后谈及并歌唱的那种内在“朦胧”，起源于“自我”的地下世界。乐观的18世纪一般总乐意揣测，在意识的地下室中有着所谓的“共通感”；但好奇者在“自我”的地下世界所发现的，却要多过可在“共通感”中流通的硬币。当科考探险正探查太平洋彼岸的荒野时，另外一批人则在研究我们体内的荒野。

成为“自我”的兴致让某些人在自己的荒野里陷得尤其深；他们中的一些人到头来会自己紧张过度。就仿佛是维特那声欢快呼喊——“我回到我的内心，发现了一个世界”——的忧郁回声似的，克莱门斯·布伦塔诺在1802年写道：“谁让我回到自我，就是在要我的命。”①

那些过度紧张的“自我”们总在寻找某种坚实之物。即便是“自我”的彗星波拿巴，最终也还是将自己固定在僵硬的皇帝头衔上。奥古斯特·威廉·施莱格尔在丰腴而多金的斯塔尔夫人（Madame de Stäel）②裙下栖身；弗里德里希·施莱格尔正准备改宗，投入天主教的怀抱；布伦塔诺也皈依了天主教。传统又热

① 语出布伦塔诺于1802年9月8日致阿希姆·封·阿尔尼姆的信。

② 斯塔尔夫人（1766~1817），欧洲著名女作家；因反对拿破仑而被迫离开法国后，曾于1803~1804年游历德国，对德国文学倍加推崇。她著有《论德国》（*De l 'Allemagne*, 1810），热烈赞颂正在兴起的德国浪漫派——二十余年后，海涅将在《论浪漫派》（*Die romantische Schule*, 1836）中以尖酸刻薄的笔调对其大加嘲讽。

门了起来，人们开始收集民歌和童话，“春夜里来落了霜”[①]，感谢上帝，人们不用什么事都亲力亲为，可以随波逐流，在来自远方的浪潮中游泳。人们只是寻求稳定的职位与稳固的关系。

热衷于“自我”的欢闹人群将会散去，就连费希特也会离开浪漫派的犯罪现场耶拿。但他还是那副老样子，他的号角还是在预告道德自我的末日审判。将来，他会在《对德意志民族的演讲》（*Reden an die deutsche Nation*）中再度大谈自我的重生，
/ 393 对整个民族呼喊：别再长久地忍受只当一个非自我了！

经常在耶拿逗留的歌德带着某种喜悦观察着年青一代活跃的一举一动。在他看来，这是一群天才，稍有些过于紧张；他认为他们正“处于边缘”，可能结局悲惨，而这会让他难过。但当弗里德里希·施莱格尔对每一个愿意听他讲话的人说，自己听到席勒的《大钟歌》几乎笑得从椅子上摔下来时，一个奥林匹斯之神就必须为另一个神出头，因为二人已经结下了最真挚的友谊。弗里德里希·施莱格尔被当头浇了一盆冷水，只能灰溜溜地跑去柏林，在那里又继续了一段时间他那自恋、讽刺而毫无敬意的营生。他在柏林创办的杂志《雅典娜神殿》（*Athenaeum*）原来要叫《海格力斯》（*Herkules*），这是为了表明，浪漫派的“自我”觉得自身已足够强大，可以清理这个时代的奥革阿斯牛棚。[②]

---

① Heine, Bd. 4, S. 371.《春夜里来落了霜》（*Es fiel ein Reif in der Frühlingsnacht*）是由德国诗人海因里希·海涅（Heinrich Heine, 1797~1856）搜集并改写的一首莱茵地区民歌。

② 《雅典娜神殿》是施莱格尔兄弟1798~1800年编辑出版的杂志，共6期，是早期浪漫派最重要的刊物。“海格力斯”即古希腊英雄大力神赫拉克勒斯（Herakles）在古罗马神话中的拉丁语写法。相传赫拉克勒斯完成了12桩伟业，其中就包括在一天之内清扫奥革阿斯（Augias）圈养着3000头牛的牛棚。今天，“奥革阿斯的牛棚”（Augiasstall）已成为一个修饰肮脏不堪之处的专有名词。

歌德与席勒之间的友谊，这桩近乎成了神话的德意志精神之大事，发生在席勒从施瓦本归来两个月之后的一个温和的夏夜。那是1794年7月20日。但在这桩大事之前，两人的关系又是怎样的呢？

在从意大利回国之后，歌德起初很难重新适应这个“雾蒙蒙的地方”。先前，他没有公务缠身，可以完全投身于艺术、爱情和自然研究。但回到魏玛，他遇到的是觉得自己受了屈辱、显得排斥而冷漠的施泰因夫人。1789年6月8日的信或许是二人间的最后一封。歌德在信中写道：“如果现在竟和身边最亲近的人有了一种恶劣的关系，人们就再也不知道自己应何去何从。”但事情倒也没有那么糟糕：歌德和克里斯蒂安娜·乌尔皮乌斯（Christiane Vulpius）①走到了一起，但二人的结合却激怒了魏玛的道德与礼俗的卫道士。他现在和克里斯蒂安娜同床共枕，一连几天都不下床。他创作着自己的“情色之作”，也就是《罗马哀歌》（*Römische Elegien*）②，但其中回响的与其说是已成过往的罗马情史，不如说是现在的魏玛情事。除此之外，歌德在处理公务之余还继续写他的颜色学，进行他的植物学研究，以及完成

---

① 克里斯蒂安娜·乌尔皮乌斯（1765~1816），歌德妻子，家境贫寒，曾做过女工；1788年认识歌德，1789年为歌德诞下独子奥古斯特（August von Goethe），1806年二人终于成婚，但魏玛上流阶层一直对克里斯蒂安娜持拒斥的态度。

② 《罗马哀歌》是歌德自意大利返回魏玛后创作的组诗，于1795年首次发表于席勒的杂志《季节女神》上。组诗描述了诗人如何通过情爱获得艺术体验，因此在发表时引发不小的争议。之所以命名为“哀歌”是因为诗作所选的形式是古希腊的哀歌体（Elegisches Distichon），即六音步双行诗。

他在意大利重写的《塔索》(*Torquato Tasso*)①。他计划将之收入《文集》的最后一卷。

“意大利岁月”的结束、第一部文集的筹备，以及独子奥古斯特（August）的降生，让歌德在1789年末有了一种生命转折点之感。此外，还有法国大革命。他在1790年3月3日给雅各比的信中写道：“你肯定可以想见，法国大革命对我也是一场革命。”在回首往事时，歌德写道，他花了“很多年”，才“用文学克服了这桩最最可怕的事件及其原因与后果”。对“这个无法忽视的对象的执着”，将他的“文学能力几乎毫无用处地消磨殆尽”。②事实上，法国大革命在歌德90年代的几乎所有作品中都扮演着重要角色：有时是作为明确的主题，例如在《被煽动者》(*Die Aufgeregten*)、《市民将军》(*Der Bürgergeneral*)或是《自然的女儿》(*Die natürliche Tochter*)中③；有时则是作为故事背景或问题的远景，例如在《赫尔曼与窦绿苔》(*Hermann und Dorothea*)④或是在《德国流亡者闲谈录》

① 《塔索》是歌德以意大利诗人托夸多·塔索（Torquato Tasso, 1544~1595）的生平为蓝本创作的戏剧，自18世纪80年代开始构思，在歌德从意大利归来后终于写成，发表于1790年。剧中描述了作为艺术家的塔索在宫廷中因为难以与人相处而陷入心理困境，在某种程度上隐射了歌德本人在魏玛宫廷的处境。

② Goethe, MA 12, S. 308.

③ 《被煽动者》是歌德未完成的一部政治剧，作于1793年第一次反法联盟战争期间；《市民将军》是歌德的一部独幕喜剧，于1793年5月在魏玛首演；《自然的女儿》则是歌德的一部譬喻式的悲剧，于1803年上演，其中人物除了女主角欧根妮（Eugenie）只有职位（如“国王”“公爵”等）而无具体姓名，剧中充满对法国大革命的隐喻。

④ 《赫尔曼与窦绿苔》是歌德于1797年发表的一部仿古诗体叙事作品，运用了荷马创作《伊利亚特》时使用的无韵六音步诗行（Hexameter），并以9位缪斯女神之名为各章命名。作品描述了青年赫尔曼在救助因法国大军的逼近而逃亡的德国难民时，爱上了背井离乡的少女窦绿苔的故事。

(*Unterhaltungen deutscher Ausgewanderten*)① 中。

但革命中是什么让他觉得如此“可怕”？

歌德并没有把自己固化在贵族或富有阶层的利益与视角上，他绝对注意到了令人愤慨的不公与剥削。在革命爆发前的几年，歌德在给克尼贝尔的信中曾写道：“但你知道，当蚜虫稳坐在玫瑰的枝叶上，把自己吸吮得又肥又绿，就会有一群蚂蚁从蚜虫身上吸出过滤过的汁水。就这样一直继续。我们已经到了这样的地步，上层一天所消耗的，总是比下层在一天中收集的要更多。”（1782 年 4 月 17 日）他虽然拒绝革命，却也不因此就要为旧制度辩护。关于 1792 年在法兰西的战事，他曾给雅各比写信说，“无论是贵族派还是民主派罪人之死”，他“都一丁点儿也不在意”（1792 年 8 月 18 日）。对歌德而言，革命的可怕之处并不在于古老的、可能存在不公与剥削的财产阶级体系遭到质疑。在他的革命喜剧《被煽动者》中有一个贵族妇女的形象，他之后会在与爱克曼的对话中将她称为模范贵族的代表：“她意识到，人民或许会遭到压迫，但不会被镇压，底层的革命起义只是大人物之不公的后果。”②

对歌德而言，革命的可怕之处在于这是一场社会与政治的火山喷发。他在革命之后的几个月潜心研究“火成论”（Vulkanismus）这一让他感到不安的自然现象，就并不是偶然了。与“火成论”相对的，是认为地球表面因为大洋而发生逐

① 《德国流亡者闲谈录》是歌德于 1795 年发表于席勒的《季节女神》上的中篇小说，仿照意大利作家乔万尼·薄伽丘（Giovanni Boccaccio, 1313~1375）的《十日谈》（*Decamarone*），记叙了一群因法国军队逼近莱茵河西岸而逃亡的人们互相讲述的故事。

② Goethe, MA 19, S. 493.

步变化的“水成论”（Neptunismus）。[①]渐进的东西吸引着他，而骤然与暴力之物则叫他厌恶，在自然或在社会中均是如此。他习惯于过渡，而非断裂；他是进化之友而非革命之友。但革命中的强力并非唯一吓到他的地方。一想到从现在起，“大众”（Masse）将不可逆地踏上历史舞台，也让他感到恐慌。但这难道不是人们所期望的？难道这不属于解放，不属于人们常挂在嘴边的那种启蒙式的“脱离自己所加之于自己的不成熟状态”？当然，如果政治成熟也能和大众一起掌权，的确是件好事；但事实并非如此。引导乃至诱导大众的，是煽动家、教条主义者，或是那些被歌德鄙夷地称为“革命人士”之徒。而且情况必然如此：因为大众易被诱惑，他们会因为一时冲动被轻易地领入自己一无所知的领域。政治处理的是普遍性，是社会整体的事务。这就必须以一种不仅追求个人私利，而且可为整体承担责任的思维方式为前提。但歌德认为，普通人无法抬高到这种视野，因此只能成为被煽动家操纵的乌合之众。普遍的政治化只会有利于谎言、受骗和自我欺骗。人们想要控制整体，却连自己也控制不了；人们想要改善社会，却拒绝从改善自我做起。理性在大众的迷狂中沉沦，而低级本能的释放却因此占了便宜。1793年席卷整个法国的国家恐怖为此提供了直观素材：大范围的处决、屠杀、对占领区的抢掠。“大众非抢不可，/然后才可尊敬，/他们的判断惨不忍睹。”[②]就算革命没有砍掉人的脑袋，革命的力量也足以让脑袋一团混乱。歌德认为公共舆论的政治化是灾难性的，他称之为对

/ 396

① “火成论”与“水成论”是地质学的两种基本假设。前者认为地表是由火山喷发后岩浆冷却而形成的，后者则认为地表是在大洋水位退却后逐渐浮出水面，再经风化与堆积等地质作用之后形成。

② Goethe MA 9, S. 137.

“好谈国事”的普遍鼓励。那些在报纸或酒馆常座上高谈阔论的人对政治事件毫无影响力，他们对这些事件无休止的聒噪和争论让歌德难以忍受，而革命之友们对德国政治实情的诡异误判更让他感到气愤。他曾在《法兰西征战》中写道：“遗憾的是报纸从各个地方扑面而来，它们现在是我最危险的敌人。”（1792年8月18日）王侯批评者们的虚伪令他愤怒，因为这批人恰是王侯统治的既得利益者。他曾对近来被他视为这样的伪善之徒的赫尔德说：“我现在支持的是我仁慈的君主的原则，他给我吃的，因此我的责任就是和他有一样的观点。”① 这是在不怀好意地针对赫尔德，也是在自嘲。政治观念如果超越了自身的经验与责任，就没有任何用处；人们不应该相信这些观念，即便这是他自己的观念。“我们对公共事务的参与大多数时候只是庸俗。”歌德说。②

歌德对革命的拒斥是在表达他的下述观点：在逐步开启的大众时代，普遍政治化将会导致对远与近之感知的一种根本性紊乱。他在《威廉·麦斯特的学习时代》中写道：“人生在一个有限制的境遇里，简单的、附近的、确定的目的他是能够理解的，他习惯于利用手头现成的方法；但只要他一来到生疏的地方，他立刻就既不知道他愿意做什么，也不知道他应当做什么了，无论是由于大量的事物使他精神涣散，或是由于这些事物的高大和危险他被弄得魂不附体，这对他都是一样的。他被引诱，努力去追求一件事，而他又不能通过循规蹈矩的主动性达到目的，这永远

① Boyle 1999, Bd. 2, S. 251.

② Goethe MA 17, S. 712.

是他的不幸。”[①] 针对《被煽动者》中的政治激情，歌德祭出了从限制的力量中成长起来的对个体个性的塑造。由于我们无法把握整体，远方又使我们分心，因此每个人都应当将自己塑造成某种整体——这就是歌德的座右铭，因此才有：“就让人格成为 / 尘世子民的至福。”[②] 在这个几近反叛式的人格理想内，还藏着在服务生命时的那种精妙的淡漠；这正是尼采赞美歌德之处，也是他普罗米修斯式的塑型之力的一部分。这种塑型之力来源于生命的方程：将世界吸收并化为己有，但只接纳人可以吸收的部分。由此可得：要不留情面地把“不够格”的东西挡在外头。即便有抵抗与划清界限的姿态，歌德的世界与生活始终保持得足够宽广。

这种抵抗可以非常激烈而极端。例如，歌德完全无法与死亡和解。他认为死亡是不文雅的。看到诺瓦利斯故弄玄虚的死亡崇拜，他只能摇摇头，认为这些年轻人是在浪费他们的全情投入。他自己无论如何也不愿承认死亡对他的思想有任何权力，不参加任何葬礼，在任何一个将死之人的病榻边都找不到他的身影。封·施泰因夫人的灵柩必须避开圣母广场（Frauenplan）上的歌德的宅子。封·施泰因夫人出于内心的礼貌，自己就这样安排好了。当克里斯蒂安娜去世时，有些病恹恹的歌德把自己关在屋子里。而在席勒离世时，他有一整个星期没有离开屋子半步。用“压抑”的概念无法描述这一举止，因为他身上没有丝毫狭隘或局促之处；他果决地划定了他的圈子和界限。他要求在一切可

---

① Goethe MA 17, S. 408. 语出歌德《威廉·麦斯特的学习时代》的第六部《一个美的灵魂的自述》，汉译参见《歌德文集》（第二卷），第 381 页。原书作者误以为出自《威廉·麦斯特的漫游时代》，已更正。

② Goethe MA 11.1.2, S. 76.

能对他有影响的事务上拥有共同决策权，自行决定什么与他相关——这就够多的了。歌德确实有着全方位的教养，他可以嘲笑那些自诩博览全书的人，以及那些热衷评判但评判却软弱无力的人，也就是那些煽动舆论之徒。能够克服分心的只有收心。不是每一种好奇都能博得掌声。他所偏爱的好奇，会绕行一条通往世界的弯路来让我们了解自己。歌德不单是作为一名自然研究者追求着一种不至于让我们失明失聪，而是可以在体内与生命中塑造的真理。这并非意味着内在化。他写道，那种“听上去相当重要的任务——‘认识你自己’”，在他看来“始终很可疑”。谁只寻找自己，就无法找到自己。“针对外在世界的行动”是必要的，而平静、详细的观察也同样如此：“人只有理解世界，才能理解自身……每个新事物若能好好观察，就会在我们体内开启一个全新的器官。”① 重点在于“好好观察”；这就指向了一种与现实的关联，它比煽动起来的混乱舆论要包含更多的世界。

虽然歌德也无法完全免于政治化的时代精神的影响——他毕竟还是给儿子奥古斯特买了一个玩具断头台——但他却下定决心，在他对自然研究的平和观察中寻找逃避纷扰之处。1791 年 6 月 1 日，他写信给雅各比说，他对光学和颜色学的依赖每天都更加紧密，也“意识到自己将来可能完全只研究这两门学科”。不过事情倒也并非如此。他不愿与艺术和文学一刀两断：在自然研究之外，它们是歌德抵御群情激愤的时代精神的第二道防线。“美学的快乐让我们挺直腰杆，”他带着挑衅的讽刺在给抱有雅

① Goethe MA 12, S. 306.

各宾派思想的作曲家兼杂志主编莱夏尔德[①]的信中写道，“而几乎整个世界都屈服于政治。”[②]他还有另一位熟人住在离法国不远、同样躁动不安的特里尔（Trier）；歌德告诉他：“我们比任何时候都需要那种只能从缪斯那里获得的精神的克制与平和。”[③]当他重新开始创作先前搁笔的小说《威廉·麦斯特的学习时代》时，他在1793年12月7日写信给克尼贝尔：“我现在正在思考并决定自己来年要从什么工作开始，人必须把自己强行钉在什么事上。我想，这会是我原来那本小说。”

但他依旧保持着和席勒的距离。上文已经提到，他对席勒的《论秀美与尊严》并不感冒。不过，他倒是在此期间与1794年2月为了席勒迁来魏玛的威廉·封·洪堡结下了友谊。洪堡尝试了各种方式以让歌德对尚在施瓦本逗留的席勒有些好感。然后还有费希特，他在席勒之前现身魏玛，说了许多称颂席勒的好话。

这也对歌德产生了影响，因为他毕竟对赞美席勒的费希特很有好感，几乎是充满爱意地把他称为“一个奇妙的怪人”。当费希特头一回造访圣母广场边的歌德家时，根本不等把帽子和手杖放下，而是把外套往最近的桌上一丢，就立马与歌德深入地 / 399 攀谈起来。歌德感到不知所措，但也同时对这种严肃而振奋人心、毫不在意任何规矩的激情印象深刻。他让印厂给自己送来了《全部知识学的基础》的头一张全开书页，立马读了起来，并给费希特写信说：“这其中没有任何我不懂的东西，或者至少我

① 约翰·弗里德里希·莱夏尔德（Johann Friedrich Reichardt, 1752~1814），德国作曲家，曾是法国大革命的坚定支持者，但后期转向浪漫派与民族主义，自1796年起编辑出版杂志《德意志兰》（*Deutschland*），刊发浪漫派作家的作品与文论。曾为歌德的多首谣曲谱曲。

② Zit. n. Boyle 1999, Bd. 2, S. 249.

③ Zit. n. Boyle 1999, Bd. 2, S. 249.

认为自己都能读懂；也没有任何东西不与我习惯的思考方式相联结。”（1794 年 6 月 24 日）费希特不必把这当成客套的表扬，因为在和歌德的一番长谈之后，他向妻子汇报说：“最近……他如此简要而清晰地为我阐明了我的体系，我自己也不能说得更加清楚。”①他们免不了对第三人有些小小嘲弄，但也还都处于友好的界限之内。歌德把费希特的作品寄给雅各比，并附言：“亲爱的非自我，希望你偶尔能向我的自我透露一些你的想法。祝好，问候你身边所有可爱乖巧的非自我们。”（1794 年 5 月 23 日）

歌德最先提及的竟是费希特的哲学，这已经让人很惊讶了。他在给费希特的信中写道，他明白自己要感谢他：“正是您，使我终于能和那些我无法割舍却又永远无法与之合一的哲学家们和解。”（1794 年 6 月 24 日）费希特的哲学中，让他喜欢的是对行动、追求与塑造的热烈强调。他宁愿接受极端的主观主义，并为了自己的目的将之温和化。在他的颜色学中，便流露出了第一批痕迹。他更重视颜色感知的生理学，正如他开始赋予主观性更多空间。就是在这一时期，他将以下原则收入了他的《格言与反思》（*Maximen und Reflexionen*）：人们必须始终扪心自问：“在这里是谁在说话？——是你所观察的对象，还是你自己？”②

歌德与哲学的接近，也使得他自我感觉缩短了与席勒的距离。这一点，再加上他想要将反抗政治胡闹的美学圈子锁得更紧的愿望，就创造了有利条件，让歌德于 1794 年 6 月中旬收到的

① Zit. n. Boyle 1999, Bd. 2, S. 260.

② Goethe MA 17, S. 827. 准确地说，《格言与反思》是爱克曼在歌德去世后，将歌德于多部作品中写下的格言搜集成册并于 1833 年发表的箴言集。这里所引用的格言出自《威廉·麦斯特的漫游时代》第二部尾声的格言集《漫游者的观感》（*Betrachtungen im Sinne der Wanderer*），汉译参见《歌德文集》（第三卷），第 308 页。

那封信得以产生积极的效果。那是席勒的邀请信，邀请歌德加入新创刊的杂志《季节女神》的编委会。“阁下决心参加进来以支持这一事业，这必将对杂志取得圆满成功产生举足轻重的影响。我们欣然接受您答应我们参加合作的附带条件。”（1794 年 6 月 13 日）①

/ 400

席勒与科塔在春天敲定的两项计划，只有《季节女神》杂志这一个项目保留了下来。席勒一开始在编辑出版一份日报这一科塔最爱的计划前打了退堂鼓。这计划在经济上可能很诱人，但席勒担心它会让自己完全无暇顾及美的文学。此外，他还与一份名为《欧洲诸国汇报》（*Allgemine Europäische Staatenzeitung*）的刊物保持距离。席勒在 6 月 14 日给出版人的信中告知对方，他对编辑一份政治刊物感到力不从心；他会在错误的地方毁掉所剩无几的健康，而更好的办法是把他余下的力量集中到一份美学期刊上来。这是他熟悉的领域，席勒写道，他会“怀着兴趣与内在使命感”创造出前无古人的成就，也就是聚集起“全国上下第一流的头脑”。

一种作为对革命法国的“政治民族”之回应的“文化民族”理念，正是在此初现雏形。在公开的邀请函中——席勒将之作为给歌德的信的附件——这一理念得到了更加清晰的表达：“德国人的文化还没有发展到这样的地步：那些最优秀人物所喜爱的书籍能在每个人手中找到。如果现在全民族最顶尖的作家都共同加入一个文学协会，他们就能由此统一先前四散于各处的读者，而所有人都出了一份力的作品，也将吸引整个读书界都成为它的读者。”②席勒所设想的是一场高水平的精神会集运动，而事实上，

① 汉译参见《歌德席勒文学书简》，第 1 页。

② MA V, S. 868. 汉译参见《歌德席勒文学书简》，第 2~3 页，有较大改动。

邀请信也发给了所有那些有地位和名望的作家、政论家和哲学家。大多数人都给予了肯定的答复，甚至远在柯尼斯堡的年迈的康德也说可能会在将来投稿。而为了这一计划必须把歌德争取过来，则是不言自明的事。以席勒为核心的编委会团体包括威廉·封·洪堡、费希特和最近被聘到耶拿的历史教授沃尔特曼①。

席勒严肃地提出了一个“文学公共领域”的理念，因为邀请函中纲领性的承诺也要求了一种文学风格。杂志将“详细探讨一切可以用审美和哲学精神论述的问题”。②席勒希望让他秀美与/ 401 尊严的理想在杂志上起效，因此文学上的消遣应当有品位，而学术内容应有思想；无论是单纯的娱乐还是僵化的掉书袋都应被拒之门外。令歌德特别有好感的，可能是像他一样厌烦政治的席勒决定《季节女神》应对所有其他领域开放，唯独政治除外：“而尤其是涉及国家宗教和政治状态方面的内容，本刊概不采纳。”③虽然歌德本人在他给《季节女神》的稿件中并没有遵守这一原则，而席勒最初发表在杂志上的《审美教育书简》也同样指向政治，但二人眼下都感到某种政治节制将会对精神生活有很大好处。

歌德在几天之后才给了答复。虽然他立刻就意识到这是个大好计划，不光可以在整体上给文学生活，同样也可以给自己的创作以新的刺激；而席勒与他接近也让他高兴——他对夏洛蒂·封·卡尔普说，席勒“对我们魏玛人越来越友好、越来越信

---

① 卡尔·路德维希·沃尔特曼（Karl Ludwig Woltmann, 1770~1817），德国历史学家，1794 年出任耶拿大学编外教授，除了为《季节女神》供稿外，还与席勒一同编辑《历史回忆录全集》。

② MA V, S. 867. 汉译参见《歌德席勒文学书简》，第 2 页。

③ MA V, S. 867. 汉译参见《歌德席勒文学书简》，第 2 页。

任”——；可他还在犹豫，因为他预感到（按他两个月之后的说法）这是他生命中全新“时代”的开始。他谨慎地起草了他的回复——有多份书信草稿得以保留——融合了外交辞令与坦然自白：“我将欣然地、全心全意地加入这个团体。如果在我还未付印的文稿中有什么适宜于在这样一本刊物上发表的东西，我将乐意告知您；而与这项事业的创办者那样正直勇敢的人物有进一步的结合，必定会使我某些已经停滞的工作得以充满生机地重新开展。”（1794 年 6 月 24 日）①

这是歌德写给席勒的第一封信。席勒为自己的计划赢得了一位如此大名鼎鼎的合作者而欣喜不已。但他不知道的是，自己也即将因此赢得一位无与伦比的好友。

① 汉译参见《歌德席勒文学书简》，第 4 页，有改动。

/ 第十九章

歌德与席勒：幸运的事——溶解性的美与振奋性的美——《审美教育书简》——岌岌可危的是什么——歌德与席勒，质朴与多情——半人马

在席勒的争取下，歌德于1794年夏同意参加《季节女神》的编辑工作。7月20日星期天，歌德造访耶拿，他下午要在自己不久前参与创建的“自然研究会”（Naturforschende Gesellschaft）上听一场关于植物学的报告。席勒虽对这个主题并不太熟悉，但也出现在了现场。外头很炎热，而举办活动的老城堡里却很凉爽舒适。在讲座之后是短暂的座谈，然后挪椅子，闲聊的人三五成群，继而起身离开，此时外面夜幕已经落下，因为演讲人的报告又冗长又无聊。回顾往事，歌德于1817年在题为《幸运的事》一文中描述了与席勒的相遇以及二人的第一次长谈：“机缘巧合，我们两人同时从里头走出，于是便攀谈起来；他看上去对演讲的内容很感兴趣，但非常理智而敏锐地评论道，这样一种支离破碎的探讨自然的方式，绝不能强加给热衷于加入讨论的外行人。我深以为然，回答说：……毕竟还有另一种方式，不是孤立而单独地研究自然，而是呈现一个活动着的、有生命力的、力求从整体进入局部的自然。他希望在此问题上能得到启发，却毫不掩饰他的怀疑，无法承认可从经验中得出我所声称的情况。我们走到了他家，谈话吸引我踏进了门；于是我生动地讲述了植物变形学，用勾勒出特征的几笔，在他眼前画出了一株象征植物。他怀着极大的兴趣和深刻的理解力端详着这一切；但当我完成后，他摇摇头说：这不是经验，这是个理

念。我一时语塞，甚至有些不快：因为这一句话就严格地标明了我们两人的分歧。我又想起《论秀美与尊严》中的论断，旧怨几乎又要泛起，但我控制住自己，回答说：不知不觉就有了理念甚至亲眼见到了理念，这倒让我很高兴。席勒比我更世故也更懂礼数，又因为《季节女神》……宁可拉拢而不是排斥我，于是像个受过教育的康德信徒作了回应。而当我固执的现实主义又产生不少引发热烈反对的契机时，我们就相互争论，直到最终鸣金收兵……第一步已经迈出，席勒有极大的吸引力，他把一切靠近他的人都牢牢地留在自己身边……；他的夫人，我从她小时候起就一直喜欢她、欣赏她，而她也为我们长存的理解做出了她的一份贡献；双方的朋友都为我们开心。于是我们就这样通过一场主体与客体间或许永远无法调停的大战订立同盟，这同盟不断延续，对我们和他人都有过良好的影响。"①

对歌德而言，这是一场关于自然的对话；而对席勒而言则是关于艺术的。"我们六周之前曾就艺术与艺术理论有过一场长时间而广泛的对话，互相交流了我们以不同途径所取得的主要观念。在这些观念间出现了一种意想不到的共鸣，又因为它确实是从视角的极大相异中得出的而显得更为有趣。一个人可以给另一个人他所缺乏的，也会因此有所收获。自打这段时间以来，这些播撒出去的理念就在歌德那里生根发芽，他现在感到有同我结交的需求，与我一起继续他之前无人鼓舞、只能独自前行的道路。"（致科尔纳，1794 年 9 月 1 日）

奇怪的是，席勒直到数周之后才和他的朋友科尔纳讲述了他和歌德的这次见面。为什么没有立马告诉他？是因为席勒想要

① MA 12, S. 88f.

故作冷静，不给人留下他已得偿所愿的印象？再让我们回想一下
席勒在 1789 年 2 月定下的计划。当时的他曾给卡洛琳娜写信说：
“如果每个人都能用上他全部的力量，就不会被他人忽视。这就
是我的计划。如果有一天我的处境能够让我全部的力量发挥作
用，他和其他人就会认识我，正如我现在认识他的精神一样。”
（1789 年 2 月 25 日）显然，这个“处境”就是现在了。在席勒 / 404
的感受中，是歌德向他靠拢。他对此的心满意足释放了压抑。增
强的自信使他能够让自己的所有力量都发挥作用，以至于现在连
歌德都敬佩地谈起了席勒“极大的吸引力”。

初次见面两天之后，威廉·封·洪堡请歌德和席勒一同来吃晚餐。在餐桌上，他们讨论了《季节女神》的计划，而席勒还阐发了他在《卡里亚斯》通信中的观点。头两次见面的友好气氛，鼓动席勒在 8 月 23 日写下了那封著名的信；歌德用深受触动的语言给他回信说：自己从来没有收到过比这封信更令人愉悦的生日礼物，“您在来信中用友好的笔触总结了我走过的人生道路，并热情洋溢地鼓励我不懈努力、勤勉耕耘”（1794 年 8 月 27 日）。①

在那封信中，席勒用大胆的笔调为歌德勾画了一幅精神肖像，同时准确地描述了二人的不同。歌德，席勒写道，信任感官印象与直觉。他观察的目光“那样平静、纯洁地落在事物之上”，永远不会有误入抽象之歧途的危险。想象力在运转，但依附在客体之上，因此不会迷失，而是发现现象世界的富足。歌德走的是从特殊到普遍的道路，而席勒则恰好相反，是要用抽象的理念把握普遍，然后在直观的素材中重新发现它，因此是从普遍

① 汉译参见《歌德席勒文学书简》，第 9 页。

降入特殊。当然，思想可能会与经验相左，反之，知觉与观察的进路偶尔也无法达到思想上必要的澄明。如果如此相异的精神能够互相倾听、互相帮助，就可能实现互补的幸运瞬间。“如果前者用纯洁而忠实的感官寻找经验，后者用自主而自由的思想之力寻找法则，那么二者绝不可能不在中途会师。”① 但人们不能低估实现会师的前提。二者都必须“天才地”开展他们的事业；这样
/ 405 一来，一个人直觉般地在个体内创造出属于种属的内容，而另一个则在种属中遇见个体的生命。

当席勒写歌德时，总是同时在谈自己。他通过把自己塑造成与歌德相辅相成的形象，显出已有足够自信声称自己也具有天才的特质。二人交会处是个中点，但人们需在顶峰寻找。可他们要如何互相把对方带上高处？很简单，席勒会帮助歌德“用法则纠正情感”②；而歌德则会保护席勒免于抽象的危险，激发他的知觉并使他对具体事物的感知更加敏锐。歌德会把席勒当作意识的镜子，而席勒则会从歌德身上学会对无意识的信赖。两个半圆便合成一个圆圈。至少歌德是这样理解他们的相互关系的。他的遗稿中有一份关于他与席勒友谊的笔记，其中写道：“但罕见的是，人们就像是对方的另一半，不是互相排斥，而是互相结合、相互补充。” ③

歌德肯定了席勒为他勾勒的肖像；席勒在他身上看到了直觉的天才，让他做了如下略带反讽的评论：“您的关注对我的益处会有多大，这一点您不久自己就会看出来。进一步认识以后，您会发现，我身上有一种晦暗不清和踌躇不决的特性。”（1794 年

① 参见席勒 1794 年 8 月 23 日致歌德的信，汉译参见《歌德席勒文学书简》，第 7 页。

② 参见席勒 1794 年 8 月 23 日致歌德的信，《歌德席勒文学书简》中略去了这一段。

③ Goethe MA 14, S. 581.

8 月 27 日）① 歌德懂得利用席勒的明晰，但还是要自己决定要保留多少“晦暗”。太过一目了然也可能是坏事；存在着一种多产的对自己与他人保持神秘的方式。在创作《威廉·麦斯特》时，歌德将会让席勒看到自己手中的牌，他会一边写作，一边与席勒探讨这部作品，并详尽地研读席勒关于《麦斯特》的来信；但他会在几个星期之内就写完《赫尔曼与窦绿苔》，然后将之作为一部大功告成的作品展现在惊讶得不能自已的席勒面前。前一回他想从席勒的澄明中获益，而后一次则要保护他自己的“晦暗”；至于“踌躇”，他虽然会收到席勒时而相当烦人的催促，却不以为意。他只在意自己生活与创作的节奏。

在他对那封伟大的“生日来信”的回复中，觉得如此被人理解的歌德表达了他的愿望，希望自己也能更好地理解席勒。双方关系的对称其实要求歌德也尝试画一幅席勒的肖像，但他写道：“如今我可以提出要求，我要通过您本人来了解您的精神历程。”（1794 年 8 月 27 日）② 席勒肯定更希望从歌德的评判中看到镜中的自己，然而现在却被要求做自我阐释。他倒也欣然应允。他即刻提笔回信，不过他在 8 月 31 日给歌德的回信中所描述的与其说是他精神的“历程”，不如说是精神的解剖结构。席勒的句子是史无前例的精准，就仿佛他要以此证明，没有批评家能比得上他自我批判的那种清晰洞见。“因为我的思想圈子较小，所以我能更快也更频繁地跑完这个圈子，因此也就可以更好地利用我手头不多的本钱，用形式创造出内容所欠缺的多样性。您要致力于简化您那宏大的理念世界，而我则要为我小小的财富寻找多样化。您得统治一个王国，而我只掌管一个成员稍多的概念家族，

① 汉译参见《歌德席勒文学书简》，第 10 页。

② 汉译参见《歌德席勒文学书简》，第 9 页。

发自内心地想将之扩展为一个小小的世界。”①

人们发现：席勒虽应歌德的请求描述自己，却不能不始终把自己与歌德相比较。他认为，歌德取得了“最高”的成就：广阔的经验范畴、为数众多的概念，最主要的是“把他的直观普遍化并使他的情感成为立法者”②的那种自信。但席勒却做不到。他所擅长的是另一门艺术。他可以凭思想统御甚至创造感觉。一个典例就是席勒的热情，那种情感强烈的兴奋主要并不源自感觉，而是源自思想。在席勒看来，热情是某种让情感一同振奋的思想之物。但自发地为生命立法的情感，其魔力对席勒而言却是陌生的。可它真的是他无法企及的“最高”成就吗？在他的美学理论中，席勒将成为“立法者”的情感描述为“溶解性的美”；但在那里，这种“溶解性的美”却显然不是最高的东西。这一最高的地位属于“振奋性的美”③；在这种美中，是精神为情感立法。席勒正是以“振奋性的美”比照自身，向之努力，并相信自己比歌
/ 407 德更与之接近。因此，所谓歌德更懂得“把他的情感变成立法者”的说法，实际上隐藏着没有明说的两面性。席勒承认歌德所达到的“最高”成就，虽然在他看来并非最高，但到底值得因此而羡慕歌德：即没有目的，也不必费劲地折腾概念，就能施展一个人随性的、卡里斯玛式的力量；这样的一个人平静地活在他的直观与感觉之中，遵循着他的直觉，在他身上，力量不用刻意争取。然而席勒，他的一切必须全靠自己创造，包括他

① 参见席勒 1794 年 8 月 31 日致歌德的信，汉译参见《歌德席勒文学书简》，第 14 页，有改动。

② 参见席勒 1794 年 8 月 31 日致歌德的信，汉译参见《歌德席勒文学书简》，第 14 页，有改动。

③ 关于“溶解性的美”与“振奋性的美”这一对概念的区分参见本书第十六章。

的力量。歌德的存在之轻在席勒看来有不可承受之重。在这段友谊的最初几封信中，远远还能听见早年旧怨的回响。“这个人哪，”席勒在3月9日给科尔纳的信中写道，“这个歌德曾挡过我一次道，一而再再而三地使我想到命运让我有多么艰难。他的天才是多么轻盈地被他的命运托举，而我又得如何战斗到这一分钟！”现在，席勒已把这场“战斗”神化为“振奋性的美”，并以此与歌德“溶解性的美”相对而立。或者说是——相向而行？

席勒足够具有自我批判精神，知道他的能量有时还缺乏秀美，因此才提出那句名言：他还“飘摇”在“技术思维和天才之间”。技术是从思想中推导出的艺术技巧：精心设计的规则；而天才则是自定规则的自然。席勒清楚他还需要学习什么：振奋性的精神必须更好地倾听情感，不是为了让自己被拉去情感那一边，而是为了不用强力便将情感运用于自身的目的。二者的平衡已在理论上找到，却尚未在实践中实现。“因为通常，”席勒写道，“在我理应哲思之际，诗人的我便仓促上阵；而在我理应创作之时，哲学思维便又捷足先登。”富于情感的想象力与思维强健的抽象仍处于矛盾之中，但席勒却把宝押在思想的能量之上，认为它会调停这一矛盾。思想必须限制自身并以此给予情感空间。思想既陷于这场争论，却又高于它。它既是当事人又是裁判，是这场论战的主宰。如果他能成为情感与思想的双重力量的主宰，“以至于可以通过我的自由给每一股力量划定界限”，那就还能有一种美好的命运在等待着他。①

/ 408 如果没有那场重病，一切都会很美好。当他正学习正确地运

① 本段所引均参见席勒1794年8月31日致歌德的信，汉译参见《歌德席勒文学书简》，第14页，有改动。

用精神力量时，病痛正在摧毁他“肉体的力量”。随后紧接着的一句话，让歌德尤为珍惜，因为这句话如此完美地将他朋友的英雄主义与振奋性的美呈现在他的眼前：“我恐怕很难再有时间在我内心实现一场伟大而普遍的精神革命，但我必将竭尽全力，待到大厦终于倾覆之时，我多半已将值得保存的东西从大火中抢救出来了。”①

1794 年 9 月 4 日，歌德邀请席勒前往魏玛。他写道，宫廷贵人们都去了埃森纳赫待一段时间，正是享受新结下的友谊的好机会。席勒“愉快地”接受了歌德的邀请，但同时也立马把他的病症所造成的困难摆在歌德面前。他无法适应通常的家庭作息制度：“因为很遗憾，我得的痉挛病通常会迫使我睡整整一上午觉，原因就是夜里痉挛发作，使我通宵不得安宁……我只请求得到可以在您府上生病的这一讨人厌的自由。”（1794 年 9 月 7 日）②

9 月 14 日，一个病人带着满满的计划到达魏玛。关于这些计划，席勒在 9 月 7 日的信中便已有所暗示。他在信中写道，世上还没有一本美学批评的“法典”；尽管有康德的《判断力批判》，尽管他本人在这一领域也有所尝试，但审美的世界中依然盛行着“无政府状态”。必须给这种情况画上句号，必须完成从概念上定义什么是美的意识以及其作用这项重要工作。席勒已经起步，现在则要完成那部厘清问题并指明方向的基础性著作。他充满能量地投身美学，致力于研究美的本质究竟为何这一问题。在收到歌德邀请到抵达魏玛的这几天中，席勒开始修

---

① 本段所引均参见席勒 1794 年 8 月 31 日致歌德的信，汉译参见《歌德席勒文学书简》，第 14 页，有改动。

② 汉译参见《歌德席勒文学书简》，第 16 页，有改动。

订他给奥古斯腾堡公爵的书信，将之扩展为《审美教育书简》。他计划把这一系列信件作为纲领，刊发在最初几期的《季节女神》上。

席勒可以继承他先前理论工作的若干成果，例如在《卡里亚斯》通信中阐发的“美是现象中的自由”这一定义：这是尝试超越康德的接受美学、订立客观的“美”的概念，也就是从关于美 的经验进发到对美之性状的研究。在《论秀美与尊严》中，他阐明了对感性与德性进行审美调和的提议：这是使康德的道德严肃主义与两种力量的二元论相互和解的尝试。在《论崇高》（*Über das Erhabene*）中，他解释了自己更倾向于“振奋性的美”之理由。[①] 也就是说，席勒手中已经有了几块构造宏大理论的基石。但他的确要由此构建一种“宏大”的理论，因此把视野放得极为开阔，历史哲学、社会理论、文化人类学与先验哲学，不一

---

① 此处原书作者似有若干错误。其一，席勒的《论崇高》虽一般认为作于1793年前后，但首次发表却要等到1801年的《短小散文著述》第三卷，并且其中并未提及“振奋性的美”这一概念；其二，提及“振奋性的美”的是《审美教育书简》的第十六封信，首先发表于1795年《季节女神》第二期上，因此无法将之称为“先前工作的若干成果”。唯一可能的解释是，作者在这里指的是席勒发表于1793年的《关于崇高》，参见本书第十六章；但《关于崇高》——准确地说，是后来单独发表的《关于崇高》第二部分，即《论激情》——中亦未提及“振奋性的美”，而只谈到“溶解性的美”；不过，席勒在此文中批评了“溶解性的美”，为之后将“振奋性的美”视为关键的美学范畴奠定了基础。在《关于崇高》中，席勒写道：“激情（Das Pathetische）只有作为崇高（erhaben）才是属于美的（ästhetisch）……我会说，一种良好的审美不会允许任何只表达物理痛苦与物理抵抗的激情（无论对这种激情的表现是多么有力），而不同时使更高的人性，即超越感官的潜能之在场得以显现——这是因为已阐明的理由，即激情且值得表现的从来不是痛苦本身，而是对痛苦的反抗。”（原文参见 MA V, 第517页）而在《审美教育书简》中，席勒则认为“振奋性的美”有助于抵御文化所造成的软弱和冷漠，因为人“在文明化的状态中太喜欢忽略这一种他从粗野状态中带来的力”（MA V, S. 621，汉译参见《席勒经典美学文论》，第293页）。

而足。于是这一系列书信就成了一部在理论上包罗万象的著作，让同时代的部分人觉得读起来过于疲劳。在《文学汇报》上撰文的批评家指责作品“拧过了头”；赫尔德“厌恶”这部著作，嫌它是“康德式的罪孽”，而斯塔尔夫人觉得其中有“太多的形而上学”。但没过多久，人们就发现，其中蕴藏着为现代性理论奠基的文本。荷尔德林、黑格尔和谢林就已经是这样理解的了，而歌德则这样向洪堡评价席勒：“我担心，人们会先激烈地反驳他，然后过几年再不引用地抄袭他。”（1795 年 12 月 3 日）这部作品既是现代性理论，同时又是最广义的美学基础存在论：它关涉的不仅仅是艺术生产与审美判断的基础，还有美学在社会关联中的位置，因此也同时关涉现代社会中生命艺术的条件与可能性。席勒先于尼采一个世纪，就证明了自己乃是“文化的医生”。

席勒从这个问题着手：为什么要艺术？为什么反思艺术是值得的？难道不是有比这件美好的闲事更重要的事情吗？例如政治。在政治中，赌上的是整个社会的命运，因此也是每个个体的命运。法国大革命证明了这一点，而革命的继承人拿破仑则会宣布：“政治就是命运。”① “时代的状态迫切要求哲学精神探讨所有艺术作品中最完美的作品，即研究如何建立真正的政治自由”，为什么人还要在这种时候“为审美世界寻找一部法典”？②

/ 410

在这里发声的还是《强盗》与《斐耶斯科》的作者：当席勒把政治自由的建立称为“最完美的艺术作品”时，他还

---

① Zit. n. Goethe MA 19, S. 460.

② MA V, S. 571. 语出席勒的《审美教育书简》第二封信，汉译参见《席勒经典美学文论》，第 208 页。

是那个共和主义者。虽然席勒已经远离了日常政治，但他显然还是把参与建设政治自由视为最主要的任务。美学反思就被归入了这一任务中。席勒以对其理论的政治影响力的反思开启他的《审美教育书简》，实际上违反了他给《季节女神》规定的政治禁令；很明显，这条禁令针对的是日常政治以及“政治空谈”，而非席勒在接下去的几封信中所做的原则性的政治思考。

美学世界与政治自由这一主要任务之间的关系如何？美的艺术作品与政治的艺术作品，即自由与国家之间的关系又如何？在回答这些问题之前，席勒先将目光投向了法国大革命，投向了政治自由斗争的急先锋。我们都知道他的评价：在这样一个历史瞬间，建立在压迫之上的“自然国家”摇摇欲坠，看起来已有可能“将法则扶上王座，将人终于尊为其自身的目的，并将真正的自由作为政治结合的基础”；但人们发现，“一个慷慨的瞬间遇到了感觉迟钝的一代人”。① 大众的内心相对于他们业已争取来的外在自由而言还很不成熟。如果内心不自由，又要如何建立起外在自由？但内心自由意味着什么？人们不应再任由欲望摆布，不管是粗野而不文明地还是带着文明人的精致追逐欲望。无论如何，人都还是被他的自然所统治，不能支配自身。可我们不是生活在一个启蒙与科学的时代，不是生活在自由与钻研精神开花结果的时期吗？非也，席勒说，人们不能高估当今的成就。启蒙与科学只证明它们是“理论文化”，是一种专给“内心野蛮之人”的外在事务。公共理性还没有掌握并改造个人的内核。该怎么办？难道人的内心解放的唯一途径

① MA V, S. 580. 语出席勒的《审美教育书简》第五封信，汉译参见《席勒经典美学文论》，第224页，有改动。

不是在政治上为了外在自由而奋斗吗？人们毕竟只有在政治上为自由斗争时，才能学会自由。至少费希特和其他自由之友将来会这样批评席勒，因为后者反对“边做边学”的概念。他的论据是，如果人过早通过政治的斗争弱化乃至摆脱国家威权的限制（自然国家），就必然导致“无政府”以及各种利己主义的暴力与恣意的倍增：“一个摆脱了约束的社会，并不会赶忙向上升级为有机的生活，而是向下堕落近原始的王国。”[①] 更应该为人类开启某种向自由过渡的区域；人们必须在确保人类“物理存在”的“自然国度”尚存续之时，创造将来自由国度建筑其上的精神基础。人们不能把国家这一块“钟表”先捣毁再发明一个新的，而是必须“在钟表转动的情况下更换转动着的齿轮”。[②]

然而，为什么只有艺术，以及与艺术的交游，才能更换转动着的齿轮，才能实现这种思维方式的革命？因为“正是通过美，人们才可以走向自由”。[③] 这说起来轻松，故而也很抽象。为了让这句话看起来更加可信，席勒选择了一条带着他穿越现代市民社会种种矛盾之灌木丛的路。他看到了社会分工体系及其划时代的后果。席勒是最先一批以超乎寻常的清晰视野与预想分析了尚未过去之当下的人之一。黑格尔，以及之后的马克思、马克斯·

① MA V, S. 580. 语出席勒的《审美教育书简》第五封信，汉译参见《席勒经典美学文论》，第225页，有改动。

② MA V, S. 575. 语出席勒的《审美教育书简》第三封信，汉译参见《席勒经典美学文论》，第215页，有改动。

③ MA V, S. 573. 语出席勒的《审美教育书简》第一封信，汉译参见《席勒经典美学文论》，第211页，有改动。

韦伯（Max Weber）[①]和格奥尔格·齐美尔（Georg Simmel）[②]将会明确地继承席勒的分析。现代社会，席勒写道，的确因为社会分工和专业化而在技术、科学、工艺等领域实现了进步。但社会在整体上越是富裕、越是复杂，就会以相同的程度使得个体在其天赋与力量的发展上越发贫瘠。整体显得富饶，而个体却不再是他根据古典时代理想化的先入之见所应成为的样子：作为缩小版的整体的人格。相反，今天的人们只能在人类中间发现“碎片”，这就导致“要想汇集出类属的整体性，就不得不挨个地询问个体”。[③]每个人都只懂得他独特的那门手艺，无论是物质的还是精神的。就连政治也成了权力专家们手中的“机器”，不再属于生活的世界，也不再是个体联合起来的权力的有机表达：“享受与劳动、手段与目的、努力与报酬都彼此脱节了。人永远被束缚在整体的一块孤零零的小碎片上，也只好把自己造就为一块碎片。他的耳中永远只有由他所推动的齿轮发出的单调嘈杂的声响，他永远也无法发展他本质的和谐。他不能发展他天性中的人性，而只能变成他的行当与专门知识的印记。”[④]

/ 412

但与梦想一个更美好的过去的卢梭相反，席勒坚定地认

① 马克斯·韦伯（1864~1920），德国著名社会学家与政治经济学家，不仅长于宗教社会学，也对伦理学与经济学有深刻的研究，是一位极为全面的经典社会学理论家。著有《新教伦理与资本主义精神》（*Die protestantische Ethik und der Geist des Kapitalismus*, 1904）与作为遗稿出版的《经济与社会》（*Wirtschaft und Gesellschaft*, posthum 1921~1922）等社会学名著。

② 格奥尔格·齐美尔（1858~1918），德国社会学家、文化哲学家，著有《金钱的哲学》（*Philosophie des Geldes*, 1900）等作品。

③ MA V, S. 582. 语出席勒的《审美教育书简》第六封信，汉译参见《席勒经典美学文论》，第229页，有改动。

④ MA V, S. 584. 语出席勒的《审美教育书简》第六封信，汉译参见《席勒经典美学文论》，第231页，有改动。

为："尽管个体在他本质遭到肢解的情况下不可能幸福，可是不采用这样的方式，类属就不可能进步。"① 要发展类属整体的禀赋，显然没有别的方法，只能将其分散到各个个体身上，甚至令个体互相对立。席勒将这种"力的对抗"称为"文明的伟大工具"②，它可以在社会的整体中造就人类天性能力的丰富，但却在众多个体身上错失这种丰富。荷尔德林将会在这段分析中找到理解自己在当下所受苦难的关键。在《许佩里翁》（*Hyperion*）中有这样的句子："你看到的是手艺人，但不是人，是思想家，但不是人……这难道不像是在一个战场，手、胳膊和身体肢解得横七竖八，血肉模糊，肝脑涂地吗？……这原本确是可以忘怀的，只要这些人不是对一切美的生命全然麻木不仁。"③

对席勒而言，分裂与残缺也是作为"理论文化"的启蒙在法国沦落为纯粹的意识形态甚至堕落为理性的暴政的原因之一。正如罗伯斯庇尔的例子所证明的，这种理性的暴政不仅仅针对旧制度，同样针对人心中的旧信仰。

席勒如此深入而犀利地描述了现代文明的畸形化及其粗鄙或高贵的野蛮，以至于人们很难理解，为什么偏偏是艺术的柔和

---

① MA V, S. 586. 语出席勒的《审美教育书简》第六封信，汉译参见《席勒经典美学文论》，第234页。

② MA V, S. 587. 语出席勒的《审美教育书简》第六封信，汉译参见《席勒经典美学文论》，第235页。

③ Hölderlin 1992, Bd. 1, S. 745f.《许佩里翁或希腊的隐士》是荷尔德林的代表作，以充满诗意的书信描述了许佩里翁的生平以及他与狄奥提玛（Diotima）的爱情。他本想如普鲁塔克笔下的古希腊英雄那样投身希腊解放运动，但战争的残酷让他厌倦，而狄奥提玛之死最终促使他回到希腊，作为隐士回归孤独与自然。这里所引的文字出自《许佩里翁》第二部第二卷，汉译参见〔德〕荷尔德林《荷尔德林文集》，戴辉译，商务印书馆，2003，第145页。

力量可以对此发挥些效用。人们自然可以声称——席勒也是这样做的——美的艺术能够教育情感并使之更加优雅，这就是它对去野蛮化的贡献。但席勒并不满足于此。美学世界不仅仅是感情优雅及高尚化的练习场，人还能在这里详尽地体验他内在的本来模样："游戏的人"（homo ludens）①。

直到第十五封信中才出现了整篇论文中核心的那句话，而所有艺术之美中被席勒视为重要的事物，也都是从这一句话中推导出的。这里所涉及的是一个文化人类学论断，在广义上对理解文化、在狭义上则对理解现代性都产生了广泛的影响；席勒也借这个论断真正阐明了他通过审美教育治愈文化病症的要求。这一论断便是："说到底，只有当人是完全意义上的人，他才游戏；只有当人游戏时，他才完全是人。"②

如果确实如此，那么这个对病灶的简短诊断反过来就只能意味着：现代世界不再青睐"游戏着"的人，因此他们才有丧失人性的危险。

也就是说，若是仅仅指出社会分工的后果、人的碎片化和纯粹"理论"文化的主导地位，远没有切中现代社会的要害。"现代"更主要是一种处于"有用性"之强制下的文化。席勒解释说，现代是严肃的，它不会游戏，对美的无目的性没有概念。席勒将之描述为目的合理性与工具理性的封闭系统，描述为一台社

---

① "游戏的人"这一概念典出荷兰人类学家约翰·赫伊津哈（Johan Huizinga, 1872~1945）发表于1938年的同名杰作《游戏的人——文化的游戏要素研究》（*Homo ludens, proeve eener bepaling van het spel-element der cultuur*）。

② MA V, S. 618. 语出席勒的《审美教育书简》第十五封信，汉译参见《席勒经典美学文论》，第288页。

会机器，几乎就像马克斯·韦伯一个世纪之后所称的“铁笼”①。“有用，”席勒写道，“是这个时代的大偶像，一切力量都要侍奉它，一切材质都要尊重它。在这架粗糙的天平上，艺术的精神功绩没有分量，它失却了任何鼓舞的力量，离开了这个时代喧嚣的名利场。”②

席勒将“游戏”的概念定义为免于强制的自由，定义为纯粹有用行动的反面，更具体地说，这种与“游戏”相反的行动，其目的不在自身之中，而是在自身之外。

但当我们游戏时，我们究竟在做什么？席勒在回答此问时深深沉浸在了文化人类学之中。这是必然的，因为只有在文化人类学中才能看出——席勒是最早指明这一点的人之一——：从自然通往文化的路一定会经过“游戏”，亦即经过仪式、禁忌和象征。无论是欲望——性欲、攻击欲——的严肃，还是对死亡、疾病和衰败的恐惧，它们不由分说、剥夺自由的暴力都因此减损了几分。

/ 414

性欲是严肃的、不由分说的，被性欲驱使的人没有自由。他是自己欲望的牺牲品。性欲中的我们毫无保留地属于动物之国，

---

① “钢铁般坚硬的牢笼”（Stahlhartes Gehäuse），旧译“铁的牢笼”，典出马克斯·韦伯的名著《新教伦理与资本主义精神》，韦伯在其中批判了进入世俗世界的“入世禁欲”（innerweltliche Askese）及作为其逻辑后果的对财富积累本身的追求导致了当代人被囚禁在物欲的铁笼中而不得自由。而资本主义业已形成的大工业化生产方式又让人不得不成为“职人”（Berufsmensch），直到成为“没有灵魂的专家”（Fachmensch ohne Geist）：“巴克斯特认为，对圣徒来说，身外之物‘只应是披在他们肩上的一件随时可甩掉的轻飘飘的斗篷。’然而命运却注定这斗篷将变成一个铁的牢笼。”参见〔德〕马克斯·韦伯《新教伦理与资本主义精神》，于晓、陈维刚等译，生活·读书·新知三联书店，1987，第142页。

② MA V, S. 572. 语出席勒的《审美教育书简》第二封信，汉译参见《席勒经典美学文论》，第209页，有改动。

我们和猩猩之间没有区别。只有在情爱的游戏中，性欲才得以人性化。情爱有“游戏”，正如可以说一个轮胎也有游戏，否则它就无法绕着中轴转动。情爱与欲望保持着距离，只是与它游戏。文化从根本上说就是在表演距离和拖延。文化把我们身上自然的东西拴在“可用性”的长绳上。情爱表演了距离的游戏。人也在和他人的欲望游戏，而如果事遂人愿，伴侣双方会互相与对方游戏。因此游戏中才有掩饰、阴谋、装扮与讽刺，而这样就缠上了那种奇妙的重复：人们享受着享受，感受着感受，爱着被爱的状态，同时是演员和观众。这样一场游戏才能实现情爱的精妙上升，而欲望则在其得到满足时烟消云散，因此是在不祥地奔向那个死寂之点：性爱之后皆失魂（post coitum animal triste）。情爱意味深长，而性欲则是同义反复。以情爱为例，人们可以学习，当人成功地与自然之强制游戏时，自由是如何加入游戏中的。游戏开启了自由的空间。我们是如此自由，甚至能与紧迫的情形游戏。文化就是那伟大的尝试，将充满威胁的，或者是例如性爱这样仅仅是急迫的严肃情况转变为游戏。所以说，当文化丧失了其游戏的能力，当可怕的严肃之力——用弗洛伊德的话说，“未经升华”（unsublimiert）[①]地——回归之时，所有这一切都岌岌可危。

让我们再思考一下“攻击欲”的例子。不管其根源在哪里，总之存在攻击欲，可以不必区分它是有理由还是在寻找作为契机的理由，也就是不必区分他是原生的还是次生的。无论如何，文化都必须预计到攻击欲的存在并且与它一同工作：攻击欲的确被

---

① 弗洛伊德将欲望尤其是爱欲（Eros）冲动受挫之后将其目标转换为非性欲的、具有更高社会价值的目标（尤其是艺术、创造与宗教体验）的过程称为“升华”（Sublimierung）。

/ 415

转化成了工作，被引向了战争，在竞争中缓和。这样的变形中始终有游戏的元素参与其中。在最理想的状况下，攻击欲完全被转向了游戏。例如，危险的民族主义可以在体育竞赛中得到缓和。如果体育中的民族尊严得以满足，为“祖国”献身的积极性就会降低。尊严与骄傲、世仇与偏见可以在相对不那么危险的领域发泄出来。这也使得游戏文化成为可能，而在这里也成立的是：哪里有严肃，哪里就应成为游戏。

如果人们把自然严肃的强制（即欲望），以及有益生命、维系生命的“有用性”一并归纳在“现实原则”这一概念之下，那么“游戏”就意味着暂时剥夺“现实原则”的权力，让被锁着困在欲望的躁动和有用性工作的磨坊之中的心灵、意识与知性能够有短暂的放松。

针对欲望的强力，这些游戏性的放松就意味着：文明与升华。

针对维系生命的“有用性”，这些放松就意味着：对“富余”的感知，对无目的或以自我为目的之物的献身，用纵情玩乐代替目标明确。

但对席勒而言，现实还有另一个具有同样强制力的维度，而游戏也同样可在其面前保住人类的自由。这就是道德。如果在康德的意义上严格地理解道德，则道德也同样可以施加强制，因此依席勒的见解，游戏也应在这里创造缓和与放松。不言而喻，即便是游戏也有规则，但规则与道德之间就算有联系，也只是不破坏游戏规则乃是属于游戏的道德这一条而已。

在席勒看来，游戏地将道德中立化在美的艺术中尤为重要，因为在他那个年代，人们很热衷于给游戏套上道德的马嚼子：艺术要服务于德性。如果能有良善的效果，艺术就是好的；但席勒认为，这种对艺术的利用实际上是使之屈服于有用性之下，也是对艺术自由的限制。然而我们不能忘记：席勒在他早期的美学理论文本《论剧院作为一种道德的机关》中，同样以社会有用性思维来论证其观点，连《审美教育书简》的开篇也在探讨政治及道德问题，即为了人类在道德领域具备自由的能力，艺术可以做出何种贡献；因此居于引导地位的问题还是关于艺术的道德之用。/ 416
但席勒论证的核心恰恰在于以下思想：人只有不以道德为目标，才能在艺术中实现道德目标。艺术的游戏无法容忍任何道德的事先审查，除了美学限制，艺术不给想象力的自由游戏以其他任何限制。审美世界有其自己的秩序，不接受道德、政治与宗教给定的秩序。人们将之称为“艺术自律”（Autonomie der Kunst）。是卡尔·菲利普·莫里茨在几年前的文章《论对美的造型模仿》（*Über die bildende Nachahmung des Schönen*）中首次纲领性地提出并严肃地强调了艺术与一切形式的有用性之间的对立，于是由此捍卫了艺术自为目的的尊严。莫里茨宣称，艺术之美之所以不臣属于其他任何陌生目的，是因为它是“为自身而存在的整体”，形成了其独特的疆域，在其中所有元素均符合目的地相互联系；艺术之中“饱含”着目的，因此不必再牵扯某个它应为之服务的外在目的。①只有差劲的艺术瞄着影响，因此将自身的重心转移到外部；优秀艺术的重心则在其内部，因此仿佛一块磁石。这样的艺术是骄傲的，对它无动于衷的人，它也对他们无动于衷。故而艺术才能成为古老神祇的继承人，因为神如果不是一切目的的化身、不从属于任何陌生的目的，那神还能是什么？当

① Moritz, Bd. 2, S. 967.《论对美的造型模仿》是莫里茨作于1788年的美学文论，其中提出的“艺术自律”观点成为后世艺术理论的经典原则，包括“为艺术而艺术”（l’ art pour l’ art）等近现代艺术观均可追溯至此。

时的莫里茨正在歌德家中做客，他凭借此文在魏玛的艺术之友中间激起热烈的讨论。人们感到他的理论就像一场解放，尤其是当粗鄙的实在论者质问艺术家“艺术究竟有什么用？”时，可以将人从尴尬中解救出来。借助莫里茨的理论，人们现在可以回答说：这个问题问错了。艺术不存在“有什么用”，而正是这一点让艺术有别于其他仅仅是为他人作嫁衣裳的思维和行动。伟大的艺术什么也不求，只想要它自己，它邀请我们在它这儿驻足，因为它是那实现的瞬间。

席勒也同样大受震动，将这段对艺术自为目的的精彩辩护纳入了自己的思想体系，从中提出了艺术“自律”的理念。席勒认为，自律的艺术恰恰因为没有道德负担而最富道德：因为正是它使得那种将来有利于自由德性的精神之灵动与敏感得以可能。人
/ 417 们正是通过美才“走向自由”。[①] 根据席勒的理念，思想、想象力与情感的自由游戏能够治愈现代人类的创伤，而造成这些伤口的，乃是使人碎片化的社会分工、纯粹“理论文化”（我们今天会说“知识社会”）的冷漠，以及挣脱枷锁的动物性需求的那个沉闷世界。艺术游戏让人得以收集四散各处的力量，塑造一个小小的整体，即便只是在有限的时间内，即便只是在艺术之美的有限区域中。在享受美时，人提前感受到在实践生活与历史世界中尚不存在的一种富足。他不能满足，他的期待是如此有远见，不能在“现实原则”前投降。

艺术和游戏：二者相辅相成，但游戏所包含的比艺术更多。只是当席勒建议用游戏治疗文化时，他想的几乎完全是美的艺术。他认为现代社会既不鼓励也不利于游戏的人，这一结论或许

① MA V, S. 573. 语出席勒的《审美教育书简》第二封信，汉译参见《席勒经典美学文论》，第211页。

符合艺术在市民社会中的命运；但如果人们想到，在大众数字传媒时代游戏的维度有了极大扩展，就必须得出结论，席勒关于一个游戏社会的乌托邦竟以一种庸俗得出乎意料的方式得到了实现。自从电视成为主流媒介之后，人们的生命有越来越多的时段是在表象世界中度过——即便在那里吸引人的不总是美的表现。在政治与经济等“严肃的”生命领域，游戏玩家类型的人越来越时髦；而作秀表演则在各处都吃香。最初作为审美态度的“仿佛”扩展了其作为游戏法则的有效范围。“现实原则”丧失了它严肃的面孔。媒体文化造成的宽松一直延伸到甘愿放纵。生命中有越来越多的问题被交给个人喜好决断。传统义务逐渐消解，成为品位问题，而差劲的品位倒很是心安理得。游戏的场域则已经扩展到社会活动的几乎整个空间。这是席勒不曾预见到的，他肯定也不会希望自己的乌托邦居然是在这种情况下实现的。他在写下“只有当人游戏时，他才完全是人”这句话时，脑海中想的主要是艺术这种高贵的游戏；在试图解释这句话时，他发现了作为 / 418
人类学常量的“游戏冲动”。这样一来，他就是最先真正意识到一种他不愿设想之发展的人类学前提的人之一。但他没有想到的却是：作为他的治疗建议的“游戏”，最终会成为其所要解决的问题的一部分。

当席勒还在写作《审美教育书简》时，就已经着手准备他下一篇大作。这篇作于1796年的长文将会暂时为他那一系列哲学—美学论文画上句号。他通过《论质朴与多情的文学》这篇论文，为重返文学创作做好了准备。当他完成这篇长文时，他给歌德写信说：“我很久没有像这几天一样觉得自己那么庸俗，现在的确到了暂时把哲学铺子关门的时候了。”（1795年12月17日）

即便席勒在论文中将他的思想与艺术实践联结得更加紧密——人们几乎可以说，文章的核心就是在阐释他与歌德作为艺术家的区别——他到底也还是在这篇文章中成功地延伸到了根本性的问题，并以此建立起了自己的学派。一个世纪以来的那场关于现代与古典之间关系的争论，即由夏尔·佩罗（Charles Perrault）所引发的“古今之争”，被席勒带上了更高的高度，而他所提供的关键词又使得浪漫派借此意识到了他们自己的追寻。他们会将席勒的“多情”概念运用到自己身上，弗里德里希·施莱格尔会将之称为“有趣”（Das Interessante）[①]。黑格尔则将接受席勒关于三个时代的视角——质朴的时代、多情的时代以及二者和解后的质朴而多情的时代——然后将之修改为其辩证的三阶段论：从作为质朴的直接—自然精神，经过作为多情的间接—反思精神，到达作为质朴与多情之和谐的绝对精神；或者简单说：从“自在”（An sich）经“自为”（Für sich）最终到“自在自为”（An und für sich）。

对席勒而言，“质朴”就是自然、直觉、直接之物；“多情”则是断裂的直接性，就是反思。质朴就是古典，而多情就是现代。在质朴之物中发挥作用的是自发的存在，而在现代世界则是意识。在前者中，认识藏在情感之内；而在后者那里，认识（即“理性文化”）自我独立，很有可能还与情感对立。现代世界失

① 施莱格尔在其作于1797年的《论学习希腊文学》（*Über das Studium der griechischen Poesie*）中将现代文学的特点归纳为“有趣”：“对于更高的智性教养而言，现代文学的目标自然是*原创的*及*有趣的*个性……正是由于普遍有效性的缺乏，由于矫揉、有特性与个体化之物的统治，现代文学乃至整个现代审美教育以“有趣”为其一贯方向，就不言自明了。”参见 Friedrich Schlegel: *Über das Studium der griechischen Poesie*. In: Ders.: *Kritische Schriften*. Hg. von Wolfdieter Rasch, Darmstadt 1971, 第113~230页，此处见第143、147页。

去了它的纯真，变得聪明，甚至聪明过了头。古典时代的“质朴”诗人还完全是自然，但现代诗人别无他法，只能去寻找已经失去的自然。① 席勒触碰着意识的原初之痛：正是在那个瞬间，觉醒的意识失去了存在的直接与轻盈，失去了自然度过的生命的那种梦游者般的坚信，失去了无拘无束的天性。因此席勒才会认为，糟糕的人造物与没有灵魂的机械乃是现代世界的大威胁。“这些昏着，”克莱斯特几年后巧妙地顺着席勒的观点写道，“在我们吃了智慧树上的果实之后，就是不可避免的。”接着，他完全按照席勒关于矛盾之合题的愿景，继续写道：“然而乐园之门已经锁上，大天使也已落到我们身后；我们必须踏上环游世界的旅行，去看看是不是在后门还有哪处开着的地方……当知识仿佛经历了无限之后，秀美便再度出现……因此……我们必须得再吃一口智慧树的果子，才能重回纯洁的状态？——确实如此，……这就是世界历史的终章。”②

席勒的论文中有众多对当代艺术作品的具体论证，同时又用“理想”（Ideal）的概念来概括被克服的对立之合题：“另外，近代作家走的这条路也是人类——不论是个人，还是整体——都必须走的路。自然使人成为一体，人为则将人割裂分化，通过理想人又回归一体。”③

席勒不必建构这一理想，因为理想就在他眼前：这便是歌德。歌德是现代的质朴作家，是生活中的合题。作为艺术家，他

---

① MA V, S. 712. 语出席勒的《论质朴与多情的文学》，汉译参见《席勒经典美学文论》，第 440 页。

② Kleist Bd. 2, S. 342, S. 345. 语出海因里希·封·克莱斯特发表于 1810 年的名篇《论木偶剧院》（*Über das Marionettentheater*）。

③ MA V, S. 718. 汉译参见《席勒经典美学文论》，第 450 页。

的直觉足够强大，可以与多情的时代强加于他的反思与认识共存。他实现了席勒暂时只能梦想的第二重也即更高的质朴。让我们回想一下，席勒在1794年8月31日致歌德的信中是如何形容他自己的：他发现自己还飘摇在“技术思维和天才之间……因为通常在我理应哲思之际，诗人的我便仓促上阵；而在我理应创作之时，哲学思维便又捷足先登”。[①]在席勒那里还有太多的反思、建构与意图；他的头脑太过清晰，简直要嫉妒歌德精心保护的创作时的晦暗。但若是就此认命，承认过量的思想已不可逆地将他与理想分隔，他就不是那个渴望竞争的席勒了。他的自尊要求他也要同样地接近理想。如果歌德被自然承载着接纳了精神，那他席勒就要用精神的振奋与能量让自然高贵。这样一来，他便也能在奥林匹斯山上占据一席之地。

在论文的一处，席勒透露，像他一样通过“文化”接近理想的人，要更加优于那些由自然的推力送往理想近旁的人。可以明确的是，席勒写道，“人通过文明追求的目标无限地优于人通过自然达到的目标”。[②]歌德本可以将之解读为对他所受的自然恩惠的贬损，但幸好——或许也仅仅是出于友谊——他并没有把其中的不敬引申到自己身上。

《审美教育书简》以及《论质朴与多情的文学》是最初几期《季节女神》中尤为重要的纲领性稿件。而歌德也积极投稿，连载了《德国流亡者闲谈录》，在其中如此明目张胆地违背了《季节女神》的政治禁言令，以至于席勒不得不提醒歌德注意他们向读者承诺过的“政治评判中的纯洁”，尽管他自己也涉及了政治内容。在作为这一系列松散的短篇故事之框架的对话中，的确有

① 汉译参见《歌德席勒文学书简》，第14页，有改动。

② MA V, S. 718. 汉译参见《席勒经典美学文论》，第451页。

激烈的政治争论。这里聚集起来相互讲述故事的人们，都被大革命驱赶出了他们在莱茵河西岸的故土，因此他们中间几乎没有革命之友。一位显然很受作者青睐的枢密顾问愤怒地宣称，他希望“看到所有革命之友都被吊上绞刑架”；而另一个敢于捍卫革命权利的人则立马怒气冲冲地说，他倒希望“断头台在德国也能有受到祝福的丰收”；枢密顾问接话道，他现在第二次而且是“被一个同胞”驱逐，盛怒之下离开了众人。① 但谈话后来的发展却
显示出，歌德真正的主题并非探讨革命的对与错，而是“不详的 / 421
政治论争”和“拉帮结党的精神”对人际交往形式的毁灭。子爵夫人说，人类互相之间是这样的不同，每个人身上都藏着这样多的恶意，因此更应该捍卫文明最低限度的“最普遍的礼貌”和“社交中的体谅”。② 它们在当前这般政治激荡的混乱年代尤为重要。由此，《闲谈录》隐含着对席勒《审美教育书简》的回应：歌德暗示，或许少就是多，或许并不是宏大项目，而是看似微不足道的谨慎和体谅才能起到帮助作用，或许礼节更重于道德，或许社会教养更重于审美教育。

因此，《季节女神》也不缺暗中的较劲；有几期一定给读者留下了特别怪异的印象，例如当席勒艰深的理论论述与歌德的所谓“淫诗”《罗马哀歌》并排出现在同一期中的时候。这倒让歌德很高兴，他时不时地把《季节女神》这部二人共同的作品称为“半人马”。

---

① Goethe MA 4.1, S. 444f.

② Goethe MA 4.1, S. 448f.

《季节女神》初登场——与施莱格尔兄弟的不快——浪漫派的反对——与费希特争地盘——荷尔德林的爱与痛——作为主流媒介的文学——好斗的双子星

席勒曾宣称："我们的杂志将成为一部划时代的作品"。事情起初也是一片欣欣向荣之景。他们赢得了2000份订阅；编者们金光闪闪的大名，以及预告里的大牌作者，都激起了读者的热烈期待。席勒采用的是不同寻常的宣传策略。他和《文学汇报》的主编许茨商定，每个季度都在报上登载一篇《季节女神》的详尽书评，由《季节女神》的出版商科塔支付稿酬。这一招用力过猛，当公众得知真相时，《季节女神》的声誉受到了极大损害。在众多作者中，《季节女神》也因为稿酬优渥而闻名。科塔倒也乐意为杂志的声誉下血本。名家、金钱、编者的傲气，让人觉得他们想要教育整个文学世界——这一切所造成的诸多不满乃至恶意，从几期之后显著下降的印数就可以看出。基尔的一位哲学教授马肯森（Mackensen）曾写道："恰恰是在这部真心想要献给所有德意志人民的杂志中，一小撮特立独行的作家在那里搞他们狭隘的小圈子，除了知道内情的人，没人可以进入其中，而且整个圈子和人民几乎没有关系，以至于大众对它的畏惧更甚于魔法圈子。"① 他的话大概会有众多附议。

但一开始有很多作家对这个"魔法圈子"趋之若鹜。一部分被拒之门外的人，日后又会对杂志大加嘲讽。弗里德里希·施莱

① Zit. n. Koopmann 1998, S. 755.

格尔在被拒稿之后曾写道："对一个年轻作家而言，参与《季节女神》不再是什么特殊的荣耀，因为有一大群烂货都被接纳了进去。"[①] 然而此时，他的哥哥奥古斯特·威廉·施莱格尔仍是杂志最积极的撰稿人之一。他也是个"烂货"？

奥古斯特·威廉·施莱格尔是这对极富才华的兄弟中年长的那一个。在席勒将他聘来编辑《季节女神》之前，他就已经作为文学批评家小有名望。他对《塔利亚》和诗歌《艺术家》的正面评价让席勒把注意力转向他身上。先前便与施莱格尔兄弟熟识的科尔纳倒觉得奥古斯特·威廉的态度有些过于谦恭。"他的批评还太过于仰望你"，他在1790年给席勒的信中写道。当席勒关于毕尔格的那篇毁灭性的论文发表后，奥古斯特·威廉·施莱格尔陷入了内心的冲突，因为他一方面在向席勒献殷勤，另一方面又在哥廷根属于毕尔格的朋友圈子。之后成为他妻子的卡洛琳娜·波默（Caroline Böhmer）[②] 从来理解不了席勒的诗歌，听闻消息十分气愤，怂恿施莱格尔写了一首针对席勒的尖刻的诗，发表在《哥廷根缪斯年鉴》（*Göttinger Musenalmanach*）上："既然你生来就有力量与天才，/居然还费劲而痛苦地自我打磨？"席勒还不知道是谁藏在这场攻击背后。半年以后，1792年5月17日，席勒在科尔纳家中认识了奥古斯特·威廉的弟弟，20岁的弗里德里希·施莱格尔。他对后者的印象并不怎么样。在给科尔纳的信中，席勒将小施莱格尔称为一个"不懂谦虚且冷漠的爱抖机灵的家伙"。弗里德里希听说之后，仍将席勒视为一位让自己"尤其钟爱"的"伟人"（弗里德里希·施莱格尔致奥古斯特·威廉·施莱格尔的信，1792年5月17日）。不过，席勒依

① Zit. n. Koopmann 1998, S. 756.

② 即卡洛琳娜·施莱格尔，其第一任丈夫姓波默（Böhmer）。

旧坚持他的保留意见。这个天才的年轻人仿佛读尽了众书，判断下得太快，他身上那种嘲弄、反讽而自大的特质也让席勒反感。弗里德里希·施莱格尔崇敬的是席勒的人格而不是他的作品：他认为席勒作品的情感太过“棱角分明”，其风格太花哨，其情节太刻意；总的来说，席勒竟堕落到了“刺激好奇心”这门“可悲的技艺”上了。席勒的流行让他觉得可疑。弗里德里希·施莱格尔不愿取悦读者，而是要挑衅读者。他也想像席勒一样净化审美，但要用更极端的方式。施莱格尔两兄弟是在为一个尚未挑明了追求革新的世代摇旗呐喊。作为革命之友，他们都被期待在文学中也发生某些革命性大事的愿望所鼓舞。按弗里德里希·施莱格尔的看法，人们必须将创造性的混乱也引入文学之中，因为“无政府……始终是良好革命之母。我们这个时代的美学无政府
/ 424 难道就不能期待一场类似的幸运的灾难吗？”[①]弗里德里希·施莱格尔比他哥哥更加胆大，乐意幻想自己扮演煽动混乱者的角色。在他看来，席勒在哲学上也不够激进。但在《论质朴与多情的文学》面世之后，这一观点发生了转变。在他的《论学习希腊文学》(*Über das Studium der griechischen Poesie*)[②]一文中，施莱格尔没有借鉴席勒，却也同样尝试了区分古典与现代，而当他在完成此文后读到席勒的杰作时，就像是触了电一样，给他哥哥写信说，“席勒关于多情文学的理论”让他如此着迷，“以至于我好几天什么事也没干，就在读这篇文章并做笔记……席勒确实给了我不少启发……现在我就坚定了决心，要在这个冬天完善我

---

① F. Schlegel 1970, S. 127.

② 《论学习希腊文学》是施莱格尔于1795年在德累斯顿创作但直到1797年方才发表的长篇诗学文论；他在其中阐述了古希腊文学与现代文学的区别，认为现代文学的特征在于“有趣”(Das Interessante)。关于此文，可参见本书第十九章注释。

的诗学草稿，然后出版”（1796 年 1 月 15 日）。

席勒的文章是他精神发展中的一个决定性事件。弗里德里希·施莱格尔与席勒一样，同样用“客观”和“主观”的概念来区别古典与现代，但显然更偏向于“客观的”古典。弗里德里希·施莱格尔认为，席勒文中的“多情”就对应他的“有趣”概念，但他却不敢像席勒颂扬“多情”一样，正面评价现代世界中“个性与有趣之物的……完全上风。”① 他感到恰恰是席勒在鼓舞他追寻自信的现代性。在之后为《论学习希腊文学》所作的前言中，弗里德里希·施莱格尔特别感谢了席勒。② 人们也可以说，弗里德里希·施莱格尔尽管热爱“无政府”，却还是个古典主义者；但正是通过席勒，他才从古典主义者成为席勒无法忍受的浪漫主义美学家。1798 年 7 月 23 日，席勒在给歌德的信中谈到了他对《雅典娜神殿》的读后感：“这种自以为是、言之凿凿却极为片面的风格，让我在生理上觉得难受。”席勒认为施莱格尔成了“多情”的一幅讽刺漫画，所有的诗在他那里都遭到反思的扼杀；又因为席勒太清楚自己身上也有这种危险，于是弗里德里希·施莱格尔在他眼中就像个不学好的小弟，自身危险就在其身上表现出来，尽管失真，却依旧清晰可辨。这也解释了席勒为何对此异

---

① F. Schlegel 1970, S. 115.

② 准确地说，施莱格尔的作于 1797 年的这篇《前言》（*Vorrede*）是为其策划的丛书《希腊人与罗马人——关于经典古典时代的历史批判试论》（*Die Griechen und die Römer. Historische und Kritische Versuche über das Klassische Alterthum*）所撰写的。《论学习希腊文学》于 1797 年作为丛书第一卷（也是唯一一卷）出版。在前言中，施莱格尔写道：“席勒关于多情诗人的论文，除了扩展了我对‘有趣’文学之特征的认识，还给了我关于古典文学领域之界限以新的启发。”参见 Friedrich Schlegel: *Vorrede*. In: Ders.: *Kritische Schriften*. Hg. von Wolfdieter Rasch, Darmstadt 1971, 第 113~121 页，此处见第 116 页。原书作者将《论学习希腊文学》误作“《论学习希腊哲学》”，已更正。

乎寻常地敏感。在读完施莱格尔第一部也是最后一部小说《卢琴德》(*Lucinde*)① 后，席勒在给歌德的信中评论说：“几个小时前，我读施莱格尔的《卢琴德》读到头昏脑涨，到现在还昏昏然……既然他感到自己在诗艺方面处处碰壁，就用爱情和小聪明为自己拼凑了一个理想……这篇文章简直是现代奇形怪状与违悖自然的顶峰之作……”（1799 年 7 月 19 日）② 施莱格尔兄弟当时正狂热地崇拜歌德——部分原因也是为了和席勒过不去，而歌德对席勒的抱怨则不以为意。不过这一次，他也还是尝试缓和席勒的火气，在回信中（1799 年 7 月 20 日）将施莱格尔的小说称作一部“奇怪的作品”，然后顺便提了一句：“倘若我得到这书，倒也要看个究竟。”③

此时，席勒与施莱格尔兄弟的关系已然破裂。

因为席勒，奥古斯特・威廉于 1796 年 5 月迁居耶拿；席勒同他的关系起初发展得不错。席勒对他给《季节女神》和自己新出版的《缪斯年鉴》(*Musen-Almanach*) ④ 投来的大量稿件很满意，而当他想要减轻在《季节女神》上的工作时，甚至还曾想过任命奥古斯特・威廉・施莱格尔为“副主编”。然而就在这个合

---

① 《卢琴德》是弗里德里希・施莱格尔发表于 1799 年的小说断篇，以叙事、书信、对话等多种形式描述了主人公尤里乌斯（Julius）与卢琴德之间充满情欲色彩的爱。施莱格尔试图以这部小说体现其浪漫主义关于“渐进的总汇诗”的文学观。

② 汉译参见《歌德席勒文学书简》，第 281~282 页。

③ 汉译参见《歌德席勒文学书简》，第 283 页，有改动。

④ 自 1796 年起至 1800 年，席勒开始编辑出版《缪斯年鉴》，他与歌德在魏玛古典主义时期创作的大量诗作都首先发表在这里。最著名的当属《一七九八年缪斯年鉴》(*Musen-Almanach für das Jahr 1798*)，其中收录了歌德与席勒创作的一系列叙事谣曲（Ballade），因此又被称为“谣曲年鉴”。

作愉快的夏天，莱夏尔德的杂志《德意志兰》（*Deutschland*）[①]刊载了弗里德里希·施莱格尔对《缪斯年鉴》很不客气的批评。他嘲讽席勒的诗歌《妇女的尊严》（*Würde der Frauen*）[②]说："严格地看，这篇文字不能算诗：无论其素材还是统一性都不具诗意。但是如果读者在脑子里把这篇文字的节奏颠倒过来，整首诗逐节地倒着从结尾读到开头，那么它仍是成功的。"[③]席勒大怒，但暂时忍了下去。但一年后的1797年，弗里德里希·施莱格尔也搬来了耶拿；尽管曾对《季节女神》百般挖苦，他还是希望能够为《季节女神》撰稿。可他现在却发表了一篇《季节女神》的书评，其中批评这份杂志现在已有一半多的稿件是些翻译文章。席勒火冒三丈，因为正是奥古斯特·威廉·施莱格尔给杂志寄来遭到他兄弟批评的大量译文。1797年5月31日，席勒在给奥古斯特·威廉·施莱格尔的信中写道："能通过在《季节女神》上刊登您翻译的但丁与莎士比亚，给您一份获得难得的收入的机会，曾让我很欣喜；但我现在却不得不听说，在我给您创造这些优待的同时，弗里德里希·施莱格尔先生竟因此责骂我……那么以后就请您见谅了。而为了让您一劳永逸地摆脱这样一种必然令公众想法与细腻情感厌恶的关系，就请您允许

① 《德意志兰》是作曲家约翰·弗里德里希·莱夏尔德（Johann Friedrich Reichard, 1752~1814）于1796年针对席勒的《季节女神》编辑出版的杂志，鼓励在艺术与文化之外探讨政治，并扶持刚刚崭露头角的施莱格尔等浪漫派作家；不过，杂志仅持续一年便不得不停刊。

② 《妇女的尊严》是席勒发表于《一七九六年缪斯年鉴》（*Musen-Almanach für das Jahr 1796*）的长诗，其中描写并颂扬了传统的妇女形象。

③ F. Schlegel 1984, S. 339. 语出施莱格尔的书评《评席勒的〈一七九六年缪斯年鉴〉》（*Rezension von Schillers, Musen-Almanach ‘1796*），汉译参见〔德〕施勒格尔《浪漫派风格：施勒格尔批评文集》，李伯杰译，华夏出版社，2005，第142页，译名有改动。

我断绝这段在此种情况下显得太过怪异，又太多次辜负了我的信任的关系。”

奥古斯特·威廉不愿意放弃《季节女神》的丰厚稿酬，用谦卑的语调发誓他对这一“亵渎”一无所知；卡洛琳娜请求歌德居中协调，而后者在接下去的几周也试图平息风浪，只能说成功了一半。奥古斯特·威廉被拒斥在席勒的私人交往之外，但仍被允许继续参与《缪斯年鉴》的编辑工作。弗里德里希·施莱格尔离开耶拿迁往柏林。席勒之所以如此激动，也是因为他必定感到弗里德里希·施莱格尔的批评不能说毫无道理。此时的他已深深沉浸在《华伦斯坦》的创作中，的确已经几乎失去了对《季节女神》的兴趣，因此也乐意录用施莱格尔的译文，免得自己再花更多的精力。此外，他本来也极为欣赏施莱格尔的译笔。

席勒与聚集在他身边的第一代浪漫派之间就这样产生了嫌隙。但不是所有人都任凭自己被牵扯进这场争论。比方说，诺瓦利斯就保留了他对席勒的爱与尊敬。同属于这个圈子的亨里克·施特芬斯回忆了当《华伦斯坦》横空出世时，大家对席勒的评价如何开始动摇：“在我们的圈子中，没有谁太想给席勒很积极的评价，大家很少公正地对待他；然而这部剧作留下的震撼印象，却几乎不由自主地从众人身上流露了出来。”①

施莱格尔兄弟私下商定，暂时不再发表任何批判席勒的文章，以免再失去歌德的青睐。当施莱尔马赫于1799年想要攻击席勒时，奥古斯特·威廉·施莱格尔给他写信说：“我们如果让席勒难堪，就会毁了我们和歌德的私人关系。”（1799年11月1日）这一战略奏效了。歌德非但没有生气，甚至不顾席勒的建议，把

① Zit. n. Borcherdt 1948, S. 490.

施莱格尔兄弟的两部戏剧搬上了魏玛的舞台。1837年，暮年的奥古斯特·威廉·施莱格尔在回望当年与席勒的这桩逸事时，心满意足地写道：“歌德还是用一种相当和蔼可亲的方式居中调解。他对席勒的精心体谅，就好像一位温柔的丈夫对待他神经衰弱的妻子似的；但这也并没有阻碍他与我们保持着友谊，继续生活。”①

不仅是和施莱格尔兄弟闹得不快，席勒和费希特之间也出现了问题。二人的关系起初还很亲密，经常在洪堡家里、在耶拿的大学教授俱乐部、在许茨家的《文学汇报》编辑部见面。席勒甚至去旁听了费希特的几场演讲。这是一种工作上的结合，因为费希特在名义上也属于《季节女神》编委会成员，为杂志第一期提供了一段短文。席勒在《审美教育书简》中援引费希特，区分了每个人心中的“理想的人”与存在于时间之中的个体的变幻的状态，而正是这一区别导致了个体在理念上的统一性与其在需求、表达和命运之多样性中的支离破碎之间的那种紧张关系。论及这一观点时，席勒明确提到了“好友费希特”的“明晰”论述。②席勒的赞美让费希特很高兴，毕竟他欣赏的不仅是诗人席勒，更是哲学家席勒。但现在，席勒对他“好友”之哲学的怀疑却与日俱增。他意识到了一种过于激进的自我哲学的危险。约翰·本雅明·埃哈特（Johann Benjamin Erhard）③是一位颇具哲学修

---

① Zit. n. Borchert 1948, S. 452.

② MA V, S. 577. 语出席勒《审美教育书简》第四封信的注释，汉译参见《席勒经典美学文论》，第219页。此外，席勒还在第十三封信的注释中直接引用费希特的《全部知识学的基础》以及他“相互作用”（Wechselwirkung）的概念，参见MA V，第607页，汉译参见《席勒经典美学文论》，第273页。

③ 约翰·本雅明·埃哈特（1766~1827），德国医生、政治哲学家，曾于1795年出版了其代表作《论人民发动一场革命的权利》（*Über das Recht des Volks zu einer Revolution*），在多地被禁。原书作者误将其名写作“Ehrhard”，已更正。

养的医生，席勒曾在施瓦本的回乡之旅的途中在纽伦堡拜访过他，并且希望能拉拢他为《季节女神》撰稿，尽管埃哈特是个坚定的雅各宾派。1794 年 9 月，席勒在给埃哈特的信中写道，费希特走的路“和深渊咫尺之遥，必须鼓起所有的谨慎，以免坠入其中”。费希特青年时代的朋友弗里德里希·奥古斯特·魏斯胡恩（Friedrich August Weißhuhn）是个一贫如洗、有些癫狂、举手投足间却装作一副天才模样的私人讲师，当他出现在耶拿，并怀着些许私人恩怨指责旧友犯了主观斯宾诺莎主义的毛病时，席勒在一封给歌德的信中也表示认同。他给歌德写道，就连他自己也看到了这一危险：费希特会把他那颠覆世界的自我变成斯宾诺莎式的绝对物质。但是这种批评不过是无伤大雅的调侃。只有当费希特将自己根据 1794 年夏的一场讲座生发而成的文章《论哲学中的精神与文字》（*Über Geist und Buchstabe in der Philosophie*）投给《季节女神》却被席勒拒稿之后，事情才变得严肃起来。1795 年 6 月的那封拒绝信，一共有四份草稿流传到了今天，显然，席勒难以下笔；在最后一份，或许也是最终寄出的那一份草稿中，他写道：“通过您的文章……我希望能丰富杂志的哲学板块；而您选择的研究对象则让我期待一份通俗易懂、能引发众人兴趣的研究。但我现在收到的是什么？您苛求我呈现在读者面前的又是什么？全是我尚未完成的材料，甚至是我曾选用的书信体。”也就是说：费希特不仅跑题，就形式与内容而言还涉足了席勒刚刚在《审美教育书简》中耕耘过的土地。只不过在席勒看来，费希特的行文如此不可救药，以至于无法“将您文章的各个段落结合到一起”（致费希特，1795 年 6 月 24 日）。

/ 428

费希特感觉受到了深深的伤害，于是在回信中愤然回击。他觉得自己被席勒驱逐出了美学的领域，作为回应，他现在否认席勒具有任何哲学能力。“想象力只能是自由的，您却禁锢了它，想要强迫它思考。这它做不到。”（致席勒，1795 年 6 月 27 日）艺术家的想象力才是席勒的才华，他不该在错误的地方用这种才华牟利。

席勒在 1795 年 8 月 3 日的回信只有部分段落保留了下来。几份不同的草稿中的语调摇摆不定，一会儿是和解的，一会儿是受了委屈的，一会儿又是咄咄逼人的。他用和解的语气建议，“接受健康理性的原则，它教导人们，不必把不尽相同之物看作必然相反”。而在另一处，他则又重回头一封信的尖刻。费希特请求读者和后人来做裁判。对此，席勒声称，只是陈述知性之成果的文章，必然会随着时间推移而变得“多余”，因为“知性或者会对这些成果无动于衷，或者可以通过更轻松的途径获得这些成果；相反，那些能产生独立于其逻辑内容的效果、在其中打上一个个体的鲜活烙印的文章，永远不会多余。这类文章中有一种无法勾销的生命原则，正是因为每个个体都是独特的，故而是不可替代的”。

随着这一在和费希特的争论中发展出的思想，席勒引入了科学真理与个体艺术之意义这二者之间一种出乎意料的新关联。这种新关联出自《审美教育书简》，更具体地说，是作为其结论从《审美教育书简》中详尽探讨过的“形式冲动”与“质料冲动”之间的关系阐发而来的。[①] 艺术家有别于科学家的地方，就在于艺术家

① 关于“形式冲动”（Formtrieb）与“质料冲动”（Stofftrieb）——又称为感性冲动（der sinnliche Trieb）或物质冲动（Sachtrieb）——参见《审美教育书简》第十二至十四封信。“感性冲动”（“质料冲动”）是指人进入感性世界、成为其一部分，并在其中体验自身物质性的层面；“形式冲动”则是指人在接受感官刺激的同时，将之抽象为其理性人格（即“形式”）的具象化，并以此证明自身超越时间的精神性层面。参见 MA V, 第 604~614 页，汉译参见《席勒经典美学文论》，第 266~282 页。

所处理的是个体的形式，也就是风格；而科学家则通过其研究结果发挥作用，并隐匿于其中。但艺术家则为风格打上自己的烙印，作为个体在其中既可见又可把握。作为理论家的艺术家虽也要求科学真理，但除此之外，他还凭借其风格跻身个体意义的世界。他身居“普遍”与“特殊”的双重领域。即便他所挖掘出的知识素材终将沉入浩如烟海的知识档案库，即便他要求普遍有效的认识终将消散在普遍性的匿名洪流，他赋予自身以形式的个性也会作为意义世界中的一种表达方式，留存在后世的记忆之中。这就意味着：就算关于“美”的理论的真理性会有存疑或不言自明，它也依旧能存在下去——作为美的理论。席勒要借助自己美的理论，反对单纯提出了一种关于“美”的理论的费希特。

在同费希特的争论中，席勒实践了一种知识的美学化；不过，人们并不觉得他明白自己这一举动的全部影响。他将自己的“游戏”概念扩展到知识的领域，将真理的游戏置于美的标尺之下。但在这之后隐藏的是对真理深深的不信任。什么是真理？我们永远无法触及。而留下的，只有诗人的馈赠。他们在知识的领域也要求那“鲜明的形式，充满生机地发展自身”（歌德语）。①因此，席勒恰恰在他从理论回归诗歌之际，要求美也同样适用于理论，就毫不令人诧异了。至于费希特，席勒到底也因为二人之间无话可说而感到遗憾。信的第一稿中有一段话，听着就像追忆过去的哀歌：“我们生活在同一个时代，后世会将我们当作比邻而居的同辈人，诸如此类，可我们结合得却是多么地少。”

如果说席勒和费希特是不和，那么在荷尔德林身上——如果人们从他的视角去审视整段故事——则是一场备受折磨的追求与

① Goethe MA 12, S. 91. 出自歌德作于1817年、发表于1820年的名诗《原初之词：俄耳甫斯式的》（*Urworte. Orphisch*）第一首《魔灵》（*ΔΑΙΜΩΝ. Dämon*）。

一次倍感痛苦的别离。

荷尔德林这一整年几乎都在夏洛蒂·封·卡尔普于瓦尔特斯豪森的家中度过，席勒仍在施瓦本时就为他在那里找了一份家庭教师的工作。他与夏洛蒂产生了一段略带情欲色彩的关系，但情况之所以越发复杂，主要还是因为他的学生弗里茨·封·卡尔普虽然总是亲昵地黏着老师，但在其他时候总是表现得如此难以管教，让所有人都感到绝望。瓦尔特斯豪森地处偏远，没有什么新鲜事，也没有外在的生活。荷尔德林一心向往耶拿。他曾将《许佩里翁》的一部分断篇发表在席勒的《新塔利亚》杂志上，现在则希望能在条件优渥的《季节女神》那里找到栖身之所。同时，他还期待在席勒的帮助下被引荐入耶拿的文学与哲学圈子，即便他清楚自己的害怕与自我怀疑："与真正伟大精神的接近……一会儿将我击倒，一会儿又使我升华。"（致诺伊费尔，1794 年 11 月）

1794 年 11 月，荷尔德林在耶拿拜访了席勒。在之后很长一段时间里，他都将怀着压抑的心情回想起当时的那一幕。他为好友诺伊费尔描绘了当时的情景。房间里不止有席勒，背景中还有一个陌生的男人。尽管他被介绍给了这个陌生人，但几乎没有注意到他。他没有听懂这个人的名字，因为他"从内到外唯一关注的就是席勒"。当席勒暂时离开屋子、荷尔德林沉默地留在那里时，那个陌生人开始翻看起放在桌上的《新塔利亚》，其中就有荷尔德林的《许佩里翁》断篇。荷尔德林的脸渐渐红了起来。一段时间后，陌生人问起封·卡尔普夫人的近况。荷尔德林用一两个词简单地回答了他。等到席勒回来后，他们热烈地讨论起了戏剧，陌生人讲了几句话，"分量之重让我已经有所预感"。后来在教授俱乐部中，荷尔德林才知道，自己刚刚遇见的不是别人，正是歌德。"老天爷帮帮我吧，"他在给诺伊费尔的那封信中写道，“帮我弥补我的不幸和我愚蠢的行径。”无论如何，当他几周后与卡尔普一家分道扬镳后，还是在魏玛受到了歌德的招待。这一回二人的对话相当友好。荷尔德林就像得救了一样。他现在感觉好多了，搬来了耶拿，经常拜访席勒。后者鼓励他继续创作《许佩里翁》，也成功地让他的出版商科塔 / 431 对这部正在诞生的小说产生了兴趣。荷尔德林“的确有很多天才之处，”席勒在1795年3月9日给科塔的信中写道，“而我也期待还能对他产生一些影响。”他现在就等待着小说的完成。但荷尔德林却写不下去了。或许是他追求的太多：费希特和席勒哲学中新的教育理念，“美的灵魂”的美学纲领，通过希腊众神的天空让世界再度神秘化，对生活之平庸的批判——他想要把这一切都写入小说，却因此撑破了原先的构思。作品的收尾一拖再拖，直到荷尔德林不得不承认等不到结尾，更等不到小说的完美。他的负罪感折磨着他，因为他相信自己辜负了席勒的信任与期待。

为了能给荷尔德林提供一份收入，席勒安排他为《缪斯年鉴》翻译奥维德（Ovid）的《法厄同》（*Phaeton*）①。人们可以揣摩席勒为何偏偏让荷尔德林翻译这篇文章。席勒一直鼓动歌德解开他“《浮士德》包裹”上的绳结，他或许在这个强要与太阳比肩却最终陨落的故事中发现了浮士德母题的变奏；或许其

① 普布利乌斯·奥维德·纳索（Publius Ovid Naso，前43~前17），古罗马奥古斯都时代诗人，著有名篇《变形记》（*Metamorphose*），在其中描写了神话中的人或神变成植物、动物或岩石等的故事。《法厄同》出自《变形记》第二章，太阳神福玻斯（Phoebus）之子法厄同请求父亲允许其驾太阳神车一日，不想却因无力驾驭而导致世界陷入一片火海，只有主神朱庇特用一道雷电劈中神车才得以制止灾难。法厄同从空中坠落不幸殒命，其姊妹又变成杨树，更添父母悲伤。参见［古罗马］奥维德《变形记》，杨周翰译，人民文学出版社，1984，第18~27页。

中也有教育意图，他想要警醒年轻的诗人勿要重蹈法厄同的覆辙。无论如何，荷尔德林起初兴趣盎然地着手工作："从来没有哪项工作能像这一次一样，让我在搁笔起身时是如此轻快。"他在 1795 年 4 月 28 日给诺伊费尔的信中这样写道。但这种愉快并没能持续太久，工作渐渐让荷尔德林力不从心。席勒建议他用意大利八行诗节（Stanze），但荷尔德林在之前翻译的古希腊作品中都使用了六音步无韵诗行。① 倘若他坚持自己对风格的感知，或许就能应付得更好。这项工作也同样停滞了。他放弃了，在 1795 年 5 月 22 日给母亲的信中写道："但人们毕竟会很快再度发现，自己在某些事情上还是多么像个学生。"他中断了现在做起来兴趣全无的翻译工作，为自己辜负了导师两回而感到绝望：一次是未完成的《许佩里翁》，一次是中途放弃的翻译。

1795 年 5 月末，荷尔德林忽然从耶拿消失了。他着急忙慌地就走了，先回到了家乡。他的好友马根瑙（Magenau）在纽尔廷根（Nürtingen）遇见了他，却几乎没有认出他来："我和荷尔德林说上了话，或者应该说我见到了他，因为他无法再说话，所有对同类人的共通感都坏死了，一个活着的死人！他神神道道地讲了许多关于去罗马的旅行，说那些好德

/ 432

① 意大利八行诗节（Stanza，德语作 Stanze）原意为"屋子"，由八行十一音步诗行（Endecasillabo）构成，韵脚为"abababcc"，最后两行诗一般为总结前六行思想，用韵脚变换塑造出"屋子"大门之感；多用于长篇叙事诗，例如托夸多·塔索作于 1574 年的《解放了的耶稣撒冷》（*La Gerusalemme liberata*）。而六音步扬抑抑格无韵诗行（Hexameter）则要求每诗行六个长音（在德语格律中则为六个重读音节），因此由六个扬抑抑格（Daktylus）或扬抑格（Trochäus）组成，其中第五音步必须为扬抑抑格；多用于古希腊罗马叙事史诗，例如荷马史诗以及奥维德的《变形记》。克洛卜施托克的《弥赛亚》（*Messias*）成功地将这一古典文学形式引入德语文学。

国人通常都在那里升华他们的灵魂。”[①]也许这就是他之后病症的征兆，引发病灶的则是创作危机、绝望，以及在“伟大的”席勒面前失败而感到的羞耻。1795年7月23日，荷尔德林终于振作起来，在一封致席勒的信中附上了自己译文的残篇，并试图为自己的“逃亡”辩解：“奇妙的是，人会因为受到一种精神的影响而感到幸福……但仅仅是因为就在这一精神的近旁；而离它每远一里，就更有必要放弃它。如果这种接近不是从另一个角度让我时常不安，我就算举出所有的动机，也很难克服自己并选择离开。我始终感到诱惑，想要见您，可见到您时，却始终觉得自己在您眼中什么也不是……正是因为我想令您对我刮目相看，才不得不告诉自己，我在您眼中一无是处。”席勒的确很失望，也感到自己的情感受了伤害。他本来期待荷尔德林对他有更多信任。他对荷尔德林还有好些计划，希望将他纳入《季节女神》的编辑部。席勒没有回信。或许是荷尔德林的欲言又止让他也同样不愿多说。1795年9月4日，荷尔德林再度给他写信，笔触悲伤而哀怨：“我太经常地感到，自己原来不是什么特别的人。我的周围是一片寒冬，我冻得瑟瑟发抖，动弹不得。我的天空如铁，我的心如岩石。”然后便是坦白“对自己的厌恶”已经把他“赶入了抽象”。接着是复杂而费力地阐释“主体与客体之统一”“方形趋向圆形”，以及“为了让一种思想体系化为现实，就必须要求某种永生性，正如它对于一种行动的体系也同样不可或缺”。对当时的席勒而言，这些都是不合时宜的想法，因为他正要“关上他的哲学铺子”。他同样没有回复这封信。他的沉默持续了一

① Zit. n. Borchert 1948, S. 124.

年半的时间。

荷尔德林在法兰克福银行家龚塔尔德家中又谋了一份家庭教师的职位，又与家中的女主人苏赛特[①]卷入了一桩情事。他的《许佩里翁》有所进展，他的自信又再度增强，因此在1796年11月20日以一种全新的语调给席勒写信，更直接、更明白。“您对我的彻底沉默真的让我困惑……您是否改变了对我的看法？您是否已经放弃了我？请您原谅我的这些问题。我有一种对您的依恋，当它成为痴情时，我常常试图克服，却总是徒劳，它还始终未曾离我远去。正是这种依恋迫使我提出这些问题。倘若您不是唯一一个让我如此失去自由的人，我一定会责罚自己。”荷尔德林自信地宣称，他在各处都觉得自由，只有在席勒面前才感到软弱。席勒就是他的痴情。这是一段爱的表白，却用欢快的语气说出。这种欢快显然促使席勒现在终于给荷尔德林回信：“我绝不曾像您想的那样已把您忘记，亲爱的朋友，只是琐事与公务，以及我通常对写信的羞怯，才使得给您那些友好信件的回复拖了这么长时间。”紧接着便是一段警告：“我请求您鼓起您全部的力量与全部的警醒，选择一个巧妙而富有诗意的素材，怀着爱把它装在心底，小心呵护，让它在存在最美的那些瞬间里安静地成熟至完美；只要有可能，您应该避免哲学素材，它们最不知感恩，在和它们毫无成果的搏斗中，最好的力量也常常消耗殆尽；请您离感官世界更近些，这样就更少些在激动中失去冷静的危险。”（1796年11月24日）尽管听上去仿佛居高临下，但席

① 苏赛特·龚塔尔德（1769~1802），法兰克福银行家雅各布·弗里德里希·龚塔尔德（Jakob Friedrich Gontard，1764~1843）之妻；荷尔德林于1796年起担任龚塔尔德家的家庭教师，深深地爱上了苏赛特，并在《许佩里翁》中以苏赛特为原型塑造了“狄奥提玛”（Diotima）这一经典的女性形象。

勒并非如此，因为几乎在同一时间，他在给科尔纳的一封信中用差不多的说法也给他自己提了醒；他知道，这同样是他自己的危险与弱点。荷尔德林却不会知道，席勒的这些警告也是写给他自己的。席勒在信中批评荷尔德林诗歌的“冗长”，无止境的“诗节的泛滥”，这几段话深深地刺伤了荷尔德林。在他于这一时期创作的一首格言诗中，可以发现他受伤的痕迹：“你们得知道！阿波罗成了报纸写手的神，/ 谁忠实地告诉他事实，就是他的手下。”① 席勒用友好的转折结束了整封信：“请您原谅我的这些要求和忠告，是关怀的友谊提出了这两者。祝您安好，请您时常让我听闻您的消息。”

半年之后的 1797 年 6 月 20 日，荷尔德林寄去了《致苍穹》(*An den Äther*) 和《漫游者》(*Der Wanderer*) 两首诗，期待能在《季节女神》上发表。在附信中，荷尔德林写道：“我有足够的勇气和自我判断，能让自己独立于其他艺术裁判或所谓大 / 434 师，怀着如此不可或缺的平和走我自己的路；但在您面前，我无条件地俯首：因为我感到您的一个词就能决定我的很多，所以才时不时地想要将您忘记，只是为了让自己在创作时不至于感到恐惧。因为我确信，这种恐惧与拘束正是艺术之死，所以非常理解为什么在这个大师杰作已在人们周围的时代，用恰当的方式表达自然要比在另一个只有艺术家在鲜活的世界中孑然一人的时代更加困难。”

可是荷尔德林不曾料到，他的这封关于评判之不确定性的信件究竟引发了什么后果。因为现在席勒忽然开始不敢确定自己的判断了。他将诗歌寄给了歌德，以期了解他的看法，却并

① Hölderlin 1992, Bd. 1, S. 185.

未告知作者的姓名。歌德回信说：诗人显然“对自然有着明快的观察”，也在不同的格律上富有“才华”。“两首诗里都有可以造就一个诗人的良好成分，但是单凭这些成分还不能造就一个诗人。也许他最好还是选择一个十分简单的田园生活题材加以表现，这样，人们倒能看清楚，他在刻画人物方面才能如何，归根结底，这才是一切的关键。”（1797年6月28日）[①]歌德建议发表。席勒随后不但感谢了歌德并非“完全负面的评价”，说出了荷尔德林的名字，然后坦陈了一段值得注意的心声：“平心而论，我在这些诗里找到了许多我自己的形象所惯有的特征。作者也不是第一次使我想起了我自己。他有着强烈的主观性，并兼有某种哲学精神与深刻思想。他的处境是危险的。”（1797年6月30日）歌德即刻回信说：“我现在同样要向您承认，我的确感受到这两首诗中也有一些属于您的风格与方式的东西，显然无法忽视大方向上的相似。”（1797年7月1日）[②]例如《漫游者》一诗确实会让二人回想起席勒伟大的哀歌《散步》（*Der Spaziergang*）：“草原铺着辽阔的地毯自由地欢迎着我，/在它亲切的绿色中一条乡间小路蜿蜒。”[③]

歌德感受不到荷尔德林诗中的伟大气息，因此才建议荷尔德林最好选一个“十分简单的田园生活题材”。但无论如何，他还是被这个“青年才俊”深深吸引。1797年夏末，他在前往瑞士的旅途中在法兰克福稍作逗留，招待了来访的荷尔德林。在这一

① 汉译参见《歌德席勒文学书简》，第197页。

② 汉译参见《歌德席勒文学书简》，第180页。

③ MA Ⅰ, S. 229. 汉译参见《席勒文集》（第一卷），第75页，有改动。《散步》是席勒于1795年10月发表在《季节女神》杂志上的长诗，初稿题名为《哀歌》（*Elegie*），通过一场远足描述了人类文化史的进程。与歌德的《罗马哀歌》一样，《散步》之所以被称为“哀歌”，同样是因为其采用了古希腊式的双行哀歌诗体。

次见面中，歌德重提了他关于“田园生活题材”的建议。他对席勒说，自己劝荷尔德林“写写小诗，并且要为每一首诗挑选有人性趣味的对象（1797 年 8 月 23 日）。”①

在这个夏天，荷尔德林带着些许骄傲，将已经完成的《许佩里翁》第一卷寄给了席勒；席勒从中可以读出，当荷尔德林习惯性地退却并沉默时，他的思想是多么晦涩不清：“有一种遗忘是遗忘一切存在，有一种沉默是对我们本质的沉默；此时的我们就好像发现了一切。有一种对一切存在的沉默和遗忘，此时的我们就好像失去了一切，我们的灵魂陷入了黑夜。”②

荷尔德林与席勒的故事并未就此结束。1799 年 6 月，他计划出版一份诗歌月刊，于是求助于他的老朋友谢林和黑格尔，当然也还有席勒，却到处碰壁。计划失败了。他打算重回耶拿，算着是否有得到一份教职的可能。就在这一年，苏赛特・龚塔尔德在旅途中经过耶拿，非见席勒一面不可；她已从情人那里听到了不少关于席勒的故事。她在 1799 年 8 月 23 日给荷尔德林的信中写道，自己在席勒的花园别墅里有一种“奇妙的忧伤”，只在那儿逗留了一小会儿。她也有同他一样的感受：“我不想让自己在这个美丽的灵魂中显得渺小。”她希望使荷尔德林打消重返耶拿的念头。她嫉妒，知道席勒是她情人爱慕的男人。“你肯定忍不住会去拜访他，这肯定会让你不好受，而我到时将是什么心情，我已在怦怦直跳的心头感受得足够了。”（1799 年 11 月 10 日）

在与苏赛特分手之后，荷尔德林于 1801 年 6 月或许是最后

---

① 汉译参见《歌德席勒文学书简》，第 190 页，有改动。

② Hölderlin 1992, Bd. 1, S. 646. 语出荷尔德林《许佩里翁》第一部第一卷，此段为译者自译；另可参见〔德〕荷尔德林《荷尔德林文集》，戴晖译，商务印书馆，2003，第 39 页。

一次转向席勒。又是那先前的渴望："我的愿望，是有朝一日能在耶拿生活在您的身边；现在这个愿望几乎已成了必要。"我们不知道席勒是否曾回信。无论如何，这一年年末，荷尔德林踏上了前往波尔多（Bordeaux）的旅途，步行穿过了白雪皑皑的中央高原（Massif Central）。这应当是一场与德国的告别："但他们用不上我。"［致博伦多夫（Böhlendorff）①，1801 年 12 月 4 日］

他会像当年离开耶拿一样仓皇地离开波尔多返回家乡，蓬头 / 436
垢面、胡子拉碴地回到纽尔廷根的母亲家中。她将会问他："你上哪儿去了？"他将会在暴怒之下把老母亲赶出门外，她于是站在夜晚的街上呼喊："这个好孩子疯了！"街巷远处回声四起。不久之后，他真的疯了。

据说在多年之后，当别人提起席勒的名字时，他还会嘟囔着说："我的席勒，我美好的席勒啊。"②

弗里德里希和奥古斯特·威廉·施莱格尔、费希特和荷尔德林的例子表明，席勒既可以通过《季节女神》将一些人吸引到身边，又可以激起另一些人的拒斥乃至敌意。杂志使人两极分化。《审美教育书简》是他给"美学世界的法典"，却并不总是讨人喜欢；不少人对歌德的《德国流亡者闲谈录》只能摇摇头，觉得它没有力量，在背后窃窃私语议论什么"危机"；有些人认为《罗马哀歌》很不检点。歌德与席勒曾宣誓结为同盟，现在他们

---

① 卡西米尔·乌尔里希·博伦多夫（Casimir Ulrich Böhlendorff, 1775~1825），库尔兰（Kurland，今拉脱维亚）诗人，曾于 1794 年在耶拿跟随费希特学习哲学，是荷尔德林好友，但文学生涯郁郁不得志，于 1825 年自尽。

② Wittkop 1993, S. 312.

充满着并肩作战的高亢情绪，好斗地对此做了回应。他们觉得，只有在进攻中才有叮当作响的游戏。曾几何时，席勒还在《〈莱茵塔利亚〉发刊词》中写道："读者现在是我的全部，是我的研究、我的主宰、我的知己。我现在只属于他一人。"① 这样的时代已经过去了。他现在不再打算认读者为他的主宰，人们必须得培养读者的品位，否则就要与之斗争。应该如何着手？叱骂读者不是个好主意，而是必须象征性地攻击惯常的品位，也就是集中火力打击据说代表这种品位的批评家。席勒与歌德的神圣愤怒主要针对的是他们估计为大众审美摇旗呐喊的批评家；他们要和日常读者大部队的领军人做斗争。难道在文学的公共空间不是也有一场大众的反叛，难道这场反叛不是败坏了品位吗？至少魏玛双子星是这样看的，因此席勒说，《季节女神》必须成为真正的"争战的教会"（ecclesia militans）②。但要与谁争战？

首先是乱读书本身。这是那个"舞文弄墨"的世纪造成的。乱读滥写的时代已然开启。在18世纪末的市民与小市民圈子里，乱读书几乎成了一种流行病。教育学家和文化批评家开始为此哀
/ 437 叹。在读者心中发生的过程很难掌控，总会有隐秘的冲动与幻想。沙发上读着书的女性狼吞虎咽地一本接一本读小说，难道不是把自己送到隐蔽的纵欲手中？而读着书的中学生，难道不是在参加那些有资格教导他们的人想都不敢想的冒险吗？1750~1800年间，能够阅读的人数翻了一番。到世纪末，总人口中几乎有25%属于潜在的读者群。阅读行为慢慢发生了变化：人们不再

① MA V, S. 856.

② "争战的教会"出自中世纪经院神学，从范围上指现世所有基督徒，从内涵上则指基督徒需为信仰同魔鬼和异端开战；与之相对的概念则是"胜利的教会"（ecclesia triumphans），指已升入天堂居于上帝和耶稣左右的信徒。

读一本书很多次，而是读很多本书，却每本只读一次。人们多次阅读并详细研习的伟大而重要的书籍——圣经、修身文学、日历书，其权威性均在消失；人们要求更大量的阅读材料，要求那些写出来不是为了细读而是为了被读者贪婪地吞噬掉的图书。1790~1800 年间，市场上出现了 2500 种小说，和之前 90 年的总和一样多。不断增长的供给需要得到消化。于是读者学会了速读的技艺。阅读生活当然不能没有闲暇。但当时的市民生活却不缺闲暇。人们将阅读时光一直延续到了深夜。不单单是启蒙，阅读狂热也需要更多的光。

读书狂将写作狂带上了舞台，这是一批懂得为了速读而写作的作者。席勒在创作他的连载小说《招魂唤鬼者》时，也稍稍练习了这门手艺。拉封丹①一生共写了超过 100 本小说，人们说，他写得比读得还快，所以还没能读完他自己写的所有小说。小说的泛滥已让职业批评家几近绝望。“无数的小说，”弗里德里希·施莱格尔在 1797 年写道，“随着每一场书展让我们的书目越来越肿胀，其中大多数很快就能结束其不值一提的存在的循环，随后就回归遗忘和图书馆旧书的灰尘中去，以至于艺术评论家只要不想体验那种把评论写到一部其实已不再存在的著作上去的郁闷，就必须一刻不停地在新书后头紧追不舍。”②

这些特殊的社会政治与地理条件，让图书与报纸杂志产业在德国有了如此兴旺的发展。社交生活缺乏重要的城市中心，反而有利于分散化以及对书中想象的社交之兴致。德国没有能让幻想 / 438

① 奥古斯特·拉封丹（August Lafontaine, 1758~1831），18 世纪德国流行作家，据说一生共创作 150 余部通俗小说，风靡欧洲、北美，赢得包括拿破仑在内的众多读者。

② F. Schlegel 1970, S. 23.

振翅高飞的政治权力，没有隐藏着迷宫般秘密的宏伟首都，没有能激起感受远方、感受外在世界之冒险的殖民地。一切都四分五裂，又窄又小。在耶拿，浪漫派和古典主义的大本营之间如此接近，一块石头就能扔到。英国的水手与探险家、驶向美国的先行者、法国大革命的斗牛士所完成的所有那些异乎寻常的事迹，德国读者一般只能后知后觉地在文学的替代形式中体验。在给默尔克[①]的一封信中，歌德言简意赅地断言："值得尊敬的读者只有通过小说才能了解一切异乎寻常之物。"（1780 年 10 月 11 日）

谁读书读得多，就很容易有自己动笔创作的念头。几个朋友互相写信，随后就立马将信件送去出版社。谁在当地取得了荣誉与金钱，或者其实二者都没有，就在上了年纪之后写他的回忆录。"人们究竟写了多少，谁都没有概念。"[②]歌德在《威廉・麦斯特》中感叹道。让・保尔在他的《小老师乌茨》（*Schulmeisterlein Wutz*）[③]中讽刺了这种发展趋势。乌茨让人定期寄来书展目录，因为兜里没钱买不起预告里的小说，就按照题目自己写。渐渐地，他就以为自己写的书稿才是原著。当他随后得到了真正的原著时，竟将其当作盗版的伪作。

书读得越来越多，就让生活和阅读融为一体。人们在读物中搜寻作者的生活；他与他的生平忽然引起人们的兴趣，或者如果

---

① 约翰・海因里希・默尔克（Johann Heinrich Merck, 1741~1791），德国作家、批评家，歌德好友，以文笔犀利著称；德国语言文学科学院（Deutsche Akademie für Sprache und Dichtung）每年均会颁发以他的名字命名的"约翰・海因里希・默尔克文学批评奖"。

② Goethe MA 17, S. 310. 语出歌德《威廉・麦斯特的漫游时代》第一部第六章末威廉致娜塔丽亚（Natalia）的信。

③ 《奥恩塔的心满意足的小老师玛利亚・乌茨生平纪事》（*Leben des vergnügten Schulmeisterlein Maria Wutz in Auenthal*）是让・保尔作于 1790 年的短篇故事，收录在他发表于 1793 年的长篇小说《隐形会社》（*Die unsichtbare Loge*）之中。

作者还不够有趣，至少也在试图让自己变得有趣。这也属于天才崇拜的背景。尤为典型的，是当人们发现《强盗》的作者竟然是个懂得礼数而又友善的人、身上没有一丁点儿匪气或野性时流露出的些许失望。反过来，人们又尝试像读过的书里那样生活：穿上维特式的燕尾服[①]，或是像卡尔·莫尔那样怒目圆睁；根据分配好角色、描绘好氛围、制定好情节的文学剧本来亲身体验。从当时仍是新主流媒介的文学中，散发出一种令人着迷、将生活化成一出戏剧的力量。伟大文学所乐见的，对所谓消遣文学，即拉 / 439
封丹的家庭小说、歌德内兄克里斯蒂安·乌尔皮乌斯[②]的绿林小说，以及格罗瑟（或席勒）的秘社小说等而言就更是求之不得了，在两个层面都表达了追求更强烈的自我感觉的意愿。人们想要感知自我，向生活要求生命力，而如果外在的情状与人为敌，与文学模板的认同就必须从那在日常仪式中的几近干涸的生命之河中舀出饱含意义的瞬间。人希望在文学之镜的映照下让自己的生活更具价值，赋予其一种浓厚、一种戏剧性与一种氛围。寻找着他在日常生活中失去了的存在的阅读者，就是这样享受了自身。“我们是用文学做的”，年轻的蒂克抱怨道[③]，而克莱门斯·布伦塔诺也常在生命中听见纸页沙沙作响：他逐渐看清，正是因为小说，“我们的不少行动已在不知不觉中被决定，而女

① 歌德发表于1774年的小说《少年维特的烦恼》是如此受欢迎，以至于人们开始模仿其中人物的穿着；维特最爱的服装是“长筒皮靴、青色燕尾服，再配上黄色的背心”，这是他初次与绿蒂共舞时的衣着（见维特1772年9月10日的信），也是他最后自杀时所穿的衣物。参见《歌德文集》（第六卷），第132页。

② 克里斯蒂安·奥古斯特·乌尔皮乌斯（Christian August Vulpius, 1762~1827），歌德妻子克里斯蒂安娜·乌尔皮乌斯之兄，德国通俗小说家，代表作包括19世纪德国最受欢迎的绿林小说《强盗头子里纳尔多·里纳尔蒂尼》（*Rinaldo Rinaldini, der Räuberhauptmann*, 1799）。

③ Tieck, Bd. 1, S. 26.

人在其生命的尽头不是别的，只不过是当地图书馆为她们提供的那些小说中的人物的复制品罢了”。

或许正是文学与生活的这种跨越界限的密切往来，以及将生活文学化的倾向，促使当时的蒂克着手翻译《堂·吉诃德》，因为众所周知，这部小说的主题正是以阅读经历取代生活经历。人们可以将小说当作一部关于危险的文学帝国主义的史诗来读：正是文学使生活臣服于自己。文学化的权力甚至体现在政治之中。革命伟业的参与者们在自己与受过教育的观众面前，就仿佛饰演人们在古典文学中所熟知之角色的演员。古典主义教育使得一种特殊的似曾相识的经历得以可能：人们认识的恺撒、西塞罗和布鲁图斯，现在又作为“历史戏服”重归舞台。例如，布鲁图斯现在是由一个女人扮演：夏洛蒂·科黛（Charlotte Corday），这个来自诺曼底的温柔的狂热信徒，在1793年将“人民之友”马拉（Marat）刺死在浴缸之中。① 克洛卜施托克、维兰德和其他人纷纷为这桩大事赋诗：这是行刺暴君，正如书上所记。

在这样一个痴迷于文学的阶层，文学与生活的交融几乎已是日常；只有在这里才能发展出早期浪漫派雄心勃勃的理论纲领。先是在耶拿，然后是柏林，这批年轻人被一种让自己与他人着魔的精神所启迪：文学要领着生活翩翩起舞。耶拿浪漫派的放松练习走得很远，他们希望彻底拆除文学与生活之间的隔墙。弗里德里希·施莱格尔和诺瓦利斯为这项事业创造了“浪漫化”

① 夏洛蒂·科黛（1768~1793），法国贵族，于1793年7月13日刺死了被称为“人民之友”（*Ami du Peuple*）的《人民之友》报（*L'Ami du Peuple*）主编、法国大革命期间雅各宾派最重要的宣传家让－保尔·马拉（Jean-Paul Marat, 1743~1793）。法国著名古典主义画家雅克－路易·大卫（Jacques-Louis David, 1748~1825）将在浴缸中死去的马拉神话为革命的殉道者，定格在了他的名画《马拉之死》（*La Mort de Marat*, 1793）中。

（Romantisieren）这一新词。每一种生命活动都应附着上诗意的意义，都应展现出一种独特的美感并揭示出一种造型力，和狭义的艺术作品一样都具有其风格。说到底，他们的艺术与其是说作品，不如说是一种体验；无论何时何地，只要人们用富于塑造性的能量与充满生机的活跃将其行动付诸实践，就能产生这种体验。诺瓦利斯坚信，甚至连“事务性工作”也能用诗意的方式处理。对弗里德里希·施莱格尔而言，欢愉的社交就是实现了的“总汇诗”（Universalpoesie）。人们必须用诗歌感染生活。应该怎么做？最好是用浪漫派的异化技术。对此，蒂克是这样描述的：“我们至少应当尝试一次，将我们熟悉的东西变得陌生；我们将会惊讶地发现，我们在遥远的远方费力寻找的那些教诲、那些欢乐，竟在我们近旁。奇妙的乌托邦往往就在我们脚边，但我们却盯着望远镜，对它视而不见。”①

可以说，阅读与写作承诺了近在转角的冒险。

这就解释了为何席勒“审美教育”的计划在浪漫派中激起了极大的共鸣：因为在浪漫派那里，生命的美学化已进行得如火如荼，所以当席勒宣布进入美学的极端情况时，他们中不少人还讽刺地挤眉弄眼。因此，在席勒与歌德一起让其“争战的教会”进入阵地之时，他瞄准的不单是为那些没有头脑却读书很多的大众代言之徒，同样还有那些宣称已学完美学化教学资料的“自作聪明”的人。也就是说，这里针对的既是庸俗又是过度。席勒和歌德这两大魔法师结盟共谋，以反对自以为清醒的祛魅者与妄自尊大的魔法师学徒。

《季节女神》是要代表更优秀的品位；而为了完成与糟糕

① Tieck, Bd. 1, S. 75.

品位斗争的任务，必须再找另一种形式。是歌德提出了一个令人眼前一亮的想法。当时的他正因为读者不把作为自然科学家的他当一回事而发火，因此正是要挑事的脾气，和正因《季节女神》的批评者和下降的订阅数而生气的席勒一拍即合。他们一致认为：人们最终还是要主动出击，对付顽固头脑和自诩聪明的人、读书狂和写作狂这两种玷污文学圣殿之徒，以及自以为有些学问的自负大众；必须要“对半吊子们宣战，我们要让各个领域中的半吊子感到不安”（歌德致席勒，1795年11月21日）。一个月后，歌德提议，这次引战应使用“双行诗”（Distichon）①的文学形式，就像“马提亚尔的《克塞尼娅》（*Xenia*）一样”②，也就是一种下了毒的赠礼。他们要一同在席勒的《缪斯年鉴》中装备好这支轻骑兵，将之投入战局。这个念头让歌德如此激动，以至于他在信中就附上了几首试作——是针对“牛顿教派”③的“赠辞”。席勒立马回应：“赠辞这个主意妙极了，必须付诸实现。”④（1795年12月29日）1796年1月初，他喊出了“无一日不警句”（nulla dies sine epigrammate）⑤的口号。他们俩就这样勤于创作讽刺警句，互

---

① “双行诗”是古希腊的一种诗体，由一行六音步抑抑扬格无韵诗行（Hexameter）与一行五音步抑抑扬格无韵诗行（Pentameter）组成，常用于哀歌或讽刺短诗。

② 马库斯·瓦勒里乌斯·马提亚里斯（Marcus Valerius Martialis，约40~103），古罗马诗人，德语作马提亚尔（Martial），善写警句诗；他将辛辣讽刺的双行警句诗称为“赠辞”（Xenien，或音译为“克塞尼温”），出自古希腊语表示“给客人之赠礼”的“Xenion”（复数为“Xenia”）一词。

③ 歌德在对颜色学（Farbenlehre）的研究中反对牛顿的光学，认为光是不可分的，白光乃是一切颜色的基础，而并非如牛顿通过透镜实验所证明的那样是由七种颜色组合而成。因此歌德才会略带贬义地将牛顿光学的支持者称为“牛顿教派”。

④ 汉译参见《歌德席勒文学书简》，第73页，有改动。

⑤ 汉译参见《歌德席勒文学书简》，第74页。

相交换；而当歌德来耶拿时，他们就共同酝酿几句，极为享受，夏洛蒂只听见楼上传来爽朗的笑声。到1796夏天，二人已写了近900多首赠辞。席勒将之收集起来，为《缪斯年鉴》整理妥当。1/3被剔除，另有一部分不那么尖刻、更类似于格言的作品被归入《誓愿板》(*Tabulae votivae*)，也就是所谓的《温言辞》(*Zahme Xenien*)当中。两位作家商定不透露每一首短诗出自谁手；这些赠辞的确有一部分是二人共同完成的。

这场被席勒称为“我们文学中的小小猎兔之旅”，今天在我们看来已丧失不少尖锐和挑衅的力道。试举几例。

针对扩张的图书市场：“先生们！这是规矩：谁从这条街过，/就给蠢货和弱者来点儿施舍”①；“这儿是展会，快，装货、搭起铺子，/来吧，作者们，抓阄吧，每个人都碰碰运气。”②针对通俗作家的写作手段：“你们是想同时讨好世间的孩子和虔诚的人？/描绘情欲吧——但记得再添上魔鬼。”③那些正派的人也懂这种技巧，装作不正经的样子以吸引读者：“一切可怕事物中最可怕的是什么？/一个老学究，心痒痒地想要放纵活络。”④在他们之中也有些高贵而精致的人，例如拉瓦特：“可惜啊，自然只从你身上造出一个人；/成为可敬者与无赖的材料都有。”⑤针对自作聪明的文学批评家，例如弗里德里希·施莱格尔：“诗人，你们这些可怜人，都得听些什么，只为了/让学生快读他印

/ 442

① MA I, S. 257.
② MA I, S. 257.
③ MA I, S. 258.
④ MA I, S. 261.
⑤ MA I, S. 259.

出的讲义！”①针对像莱夏尔德那样政治上很有思想、文学上却缺乏判断力的人：“愿你们用严肃的词语追踪糟糕的统治者，/但也别再拍糟糕的作者任何马屁。”②对自称有健康人类理性的榆木脑袋：“你们到底有些用处，理性很乐意/忘记知性的界限，而你们则诚实地将之向我们展现”。③下一条警句则将维兰德形容成了“处女”：“在魏玛的秀美处女面前低头吧，这是应当的，/虽然她总是孩子气——但美惠女神的脾气谁不能原谅？”④维兰德大为光火，在气头上宣布今后再也不和席勒说一句话。维兰德虽不是《季节女神》的敌人，但他和他的《德意志水星》却是前者在竞争激烈的杂志市场上的对手，因此他才会进入席勒的视野。还有席勒曾经仰慕的克洛卜施托克也未能幸免：“克洛卜施托克，这是我的人，他用新潮的套话，/讲述他在地狱的泥淖听闻的高尚伟大。”⑤尼可莱被当作一种无聊且没有启迪效果的启蒙运动的代表，多次遭到批判：“你用手抓不住的，在你这个盲人眼前就像怪物，/你要是触摸什么，此物就立马被玷污。”⑥费希特也被照顾到了：“我是我，设定自我，如果我把自己/设定为未设定，好吧！我就再设定一个非自我。”⑦

不管怎么说，施莱格尔对席勒《妇女的尊严》一诗的嘲讽也被收入了《赠辞》之中。是歌德安排的，还是席勒愿意接受自我批评？“从前往后这首诗读着并不好，我从后往前，/一段又一

① MA Ⅰ, S. 262.
② MA Ⅰ, S. 262.
③ MA Ⅰ, S. 263.
④ MA Ⅰ, S. 265
⑤ MA Ⅰ, S. 271.
⑥ MA Ⅰ, S. 278.
⑦ MA Ⅰ, S. 299.

段，倒显得诗很可爱。”①

《赠辞》引起了很大的轰动。1796年底出版的《一七九七年缪斯年鉴》几天之内就被抢购一空，不得不加印两次。对于编者席勒而言，这也是一桩好生意。谁觉得自己肚子里有点儿墨水，就参加了这场猜谜游戏。这些赠辞说的都是谁？哪些赠辞是谁写的？一个叫曼索（Manso）的文人兼学校校长也得了几句“赠辞”，于是和出版人戴克（Dyck）共同编写了一本《几位感恩的客人给耶拿和魏玛蹩脚厨子的回礼》（*Gegengeschenke an die Sudelköche in Jena und Weimar von einigen dankbaren Gäste*），但因为太过乏味，基本没有什么反响。

在第一阵热议过去之后，歌德于1796年12月7日表示，“这是一种了解、实施得都很不够的方针，即每个对身后荣誉有所追求的人，都应迫使同时代人对其和盘托出他们的意图，同时又用现实、生活与影响随时抹去他对这些意图的印象……我希望《赠辞》能在很长一段时间内起作用，使与我们为敌的恶魔继续保持活跃；在此期间，我们则要继续我们积极的工作，让恶魔去承受否定的痛苦吧。”②

一石激起千层浪让歌德和席勒很满意；就算别人再怎么跳脚，两位好汉都会很快回到他们的本职工作中。歌德致席勒：“在《赠辞》这场大胆冒险之后，我们只能勤于撰写伟大而富有尊严的作品，将我们的诗歌天性转化为高贵而善良的人物形象，让所有的对手自惭形秽。”（1796年11月15日）③

席勒也是同样的想法。他已经关上了他的“哲学铺子”，剩

① MA I, S. 290.

② 汉译参见《歌德席勒文学书简》，第141页。

③ 汉译参见《歌德席勒文学书简》，第134页，有改动。

下的哲学材料融入了1795~1796年的思想诗尤其是《阴影的国度》(*Das Reich der Schatten*)[①]和《散步》两首长诗中。怒火与挑衅的乐趣已找到了出气口，他因此可以在歌德的激励下怀着全部的力量转向《华伦斯坦》；而歌德此时正准备在席勒的积极参与下完成他的《威廉·麦斯特》。

① 《阴影的国度》是席勒作于1795年的哲理长诗，后经两次修订，在1804年面世的第二版《诗集》中最终定名为《理想和生活》，汉译参见《席勒文集》(第一卷)，第58~65页。

害怕华伦斯坦——拖延——参与歌德的《威廉·麦斯特》——为什么面对杰出的人，除了去爱，没有别的自由——多义性的礼赞——为什么只有哲学才能让哲思无害——华伦斯坦和三重权力意志——权力之人与可能性之人——友情的仪式：歌德和洪堡——告别耶拿

在作于1798年的《幸福》（*Das Glück*）一诗中，席勒将创作的过程描述为“从无限海洋中的晦暗降生”。①但《华伦斯坦》这部伟大剧作的产生却绝非晦暗的降生。席勒让他的朋友们，尤其是科尔纳、歌德和洪堡，参与作品创作的每个阶段，无论是怀疑和危机还是成功的狂喜。“在创作这部最为重要的三部曲时，”歌德在三十年后对《华伦斯坦》英译本的书评中写道，“我从不曾离开过作者。他有那种天赋，能将他的意图甚至是他刚刚写出的内容与朋友讨论。一种奇妙的让步与坚持藏在他永远反思着的精神之天性中，绝不干扰他的创作，而是约束之并赋予其形象。”②

如果说席勒在日历中将1796年10月22日作为《华伦斯坦》创作工作的开始，那么看起来他并没有把1791年以来所做的种种准备算进真正的工作时间。事实上，关于三十年战争中的“伟岸形象”及其戏剧呈现的可能性，他已钻研了十年。他在1786年4月15日给科尔纳的信中写道：“民族苦难最深重的时期竟恰是人类力量最光辉的时期！从这个黑夜里走出多少伟人。”在经

① MA I, S. 241.

② Goethe MA 18.2, S. 130.

历了1791年1月的初次重病后，他决定创作一部关于华伦斯坦的戏剧，但尚未真正动笔："我在一个更大的整体面前仍感到恐惧，因此很怀疑是否马上轮得到华伦斯坦。"（致科尔纳，1792年9月21日）在前往施瓦本的旅途中，他又重新取出了为计划好的剧本所准备的材料；1794年3月17日，他带着几近自大的自信，在信中谈起《华伦斯坦》工程："只要敲定计划，我就毫不担心，一定能在三周之内实现。"计划里的三周最终成了五年——直到1799年春三部曲最终完成，确实过去了这般长的时间。根据他之后的计算，他全身心创作这部戏的时间一共有20个月。席勒怀着些许惊讶说起这个数字：他感觉自己奉献给《华伦斯坦》的时间似乎比20个月要更久一些。

从施瓦本回来后，席勒在1794年5月暂时将《华伦斯坦》搁置一旁。《审美教育书简》和《季节女神》的创作让他全身心地投入其中。但他也注意到某种对鸿篇巨制的畏惧，踌躇着，再次一头扎进历史素材中，研究索福克勒斯（Sophokles）与埃斯库罗斯（Äschylos）① 以使他的戏剧技巧臻于完善。他无休止地"武装"自己，而正如他在1796年3月18日给歌德的信中所写，这让他的情绪"产生了一种奇妙的运动"。他之所以写得很艰难，是因为他感到只要小心谨慎，就能创作出一部完美的作品。这种近乎恐惧的谨慎在他身上是全新的。他希望在大纲完全

① 索福克勒斯（约前497-前406），古希腊三大悲剧家之一，其杰作《安提戈涅》（*Antigone*）、《俄狄浦斯王》（*König Ödipus*）及《俄狄浦斯在科洛努斯》（*Ödipus in Colonus*）合称"忒拜三部曲"（Thebaner Trilogie），不仅是后世悲剧作家的典范，也激发了黑格尔等哲学家对悲剧哲学的思考。埃斯库罗斯（约前525-前456），古希腊三大悲剧家之一，其著作《波斯人》（*Die Perser*）、《被缚的普罗米修斯》（*Der gefesselte Prometheus*）、《七将攻忒拜》（*Die Sieben gegen Theben*）均是戏剧史上的不朽名篇。

成熟之后再动笔，于是就这样打磨剧情纲要。此时距他上一部作品《唐·卡洛斯》已过去了十年。他还能找到最初几部作品中偶尔显得恣意痴狂的自信吗？他在1794年9月4日给科尔纳的信中写道，他从那以后“就成了一个全新的人”，但这个新人能够在一部新的宏大剧作中证明自己吗？在某些瞬间，他曾怀疑过自己。1794年9月4日，他写信给科尔纳：“在这部作品面前，我真真切切感到害怕与不安，因为我相信……我自己最不像一个诗人，而即使我能算得上诗人，充其量也只是当我想要作哲学思考时诗意精神忽然给我惊喜。我现在该怎么办？”科尔纳试图劝他不要怀疑，让他想到他可以相信自己的天才。席勒应该放松紧绷的神经，相信人们瞄准时不紧张，才能打得更准：“如果你不是刻意地钻研《华伦斯坦》，而是全凭偶然，静观幻想是否会自发地给你带来足够的诗意素材，你觉得如何？”（1794年9月10日）席勒回信说：“你的意思是，我写《华伦斯坦》时用的理性太多，用的热情太少。但这只适合那些盘算得不够严格的大纲。它必须由想象力与转瞬即逝的感觉来实现。这恰恰是我所担心的：当想象力的国度降临时，它将会离我而去。”（1794年9月12日）

重塑对自身想象力的信任，又因为歌德让席勒参与《威廉·麦斯特》的创作过程而更加艰难。1794年末，席勒收到了《威廉·麦斯特的学习时代》第一卷的清样。在之后数月，小说后几卷的手稿被源源不断地寄给席勒审阅，直到1796年7月。席勒在近处体验了他的朋友是如何看上去轻松写意地成功实现了伟大的诗意之举。这个天神的宠儿像被想象力托举着，而他席勒却不得不担忧想象力恐将置他于不顾。《威廉·麦斯特》先是让席勒深陷自我怀疑，导致他的《华伦斯坦》停滞不前。在他眼中，歌德的想象力引领读者进入了一场充满游戏意味的丰富而完满的生活，这是饱含秀美与聪慧的杰作，既展现出吸引人的表面，又承诺更深层的意义。席勒写道，一种“精神上和身体上的健康之感”在他心中流淌。因此，“从这样一部作品出发窥探哲学的本质”是多么叫他为难。“那儿的一切是那样明朗，那样生动，那样和谐舒展，那样人性真实，而这里的一切却是这样严酷、这样僵硬和抽象，极不自然，因为所有的自然都是合题，而所有的哲学都是反题。”在这一契机下，他完全理解了“生命与理智之间无尽的距离”，也因此理解了更多的作为哲学头脑的自己与懂得运用想象力塑造完整生活的歌德之间令他痛苦的距离。“然而可以肯定的是，诗人是唯一真正的人，而最优秀的哲学家和他相比只不过是一幅漫画罢了。”（1795 年 1 月 7 日）①

447 尽管如此，席勒并没有在盲目崇敬中迷失自身；歌德珍视的恰恰是席勒在技术层面的艺术理解，才请求他的指正并提出修改意见，而席勒也照办了。但至少在一开始，席勒批评的不过是些细枝末节。例如，他批评对剧院阶层的描述过于详尽，建议用额外的情节元素使关于哈姆雷特的对话更加松散。歌德很感激朋友对他正在诞生的作品的关注，也鼓励席勒继续《华伦斯坦》的创作。他希望将朋友重新引向舞台，因此请求他为《哀格蒙特》在魏玛的再度上演改编剧本。席勒同意了，而 1796 年春的这项工作也确实让他对自己的诗学能力尤其是戏剧实践能力重拾信心。他这才可以于 1796 年 3 月 21 日告诉科尔纳，他终于“严肃地”下定决心，要开始动笔撰写《华伦斯坦》。然而因为突如其来的

① 汉译参见《歌德席勒文学书简》，第 30 页，有改动。

病情，也因为对双双病重的父亲和妹妹南内特[①]的担忧，剧本创作再一次推迟了。3 月底，南内特离世，而父亲也在几个月后的 1796 年 9 月撒手人寰。席勒深受触动，却依旧镇定，因为他自己的病史教会他像对待熟人一样对待死亡。但悲伤还是使他无法进入适合创作新作品的情绪。此外，《季节女神》也让席勒分心。杂志的订阅量越来越少。包括赫尔德和费希特在内的不少知名作家已和杂志分道扬镳。渐渐地，这份杂志不再是文化精英们的代表性刊物。席勒必须转而寻找质量更低的文章，只为了填满每期的版面。他希望现在就停刊，而不是再拖延，即便他要因此失去一笔丰厚的酬劳。为了不依赖于这份收入，席勒开始更多地关注他编辑的《缪斯年鉴》：他前不久刚凭借在上面刊发的《赠辞》获得了经济上的巨大成功。他充分利用当时少得可怜的“诗意”情绪，以便能给下一期的《缪斯年鉴》添上几首自己的诗歌。所以说，席勒还被琐事缠身，这让他无法持续而全身心地进行《华伦斯坦》的创作。 571

1796 年 6 月底，席勒收到了《威廉·麦斯特》的最后一卷，再从头到尾连贯地读了整部小说。他被震撼了：“对这整部艺术品作恰如其分、真正美学上的评价是一项大工程，我非常乐意为此献出接下去的四个月时间。”[②]他在 1796 年 7 月 2 日给歌德的信中如此写道。于是又得拖延四个月：《威廉·麦斯特》挤开了《华伦斯坦》。虽然最后没有用四个月，但至少有一个月的时间，席勒完全是从事这项工程，写下了那一系列著名的长信——这是 / 448

① 卡洛琳娜·克里斯蒂安娜·席勒（Karoline Christiane Schiller, 1777~1796），席勒最小的妹妹，家人爱称她为南内特（Nannette），1796 年 3 月不幸因伤寒在索里图德去世。

② 汉译参见《歌德席勒文学书简》，第 89 页，有改动。

这部划时代小说的影响史中第一份也必定是最重要的一份文档。

席勒用这段评价开启了第一封长信："不管怎么说，我经历了这部作品的完成，作品大功告成之时恰逢我进取心旺盛有力的阶段，我还能从这个纯洁的源泉中汲取力量，这是我人生最美好的幸事之一；而我们之间的美妙关系促使我将之当作一种信仰：我要把您的事业看成我的事业，用我内心的一切真情实感铸成一面活在这尊躯壳内之思想的最纯净的明镜，并以此在这个词的更高意义上，无愧于您'朋友'的称号。"接着就是那句著名的话，席勒以此框定了他与好友歌德之间的关系："在这件事上，"席勒写道，"我多么生动地体会到，杰出是一种力量，也只能作为一种力量施加在言必称我的人身上，让他面对杰出的物与人，除了去爱，没有别的自由。"（1796 年 7 月 2 日）[①]歌德将这段话视为席勒的遗言，因此在他去世后又在《亲和力》（*Die Wahlverwandtschaften*）中再度引用。[②]正是"爱"制止了对杰出者的怨恨以及使人丧失动力的嫉妒。席勒必须爱歌德，才能为《华伦斯坦》保留自由和自信。的确，尤其是这第一封关于《威廉·麦斯特》的信有着极富爱意的语调。席勒在信中所做的分析虽然严格、犀利而实事求是，但润色得恰到好处，行文风格也如此华丽，以至于这段分析有着极为罕见的文学水准，可以被视为知识分子爱意的表达，而歌德也确实是这样理解的。这些信件是给朋友的厚礼。席勒用这样的句子结束了他第一封关于《麦斯

① 汉译参见《歌德席勒文学书简》，第 89 页，有改动。关于席勒这一句名言的翻译，参见本书序章注释。

② 《亲和力》是歌德于 1809 年发表的中篇小说，讲述了两对恋人之间的爱情纠葛。在小说第二部第五章《奥蒂莉日记摘抄》（*Aus Ottiliens Tagebuche*）中，歌德化用了席勒的那一句名言："对付他人的巨大优点，除了爱别无良药。"汉译参见《歌德文集》（第六卷），第 294 页。

特》的信："祝您身体健康，我亲爱、我敬爱的朋友。一想到我们平素只能在一个受偏爱的古典世界的遥远远方寻找却难以觅得的东西就近在咫尺，就在您的身上，我总不免感慨万千。"①这一系列信件一封接一封几乎不停歇地寄到歌德手中，让他起初竟没有空闲详细回复。他喜悦得不能自已，于1796年7月5日简短地写信道谢："您的信是我现在唯一的消遣……"两天后："请您继续介绍我和我自己的作品认识吧。"②直到一周之后，歌德终于从对席勒信件的研习中抬起头来，能够深思熟虑并保持距离地做详尽的回应。他的回应尤为值得关注，因为歌德在其中揭示了他称为自己"最本质的天性"的东西。只有在好友席勒面前，他才能承认自己的"现实主义的怪癖"："出于这种怪癖，我总喜欢把我的生活、我的行为和我的作品移出人们的视线。所以我总是喜欢匿名旅行，宁穿粗布不穿华服，此外在和陌生人或半生不熟的人谈话时，宁可谈些无关紧要、至少是不那么重要的话题，装作比实际上的我更加轻浮，可以说是把我自己搁在介于本真与自身的表象之间的位置。"（1796年7月9日）③他之所以不遵从席勒的建议，不愿将小说丰富的哲学内涵和盘托出，就归结于这种"现实主义怪癖"——一种倾向隐居的愿望，一种对过度暴露的畏惧。

席勒认为，小说的哲学内涵就在于：现实主义与理想主义这两种根本性的态度，在小说中显得可以调和，也确实得到了调和。席勒在这里引用了他刚刚在《论质朴与多情的文学》中阐释的一种区分。根据这篇论文，现实主义在理论中是"冷静观察的

---

① 汉译参见《歌德席勒文学书简》，第93页，有改动。

② 汉译参见《歌德席勒文学书简》，第101~102页，有改动。

③ 汉译参见《歌德席勒文学书简》，第108页，有改动。

精神”和对感官证据的“信任”；在实践中则是“无可奈何地遵从自然的必然性”和社会共同生活的必然性。而另一方面，理想主义在理论中则是“在一切人士中要求绝对的永不止息的思辨精神，在实践方面就是在意志行为中坚持追求绝对的道德严肃主义”。[①] 席勒强调，片面地发展两种态度中的任何一种，都会导致失态与异化，而只有其合题才算与人类的尊严相称。现在，他在《威廉·麦斯特》中看到这一合题得到艺术上的完美呈现。他用一段极为简短的表达概括了小说主要人物的意义，而后世的阐释与评注不过是用长篇大论在重复这个观点而已：“他从一种空洞而不确定的理想踏入了一种明确而积极的生活，在此过程中却没有失去理想化的力量。”（致歌德，1796 年 7 月 8 日）在席勒看来，不单是主人公，甚至小说本身也充盈着这种现实理想主义的精神。

但现在席勒却提请歌德三思，小说的这一内涵，即理想与现实的合一，是否会被普通读者所忽视；小说展现了一个如此富有魅力的表面，以至于望向深处的目光将会因此走神。席勒认为，歌德应当再采取一些措施，使人能够“清晰地看到整体结构”。全书的意义要求“您在这里被读者充分理解”。[②] 对此，歌德就以他的“现实主义怪癖”做了回应。这一“怪癖”让他更倾向于间接、暗示，也就是不过于一目了然的事：即意味深长的秘密。歌德调侃地建议应当由席勒来提供必要的清晰性。或许人们只需“将您书信的内容……分散到小说中合适的地方”即可。然而事已至此，“最后几句意味深长的话语不愿意从我胸中抒发，我最后就得请您用您的生花妙笔，把我因为受到最奇特的天性必然之

① MA V, S. 770. 汉译参见《席勒经典美学文论》，第 543~544 页。

② 汉译参见《歌德席勒文学书简》，第 105 页。

束缚而无法说出的话语给添上去”（1796 年 7 月 9 日）。[①]

歌德想要止步于对意义的暗示，而席勒却不停地要求更多的明晰。但随后，席勒的态度有了一种自我批判的转向，着实令人惊讶。他已准备好在对清晰的期望中看出问题。究竟为什么要有对清晰的追求，我们为什么要明白无误地了解隐秘含蓄的事？在 1796 年 7 月 11 日给歌德的信中，席勒写道，是“对安慰原因的需求”才让我们追寻清晰的理性形式，也就是追求明确性。我们在认识与道德中追求明确性，因为多义性在实践与理论层面都让我们不安而彷徨。在日常生活令人害怕的昏暗光线下，我们紧紧握住清晰之物就像抓着一根救命稻草。因此，明晰的概念很契合我们“对安慰原因的需求”。“审美的精神情绪”则不需要这种由清晰带来的慰藉，它享受晦暗：情绪、氛围、象征、低语。“健康而美丽的自然不需要……任何道德、任何自然法、任何政治形而上学……任何上帝、任何不朽，就能支撑自身、保存自身。”[②] 审美之人不需要回答抽象思考的理性所提出的重大问题：我可以知道什么，我可以期待什么，我应当做什么？审美之人自身就有如此多的“独立”和“无穷”，不会在寻找依靠与方向的时候陷入抽象的沙漠。席勒现在才理解，为何威廉·麦斯特可以带着梦游般的确信踏上他的生命之路，为何他在每个瞬间都保持自然却同时理性，为何他通过“塔社”——人们并不清楚“塔社”意欲何为——得到虽不明就里却步步坚定的引导，为何偶然与必然在这里水乳交融。正是“审美的精神情绪”实现了这一切，也回答了如下问题：为何小说在细节处明朗而精要，在整体上则逐渐消散在无边无际之中。

① 汉译参见《歌德席勒文学书简》，第 109 页，有改动。

② 汉译参见《歌德席勒文学书简》，第 113 页，有改动。

席勒希冀通过这些思考发现歌德在1794年8月27日的第一封信中就已提及的那种“晦暗”的踪迹，在此期间，他也摸索着，想要对晦暗本身的意义有更清楚的理解。追逐澄明与清晰概念的哲学，可能会摧毁依赖晦暗与无意识的生命之芽。一种认识到此种危险的哲学将会是第二层的哲学，也就是将自身的危险——即被自身所诱惑——作为哲思的对象。之所以需要哲学，是为了控制其造成的损害，或是用席勒的话说：“只有哲学才能使哲思无害。”（1796年7月11日）①

在他对《威廉·麦斯特》所做的反思中，席勒遭遇了充满悖论的哲学形象：正是哲学思考能够阻止哲学攫取权力。这是借助哲学手段在思考中反抗完美透明之理想的哲学诱惑。为了照顾生者的任性，哲学反思的作用就在于自我限制。这是第二层的思想，思想借此保护自己免受自身的伤害。这一思想之思想正是潜能中的哲学：它回转向自身，意识到追求清晰之意志的可疑之处。

这种第二层的哲思捍卫生命的意志免遭思想的任性之侵害。
/ 452 席勒恰恰在从哲学再度转向宏大的戏剧、从理性归因的世界转向美学断言的世界之瞬间发现这一点，绝非偶然。

总而言之，根据他在日历中的记载，席勒自1796年10月22日起着手创作《华伦斯坦》。他下决心给准备工作画上句号，决定是时候开始写作定稿了。但仿佛是他的决心给了他过分的要求似的，他在第二天即10月23日就写信给歌德说：“虽然我已经着手写作《华伦斯坦》，但我还在徘徊，在等待一只强有力的

① 汉译参见《歌德席勒文学书简》，第114页，有改动。

手把我整个儿推入其中。”① 没过几天，他真的开始动笔，却再度停滞，重新沉浸在历史资料中。1796 年 11 月 13 日，他在给歌德的信中写道：“我越是修改我对剧本形式的想法，就越觉得需要掌控的材料庞杂得可怕，说真的，要不是我有某种对自己的大胆信任，我几乎无法继续写下去。”②

在 1796 年 11 月 28 日给科尔纳的一封信中，席勒更清楚地点出了他还需克服的种种阻力：并不只有浩如烟海的素材需要克服，或者说需要被纳入戏剧的形式之中。素材本身便“极其不可塑造”，本来完全不适合被打造成戏剧。其中有错综复杂的政治斗争，但还有什么会比这种阴谋、四分五裂的行动、花招、磋商和算计更缺乏诗意呢？其中还有军队，这是华伦斯坦权力的基础。这是一个“没有边界的平面，我无法把它呈现在读者眼前，只能用不可言传的艺术领它出现在想象力跟前”。华伦斯坦以军队为依靠，却因为政治阴谋而倒台；但军队与政治这两者都难以搬上舞台。然后还有华伦斯坦的形象。“他的性格从不是高贵的。”但他却依旧“高大”，没有与他旗鼓相当的对手。席勒如此夸张地描绘了他的困难，以至于人们不禁问，他为何偏偏要将这一“不可塑造”的题材写成一部戏剧。“所有按照我惯常的方式能助这个题材一臂之力的东西，都被切断了与我的联系；我在题材的内容中几乎没有任何期待。”那么，他究竟为何要选择这样的困难？

答案就藏在他在歌德面前使用的概念中：他要“掌控”数量大到惊人的材料。这关系到力量，具体地说是艺术的力量，是形式的力量：“一切都必须通过一种恰到好处的形式实现。”（致科

① 汉译参见《歌德席勒文学书简》，第 128 页，有改动。

② 汉译参见《歌德席勒文学书简》，第 133 页，有改动。

尔纳，1796 年 11 月 28 日）最终胜利的必须是作为权力意志的艺术形式的大师风范。

如此一来，席勒的《华伦斯坦》工程就在三个层面上与权力意志产生关联。

首先是凌驾于观众之上的权力意志。席勒迫不及待地要重返剧场，重回那伟大的瞬间，“当千百颗心仿佛听从着一根魔杖威力无比的敲打，跟随着诗人的想象而震颤”。①

其次是作为艺术形式对一种棘手而庞杂的素材之掌控的权力意志。

最后还有作为全剧主题与困境的权力意志。

关于凌驾于观众之上的权力：他提前享用了它，而也正是这种权力推动他最终完成剧作。他将会在之后成功的演出中享受这种权力，在魏玛，但主要还是在柏林。通过《华伦斯坦》，他将奠定自己作为“德意志莎士比亚”的名声。这场史无前例且广受敬仰的成功，将会给他力量、振奋和自信，也将使他能用更加紧凑、几乎让人喘不过气来的节奏，将他那几部伟大的“古典主义”戏剧搬上舞台：从《玛利亚·斯图亚特》（*Maria Stuart*）到《威廉·退尔》和《墨西拿的新娘》（*Die Braut von Messina*）。通过《华伦斯坦》和之后一系列剧作，他将创造德国戏剧艺术的典范，后世必须以这些作品为标杆。

关于通过艺术迫使庞杂可怕的材料就范的权力，席勒发明了一种艺术手段，使他得以将复杂的事件浓缩到屈指可数的情节线索中，并且令政治氛围与社会背景和基础清晰可见。这里尤其需要提到《华伦斯坦的军营》，作者本人也对此颇有几分自豪。这

① MA I, S. 754. 语出席勒《斐耶斯科在热那亚的谋叛》的《给观众的提醒》。

不是传统意义上的楔子，而是对华伦斯坦的崛起、伟大与垮台所做的预先说明。“只有他的军营才能解释他的罪行”①，序诗中如是写道。在《华伦斯坦的军营》中，可见那个“整体的世界”。这出伟大的戏剧正是在这个世界中上演。倘若席勒将单独的军营场景插入剧本之中，其所受的关注将会支离破碎。“是精神塑造肉体”②，席勒这样描述华伦斯坦。而华伦斯坦所创造、反之又创造了华伦斯坦“肉体”的，正是他的军营。但悲剧恰恰在于，肉体最终将会抽身离去，跟随自身的律动，成为其“创造者”的灾难。属于席勒的艺术手段的，还包括他让情节在这样一个时间点开启：由盛而衰的真正转折早已定下，只有华伦斯坦自己没有注意到。他还完全沉溺在权力感中，然而他的坠落已经开始。席勒从华伦斯坦漫长而纠葛的生平中选取了寥寥几日，也就是他被谋害前的一小段时间。华伦斯坦的轰然陨落，正发生在他相信自己通过背叛皇帝、转投瑞典，已开启了人生全新的甚至可能是最为精彩的一章之时。然而，他算错了。

当时是1634年初，距他于1634年2月24日惨遭毒手只剩下为数不多的几周时间。元帅前无古人的职业生涯已在旁人的对话中有所暗示。华伦斯坦本是东波希米亚的一个贵族，在“三十年战争”伊始站在哈布斯堡皇帝这一边反对波希米亚的叛军；他因为军事与政治上的效劳获封广袤的土地，并得到了波希米亚的最高军事指挥权；他在1625年凭空为皇帝招募出一支当时那个时代还从未目睹过的强大军队；他在当时就践行了“以

① MA Ⅱ, S. 273. 语出席勒《华伦斯坦》的《序曲》（*Prolog*），汉译参见《席勒文集》（第三卷），第360页，有改动。

② MA Ⅱ, S. 472. 语出《华伦斯坦之死》第三幕第十三场，汉译参见《席勒文集》（第三卷），第688页，有改动。

战养战”的原则：部队不分敌我地抢掠补给。华伦斯坦夺取了西里西亚（Schlesien）、荷尔施泰因（Holstein）、石勒苏益格（Schleswig）和梅克伦堡（Mecklenburg），面对曼斯菲尔德和丹麦人的部队取得了辉煌的胜利。华伦斯坦现已身居弗里德兰（Friedland）和梅克伦堡大公，跻身最有权势的帝国王侯，因为受到皇帝宠幸而与其他信奉天主教的帝国公侯成敌。这个暴虐的人也让皇帝心存芥蒂。在1630年雷根斯堡（Regensburg）的选帝侯大会上，皇帝在天主教王侯的压力下罢免了华伦斯坦的指挥权。然而，当天主教军队在梯利[①]的指挥下被瑞典国王古斯塔夫·阿道夫率领的新教联军毁灭性地击溃之后，皇帝不得不于1631年向华伦斯坦求助，请他第二次出任总司令。华伦斯坦再
/ 455 次聚集起一支由他本人不受限制地指挥的大军。他的部队成了一座移动的国中国。皇帝还没有强大到能拒绝华伦斯坦所要求的军事战略、司法和政治上的广泛授权。在1632年吕岑（Lützen）战役中，古斯塔夫·阿道夫阵亡，华伦斯坦取胜；此战之后，再度出现了华伦斯坦初任元帅时的情况：皇帝的第一仆人像是要登堂入室，成为皇帝的主子。华伦斯坦对皇帝的愿望充耳不闻，于1633~1634年的那个冬天和大军一起留在波希米亚，拒绝帮助巴伐利亚公爵与瑞典人作战，也拒绝向西班牙国王胞弟正从米兰开往佛兰德的大军增援。维也纳人起了疑心，怀疑华伦斯坦正奉行自己的政治策略。他会改换门庭，与瑞典结盟，凭借一己之力实现帝国的和平并创立波希米亚王国吗？

在1633年末至1634年初这个决定命运的冬天，华伦斯坦和他的部队一起留在皮尔森（Pilsen）；而此时维也纳的宫廷已

① 约翰·封·梯利（Johann von Tilly, 1559~1632），“三十年战争”期间曾任哈布斯堡皇朝及天主教联盟军队的统帅。

决定将他革职驱逐，只不过在他还没有踏出人们预想的叛变的那一步之前，暂时不公之于众。这就是全剧剧情的起点。

华伦斯坦的真正意图究竟是什么？席勒很懂得用他的大师手笔，让这个问题的答案在很长一段时间内都处于开放状态。华伦斯坦始终是一个谜一样的角色，无论是敌人还是盟友都捉摸不透。他对麾下的将军特尔茨基（Terzky）说：“你怎么知道……我不是戏弄你们大家？ / 你对我的了解就这么深？ / 我自己都不清楚，我曾向你 / 敞开过心扉……我很乐于看看我自己的力量。”①

《华伦斯坦的军营》中充斥着对元帅计划的谣言和揣测，尽管他本人在这三部曲的第一部中根本没有登场。他在远处发挥作用，因此他不在场的在场使他的影响力越发强大。显而易见，他无须亲自出现，就能将士兵们的想法、愿望和想象力联结到自己身上。在华伦斯坦真正登场之前，他已在那个听他号令因而属于他的世界上，投下了出离巨大的阴影。这第一部戏本来要叫作《华伦斯坦的兵》。正是华伦斯坦卡里斯玛式的个人力量才创造了一个力场，所有人都不免受其影响，许多人甚至因此而变化。
马克斯·皮科洛米尼（Max Piccolomini）说出了这种影响力的 / 456
秘密：“人们高兴地看到，他使周围的人奋起，/ 使他们生龙活虎，坚强无比，/ 在他身边每股力量都得以表现，/ 每种天才都变得更加明显。/ 他调动每个人的精力，/ 使之壮大，那原始的精力，/ 让每个人都能各得其所，/……他善于把众人之力凝结成他自己的力量。”②

---

① MA Ⅱ, 343. 语出《华伦斯坦》三部曲之二《皮科洛米尼父子》（*Die Piccolomini*）第二幕第五场，第861~868诗行，汉译参见《席勒文集》（第三卷），第471页。

② MA Ⅱ, S. 328. 语出《皮科洛米尼父子》第一幕第四场，第424~433诗行，汉译参见《席勒文集》（第三卷），第448页。

这种力量不仅使人对他唯命是从，更能鼓舞人前行：“他调动每个人的精力。”正如人们在《华伦斯坦的军营》中可以发现的那样，这一点对各种不同的性格都能成立：军曹模仿着元帅走路、站立、清嗓子以及说话时的姿态；而其他人则和第一猎骑兵一样，在华伦斯坦的鼓励下干出胆大妄为的事情：“我在这里勇敢地迈步向前，/ 可以大胆地迈过市民的脑袋，/ 就像咱们统帅不把各个公侯放在眼里。”[①] 在一个一步登天之人所率领的部队中，谁有本事，谁就得到赏赐。和之后拿破仑军中一样，这里算数的不是古老的尊卑等级，而是新的职业生涯。

整个军营就听命于他的旗帜和他意志的魔力，尽管人们并不能清楚地知道，他到底想要什么。第一猎骑兵解释说：“他曾想建立一个士兵的王国，/ 把全世界都纵火烧个精光，/ 他天不怕地不怕，敢干敢闯——”[②] 军曹却认为这太过狂野，也太雇佣兵气。元帅帮他招募了个“新人”，这个“新人”则可以加入一个“很有尊严的群体”。[③] 他们二人都感受到了华伦斯坦的号召，其中一个认为是要建立士兵当道的无政府，而另一个则要建立高贵的秩序。所有人只有在一点上才能统一：战争、军营生活和暴力对他们而言不是手段，而是目的；不是应当哀叹的生活阶段，而是其所期待的生活形式，是自由之人的存在目的：“士兵可以直视死神，/ 只有士兵是自由人……倘若现在不拼死舍命，/ 就永

① MA Ⅱ, 287. 语出《华伦斯坦的军营》第六场，第 312~314 诗行，汉译参见《席勒文集》(第三卷)，第 379 页。

② MA Ⅱ, 287. 语出《华伦斯坦的军营》第六场，第 332~334 诗行，汉译参见《席勒文集》(第三卷)，第 380 页。

③ MA Ⅱ, S. 290. 语出《华伦斯坦的军营》第七场，第 416~418 诗行，汉译参见《席勒文集》(第三卷)，第 384 页。

远不能赢得人生。”① 但他们拼死舍命是为了什么？不是为了“祖国”，不是为了“皇帝”②，不是为了帝国，而只是为了自己、为了华伦斯坦——他们的“士兵之父”③。他们不愿将“尊敬、热爱和信任”交给皇帝派给他们的任何一人④；连接他们与他们的指挥官的是一种私人关系：他们是身体，他是头脑，二者合一方可出击。当托钵僧用圣克拉拉的亚伯拉罕（Abraham a Sancta / 457
Clara）⑤的语调责问他们的良心时，士兵们任凭他斥责他们酗酒、嫖妓、盗窃、对皇帝大不敬、对宗教三心二意；然而，一旦托钵僧开始攻击他们的元帅：“这些罪孽全都来自上峰！/四肢如此，脑袋也不高明！/谁也不知道，他究竟信的哪个神明！”，士兵们的容忍就到了头，堵上了托钵僧那张“胡说八道的臭嘴”。⑥

士兵们愿意为华伦斯坦而战，但华伦斯坦自己却又为何而战？对他而言，军队与战争并非自为目的，而是实现目的的手段。毫无疑问，他有自己的政治目标。但目标究竟是什么？士兵们不知道，他身边的将军们也不知道。在三部曲之二的《皮科洛

---

① MA Ⅱ, S. 309, S. 311. 语出《华伦斯坦的军营》第十一场，第1064~1065、1106~1107诗行，汉译参见《席勒文集》（第三卷），第418、420页。

② MA Ⅱ, S. 322. 语出《皮科洛米尼父子》第一幕第二场，第225~227诗行，汉译参见《席勒文集》（第三卷），第438页。

③ MA Ⅱ, S. 308. 语出《华伦斯坦的军营》第十一场，第1034诗行，汉译参见《席勒文集》（第三卷），第416页。

④ MA Ⅱ, S. 322. 语出《皮科洛米尼父子》第一幕第二场，第242诗行，汉译参见《席勒文集》（第三卷），第439页。

⑤ 圣克拉拉的亚伯拉罕（1644~1709），原名约翰·乌尔里希·梅格尔勒（Johann Ulrich Megerle），天主教神父，巴洛克时期德语区最重要的天主教布道家。

⑥ MA Ⅱ, S. 295. 语出《华伦斯坦的军营》第八场，第592~594、608诗行，汉译参见《席勒文集》（第三卷），第394页。

米尼父子》(*Die Piccolominis*)中，特尔茨基、伊洛（Ilo）和伊索拉尼（Isolani）催促元帅速下决心。他们支持他拒绝服从皇帝的无理要求（即派大军护卫西班牙王子），但华伦斯坦是否真的要冒险与皇帝决裂，是否会改换门庭，加入瑞典人和新教徒这一边？他的连襟特尔茨基敦促他这样做。但华伦斯坦却这样回答他："全国上下必须尊敬我，是我把他们捍卫，/ 我要证明我是帝国的豪门显贵，/ 和帝国的君侯平起平坐当之无愧。/ 不得有外国势力扎根在帝国的版图之内，/ 尤其不能让瑞典人这些饿殍待在这里，/ 他们凶狠贪婪，以嫉妒的目光 / 觊觎我们德意志国土的肥沃美丽。/ 让他们襄助我的通盘计划 / 但是不得让他们从中渔利。"①

正是从华伦斯坦的这段宣言出发，产生了对全剧的所谓"爱国"阐释。根据这种解读，华伦斯坦在四分五裂、互相倾轧的德国之中代表着帝国理念，作为缔造和平者、作为和平的王侯，却受到百般阻挠，深陷天主教与瑞典—新教两派的政治阴谋的灌木丛中，与他可敬的意图一起悲剧地失败了。这样的阐释以为能从华伦斯坦在特定场合的言语中读出他的意图。然而，在其他场合，华伦斯坦说的话却完全不同。他不再大谈和平与帝国，而是说起了自己的权力野心："我很乐于看看我自己的力量。"②他要为自己创造一个波希米亚王国，知道正是一条"罪恶的"道路将
458 他引向了他的大军，带他来到今天这个大权在握的位置，也知道他为了捍卫自己的地位，必须在这条路上继续走下去："皇帝

① MA Ⅱ, S. 343. 语出《皮科洛米尼父子》第二幕第五场，第 835~844 诗行，汉译参见《席勒文集》(第三卷)，第 470 页。

② MA Ⅱ, S. 343. 语出《皮科洛米尼父子》第二幕第五场，第 868 诗行，汉译参见《席勒文集》(第三卷)，第 472 页。

利用我的手臂 / 在国内做的事情，/ 按照常理不该发生。/ 即便是我身披的这件公爵的大氅，/ 也归功于我的功勋，其实都是罪行。”①旧秩序的法律判他有罪，但他却要缔造新的秩序；这种新秩序只有一点是明确的：要确保他的权势地位，并在事后为他夺取权势的恶劣手段辩护。也就是说，华伦斯坦在某些瞬间确实知道自己是个篡位者。他虽然是自己手下胡作非为的兵将们眼中的神，却是余下人类的灾难。

是特尔茨基伯爵夫人（Gräfin Terzky）出于个人野心，在犹豫不决的华伦斯坦耳边煽风点火：他和别人不同，自己就有成为掌权者的权利。他的强大正在于他与内心自我的同一。你是对的，她对华伦斯坦说，“当你在八年前，/ 以火与剑横行德国各地，/ 向其他国家挥舞皮鞭，/ 蔑视帝国的各种秩序，/ 只是施行可怕的强力权利，/ 践踏每个国家的主权”。②当时的他为了皇帝让各个邦国吃尽了苦头，现在的他更要为自己这样做。她说，如果他不带着他的部队叛逃另一边，皇帝就会剥夺他的兵权。他只有为了自身权力的完整而背叛，或者在维也纳面前屈辱地俯首称臣两条路。她在华伦斯坦眼前描绘了一幅原先不可一世之人现在无力的模样，没有半分野心，在自家庄园里颐养天年。这将会证明他华伦斯坦不过是众多“新人”中的一个，“随着战争应运而生”，在战后又重新跌回无足轻重之中。这幅可怕的画卷有了效果。华伦斯坦：“可是在我陷入虚无沦亡之前，/ 在我轰轰烈烈开始，卑微渺小终结之前，/ 趁世界还没有把我和那些被

---

① MA Ⅱ, S. 429. 语出《华伦斯坦之死》第一幕第七场，第619~623诗行，汉译参见《席勒文集》（第三卷），第615页。

② MA Ⅱ, S. 428. 语出《华伦斯坦之死》第一幕第七场，第603~608诗行，汉译参见《席勒文集》（第三卷），第615页。

时势造就，/ 又被时势毁灭的悲惨人物混为一谈，/ 我宁愿让当代和后世的人 / 憎恶地说出我的姓名，让弗里德兰 / 代表一切该诅咒的行径。”①

现在华伦斯坦不再谈什么和平或者帝国统一的崇高理念；现在他只在乎守住自身的权力。但对华伦斯坦而言，“权力”和权力意志究竟意味着什么？

显然，“权力”对于华伦斯坦首先不是别的，正是让他的意志统治政治与社会的力量。权力意味着能够施加影响。华伦斯坦：“我要是没有影响，就和死了一样。”②但他的犹豫不决却暴露了权力的另一层意义。追求权力的华伦斯坦和哈姆雷特（Hamlet）一样，也是一个追求可能性的人。他要一直做他行动可能性的主人。与之相比，现实是一种束缚，它缩减了可能性；现实就是当可能性的丰富穿过决定的针眼后所剩下的东西。人们所选择的现实将人困住，把人纠缠进“事实”独立的逻辑，即便那是人们自己创造的“事实”。因此华伦斯坦才会踌躇，他要保留自己的选项。作为追求权力之人，他要行动，却因为开弓没有回头箭而担忧。权力之人和可能性之人，他想要同时成为二者。

戏剧原本依赖情节的动力。但席勒的神来之笔就在于，他在全剧的顶点让华伦斯坦在一长段独白中袒露了他行动受阻的秘密。权力意志蜷缩回自身，变得疑神疑鬼：“这可能吗？我已不能为所欲为？/ 再也不能随心所欲，我已无路可退？/ 因为

① MA Ⅱ, S. 426. 语出《华伦斯坦之死》第一幕第七场，第517~518、第531~537诗行，汉译参见《席勒文集》（第三卷），第610、612页。

② MA Ⅱ, S. 426. 语出《华伦斯坦之死》第一幕第七场，第528诗行，汉译参见《席勒文集》（第三卷），第610页，有改动。

我曾动过这个念头，就非得将它实现？ /……/ 我只是心里这样想想而已；/ 自由和财富，两者给我刺激。/ 做着皇帝美梦，心存迷人幻想，/ 这有什么不合适的地方？ / 在我胸中意志不是曾自由自在？ / 我不是曾经看见旁边有条正道，/ 使我始终能够见机撤退？ / 可是突然间我看着自己被引向何处？ / 后退无路，我自己的所作所为 / 垒成一道铁壁铜墙，/ 高耸着阻止我转身后退！——/……/ 我的行动在我的胸中还属于我：/ 一旦脱离心灵的安全角落，/ 离开它母亲的土壤，/ 抛到人生的陌生地带之中，/ 它就属于狡黠诡异的力量，/ 人的任何计谋都对它们毫无影响。”①

人的决定一旦做出就无法收回：它们用“我自己的所作所为”构筑起一道“铁壁铜墙”，华伦斯坦说。决定封锁了返回可能性的道路，将自身的线织入现实那不可预料的纹理之中，因此把自己卷入“人生的陌生地带”。谁行动，就与自身疏远。他永远无法在他的行动中，更别提在由此产生的复杂后果中再度认出他自己。

关于《华伦斯坦》三部曲是否可以算作一部悲剧，已有详尽的争论。席勒自己在一开始也有所怀疑。他在 1796 年 11 月 28 日给歌德的信中写道，“悲剧的结构”尚未实现，“真正的命运对主人公的不幸还很少起什么作用，而他自己的错误所起的作用则还太大”。②但它最终还是成了一部名副其实的悲剧，不过是在现代意义上；超验的命运之力并不扮演任何角色——华伦斯坦对占星术的迷信虽然不是盲目的主题，但也不起到建构性的作 / 460

① MA Ⅱ, S. 414f. 语出《华伦斯坦之死》第一幕第四场，第 139~191 诗行，汉译参见《席勒文集》(第三卷)，第 590~592 页，有改动。

② 汉译参见《歌德席勒文学书简》，第 137 页。

用。他在任何情况下都不曾让自己的决定依赖于星象。席勒是依照歌德的建议运用占星术学，将之作为人类行为与“庞大的世界整体”之间关联的象征（1798 年 12 月 8 日）。席勒认为，这一“庞大的世界整体”正是在其与人类的缠绕纠葛中展现自身。施动者与其行动的异化，以及行动假这一“世界整体”之手最终给施动者以毁灭性的影响——这是席勒眼中的悲剧主题。华伦斯坦是在与背叛游戏，这场背叛一半还在他心中，一半却已是现实。然而现实随后却这样将他紧紧缠绕，使他不再是自己游戏的主人。

华伦斯坦没有旗鼓相当的对手。维也纳的使臣克威斯腾堡（Questenberg）和奥克塔维奥·皮科洛米尼（Octavio Piccolomini）并非强大的个体，他们仅仅代表着一种最后被证明比华伦斯坦更加强大的事物。甚至在行将陨落之际，华伦斯坦也依旧有力。人们难以忘记，在遇刺前不久，对此一无所知却隐隐有所察觉的他，是如何与知晓谋杀计划的青年时的伙伴哥尔顿作别的：“晚安，哥尔顿！/ 我想今夜酣睡深沉，/ 因为最近几天苦难频仍，/ 别让他们太早把我叫醒。”①

席勒一直将华伦斯坦的统治性地位视为全剧的弱点，直到他通过引入了马克斯·皮科洛米尼这一人物以及他对华伦斯坦之女苔克拉（Thekla）的爱慕，成功地塑造了一个与政治和战争截然对立的世界。历史上没有马克斯·皮科洛米尼的模板。这个人物完全是席勒按自己审美虚构的形象。他的身上带有一些唐·卡洛斯的丰沛感情，也有一些波萨侯爵的理想激情。他是个勇敢的
/ 461 士兵，在大营中长大，也是华伦斯坦军营的造物。华伦斯坦待他

① MA Ⅱ, S. 538. 语出《华伦斯坦之死》第五幕第五场，第 3676~3679 诗行，汉译参见《席勒文集》（第三卷），第 800 页。

宛如父亲，而马克斯敬爱元帅，也视之如父。他在思想上仍植根于旧秩序，认为皇帝毋庸置疑地应在这一秩序的顶端加冕，马克斯·皮科洛米尼十分大胆，却不是逆贼。他视备受其尊敬与爱戴的华伦斯坦为皇帝的第一臣仆，不会看轻，但也不会拔高。马克斯并没有打算追随他的养父一同叛乱；但和他的生父奥克塔维奥不同，他也无法与之作战："我的心不得安宁翻腾不已，/ 两个声音在我胸中互争高低，/ 我的脑子一片昏黑，我不知道孰是孰非。"①最后，他还是会与瑞典人作战，尽管华伦斯坦已与他们结盟，但不是为了胜利，而是为了赴死。他胸中的两个声音，一个要他偏向华伦斯坦，一个将他引向皇帝；再加上他与苔克拉的爱情，让它们争斗得更加激烈。爱的情感使得和平的愿景在他眼中头一次显得如此诱人；在某个瞬间，原本紧锁着的战争与英雄的领域在这个士兵面前打开了门。坠入爱河的马克斯梦想着战后的生活，梦想着战争的美德到那时会转变成市民生活中的能干。他相信华伦斯坦能带来这场有利于爱之深情的转折："他将把橄榄枝织进月桂花冠之中，/ 为欢欣的世界带去和平。/……/ 是啊，倘若他的勇力不愿停歇，/ 大可以和自然作战，/ 疏导河流，炸平山岩，/ 为工商业铺平道路。/ 我们战争年代的历史，/ 将成为人们在漫长冬夜讲述的故事——"②

这些梦想都破灭了。华伦斯坦不仅没有扮演和平王侯的角色，更不赞成马克斯与苔克拉的结合。他对建立王朝的兴趣要更大于他自己对马克斯的喜爱。华伦斯坦想要给苔克拉找一门政治

---

① MA Ⅱ, S. 489. 语出《华伦斯坦之死》第三幕第二十一场，第 2279~2281 诗行，汉译参见《席勒文集》（第三卷），第 715 页。

② MA Ⅱ, S. 369. 语出《皮科洛米尼父子》第三幕第四场，第 1656~1676 诗行，汉译参见《席勒文集》（第三卷），第 513~514 页。

上有利可图的亲事，作为激情的爱情在他的世界图景中没有位置。比起马克斯，苔克拉对事情看得更不带幻想：她看穿了这整场戏，意识到别人只是要利用马克斯的爱情，将他更牢不可分地绑在华伦斯坦身边。她还预感到，人们将会在背后阻挠她和马克斯的真正结合。她在独白中说出了这一切："在这个舞台上不存在希望，/ 只有低沉的战争呼啸轰然作响，/ 甚至爱情在这里也像披挂着铁甲，/ 准备着决一生死的战斗。"① / 462

在这场生死之战中，爱情也将败下阵来：苔克拉和马克斯双双殒命。② 苔克拉先前的预感，最终化为了现实："姑娘心已死，世界空荡荡，/ 她不再给希望，哪怕一分毫。"③

权力的游戏使世界一片空寂。一个强者覆灭，连带着所有附着于他的人一同覆灭。这里没有更高的秩序，没有更高目的的胜利。这部剧虚无主义的深渊让黑格尔惊恐。他从未想过理想主义者席勒竟能写出这般凯旋姿态的黑暗。他在1801年读完全剧后写道："最直接的印象……乃是对一个强人在既聋且哑的命运下陨落的悲伤沉默。当全剧终了，一切消散，只有虚无的世界、死亡的世界攫取了胜利；全剧不是作为神正论而结尾

---

① MA Ⅱ, S. 377. 语出《皮科洛米尼父子》第三幕第九场，第1895~1898诗行，汉译参见《席勒文集》（第三卷），第528页。

② 准确地说，《华伦斯坦》三部曲中并未明确交代苔克拉的命运。在听闻马克斯的死讯后，苔克拉希望趁着夜色逃出城堡前往马克斯的墓地，她最后一句台词暗示着死亡："睡眠会使心 / 彻底平静——晚安，亲爱的母亲！"（《华伦斯坦之死》第四场第十四幕，《席勒文集》（第三卷），第771页）而席勒作于1802年的诗《苔克拉——一个幽灵的声音》（*Thekla. Eine Geisterstimme*）则最终确证了她的死去。参见MA Ⅰ，第460页，汉译参见《席勒文集》（第一卷），第157~158页。

③ MA Ⅱ, S. 373. 语出《皮科洛米尼父子》第三幕第九场，第1762~1763诗行，汉译参见《席勒文集》（第三卷），第520页，有改动。

的。”① 可是这部剧也不想要成为神正论。通过《华伦斯坦》，席勒精彩地将一个毫无慰藉的世界搬上舞台。在工作中，他间或被阴郁的情绪所袭扰。但它又来了——“审美的精神情绪”，它不允许自己就这样受到挑战。当他的审美造型意志最终还是胜过那不仅难办而且悲伤的素材时，席勒胸中充满了自豪与高昂的情绪。“在我的一生中还没有完成过这样成功的作品”，他在 1798 年 1 月 5 日给科塔的信中写道。同一天，他还写信给歌德：“我明显觉得我已超越了自我，这正是我们之间交往的果实。”②

席勒在创作的每一个阶段都寻求了歌德的建议，而也正是歌德在 1798 年 9 月建议将《华伦斯坦》分成三部曲：《华伦斯坦的军营》、《皮科洛米尼父子》和《华伦斯坦之死》。《华伦斯坦的军营》于 1798 年 10 月 21 日首演，以庆祝魏玛剧院改建后的重新开幕。随后是 1799 年 1 月 30 日《皮科洛米尼父子》的首演。演出再一次与一桩庆典挂钩：人们以此庆贺魏玛大公夫人路易丝的生日。从这一天起，人们在魏玛和柏林——伊弗兰已在那里上演了《皮科洛米尼父子》(《华伦斯坦的军营》因为政治顾虑而被暂时搁置）——就开始热切地期盼三部曲的终章《华伦斯坦之死》。
全剧 1799 年 4 月 20 日在魏玛首演，柏林的首演则是在 1799 年 / 463
5 月 17 日。两场演出均取得了令人瞩目的成功。人们甚至在施莱格尔兄弟家中也怀着崇敬谈起《华伦斯坦》。无论是普通观众还是批评家，很快便达成一致：《华伦斯坦》是迄今为止德国最伟大的舞台事件。人们坚信这部剧还将成为诸多世代的模板与榜样。

---

① Stock 2000, S. 910.

② 汉译参见《歌德席勒文学书简》，第 215 页，有改动。

可以说，席勒回归剧场令人印象深刻。为了准备演出，他在最后几个月频繁地造访魏玛。因为他充分地感受到自己的力量，计划了一系列剧本——《玛利亚·斯图亚特》是他下一个项目。他开始考虑迁往魏玛，可以离那里的剧院，也可以离歌德更近一些。

二人的合作在过去几年间越来越紧密，甚至互相主动关心对方的日常生活。因此，席勒从未向克里斯蒂安娜·乌尔皮乌斯致以问候，就越发令人惊讶了。歌德的情感生活在席勒看来有些不太检点。而当歌德在耶拿逗留时，几乎每天都来探望席勒。他通常都是四五点钟到，几乎总是给厨房带来一份小礼物：一条鱼、草莓、蔬菜或者是一只野兔；有时还给孩子们带些玩具。席勒的大儿子卡尔·弗里德里希·路德维希已经五岁了，而小儿子恩斯特·弗里德里希·威廉则于1796年7月11日出生[①]。由于歌德担心他朋友的健康，所以总说服他一起去散步。于是人们便能看见两个人手挽手在萨尔河畔、在“天堂园”——人们这样称呼河漫滩上的花园——中的树荫小径中漫步。席勒一副士兵似的僵硬姿态，比他已经发福的同伴要高出一头。他现在始终穿得整整齐齐。有目击者说：“他通常穿着一身灰色的外套，敞着衬衫精致的白领口，红中泛金的头发仔细地梳到脑后——可以说，看得出他在着装上用了心，但并不像老学究似的夸张。”[②]而另一个同时代人，骑兵上尉封·冯克（von Funck）则讲述了当歌德前来席勒家做客时的场景：“他一般都一言不发地径直进门坐下，托着脑袋，可能拿出一本书，或者拿出铅笔和

① 恩斯特·弗里德里希·威廉（Ernst Friedrich Wilhelm Schiller, 1796~1841），席勒次子，学习法学，后在波恩（Bonn）担任法官助理，因病不幸英年早逝。

② Zit. n. Berger 1924, Bd. 2, S. 374.

颜料，就开始画起来。这个安静的场景可能会被那个朝歌德脸上抽了一鞭子的捣蛋男孩打破；于是歌德便会一下子跳起，把孩子抓过来用力摇晃，发誓总有一天要把他钉在地上，或者拿他的脑袋打保龄球。于是歌德不知怎的就活跃起来。接着通常就是一段有趣的讨论，常常一直持续到深夜。无论如何，他都会来喝茶，拿一个柠檬和一杯烧酒自己调潘趣酒。席勒不间断地在屋子里踱步，人们甚至可以说，他在屋里跑来跑去，根本不允许自己坐下来。人们时常看得出他身体上的病痛，尤其是当他喘不上气的时候。如果他太难受，就会走出去用某种止痛药。但如果人们在这些时候能吸引他开始一场有趣的对话，特别是如果人们可以讲出一句话，能让他领悟、分析再重组，痛苦就会再次离他远去，而一旦这个句子已经没有什么可再阐释的时候，痛苦就会立马回来。艰苦的工作才是眼下最有效的办法。人们看到他是活在怎样的一种不间断的紧张中，而他的精神是如何对他的身体施以暴政，因为精神倦怠的每个瞬间都会导致身体上的病痛。可是正因为如此，他才很难痊愈，因为已经习惯了不停工作的精神还是继续被身体的痛苦催促着向前，因为疗养的开始才会让他真正病倒。”①

歌德细致地关注着他朋友的健康状况，也知道精神上的工作和富有启发性的谈话对朋友来说最好，因此才能毫无顾虑地向他提要求，并让他参与自己的工作。他向席勒展露了每个新念头，和他讨论了自己的颜色学以及叙事文学和戏剧的基本法则。二人合作敲定了区分半吊子与“真正的”艺术实践的纲要，还考虑要继续《赠辞》的创作。1797 年，他们在高贵的竞争中

---

① Petersen 1911, S. 264.

开始创作叙事谣曲[1]，互相交流主题和想法。作品在正式发表之前都经过二人充分的讨论。歌德虽也创作了《科林斯的新娘》（*Die Braut von Korinth*）和《掘宝者》（*Der Schatzgräber*），却毫无妒心地承认席勒在这一体裁上要更胜一筹。《潜水者》（*Der Taucher*）、《波吕克拉忒斯的戒指》（*Der Ring des Polykrates*）、《伊比库斯之鹤》（*Die Kraniche des Ibykus*）以及《手套》（*Der Handschuh*）都是当时产生的——席勒用这些
/ 465 作品证明了精神的高要求和通俗化完全可以融为一体。这些作品是如此奇妙地清晰，以至于根本无须多作阐释。这些叙事谣曲和歌德于同年创作的作品一起，刊登在了《一七九八年缪斯年鉴》上。接下去的一年，席勒还完成了《大钟歌》这首日后举世闻名的诗歌。和哀歌《散步》一样，这首诗既是对文明历史的诗意呈现，也是一曲市民文化的雅歌。施莱格尔家的人哈哈大笑，从椅子上跌了下来，而歌德却对此诗充满敬意：他在其中认出了他的叙事诗《赫尔曼与窦绿苔》的精神。与歌德的《赫尔曼与窦绿苔》相同，席勒的《大钟歌》也是一次将充满怜爱地塑造起的小市民世界与外在的大世界相连接的尝试；诗中详细描述的浇铸大钟的过程，成了人类文化工程的象征。“现在让我们用心注视，/ 微薄的力量能建何等大功，/ 对自己行事从不深思，/ 这样的庸人受不到器重。”[2]这首诗独具匠心地将崇高与朴实结合在了一起，故而引发了无数讽刺滑稽的仿作；但歌德却也因此发自内心地说，这首诗在积极的意义上是不合时宜的。他认为，全诗使人

① 叙事谣曲（Ballade）是一种特殊的文学体裁，既具有诗歌的形式，又具有叙事文学的叙述特征，还具有戏剧的紧张与冲突。三种文学类型的基本元素在其中尚未分离，因此被歌德称为“原初之蛋”（Ur-Ei）。

② MA Ⅰ, S. 430. 汉译参见《席勒文集》（第一卷），第125页。

对正确尺度的认知更加清晰，更激起人们热爱一种对形式心中有数、处于界限之内的生活。歌德是如此喜爱这首诗，以至于在1805年将他为朋友之死所作的哀歌定名为《席勒〈大钟歌〉跋》（*Epilog zu Schillers Lied von der Glocke*）：“他的脸上越来越红光满面，/ 现出那从不离开我们的青春，/ 现出那一种勇气，迟早之间，/ 总要击败迟钝的世人的抗衡。”① 女演员阿玛莉·沃尔夫（Amalie Wolff）在1805年8月10日的一场庆典中朗诵了这首跋；她后来讲述说，与她一同排练这几行诗的歌德，在某一处发出一声长叹，抓着她的手臂说：“我不能，我并不能把这个人忘记！”②

《大钟歌》中歌德尤其喜爱引用的是如下这一段：“手腕熟练，时间恰当，/ 可以由师傅打破钟膜；/ 可是烧得通红的铜浆，/ 如听任自流，那就闯祸！ / 它狂怒起来，声如惊雷，/ 冲破炸开的牢笼，/ 就像打开地狱大门，/ 吐出毁灭一切的火焰。/ 哪儿有暴力盲目统治，/ 哪儿一切就无法成器。”③ 重要的是将炙热的生命素材塑造成型。没有形式，生命将在无意义中荒废，或是如火山一般喷发，毁灭一切。席勒在《华伦斯坦》中塑造了这样一个火山般的人物的魔力与恐怖；而在《大钟歌》中，他从华伦斯坦那个令人恐惧的世界中缓过神来，却并未完全将之摆脱。他在拿破仑的崛起中发现了同一类人卷土重来的预兆。当《华伦斯坦》上演时，拿破仑在埃及不见了踪迹。没过几个月，他就在1799

/ 466

① Goethe MA 6.1, S. 91. 汉译参见《歌德文集》（第八卷），第231页。

② Goethe MA 6.1, S. 904. 阿玛莉·沃尔夫（1780~1851），娘家姓马尔科米（Malcomi），德国女演员，8岁便在魏玛登台亮相，备受歌德赏识。原书作者误将其名写作“Amalia”，已更正。

③ MA I, S. 439. 汉译参见《席勒文集》（第一卷），第138页，有改动。

年 11 月 9 日的政变中攫取了全部的国家权力；从现在起，席勒就等待着，想要看看历史天际的这颗彗星是否会与他笔下的华伦斯坦有着同样的命运，是会建立一个新秩序，还是摧毁整个世界。席勒没能亲历拿破仑的覆灭；当他去世时，拿破仑还在其权力的巅峰。

不但是历史，席勒的生活也在创作《华伦斯坦》时发生了重要的变化。1797 年夏，威廉·封·洪堡离开了耶拿。自 1794 年起，他就属于席勒最亲密的朋友圈子：席勒说，自己在写作时总想起歌德、科尔纳和洪堡。洪堡自 1791 年起便无官一身轻地住在他太太位于埃尔福特城外的庄园里，于 1794 年为了席勒迁居耶拿，没过多久便和席勒结成了热烈而友好的工作同盟。席勒则在 1798 年 5 月 18 日给科尔纳的信中兴奋地说：“认识洪堡让我有说不尽的快乐，同时也对我很有帮助，因为在和他的对话中，我的理念发展得更好也更快。他的天性中有一种极其罕见的完整性，除了他，我只在你身上看见过。和你相比，他所具有的……那种轻快要多得多；不过，这种轻快，人们在他那种环境中倒是比在我们这儿更容易获得。”不光是两个男人之间有频繁的往来，洛蒂和洪堡的妻子卡洛琳娜这两位女性也同样自打青年时代起便结下了友谊。两家比邻而居，几乎天天相见；当席勒有时无法入睡，洪堡还在晚上到他家来，洛蒂甚至曾一大清早看到两个男人在烟雾缭绕的屋子里谈得很深入。两人都是谈话的大师。对洪堡而言，这种被他称为“社交的思考”是他本真的生活元素。在这一点上，他与席勒英雄所见略同。关于席勒的谈话艺术，他曾有一段让人印象深刻的描述：“精神持续而自主的思考几乎从不会离开他，只会在身体受病痛更严重的侵扰时才暂时退却。对他而言，思考是一种休憩而非操劳。这一点主要体现在那些席勒

/ 467

像是专为此而生的对话中。他从不刻意寻找意义重大的谈话素材，而是更多地听任偶然为他带来谈话的对象；但他从每个对象出发，都将对话引向一种普遍的视角，于是人们在插了几句话之后，就会发现自己身处一场启迪精神的谈话之中心。他对待思想，总是像对待需共同赢得的成果一样，看上去总是需要一个与他对话的人，从不让与谈人自觉多余，即便后者心里清楚，自己不过是在接受席勒的理念……席勒的语言不能说优美，但他的精神却总保持着敏锐与坚决，总是在追逐思想上的新收获；他掌控着这种追逐，全然自由地飘浮在他的对象之上……自由却并不会打断探究的进程。席勒总是紧紧地把握着通往终点的红线，只要谈话不被意外搅扰，他不会轻易地在抵达目标之前半途而废。”①

作为谈话天才的席勒，发现洪堡是个与他相配的搭档。他称赞洪堡“对事物本身的纯粹兴趣”，以及他令人刮目相看的“理解并验证他人想法的熟练技巧”。此时洪堡的才华还更偏向于接受而非创作。席勒写道，对洪堡“最为必要的是……被外力推入游戏，并为他智识之力的锋利刀刃获得素材；因为他无法创造，只能切割和组合”（致科尔纳，1797 年 8 月 6 日）。他心怀感激地接受了洪堡对他作品的详尽分析与评价。洪堡甚至先于科尔纳成为席勒的第一位书评人。而歌德也同样懂得将洪堡的分析洞察力、受过教育的艺术品位和对古典世界的知识为自己所用，于是席勒与洪堡的友情很快就加入了歌德，成了三人的同盟。

威廉的弟弟亚历山大当时还是拜罗伊特（Bayreuth）的高级矿山顾问，偶尔也会到访耶拿。席勒起初对他没有特别的印象，觉得他很“平庸”。但当他更进一步地认识了亚历山大·封·

① Seidel 1962, Bd. 1, S. 7.

洪堡（Alexander von Humboldt）① 之后，便称赞他的“钻研其学科的热情与精神”，不过却批评他身上“某种急切和苦涩的特质，这是人们在立下伟业的男子汉们身上时常发现的”（致科尔纳，1797 年 7 月 21 日）。尽管如此，为《季节女神》赢得亚历山大·封·洪堡这位撰稿人，还是让席勒很自豪。“我们可以从他那里，”席勒在 1794 年 9 月 12 日写信给科尔纳说，“期待几篇关于自然国度之哲学的绝妙文章。”或许亚历山大“在头脑上要更胜过他兄弟一筹”，但席勒出于友情的原因，依旧还是偏爱威廉。当时，亚历山大已经为他宏大的南美之旅定下了计划。威廉在去世前不久回顾往事时那个关于自己一生之原则的表述，对亚历山大也成立：“谁若在死时能对自己说：‘我已理解了我所能理解的全部世界，并将之转化成了我的人性’——他就实现了自己的目标。”② 和弟弟不同，在威廉对理解世界的好奇与兴趣中，特别注重“自我教育”这一点。威廉追求的与其说是广泛的不如说是更深刻的经验之富足。对他而言，重要的并非知识的扩展，而是其“转化”。他坚持早年立下的计划，要平衡地发展他的丰富天赋，实现内心与理智的和谐，将自己“塑造”为个体，最重要的是将生命塑造为一件“艺术品”。作为一个殷实的贵族家庭之子，又娶了一位同样家境优渥的女子为妻，他有资本这样做，可以免于担忧生活来源和职业工作。威廉和他弟弟一样喜爱旅行。于是他就这样很快又离开了耶拿，先是于 1797 年动身前往

① 亚历山大·封·洪堡（1769~1859），德国地理学家，曾在南美洲展开多次地质勘探，详尽研究了亚马孙河（Amazonas）的水系，由于其在地理学上的贡献获誉无数。著有《自然观》（*Ansichten der Natur*, 1808）、《宇宙》（*Kosmos*, 1845~1862）等经典。

② 原书作者并未给出此段引文出处。经查，威廉·封·洪堡的这一番话出自他于 1804 年 10 月 9 日致夫人卡洛琳娜的信。洪堡于 1835 年去世，故所谓“在去世前不久”的提法并不严谨。

巴黎，住了两年，随后又前往西班牙。1801 年，他成了普鲁士在梵蒂冈的使节。这是一段外交与政治职业生涯的起点。在席勒去世后，他将会成为普鲁士内政部的枢密国务参事，身居要职，并成为普鲁士改革者中的一员，作为核心人物于 1809 年参与建立了柏林大学。

洪堡认为，塑造人格是一个人最高的任务，故而以此安排他的生活。用这一句打着席勒烙印的原则，洪堡在好友去世后依旧守着对他的忠诚。

在洪堡离开耶拿之后，二人间的通信曾停滞过一段时间。但这并未中断他们的友谊。在他去世前一个月，席勒曾写信给洪堡说：“仿佛已有一段无尽漫长的时间，我没有给您写过一行信，
但我总是觉得，我们的精神始终相互联结。一想到我在这样长一 / 469
段时间的沉默后，还能怀着一如当初我们共同生活时的信任依靠在您的心上，就让我着实喜悦。我们的相互理解不害怕任何岁月，不在乎任何空间。无论您发挥影响的范围有多么分散，无论我的圈子让我多么片面、多么受限，我们总能够在高贵与正确的事情上相逢。说到底，我们俩都是理想主义者，要是人们在我们身后议论，说什么是事物造就了我们而非我们造就了事物，我俩必然会羞愧难当。”（1805 年 4 月 2 日）

洪堡于 1797 年夏天的离开是席勒创作《华伦斯坦》期间的一件大事。另一件则发生于 1798 年。在这一年中，席勒让《季节女神》“安静而轻声地”停刊，一如他在给科尔纳的信中所写的那样。他越来越难以筹集到有分量的稿件，他所追求的杂志水准无法再保持下去；另外，席勒也不愿意再向读者做更大的妥协。《季节女神》的停刊意味着经济上的极大损失，但席勒期待着可以通过剧院的收入加以弥补，因为他也被《华伦斯坦》在经

济上的成功所折服。他的期待并未落空。

1798 年 8 月，席勒搬进了耶拿的一个花园小屋。他希望在这个秀美的环境里最终给他宅居屋中的生活画上句号。人们现在的确能看见他带着熟悉的急切姿态在花园里来回奔走，就像要完成步数的定额似的。尽管他已经动了迁居魏玛的念头，却也不愿意完全放弃耶拿。他想要有两处住所：在为剧院创作期间住在魏玛，而若是哲思的兴趣再度降临，则要搬到耶拿。歌德帮他在魏玛找合适的住处。

可是正当人们在魏玛四处寻找住处时，发生了一件可怕的事：1799 年 10 月末，洛蒂因为伤寒病重。或许这是她于 10 月 11 日艰难产下女儿卡洛琳娜·亨莉埃特·路易丝①所导致的后果。10 月 23 日，洛蒂失去了意识，随后是一连几天神志不清，类似痉挛的发病，恶心呕吐，高烧。除了交替守夜的席勒和她母亲，她不允许任何人在自己身边。著名的医生、宫廷顾问施塔克

让席勒做好最坏的打算。失去洛蒂或者她再也无法清醒，对席勒而言是一个极为可怕的念头。他绝望了，充满着恐惧，因为守夜而筋疲力尽。是歌德给了他支持。“我们的处境如此紧密相连，”他在 10 月 26 日的信中写道，“以至于我自己能切身感受到您所遭遇的一切。”10 月 30 日开始，洛蒂的烧退了，但始终还是处于一种半昏半醒的状态。直到进入 11 月第一周，她还是像失了魂一样，昏昏沉沉，一个字也说不出来。歌德把所有的公务都丢在一旁，于 11 月 10 日赶来耶拿，每个白天都花几个小时陪伴着席勒，让他振作起来，并和他谈论工作以使他分心。渐渐地，洛蒂的状态终于好转，她的记忆回来了，逐渐又参与到生活中来。

① 卡洛琳娜·亨莉埃特·路易丝·席勒（Karoline Henriette Louise Schiller, 1799~1850），席勒长女。

11 月 21 日，她第一次再度给姐姐写了信；对席勒而言，这是她的重生。他们现在可以考虑搬去魏玛的事了。

人们在假发匠人穆勒（Müller）的宅子中找到了一间相当可观的住处，先前归夏洛蒂·封·卡尔普所有。1799 年 12 月，终于到时候了：席勒一家四口带着几车行李离开了耶拿。“所有关于之前八个月的记忆，尽可以留在耶拿山谷中，我们要在这里开启一段全新的灿烂生活。”（致夏洛蒂，1799 年 12 月 4 日）

带着对全新开始的兴趣，席勒开启了他人生的最后一个阶段。

/ 第二十二章

重回魏玛——剧院生活——对“美的灵魂”的男性幻想：《玛利亚·斯图尔特》或有罪的无辜——席勒的信仰——圣女贞德的魔力与催眠大师拿破仑——民俗的，浪漫的——从热情中跌落——《墨西拿的新娘》或古希腊式的命运——念及观众

1799年12月3日，席勒搬进了魏玛温迪生街（Windischengasse）上的住处。虽然夏洛蒂·封·卡尔普留下了几件家具，但屋子里还是缺乏必要的设施，因为耶拿的房子还不能完全清空，他们希望如有需要，还能回去住一段时间。席勒把大儿子卡尔带在身边。而还需继续被精心呵护的洛蒂，则和小儿子恩斯特以及刚刚三个月大的卡洛琳娜暂住在施泰因夫人家中，直到新居布置妥当。12月中旬，一家人终于又团聚了。洛蒂已经从病痛中恢复了过来，而席勒则可以继续他在先前几个月不得不中断的《玛利亚·斯图亚特》的创作。但他的创作却并非完全没有干扰，因为实际的剧院工作现在又捆住了他的手脚。

歌德和席勒曾试图通过他们的《赠辞》之战来改善文学品位，现在则希望改革戏剧艺术，而魏玛剧院则应起到表率作用。《华伦斯坦》的演出大获成功，让歌德也心潮澎湃起来。自从魏玛宫廷剧院于1791年建立以来——之前只有戏剧爱好者们的演出和流动剧团的客座表演——歌德虽被任命为剧院总监，却对德国戏剧的未来不抱任何大的希望，因此只是拿科策

布①和伊弗兰煽情家庭剧为观众带去常规的剧院消遣。除了《哀格蒙特》，他一开始并没有把自己的剧本加入演出计划。不该对观众要求过高，而是应该渐渐地让他们习惯更优秀的作品。正如他给朋友弗里德里希·雅各比的信中所写，他想要“非常悄然地行事”（1793 年 3 月 20 日）。他的关注点主要还是巩固这项工 / 472 程的外在条件。只有演员最糟糕的陋习，例如吐字不清、忘词，以及演出配合上的缺陷等，才会被要求改正。同时，歌德还注意确保演员群体保持外在的正派。在《威廉·麦斯特》中，歌德勾勒了他对一个改善后的剧院之愿景：演员们不只是扮演一个角色，更要有能力塑造一种性格。但要真正开始改良的进程，却既缺少资金，又缺少可供实践的剧本，同时可能还缺乏付诸实施的动力。因此歌德希望，至少能让人通过比照他的愿景，发现目前的缺陷。但换汤不换药，戏剧艺术并未因此就有了新的基础。至少席勒发现，魏玛观众宠爱的那一类剧院诗人，正是和自己在曼海姆剧院就有过龃龉的同一拨人。这里也风行对市民日常生活现实的平庸模仿，直到 1799 年《华伦斯坦》的上演，才奠定了前途光明的新基调。人们开始欣赏宏伟的大戏、崇高的风格、掷地有声的诗行、伟大的情感、宏大的主题以及思想的翱翔。席勒心满意得地评论道，观众显然对在舞台上只见到他们日常的面孔相当不满，因为人们在那里“毕竟还是身处一群不入流之徒中间”。②

① 奥古斯特·封·科策布（August von Kotzebue, 1761~1819），德国通俗剧作家，创作了多部流行剧作；后出任俄国驻德使节，大肆批评德国各邦的自由主义风潮。科策布于 1819 年被刺身亡，而他的死则被视为 1819 年德意志邦联颁布用以加强书报审查的《卡尔斯巴德决议》（Karlsbader Beschlüsse）的契机。正是这份决议开启了拿破仑战争后欧洲复辟时代对言论自由的控制。

② 参见席勒致歌德的信，1798 年 8 月 31 日。

歌德精辟地总结了两位朋友的合作：他们共同致力于使戏剧更加高雅，席勒“通过创作和决断，我则通过教诲、练习与实践”。[①]不过事实上，席勒同样也在排练与演出时发挥了作用，升格成了魏玛剧院的共同总监。演员们交替地聚在他或歌德家中，朗诵并试排剧本或是讨论剧本的精神内涵。人们围坐在一起直到深夜。聚会有时也会变成一场欢乐的潘趣酒宴，演员们甚至偶尔在拂晓时分方才离去。这样的场景或许会让席勒时不时地回忆起他在曼海姆剧院的时光，只不过现在他成了很受尊敬的权威，可以保护自己免遭剧团众人的骚扰，更可以省去与剧院总监的不快。一言以蔽之，席勒很明白自己现在的独特地位，学会了轻松淡然的心态。他的言行举止逐渐符合他用这样的语句所立下的理想：“摆脱激情，始终清醒地、冷静地观察周围，审视自己，处处发现的是偶然而不是命运，取笑荒谬而不是为邪恶的事情恼怒和哭泣。”[②]

歌德和席勒共同的改革事业所涉及的，一方面是演员的教育，以及在戏服、布景和舞台音乐上的细致；另一方面则是准备内涵丰富的剧本。歌德翻译了伏尔泰的《穆罕默德》（*Mahomet*）与《唐克雷德》（*Tankred*）[③]；席勒则翻译了莎士比

① Goethe MA 14, S. 130.

② MA V, S, 726. 语出席勒《论质朴与多情的文学》，汉译参见《席勒经典美学文论》，第465页。

③ 《狂热，或先知穆罕默德》（*Le fanatisme, ou Mahomet le Prophète*）是伏尔泰作于1740年的剧本；1772年，尚在“狂飙突进”时期的歌德就曾写作《穆罕默德之歌》（*Mahomets-Gesang*），参见《歌德文集》（第一卷），第60~63页。他于1799年9月起着力翻译伏尔泰的剧本，译本《穆罕默德，五幕悲剧》（*Mahomet. Trauerspiel in fünf Aufzügen*）于1800年1月30日在魏玛首演。《唐克雷德》（*Tancrède*）是伏尔泰作于1760年的剧本，歌德于1800年夏将剧本翻译成德语，并在1801年将之搬上魏玛剧院的舞台。

亚的《麦克白》(*Macbeth*)①、戈齐的《图兰朵》(*Turando*)②以及几部法国流行喜剧。但魏玛剧院无可争议的巅峰，却还是席勒自己剧目的上演。他现在已是德国公认独领风骚的戏剧大师，接连不断诞生的每一部剧都有正面的流言做铺垫。人们迫不及待地想要看见这些作品被搬上舞台。《玛利亚·斯图亚特》的情况便是如此。那些追问剧本何时完成的烦人问题，几乎叫席勒无法抵挡。甚至在手稿没有完成之前，就已经被译成了英语。

早在1783年完成《阴谋与爱情》之后，席勒就开始计划一部关于苏格兰女王玛利亚·斯图亚特（Maria Stuart）的戏剧。玛利亚·斯图亚特死于英国的断头台上，这位美丽动人而性格激烈的女性的命运，两个世纪以来牵动着诗人与剧作家的想象力。玛利亚·斯图亚特生于苏格兰，在法国接受了天主教教育，被许配给了未来的法国国王，但在丈夫早逝后便回到了她的苏格兰祖国。作为亨利七世（Henry Ⅶ）的曾侄孙女，她也可以合法地提出对英格兰王位的要求。这就必然导致她与英国女王伊丽莎

① 《麦克白》(*The Tragedy of Macbeth*)是莎士比亚四大悲剧之一，据传首演于1606年，首次出版于1623年。席勒于1800年初（即完成《华伦斯坦》、正创作《玛利亚·斯图亚特》之时）开始着手翻译并改写《麦克白》，并于同年5月14日上演，很快成为德语舞台上的经典莎剧译本。

② 卡洛·戈齐（Carlo Gozzi, 1720~1806），意大利歌剧作家，于1762年创作著名的歌剧《图兰朵》；贾科莫·普契尼（Giacomo Puccini, 1858~1924）的改编令这部歌剧家喻户晓。席勒于1801年末开始着手翻译，其译本于1802年1月30日在魏玛首演，并于同年定名《图兰朵，中国公主》(*Turandot. Prinzessin von China*)出版。

白（Elisabeth Ⅰ）成为死对头。[①]玛利亚在苏格兰的统治结束于动乱之中：人们指控她煽动其情人谋杀第二任丈夫。玛利亚逃往英国，却立马被人在伊丽莎白的指示下拘捕。她先是被指控犯下谋害亲夫的罪行，却未被审判，一直囚禁在监狱。直到人们相信能证明她密谋推翻英国女王，才终于被判处死刑。在一番踌躇后，伊丽莎白签署了死刑的判决书；随后，死刑便毫无拖延地于1587年2月18日得到执行。然而，还有许多问题尚待解答：玛利亚是否真的让情人谋害了第二任丈夫？她是否真的推动了一场针对英国女王的谋反？而玛利亚与伊丽莎白两位女性的不同也引发了人们的幻想：一边是热烈冲动的、充满诱惑的玛利亚，自信得几近癫狂；另一边则是小心翼翼地算计着的伊丽莎白，很有治国手腕，或许对她对手的女性魅力还有几分妒意。此外，两派相争中还有宗教的对立。一派崇敬作为天主教殉教者的玛利亚，另一派则赞美伊丽莎白保护英格兰免遭教宗的毒手。

在1799年4月26日给歌德的信中，席勒写道："在这期间，我接触到伊丽莎白女王执政的历史，并开始研究玛利亚·斯图亚特的审判。几个悲剧契机立刻展现在我眼前，使我对这一题材充满信心，毋庸置疑，它一定会在很多层面不辜负我的信

① 玛丽·斯图亚特（Mary Stuart, 1542~1587），其名德语作玛利亚（Maria），出自斯图亚特家族，苏格兰女王，曾有三任丈夫，其婚嫁颇受民众诟病；1567年，玛丽·斯图亚特的统治被推翻，她逃亡英格兰而被俘，成为伊丽莎白一世的阶下囚，并最终被送上断头台。伊丽莎白一世（Elizabeth Ⅰ, 1533~1603），其名德语作"Elisabeth"，英格兰女王，是都铎（Tudor）王朝最后一位君主，因终生未嫁而被称为"童贞女王"。亨利七世（Henry Ⅶ, 1457~1509），都铎王朝第一位英国国王，在击败理查三世（Richard Ⅲ）后于1485年登上英国王位。伊丽莎白一世是其孙女，而玛丽·斯图亚特则是其曾侄孙女——玛丽的祖母玛格丽特·都铎（Margaret Tudor, 1489~1541）是亨利七世的长女、伊丽莎白之父亨利八世的姐姐。原书作者误将玛利亚·斯图亚特写成"亨利七世的曾孙女"，已更正。

任。”①“悲剧契机”究竟为何，这里尚不清楚。几个月之后，席勒可以更明确地说出是什么让他痴迷于这个题材：“人们在头几场戏中就能看见结尾的灾难，而当全剧的情节仿佛离结局越来越远时，其实却越来越靠近。”（1799 年 6 月 18 日）②

所以说，席勒决定不在舞台上铺展开一张关于玛利亚·斯图亚特的生与死的多彩而富有戏剧性的画卷，而是和《华伦斯坦》一样限制海量的素材，聚焦玛利亚上断头台前的最后几天。“结尾的灾难”已经可见，这意味着：有罪的判决已经落下，玛利亚被判处死刑；只是女王还在犹豫是否要签署判决并命人执行死刑。在玛利亚和奶娘的对话中，她一一回顾了自己的罪行——她的确默许了对她丈夫的谋杀——表现出知罪与悔罪。当她第一次登场时，就已经是个洗心革面的人了：“狂野的”玛利亚已成过往。但同样在最初几幕戏中就已然分明的还有，使得玛利亚被判死刑的那些控诉，根本不符合事实：她并没有试图在狱中指挥同党推翻乃至行刺伊丽莎白。她只不过是动用了自己和欧洲各个统治王室的关系，以求让自己得以被释放出监狱；她承认了这一点，认为这是她作为女王应有的权利。也就是说，玛利亚觉得自 / 475 己对一件事有罪，却并未因此在英格兰遭到控诉；但对于她被控诉，进而被审判的那些罪名，她却觉得自己全然无罪。她还没有准备好接受不公的判决并为另一种罪责赎罪；她还在为自己的生命斗争。可她为了拯救自己所迈出的每一步，都使她更接近死亡。这就是席勒在 1799 年 6 月 18 日给歌德的信中所提到的题材的“悲剧价值”。令席勒着迷的，正是命运的这种残酷讽刺。

翘首期待的救命方法所扮演的这一悲剧性角色，尤其体现

① 汉译参见《歌德席勒文学书简》，第 263 页，有改动。

② 汉译参见《歌德席勒文学书简》，第 279 页，有改动。

在莫蒂默（Mortimer）这个人物以及两位女王会面这一场景中。作为天主教一派的特工，莫蒂默想要救出其所深爱的玛利亚，却只造成了灾难，因为他的一个共谋者竟试图行刺伊丽莎白。暗杀失败了，玛利亚虽不必为这桩罪行负责，却将会为之所累。

莱斯特伯爵（Graf Leister）这个廷臣，曾追求伊丽莎白却始终无果，因此才小心翼翼地转向玛利亚。正是他促成了两位女王的见面，而玛利亚则期待能借此看到她对手的仁慈。席勒自己在给歌德的一封信中承认，两位女王的这一场戏——与有关莫蒂默的那几幕一样都是他全然虚构的——“在道德上完全站不住脚”（1799 年 9 月 3 日），也由此预见了歌德的评价。歌德对这场戏意见很大，因为让两位女王“像斗嘴的泼妇或者妓女一般”登场亮相，实在很不妥当。但席勒却坚持留下这一幕，甚至表示对自己成功地将道德上的不可能转变为心理上的必然性还颇有几分得意。

玛利亚带着悔罪的自我贬低开口，请求伊丽莎白的宽恕。她先是放弃了她作为一国之君的尊严，但伊丽莎白却不满足于这一胜利。她自我炫耀，拒绝赐恩给玛利亚，并将她的冷酷说成为了抗击教宗势力的国家利益至上：“只有强力才是唯一的保证，同毒蛇般的奸宄并不能建立同盟。”① 在这个瞬间，玛利亚本就只能拼命压下的高傲又重新迸发。她将自己的全部仇恨与在谦卑的伪装下积累的全部蔑视通通倾泻在对手身上：“英格兰的王位被私生所弄脏，/ 不列颠的人民心灵高尚，/ 却被奸诈的骗子玩弄于股掌之上。/——正义如能伸张，此刻您将 / 伏地求饶，因为我

① MA Ⅱ, S. 625. 语出《玛利亚・斯图亚特》第三幕第四场，第 2361~2632 诗行，汉译参见《席勒文集》（第四卷），第 131 页，有改动。

是您的君王。"① 玛利亚虽然清楚她的处境已没有任何出路，却感到如释重负。她对奶娘说："啊，痛快，痛快，我的汉娜！/经受了年复一年的屈辱和忧愁，/终于盼来了胜利与复仇，/心头如山的重压已经搬走，/我把利刃刺进了敌手的胸口。"② 席勒在这里展现了大师手法，将个人动机与政治动机结合在了一起。伊丽莎白用国家利益与幻想的正义，来掩盖她对作为女人更成功的对手在情欲方面所怀的嫉妒："对，玛利亚夫人，都结束了。您再不会/从我身边勾引走一个男人。"③ 而玛利亚也给她私人的仇恨披上了政治外衣：她挑战伊丽莎白的合法性，摆脱了她在对手面前的无力地位，不单是作为女人，更是作为真正具有合法性的女王站起身来。政治性与私人恩怨就这样剪不断理还乱地纠缠在一起，导致最后的灾祸无法避免。但伊丽莎白究竟为何犹豫着不愿下令执行死刑？她确实有理由担心人们在她的权力要求的背后发现嫉妒的动机。她想要作为捍卫正义的人出现在公众面前，可她也清楚，人们并不会严肃地对待她的这个角色。强大与权力会被解读为她的弱点和私底下的无力。也就是说，这是担心在政治面具背后显露出决定其行动，更重要的是导致其无法行动的私人动机。她把签了字的死刑判决交给一个官员，却不说明究竟是否以及应何时执行；她把责任推给下属，将会在执行判决之后逃避责任，惩处负责行刑的帮手。她曾试图按照同样的逻辑煽动莫蒂默刺杀玛利亚，若是成功，她必然也会与这一行动划清界限，惩

① MA Ⅱ, S. 628. 语出《玛利亚·斯图亚特》第三幕第四场，第2361~2632诗行，汉译参见《席勒文集》(第四卷)，第136页。

② MA Ⅱ, S. 628f. 语出《玛利亚·斯图亚特》第三幕第四场，第2455~2459诗行，汉译参见《席勒文集》(第四卷)，第136~137页。

③ MA Ⅱ, S. 627. 语出《玛利亚·斯图亚特》第三幕第四场，第2307~2308诗行，汉译参见《席勒文集》(第四卷)，第133~134页，有大幅改动。

罚被她教唆的凶手。

如果说伊丽莎白是将私人恩怨隐藏在政治之中，那么玛利亚则是在褪去了女王的威严后，重新赢得了个人的尊严。在死亡的阴影下，此前一直为了活下去而斗争的玛利亚用一种全新的方式认识了自己。奇怪的是，席勒并没有用戏剧的方式展现这个与自
/ 477 我蓦然相见的瞬间——尽管他完全有能力实现——而是让奶娘深入人心地讲述。玛利亚，她描述道，像约定的那样期盼着她的救星。但到头来，一大清早叩响大门的并不是莫蒂默，而是来向她宣布即将行刑的典狱长。“我们不能缓缓地离开人间！ / 从短暂化为永恒的转变 / 只能陡然疾如转瞬就实现。/ 此刻天主对我的女主人垂恩，/ 让她下定坚不动摇的决心，/ 摒弃尘世的希望，/ 满怀虔诚进入天堂。”① 近在咫尺的死亡解放了玛利亚的力量，她也借此在道德上战胜了伊丽莎白，因为后者的报复动机在玛利亚温柔的形象面前显得尤为刺眼。可是在玛利亚身上，难道不是同样有隐秘的报复契机在作祟？她新近的谦卑难道不是带着毒药？自然，对她的审判是不公正的，她也有权利不忘记。但当她感谢天主赐予她荣耀，“让我承受枉死之灾，/ 补赎早年难以宽恕的血债”时②，行的善事又有些过头。当伊丽莎白计划用虚假的指控判处无辜的玛利亚死刑时，玛利亚已准备好为一桩她未遭指控的谋杀赎罪。司法的冤杀无法昭雪，因为它是披着正义与国家利益的伪装发生的。毫无疑问，赎罪的玛利亚置伊丽莎白于极不正义的境地；但即便是得到净化的玛利亚，也并非毫无私欲，而是

---

① MA Ⅱ, S. 663. 语出《玛利亚・斯图亚特》第五幕第二场，第 3402~3408 诗行，汉译参见《席勒文集》（第四卷），第 195 页。

② MA Ⅱ, S. 674. 语出《玛利亚・斯图亚特》第五幕第七场，第 3735~3736 诗行，汉译参见《席勒文集》（第四卷），第 213 页。

依然享受这场对她死敌的胜利。玛利亚在死亡的阴影下依旧没有停止与伊丽莎白这个敌人斗争，这一点可从她在看穿了莱斯特墙头草的把戏之后对他说的一席话中读出：“您曾经敢于向两个女王求爱；/一颗真挚的柔心您却已抛开，/为了博取高傲的心，您将它出卖。/跪倒吧，在伊丽莎白的脚下！愿您得到的酬报不会变成惩罚！”①

到最后，还是有一丝阴影落在升华了的玛利亚这个光明的形象上。她的愤怒与复仇的欲望还没有完全燃尽，在她体内还有些许余烬。席勒不想把她写得太过理想化。当然，她成了一个“美的灵魂”，可是美的灵魂也意味着情感不能被道德完全吞噬。在道德中始终有感性的情绪与好恶在坚守，只不过变得更加高尚，同时被限于得当的界限内；但这并不排除它们依旧能将自身的矛 / 478
盾付诸实践。因此才会在玛利亚于赴死之时的圣化中残存着尚未消解的怨念。

玛利亚之隶属于天主教会，起初只是作为政治事实在她和伊丽莎白的争斗中有重要意义。但在全剧尾声，她却发现了自己对宗教的依恋。她要求忏悔和圣餐，人们满足了她——在舞台上。这在魏玛和其他地方激起轩然大波。人们对席勒竟然恬不知耻地把这样一件圣事搬上舞台而感到相当不满。赫尔德指责他渎神，公爵批评他毫无品位。而在维也纳，人们更因此——当然也因为剧中将一位女王送上断头台，勾起了对处决玛丽·安托瓦内特的回忆——把这部剧本送上了禁书目录，直到1814年全剧根据书报审查做了种种改动后才得以上演。对圣事的戏剧化处理，显示出席勒现在已经与机制化的宗教脱钩得多么彻底。对他而言，舞

① MA Ⅱ, S. 678. 语出《玛利亚·斯图亚特》第五幕第九场，第3833~3837诗行，汉译参见《席勒文集》(第四卷)，第220页。

台本身便是某种神圣，其他的神圣之物都应迁就舞台。当席勒塑造一个自认为能在天国获得援手的玛利亚形象时，他让观众在其中发现了一些不同于女主人公所相信的事：事实上，玛利亚是通过自身的斗争，从而实现了一种内在的自由，使她能为自己的生命承担责任，接受不公正的判决与作为赎罪的死亡，并在一出自由的行动中实现转变。如果说玛利亚怀着一颗虔诚的心，感到应为自己的命运负责，那么观众就应在此发现她自由的胜利。故而圣餐也转变成一场被某种不同于惯常的新意义所支配的戏，戏中尊奉的是自由的神秘。玛利亚把自己从她激情的强力中解放出来，她的心中变得安宁、平静而澄明；她赢得了淡然，几乎像解脱了的轻快。在席勒看来，当“尘世的恐惧”① 从一个人身上褪去，这就是自由的瞬间。玛利亚至少走到了这么远。

如果说席勒不肯让步，坚持要将圣餐仪式搬上舞台，也就是说要与神圣之物游戏，那么问题就是：在之前几年，他自己的宗教信仰究竟是什么？席勒早就不是一个教会正统意义上虔诚的人了，既不是新教徒，也不是天主教徒。他不信仰圣经中的上帝，
/ 479 不相信耶稣基督牺牲能拯救众生，不相信肉体与灵魂的复活，不相信上帝创世和末世审判，不相信天堂和地狱，不相信由教会分发的圣体；在他看来，历史的、实证的宗教是文化的成就，是人类创造性精神的产物；是一个人自由天性的表达方式，他能从直接的生活条件出发，以一种全面而又有说服力的意义关联为方向做超验的思考。对席勒而言，这种创造性的力量既体现在历史宗教的多样性及其形象变迁之中，也体现在道德与艺术上。而他评判这些表达形式之尊严与价值的标准正是自由。席勒要求的是自

① MA Ⅰ, S. 201. 语出席勒的名诗《理想与生活》，汉译参见《席勒文集》（第一卷），第59页，有改动。

由精神的更高游戏，即创造之力的自我鼓舞。“最高的享受却是意志在其全部能力的生动游戏中的自由。”①

属于此类游戏的，还包括不带教条主义枷锁地创造形式又消解形式。这种转化动力在艺术中比在传统的宗教中更加醒目，因为宗教声称天启而要求严苛的效用与强制力。席勒对此敬而远之。在作于1797年的双行诗《我的信仰》中，席勒写道：“我信什么教？我一概不信 / 你举出的宗教！‘为什么全不信？’出于信仰。”②这种使其他一切宗教相对化的宗教，就是美的宗教。它有形式意识，创造着图景，却并不相信所作图像的绝对真理。从这一视角出发，宗教不过是一种赋予超验以确定的面孔的尝试。但这样的面孔却不应成为滑稽脸，而席勒恰在此处看到了危险。在存在物化危险的前提下，他不认为超验世界空空如也会是什么问题。一种绝对有效的天启在他看来并不存在。空荡荡的超验世界激发了创造性的塑造，讽刺的是，恰恰是这种超验最完美地实现了那古老的诫令：“不可为自己雕刻偶像！”③

所以说，席勒力图在显明的宗教中区分麦子和糠④。“麦”：这就是作为基础的富有创造力的自由潜能；他认为，宗教一审美的力量不单单在图像本身，更是在塑造图像的力量之中。在作于《玛利亚·斯图亚特》完成两年后也就是1803年的《墨西拿的新娘》之前言中，席勒写道：“在一切宗教的表面下隐藏着宗教 / 480
本身，即一种神性的理念；必须允许诗人用他每次认为最合适最

---

① MA Ⅱ, S. 816. 语出席勒戏剧《墨西拿的新娘》之前言、同时也是其诗学名篇的《论歌队在悲剧中的运用》(*Über den Gebrauch des Chors in der Tragödie*)。

② MA Ⅰ, S. 307. 汉译参见《席勒文集》(第一卷)，第95页。

③ 典出《圣经》中的“摩西十诫”，参见《圣经·旧约·出埃及记》第20章4节。

④ 指去粗取精、去伪存真，典出《圣经·新约·马太福音》第3章第12节。

准确的形式说出这一点。"① 无论是古希腊众神的天空还是斯宾诺莎式的上帝——"神即自然"（*deus sive natura*），席勒都能应付。他甚至认同对一种宽松道德的宗教圣化，只要这种与众不同的神谕形式能按照他的方式被理解，即作为升华了的"自主"形式，作为自由的自我决断之神秘化："若你们将神性纳入你们的意志，/ 神便会从祂宇宙的宝座中起身。"②

自我决断、自由、道德、思考超验、幻想——这些都很美好，但还有死亡这一人类存在之有限性的代名词。死亡是借助虚无、幻灭和徒劳而成的大威胁。关于淡然接受死亡的玛利亚・斯图亚特，剧中写道："她走了，一个已得圣化的精灵"③；她在那些苟且偷生的人眼中，就是这样的形象。然而这句话对可能的无尽与永恒却只字未提。更重要的，乃是席勒在那首催人泪下的《挽歌》——他在写作《玛利亚・斯图亚特》的同时创作了这首诗——中所写下的文字："就连美也必须死亡！它征服人与诸神，却无法打动冥府宙斯铁一般的胸膛。/……/ 看那！每一位神祇都潸然泪下，无论男女，/ 一同痛哭美竟会消逝，完满竟要死去。"

唯独得以流传的，是诗人的创作。

"成为爱人口中的一首挽歌也无限美好，/ 因为平庸之物只会无声息地坠落阴曹。"④

"神圣"对于席勒而言确实存在：那是完满的瞬间，是热

① MA Ⅱ, S. 823. 语出席勒《墨西拿的新娘》之前言《论歌队在悲剧中的运用》。

② MA Ⅰ, S. 204. MA Ⅰ, S. 201. 语出席勒的名诗《理想与生活》，汉译参见《席勒文集》（第一卷），第 62 页，有改动。

③ MA Ⅱ, S. 678. 语出《玛利亚・斯图亚特》第五幕第十场，第 3845 诗行，汉译参见《席勒文集》（第四卷），第 220 页，有较大改动。

④ MA Ⅰ, S. 242.

情、道德坚毅和创造力之实现的恩典。它稍纵即逝，并不能保证持存。而席勒也无法相信，这种“神圣”竟应被理解成对某种更加全面、超越尘世之实现的预告。世界将会在无意义与混乱中消解的危险，无论是从自然史、世界历史或是个体的角度看，都会继续存在。人们在生命中所许下的诺言，必须自己去实现；而人们在死亡中能够战胜的，只有对死亡的恐惧。只有在这个意义上，才看得出玛利亚·斯图亚特得到了拯救，即便她本人依旧相信，只要洗净了身上的罪孽，依旧有一道天国之门向她敞开着。

/ 481

《玛利亚·斯图亚特》于1800年6月14日首演；两周之前，席勒又开始了他的新剧《奥尔良的童贞女》。① 半年之内，他进展迅速。在1801年1月5日给科尔纳的信中，他透露了创作之所以如此顺利的原因：“题材本身就让我温暖，我全身心地投入其中；在前几部戏里，理智都需要与题材斗争，而与之相比，这一次有更多的内容从我心中涌出。”在书信与对话中，席勒不时将约翰娜（Johanna）称为“我的姑娘”，但他说剧作从“心中涌出”，却不只是一句动情的套话：席勒用这一表达联结了一种深刻的哲学阐释。1801年3月27日，他向歌德叙述了自己与青年谢林的一段对话。席勒将对话转到谢林的论据，即自然将自身从无意识提升至意识，而艺术则正好相反，从意识出发而终于无

① 《席勒文集》中该剧原译《奥尔良的姑娘》。之所以修改译名，是因为“Jungfrau”一词不仅指少女，还指仍保处子之身的童贞女，更指以处子之身受孕而诞下耶稣基督的圣母玛利亚——也称“童贞女玛利亚”。剧中女主人公约翰娜（即圣女贞德）不仅因圣母托梦而走上战场，并以象征圣母的百合为旗帜［参见《奥尔良的童贞女》第一幕第十场，《席勒文集》（第四卷），第294~296页、第299页］，同时又必须守贞，因为“只有纯洁的处女”才能完成其天命［参见《奥尔良的童贞女》第三幕第四场，《席勒文集》（第四卷），第356页］。故而改译作《奥尔良的童贞女》。

意识。“这些主张唯心主义的先生们，”席勒在谈话记录中写道，“过于忽视经验。”因为他的经验，尤其是在手头这部剧上的经验教导他，诗人也是“从无意识”开始，而“只要他能通过对其行动的最清晰的意志达到这种程度，能在大功告成的作品中重新发现未遭减损的最初那个朦胧的整体理念，就应当自觉幸运了。没有这样一个朦胧但强健有力、先于一切技巧的整体理念，任何一部诗意作品都不可能产生；在我看来，‘诗’就在于能够说出并传达那无意识之物，也就是将之转移到一个客体之中。”①

吸引他转向圣女贞德这一题材的“朦胧的整体理念”究竟为何，我们不得而知。席勒自己也不清楚，他想要一边写作一边弄明白。在同谢林的对话中表述的原则，即作者只有通过业已完成的作品才能得知促使自己创作的到底是什么，在《奥尔良的童贞女》一剧中意味着：与先前所有作品相比，席勒更强烈地感受到了素材对他不可言喻的吸引力，像是一种磁性；他觉得自己就仿佛被圣女贞德那充满魔力与传说的故事施了魔法。那个来自洛林地区的17岁乡村少女②，在英法百年战争期间的1429年突然
/ 482 带着领受神之使命的信念出现在法国军营，率领着大军迅速取得了一连串胜利，解放了奥尔良城，将英军赶出了大部分国土，引领王太子来到兰斯（Reims）准备加冕礼。但她最终却被国王抛弃，率领一小支忠于她的部队孤军奋战，凭一己之力继续战斗，最终身负重伤，被英军俘虏，被当作女巫送上法庭，被判有罪，

---

① 汉译参见《歌德席勒文学书简》，第321页，有改动。

② 即圣女贞德（Jeanne d'Arc, 1412~1431），英法百年战争时期登上历史舞台的传奇法国少女，宣称是天主派来解奥尔良城之围、拯救法国并帮助查理七世（Charles Ⅶ, 1403~1461，其名德语作“Karl”，故在席勒剧中译作“卡尔七世”）登上王位，但她于1430年被俘，次年被英国所控制的宗教裁判所判为女巫与异端，处以火刑而就义。

于1431年5月30日被送上火刑架。

席勒研习了庭审档案，并参考了其他的历史与资料文献。在两个关键问题上，他与历史事实有所区别：按史料记载，贞德虽然穿戴盔甲、佩带武器，自己却并未杀死任何一个敌人；但在席勒的剧中，这个温柔的少女却成了狂野的战士，自称“可是碰到童贞女，便只有死路一条”，称颂自己将“杀死一切活物……只要征战之神极为不幸地将之送到我面前”。[①] 席勒笔下的少女在她使命的狂怒中成了残忍的亚马孙女战士。[②] 或许我们在这里，在温柔与野蛮谜一般的共同作用中，在美丽与恐怖化作肉身的统一体中，就能发现席勒“朦胧的整体理念”？无论如何，克莱斯特之后将会以席勒的《奥尔良的童贞女》作为其《彭忒西利亚》(*Penthesilea*)的标杆[③]，而歌德则因为席勒对舞台上的残忍之兴趣而大惊失色。然而，席勒必须首先让少女作为一个惹人怜爱的复仇女神登场，才能将她无法继续杀戮的瞬间塑造成悲剧冲突。约翰娜直勾勾地盯着利奥内尔的脸庞太久，竟无法再下杀手。“难道要我把他杀死？看见他的眼睛 / 我还下得了手？杀死他！…… / 因为我富有人性，我就该受到惩罚？ / 难道同情

---

① MA Ⅱ, S. 741. 语出《奥尔良的童贞女》第二幕第七场，第1598、1602~1603诗行，汉译出自《席勒文集》(第四卷)，第325页，有改动。

② 亚马孙族（Die Amazonen）是古希腊神话中的一个母系氏族，生活在黑海沿岸，侍奉狩猎女神戴安娜（Diana），氏族中的女性均是战士，切右乳以便更灵活地张弓搭箭。18、19世纪的德语文学中出现了不少如亚马孙女战士一般的女性形象，其中的代表便是克莱斯特的名剧《彭忒西利亚》(*Penthesilea*, 1808)。

③ 《彭忒西利亚》是海因里希·封·克莱斯特作于1808年的悲剧，以特洛伊战争（Der Trojanische Krieg）的传说为背景，讲述了亚马孙女王彭忒西利亚与希腊英雄阿喀琉斯（Achillus）之间的故事：彭忒西利亚疯狂地爱上了敌人阿喀琉斯，但因为亚马孙女人只能委身于被其征服的男子，于是阿喀琉斯在战斗中故意示弱，但狂热的彭忒西利亚并未察觉，重伤阿喀琉斯，和她的猎狗一起用齿爪撕碎了心爱的男人。

有罪？”①上天的使命原本是不饶恕敌人并放弃尘世的爱情，可她的人性却与之陷入冲突。她那好战的神启止于爱之迷惘的瞬间，她失去了对自己使命的信念，失去了对自己的信仰，因此也无法用对她使命的信任感染其他人。约翰娜的命运之路就在这里陡然转变。她被罪恶感所折磨，虚弱而又缺少卡里斯玛，被套上脚镣当作女巫审判。

然而接着——这是第二处与历史事实有较大出入的地方——便是约翰娜在最后一幕中的重新振作：她挣脱了枷锁，冲入了战
/ 483 斗；因为她的加入，战争以法军的胜利而告终，但她自己却重伤不治，临死前在眼中看见了天国的幻景。关于她一开始被选召与第二次自我振作的区别，席勒在 1801 年 4 月 3 日致歌德的信中是如此描述的：“我预计最后一幕会相当成功，它解释了第一幕，这样一来全剧便首尾相接。正因为我的女主人公在这一幕中全凭她自己，在灾祸临头时被众神所抛弃，才能展现出她的独立与对个性的要求。”②也就是说，她起初是被上天选中，但随后却是凭着自己的力量站起身来。只要她与所谓的神意保持一致，就能表现得强大有力，只是没有半分自己的贡献，就如同梦游一般；然而在她“堕入”人性之后，她却有机会证明真正的伟大。约翰娜将会两次超脱平凡之上：头一次是通过某种神圣的强制，通过来自外在与上天的狂热；而第二次则是通过一种出自她自身的热情。

席勒在其他任何一部剧中都不像这里一样如此多地借鉴了莎士比亚。一幅传奇的连环画卷，不断变换的场景，颇具当地风情，不同的语言方式，大众场景，音乐。他将这部戏称为“浪漫

---

① MA Ⅱ, S. 774. 语出席勒《奥尔良的童贞女》第四幕第一场，第 2564~2568 诗行，汉译参见《席勒文集》(第四卷)，第 379 页。

② 汉译参见《歌德席勒文学书简》，第 324 页。

的”[1]，或许是因为对玄妙之物以及中世纪晚期的基督教—天主教神话的运用，亦或许是因为诗意而富有音乐性的风格元素。整部剧接近歌剧，里面有歌谣般的幕间戏、咏叹调和宣叙调。人们被作品包裹着托举向前，就仿佛整部剧自己上演一样。科尔纳说得到位：“我在这部作品中完全忘记了你。”（1801 年 5 月 9 日）而一个相信奇迹的主观而质朴的世界在这里竟带着荷马式的客观性显现在读者眼前，这让歌德十分钦佩。耶拿和柏林的浪漫派刚刚为自己的文学创作发现了中世纪与天主教的世界，还曾短暂地以为席勒站到了自己这一边。至少蒂克曾坚信，是自己的传奇剧《圣格诺菲瓦的生与死》（*Leben und Tod der heiligen Genoveva*）[2]给了席勒灵感；但这不太现实，因为在完成《奥尔良的童贞女》之后没过几日，席勒便在给科尔纳的信中谈到蒂克的剧作：“这和他所有的作品一样，没有任何有文化的内容，全是些废话。”（1801 年 4 月 27 日）

席勒对他作品的效果心存疑虑。他知道在文化人那里，伏尔 / 484
泰的喜剧《童贞女》（*La Pucelle*）[3]依旧风行。伏尔泰嘲讽这位“神圣的少女”不过是个粗鄙而鲁莽的村姑，得在一整支幽灵大军的帮助下才能守卫自己的妇道。席勒必须考虑到，懂行的人谈论起约翰娜来肯定会含沙射影。甚至公爵也警告他不要碰这个题材。“主题太过粗俗，难免会遭人嘲笑”，他在给席勒的妻姐卡洛琳娜·封·沃尔措根的一封信中写道。然而席勒恰恰将这一事

① 语出《奥尔良的童贞女》一剧的副标题《一部浪漫悲剧》（*Eine romantische Tragödie*）。

② 《圣格诺菲瓦的生与死》是路德维希·蒂克发表于 1799 年的戏剧，讲述了中世纪传说中的圣女格诺菲瓦·封·布拉班特（Genoveva von Brabant）的传奇经历。

③ 《奥尔良的童贞女》（*La Pucelle d'Orléans*）是伏尔泰作于 1730 年、发表于 1752 年的讽刺戏剧。

实视为挑战，想要证明自己有能力吸引一群对轻佻故事蠢蠢欲动的读者。他欠自己的权力意志这样一个证明。关于伏尔泰，他写道："如果说他把他的童贞女拽入污浊之中太深，那我或许把我的奥尔良少女抬得太高。只不过若是想要消除他给笔下的美人儿打上的烙印，在这里倒也没有别的办法。"（致维兰德，1801 年 10 月 17 日）席勒无法说服公爵，后者叫停了剧本在魏玛的首演，不过原因倒是妇孺皆知：因为他的情人，女演员雅格曼[①]本应出演童贞女一角，而人们不得不担心这样的安排会引发各种讽刺。故而全剧首先并非在魏玛，而是在莱比锡、柏林和汉堡上演，取得了令人叹服的极大成功。

席勒亲临了莱比锡的演出。迄今为止，德国还没有哪一位诗人能受到这样的欢呼。后来闻名遐迩的维也纳城堡剧院（Burgtheater）演员海因里希・安许茨[②]当时还是个学生，他亲历了这一值得纪念的事件，在他日后的回忆录中是这样描述的："整个学生圈都在高呼'席勒'，'席勒来莱比锡了，要去看演出，第一次亲眼看着自己的创作在舞台上演！'男女老少在狂喜中冲向剧院，力气大的抢占了正厅最好的位置——在当时只不过是站位，感谢上帝，我就是那些力气大的幸运儿之一。就在此时，二层一个包厢的门打开了，一个瘦削修长的身影走近了包厢的护栏。'就是他，就是席勒！'消息很快传遍了整座剧院，所有人都像被风拂过的地里的玉米一样起伏着，想要一睹他们所敬

① 卡洛琳娜・雅格曼（Karoline Jagemann, 1777~1848），德国著名女演员，曾在曼海姆跟随伊弗兰学习表演，于 1797 年加盟魏玛剧院，自 1801 年起成为魏玛公爵情妇，后取代歌德成为魏玛剧院总监。

② 海因里希・安许茨（Heinrich Anschütz, 1785~1865），德国著名演员，1804 年进入莱比锡大学学习，三年后中断学业开始戏剧生涯，于 1821 年前往维也纳城堡剧院，后出任城堡剧院导演。

仰之人的风采……人们几乎无法把眼睛从席勒的面孔上挪开，去欣赏悲剧的序曲与第一幕。现在，这个英雄的少女登场，最终在奥尔良播种下胜利的标志，大幕落下，整座剧院爆发出如酒神迷狂的欢呼声，乐队不得不用小号和大鼓声应和。这时，表演触动人心的女演员站起身来，看得出内心激动，充满感激地向观众席深鞠了一躬。欢呼声再度响起，只有完全收起的大幕……才给激动与喧闹画上了句号。"① 剧终之后，所有人都拥到剧院前的广场上，想要再看诗人一眼。另一个亲历者叙述说："从剧院前的大广场一直到兰施泰特城门（Ranstädter Tor）都摩肩接踵地挤满了人。现在，他出来了，人群霎时间让出一条道来，好几个声音让大家脱帽，于是诗人就这样牵着小卡尔的手从众多向他脱帽致意的崇拜者中间穿过，而站在后面的父亲们则把孩子们举高，大喊道：'那就是他！'"②

在这种热烈当中，掺杂进了第一缕爱国情感；在不久之后反拿破仑的解放战争中，这种情感将会强有力地爆发出来。人们不光把《奥尔良的童贞女》理解成一出浪漫主义的魔幻剧，更在其中读出了政治信号，在约翰娜身上看到了为了法兰西民族的重生而浴血奋战的神女。难道人们在德国不也很需要这样一个充满卡里斯玛的领袖形象吗？席勒在舞台上幻化出一种拯救的政治："一羽白鸽 / 将要飞来，带着雄鹰般的勇猛 / 进攻撕碎我们祖国的秃鹫。"③ 约翰娜也是威廉·退尔的姐妹。她为了"世代相袭的君王"战斗；她想要辅佐一个"使农奴获得自由，使城市欣然 /

① Zit. n. Buchwald 1956, Bd. 2, S. 414.

② Biedermann 1974, S. 302.

③ MA Ⅱ, S. 698. 语出席勒《奥尔良的童贞女》序曲第三场，第 315~317 诗行，汉译参见《席勒文集》（第四卷），第 252~253 页，有改动。

环绕他宝座左右”[①]的国王登上王位。谁若是愿意——有许多人如此希望——便可以在15世纪法国的命运中辨认出当时德国的命运。当时的法国作为民族尚未真正统一，分裂成若干个权力中心，受着英国异族统治的压迫。

而在1801年的德国，情况并不比当年的法国好太多。美因河一线以北虽然自1795年以来实现了和平，普鲁士和包括魏玛大公国在内的其他几个邦国保持中立，得以在动荡的欧洲享受些许宁静，但南方却被战争笼罩。法国军队早已不再点燃世人的革
/ 486 命激情，而是散播恐怖，劫掠邦国。席勒的父母不得不亲身经历这种苦难，他们曾两次在四处抢夺的法军部队到来之前出逃避难。《奥尔良的童贞女》之所以在舞台上取得如此大的成功，也是因为观众得以在法国的故事背景中宣泄反抗法国压迫的爱国情怀。而在一切之上高居王座的，则是拿破仑的宏伟形象。在席勒描绘童贞女童话般的蒙召与升华之时，正值欧洲屏息凝神地看着拿破仑如彗星般的崛起。对于德国的观众而言，拿破仑远不只是政治现实，甚至尚在世时便已经成了神话。他不仅激发了政治激情，更触及当时世界的灵魂核心。对于献给他的崇敬以及与他为敌的憎恨，都是如此。一派在他身上看到了世界精神的化身，而另一派看到的则是一个来自地狱的恶灵。但每个人都对这样一种力量有了生动的直观体验，它并非由传统和习俗圣化，而是应当归功于某种富有卡里斯玛而不受限制的权力意志。拿破仑是政治上“无中生有”(creatio ex nihilo)的最佳案例。而在拿破仑得势的同时，所谓“动物磁场论”在欧洲范围大行其道，也绝非偶然。以拿破仑为镜，人们发现了无意识的力量。而拿破仑也是伟

① MA Ⅱ, S. 699. 语出席勒《奥尔良的童贞女》序曲第三场，第345、349~350诗行，汉译参见《席勒文集》(第四卷)，第254页。

大的催眠家，在欧罗巴的政治躯体上施展他的磁力疗法。拿破仑的力量将最为内在之物翻到了外面。正是在这个意义上，歌德将他称为“违背意愿的启蒙家”：拿破仑通过他“魔性的”力量，在被征服者身上造成臣服与反抗；这种力量将人通常深藏在内心中的一切通通暴露在光天化日之下。歌德说，拿破仑“让每一个人都开始关注自己”。

拿破仑让席勒关注到了什么？《奥尔良的童贞女》这部剧给出了答案：席勒发现了政治的魔力。假使席勒没有经历拿破仑的崛起，或许根本不会想到要将一个自称受了神灵启迪的农家姑娘攫取权力的故事——不管是从天而降，还是无中生有——给搬上舞台。拿破仑这一现象，就属于将席勒引向《奥尔良的童贞女》的“朦胧的整体理念”。

还有一件事也同属于这一“朦胧的整体理念”。约翰娜是肩
负使命的梦游者。一旦她从那具备塑造历史之强力的迷幻中惊 / 487
醒，就会跌落神坛，成为一个无力的欺世盗名之徒。当她失去了对自己、对自己天命的信仰，就没有人会再相信她。席勒在这里触及了一个隐秘的主题，他将在自己的两部断篇作品中继续探究：在完成《奥尔良的童贞女》后立马动笔的关于英国伪储君的剧作《沃尔贝克》（*Warbeck*），以及他最后一部关于一个假沙皇之兴衰的未完成之作《德米特里乌斯》（*Demetrius*）。

为了不让人误以为自己借《奥尔良的童贞女》一剧而在天主教、奇幻和爱国情结中陷得太深，席勒在一年半之后写出了《墨西拿的新娘》：这是一部严格按照古希腊风格创作、关于新异教的宿命论的戏剧。现在的席勒首先是个艺术家，而不是布道人和公开的信徒。他才写了一出神秘剧，现在又开始与古典游戏。现

代戏剧到当时为止，还没有一个人敢于像他一样，让一支歌队作为“情节的持续见证人与承载者”[①]登上舞台。作为情节的见证人，那是自然——但是承载者？在尼采创作《悲剧的诞生》(*Die Geburt der Tragödie*)[②]一个世纪以前，席勒就不仅在理论上，而且真正在舞台上展示了悲剧从音乐精神中的诞生。呈现在观众眼前的是一个阿波罗式的梦；这样的梦，只有一个知道自己将被命运吞噬的狄奥尼索斯之灵才能做。在这个可怕却又美丽的梦中，主角们就在歌队眼前行动，每个人都只为自己，却又与他人如此纠葛，以至于到头来在爱与恨中成了自己的掘墓人。但歌队依旧在那里；而主人公们在宣泄之后，将会一一沉入它的怀抱——正如阿那克西曼德（Anaximander）[③]那隐晦的格言所说：每个人都要坠落回他从中诞生的那个整体，以此为其个体性赎罪。在歌队面前行动的主人公们乃是活着的不和谐。他们作为单个音符脱离了歌队，发展出自己不和谐的游戏，即一场关于他们相互纠葛的戏剧，但最终还是在歌队的合唱中走向毁灭。在舞台上发生的一切都是公开的，都发生在明亮的光线下。没有什么能瞒过歌队，个人无法隐藏自己。所有的内在都袒露在外；深处冲上表面。“诗人，”席勒在前言中写道，“必须重新打开宫殿的大门，他必须在没有遮掩的天空下举行审判，他必须重新立起众神，他

/ 488

① MA Ⅱ, S. 819. 语出《墨西拿的新娘》之前言《论歌队在悲剧中的运用》。

② 《悲剧的诞生》全称《悲剧从音乐精神中的诞生》(*Die Geburt der Tragödie aus dem Geiste der Musik*)，是弗里德里希・尼采发表于1872年的著作；他在其中勾勒了太阳神阿波罗（Apollon）与酒神狄奥尼索斯（Dionysus）的对立，认为正是在狄奥尼索斯式的迷狂（Ekstase）中生命得以体验自身，所要求的艺术形式并非语言或造型艺术，而是无法用逻辑理性驾驭的音乐，而最能体现狄奥尼索斯元素的恰是在希腊悲剧中不可或缺的歌队（Chor）；所谓悲剧，正是在迷狂中看清生命的无意义，而其慰藉则是在个体的消解中体验生命的整体性。

③ 阿那克西曼德（约前610~前546），古希腊前苏格拉底时期哲学家。

必须重塑被真实生活中的人工设施所取消的一切直接经验，并将在人身上以及在人周围那一切阻碍他内在天性与原初性格展露的人为造作之物通通抛弃，就像雕塑家除去塑像身上的现代衣着一样。”①原初之力要冲破文明的桎梏。

在墨西拿，“基督教、希腊神话和穆罕默德教确实相互遭遇，并且互相混杂”（致科尔纳，1803年3月10日）；那里有一个统治家族的两兄弟反目成仇。母亲想让二人重归于好，也是因为人们这样要求。和解应当在两兄弟终于见到隐姓埋名多年的妹妹贝亚特丽丝（Beatrice）之际实现。因为一个不幸的预言，父亲本已命人杀死贝亚特丽丝，但母亲却悄悄将她送到一座修道院内藏了起来。可现在这两兄弟都爱上了贝亚特丽丝，却不知道她正是他们二人的妹妹。兄弟中的一个，唐·恺撒（Don Caesar），出于嫉妒杀死了他的情敌，却不知道他杀的正是他换了装的兄弟。母亲惊恐万分：她本想给两兄弟送去一个妹妹，然而现在脚边竟是其中一个儿子的尸首。唐·恺撒决意以死赎清弑兄之罪，无论是母亲还是妹妹都无法阻止。这场悲剧之所以发生，是因为几个主人公都是肉欲之身，却没能认出彼此。他们的相遇不仅是命中注定，而且在互不相认的阴影中给他们带去了死亡。他们被笼罩在他们的想象中，被盲目的情欲所驱使，犯下了违背自然的大罪，因为他们的结合与他们本想要结合的方式完全不同。歌队最后的判决：“只要人类不带去他的苦难，/ 世界到处都是完满。”②

由于这部剧中有“可怕的异教”，众人普遍对它感到诧异

① MA Ⅱ, S. 820. 语出《墨西拿的新娘》之前言《论歌队在悲剧中的运用》。

② MA Ⅱ, S. 904. 语出席勒《墨西拿的新娘》，第2587~2588诗行，汉译参见《席勒文集》（第五卷），第137页，有改动。

与不解。“人们可以清楚地看到，”亨莉埃特·封·克内贝尔（Heinriette von Knebel）在1803年2月19日剧本的公开朗诵会后写道，“席勒完全是为自己写作，几乎不考虑观众。”[①]确实，席勒在创作这个剧本时，的确没有顾及期待拯救、安抚与舒适的观众。这部剧再度清晰地显露出：在《奥尔良的童贞女》中那种上天之力大发慈悲的情况，并非席勒的个人信仰，而是一出美学游戏。换一种游戏，就是另一幅情景：上天之力在这里就是毫无怜悯的命运。歌德敬佩席勒如此让观众期待落空的勇气。他有些只言片语，像在暗示他认为《墨西拿的新娘》乃是席勒最优秀的作品，他在其中读出了一种“残忍的完满”。

这部剧像一剂开给观众的苦药。在此之后，席勒便着手创作《威廉·退尔》。他现在要证明，人们在不放弃分毫艺术意志的情况下，究竟能有多通俗。“倘若天神待我不薄，让我实现我脑海中构思的计划，它就应该成为一部强有力的作品，震撼整个德国的舞台。”（致科尔纳，1803年12月12日）

---

① 亨莉埃特·封·克内贝尔（1755~1813），歌德好友卡尔·路德维希·封·克尼贝尔的妹妹。她的这封信也正是写给这位兄长。

第二十三章

退尔的题材——歌德如何将之让与席勒——席勒的文化爱国主义——《德意志的伟大》——慢的赞歌——《威廉·退尔》，歌颂自由的大戏——从风雨飘摇的田园世界进入历史再返回——保守派革命——谋杀暴君——布鲁图斯或神圣的屠龙勇士——通俗性——科策布或为席勒庆典提前写好的讽刺

席勒已经多次病得奄奄一息了。告别乃至诀别的情绪，对他而言并不陌生。克里斯蒂安娜·封·乌尔姆布（Christiane von Wurmb）是洛蒂的一位远亲，在席勒家小住几日。在茶桌上的一次对话中，席勒对她说："人类的所有智慧本应在于：用全部力量把握并利用好每一瞬时光，就仿佛这是唯一的、最后的瞬间一样。"①

这段话是他在1801年拜访科尔纳一家后不久说的。席勒预感到，这恐怕将是二人最后一次见面。席勒一家和妻姐卡洛琳娜·封·沃尔措根共同前往科尔纳位于洛施维茨葡萄园的宅子做客并小住了一个月。这儿就是他当年沉醉于友谊时，借着酒兴写下那首《欢乐颂》的地方，所有的一切都让他回想起当初那一段充满启航的情绪、充满希望与期待的过往。他颇为动情地将小小的花园中厅称为"卡洛斯的摇篮"，而在这几个星期，他给朋友们留下了干劲十足却又时而惆怅的印象。他既欢快又忧郁：当他怀着骄傲与几分得意回顾自己生命中已走过的路时，他知道自己已有所小成；但心中却有什么在鞭策着他继续前进，他还远没有

① Biedermann 1974, S.310.

抵达终点。回忆起充满期待的当年时光，又让他激起新的期待。关于自己的计划，他谈了很多，还说起《墨西拿的新娘》。“我们常常问他，” 卡洛琳娜讲述说，“墨西拿的两位王子是不是快要骑马驾到了。”[①] 席勒现在是个名人，又因为有无数张他的画像四处流传，他成了公众人物，到处都吸引好奇者与崇拜者。他们也到德累斯顿城外的葡萄园朝圣。席勒就坐在这儿欢快的酒桌旁，周围不仅有朋友，还有请来的以及不请自来的客人。或许他在这儿也谈起了威廉·退尔[②]，因为从德累斯顿传出小道消息，说席勒正在创作一部关于这位瑞士民族英雄的戏剧。此时的席勒还根本没有构思这部剧的大纲，但传闻却言之凿凿，以至于他在几个月后写信给科塔，说自己“太过频繁地听人说起这个谣言，声称我正在创作一部《威廉·退尔》，以至于我终于开始关注这个题材，并研习了褚蒂[③]的《赫尔维蒂编年史》（*Chronicum Helveticum*）。这部书如此强烈地吸引着我，以至于我现在确实开始严肃地考虑创作一部《威廉·退尔》。这将成为一部为我们

① Biedermann 1974 S, 391.

② 威廉·退尔（Wilhelm Tell）是瑞士民间传说中争取瑞士独立的英雄，关于其生平的记载见于收录有中世纪瑞士各州重要文献的手抄本《萨尔嫩白皮书》（Weisses Buch von Sarnen），以及瑞士民歌《退尔之歌》（*Tellenlied*）。相传退尔是一位百步穿杨的弩手；哈布斯堡皇朝派驻的总督格斯勒（Gessler）曾将一顶帽子挂在长杆上，声称此帽代表皇帝权威，要求过往行人对帽行礼。退尔不从，被逼朝其子头上的苹果射弩，否则父子一道以死罪论处；退尔果然一击命中，虽得免死却被拘捕，但在被押往大牢的船上因突遭风暴得以逃生，在小道伏击暴虐的总督，用弩毙其性命。

③ 埃吉迪乌斯·褚蒂（Aegidius Tschudi, 1505~1572），瑞士历史学家，被称为“瑞士的希罗多德”，著有第一部系统记载瑞士历史的《赫尔维蒂编年史》，约成书于1534~1536年。赫尔维蒂人（Helvetier）是古罗马时期生活在今天瑞士境内的一支凯尔特人，被视为瑞士人的祖先；因此“赫尔维蒂”便成为瑞士的代称，无论是褚蒂的《赫尔维蒂编年史》还是今天瑞士联邦的拉丁语名“Confoederatio Helvetica”（缩写“CH”）均是如此。

赢得众人尊敬的剧本。”（1802 年 3 月 16 日）

不过，让他真正开始创作这部戏的，并不仅仅是他正在创作的谣言。起初是洛蒂，再是歌德，他们都使他注意到了这一素材。洛蒂曾读过约翰内斯·封·穆勒的《瑞士联邦史》（*Geschichte Schweizerischer Eidgenossenschaft*），并在 1789 年 3 月 25 日给当时仍只是好友的席勒写信说：“自由之人的历史一定双倍的有趣，因为他们怀着更多的温暖为他们的宪法斗争。这其中有一种独到的声音。”

但在那时，席勒笔下低地国家的英雄们还太过于让他分心——他当时正在写尼德兰的历史——暂时还不想着手研究群山中的好汉。他虽然承认这些人物有令人惊异的“力量”，却并不认为他们具备真正的人性“伟大”（致洛蒂，1789 年 3 月 26 日）。若干年后，歌德在 1797 年 10 月 14 日给席勒的信中谈起他的瑞士之旅时写道，有一种诗意的素材展露在他面前，“给了我很大信心。我几乎确信可以用叙事的方式加工退尔的故事，而且其实我确有此意。如果我能成功，就会出现一种奇妙的情况：童话通过文学才最终实现了其完满的真实”。歌德希望能让退尔的故事生长在这块古老土地的风土人情之上。他在信中描绘了当地的风景与人民，以便直观地呈现这个“意味最为深远的地方”。他的描写如此成功，以至于席勒的想象力立马捕捉到了火焰，虽然还不是为了任何一部自己的作品，但符合二人共同逐步形成理念的精神。浪漫派通常只能幻想的“共生诗”（Symposie）——却在歌德与席勒中间真的实现了。

“威廉·退尔的想法实在太妙了，”席勒在 1797 年 10 月 20 / 492
日回信说，“从题材意味深长的狭窄中，能产生一切富有精神的生活……同时，在这个美妙的题材中还能眺望人类的某种广远，就像在群山之中蓦然望见无际的远方。”他期待着歌德的归来，然后他们便可以更深入地交流关于这一主题的看法。在接下去的一年中，二人确实就退尔的素材谈了很多。就此计划歌德坚持了一段时间，却一再推迟实施。席勒很是好奇，根本听不够歌德的想法。直到1801年秋至1802年春之间的某个时间，歌德终于放手，交出了这个素材。现在该席勒尝试，是否能成功地在他从未亲眼见过的高山之间打开眺望无尽的远方、眺望“人类之广远”的视野。日后，歌德在同爱克曼的谈话中回忆说：“我把这一切都告诉了席勒。在他的灵魂中，我的一些自然风景和行动的人物就这样形成了一部戏剧。因为我有别的工作，一再拖延写史诗的计划，于是就把题材完全交给席勒，而他随后则写出了一部令人赞叹的杰作。”（1827年5月6日）①

1802年2月，席勒开始了准备工作；他在1802年3月10日给歌德的信中写道，退尔“深深地、强烈地”吸引着他，他已经有很长时间不曾有这种感觉了。为了完成《墨西拿的新娘》，他暂停了几个月，直到1803年春天又重新回到《退尔》的构思，于1803年8月最终开始写作。“我现在完全活在退尔之中”，他在1803年11月9日致伊弗兰的信中写道。席勒甚至考虑前往瑞士旅行，以便一探当年故事发生的地方，但最后还是放弃了这一计划：一是顾及身体健康；二则因为他感觉自己想象中的瑞士已足够清晰地描绘出了当地的风貌，而在这一点上，歌德更坚定了他的信心。

当席勒开始创作《退尔》时，瑞士刚刚失去了它的外在自由，同时也失去了部分内心自由。这个国家成了第二次反法联盟

① Goethe MA 19, S. 568. 汉译参见〔德〕歌德《歌德谈话录》，朱光潜译，人民文学出版社，2008，第133页，有改动。

的战场，俄奥联军曾在这里与法军厮杀。1799 年，拿破仑占领瑞士，劫掠了藏于伯尔尼的国家财富，废除了联邦宪法，又建立了一个对他唯命是从的傀儡政府。瑞士的元老三州在退尔的传奇故事中就曾扮演过令人肃然起敬的角色，这一次在抗击法国统治时又表现得尤其坚韧。但是，法国的政策也激起了一些回响，因为它为了市民的公民权而取缔了城市贵族的特权。尽管如此，丧失国土以及给法国的巨额赔款，都使得反抗的意志与义愤未曾熄灭。瑞士联邦的尊严在拿破仑强加给它的“赫尔维蒂共和国”（Helvetische Republik）① 中深受重创，只能通过回忆当年从哈布斯堡皇朝与神圣罗马帝国中解放的那段英雄历史聊以自慰。因此，退尔的传说才重新流行起来，不光在瑞士，也在德国：在那里，反对法国统治的自由意志正开始活跃。德国西部直接被拿破仑统治，南部尚处战争中，在仍守中立的北部，人们则担心会被卷入战争。这是一个剪不断理还乱的境地，因为人们还不清楚，应当如何看待拿破仑。一些人依旧视他为革命者，根据立场不同或是忌惮他或是期待他。而对另一些人而言，他不过只是个暴君。随着时间的推移，未来反拿破仑的解放战争的阵线才逐渐显露出来：政治上对自由的要求与爱国主义将同传统势力结盟，共同抵抗拿破仑的外来统治。19 世纪初重获生机的退尔传奇，就从属于这一构建一种既革命又保守之运动的背景。这就是席勒所发掘的退尔素材，而他则让施陶法赫（Stauffaer）在许下吕特利誓言（Rütli-Schwur）的伟大演说中，循着这种精神说出那豪言壮

① “赫尔维蒂共和国”是存在于 1798~1803 年间瑞士的法国傀儡政权，成立于 1789 年 4 月 12 日。在法国军队的压迫下它试图改变瑞士传统的松散邦联制度而以法国为模板赋予普通公民政治权利并建立中央集权的政府，但因无法调和中央与地方之间的权力斗争，也因反法同盟战争给瑞士造成的创伤而最终失败。

632 语：“暴君的权力有其限度，/ 倘若被压迫者无处找到公道，/ 倘若沉重的高压已无法忍受——/ 那他就理所当然地向苍天伸手，/ 从天上取下他永恒的权利，/ 这些权利如日月星辰高悬天际，/ 不可转让，不会摧毁——/ 大自然的原初状况重又恢复。”①

消灭暴政、实现奠基于自然权利中的政治自由：这也同样是法国大革命的要求。但退尔和结下吕特利之盟的谋叛者们真的是革命者吗？甚至或许是像书上所记的那种雅各宾派？人们可以将剧本理解为一出革命戏剧，而部分读者尤其是官方政治层面也的

确是如此理解的，因此从来不乏种种阻止剧本上演或将之弱化的尝试。直到半个多世纪之后，《威廉·退尔》才得以无删减地登上舞台。魏玛的首演删去了对哈布斯堡家族的隐射；在维也纳，这部剧起初干脆遭到禁演；而在柏林，伊弗兰则未雨绸缪地先删除了第五幕以及其中帕里西达（Parricida）② 的那场戏。然而，这一切都无法阻止这部剧在德国舞台上的凯旋，恰恰相反，种种刁难增强了全剧的破坏力。在许久以后，这种破坏力依旧有所展现：希特勒同样禁止了这部剧的上演。

但人们怎么理解全剧是一回事，席勒怎么理解则是另一回事。

在《审美教育书简》中，席勒详尽地说明了他对法国大革

① MA Ⅱ, S. 959. 语出席勒《威廉·退尔》第二幕第二场，第1274~1281诗行，汉译参见《席勒文集》（第五卷），第230页。

② 指席勒《威廉·退尔》第五幕第二场，汉译参见《席勒文集》（第五卷），第341~354页。在这一场戏中，席勒虚构了退尔与帕里西达的会面。约翰·帕里西达（Johann Parricida），原名约翰·封·施瓦本（Johann von Schwaben, 1290~约1313），因为其伯父、哈布斯堡德意志国王的阿尔布雷希特一世（Albrecht Ⅰ, 1255~1308）作为监护人不愿过早地交出属于他的遗产，约翰于1308年将之杀害，仓皇出逃，经瑞士前往意大利，几年后在一座本笃会修院中离世。

命的评价。在他看来，自由、人权和共和的确是值得赞美的目标，只要追求它们并为之奋斗的人类在内心中也同样自由。他反对费希特认为只有在为了自由的政治斗争中才能学到自由的观点，而是倾向于自己的理念，即人类只有首先在审美教育与游戏中学会自由并价值内在化，才能在外在的政治世界中实现自由。在此之后，他毫不动摇地坚持这一观点。拿破仑的崛起虽然因为权力的魔力而让他着迷，但也同样让他愤怒。他在其中看到自己的担忧成了现实，即在不自由人的社会中，人们将会崇拜独断与自私的权力。席勒认为，只有那些不追求自由、只崇拜其所不具有的权力的人，才会视拿破仑为偶像。席勒厌恶拿破仑所引发的向他臣服的热潮。“对那个征服者，”卡洛琳娜·封·沃尔措根说，“他从来没有好感与信任，从来不相信任何有利于人类的事能通过他实现。”① 1801 年 2 月 9 日，法国与奥地利签订了《吕内维尔和约》(Frieden von Lunéville)②，确立了拿破仑在欧洲大陆的霸权并开启了旧帝国消亡的过程。葛勋请席勒为签订和约的庆典写一首颂诗，席勒拒绝了，因为“我们德国人在这份和约中扮演了这等耻辱的角色”，而他不愿写“一则针对德意志帝国的讽刺”(1801 年 2 月 26 日)。不过，在《新世纪的开始》(*Der Antritt des neuen Jahrhunderts*)一诗中，他还是对此事发了声。他在诗中谴责《吕内维尔和约》是欧洲自由的毁灭。自由成了大陆霸权(法国)与海洋霸权(英国)的战利品：“各国的纽带已

① Biedermann 1974, S. 411.

② 《吕内维尔和约》是拿破仑法国与奥地利哈布斯堡神圣罗马帝国签订的和约，标志着第二次反法联盟的终结。和约承认法国对莱茵河左岸地区的统治，奥地利通过承认附属于法国的巴塔维亚共和国(即荷兰)、赫尔维蒂共和国(即瑞士)、利古里亚共和国(即热那亚)与奇萨尔皮尼共和国(即米兰与意大利北部)确认拿破仑对以上地区的事实统治。通过《吕内维尔和约》，法国取代奥地利成为欧洲中部最强大的国家。

然放松，/ 古老的形式离析分崩；/……/ 两个强国你争我夺，/ 要将这世界独霸，/ 要吞噬所有国家的自由，/ 挥动着闪电和三叉。”①

自由的意志去哪里了？它不久前曾在法国如此有力地苏醒，可法国现在却成了不自由、暴力与征服欲的庇护所。当萨克森—魏玛的太子卡尔·弗里德里希②于1802年初开启他的教育之旅、动身前往巴黎时，席勒为他写了一首诗作为告别赠礼。在歌德的周三小茶话会（Mittwochkränzchen）上，人们用流行的“莱茵美酒之歌”的旋律唱起这首诗：“他挣脱了祖国的厅堂，/ 挣脱了亲爱的臂膀，/ 进发向那座高傲的市民之城，/ 它的宏伟全靠劫掠四方。”③

这个周三小聚会是歌德为了抵御冬天的阴冷，于1801年11月创建的。每隔一个周三，人们就在晚上剧院散场后去歌德家用晚餐。他们避免用“俱乐部”的名字，因为这个词听上去恐怕太过革命。“茶话会”听着没什么危害，而众人的聚会也应当如此。14个精挑细选出来的朋友与主人和席勒相聚一堂，而那些让所有成员都感到舒适的客人，也得以加入。有时当公爵想要借着鹅肝、美酒和文学稍稍放松时，便也会来做客。不过，即便人们又是唱歌又是闲聊，茶话会的气氛还是略显僵硬。“参与者们既不在尘世，又不在天堂，更不在地狱，而是身处一个有趣的中间状态，时而难堪，时而欢愉。”④歌德如此描述这个圈子。席勒

① MA Ⅰ, 459. 汉译参见《席勒文集》（第一卷），第145页。

② 卡尔·弗里德里希·封·萨克森－魏玛－埃森纳赫公爵（Carl Friedrich Herzog von Sachsen-Weimar-Eisenach, 1783~1853），魏玛公爵卡尔·奥古斯特之子，1828年继位。

③ MA Ⅰ, S. 461. 出自席勒的诗《致魏玛太子》（*Dem Erbprinzen von Weimar*）。

④ Boyle 1999, Bd. 2, S. 874.

便是在这里让人听到了他对法国的野蛮精神的谴责，也是在这里为太子献上旅途的美好祝愿：“愿祖国的精神与你相伴，/ 当那摇曳的舢板 / 将你渡至左岸，/ 因为德意志的忠诚在那儿消散。”[1] 他希望王子能够足够勇敢，在权力中心发现其奥秘。只有在巴黎，人们才能“向下落入 / 喷涌岩浆的火山口”。[2] 而席勒同样在周三小茶话会上朗诵的另一首诗，处理的则是《巴黎的古代艺 / 496
术品》（*Die Antiken zu Paris*）。法国军队被描述成掠夺欧洲艺术珍宝的强盗，但被劫掠的珍宝将为自己复仇：“它们将永远向法国人沉默，/ 永不离开它们的基座，/ 踏入生命的新队伍。/ 只有将九缪斯藏在温暖心中，/ 才能将它们拥有，/ 破坏者只当它们是砾石。”[3] 谁若要占有艺术，就将失去艺术。艺术只为自由的心灵展开；这也必然如此，因为在宏大政治中消亡的自由，在艺术中找到了避难所；也只有自由而不是暴力才能让艺术开始诉说自由。在政治的纷乱中，席勒所建议的是对“美”的静心虔诚。

也正是席勒首先在这个惬意的周三茶话会上极为坚定地提出了德意志文化民族的思想。在《新世纪的开始》一诗中，起头的问题就已经对此做了暗示——“高贵的朋友！哪里为和平敞开大门？ / 哪里让自由避难藏身？”——；而全诗又以对此问的回答

---

① MA Ⅰ, S. 462.

② MA Ⅰ, S. 461.

③ MA Ⅰ, S. 213. 汉译参见《席勒文集》（第一卷），第264页，有修改。拿破仑在四处争战中从意大利、埃及、荷兰、德国等地劫掠了众多艺术珍宝运至巴黎，使得卢浮宫——于1803年改称“拿破仑博物馆”（Musée Napoléon）——在馆长维旺·德农（Vivant Denon, 1747~1825）的领导下几乎一夜间成为欧洲藏品最丰富的博物馆。1807年，柏林勃兰登堡门上的胜利女神像也未能躲过此劫，在普鲁士战败后被拆解下来运至巴黎，直到1814年普军攻占巴黎后才得以回归柏林。

收尾："你须得逃离尘世纷争，/ 遁入心灵的宁静圣所，/ 自由只存在于梦的国度，/ 美只能在歌声中绽放。"① 席勒计划在一首题为《德意志的伟大》（*Deutsche Größe*）的哲学—政治长诗中详细阐发德意志文化民族的理念。这首诗虽然未能完成，但有几段前期习作得以流传；这些草稿用精妙的表达描绘出了席勒为自己定下的思路："此时此刻，德意志名誉丧尽，/ 走出浸透他泪水的战争 /…… / 他还能自命不凡？…… / 是的！他可以！……德意志帝国和德意志民族 / 是两回事。德意志的崇高与威严 / 从不停留在他的王侯们头上。/ 与政治分离，德意志创造了一种自己的价值 / 即使帝国覆灭，/ 德意志的尊严依然不可侵犯。/ 这是一种道德伟大，就身处文化之中。"②

德国无法跻身欧洲的大政治，但它的"尊严"却展现在"文化"之中。相比赢得快丢得也快的政治权力，文化更为持久。如果文化可以持久，就意味着要创造这样一种文化也需要很久。因此德意志人是作为一个迟到的民族进入世界历史。但从迟到中亦可以获得收益："道义和理性终将胜利，/ 残忍的暴力必将屈服于礼仪—— / 而最缓慢的民族将赶上所有 / 迅捷轻快的先行者。"③

497 迟到的劣势成了优势：人不会因为权力斗争而被过早地磨去锐气。当其他人在日复一日的斗争中消磨殆尽之时——即便他们连战连捷，德意志却投身于"塑造人这一永恒的工程"之中；"慢"的意义之后将大白于天下："每个民族在历史中都有自己的一天，

① MA I, S. 458f. 汉译参见《席勒文集》（第一卷），第147~148页。

② MA I, S. 473. 汉译参见《席勒文集》（第一卷），第175~176页，有改动。席勒约于1800年前后开始创作这首诗，但并未完成。

③ MA I, S. 475. 汉译参见《席勒文集》（第一卷），第177页。

但属于德意志的那一天是整个时间的丰收时分。”[①]若是有这样的愿景，人们如何能不相信，正是“世界精神”（Weltgeist）“选中”了德意志人，去实现在欧洲促进自由与美好人性的伟大使命？然而席勒却不曾梦见：从迟到的民族中诞生的并非民主与文化的成熟，而是特别强烈的歇斯底里与仇恨，缓慢成长的文化与教养并未能强大到足以阻止野蛮，而这种文化甚至自甘成为工具，服务于野蛮的目的。

我们不知道席勒为何没有写完《德意志的伟大》这首诗。或许是连他也觉得德意志的使命太过宏大？或许是他心中的现实主义者在反对那种对迟到与缓慢的优势过度理想化的一厢情愿？无论如何，他没有写成这首诗，而是暂先收回这段关于德意志人世界历史的人性使命的宣言，以便创作另一曲自由的高昂颂歌：《威廉·退尔》。

在《新世纪的开始》一诗中，席勒写道：“哎！在所有的世界地图上／你再也找不出一处幸福的地方，／在那里自由的常青花园繁茂，／还有人类美好的青春绽放。”[②]可他现在却在威廉·退尔的山间世界中发现了“自由的常青花园”。在这里，他能展示出真正的革命是一场保守的革命；革命并非归功于对全新人类的寻找，而是对古老而善良的人类的捍卫；伟大产生于既有世界对一种糟践万物与人类的所谓“革新”的反抗；田园并不只有诗情画意，而是也懂得如何捍卫自己的尊严，甚至不惜谋杀暴君；在持存中也可以有进步；人们若是与时间共进，很可能迷失自己。瑞士的结盟者许下吕特利誓言的那片林中空地，并非一段历史隧道尽头的光线，而是始终可以进入的个人责任与集体坚守

① MA I, S. 478. 汉译参见《席勒文集》（第一卷），第182~183页。

② MA I, S. 459. 汉译参见《席勒文集》（第一卷），第146页，有改动。

之地。《威廉・退尔》所呈现的这种自由，人们不必等待属于它的历史时刻，只要运用就能始终拥有；与其说是要争取，不如说是要保存这种自由；与其说是历史造就的自由，不如说是在抗争之下从历史中夺取的自由。席勒在《德意志的伟大》中歌颂了“慢”，可他却从中勾画出一种使命；退尔行事也很缓慢，却不带着使命。他是“自助者”（Selbsthelfer）。他的从容和谨慎使他强大而不可战胜，他在骄傲地捍卫传统中赢得了未来。

让这部剧如此受欢迎的，是其第一眼看来就如此清晰的思想结构。

一个土生土长的自由共同体遭受到外来暴政的威胁，终于忍无可忍、奋起抵抗。它确证了自身内部休戚与共的统一，重新结下同盟。最后，共立誓言的同盟者[①]捍卫了自己的自由。这一共同体被人从它亲近自然的世外桃源中搅扰，被拽入历史，在历史中抵抗并战胜暴君；它新添了几段经验，因此与先前不同，但最后依旧能够重回田园世界。这是一条环形的路：从接近自然的宁静出发，进入喧嚣躁动的历史，然后再度返回。行动的是“人民”这一共同体，但更是退尔；他属于这一共同体，却又与之若即若离。在这个既边缘又突出的角色中，他才能更好地代表共同体的精神。“强者独自一人才最为强大”[②]——退尔如此解释他为何拒绝加入吕特利的誓盟。当他杀死暴君时，他是作为自助者在

① 瑞士立国始于施维茨（Schwyz）、乌里（Uri）与下林州（Unterwalden）三州于1291年在吕特利草地上结盟的誓言。瑞士正式国名的德语“Schweizerische Eidgenossenschaft”——直译为“施维茨共立誓言者联盟”——由此得名，而也可以“共立誓言者”（Eidgenosse）指代瑞士人。

② MA Ⅱ, S. 932. 语出席勒《威廉・退尔》第一幕第三场，第437诗行，汉译参见《席勒文集》（第五卷），第184页。

行动的，也恰恰因此代表了他属于的那个共同体的力量：若不是他激发了集体的解放行动，这一壮举恐怕就会把精力花在策略性的算计当中，最后为时过晚。

因此最开始的乃是一幅田园之景。渔童、牧人和阿尔卑斯山上的猎手共同组成一曲合唱，描绘了这幅田园画卷：“湖面微笑，邀人沐浴。”但其中已有威胁的预兆。虽然在山巅与孤寂的山谷中一切还很平静，但当云雾散去时，人们可以望见“人间世界”①，而那里正是灾祸的源头。暴风雨将至，是在预告随之到来的一场人间的狂风暴雨。康拉德·鲍姆加腾（Konrad /499
Baumgarten）上气不接下气地跑了过来。他杀了试图强暴他妻子的城堡总督。大风忽起，船夫不敢再将逃难的人送至对岸。就在这时，退尔登场：“我想用我微薄的力量试试。/……/我只救你逃出总督的魔爪，/逃出险风恶浪可要上帝帮忙。”②退尔从一开始就是作为拯救者、作为一个直接行动的男子汉登场。他并不想与政治有任何关系。席勒将他本人对政治的不信任投射到了他笔下的退尔身上。退尔是作为一个自然的人，带着直接、本能与不假思索的反应行动。争取自由的意志是作为本能的自保意识。“文化”让他觉得可疑。在和其子瓦尔特（Walter）的对话中，退尔阐明了他所理解的“自然”与“文化”的区别。“文化”是在山的那一头，感受不到自然的艰苦：“要是从我们住的这高山地带/直往下走……/庄稼长遍辽阔肥沃的农田，/全国看上去

① MA Ⅱ, S. 917f. 语出席勒《威廉·退尔》第一幕第一场，第1诗行、第32诗行，汉译参见《席勒文集》（第五卷），第157、159页。

② MA Ⅱ, S. 922. 语出席勒《威廉·退尔》第一幕第一场，第152~156诗行，汉译参见《席勒文集》（第五卷），第167页。

640 就像一座花园。”① 难道住在那里不是更好吗？瓦尔特问。不，退尔回答，那儿的人们已经失去了自由。那儿的土地不属于他们，甚至连他们自己也不属于他们。他们臣服于国家之下，因为他们无力保卫自己。“在那里，邻居都没法互相信任。”虽然自然在那儿少了危险的一面，但人对人的统治却更加可怕，因此“宁可背后是白雪皑皑的冰山，/ 也不要有阴险卑劣的恶人，躲在身后窥探”。②

对于退尔而言，政治就属于他要避而远之的“文化”。他要捍卫他的直接，反抗调停、阴谋、计划和策略的世界。没过多久，当组织政治抵抗的施陶法赫尝试为共同行动争取退尔时，却遭到了他的拒绝。“这么说，倘若祖国濒临绝境，岌岌可危，/ 不能指望你共赴国难奋起保卫？”施陶法赫如是质问；而退尔则回答说：“退尔会把迷途的羔羊救出深渊，/ 怎么会漠然抛弃自己的朋友？ / 可是，你们要干什么，请别找我商量，/ 我不能长时间地权衡利弊，斟酌良莠；/ 你们若有什么事情要我去干，/ 就招呼一声，我绝不会冷眼旁观。”③ 只要掌权者不招惹他，退尔就平静地生活；他相信自然的生命秩序将会比暴政的政治阴谋更
/ 500 为长久，也信任这种生命秩序的力量与延续。“残暴的统治者不会掌权长久。”④ 他活在自由中，不必为之奋斗。这是他生命的元

---

① MA Ⅱ, S. 976. 语出席勒《威廉·退尔》第三幕第三场，第1786~1793诗行，汉译参见《席勒文集》（第五卷），第260页。

② MA Ⅱ, S. 976. 语出席勒《威廉·退尔》第三幕第三场，第1809、1812~1813诗行，汉译参见《席勒文集》（第五卷），第261页。

③ MA Ⅱ, S. 932. 语出席勒《威廉·退尔》第一幕第三场，第438~439、440~445诗行，汉译参见《席勒文集》（第五卷），第184页。

④ MA Ⅱ, S. 931. 语出席勒《威廉·退尔》第一幕第一场，第422诗行，汉译参见《席勒文集》（第五卷），第183页。

素，“他的呼吸便是自由”。①

所以说，退尔对一切避而远之。他暂时还是那个不曾移动的推动者，在戏剧的技术层面上依旧是个延宕的元素。但共同起誓的同盟者却行动了起来，众人的怒火与反抗的意志在不断增长。暴政犯下一件又一件罪行：自由的农民遭到盘剥掠夺，年轻的麦尔西塔尔（Melchthal）抵挡着要抢他牲畜的无赖，将其中一个打倒在地，不得不逃跑。于是官家抓了他的父亲，将他赶出家去，刺瞎了他的眼睛。这种暴行逼得儿子不得不反：“倘若眼球 / 在眼窝里都不再安全，还有什么 / 最严重的的事情值得惊慌？ /——难道我们真的无力反抗？”② 年轻的麦尔西塔尔、瓦尔特·费尔斯特（Walter Fürst）与施陶法赫组织了最古老的三州乌里（Uri）、施维茨（Schwytz）和下林州（Unterwalden）在吕特利草地举行集会。在盛大的仪式上，三州代表共同立下誓言，定下了揭竿而起、冲击帝国与哈布斯堡家族城堡的日期。共立誓言的起义者并不想要争取一种新秩序，而是要保存旧秩序：“我们并没有建立新的联盟，/ 只是给祖辈地界的古老联盟 / 赋予新的生命！”③ 他们关注的是“古老的自由”与“古老的忠诚”。施陶法赫回忆起这个共同体最初建立的神话，提醒人们应“永远牢记”，才能了解人们因为什么缘由、为了什么目的而战，而他们的斗争又是多么合情合理。他讲述了这个民族的传奇，其中的《旧约》回响让人难以充耳不闻。这个民族在困境的逼迫下

① MA Ⅱ, S. 996. 语出席勒《威廉·退尔》第四幕第二场，第 2361 诗行，汉译参见《席勒文集》（第五卷），第 295 页，有改动。

② MA Ⅱ, S. 938. 语出席勒《威廉·退尔》第一幕第四场，第 639~642 诗行，汉译参见《席勒文集》（第五卷），第 195 页。

③ MA Ⅱ, S. 955f. 语出席勒《威廉·退尔》第二幕第四场，第 1154~1156 诗行，汉译参见《席勒文集》（第五卷），第 224 页。

背井离乡，在贫瘠的山间找到栖身之所，在这里开垦土地，将自然治理得适于耕种：“我们是凭着自己勤劳的双手 / 开辟了这片土地，/ 把原来野熊起身的古老森林，/ 变成适合人类居住之处，/ 浑身胀满毒汁的凶龙从沼泽中爬出，/ 我们把它们的幼虫悉数屠戮，/…… / 我们占有这片沃土，已有千百年的历史，—— / 如今外国主子的奴才 / 却来为我们把锁链锻造，/ 不，暴君的权力有其限度。”①

在这里，对反抗的自然权利之论证与卢梭不同：并非通过对
/ 501 原初平等的假设，而是指明最初对土地的占有。并不是卢梭所认为的无产者的平等，而是财产确立了人权。在卢梭那里，私有财产是历史的原罪，但在施陶法赫讲述的民族的创始神话中，恰恰是私有财产奠定了人的尊严。这是为何？因为只有从自然到文化的转变才能使人变得自然，使自然具备人性，同时诞生出一种自然的秩序，使得人类的力量能够在其中得到发挥——前提是，这种与自然的物质交换不被外来的暴君侵扰。这些暴君只会为了自己权力与奢华的目的，将别人创造的财富据为己有。

同盟者完全准备好接受皇帝的权柄，只要它能实现确保和平、捍卫财产的职能。“即使最自由的人也并非没有主人，/ 必须有位元首，/ 有位最高法官，/ 这样若有争执，可以依法裁断。/ 因此我们的祖先把他们 / 从林莽中开拓出来的土地 / 献给皇帝。”② 自由人在皇帝面前只有唯一一项义务：“保卫帝国，帝

---

① MA Ⅱ, S. 958f. 语出席勒《威廉·退尔》第二幕第四场，第1259~1274诗行，汉译参见《席勒文集》(第五卷)，第229页。

② MA Ⅱ, S. 957. 语出席勒《威廉·退尔》第二幕第四场，第1215~1220诗行，汉译参见《席勒文集》(第五卷)，第227页。

国也把他们保护。”①但倘若皇帝竟任用格斯勒（Gessler）与其他总督这样的压迫者，就陷入不义，迫使他的臣民揭竿而起以清君侧，反抗那些插足于皇帝与人民之间的佞臣。

人们既然承认皇帝的最高权威，就是在坚守“祖辈的秩序”。但重又加固的吕特利之盟却发展出了自身的活力，它化作了一种兄弟间的秩序：“让我们凭这霞光，为新的联盟宣誓，/——我们要结成一个民族，亲如兄弟。”②这个新的兄弟秩序更超越了祖辈们的古老秩序；虽然他依旧依赖着土地，带有父权色彩：“我们捍卫我们的家园桑梓，/捍卫我们的妻子，我们的孩子！”③但内在的统一与自由却在增长：最古老的三州互相结合得更加紧密，而在自由的农民、城市市民与贵族之间也不再有等级界限。“贵族走下他们古老的城堡，/作为市民向城市宣誓投靠。”④由阿庭豪森（Attinghausen）所代表的眼界清晰的贵族，同样欢迎这场变局：“乡里人竟然凭着自己的力量，决心做出/这样的行动，没有贵族帮助，/他们竟对自己的力量这样信任——/是的，那就不再需要我们，/我们可以安心地进入坟茔。/愿在我们身后——人类的辉煌壮丽/得以凭借其他的力量维系。”⑤与阿庭豪森一样，贝尔塔·封·布鲁奈克（Bertha von Bruneck）在剧末也

① MA Ⅱ, S. 958. 语出席勒《威廉·退尔》第二幕第四场，第1225诗行，汉译参见《席勒文集》(第五卷)，第227页。

② MA Ⅱ, S. 964. 语出席勒《威廉·退尔》第二幕第四场，第1446~1447诗行，汉译参见《席勒文集》(第五卷)，第239~240页。

③ MA Ⅱ, S. 959. 语出席勒《威廉·退尔》第二幕第四场，第1286~1287诗行，汉译参见《席勒文集》(第五卷)，第230页。

④ MA Ⅱ, S. 999. 语出席勒《威廉·退尔》第四幕第二场，第2430~2431诗行，汉译参见《席勒文集》(第五卷)，第299页。

⑤ MA Ⅱ, S. 998. 语出席勒《威廉·退尔》第四幕第二场，第2416~2422诗行，汉译参见《席勒文集》(第五卷)，第299页。

明确地放弃了她的贵族特权："乡亲们！盟友们！请接纳我入盟 / 我是第一个在这自由的国土上 / 得到保护的幸运女人，/ 我把我的权利交到你们勇敢的手里——你们可愿意保护我把我当作自己的公民？"[①] 乌尔里希·封·鲁登茨（Ulrich von Rudenz）起初与总督沆瀣一气、压迫同族的人民，后来被他深爱的贝尔塔引向同盟者这一边；他在剧末说："我现在宣布我所有的雇农都是自由人。"[②] 伴着这一句话，全剧落幕，这部解放的大戏终于圆满完成。三州实现统一，雇仆获得自由，而贵族也放弃了他的特权。

但我们不应忘记：这一切之所以能够实现，全因为退尔孤胆英雄般的行动。同盟者在政治上的成功，是因为不谙政治的退尔在其所遭受的一桩暴行的刺激下，作为自助者采取了政治的行动。同盟者约定起义的时间要更晚，因此不再能够随机应变地对其战略没有预估到的局势做出反应。他们禁止自己出于一时愤怒而行事。"请人人控制自己胸中义愤，/ 把它攒在一起报仇雪恨，/ 因为谁若只顾自己，/ 必然损害大众利益。"[③] 可当他们看着叫人怒发冲冠的射苹果一幕，却什么也做不了，甚至眼睁睁地看着退尔被人拿下带走，他们终于注意到，他们或许是把自己"控制"得太好了。约定好的克制成了自我麻痹。施陶法赫对退尔："唉，现在一切全完了！与你一起 / 我们大家全被戴上镣铐，困住了手

---

① MA Ⅱ, S. 1029. 语出席勒《威廉·退尔》第五幕最后一场，第 3282~3286 诗行，汉译参见《席勒文集》（第五卷），第 354~355 页。

② MA Ⅱ, S. 1029. 语出席勒《威廉·退尔》第五幕最后一场，第 390 诗行，汉译参见《席勒文集》（第五卷），第 355 页。

③ MA Ⅱ, S. 965. 语出席勒《威廉·退尔》第二幕第四场，第 1461~1464 诗行，汉译参见《席勒文集》（第五卷），第 240 页。

脚！”[①]确实也没有人采取任何营救退尔的行动。若不是退尔在没有外人帮助的情况下从羁押中逃脱，若不是他为了对所遭受的暴行报仇雪恨而杀死了专制独裁的格斯勒，谋叛者们恐怕无法克服他们士气的衰落；而戏剧也将揭示出，政治行动者急需一种如退尔身上所体现的自然之力。无论如何，退尔在坚定地为自己的权利斗争的过程中，为共同体的事业贡献了一份力。他之所以能够助集体一臂之力，是因为他不觉得自己受制于谋叛者“不得只顾自己”的决定。真正有助益的与其说是谋叛者们的政治与策略，不如说是退尔非政治的自助行动。 / 503

退尔不愿踏上政治考虑与算计的迂回歧路，他不搞谋略。他一直退居于家庭和作为猎手的无拘无束之中，直到格斯勒这个暴君要求他做出最极端的事：向他的儿子放箭。这是违背人性的罪行，席勒又通过塑造外在自然的疾风骤雨使之更加醒目。一个渔人这样描述在退尔被捕后倾泻下来的暴风雨：“狂风啊，怒吼吧，霹雳啊，猛劈吧，/ 滚滚乌云，怒卷翻腾，填上江河，直泻奔流，/ 把这国家淹没吞噬吧！”[②]这真是一场如《圣经》中记载的大洪水[③]，仿佛格斯勒对退尔犯下的罪孽将世界再度抛回混沌之中。格斯勒代表的是反自然的政治以及历史的灾变，他是装点着政治权力标志的虚无：“他别无所有，除了身上那袭骑士大氅。”[④]遭

① MA Ⅱ, S. 987. 语出席勒《威廉·退尔》第三幕第三场，第 2090~2091 诗行，汉译参见《席勒文集》（第五卷），第 280 页。

② MA Ⅱ, S. 988. 语出席勒《威廉·退尔》第四幕第一场，第 2129~2131 诗行，汉译参见《席勒文集》（第五卷），第 283 页。

③ 根据《圣经·旧约》记载，上帝耶和华为惩罚世人的罪恶，连降大雨 40 天，造成持续 150 天的大洪水（Sintflut），将世界完全毁灭，只有义人挪亚（Noah）及家眷因得上帝启示造方舟，得以幸免。参见《旧约·创世纪》六至八章。

④ MA Ⅱ, S. 926. 语出席勒《威廉·退尔》第一幕第二场，第 268 诗行，汉译参见《席勒文集》（第五卷），第 174 页。

遇这种虚无时，人绝不可能毫发无伤，而是会被其传染。退尔正是如此：他自然生活的圈子被打破了，在逼仄的山隘蹲守着、等着杀死格斯勒的那个瞬间，他觉得自己也同样被推入了混沌，被推入了一个四分五裂的世界，而正是这个世界逼迫他成为谋杀自己敌人的凶手。他被撕扯着脱离自然、落入历史，他的敌人毁了他，因为他强迫退尔成了杀人犯："我的思想纯净，从无杀人之心——/ 你破坏了我宁静的生活，/ 把我虔诚思想的乳汁，/ 变成发酵的恶龙毒液，/ 让我习惯于凶残歹毒——" ① 正埋伏着等待格斯勒的退尔，作为自然的人陷入了异化的历史："因为这里不是故乡——每个人 / 都匆匆而过，彼此互不相认，/……/ 因为每条路都通向世界的尽头。" ②

同盟者的行动是一个螺旋：他们要保卫自己的世外桃源，不得不进入历史，最后又返回更为丰富的田园世界。这一循环结构在退尔身上再度重复。他的行动是一场可怕的历史之旅，但他却得以在之后重回田园。虽然炉上燃烧着的依旧是原先的灶火，妻子和孩子正等待着父亲，父权世界得以保留，但退尔却已不是原先那个人。他失去了自己的纯真。谋刺暴君给他留下了阴影。因此才在最后一幕中有退尔与谋杀皇帝的帕里西达之

对立。帕里西达原来是约翰·封·施瓦本公爵（Herzog Johann von Schwaben），在1308年杀害了他的伯父、国王阿尔布雷希特一世（Albrecht I）。与之相反，席勒让他的退尔再一次作为光明的形象登场，为他动机的纯洁辩护，仿佛必须要扫清任何怀

---

① MA Ⅱ, S. 1003. 语出席勒《威廉·退尔》第四幕第三场，第2570~2574诗行，汉译参见《席勒文集》（第五卷），第307页，有改动。

② MA Ⅱ, S. 1005. 语出席勒《威廉·退尔》第四幕第三场，第2611~2619诗行，汉译参见《席勒文集》（第五卷），第310页，有改动。

疑似的。退尔对帕里西达："不幸的人啊！ / 你能把因为争权夺利犯下的血腥罪行 / 和一个父亲的正义自卫相提并论？ / 你可曾捍卫过你儿子亲爱的头颅？ / 保护过你家炉灶的神圣？ / 抵抗过令人发指的极端暴行，不使家人受损？ /——我向上天举起我洁净的双手，/ 诅咒你和你的行径——/ 我为神圣的自然复仇，而你 / 却将之玷污——我和你毫无共同之处——/ 你弑君杀主，而我则捍卫了我最珍贵之物。" ①

可以说，为了清除每一丝认为退尔的行动不过是出于可疑动机的卑劣暗杀的怀疑，席勒花了不少工夫。对于主人公"高贵的单纯"与"淳朴的男人的尊严"②，不应留有任何怀疑的余地。但歌德仍然有所疑虑。日后，他在谈话中说，让一个谋杀犯教育另一个谋杀犯，实在"不妥"。

为退尔之行为辩护的困难在于，谋刺暴君是一个政治范畴，其正当性在18世纪已有详尽的讨论。但是席勒自己却坚持，"退尔的事是一桩私事"（致伊弗兰，1803年12月5日）；如果这样看，谋杀就会与一桩私人恩怨无异。可席勒又要避免这一点。因此，退尔的形象必须被置于另一个维度，一个先于现代对私域与公域之区分的维度，在其中有效的是另一套规则。退尔所代表的是个人与自然在更基础层面上的统一，他是一个传说中的形象，某种意义上的圣人，要在绝对邪恶面前捍卫神恩的秩序。然

---

① MA Ⅱ, S. 1025. 语出席勒《威廉·退尔》第五幕第二场，第3174~3184诗行，汉译参见《席勒文集》(第五卷)，第347页。

② 出自席勒1804年3月24日致卡尔·施瓦茨的信。卡尔·威廉·伊曼努埃尔·施瓦茨（Karl Wilhelm Emanuel Schwarz, 1768~1838），布雷斯劳（Breslau）——即今天波兰下西里西亚省省会弗罗茨瓦夫（Wrocław）——剧院演员，在1801~1802年受邀到访魏玛，结识歌德与席勒。1804年他将《威廉·退尔》搬上布雷斯劳剧院舞台，并出演退尔一角。

而又因为故事的政治意义贯穿始终，于是退尔不得不扮演双重角色：既是共和传统中布鲁图斯那样的弑暴君者，又是屠龙英雄圣乔治（St. Georg）①。此外，他还因自己“高贵的单纯”而成了一个所谓的“高贵的蛮人”②——但并非如卢梭的欧洲信徒所猜测的那样来自南大洋，而是来自瑞士的山间；一个高贵的蛮人，在不经意间成了保守的革命者。

/ 505

《威廉·退尔》描绘的是一场合乎席勒口味的革命。他曾在《审美教育书简》中这样评述法国大革命：“一个慷慨的瞬间遇到了感觉迟钝的一代人。”③但与法国人不同，仿佛出自神话世界的瑞士同盟者还尚未被现代性所腐坏，他们既不“粗野”也不“懒散”，既非纯粹“粗鄙”的自然，亦非精于钻营的“非自然”。革命正应以这样的素材构成。《威廉·退尔》是席勒歌颂一场成功革命的大戏。这场革命之所以能够实现自由、平等与博爱，乃是因为在这里守卫并争取外在自由的，是内心自由的人。

这一部戏，如席勒在给伊弗兰的信中所写，应“作为一部大众戏剧吸引心灵与感官”（1803 年 7 月 12 日）。而它也的确在各处受到大众追捧，因为剧本运用宗教与共和的元素，充满传奇色彩地将集体的美好梦想搬上了舞台。席勒塑造的这个革命神话，将双重目标合二为一：保留优良传统的愿望，以及对新的开

① 圣乔治（？~303）是基督教传说中的英雄，曾屠恶龙而拯救一国，后在戴克里先（Diocletian, 244~311）迫害基督徒时殉教。后世对圣乔治敬仰有加，英格兰更尊其为本国守护神，并将白底红色的圣乔治十字作为国旗。

② “高贵的蛮人”（Der edle Wilder）是 18 世纪流行于欧洲思想界的对原始人类的想象，即认为处于原初自然状态的蛮人反而具有高尚的情操，而文明世界所引以为傲的文化才是使人堕落与腐化的根源。这一观点最具代表性的体现见于卢梭发表于 1755 年的名著《论人类不平等的起源和基础》。

③ MA V, S. 580. 语出席勒《审美教育书简》第五封信，汉译参见《席勒经典美学文论》第 224 页，有改动。

始的兴趣；既留在眼下的位置，却又启航前往新的彼岸。人们不必将这一神话祛魅，而是应当祝愿它能作为愿景长久地留在人类的记忆之中。“不，暴君的权力有其限度。”

全剧在魏玛的首演大获成功，但真正的胜利要等到 1804 年 7 月 4 日在柏林的公演才开启。这场演出后，剧院立马决定再演六场，观众的热捧就是如此强烈。尽管当权者百般阻挠，但德国各处的舞台却你争我赶，竞相争取演出这部戏的荣誉。曼海姆、法兰克福、布雷斯劳（Breslau）、汉堡是第一批。对该剧的普遍热情是如此有传染力，以至于连奥古斯特·威廉·施莱格尔都认为，“这种提振心灵的、呼吸着古老德意志的美德、虔诚与淳朴的英雄豪情的戏剧表达”，值得“在四林湖（Vierwaldstättersee）边退尔的小教堂的注视下，以阿尔卑斯山为背景，在露天”作为民族的庆典大戏上演。[①] 最终也的确如此。半个世纪后，戈特弗里德·凯勒（Gottfried Keller）将会在《绿衣亨利》（*Der Grüne Heinrich*）中动人心弦地描述一场这样的退尔盛会。[②] 他在一首致席勒的诗中写道，《威廉·退尔》这部戏用最圆满的方式实现了文学真正的天职，“它将既成之物神化为高贵的戏剧，/ 这部戏向着新生呼喊，振奋灵魂，/ …… / / 506
直到有朝一日，众生自己成了大师，/ 如诗一般行动，实现其

① Luserke 1996, S. 812.

② 戈特弗里德·凯勒（1819~1890），瑞士著名作家，诗意现实主义（Poetischer Realismus）代表，《绿衣亨利》是他最重要的作品，讲述了一心想成为画家的亨利·雷（Heinrich Lee）多舛的命运。这既是一部成长或修养小说（Bildungsroman），也是一部描述“幻灭”的小说。小说第一版于 1854~1855 年出版，几无任何反响；第二版经修改后于 1879~1880 年出版。其中关于亨利家乡排演《威廉·退尔》的情节，见第一版第二部第八章或第二版第十三、十四章。

运命”。①

谁书写神话，或许自己就会成为神话。席勒的声望便是如此。在他去世后成为19世纪固定的民族节日的“席勒庆典”，在他生前就已开始。但扮演民族英雄的角色却更多地让席勒觉得不舒服。即便他享受自己的名声，却依旧因为这种名声而浑身不自在。演员安东·格纳斯特（Anton Genast）②曾在这位大名人身旁经历了他晚年的几次登场，发觉无论老少都更为席勒而非歌德痴狂。然而：“与歌德相比，席勒在人群中的一举一动是多么不同：花花绿绿的社会着实让他感到恐惧，而他人的景仰在歌德看来理所当然，却让席勒难以忍受，叫他很不好意思；因此他总是寻找孤寂的小路以逃避永无止境的问候；但是一旦有人说，席勒出门了，人们必定会选一条能遇到他的路。他通常低着头穿过人群，友好地感谢每个问候他的人。可歌德在这群读者中间是多么不同……大踏步走来，高傲得像个皇帝，仰着脑袋，打招呼时只是仁慈地轻轻点一下头。”③

在这段描述中，可以发现当时已然兴起的倾向，即将两位文学奥林匹斯山上的神明相互对比，有时甚至相互对立。这种倾向发端于早期浪漫派，现在成了最受欢迎的社交游戏。在《威廉·退尔》于舞台上大获成功前两年，奥古斯特·科策布就曾试图将这一社交游戏搞成一桩丑闻，又借此机会不自觉地预先写出了一段针对后世席勒庆典的讽刺。

---

① Keller, S. 738. 语出凯勒于1859年席勒百周年诞辰所作的《伯尔尼席勒庆典序诗》（*Prolog zur Schillerfeier in Bern*）。

② 安东·格纳斯特（1763~1831），德国演员，在歌德的提携下自1793年起任魏玛剧院导演，颇受好评。

③ Biedermann 1974, S. 324.

奥古斯特·科策布是个很受欢迎的剧院作家，其一生充满冒险，甚至曾到过俄国，得了各式各样的头衔、勋章、年金和酬劳。他回到家乡魏玛，希望同样能在这里的社会上扮演一个光彩照人的角色，也立即得到入宫的许可。然而，歌德虽然乐意排演科策布的戏剧——因为票房收益相当可观——却拒绝他加入周三茶话会。于是科策布召集了一个自己的聚会，并开始热烈地向席勒献殷勤。他希望在席勒与歌德之间制造裂痕。为此目的，他计划在1802年3月5日办一场盛大的典礼以庆贺席勒的命名日。① 他计划要在隆重装点过的市政大厅中上演席勒剧作中的几幕戏，并朗诵《大钟歌》。他自己则想要在结尾作为浇钟师傅亮相，打碎一个纸做的钟模，显露出里面藏着的席勒的半身像；然后要有穿着摇曳白裙的年轻姑娘围绕着这尊雕像跳起轮舞，随后为它戴上月桂花冠。整个魏玛都怀着激动的心情期待着这件大事。科策布已经与由上层妇女组成的戏剧爱好者剧团把一切都仔细地排演妥当。然而就在庆典前一个晚上，魏玛图书馆管理员却拒绝出借席勒的胸像，理由是人们还从来没有在一场庆典之后接回一尊毫无损失的石膏半身像。但事情还没完。当工匠们前来市政大厅搭建舞台时，却发现大门紧锁。魏玛市长派人声明，在一场“如此喧闹的活动中，无人可以为恐将产生的损害担责”。② 或许市长只是为了保护刚刚整修完毕的市政大厅，但有些人相信是歌德插手其中。有几位想在庆典上出一出风头的夫人怒气冲冲地脱离了歌德的周三茶话会。整件事让席勒非常不舒服，他向歌德承

/ 507

① 因西方人的名字常取自圣徒之名，而后人则在圣徒殉教或仙逝的那一天纪念他们，故所谓命名日（Namenstag）即指同名圣徒的纪念日；席勒之名“弗里德里希”（Friedrich）的命名日是3月3日。

② Berger 1924, Bd. 2, S. 588.

认，自己想要在那个大日子假称身体有恙。歌德则及时去了耶拿躲避风头，从那里带着些许幽默关注着事态的发展。当一切都过去之后，席勒给他写信说："我在 3 月 5 日过得比恺撒在 3 月 15 日要幸运得多①……希望您回来时能发现大众的情绪已经平复。"（1802 年 3 月 10 日）

对魏玛而言，那是一系列喧嚣的盛事，之后很长一段时间还会有人谈起。但在参与者中间却留下了侮辱、嫉妒、敌意与幸灾乐祸。从这一天起，大众更加关注这两位文学巨匠的友谊中间是否的确产生了裂痕。回想到这种情绪，歌德带着几分愠怒与极大满足在他的《年历》（*Annalen*）中记录道："但我和席勒……所计划的一切，都在既定道路上继续前行，不可阻挡。"②

① 尤里乌斯·恺撒于公元前 44 年 3 月 15 日被养子布鲁图斯与一众共和主义者刺杀身亡。

② Goethe MA 14, S. 89.

第二十四章

席勒的贵族头衔——渴望远方——当自由扬帆远航——吸引眼球的斯塔尔夫人——前往柏林——关于放弃了的作品——环游世界——《德米特里乌斯》——源自虚无的力量——“欺世盗名者”主题——席勒的菲利克斯·克鲁尔——艺术运转的秘密——终章

席勒已经相当成功。剧院争抢他的作品，出版商付给他丰厚的稿酬；他在人生中头一回不必再担心钱的问题。他的日子虽不富有，但可以自足。1802 年，他在魏玛广场附近买下了一栋气派的小楼，离歌德在圣母广场的宅子只有几步之遥。席勒之所以敢于下如此大的手笔，是因为他很有希望得到一个报酬丰厚的闲职：他的朋友与赞助人卡尔·封·达尔贝格在美因茨大主教于 1802 年去世后成为继任的选帝侯大主教以及旧帝国的首相，再度重复了当年的承诺：“为德意志最一流的诗人……献上德意志的感谢。”席勒带着欢乐的期待等待着“决定我命运的那一天”[①]，只是他的期待最终并未能完全实现。与他暗暗希望的不同，人们并没有给他提供一份长期的年金；但他还是能时不时地收到一笔赠款，帮助他逐渐偿清购房的款项，让他能在离世时给家里留下一份没有负债的资产。

由于魏玛公爵提出申请，席勒在 1802 年秋天被皇帝弗朗茨一世（Kaiser Franz Ⅰ）册封为可世袭的帝国贵族。他自己并没有太张罗这事，因为这样一种等级的提升通常意味着更大的开销。

① 语出席勒致歌德的信，1802 年 8 月 18 日。

但他的妻姐卡洛琳娜·封·沃尔措根和施泰因夫人却在幕后施加影响，以便让洛蒂最终能够进入宫中。卡洛琳娜的丈夫威廉·封·沃尔措根现在已经升任枢密顾问兼宫廷总管，而作为他的夫人，她自己也已在宫里的社交圈中扮演一个受人敬重的角色。公爵意图通过对席勒的嘉奖来贬低另一个人。赫尔德在公爵不知情
/ 509 的情况下，通过巴伐利亚选帝侯也得到了一个贵族头衔，这让公爵怒不可遏，在宫中拒绝承认赫尔德的头衔。为了气赫尔德，公爵要给席勒弄一份“无可反驳”的授爵文书。席勒倒是很幽默地看待这一切。负责和维也纳宫廷商谈此事的是枢密顾问福格特，他在谈判中也很有几分外交技巧。但在给他的信中，席勒写道：“当然，要从我的生平中挑出几件算得上是为皇帝与帝国博得荣誉的事，绝对不是什么简单的工作；而您到最后坚守着‘德语’这根枝干，确实做得不错。”（1802 年 11 月 8 日）1802 年 11 月 16 日，他收到了带着纹章的贵族证书，纹章上是一只站起的独角兽与一顶戴着桂冠的钢盔。“当您听说我们等级的提升时，”席勒于 1803 年 3 月 3 日给洪堡的信中写道，“一定哈哈大笑。这是我们公爵一时兴起的主意，既然事已至此，我就看在洛洛和孩子们的面子上勉强接受了吧。洛洛现在才是真的高兴，拖着她的长裙在宫廷到处跳着舞走路呢。”

不仅是穿着长裙的洛蒂，还有身着燕尾服的席勒现在也出现在了宫廷盛会上，例如当瑞典国王古斯塔夫四世（Gustav Ⅳ）①到访时。国王请席勒前来觐见，说了几句关于《三十年战争史》的恭维的话，在友好的语词之外还赠送了一颗宝石戒指作为礼物。席勒向他的连襟、也是多年的好友威廉·封·沃尔措根讲述

① 古斯塔夫·阿道夫四世（Gustav Ⅳ Adolf, 1778~1837），瑞典国王，沉溺于宗教，在第四次反法联盟中败给了与法国结盟的俄国，失去了芬兰，于 1809 年被逼退位。

了这一切。当时，后者正在圣彼得堡，刚为魏玛太子谈成了与俄国女大公玛利亚·保罗芙娜（Maria Pawlowna）[①]的婚约。席勒在信中写道：“国王们读我们的作品，是我们这些诗人少有的幸运；更罕见的是他们的钻石戒指竟误打误撞到了我们手中。你们这些搞政治和经商的，和这些宝物有很强的亲和力；我们的国度却并不属于这世界。”（1803 年 9 月 4 日）

现在，他在魏玛的世界中也时不时地觉得有些狭窄了。一旦歌德被间歇性的忧郁侵扰而闭门不出，魏玛的生活对于席勒而言也陷入了“不祥的停滞”。他在 1803 年 2 月 17 日给洪堡的信中写道：“如果只有我一个人，那我什么也做不了；时常有一种冲动驱使我在世界中寻找另外一个住处、另外一个发挥影响的圈子；只要条件还过得去，我肯定就走了。”当有这样的情绪时，他就阅读游记或是再次研究早年那部能让他畅想远方国度的“航海剧”（*Seestück*）的草稿。他在其中一份草稿中记下：“任务是 / 510
写这样一部戏，在戏中应将航海旅行所有有趣的契机、欧洲以外的状况与风俗，以及与之相关的命运和偶然巧妙地连接到一起。要找到一个关键节点（punctum saliens），能够呈现欧洲、印度、商贸、航行、舰船与陆地、野蛮与文化、艺术与自然。”[②]计划中戏剧的主人公是大洋中自由劫掠的海盗，以及寻找应许之地的移民。这是扬起一切风帆的自由的梦，但席勒却留了下来。谁再也无法远游世界，就必须回归自身内心。他在 1803 年 2 月 17 日给洪堡的信中，怀着伤感回想起在耶拿的岁月。那时的他们围坐着讨论哲学一直到深夜，“通过精神的摩擦像触了电一样”。

① 玛利亚·保罗芙娜（1786~1859），俄国沙皇保罗一世（Paul Ⅰ，1754~1801）之女，于 1804 年与魏玛太子卡尔·弗里德里希结为连理。

② MA Ⅲ, S. 259.

那是“一段让人难忘的时光”，不会再重返。现在耶拿的情况也是每况愈下。人们拿无神论的指责赶走了费希特。胡费兰和保卢斯两位医学与神学上的学术权威也步了他的后尘。① 格里斯巴赫奄奄一息。“哲学和谢林一起彻底出走了”，席勒在 1803 年 3 月 18 日给洪堡的信中写道。不过，至少还有年轻的黑格尔在耶拿任教。席勒很赏识他的同乡，将他称为一颗“缜密的哲学头脑”，只可惜他“脾气古怪”，为人处世太笨拙。席勒担心，这个黑格尔无法再度复兴耶拿。或许人们该介绍他和新聘任的艺术史教授费尔诺 ② 认识，因为后者说话漂亮而优雅。黑格尔至少可以从他那里学到灵活，而费尔诺则可以在同黑格尔的接触中“摆脱他的平庸”（致歌德，1803 年 11 月 30 日）。可以说，席勒正在琢磨如何才能重振耶拿大学。然而，在《文学汇报》因为普鲁士政府许诺赞助而改在哈勒出版之后，实现这个目标就就越发困难了。席勒有时还设想自己重登讲台，“以便在身边聚集起一些人来，并吸引另一些人”（致科尔纳，1803 年 10 月 10 日）。但这不过是一时冲动的想法罢了。席勒知道，仅仅是出于健康考虑，他就不应该给自己强加这种任务。于是只剩下对已逝之物的一首哀歌：“或许六年前、八年前的耶拿，是它这种现象在几个世纪内的最后一次生动显现。”（致洪堡，1803 年 8 月 18 日）

1803 年 12 月 18 日，赫尔德去世。又是一个忧伤地回忆的

---

① 克里斯多夫·威廉·胡费兰（Christoph Wilhelm Hufeland, 1762~1836），德国名医，于 1793~1801 年任教于耶拿大学，提出“活力论”（Vitalismus），强调生命的活动性而非机械性。海因里希·艾伯哈特·戈特洛卜·保卢斯（Heinrich Eberhard Gottlob Paulus, 1761~1851），德国新教神学家，重视基督教中的道德规训，尝试通过理性的方式阐释神迹，于 1973~1803 年任教于耶拿大学。

② 卡尔·路德维希·费尔诺（Karl Ludwig Fernow，1763~1808），德国艺术史学家，自 1803 年起在耶拿大学任教，曾共同编纂温克尔曼文集。

契机：尚在卡尔高等学校中的他如何在阿贝尔关于“天才”的演讲中第一次听说赫尔德的名字；之后如何在魏玛的公园中初次见到了这位大名鼎鼎、备受崇敬的人；赫尔德又是如何说过，人在创作的瞬间与日常生活截然不同。在生命的最后几年，赫尔德对一切越来越不满、越来越愤怒，孤身一人离群索居。但席勒依旧总是阅读赫尔德的《人类历史哲学随想》。在一段时间的厌倦之后，他又重新喜欢上了赫尔德具有“溶解性的美”的风格；因此，当席勒说赫尔德之死“不仅是魏玛，更是整个文学世界的一种真正损失”时，就绝不仅仅是惯常的套话。“就在这段时间，”席勒在1804年1月4日给科尔纳的信中写道，“赫尔德以及几位不同的熟人和朋友相继离世，以至于我们真的开始有了些悲哀的思考，几乎无法抵御死亡的念头。冬天本来就是这么一个灰暗的客人，压抑着人的内心。”

在赫尔德去世前几天，魏玛这座覆盖着积雪的小城迎来了一种奇妙的景象，让所有人都兴奋起来。斯塔尔夫人作为大革命前最后一任法国财政部部长雅克·内克尔这位著名父亲的著名女儿，被拿破仑用个人权力一句话赶出了巴黎。她和死对头拿破仑一样，也活跃在欧洲舞台：作为文人、作为珠光宝气的社交名媛、作为政治传单的作者、作为替一种没有恐惧的政治自由摇旗呐喊的代言人。这位丰腴的夫人本来就吸引眼球，是优雅的法式精神的大使，一连几个星期占据着整个魏玛的注意力，因为她想要认识并喜欢上德国文化隐秘的首都。她读过歌德的《维特》及其他一些作品，也读过席勒的几部戏剧。她几乎不说德语，也觉得没有必要，因为每个与她见面的人都试图展现一下自己的法语水平。精神从她身上迸发，即便是提问，她也更愿意自己回答。“人只有化身变成外耳道，才跟得上她”，席勒说。因为歌德还优哉游哉，不忙着从耶拿赶回魏玛，在她面前代表魏玛思想界的重任就落到了席勒肩上。斯塔尔夫人对这个举手投足间充满坚毅的高个子男人的外表印象深刻，一开始还以为这是一位将军。虽然席勒的法语还带着施瓦本口音，但他确实证明了自己是个勇敢的斗士。谈话甫一开场，斯塔尔夫人就声称“我国的戏剧体系要更加优越”。[1]作为回应，席勒阐述了自己的戏剧理论。斯塔尔夫人觉得这套理论对于沙龙谈话而言太过负责，然而最终却因为他高傲但有礼节的自信、因为他犀利的思想以及他的热情而开始崇敬起席勒。从那时起，席勒在她面前再也没有半分清净。几年之前，他从斯塔尔夫人的著作中推断，这个人有着“激动的、理性的但毫无诗意的天性”，现在又在面对面的交谈中确认了自己的判断。他在 1803 年 12 月 21 日给歌德的信中写道：“她优秀的理智升格成了一种天才的才华。她想要阐释一切、理解一切、估量一切，绝不容忍任何晦暗的或无法接近的东西。不能用她的火把照亮的地方，对她而言就什么也没有。因此她极为畏惧理念哲学，在她看来，这只会导向神秘和迷信。所以她所到之处，空气就浑浊起来。她对我们称作诗的东西没有半点儿感觉。”[2]

自然，斯塔尔夫人引起了人们的敬佩，席勒也不例外。但她也让人头疼，尤其是因为她来访的时间总是太长。歌德只给斯塔尔夫人留下匆匆一瞥，而席勒在给歌德的信中写道：“关于她，一切照旧，人们要不是想到俄克诺斯（Oknos）和他的驴，就会想起达那俄斯女儿们（Danaiden）的水桶。”（1804 年 1

① Biedermann 1974, S. 336.

② 汉译参见《歌德席勒文学书简》，第 387 页，有较大改动。

月13日）[①] 根据希腊神话，在冥府的俄克诺斯要从冥河的沼泽中用灯芯草拧出一根绳索，但他身后却有一头母驴把刚拧好的绳索又都吃掉。席勒当时正在创作《威廉·退尔》，时间就这样一天天过去；他在谈话中说，要不是那个巴黎来的女士一连几个星期阻碍他写作，他早就已经把格斯勒写死，埋进土里去了。“只要能在接下来的四周有安静和自由，我还有什么不愿给的！然后我就想远行”，他在1804年1月4日给科尔纳的信中写道。

最后，夫人终于走了。魏玛终于重回宁静，而席勒也可以回到他群山世界的英雄们身边。斯塔尔夫人始终没有意识到自己有时相当烦人。好在她没有察觉，否则，她为席勒唱的赞歌可能就会含混几分。

1804年5月15日，在《王室特许柏林日报》（*Königlich privilegierte Berlinische Zeitung*）上登出了这样一则谜语诗：

甲：德国的诗人，如我听说
　　已于昨晚来到柏林。
乙：请您见谅—— 甲：好说好说！
乙：德国的心理学家昨天来临。
丙：请勿见怪，德国的悲剧家
　　昨天从莱比锡来到此地。
丁：说来奇怪！我听谁讲，
　　是德国的历史学家

---

① 根据希腊神话，利比亚国王达那俄斯（Danaos）本将50个女儿许配给其孪生兄弟埃古普托斯（Aegyptus）的50个儿子，但因为预言说他将被女婿杀死，于是要求众女儿在新婚之夜杀死各自丈夫，有49个女儿照办。天神震怒，罚她们在冥河用瓮汲水盛满一只底有大洞的水桶。后世用“达那俄斯女儿们的劳作”（Die Danaidenarbeit）比喻无用功。

昨天住进“旭日”旅店。
丙：诸位先生，与其争论，
我倒以为，这样更好：
各人讲出他说的那人
姓甚名谁：甲、乙、丙、丁。①

身处施普雷河边的雅典②的人们用不着猜太久就知道这里说的是谁。是弗里德里希·席勒在“旭日”（Zur Sonne）旅店下榻，不过这已经是两周前的事了。无论是对这座城市，还是对席勒而言，这都是一件大事。他与洛蒂和孩子们一起于1804年4月动身，而做出这个突然的决定，他才花了不到48个小时。他终于打算将早年的计划付诸实施。在创作《强盗》的“狂飙突进”的年代，他第一次动了前往柏林的念头。当时他是想去柏林“拨乱反正”。多依布林的剧团在贝伦街（Behrenstraße）的剧院演出了《强盗》，虽然大获成功，但成功得却很可疑，因为剧团参照的是被蒲吕米克大删大改后的剧本。③因此席勒是要为真正的《强盗》而斗争，同时希望借

① Zit. n. Bienert 2004, S. 5.

② “施普雷河边的雅典”（Spree-Athen）是柏林的别名，最早可追溯至1706年一位叫厄德曼·威尔克（Erdmann Wircker）的人为当时的普鲁士国王弗里德里希一世（Friedrich Ⅰ, 1657~1713）所作的颂诗。施普雷河是流经柏林市内的河流。

③ 卡尔·特奥菲尔·多依布林（Karl Theophil Döbbelin），德国演员，于1775年在柏林贝伦街开办了自己的多依布林剧院（Döbblinisches Theater），莱辛的《智者纳旦》就曾于1785年在此首演。卡尔·马丁·蒲吕米克（Karl Martin Plümicke, 1749~1833），德国剧本作家，于1783年在未经作者授权的情况下出版了《强盗》的舞台改编版，对剧情肆意做了大幅变动（例如让弗朗茨被强盗杀死而非按原版自杀，让卡尔死于强盗同伙施魏泽尔之手等），但正是这个未授权版于1783年1月1日在柏林的首演获得极大成功。参见 Friedrich Schiller: *Die Räiuber. Fiesko. Kabale und Liebe*. Hg. von Gerhard Kluge, Frankfurt a. M. 2009, 第912~914页。

演出成功的东风在柏林碰一碰运气。但他没有旅费，因此只能留在鲍尔巴赫躲过他故国之主派来的追兵。《斐耶斯科》同样在柏林引起轰动，与曼海姆的情形完全不同。在曼海姆，“共和自由”恐怕只是一个“空洞的名词”，但席勒相信，在柏林人的血管中还流淌着“罗马的血液”（致莱因瓦尔德，1784年5月5日）——这儿才是适合他的地方。《阴谋与爱情》则有些不快。引领舆论的《福斯报》（*Vossische Zeitung*）[①]刊登了卡尔·菲利普·莫里茨的批评：“事实上又是一部让我们的时代——蒙羞的作品！”[②]然而观众却不这样认为，而是成群结队地拥入观看演出。那就更有理由到现场去支持观众的品位，并肩抵抗不怀好意的书评人了。不过几年之后，席勒还是与莫里茨成了好友。而在“《赠辞》之战”中，席勒则向尼可莱和他身边的启蒙主义者开火，让柏林的沙龙震惊不已。浪漫派当时还站在席勒这一边。所以说，席勒确实可以在柏林这座大城市——当时有20万人住在这里——成为一位大作家。而现在，当《华伦斯坦》赢得凯旋般的成功、当柏林的书市泛滥着盗版的席勒作品时，他终于在1804年春天、他生命的最后一年到了柏林。

在他回到魏玛之后，他是这样描写这最后一场旅行的动机的：“我感到有一种在一个陌生的大城市里活动的需求。毕竟，为一个更宏大的世界写作是我的使命。我的戏剧作品要对这个

---

① 《福斯报》是柏林最有影响力的报纸之一，得名于1751年起负责报纸出版工作的克里斯蒂安·弗里德里希·福斯（Christian Friedrich Voss, 1724~1795）；报纸正式名字即上文引谜语诗时所提到的《王室特许柏林日报》；1934年由于政治原因，这份坚持自由主义的报纸遭到查禁，不得不停刊。

② 莫里茨的书评共有两篇，分别登载于1784年7月20日与9月4日的《王室特许柏林日报》上，这里引用的是第一篇书评，参见Friedrich Schiller: *Die Räiuber. Fiesko. Kabale und Liebe.* Hg. von Gerhard Kluge, Frankfurt a. M. 2009, 第1372页。

世界产生影响，可现在我却只能看着周围这样逼仄而窄小的社会。不得不说，我竟然还或多或少成功地写出了给更广阔的世界的若干作品，真算得上是个奇迹。”（致沃尔措根，1804年6月16日）

在柏林的初次会面就值得记上一笔。在波茨坦城门口，执勤的少尉立刻就和席勒攀谈起他的诗歌，还能背上几首。当时已是午夜，但席勒一行还是得先听少尉的朗诵才能拖着冻僵的身躯继续上路。只要不是因为病痛而不得不留在家中，席勒每晚都会去剧院。为了向他表示敬意，剧院连着上演了《强盗》、《墨西拿的新娘》、《奥尔良的童贞女》和《华伦斯坦之死》。有些东西让他不甚满意，例如《奥尔良的童贞女》第四幕加冕礼一场中的奢华装饰。① 正如他在给科尔纳的信中所写，在他看来这样铺张的布景“远远没有实现其花销所应有的效果”（致科尔纳，1804年5月28日）。5月5日，他应邀与路易·费迪南② 王子共同用膳。人们提前问了席勒爱喝什么酒，于是他喜欢的白勃艮第就源源不断地流淌着，以至于他只能在旁人的帮助下才能回到旅店。人们引着他周游于各个文学沙龙；与歌德相比，他给亨莉埃特·赫尔茨留下了更让人心情愉悦的印象。但将歌德看得高于一切的拉赫尔·范哈根（Rahel Varnhagen）③ 则根本没有邀请席勒；这可

① 即《奥尔良的童贞女》第四幕第六场。全幕无一句台词，只有参加加冕礼的队伍盛装穿过舞台。参见《席勒文集》（第四卷），第391~392页。

② 路易·费迪南·封·普鲁士（Louis Ferdinand von Preußen, 1772~1806），普鲁士王子，普军将领，坚定支持抗击拿破仑；率领普军先头部队在1806年耶拿－奥尔施塔特会战（Schlacht bei Jena-Auerstedt）之前的萨尔费尔德战役（Gefecht bei Saalfeld）中迎击法军，不幸阵亡。

③ 拉赫尔·范哈根（1771~1833），德国犹太女作家，致力于推动女性解放与犹太人解放，在柏林组织文学沙龙，吸引包括施莱格尔兄弟、洪堡兄弟、让·保尔、蒂克在内的众多浪漫派人物参加。

不足为奇，因为现在浪漫派已在那里扎起了大本营。阿德尔贝尔特·封·沙米索（Adelbert von Chamisso）①当时正是普鲁士的年轻少尉，驻守在离旅店不远的勃兰登堡门，徒劳地期待着能遇见自己崇敬的席勒；然而事与愿违，于是他只能从远处眺望席勒。数周之后，沙米索给回到魏玛的席勒寄去了他的诗《致弗里德里希·席勒》（*An Friedrich Schiller*）："年轻的心必须献身于你 / 因为有力的声音在他信中炽热地回响；/ 我曾看见生命之花的绽放，/ 看见你，我的救主，在远光中飘荡。"②

席勒也去拜访了从耶拿迁居柏林、在这里开设私人课程的费希特。二人之间曾有的不快已经烟消云散。席勒在1799年做了他能做的一切，试图保护费希特免于无神论的指责，并让他留在耶拿。之后，他还帮助费希特拿回他卖掉耶拿的房产所应得的钱。最后，费希特终于承认，作为诗人的席勒不只是一个伟大的哲学家，更是一个手腕灵活的商人。费希特夫人于1804年6月18日写信给洛蒂："自从我得知您和您的全家将在这儿安家后，柏林在我眼中便显得友善多了。"③这在当时远不只是一则流言。在席勒顺利拜访了王后路易丝（Königin Luise）④后，普鲁士的御前内阁的确为诗人提供了一份相当可观的邀约：若他迁往柏林，将会获得3000塔勒的年金——请注意：他从魏玛公爵

① 阿德尔贝尔特·封·沙米索（1781~1838），法裔德国浪漫派作家，作有著名的童话《彼得·施莱米尔的神奇故事》（*Peter Schlemihls wundersame Geschichte*, 1814）。

② Chamisso, S. 537.

③ Zit. n. Bienert 2004, S. 51.

④ 路易丝·封·普鲁士（Luise von Preußen, 1776~1810），普鲁士王后，热心文化与艺术，被视为美德的典范。1806年普鲁士战败后她忍辱负重，求见拿破仑，帮助普王弗里德里希·威廉三世（Friedrich Wilhelm Ⅲ, 1770~1840）在1807年与拿破仑签订《提尔西特和约》（Frieden von Tilsit），但不幸在三年后撒手人寰。

那里只能领到400塔勒——人们还会给这位久病缠身的诗人提供一辆宫廷马车。席勒觉得很受用，他现在意识到了他的市场价值，但他还是犹豫了。即便他时不时地抱怨魏玛的狭小世界，但他毕竟还是依赖着它。而且他根本没有离开歌德的想法。而也正是歌德在公爵面前为席勒说话，希望能提高他的年金。当席勒在歌德的建议下向公爵暗示，自己或许会为了家庭着想而接受柏林的邀约，公爵立即将他的薪俸翻了一番，甚至鼓励他和柏林商谈只去短期居留，以便——按席勒的说法——“骗来一份丰厚的年金”。[①] 但柏林并没有同意。席勒关于此事的最后一封信，由御前内阁的幕僚长拜默[②] 批示：“存档，直到有合适机会。”然而，合适的机会再也没能出现。

/ 516 在前往柏林之前几周，当人们还在为《威廉・退尔》的首演而排练时，席勒就已经决定再写一部新作：一部关于伪沙皇的戏剧《德米特里乌斯》。喘不上气的情况在他生命的最后几个月愈加严重。“我又觉得难受极了，”他在一封信中写道，“希望能再度全身心地投入新的工作中去。没有别的，只有为了某个确定的目标而奋斗，才会让生活变得可以忍受。”（致科尔纳，1801年4月27日）

越是接近生命的终点，他的计划就越宏大。他那确定的目标开始有了令人敬畏的特质。就仿佛他骄傲地意识到了自己的塑造之力，想要证明无论多么纷繁的素材都无法再让他畏惧，证明他能够以强力将生命那惊人的庞杂压入锻造好的形式之中。

在他决定创作《德米特里乌斯》之前，席勒又重新尝试写他

① Zit. n. Bienert 2004, S. 65.

② 卡尔・弗里德里希・拜默（Karl Friedrich Beyme, 1765~1838），普鲁士政治家，自1801年起执掌御前内阁，负责内政事务。

的“航海剧”，这是他关于全球化的海洋世界的想象；然后他又通读了90年代构思的另一部剧的笔记。这些笔记勾勒了一部具有惊人现代性的戏剧，遗憾的是，席勒还是未能将之完成。“航海剧”的主题是向着远方的国度扬帆，穿过真正的大洋。而另一部剧则暂时定名《警察》（*Die Polizei*），讲述的是探索“人潮汹涌的人之海洋”巴黎——席勒就是这样称呼那个既让他钦佩又让他害怕的欧洲大都会的（致卡洛琳娜，1788年11月27日）。席勒的雄心是，要将这座迷宫般的城市，这个由无法逃脱的命运与偶然组成的摩洛（Moloch）①，这个充斥着社会不公与冲突的爆炸性的聚合体，这个满溢着创造性的情欲、粗俗和罪恶的女巫坩埚塑造成一部戏剧的主题。剧中要从一个警察办公室的视角出发窥探巴黎的秘密；在这里如国王般下榻的是路易十四的警察头子达根森②，此人极富传奇色彩，是地下与地上世界真正的统治者。从这一视角出发，社会世界看上去必然只是一座蛮荒的人类园。“人类，”在其中一份草稿中有这样的句子，“始终被警察总督看作一个野蛮的物种，也遭到他相应的对待。”③在“航海剧”中，席勒的眼前是海洋世界那遥远的天际；但在这里，他却要深入一个城市世界内在的无法无天。“一桩可怕的、极其复杂的、牵连多个家庭的罪行，随着调查的进行而越来越明朗，却总带来新的发现：这是全剧的主要内容。就仿佛一棵参天巨树，其枝杈伸得很远，与其他树木纠缠在一起，而要挖出它的根，则要

① 摩洛是传说中近东地区的异教神明，《圣经》中亦有记载（见《旧约·利未记》18章21节），要求将儿童作为祭品焚烧，后转意成为形容吞噬一切生命的大都市。

② 马克·勒内·达根森侯爵（Marc René marquis d'Argenson, 1652~1721），法国政治家，自1697年起出任巴黎警察总监长达21年，除了指挥巴黎警力之外，还负责监管巴黎企业、媒体与物资供应。

③ MA Ⅲ, S. 192.

铲起整个区域的土地。整个巴黎就被这样翻起，各种存在、各种腐坏，都借此机会一件件地被拿到光线下审视。要在最高峰与最有特征的点上展现最极端的状态和最极端的道德情况、最单纯的纯洁和最违背自然的腐坏、田园般的宁静和阴暗的绝望。”①

而既然决意要写《德米特里乌斯》，席勒选定的就既非“航海剧”中大洋的广阔，亦非《警察》中的城市丛林，而是另一种望不见尽头：东方世界那非同寻常的广远。

至少到了《德米特里乌斯》人们可以看出，席勒的所有作品同时是在追求获得更多的空间和时间。《斐耶斯科》取材于意大利历史，《唐·卡洛斯》取材于西班牙和尼德兰历史，《玛利亚·斯图亚特》写的是英国历史，《奥尔良的童贞女》写的是法国历史，而《华伦斯坦》则是德国与中欧的历史。他偏爱的历史时期是15与16世纪。瑞士人民传奇的自由斗争则把读者引入了13世纪。而通过改编《图兰朵》，他也向中国这一“中央之国”投去了一瞥；若是他实现了“航海剧”的计划，就会把几乎所有位于大洋彼岸的国度写进剧中。一种来自深处的特殊震动使这些国家与历史的大量素材终见天日。席勒的作品就像一场环球旅行。作者的雄心壮志，显然是要成为一位全球的作家，或至少是成为一位书写全球化的作家。现在又是《德米特里乌斯》，再度回到16世纪，但这一次却是关于广袤无垠的欧亚大陆。

对空间的想象不再受到任何限制。沙皇之母玛尔法（Marfa）生活在一座偏远的修道院内，周围是一望无际的皑皑冰雪，身着黑袍的修女们像黑色的鹤失散在白色的远方。当积雪消融、淤泥干燥之后，信使带来了“人间世界的消息”：人们听

① MA Ⅲ, S. 193.

说有一艘英国商船开辟了新航路，从“北极而来，那里地冻天寒”。①玛尔法听说在无尽的远方，在波兰，在俄罗斯帝国的西境，出现了一个德米特里乌斯，声称是她的儿子。据说，他已经率领着一支波兰的贵族大军和顿河哥萨克军队一起进占基辅，正和大军一道逼近莫斯科。德米特里乌斯在第一幕中出场，让波兰的帝国议会对他的使命坚信不疑；随后场景一转，我们就到了基辅，接着是身处冰雪荒原的玛尔法，然后是莫斯科城外的某处，混乱的战斗，往诺夫哥罗德（Nowgorod）的金色穹顶投上一瞥，再然后是村庄里的农民周围，繁花盛开的风景，在风中摇曳的麦田，沼泽。最后则到了权力的中心莫斯科。没有任何地点与时间之统一的痕迹，只有情节的统一得以保留；即便如此，主要情节也与无数剪不断理还乱的支线情节纠缠混杂在了一起。席勒在 1800 年 7 月 26 日给歌德的信中为了给自己鼓劲、使自己有勇气写出《奥尔良的童贞女》中的浪漫主义式的事件大杂烩而表述的原则，在这里特别适用于《德米特里乌斯》：“人不可……被一般性的概念所束缚，而要敢于为了新题材而发明新形式，让体裁的概念始终保持灵活性。”②

这部戏剧断篇讲述的是伪季米特里（Dmitrij）的故事。他于 1603 年现身波兰，声称自己就是在 1591 年——或许是在鲍里斯·戈东诺夫（Boris Gudonow）的授意下——被人杀害的“伊

① MA Ⅲ, S. 37. 语出席勒《德米特里乌斯》第二幕，第 915、927 诗行，汉译参见《席勒文集》（第五卷），第 408 页。

② 汉译参见《歌德席勒文学书简》，第 309 页，有改动。

凡雷帝”（Iwan der Schreckliche）之子。[①]他联合波兰和哥萨克军队进攻俄国，赢得了人民的信任与支持，进军莫斯科；他强迫真季米特里的生母玛尔法公开认自己为子；他在戈东诺夫死后加冕沙皇，却在几天之后的一场因波兰军队恣意妄为的行径而激发的起义中被人谋杀。

席勒的德米特里乌斯起初是在一座修道院、后来是在一位波兰大公家中长大，又爱上了大公的女儿玛丽娜（Marina）。在一场名誉决斗中杀死了情敌，却在上断头台前不久因为一系列机缘巧合，被人认出是沙皇之子。和奥尔良的约翰娜一样，他也有一种外在的天命；但正如后来所揭晓的，这绝非来自上天的强制，而是由利益攸关的一伙人精心设计的阴谋。人们诱骗他，说他是沙皇之子，他相信了。波兰大公和他那野心勃勃又冷酷算计的女儿玛丽娜就利用伪沙皇之子，以便在莫斯科攫取权力。德米特里乌斯自己是个性格高尚的人，就像波萨侯爵再世，也把解放身处奴役中的人类写在自己的大旗之上。然而最重要的是他相信自己，而只要他相信自己，他令人信服的力量就犹如魔法般强大。然后他就能和约翰娜一样将人牢牢吸引住。渴望权力的玛丽娜深

① 伊凡四世（Iwan Ⅳ, 1530~1584），俄国沙皇，因生性暴虐而被称为“恐怖伊凡”或“伊凡雷帝”，在他死后其子费奥多尔一世（Fjodor Ⅰ, 1557~1598）继位，但因其罹患精神疾病，由鲍里斯·戈东诺夫（1552~1605）摄政；费奥多尔一世去世后，戈东诺夫大权独揽，夺取了沙皇的宝座，却不想有一个从修道院出逃的僧侣尤里·奥特里佩夫（Jurij Otrepev）宣称自己是本应已于1591年死去的伊凡四世幼子季米特里（德语作“德米特里乌斯”），并在波兰的支持下攻入莫斯科；1605年，戈东诺夫因中风去世，而伪德米特里乌斯则加冕沙皇，但其统治仅维持短短一年，就在一场起义中被推翻并处死。费奥多尔一世之死、戈东诺夫夺权、伪德米特里乌斯的出现标志着俄国历史进入了权力更迭频繁的“混乱时代”（Smuta），直到1613年米哈伊尔·罗曼诺夫（Michail Romanow, 1596~1645）加冕沙皇、开启罗曼诺夫皇朝，才终于结束了这一段动乱的历史。

知这一点："只要他相信自己，世界就会信任他。"① 她对自己阴谋的一个共谋者如是说，并且时刻注意让德米特里乌斯保有这种对自身的信任。然而就在他发现自己并非沙皇之子的那个时刻，他的卡里斯玛骤然消散，就像违背上天之命的约翰娜一样。在得知真相的瞬间过后，德米特里乌斯本可以选择放手，可他却决意为了没有使命的权力而继续欺瞒。如果说他先前是通过对自己的信任赢得他人的支持，那么他现在只剩下暴力这一条路可走。他的天命变成了暴政与恐怖。

席勒自己用寥寥几句精辟地总结了究竟是什么让他对这段历史如此着迷："一个宏伟而惊人的奋斗目标，一步从虚无到王座和无限的权力……相信自己与他人信任的效果。德米特里乌斯视自己为沙皇，就因此成了沙皇……相反状况的共存；例如当德米特里乌斯被一部分人当作绝对的沙皇来对待时，他在自己与另一部分人眼中已不再是沙皇了。"②

在数个场景中，席勒描绘了卡里斯玛统治的大众心理学过程，其中融入了关于拿破仑的经验。拿破仑的崛起也证明了，自信与大众对心理暗示的敏感在动荡的年代可以将一个个体从"虚无"抬高到"王座和无限的权力"。《德米特里乌斯》同时是一部关于传统力量与统治关系在拿破仑时代崩溃的教育剧。乌合之众的时代正在开启，预示着一步登天的伟人与护民官登场的钟声已经敲响。

但这同时是一部关于另一个意义上的欺世盗名之徒的戏；它在不经意间也关涉了艺术中的欺世盗名。

---

① MA Ⅲ, S. 29. 语出《德米特里乌斯》第一幕，第652诗行，汉译参见《席勒文集》（第五卷），第392页。

② MA Ⅲ, S. 98~100.

席勒已在《奥尔良的童贞女》中触及了欺世盗名者的主体。当如同其使命之梦游者的约翰娜从她创造历史的迷狂中猛然惊醒、坠落人间时，她至少在某几个瞬间看上去就像软弱无力的女骗子。谁若是不再相信自己，就不免意识到他不过是在别人眼前做做样子。在《奥尔良的童贞女》一剧中轻声回响的欺世盗名者之主题，在《德米特里乌斯》中却具有核心意义。这一主题与艺术家深层的自我怀疑密切相连。难道艺术家不也同样是在假装一个并不存在的世界吗？难道他不也同样需要相信自己、相信自己的虚构，才能发挥作用？难道他不也同样是个大骗子，只不过还没有露出马脚？这里涉及的就是那一曲“表象与存在”的老调。托马斯·曼（Thomas Mann）在他生命的最后几年全身心地创作那部关于菲利克斯·克鲁尔的未完成的小说①，而和他一样，席勒也在自己关于伪沙皇的遗作中塑造了一个特殊的欺世盗名者的形象。当然，德米特里乌斯并不与艺术领域直接相关，但作为一个愚弄他人、不呈现存在而只呈现表象的人，他和艺术家一样都属于幻术家的大家族。《大骗子菲利克斯·克鲁尔的自白》（*Bekenntnis des Hochstaplers Felix Krull*）与《德米特里乌斯》分别是两段艺术生涯的终章：就仿佛艺术运转的秘密只能在最末了时才能揭晓。

德米特里乌斯不是沙皇；但倘若他在“朕乃沙皇”的错觉中强健有力地继续推进他将人类从奴役中解放的使命，那么表象

① 托马斯·曼（1875~1955），近代德语文学最重要的作家之一，于1929年获诺贝尔文学奖。处女作《布登勃洛克一家》（*Die Buddenbrooks*, 1901）让他声名斐然，而《魔山》（*Der Zauberberg*, 1924）这部旷世杰作则奠定了他文豪的地位。《大骗子克鲁尔的自白》是托马斯·曼戏仿以歌德的《诗与真》为代表的成长小说所创作的小说，戏谑地将艺术家描绘成江湖骗子；小说遗憾未能完成，只有第一部分传世。

便会成真，自我欺骗到头来就会成为实现伟大理想的必要先决条件。这一点对于创作文学作品时的席勒而言同样适用。文学作品只有通过富有创造力的热情，才能在种种现实之物中作为第二种现实立足。但若是在创作过程中失去了对自身作品的信任，那么作品便会轰然倒塌，就像一个过早从烤箱中取出的蛋奶酥一样向中心塌陷。例如，席勒在写作《招魂唤鬼者》时就有这样的体会。他到最后失去了对小说的信任，只能费力地续写，因此才会感到太过做作且毫无生气。人一旦听见了魔术机关的咯咯作响，就没了兴致。

文学——和一切想象力的作品一样——是一场游戏。重要的 / 521
是沉浸在游戏之中。谁若是不被游戏的逻辑所诱惑，就会觉得一切都是多余、无意义、浪费时间。谁若只信任未经雕琢的真实，就会在真实缺位之时痴痴地凝望，因此根本不会进入游戏。但谁若是被引入游戏，就会发现真实的表象或许比所谓的现实更加真实。所有必要的话，席勒已在那首作于1795年的纲领性长诗《理想与生活》（*Das Ideal und das Leben*）中说过一遍："那些纺绩晦暗命运的天神 / 只能支配我们的肉身；/ 可是还有免于任何时间强力的'形象'，/ 它是至福自然的游伴，/ 在天上光明的原野中徜徉，/ 在众神中如神一样。/ 你们若要乘着它的翅膀飞翔，/ 就要将身上尘世的恐惧摆脱：/ 逃出狭隘沉闷的生活 / 进入理想的王国！"① 在此诗的第一稿中，这个理想的世界还被称为"阴影的国度"。人们误以为这指的是阴间，但这句诗实际上意味着在想象世界的另一重生命力；因此，席勒删去了"阴影的

① MA Ⅰ, S. 201. 汉译参见《席勒文集》（第一卷），第59页，有改动。在1795年的初稿中，席勒将该诗题名为《阴影的国度》，直到1804年编辑《诗集》（第二稿）时才改为《理想与生活》。

国度”这一表述。更高的生活必须发出不让人误解的声音。他在诗中阐释说，艺术乃是真正的生命力，因为艺术进入生活、改造生活。

但现实世界有多真实？我们是在伟大虚构的视域中活动并理解自身。直到不久之前，我们还在引用俄狄浦斯（Ödipus）这一神话虚构，来为我们最深处的痴狂与情结赋形；而我们永远无法知道，如果没有俄狄浦斯，是否还会有俄狄浦斯情结。虚构不仅统治着灵魂，更统治着政治。现实存在的法西斯主义是宏大而可怕的虚构、庸俗的神话，安排并克服了现实。作为历史学家的席勒清楚这一点，而作为关心政治的当代人，他更能感受到对权力的想象随着拿破仑一起到来。拿破仑必须先将自己虚构为拿破仑，才能成为拿破仑，并给欧洲历史留下难以预料的后果。一整个时代在当时经历了这一场从表象到存在的戏剧性转变。但不只有拿破仑是现实性与可能性、表象与存在的统治者。作者也是。/ 522 凭借自己既能创造世界又能毁灭世界的激情，作者顶替了暂时消失不见的上帝的位置。而在每一次“无中生有”，即充满创造力的兴奋之下，都隐藏着对空洞与虚无之威胁的感知。想象力的每一部作品都源自虚无，但只要它还没有抵达成功塑造的“形象”这个拯救的彼岸，就可能再度遭到虚无的威胁。在奥古斯丁①看来，甚至连上帝也不例外。世界作为上帝的创造，也同样染上了虚无：它是易逝的，是不完满的，有时更是糟糕的。直到今天，对上帝造物评头论足的批评家们还在不知疲倦地指出这一点，强烈怀疑世界本无意义。因此在创造的热情中蛰伏着对幻灭、对梦

① 希波的奥古斯丁（Augustinus von Hippo, 354~430），又称圣奥古斯丁（Sankt Augustinus），古罗马晚期基督教教父，著有《上帝之城》（*De civitate Dei*），以及启发了卢梭同名自传的《忏悔录》（*Confessiones*）。

游者般确信之终结的恐惧，就不足为奇了。谁信任想象力，就必须预计到总有一天会被想象力抛弃。因此艺术家常常与其说像普罗米修斯，不如说更像珀涅罗珀（Penelope），在晚上拆毁白天织成的布[①]；而艺术家的自我怀疑只剩下“反讽”这唯一一个避风港。因此，虚构如能通过传统、循环和交流成为现实的一个固定联结点，几乎与现实一样坚实，就实在是一桩幸事了。席勒的雄心在于，他要将理念世界塑造成这样一种形态：要将之撼动，就必然导致所谓真实的现实世界的坍塌。振翅高飞的思想应当像《大钟歌》里唱的那样：“牢牢砌进泥土里。”[②]

席勒把他的作品交给时间，相信它不会这么快就被时间吞噬。这种自信要归功于帮助他日复一日战胜病痛的热情。必须从身体的衰败中夺来精神生活。现在，这场与身体衰败的斗争终于进入了尾声。

7月19日，席勒与洛蒂乘车前往耶拿。洛蒂正怀着二人的第四个孩子，希望在耶拿得到曾几次挺身而出的施塔克医生的帮助。尼特哈默尔原先也是“施拉姆之家”里男人们的哲学圈中的一员；在他家中，洛蒂于1804年7月25日诞下了她的第二个女儿艾米丽·亨莉埃特·路易丝（Emilie Henriette Luise）。生产过程中没有出现任何并发症，洛蒂几乎不需要医生的帮助。然而席勒却急需医护：他在前一天晚上前往多恩堡山谷（Dornburger Tal）的郊游中得了重感冒，正因为强烈的肠绞痛而卧床不起。疼 / 523

① 根据荷马史诗《奥德赛》第二卷的叙述，珀涅罗珀是奥德修斯的妻子，在奥德修斯漂泊在返乡途中时，为了打发众多觊觎其财富的求婚者，宣称在织完一匹布后便将再嫁，但每晚又把白天织成的布拆毁，以此拖延直到奥德修斯回乡。参见〔古希腊〕荷马《荷马史诗·奥德赛》，王焕生译，人民文学出版社，1997，第21页。

② MA I, S. 429. 语出席勒《大钟歌》，汉译参见《席勒文集》（第一卷），第124页。

痛让他如此难以忍受，以至于他有一回高声呼喊：“我受不了了，如果现在就结束该多好！”[①] 医生说他只能再活几天。但出乎所有人的意料，席勒恢复了过来，不过依然虚弱，不能工作，只能用颤抖的手写信。医生给他开了西班牙的甜葡萄酒和德国的酸葡萄酒；两种酒都让他恶心，可他还是坚强地喝下了医生规定的剂量。正当他在10月逐渐恢复力气的时候，南德的《维尔茨堡报》竟散布了他的死讯。某些地方已经开始准备他的第一场葬礼，但席勒却回到了书桌前，重新拾起了《德米特里乌斯》的工作。然而工作又被打断：人们要为刚刚迎娶了沙皇之女玛利亚·保罗芙娜的王太子卡尔·弗里德里希准备盛大的欢迎仪式。人们计划用一场诗意的庆典在剧院中迎接玛利亚·保罗芙娜。歌德找不到恰当的状态，于是席勒临危受命，在几天之内写出了一首情景诗《致敬艺术》(*Die Huldigung der Künste*)——这是他最后一部完成的作品。席勒不想把所剩无几的时间花在为君王唱赞歌上，故而借这个机会再一次歌颂艺术，因为正是艺术帮助人们保存了对生命中真正重要、富有精神之物的感知：“我没有束缚，我不受限制，/自由地跃动，在空间中穿梭，/我不可估量的王国是思想，/我有翼飞翔的工具是语言。”[②] 玛利亚·保罗芙娜深受触动，不由得热泪盈眶。在接下去的几个月，来自她的邀请越来越多。人们在魏玛谣传：玛利亚·保罗芙娜已经爱上了席勒。

1804年12月，席勒收到了来自出版商科塔的40瓶波尔图甜红酒和10瓶马拉加葡萄酒。科塔之所以送了这份厚礼到魏玛，是因为他得知席勒不像报上说的那样已经去世，不仅还活着，而且康复得不错，现在又可以尽情享用珍酿了。他甚至还去参加了

① Biedermann 1974, S. 352.

② MA Ⅱ, S. 1089.

一次化装舞会。荷马译者约翰·海因里希·福斯之子海因里希·福斯是席勒狂热的崇拜者，在过去几个月经常探望他，全心全意地做好病人陪护的工作。他陪着席勒参加了这最后一场假面盛会和纵饮的酒宴，在一封信中如此描述那个值得纪念的夜晚："我们的酒王是潇洒的席勒；我们一同围坐在他身边，直到凌晨3点。你不会相信也不会理解，这个男人是多么和蔼可亲，就好像是个20岁的青年，如此纵情欢悦，快乐时如此不拘小节，如此开放，关心他人……我们高呼：我们可敬的、可爱的席勒万岁！……他不知道要如何感谢或是回应：亲吻、握手、充满新意与灵魂的表情，一切仿佛都不遂他的意，或不如说无法表达出他所希望的那个程度，因为他喝了一杯又一杯。想想吧，我们喝光了整整9瓶酒，在幸福中沉醉。"①

1805年2月8日，歌德得了重病。席勒听说此事，不禁哭了出来。就在一天之后，他也遭受了一场严重的高烧。然后是恶性便秘，或许是肠扭转。忠诚的福斯陪着席勒一连几个小时坐在便椅上。"我给他讲了各种……有趣的故事，叫他开心不已，几个小时就这样愉快地过去了。最后的最后，情况终于有所缓解，上帝知道我是多么发自内心地真诚庆贺。现在，他相当平静地说，我很健康。"②他也的确健康了几周，让画家约翰·弗里德里希·奥古斯特·蒂施拜因（Johann Friedrich August Tischbein）③为他绘制一幅肖像，却没能等到画作的完成。4月，

---

① Biedermann 1974, S. 359.

② Biedermann 1974, S. 363.

③ 约翰·弗里德里希·奥古斯特·蒂施拜因（1750~1812），德国画家，尤擅肖像画，于1800年接手领导莱比锡艺术学院（Kunstakademie zu Leipzig）。他在于1805年为席勒所绘的肖像画中为诗人披上了一袭红色的古罗马宽袍；这幅作品现藏于莱比锡造型艺术博物馆（Museum der bildenden Künste Leipzig）内。

他遵医嘱买下了一匹马，因为医生让他多活动活动。席勒期待着纵马跃入正来临的初春。然而他的梦想却未能实现。4 月 25 日，最后一封给科尔纳的信："要克服九个月以来的种种重击，我还有得忙活；而且我担心其中还是会有些东西留下……不过，如果能让我差不多健康地活到 50 岁，我就心满意足了。"

他在 5 月 1 日去剧院的路上最后一次见到歌德。他们只是短短地说了几句话，歌德就因为身体不适而掉头回去。他预感到了灾难。就在 5 月 1 日当晚，席勒在上演一出消遣剧的时候在他的包厢中突发重病倒地，高烧寒战。海因里希・福斯送他回了家。

席勒还要忍受 9 天的折磨。他很少失去意识，想读童话和骑士故事，"毕竟那里才有一切美与伟大的素材"。[①] 他希望和卡洛琳娜讨论悲剧与戏剧的区别。卡洛琳娜却做不到。席勒："好
/ 525 吧，如果没人再能理解我，而我也再无法理解自己，那我宁可沉默。"[②]5 月 8 日，当卡洛琳娜询问他的状况时，席勒回答说："越来越好，越来越轻快。"[③] 他想要看一看黄昏时天空中的落日余晖。卡洛琳娜拉开了窗帘。然后是一个不平静的夜晚，强烈的心绞痛。医生给了他一杯香槟。席勒认不出在场的人了。但洛蒂坚信，他在最后握住她手的时候认出了她，卡洛琳娜轻声表示怀疑。

5 月 9 日傍晚，弗里德里希・席勒与世长辞。5 月 11 日，他入土为安。歌德因病未能到场。

---

① Biedermann 1974, S. 363.

② Biedermann 1974, S. 373.

③ Biedermann 1974, S. 372.

1759 年

11 月 10 日：约翰・克里斯多夫・弗里德里希・席勒生于涅卡河畔的马尔巴赫。

父母：约翰・卡斯帕尔・席勒，1723 年 10 月 27 日 ~1796 年 9 月 7 日，起初任军医助理、外科医生，自 1753 年起在符腾堡公爵卡尔・欧根的军队中担任军需官，1758 年升任少尉、1761 年升上尉，后任征兵官，自 1775 年起任索里图德公爵宫廷御花园总管；伊丽莎白・多萝蒂亚・席勒，娘家姓科德魏斯，1732 年 12 月 13 日 ~1802 年 4 月 29 日，马尔巴赫“金狮”旅店店主之女。

兄弟姊妹：伊丽莎白・克里斯多芬娜・弗里德莉克，1757 年 9 月 4 日生；路易丝・多萝蒂亚・卡塔琳娜，1766 年 1 月 23 日生；玛莉亚・夏洛蒂，1768 年 11 月 20 日生；比娅塔・弗里德莉克，1773 年 5 月 4 日生（不幸同年夭折）；卡洛琳娜・克里斯蒂安娜（小名南内特），1777 年 9 月 8 日生。

11 月 11 日：受洗。

1764 年

席勒一家定居施瓦本的格蒙德地区的洛尔希镇。与卡尔・菲利普・孔茨和克里斯多夫・费迪南・莫泽尔的童年友谊。

1765 年

在洛尔希镇小学接受初等教育，在菲利普・乌尔里希・莫泽尔神父的指导下学习拉丁语（次年还有希腊语）入门；莫泽尔神父的榜样唤醒了他成为神父的愿望（席勒日后将在《强盗》中为他立起一座丰碑），这一愿望也得到了父母的支持。

1766 年

12 月末，迁往公爵的都城路德维希堡；自 1768 年起出入宫廷剧院，在这里收获对戏剧的第一印象：主要是歌剧演出。

1767 年

入学路德维希堡拉丁语学校。与弗里德里希·威廉·封·霍文结下友谊。

1772 年

4 月 25 日：在坚信礼前一天，席勒的第一首德语诗歌诞生（已佚失）；最初几篇——未能留存的——悲剧习作：《基督徒》（*Die Christen*）、《押沙龙》（*Absalon*）。

年终：结束学业。

1773 年

学习神学的计划被公爵阻挠，他命令麾下上尉的儿子前往卡尔学校（1771 年由 1770 年成立于斯图加特附近索里图德的军队孤儿院扩建为“军事育才学校”，自 1773 年改称“公爵军事学院”）。在内心中反抗学校的精神（严格纪律化的军营生活、强制着军装、与外在世界的彻底隔离、卡尔·欧根公爵本人作为教育者）。在朋友的小圈子中偷偷阅读莱辛（《爱米丽亚·迦洛蒂》）、克洛卜施托克［颂歌《致太阳》（*An die Sonne*）与叙事诗《摩西》（*Moses*）就是受他影响］以及“狂飙突进”运动的戏剧作品。

1774 年

与格奥尔格·弗里德里希·沙芬施坦和约翰·威廉·彼得森的友谊。一个法学院被并入军事学院：开始法学学习；当年秋天的《给卡尔·欧根公爵关于同学与本人的汇报》(*Bericht an den Herzog Carl Eugen über die Mitschüler und sich selbst*)却指出了对神学一如既往的倾心。

1775 年

阅读《维特》以及报纸上一则关于一名自杀身亡的学生的报道激发了（佚失的）戏剧计划《拿骚的学生》。

11 月：军事学院搬迁至斯图加特，建立了新的医学院。决定从法 / 530
学转至医学。

1776 年

在哲学教授雅各布·弗里德里希·阿贝尔的启发下学习哲学，并着力研究莎士比亚戏剧［用维兰德与艾申伯格（Eschenburg）① 的散文译本］。阅读卢梭、杨格与莪莉（Ossian）②。参照莱泽维茨的《尤里乌斯·封·塔伦特》写了一部《科西莫·封·美第奇》，但在完成之后又将之销毁。

10 月：《施瓦本杂志》上登出了席勒的第一首公开发表的诗作《傍晚》；接着在次年 3 月又刊出了颂歌《征服者》。

---

① 约翰·约阿希姆·艾申伯格（Johann Joachim Eschenburg, 1743~1820），德国文学批评家，自 1775~1782 年用散文翻译并出版了第一套德语莎士比亚全集。

② 莪相，传说中古代苏格兰诗人；1760 年，苏格兰文人詹姆斯·麦克珀森（James Macpherson, 1736~1796）假托莪莉之名发表了一系列仿古诗作，迎合了时代兴趣，在当时大受欢迎，歌德笔下的维特也是莪莉的忠实读者。

1777 年

创作《强盗》。

1778 年

决定暂时搁置文学创作，以便加强“挣面包的学习”并顺利毕业；研习弗格森与加尔弗。

1779 年

为了庆祝弗兰琦斯卡·封·霍恩海姆的生日（1 月 10 日）而作庆典演讲，题为《试论过多的善良、好客与乐善好施是否在严格意义上属于美德？》；医学论文《生理哲学》被拒绝。

12 月 14 日：学院成立纪念庆典，魏玛公爵卡尔·奥古斯特与歌德出席。

再度热烈地转向文学。创作了《国王的陵寝》（*Die Gruft der Könige*）——在《一七八二年诗集》中以《卑劣的君主》（*Die schlimmen Monarchen*）为题发表——以及诗歌轻歌剧唱本《塞墨勒》（*Semele*）。

1780 年

席勒第二次为弗兰琦斯卡·封·霍恩海姆的生日发表演讲:《论美德及其后果》；为庆贺公爵的生日（2 月 11 日）而上演歌德的《克拉维戈》，席勒扮演主角。

继续创作《强盗》。

于 7 月作为医生守在临死的朋友奥古斯特·封·霍文的病床边［参见《一段遗体的幻想》（*Eine Leichenphantasie*）］；6~7 月成为罹患忧郁症的同学约瑟夫·弗里德里希·格拉蒙特的陪护与监督人（《关于学

生格拉蒙特病情的报告》)。

为了12月29日的结业考试，席勒上交了第二篇论文《试论感染性发热与斑疹伤寒之间的区别》；论文被拒收（11月13日）。席勒在短短几天内就交出了第三篇论文《试论人类之动物性与精神性之关联》，于11月16~17日被考核委员会接受，并于同年付梓。这或许是1779年上交的第一篇论文《生理哲学》的修改版。

主要精力用于创作《强盗》。

12月15日：从军事学院毕业；作为军医被调派至驻扎在斯图加特的奥杰掷弹兵团。

还在学院时就开始构思《尤里乌斯的神智学》。

1781年

1月：1780年曾为席勒画像的约翰·克里斯蒂安·魏克赫尔林（Johann Christian Weckherlin）去世[①]。作为悼念，创作了《为一位青年之死而作的哀歌》（*Elegie auf den Tod eines Jünglings*）。

5月/6月：《强盗，一部戏剧》自费出版（匿名且虚构了印刷地点）。随着为支付印刷费用而贷下的款项而开始欠债。曼海姆民族剧院总监赫里贝特·封·达尔贝格鼓励席勒为舞台演出改编剧本。

8月/9月：舞台剧本改编。

1782年

1月13日：《强盗》在曼海姆首演（根据由达尔贝格修订过的席勒

---

① 约翰·克里斯蒂安·魏克赫尔林（1759~1781），来自斯图加特的一个药师之家，席勒同学与好友。但此处原文有误：1780年前后为席勒作肖像的并不是他，而是比席勒小两岁的雅各布·弗里德里希·魏克赫尔林（Jakob Friedrich Weckherlin，1761~1814），他当时是卡尔学校艺术专业的学生，后来成为符腾堡宫廷画家。

的舞台改编版本，即“曼海姆提词本”)，取得巨大成功。席勒未请假且严守匿名到场观看。

1 月 21 日:《强盗》修订第二版［附有并非出自席勒之手的题记《打倒暴君》(*in Tirannos*)］。接着，舞台改编本《强盗，一部悲剧》于 4 月付梓。

2 月:《一七八二年诗集》(“归功于我的总教头死亡”)匿名自费发表。其中席勒的创作主要出自 1781 年。

3 月末：在与阿贝尔和彼得森共同编辑出版的《符腾堡文学索引》第一期上发表了《强盗》与《一七八二年诗集》的自我书评、论文《论当前的德意志戏剧》以及哲学对话《菩提树下的散步》(*Der Spaziergang unter den Linden*)。同年 10 月的第二期杂志则带来了小说《出自最近历史的一段宽宏之举》(*Eine großmütige Handlung aus der neusten Geschichte*)以及对话《少年与老者》(*Der Jüngling und der Greis*)。

5 月 25~28 日：秘密前往曼海姆；与达尔贝格交谈，后者承诺可将席勒聘至他的剧院。

6 月 28~7 月 11 日：由于未获许可便前往他国(普法尔茨选帝侯领)而被监禁；创作《斐耶斯科》并开始构思《路易丝・米勒琳》。

(在达尔贝格的启发下)决定创作《唐・卡洛斯》。

8 月末：医生阿姆施泰因(Dr. Amstein)的报纸文章《为宾登辩护——驳某个外来喜剧写手的指责》(*Apologie für Binden gegen die Beschuldigung eines auswärtigen Komödienschreibers*)(参见《强盗》第二幕第三场)促使卡尔・欧根公爵禁止席勒从事任何与医学无关的写作。

9 月 22 日：与好友安德烈亚斯・施特莱歇尔一道逃往曼海姆。

9 月 27 日：席勒在曼海姆剧院一众演员面前朗诵《斐耶斯科》选段；完全失败。

10 月初：继续旅途，前往法兰克福。在短暂停留后返回曼海姆；在奥格斯海姆小住（匿名）。在誊写《路易丝・米勒琳》之外，还开始按达尔贝格的要求改编《斐耶斯科》，但再度被退稿。

11 月 30 日：因为担心被捕及遭引渡，从奥格斯海姆动身，经过沃尔姆斯、法兰克福、格尔豪森（Gelnhausen）前往图灵根。

12 月 7 日：到达鲍尔巴赫（位于迈宁根附近）亨莉埃特・封・沃尔措根女爵的庄园。与迈宁根图书管理员威廉・弗里德里希・赫尔曼・莱因瓦尔德结下友谊，他日后将成为席勒姐姐克里斯多芬娜的丈夫。

1783 年

年初：暂时完成《路易丝・米勒琳》的创作；为《伊姆霍夫》及《玛利亚・斯图亚特》两部戏剧制订计划并初步研习材料，随后又将其搁置以便创作《唐・卡洛斯》，即剧本的"鲍尔巴赫草稿"（3 月 /4 月）。

4 月 14 日：致信莱因瓦尔德，信中包含《尤里乌斯的神智学》的核心思想。

4 月末：《斐耶斯科》出版。

4 月至 6 月：因为达尔贝格承诺上演，又重新拾起并最终完成了《路易丝・米勒琳》的创作。

不幸爱上了夏洛蒂・封・沃尔措根。

7 月 20 日：《斐耶斯科》于波恩（Bonn）首演。

7 月 24 日：离开鲍尔巴赫前往曼海姆，起初只打算短住几个星期。研习曼海姆的古希腊、古罗马艺术藏品（参见日后的文章《一位丹麦旅人的信札：曼海姆古典厅》）。

8 月末：与达尔贝格签订合同，被聘为剧院诗人，合同期暂定一年（自 9 月 1 日始），要求写出三部剧本。9 月 1 日：重病（“疟疾”，间或高烧的袭扰持续到 11 月中旬）。

再度为舞台演出修订《斐耶斯科》，于 11 月底完成（即“曼海姆舞台版”）。

1784 年

1 月：被接纳进入曼海姆的“普法尔茨选帝侯德意志协会”。入会演讲（6 月 26 日）的题目：《一座优秀的常设剧院究竟能起到什么作用？》（之后修订版题为《论剧院作为一种道德的机关》）。

1 月 11 日：《斐耶斯科》在曼海姆首演，反响平平。

2 月：开始改编《路易丝·米勒琳》的舞台台本；在伊弗兰的建议下改题名为《阴谋与爱情》。

3 月中：《阴谋与爱情》的图书版在曼海姆施万出版社出版。

4 月 15 日：《阴谋与爱情》在曼海姆第一次演出（全剧于 4 月 13 日在法兰克福首演）就获得极大成功。

6 月初：席勒收到信件、礼物与肖像，寄自几位仰慕他的萨克森友人的小圈子（德累斯顿高等教会监理会顾问克里斯蒂安·戈特弗里德·科尔纳，路德维希·费迪南·胡博，明娜与朵拉·施托克）；与科尔纳一辈子的友谊就此开端。

6 月 6 日：与夏洛蒂·封·伦格费尔德的初次短暂见面。

再度拾起《唐·卡洛斯》的创作工作［形式改为五音步无韵抑扬格诗行（Blankvers）］。

8 月初：夏洛蒂·封·卡尔普迁居曼海姆；席勒成为她家宴的常客。

尽管席勒恳求，他与曼海姆剧院的合同却并未得到延长。考虑重返医学。希望借助创立戏剧杂志《莱茵塔利亚》以应对日益增长的债务。

12 月 23~29 日：前往达姆施塔特的旅行。

12 月 26 日：在达姆施塔特宫中朗诵《唐・卡洛斯》第一幕，魏玛公爵卡尔・奥古斯特在场。

12 月 27 日：被任命为魏玛宫廷顾问。

1785 年

2 月 10 日与 22 日：致信科尔纳，宣布将前往莱比锡。

3 月中旬：献给魏玛公爵的第一期《莱茵塔利亚》杂志，包含关于剧院的演讲、小说《一桩引人侧目的女性复仇之案例》（*Merkwürdiges Beispiel einer weiblichen Rache*）、《唐・卡洛斯》第一幕、《一个丹麦旅人的信札》以及《曼海姆民族剧院固定剧目》（*Repertorium des Mannheimer Nationaltheaters*）。

4 月 9~17 日：前往莱比锡。在那里修习法律或取得医学博士学位的目标，很快再度被放弃。

5 月初：迁居莱比锡附近的戈利斯。与施托克姐妹、胡博、画家莱因哈特（参见其席勒画像）[①] 以及出版商格奥尔格・约阿希姆・葛勋的友好往来。

7 月 1 日：在莱比锡附近博尔纳的卡恩斯多夫农庄与科尔纳初次相见。

见到卡尔・菲利普・莫里茨。

8 月末 /9 月初：《斐耶斯科》的“莱比锡舞台版”。

9 月初：在科尔纳与明娜・施托克喜结连理后，席勒应新婚夫妇的邀请前往德累斯顿。

---

① 约翰・克里斯蒂安・莱因哈特（Johann Christian Reinhart, 1761~1847），德国画家，尤擅风景画，曾在 1785~1787 年为席勒作多幅素描画像。

9 月 12 日至 10 月 20 日：作为科尔纳的客人，住在易北河边洛施维茨葡萄园的小屋中，之后与胡博在德累斯顿同住；继续与科尔纳形影不离。

作为全新友情的表达，创作了诗歌《欢乐颂》。全力写作《唐·卡洛斯》。

1786 年

/ 533 2 月中旬：席勒戏剧杂志的第二期在葛勋的出版社付梓，改名为《塔利亚》；内容包括：《欢乐颂》、《受侮辱的罪犯》（后改名为《失掉名誉的罪犯》）、《唐·卡洛斯》第二幕最初几场，以及——很可能是在曼海姆与夏洛蒂·封·卡尔普相识期间诞生的——诗歌《激情的自由思想》与《断念》。《塔利亚》第 3 期（4 月末 /5 月初）在刊出《唐·卡洛斯》第二幕的其他几场之外，还登载了《哲学通信》（初次构思时仍是在卡尔学校求学时期），第 4 期（1787 年 1 月）则发表了《唐·卡洛斯》的第三场伊始以及《招魂唤鬼者》的开头。

聚精会神地研究历史文献。开始创作《尼德兰独立史》。此外还写作戏剧《和解了的愤世嫉俗者》（*Der versöhnte Menschenfeind*）。

1787 年

完成《唐·卡洛斯，西班牙储君》书稿的创作（6 月底付梓）。同时着手改编舞台台本：“汉堡诗体版”与“里加散文体版”。

7 月 20 日：应封·卡尔普太太邀请，席勒经莱比锡与瑙姆堡前往魏玛。

拜访维兰德与赫尔德（歌德仍在意大利）。与夏洛蒂·封·卡尔普的亲密交往。结识卡尔·路德维希·封·克尼贝尔、科罗娜·施洛蒂

（Corona Schröter）[1] 及施泰因夫人。

8 月 29 日:《唐·卡洛斯》(抑扬格诗体版）于汉堡首演。

8 月末：短暂到访耶拿。与莱因霍尔德争论康德哲学。决定研习康德。

9 月：着力创作《尼德兰独立史》。

10 月：同维兰德的友谊与交往。计划共同编辑出版《德意志水星》。

参与编辑耶拿《文学汇报》。

11 月末：在鲍尔巴赫与迈宁根的沃尔措根与莱因霍尔德家短暂逗留。在回程路上拜访了鲁多尔施塔特的伦格费尔德一家。对伦格费尔德家的两个女儿卡洛琳娜（与宫廷顾问博尔维茨结婚）以及夏洛蒂心生好感。

1788 年

1 月至 4 月：夏洛蒂·伦格费尔德在魏玛。

兴致全无地继续写作《招魂唤鬼者》。

3 月：作为给《德意志水星》的投稿，创作了诗歌《希腊的群神》。

5 月 18 日：前往鲁多尔施塔特边的福尔克施泰特；接下去的几个月几乎天天出现在伦格费尔德家。

计划创作一部“希腊风格”的戏剧《马耳他骑士》；终其一生，席勒曾多次着手写作此剧，却始终未能完成。

7 月：完成《尼德兰独立史》第一部分（10 月在莱比锡克鲁休斯的出版社面世）。

《〈唐·卡洛斯〉通信》的前四封信发表于《德意志水星》7 月号上

① 科罗娜·施洛蒂（1751~1802），德国女歌唱家、演员，自 1776 年起在歌德的推荐下加入魏玛剧院，成为当家花旦。

（第 5~12 封信载于 12 月号）。

8 月：致力于《马耳他骑士》的写作计划。决定深入研究古希腊、古罗马文学，尤其是古希腊悲剧家（晚秋时翻译了《伊菲革涅亚在奥里斯》[*Iphigenie in Aulis*] 与《腓尼基的妇女们》[*Die Phönizierinnen*]①）。

迁居鲁多尔施塔特。

9 月 7 日：与歌德在伦格费尔德家中初次相识。

9 月 20 日：席勒的《哀格蒙特》书评在耶拿《文学汇报》上登出。

写下诗歌《艺术家》（第一稿未保留；1789 年 2 月基于科尔纳和维兰德的批评作了大幅扩充，形成第二稿）。

/ 534

11 月 12 日：回到魏玛。

12 月 15 日：在魏玛宫廷的建议下并获科堡、戈塔与迈宁根的同意，被聘至耶拿大学任历史学教席（无薪教授）。

1789 年

1 月：在《德意志水星》上（匿名）发表小说《命运的游戏》，在葛勋的《最新德意志美文批判纵览》（*Kritische Übersicht der neusten schönen Literatur des Deutschen*）上发表（未完成而仅有断篇存世的）《伊菲革涅亚》书评。

计划在莱比锡的克鲁休斯出版社出版《短小散文著述》（*Kleinere prosaische Schriften*）（1792~1802 年分四卷面世）。

4 月：获耶拿大学哲学学院授予博士学位。

与戈特弗里德·奥古斯特·毕尔格结识。

5 月 11 日：迁居耶拿。

① 《伊菲革涅亚在奥里斯》（*Iphigenie in Aulis*）与《腓尼基的妇女们》（*Die Phönizierinnen*）均是古希腊悲剧家欧里庇得斯的名篇。

5 月 21 日：预告将作演讲《普遍历史导论》。

5 月 26 日：入职讲座《何谓及人们为何学习普遍历史》。学生们对诗人史无前例地崇敬。

8 月初：与夏洛蒂·封·伦格费尔德订婚（直到 12 月方才公开宣布）。

冬季学期：研讨课“从法兰克王朝至弗里德里希二世的普遍历史”。

11 月：《招魂唤鬼者》在葛勋出版社付梓。

12 月 24 日：与威廉·封·洪堡初次见面并结下友谊。

1790 年

1 月：被授予迈宁根宫廷顾问的头衔。开始为《三十年战争史》研习历史资料。

2 月 22 日：在小耶拿与夏洛蒂·封·伦格费尔德结为连理。

夏季学期：在主讲研讨课“至法兰克王朝建立为止的普遍历史”之外，开设讲授课“悲剧理论”［从中产生了《论悲剧题材产生快感的原因》（*Über den Grund des Vergnügens an tragischen Gegenständen*）以及《论悲剧艺术》（*Über die tragische Kunst*）两篇论文］。

秋季：完成《三十年战争史》第一部分，发表于葛勋出版的《一七九一年女士历史日历》上。

冬季学期：“欧洲各国史”与“十字军东征史”（听众中包括弗里德里希·封·哈登贝格，即诺瓦利斯）。

11 月：《塔利亚》第 11 期，包含《吕库古的立法》（*Die Gesetzgebung des Lykurgus*）①、《根据马赛克史料之主线略论最初的

---

① 吕库古（Lykurgus），传说中古希腊城邦斯巴达（Sparta）的立法者与改革家。

人类社会》(*Etwas über die erste Menschengesellschaft nach dem Leitfaden der Mosaischen Urkunde*)[①] 以及散文戏剧断篇《和解了的愤世嫉俗者》。

1791 年

1 月：重病，席勒此后从未完全从中恢复；在暂时好转后于 5 月再度病重（出现席勒去世的传言）。

为夏季学期的授课申请病假。

1 月中旬：在耶拿《文学汇报》上刊出对毕尔格诗歌的书评（匿名）。

《华伦斯坦》的计划。

2 月：开始研习康德。

7 月：前往卡尔斯巴德疗养；8 月 /9 月继续在埃尔福特休养。

12 月：在丹麦作家延斯·巴格森的建议下，丹麦王子弗里德里希·克里斯蒂安·封·奥古斯腾堡与恩斯特·封·席莫尔曼为席勒提供了一份为期三年的年金；席勒由此得以全身心地从事哲学—美学研究并研习康德的批判哲学。

1792 年

病症不断反复。

/ 535 《新塔利亚》前两期包含席勒翻译《埃涅阿斯纪》的断篇及其论文《论悲剧题材产生快感的原因》。

4 月：前往莱比锡与德累斯顿的旅行。经科尔纳介绍认识了弗里德里希·施莱格尔。

① 马赛克（Mosaik）即始见于古希腊的镶嵌艺术，用细小的砖石或玻璃拼接成大幅画像。

8 月 26 日：法国国民公会将法国公民权授予“德国政论家谢勒先生”。

8 月末：《短小散文著述》第一卷（包括《哲学通信》《失掉名誉的罪犯》等文章）。

9 月：席勒的母亲与妹妹南内特到访耶拿。

完成《三十年战争史》，发表于《一七九三年女士历史日历》。

冬季学期：美学讲座（研读康德《判断力批判》的成果），写作对话《卡里亚斯，或论美》的计划。

1793 年

1 月 /2 月：席勒将他到目前为止为《卡里亚斯》所做的准备工作与想法以书信的形式告知科尔纳（《卡里亚斯》书信）。

再度出现严重的病症。

夏季学期：继续讲授美学课程（席勒的最后一门课），创作了哲学—美学论文《论秀美与尊严》及《关于崇高》（只有第二部分以《论激情》之题被收入《短小散文著述》中）；给奥古斯腾堡王子写作第一封在 2 月即已预告过的关于“美之哲学”的书简。

8 月初：与夏洛蒂共同经纽伦堡前往施瓦本探访父母。在海尔布隆停留，自 9 月起在路德维希堡。与早年的朋友和老师们欢聚一堂（封·霍文、孔茨、杨①）。

创作《华伦斯坦》。

9 月 14 日：长子卡尔·弗里德里希·路德维希出生。

9 月末：与荷尔德林见面，席勒将他推荐给封·卡尔普夫人作为其子的家庭教师。

---

① 约翰·弗里德里希·杨（Johann Friedrich Jahn 1728~1800），德国神学家，席勒曾跟随他学习拉丁语。

继续创作致奥古斯腾堡王子的美学书简。

首次构思论文《论质朴》(*Über das Naive*)。

10 月 24 日：参加符腾堡卡尔·欧根公爵的葬礼。

1794 年

2 月：与弗里德里希·封·马蒂松结识。

3 月：前往图宾根拜访老师阿贝尔教授。迁居斯图加特。与约翰·弗里德里希·科塔的出版社建立起了联系。

5 月 3 日：与约翰·戈特利卜·费希特初次见面。

5 月 6~14 日：返回耶拿。

威廉·封·洪堡于 2 月迁至耶拿，满足了席勒的心愿；二人友谊加深。

5 月 18 日：费希特作为莱因霍尔德的接班人抵达耶拿。

写作马蒂松诗歌的书评。

与科塔签订编辑出版《季节女神》杂志的合同；邀请歌德、康德、赫尔德、费希特、洪堡、弗里德里希·海因里希·雅各比与马蒂松等人参加编辑工作，之后还邀请了荷尔德林、弗里德里希与奥古斯特·威廉·施莱格尔。

6 月 /7 月：深入研究康德。

7 月 20 日：在耶拿自然研究会的一次会议后与歌德谈起“原初植物”。友谊的开端。

8 月 23 日：致歌德的信。席勒在信中写下了歌德“人生的总结”。二人通信的开始。

/ 536 9 月：写作《审美教育书简》第一封信；这是对在 1 月于克里斯蒂安堡宫大火中焚毁的致奥古斯腾堡书信的深入修订。

9 月 14~27 日：席勒作为歌德的客人到访魏玛。之后二人频繁互访。

自12月起歌德不断寄来印制完成的《威廉·麦斯特的学习时代》清样。

1795年

1月:《季节女神》开始出版（单月刊；在前几期中登载了《审美教育书简》）。

2月：最后一期《新塔利亚》。

3月/4月：拒绝了图宾根大学哲学正教授的聘任。

6月：在文学创作中断7年之后，创作了诗歌《生命之诗》（*Poesie des Lebens*）。

与费希特因其给《季节女神》的投稿《论哲学中的精神与文字》产生争执。

7~10月：大量诗歌创作；作为给《季节女神》以及席勒正计划的《一七九六年缪斯年鉴》的稿件，创作了《舞蹈》（*Der Tanz*）、《歌声的力量》（*Die Macht des Gesangs*）、《理想与生活》、《自然与学派》（*Natur und Schule*）[后改题目为《天才》（*Der Genius*）]、《轭下的珀加索斯》（*Pegasus im Joch*）①、《理想》（*Die Ideale*）、《赛伊斯的蒙面像》、《妇女的尊严》以及《哀歌》（*Elegie*）（即《散步》）。

决心再次拾起戏剧创作的计划。

根据早年的构思，完成了短文《论美学道德的风险》（*Über die Gefahr ästhetischer Sitten*）、论文《关于美的必要界限》（*Von den notwendigen Grenzen des Schönen*）以及《论质朴》（即《论质朴与多情的文学》之开篇。）

11月/12月：写作论文《多情诗人》（*Die sentimentalische*

① 珀加索斯（Pegasus）即古希腊神话中的长有双翼的飞马。

Dichter）以及《论质朴诗人与多情诗人的结束语》（*Beschluss der Abhandlung über naïve und sentimentalische Dichter*），发表于《季节女神》。

构思一首田园诗：海格力斯与赫柏（Hebe）[①]的结合。

开始与歌德共同创作《赠辞》（直接导致对《季节女神》的无数攻讦）。

1796 年

1 月 /2 月：从与歌德的紧密合作中产生了一大部分《赠辞》。

3 月：投身戏剧创作。在同歌德的谈话中决定创作《华伦斯坦》而非《马耳他骑士》。

3 月 23 日：妹妹南内特去世。

4 月：为伊弗兰在魏玛的演出而改编《哀格蒙特》。

与谢林初次见面。

6 月：让·保尔短暂拜访席勒。

7 月：再度阅读《威廉·麦斯特的学习时代》，在给歌德的信中详尽地做了评论。

7 月 11 日：次子恩斯特·弗里德里希·威廉出生。

与定居耶拿的奥古斯特·威廉·施勒格尔友好往来。

9 月 7 日：父亲去世。

9 月 29 日：《一七九七年缪斯年鉴》（又称"赠辞年鉴"）于科塔出版社面世；除了《誓愿板》及《赠辞》外还包括诗歌《来自异乡的姑娘》（*Das Mädchen aus der Fremde*）、《庞贝与赫库兰尼姆》（*Pompei*

① 赫柏是古希腊神话中司青春的女神，是主神宙斯（Zeus）之女；当大力神海格力斯死后升入神界时，宙斯便将赫柏许配给他。

und Herkulaneum)[①]、《克瑞斯的哀诉》(*Die Klage des Ceres*)[②]及《两性》(*Die Geschlechter*)。

10月：研习史料，《华伦斯坦》计划第一稿。

1797年

2月/3月：歌德在耶拿。关于戏剧(《华伦斯坦》)与叙事诗(《赫尔曼与窦绿苔》)文体法则的谈话。

购入耶拿的一栋花园小屋。

构思序曲《华伦斯坦的军营》。

6月：开始创作叙事谣曲。至9月为止，在与歌德的竞赛中产生了《潜水者》、《手套》、《波吕克拉忒斯的指环》、《伊比库斯之鹤》、《骑士托根堡》(*Ritter Toggenburg*)、《锻铁厂之行》(*Der Gang nach dem Eisenhammer*)。

7月：完成《华伦斯坦的军营》(初稿)。

10月：《一七九八年缪斯年鉴》("叙事谣曲年鉴")于图宾根的科塔出版社面世。

11月：开始将《华伦斯坦》改写为诗体(目前尚为散文体)。

1798年

继续写作《华伦斯坦》，却经常因为病症而被打断。定期与歌德会面，阐述文学创作计划，讨论哲学、美学与自然科学问题。

---

① 庞贝与赫库兰尼姆是两座被维苏威火山喷发所摧毁的小城，18世纪对两城的考古发掘工作揭示了古典时代的日常生活，为时人所瞩目。

② 克瑞斯(Ceres)是古罗马神话中掌五谷与丰收的女神。在神话中，克瑞斯之女普罗塞皮娜(Proserpina)被冥王普鲁多(Pluto)掳作妻子、不得返回上界，思女心切的克瑞斯每年只能下冥界陪伴女儿三个月，于是便造成人世间无物产出的冬季；而女儿则成为植物生长的象征，因根在下而花在上。

6 月初：最后一期《季节女神》（1797 年卷第 12 期）出版。

8 月 15 日：完成《华伦斯坦》（未分成三部曲）初稿。

在再次开始《华伦斯坦》的创作之前，完成了诗歌《屠龙大战》（*Der Kampf mit dem Drachen*）、《人质》（*Die Bürgschaft*）、《幸运》、《厄琉西斯的祭典》（*Das Eleusische Fest*）①（发表于《一七九九年缪斯年鉴》）。

9 月中旬：与歌德共读《华伦斯坦》，决心将戏剧分为两部②。

扩展并修订《华伦斯坦的军营》（包括增添了托钵僧这一人物等）。

10 月 12 日：《华伦斯坦的军营》首演，以庆贺魏玛剧院在改建后重新开幕。

12 月末：完成《皮科洛米尼父子》。

1799 年

1 月 30 日：《皮科洛米尼父子》于魏玛首演，包括《华伦斯坦之死》的第一、二幕。

3 月 17 日：完成《华伦斯坦之死》。

与歌德讨论新的戏剧计划：《兄弟反目》（*Die feindlichen Brüder*）（《墨西拿的新娘》初稿构想）、《警察》和《玛利亚・斯图亚特》。

4 月 20 日：《华伦斯坦之死》于魏玛宫廷剧院首演；极为成功。

决定将玛利亚・斯图亚特的故事创作成戏剧，开始研究历史文献。

5 月：与歌德共同完成了《论"半瓶醋主义"纲要》（*Schema über den Dilettantismus*）

6 月：写作《玛利亚・斯图亚特》第一幕。

---

① 厄琉西斯（Eleusis）又称埃莱夫西斯，是位于雅典城西郊的小镇，每年均会举办祭祀古希腊神话中五谷女神德墨忒尔（Demeter）的仪典。

② 即《皮科洛米尼父子》与《华伦斯坦之死》，二者与已完成的《华伦斯坦的军营》共同构成了"华伦斯坦三部曲"。

7 月：见到路德维希・蒂克。

8 月：在创作《玛利亚・斯图亚特》的同时写下《沃尔贝克》的提纲初稿。

10 月 11 日：女儿卡洛琳娜・亨莉埃特・路易丝出生。

《一八零零年缪斯年鉴》收录席勒的诗作《期待》(*Die Erwartung*)与《大钟歌》。

此外，席勒还在 1799 年创作了诗歌《挽歌》。

夏洛蒂病重。

重新钻研《马耳他骑士》的计划。

12 月 3 日：迁居魏玛（耶拿的花园小屋作为夏日居所得以保留）。

1800 年

1 月至 3 月：将莎士比亚的《麦克白》改编为舞台台本［用五音步无韵抑扬格（Blankvers）］。

5 月 14 日：席勒改编的《麦克白》在魏玛首演。

5 月中旬至 6 月初：在艾特斯堡（Ettersburg）最后完成了《玛利亚・斯图亚特》的创作工作。

6 月 14 日：《玛利亚・斯图亚特》在魏玛首演，大获成功。

构思《奥尔良的童贞女》。

6 月末：《华伦斯坦》于图宾根的科塔出版社面世。

7 月 /8 月：研究《奥尔良的童贞女》历史素材并草拟纲要。

8 月末：《短小散文著述》第二卷出版。

9 月：开始创作《奥尔良的童贞女》。

1801 年

4 月中旬：完成《奥尔良的童贞女》。

《玛利亚·斯图亚特》由科塔出版社出版。将莱辛的《智者纳旦》改编为舞台台本。

着手考虑多部戏剧计划:《马耳他骑士》、《墨西拿的新娘》、《沃尔贝克》与《警察》。

5 月:《短小散文著述》第三卷出版，包含首次刊印的《论崇高》一文。

6 月：为科塔的《一八零二年女士年历》创作了诗歌《赫洛与勒安得耳》(*Hero und Leander*)①、《奥尔良的少女》(*Das Mädchen von Orlean*)以及《新世纪的开始》。

开始将《奥尔良的童贞女》改编为舞台台本。

7 月：计划写作戏剧《佛兰德女公爵》(*Die Gräfin von Flandern*)。

8 月：前往德累斯顿。住在科尔纳位于洛施维茨的葡萄园小屋中。

9 月 11 日:《奥尔良的童贞女》在莱比锡首演，取得非同寻常的成功。

9 月 17 日：席勒出现在莱比锡的一场《奥尔良的童贞女》的演出中；给诗人的热烈掌声。

10 月初：选定了戏剧《沃尔贝克》的计划。

《奥尔良的童贞女》在柏林的温格尔（Unger）出版社付梓。改编卡洛·戈齐的《图兰朵》(至 12 月末)。

11 月 28 日：由席勒改编的莱辛名剧《智者纳旦》在魏玛首演。

1802 年

1 月：将歌德的《伊菲革涅亚》改编为舞台台本（于 5 月在魏玛

---

① 赫洛（Hero）与勒安得耳（Leander）是古希腊神话中的一对情侣，二人隔海相望，勒安得耳每晚都泅水去探访心上人，有一晚却遭不幸溺亡；赫洛悲痛万分，坠塔殉情。

上演）。

计划前往施瓦本与瑞士的旅行。初次研究《威廉·退尔》。

2 月：创作诗歌《致友人》（*An die Freunde*）与《世界四时代》（*Die vier Weltalter*）。

2 月 24 日：初识卡尔·弗里德里希·策尔特（Karl Friedrich Zelter）①。

3 月：决定首先创作《威廉·退尔》一剧，暂时搁置《沃尔贝克》。

4 月 29 日：母亲去世。搬入魏玛广场大道（Esplanda）边的新居；6 月卖掉了耶拿的花园小屋。

5 月初：《短小散文著述》第四卷出版。

创作独白剧《卡珊德拉》（*Kassandra*）②。

8 月中旬：开始创作《墨西拿的新娘》，同时计划在完成这部剧作后先写《沃尔贝克》，再完成《威廉·退尔》。

11 月 16 日：正式被册封为可世袭的贵族（来自维也纳的证书标明日期为 9 月 7 日）。

1803 年

2 月 1 日：完成《墨西拿的新娘》。

3 月初：再度拾起创作《马耳他骑士》的工作。

3 月 19 日：《墨西拿的新娘》在魏玛宫廷剧院首演。

4 月 23 日：《奥尔良的童贞女》在魏玛首演。

---

① 卡尔·弗里德里希·策尔特（Karl Friedrich Zelter, 1758~1832），德国作曲家，于 1802 年结识歌德与席勒，成为二人好友，为歌德的多首诗歌谱曲，并创立了柏林歌唱学院（Sing-Akademie）。

② 在古希腊传说中，卡珊德拉是特洛伊公主，太阳神阿波罗（Apollon）因其美貌赐予她预言的能力，却又因她不愿委身屈从于己而诅咒无人相信她的预言。她曾警告特洛伊人提防木马，众人却对她充耳不闻，她只能眼睁睁地看着自己的祖国陷落。

开始翻译路易－本诺瓦·皮卡德（Louis-Benoît Picard）[①]的喜剧《作为叔叔的侄儿》（*Der Neffe als Onkel*）和《寄生虫》（*Der Parasit*）。

6月：《墨西拿的新娘》在科塔出版社出版。

7月2~14日：在劳赫施泰特休养。结识弗里德里希·德·拉·莫特·富凯（Friedrich de la Motte-Fouqué）[②]，并与欧根·封·符腾堡王子（Eugen von Wüttermberg）[③]友好往来。

/ 539 继续为《威廉·退尔》做预备性研究。

8月末：开始创作《威廉·退尔》。

9月：《哈布斯堡伯爵》（*Der Graf von Habsburg*）与《凯旋庆典》（*Das Siegesfest*）二诗登载于科塔的《一八零四年给女士的袖珍书》中（*Taschenbuch für Damen auf das Jahr 1804*）。

12月：结识斯塔尔夫人（在魏玛逗留至1804年2月末）。

12月18日：赫尔德去世。

1804年

继续创作《威廉·退尔》。创作诗歌《山之歌》（*Berglied*），或许

---

① 路易－本诺瓦·皮卡德（1769~1828），法国戏剧家，《再来一对梅内克木斯》（*Encore des Ménechmes,*）是其发表于1791年的戏剧，题目出自古罗马喜剧家普劳图斯（Plautus, 约前254~前184）的名剧《梅内克木斯两兄弟》（*Menaechmi*）。普劳图斯在剧中讲述了两兄弟被人认错身份的滑稽故事；席勒将皮卡德的喜剧译为《作为叔叔的侄儿》（*Der Neffe als Onkel*）。而《平庸且卑躬，或曰飞黄腾达的门道》（*Médiocre et rampant, ou le Moyen de parvenir*, 1797）也是皮卡德的重要剧作，席勒将之译为《寄生虫，或曰交好运的技巧》（*Der Parasit oder die Kunst, sein Glück zu machen*）。

② 弗里德里希·德·拉·莫特·富凯（1777~1847），德国浪漫派作家，著有中篇小说《水妖》（*Undine*, 1811）等。

③ 即弗里德里希·海因里希·欧根·封·符腾堡王子，参见本书第十二章。

还包括《阿尔卑斯山的猎人》(*Die Alpenjäger*)。

2月18日：完成《威廉・退尔》。

寻找新的戏剧素材。在《沃尔贝克》、《纳博讷，或家族的孩子们》(*Narbonne oder die Kinder des Hauses*)与《德米特里乌斯》间摇摆不定。选定《德米特里乌斯》。最初的构想。

与约翰・弗里德里希・福斯的友谊开启。

3月17日：《威廉・退尔》在魏玛首演；大获成功。

4月26日至5月21日：前往柏林。与克里斯多夫・弗里德里希・胡费兰、伊弗兰、策尔特等人往来。

5月：观看《墨西拿的新娘》与《奥尔良的童贞女》演出；观众起立欢呼。

与普鲁士王室建立联系。

计划迁居柏林。

7月中旬：决定优先写作《策勒公主》(*Die Prinzessin von Celle*)而暂时搁置《德米特里乌斯》。

7月24日：重病；恢复得非常缓慢。

7月25日：小女儿艾米丽・亨莉埃特・路易丝出生。

10月初：《威廉・退尔》在科塔出版社出版。

为了《德米特里乌斯》，放弃继续写作断篇《沃尔贝克》。

11月初：创作庆典剧《致敬艺术》，以迎接魏玛太子及他年轻的夫人、俄国公主玛利亚・保罗芙娜（庆典剧于11月12日上演）：这是席勒完成的最后一部戏剧。

12月：开始翻译并为舞台演出改编拉辛的《斐德尔》(*Phädra*)。①

12月24日：胡博去世。

---

① 让・拉辛（Jean Racine, 1639~1699），法国古典主义戏剧大家，《斐德尔》(*Phèdre*，德语作“Phädra”，1677）取材于古希腊神话，是拉辛最重要的悲剧之一。

1805 年

1 月 30 日：席勒改编的《斐德尔》在魏玛宫廷剧院首演。

2 月 8 日 /9 日：夜晚严重高烧。

约翰·海因里希·福斯守在病人床边。

2 月 12 日：再度发烧；出现在上帝面前为自己辩护的幻觉。

2 月底：缓慢好转。弗里德里希·奥古斯特·蒂施拜因为席勒绘制肖像。

继续创作《德米特里乌斯》。

4 月 2 日：最后一封致洪堡的信。

4 月中旬:《致敬艺术》单行本在科塔出版社付梓。

4 月 25 日：最后一封致歌德与科尔纳的信。

5 月 1 日：最后一次观看剧院演出。在去剧院的路上最后一次遇见歌德。再度病重。

5 月 2 日：最后写作《德米特里乌斯》：玛尔法的独白。

5 月 9 日：席勒英年早逝。

5 月 11 日 /12 日：被安葬于圣雅各教堂的老墓地中。

1827 年

最终长眠于魏玛王室陵寝。

关于席勒

著作

Friedrich Schiller: Sämtliche Werke in 5 Bänden. Auf der Grundlage der Textedition von Herbert G. Göpfert hg. von Peter-André Alt, Albert Meier und Wolfgang Riedel. München, Wien 2004

信件

Geiger o.J. Briefwechsel zwischen Schiller und Körner. Hg von Ludwig Geiger. Stuttgart, Berlin o.J.

Gleichen-Rußwurm 1908 Schiller und Lotte. Ein Briefwechsel. Hg. von Alexander von Gleichen-Rußwurm. 2 Bde. Jena 1908

Fricke 1955 Friedrich Schiller: Briefe. Hg. von Gerhard Fricke. München 1955

Seidel 1962 Der Briefwechsel zwischen Friedrich Schiller und Wilhelm von Humboldt. Hg. von Siegfried Seidel. 2 Bde. Berlin 1962

Beetz 1990 Briefwechsel zwischen Schiller und Goethe. Hg. von Manfred Beetz. München 1990 (Münchner Goethe-Ausgabe)

Kurscheidt 2002 Friedrich Schiller Werke und Briefe Bd. 11. Hg. von Georg Kurscheidt. Frankfurt a.M. 2002

史料

Biedermann 1974 Schillers Gespräche. Hg. von Freiherr von Biedermann. Zürich 1974

Borcherdt 1948 Schiller und die Romantik. Briefe und Dokumente. Hg. von Hans Heinrich Borcherdt. Stuttgart 1948

Dann 2002 Friedrich Schiller Werke und Briefe Bd. 7. Hg. von Otto Dann. Frankfurt a.M. 2002

Gleichen-Rußwurm o.J. Schiller. Lebensaufriß aus Tagebüchern, Briefen, Zeitstimmen. Zusammengefügt von Alexander von Gleichen-Rußwurm. Berlin o.J.

Hofmannsthal 1926 Schillers Selbstcharakteristik aus seinen Schriften. Nach einem älteren Vorbilde neu hg. von Hugo von Hofmannsthal. München 1926

Kluge 1988 Friedrich Schiller Werke und Briefe Bd. 2. Hg. von Gerhard Kluge. Frankfurt a.M. 1988

Kluge 1989 Friedrich Schiller Werke und Briefe Bd. 3. Hg. von Gerhard Kluge. Frankfurt a.M. 1989

Kurscheidt 1992 Friedrich Schiller Werke und Briefe Bd. 1. Hg. von Georg Kurscheidt. Frankfurt a.M. 1992

Luserke 1996 Friedrich Schiller Werke und Briefe Bd. 5. Hg. von Matthias Luserke. Frankfurt a.M. 1996

Petersen 1904 Schillers Persönlichkeit. Urtheile der Zeitgenossen und Documente gesammelt von Julius Petersen. Drei Theile. Weimar 1904

Petersen 1911 Schillers Gespräche. Berichte seiner Zeitgenossen über ihn. Hg. von Julius Petersen. Leipzig 1911

Stock 2000 Friedrich Schiller Werke und Briefe Bd. 4. Hg. von Frithjof Stock. Frankfurt a.M. 2000

生平

Berger 1924 Karl Berger: Schiller. Sein Leben und sein Werk. 2 Bde. München 1924

Buchwald 1956 Reinhard Buchwald: Schiller. 2 Bde. Wiesbaden 1956

Streicher 1959 Andreas Streicher: Schillers Flucht. Stuttgart 1959

Burschell 1968 Friedrich Burschell: Schiller. Hamburg 1968

Alt 2000 Peter-André Alt: Schiller. Leben – Werk – Zeit. 2 Bde. München 2000

论著

Jan Assmann: Das verschleierte Bildnis zu Sais. Schillers Ballade und ihre griechischen und ägyptischen Hintergründe. Stuttgart, Leipzig 1999

Achim Aurnhammer u.a. (Hgg.) Schiller und die höfische Welt. Tübingen 1990

Wilfried Barner u.a.(Hgg.): Unser Commercium. Goethes und Schillers Literaturpolitik. Stuttgart 1984

Renate Berief: Selbstentfremdung als Problem bei Rousseau und Schiller. Idstein 1991

Bienert 2004 Michael Bienert: Schiller in Berlin oder Das rege Leben einer großen Stadt. Marbach 2004

Peter André Bloch: Schiller und die klassische französische Tragödie. Düsseldorf 1968

Jürgen Bolten (Hg.): Schillers Briefe über die ästhetische Erziehung. Frankfurt a.M. 1984

Jürgen Bolten: Friedrich Schiller. Poesie, Reflexion und gesellschaftliche Selbstdeutung. München 1985

Dieter Borchmeyer: Tragödie und Öffentlichkeit. Schillers Dramaturgie im Zusammenhang seiner politisch-ästhetischen Theorie und die rhetorische Tradition. München 1973

Helmut Brandt (Hg.): Friedrich Schiller – Angebot und Diskurs: Zugänge, Dichtung, Zeitgenossenschaft. Berlin, Weimar 1987

Jacob Burckhardt: Schillers Wallenstein. In ders.: Werke. Bd. 13. München, Basel 2003

Götz-Lothar Darsow: Friedrich Schiller. Stuttgart 2000

Hellmut Diwald: Friedrich Schiller. Wallenstein. Frankfurt a.M., Wien 1972

Kuno Fischer: Schiller als Philosoph. Heidelberg 1891

Wolfgang Frühwald: Die Auseinandersetzung um Schillers Gedicht »Die Götter Griechenlands«. In: Jahrbuch der Deutschen Schillergesellschaft 13 (1969)

Ute Gerhard: Schiller als »Religion«. Literarische Signaturen des 19. Jahrhunderts. München 1994

Viola Geyersbach/Christina Tezky (Hgg.): Schillers Wohnhaus in Weimar. München 1999

Ilse Graham: Schiller, ein Meister der tragischen Form. Die Theorie in der Praxis. Darmstadt 1974

Karl S. Guthke: Schillers Dramen. Idealismus und Skepsis. Tübingen, Basel 1994

Jürgen Habermas: Exkurs zu Schillers Briefen über die ästhetische Erziehung des Menschen. In: Der philosophische Diskurs der Moderne. Zwölf Vorlesungen. Frankfurt a.M. 1988. S. 59–64

Käte Hamburger: Zum Problem des Idealismus bei Schiller. In: Jahrbuch der Deutschen Schillergesellschaft 16 (1972)

Dieter Henrich: Der Begriff der Schönheit in Schillers Ästhetik. In: Zeitschrift für philosophische Forschung 11 (1957)

Fritz Heuer: Darstellung der Freiheit. Schillers Transzendentale Frage nach der Kunst. Köln 1970

Walter Hinderer (Hg.): Interpretationen: Schillers Dramen. Stuttgart 1992

Walter Hinderer: Von der Idee des Menschen. Über Friedrich Schiller. Würzburg 1998

Renate Homann: Erhabenes und Satirisches. Zur Grundlegung einer Theorie ästhetischer Literatur bei Kant und Schiller. München 1977

Rolf-Peter Janz: Schillers Kabale und Liebe als bürgerliches Trauerspiel. In: Jahrbuch der Deutschen Schillergesellschaft 20 (1976)

Matthijs Jolles: Dichtkunst und Lebenskunst: Studien zum Problem der Sprache bei Friedrich Schiller. Bonn 1980

Fritz Jonas: Schillers Seelenadel. Berlin 1904

Ulrich Karthaus: Friedrich Schiller. In: Karl Corino (Hg.): Genie und Geld. Vom Auskommen deutscher Schriftsteller. Nördlingen 1987

Ulrich Karthaus: Schiller und die Französische Revolution. In: Jahrbuch der Deutschen Schillergesellschaft 33 (1989)

Friedrich A. Kittler: Dichter – Mutter – Kind. München 1991

Hans-Jörg Knobloch/Helmut Koopmann (Hgg.): Schiller heute. Tübingen 1996

Koopmann 1998 Helmut Koopmann (Hg.): Schiller-Handbuch. Stuttgart 1998

Jutta Linder: Schillers Dramen. Bauprinzip und Wirkungsstrategie. Bonn 1989

Golo Mann: Schiller als Historiker. In: Jahrbuch der Deutschen Schillergesellschaft 20 (1976)

Thomas Mann: Versuch über Schiller. Frankfurt a.M. 1955

Herbert Marcuse: Die ästhetische Dimension. In: Triebstruktur und Gesellschaft. Frankfurt a.M. 1995. S. 171–195

Hans Mayer: Versuche über Schiller. Frankfurt a.M. 1987

Peter Michelsen: Der Bruch mit der Vater-Welt. Studien zu Schillers »Räubern«. Heidelberg 1979

Oellers 1996 Norbert Oellers: Friedrich Schiller. Zur Modernität eines Klassikers. Frankfurt a.M. 1996

Klaus Petrus: Schiller über das Erhabene. Zeitschrift für philosophische Forschung 47 (1993)

Florian Prader: Schiller und Sophokles. Zürich 1954

Wolfgang Riedel: Die Anthropologie des jungen Schiller. Zur Ideengeschichte des jungen Schiller und der »Philosophischen Briefe«. Würzburg 1988

Gert Sautermeister: Idyllik und Dramatik im Werk Friedrich Schillers. Zum geschichtlichen Ort seiner klassischen Dramen. Stuttgart 1971

Johannes Scherr: Schiller und seine Zeit. Leipzig 1860

Hans-Jürgen Schings: Die Brüder des Marquis Posa. Schiller und der Geheimbund der Illuminaten. Tübingen 1996

Albrecht Schöne: Schillers Schädel. München 2002

Emil Staiger: Friedrich Schiller. Zürich 1967

Gerhard Storz: Der Dichter Friedrich Schiller. Stuttgart 1959

Peter Szondi: Das Naive ist das Sentimentalische. Zur Begriffsdialektik in Schillers Abhandlungen. In ders.: Schriften Bd. 2. Frankfurt a.M. 1978

Gert Ueding: Friedrich Schiller. München 1990

Wolfgang H. Veil: Schillers Krankheit. Eine Studie über das Krankheitsgeschehen in Schillers Leben und über den natürlichen Todesausgang. Naumburg 1945

Wiese 1959 Benno von Wiese: Friedrich Schiller. Stuttgart 1959

Gero von Wilpert: Schiller-Chronik. Stuttgart 2000

Wolfgang Wittkowski (Hg.): Friedrich Schiller. Kunst, Humanität und Politik in der späten Aufklärung. Tübingen 1982

Jakob Wychgram: Schiller. Dem deutschen Volke dargestellt. Leipzig 1922

关于时代

史料

Abel o.J. Jacob Friedrich Abel: Rede über das Genie. Marbach o.J.

Zwi Batscha (Hg.): Aufklärung und Gedankenfreiheit. Fünfzehn Anregungen, aus der Geschichte zu lernen (A. Bergk, J.L. Ewald, J.G. Fichte u.a.). Frankfurt a.M. 1977

Böttiger 1998 Karl August Böttiger: Literarische Zustände und Zeitgenossen. Hg. von Klaus Gerlach und René Sternke. Berlin 1998

Clemens Brentano: Werke. 4 Bde. Hg. von Friedhelm Kemp. München 1963

Clemens Brentano und Sophie Mereau. Briefwechsel. Hg. von Dagmar von Gersdorff. Frankfurt a.M. 1981

Edmund Burke: Philosophische Untersuchung über den Ursprung unserer Ideen vom Erhabenen und Schönen. Hamburg 1989

Chamisso Adelbert von Chamisso: Sämtliche Werke in zwei Bänden. Hg. von Jost Perfahl. München 1975

Anita und Walter Dietze (Hg.): Ewiger Friede? Dokumente einer deutschen Diskussion um 1800. München 1989

Ferguson Adam Ferguson: Grundsätze der Moralphilosophie. Übersetzt und mit einigen Anmerkungen versehen von Christian Garve. Frankfurt, Leipzig 1787

Johann Gottlieb Fichte: Von den Pflichten der Gelehrten. Jenaer Vorlesungen 1794/95. Hg. von Reinhard Lauth u.a. Berlin 1972

Johann Gottlieb Fichte: Werke in zwei Bänden. Hg. von Wilhelm G. Jacobs. Frankfurt a.M. 1997

Georg Forster: Reise um die Welt. Hg. von Gerhard Steiner. Frankfurt a.M. 1967

Goethe MA Johann Wolfgang Goethe: Sämtliche Werke nach Epochen seines Schaffens. Hg. von Karl Richter u.a. München 1985–1998 (Münchner Ausgabe)

Goethes Briefe und Briefe an Goethe. Hg. von Karl Robert Mandelkow. München 1988

Goethe in vertraulichen Briefen seiner Zeitgenossen. Zusammengestellt von Wilhelm Bode. 3 Bde. Berlin 1979

Goethes Gespräche. Biedermannsche Ausgabe. Ergänzt und hg. von Wolfgang Herwig. München 1998

Goethe und die Romantik. Briefe. Hg. von Carl Schüddekopf und Oskar Walzel. Weimar 1898

Grosse Carl Grosse: Der Genius. Hg. von Hans-Michael Bock. Frankfurt a.M. 1982

Horst Günther (Hg.): Die Französische Revolution. Die Augenzeugenberichte und Darstellungen deutscher Schriftsteller und Historiker. Frankfurt a.M. 1985

Georg Wilhelm Friedrich Hegel: Werke. Hg. von Eva Moldenhauer und Karl Markus Michel. Frankfurt a.M. 1990

Mythologie der Vernunft. Hegels »ältestes Systemprogramm des deutschen Idealismus«. Hg. von Christoph Jamme und Helmut Schneider. Frankfurt a.M. 1984

Heine Heine, Heinrich: Sämtliche Schriften. Hg. von Klaus Briegleb. München 1971

Wilhelm Heinse: Ardinghello und die glückseligen Inseln. Stuttgart 1975

Herder 1984 Johann Gottfried Herder: Werke. Hg. von Wolfgang Pross. München 1984–2002

Herder 1991 Johann Gottfried Herder: Werke in zehn Bänden. Hg. von Martin Bollacher u.a. Frankfurt a.M. 1991

Hölderlin 1970 Friedrich Hölderlin: Sämtliche Werke und Briefe. 2 Bde. Hg. von Günter Mieth. München 1970

Hölderlin 1992 Hölderlin, Friedrich: Sämtliche Werke und Briefe. 3 Bde. Hg. von Michael Knaupp. München, Wien 1992–1993

Hölderlins Diotima Susette Gontard. Gedichte – Briefe – Zeugnisse. Hg. von Adolf Beck. Frankfurt a.M. 1980

Wilhelm von Humboldt: Werke in fünf Bänden. Hg. von Andreas Flitner und Klaus Giel. Darmstadt 1964

Jacobi Friedrich Heinrich Jacobi: Über die Lehre des Spinoza in Briefen an den Herrn Moses Mendelssohn (1785). Darmstadt 2000

Walter Jaeschke (Hg.) Der Streit um die Gestalt einer Ersten Philosophie (1799–1807). Mit Texten von Fichte, Hegel, Jacobi u.a. Hamburg 1999

Walter Jaeschke (Hg.): Der Streit um die Grundlagen der Ästhetik (1795–1805) Mit Texten von Humboldt, Jacobi, Novalis u.a. Hamburg 1999

Jean Paul Jean Paul: Werke. 10 Bde. Hg. von Norbert Miller. München 1960–1985

Johann Heinrich Jung-Stilling: Lebensgeschichte. Frankfurt a.M. 1983

Kant Immanuel Kant: Werke. Hg. von Wilhelm Weischedel. Wiesbaden 1957

Keller Keller, Gottfried: Die Leute von Seldwyla. Gesammelte Gedichte. München: 1961

Kerner Justinus Kerner: Bilderbuch aus meiner Knabenzeit. Hg. von Günter Häntzschel. Frankfurt a.M. 1978

Kleist Kleist, Heinrich von: Sämtliche Werke und Briefe. 2 Bde. Hg. von Helmut Sembdner. München 1984

Klopstock Friedrich Gottlob Klopstock: Ausgewählte Werke. Hg. von Karl August Schleiden. München 1981

Pierre-Ambroise-François Choderlos de Laclos: Schlimme Liebschaften. Leipzig 1920

Julien O. de Lamettrie: Über das Glück oder Das höchste Gut (Anti-Seneca). Nürnberg 1985

Lamettrie 2001 Julien O. de Lamettrie: Der Mensch eine Maschine. Stuttgart 2001

Gottfried Wilhelm Leibniz: Die Theodizee von der Güte Gottes, der Freiheit des Menschen und dem Ursprung des Übels. Darmstadt 1985

Gotthold Ephraim Lessing: Werke. Hg. von Herbert G. Göpfert. 8 Bde. München 1970

Lichtenberg Georg Christoph Lichtenberg: Schriften und Briefe. Hg. von Wolfgang Promies. München 1974

Locke John Locke: Über den menschlichen Verstand. Ausgabe in zwei Bänden. Berlin 1962

Erich L. Loewenthal/Lambert Schneider (Hgg.): Sturm und Drang. Eine Auswahl der dramatischen Dichtungen. Heidelberg 1972

Erich Loewenthal (Hg.): Sturm und Drang. Eine Auswahl theoretischer Texte. Heidelberg 1972

Carl Wilhelm Heinrich Freiherr von Lyncker: Ich diente am Weimarer Hof. Aufzeichnungen aus der Goethezeit. Köln, Weimar, Wien 1997

Salomon Maimons Lebensgeschichte. Von ihm selbst erzählt und hg. von Karl Philipp Moritz. Neu hg. von Zwi Batscha. Frankfurt a.M. 1995

John Milton: Das verlorene Paradies. Stuttgart 1968

Mirandola Giovanni Pico della Mirandola: Über die Würde des Menschen. Ausgewählt und übertragen von H.W. Rüssel. Leipzig 1940

Montesquieu (Charles-Louis de Secondat): Vom Geist der Gesetze. Übersetzt und hg. von Ernst Forsthoff. Tübingen 1951

Moritz Karl Philipp Moritz: Werke in zwei Bänden. Hg. von Heide Hollmer u.a. Frankfurt a.M. 1999

Novalis Novalis: Werke, Tagebücher und Briefe. Hg. von Hans-Joachim Mähl und Richard Samuel. 3 Bde. München 1978

Pleticha 1983 Heinrich Pleticha (Hg.): Das klassische Weimar. Texte und Zeugnisse. München 1983

Jean-Jacques Rousseau: Die Bekenntnisse. München 1981

Jean-Jacques Rousseau: Emile oder Über die Erziehung. Stuttgart 1963

Jean-Jacques Rousseau: Schriften. Hg. von Henning Ritter. München 1978

Sade Marquis de Sade: Die Philosophie im Boudoir. Wiesbaden o.J.

Friedrich Wilhelm Joseph Schelling: Ausgewählte Schriften. 6 Bde. Frankfurt a.M. 1985

Friedrich Schleiermacher: Schriften. Hg. von Andreas Arndt. Frankfurt a.M. 1996

Shaftesbury Anthony Earl of Shaftesbury: Der gesellige Enthusiast. Philosophische Essays. München 1990

Caroline Schlegel-Schelling: Die Kunst zu leben. Hg. von Sigrid Damm. Frankfurt a.M. 1997

August Wilhelm Schlegel/Friedrich Schlegel (Hgg.): Athenaeum. 1798ff. (Reprint: Darmstadt 1992)

F. Schlegel 1970 Friedrich Schlegel: Kritische Schriften. Hg. von Wolfdietrich Rasch. München 1970

F. Schlegel 1984 Friedrich Schlegel: Dichtungen und Aufsätze. Hg. von Wolfdietrich Rasch. München 1984

William Shakespeare: Theatralische Werke übersetzt von Christoph Martin Wieland. Hamburg 2003

Baruch de Spinoza: Die Ethik nach geometrischer Methode dargestellt. Hamburg o.J.

Germaine de Staël: Über Deutschland. Stuttgart 1962

Thackeray William Makepeace Thackeray: Barry Lyndon. Frankfurt a.M. 1989

Ludwig Tieck: Werke in vier Bänden. Hg. von Marianne Thalmann. Darmstadt 1977

Claus Träger (Hg.): Mainz zwischen Rot und Schwarz. Die Mainzer Revolution 1792–1793 in Schriften, Reden und Briefen. Berlin 1963

Karl August Varnhagen von Ense: Werke in fünf Bänden. Hg. von Konrad Feilchenfeldt. Frankfurt a.M. 1987

Christoph Martin Wieland: Sämmtliche Werke. (Reprint: Hamburg 1984)

Johann Joachim Winckelmann: Geschichte der Kunst des Altertums Darmstadt 1972

Wittkop 1993 Hölderlin der Pflegesohn. Texte und Dokumente 1806–1843 mit den neu entdeckten Nürtinger Pflegschaftsakten. Hg. von Gregor Wittkop. Stuttgart 1993

其他

Arendt 1970 Dieter Arendt (Hg.): Nihilismus. Die Anfänge – Von Jacobi bis Nietzsche. Köln 1970

Jan Assmann: Moses der Ägypter. München 1998

Erich Auerbach: Mimesis. Dargestellte Wirklichkeit in der abendländischen Literatur. Tübingen, Basel 1946

Leo Balet/E. Gerhard: Die Verbürgerlichung der deutschen Kunst, Literatur und Musik im 18. Jahrhundert. Hg. von Gerd Mattenklott. Berlin 1972

Hans Urs von Balthasar: Prometheus. Studien zur Geschichte des deutschen Idealismus. Heidelberg 1947

Isaiah Berlin: Das krumme Holz der Humanität. Kapitel der Ideengeschichte. Frankfurt a.M. 1992

Pierre Bertaux: Gar schöne Spiele spiel' ich mit dir! Zu Goethes Spieltrieb. Frankfurt a.M. 1987

Biedrzynski 1992 Effi Biedrzynski: Goethes Weimar. Lexikon der Personen und Schauplätze. Düsseldorf, Zürich 1992

Boyle 1999 Nicholas Boyle: Goethe. Der Dichter in seiner Zeit. 2 Bde. München 1999

Richard Brinkmann u.a.: Deutsche Literatur und Französische Revolution. Sieben Studien. Göttingen 1974

Walter H. Bruford: Die gesellschaftlichen Grundlagen der Goethezeit. Berlin 1936

Micha Brumlik: Deutscher Geist und Judenhaß. Das Verhältnis des philosophischen Idealismus zum Judentum. München 2000

Rüdiger Bubner: Innovationen des Idealismus. Göttingen 1995

Ernst Cassirer: Idee und Gestalt. Goethe – Schiller – Hölderlin – Kleist. Darmstadt 1971

Ernst Cassirer: Freiheit und Form. Studien zur deutschen Geistesgeschichte. Gesammelte Werke Bd. 7. Darmstadt 2001

Manfred Frank: ›Unendliche Annäherung‹. Die Anfänge der philosophischen Frühromantik. Frankfurt a.M. 1997

Manfred Frank: Der kommende Gott. Vorlesungen über die Neue Mythologie. Frankfurt a.M. 1982

Manfred Frank: Selbstgefühl. Eine historisch-systematische Erkundung. Frankfurt a.M. 2002

Klaus Günzel: ›Viele Gäste wünsch ich heut' mir zu meinem Tische‹. Goethes Besucher im Haus am Frauenplan. Weimar 1999

Gulyga 1985 Arsenij Gulyga: Immanuel Kant. Frankfurt a.M. 1985

Friedrich Gundolf: Goethe. Berlin 1930

Friedrich Gundolf: Shakespeare und der Deutsche Geist. Berlin 1914

Nicolai Hartmann: Die Philosophie des deutschen Idealismus. Berlin, Leipzig 1923

Dieter Henrich: Selbstverhältnisse. Gedanken und Auslegungen zu den Grundlagen der klassischen deutschen Philosophie. Stuttgart 1982

Dieter Henrich: Konstellationen. Probleme und Debatten am Ursprung der idealistischen Philosophie (1789–1795). Stuttgart 1991

Ricarda Huch: Die Romantik. Ausbreitung, Blütezeit und Verfall. Tübingen 1979

Jacobs 1984 Wilhelm G. Jacobs: Johann Gottlieb Fichte. Reinbek bei Hamburg 1984

Günter Jäckel (Hg.): Dresden zur Goethezeit. Die Elbestadt von 1760 bis 1815. Berlin 1990

Hans Robert Jauß: Literaturgeschichte als Provokation. Frankfurt a.M. 1979

Jochen Klauß: Weimar. Stadt der Dichter, Denker und Mäzene. Düsseldorf, Zürich 1999

Paul Kluckhohn: Das Ideengut der deutschen Romantik. Tübingen 1961

Max Kommerell: Geist und Buchstabe der Dichtung. Goethe – Schiller – Kleist – Hölderlin. Frankfurt a.M. 1944

Max Kommerell: Der Dichter als Führer in der deutschen Klassik (1928). Frankfurt a.M. 1982

Kondylis 1981 Panajotis Kondylis: Die Aufklärung im Rahmen des neuzeitlichen Rationalismus. Stuttgart 1981

Korff 1966 Hermann August Korff: Geist der Goethezeit. 4 Bde. Darmstadt 1966

Reinhart Koselleck: Kritik und Krise. Eine Studie zur Pathogenese der bürgerlichen Welt. Frankfurt a.M. 1989

Friedrich Albert Lange: Geschichte des Materialismus und Kritik seiner Bedeutung in der Gegenwart. Hg. von Alfred Schmidt. Frankfurt a.M. 1974

Lennhoff 1930 Eugen Lennhoff: Politische Geheimbünde. Zürich, Leipzig, Wien 1930

Lovejoy 1985 Arthur O. Lovejoy: Die große Kette der Wesen. Geschichte eines Gedankens. Übers. v. Dieter Türck. Frankfurt a.M. 1985

Georg Lukács: Entwicklungsgeschichte des modernen Dramas. Darmstadt, Neuwied 1981

Georg Lukács: Goethe und seine Zeit. Berlin 1950

Georg Lukács: Die Seele und die Formen. Neuwied, Berlin 1971

Peter Merseburger: Mythos Weimar. Zwischen Geist und Macht. Stuttgart 1998

Josef Nadler: Die Berliner Romantik 1800–1814. Berlin 1921

Nietzsche Friedrich Nietzsche: Sämtliche Werke. Hg. von Giorgio Colli und Mazzino Montinari. München 1999

Norbert Oellers/Robert Steegers: Treffpunkt Weimar. Literatur und Leben zur Zeit Goethes. Stuttgart 1999

Helmut Pfotenhauer: Literarische Anthropologie. Selbstbiographie und ihre Geschichte – am Leitfaden des Leibes. Stuttgart 1787

Helmut Richter (Hg.): Literarische Kultur und gesellschaftliches Leben in Deutschland. Berlin 1988

Ritter 1971 Joachim Ritter u.a. (Hgg.): Historisches Wörterbuch der Philosophie. Darmstadt 1971ff.

Rüdiger Safranski: E. T. A. Hoffmann. Das Leben eines skeptischen Phantasten. München 1984

Rüdiger Safranski: Schopenhauer und Die wilden Jahre der Philosophie. München 1987

Hans-Jürgen Schings: Melancholie und Aufklärung. Melancholiker und ihre Kritiker in Erfahrungsseelenkunde und Literatur des 18. Jahrhunderts. Stuttgart 1977

Jochen Schmidt: Die Geschichte des Genie-Gedankens in der deutschen Literatur, Philosophie und Politik. Bd. 1. Darmstadt 1988

Gerhard Schulz: Die deutsche Literatur zwischen Französischer Revolution und Restauration. München 1983 (= De Boor/Newald: Geschichte der deutschen Literatur Band VII,1)

Gerhard Schuster/Caroline Gille (Hgg.): Wiederholte Spiegelungen. Weimarer Klassik 1759–1832. Ständige Ausstellung des Goethe-Nationalmuseums. München 1999

Ludwig Siep: Praktische Philosophie im Deutschen Idealismus. Frankfurt a.M. 1992

Eduard Spranger: Wilhelm von Humboldt und die Humanitätsidee. Berlin 1928

Emil Staiger: Goethe. 3 Bde. Zürich 1953

Peter Szondi: Poetik und Geschichtsphilosophie 1. Studienausgabe der Vorlesungen Bd. 2. Frankfurt a.M. 1974

Charles Taylor: Hegel. Frankfurt a.M. 1978

Charles Taylor: Quellen des Selbst. Die Entstehung der neuzeitlichen Identität. Frankfurt a.M. 1994

Ueding 1987 Gert Ueding: Klassik und Romantik. Deutsche Literatur im Zeitalter der Französischen Revolution 1789–1815. München 1987 (= Hansers Sozialgeschichte der deutschen Literatur, Bd. 4)

Robert Uhland: Geschichte der Hohen Karlsschule in Stuttgart. Stuttgart 1953

Rose Unterberger: Die Goethe-Chronik. Frankfurt a.M. 2002

Vorländer 1962 Karl Vorländer: Immanuel Kant. Der Mann und das Werk. Hamburg 1962

Wagner 2001 Karlheinz Wagner: Herzog Karl Eugen von Württemberg. Modernisierer zwischen Absolutismus und Aufklärung. Stuttgart 2001

W. Daniel Wilson: Das Goethe-Tabu. Protest und Menschenrechte im klassischen Weimar. München 1999

Theodore Ziolkowski: Das Amt der Poeten. Die deutsche Romantik und ihre Institutionen. München 1992

Ziolkowski 1999 Theodore Ziolkowski: Das Wunderjahr in Jena. Stuttgart 1999

/ 注　释

席勒的著作引自慕尼黑卡尔·汉瑟（Carl Hanser）出版社“汉瑟经典文库”系列中的五卷本席勒文集：

Friedrich Schiller: Sämtliche Werke in 5 Bänden. Auf der Grundlage der Textedition von Herbert G. Göpfert herausgegeben von Peter-André Alt, Albert Meier und Wolfgang Rieder. München, Wien 2004. ①

---

① 译者在注释中以 MA 代指此版本，并以罗马数字标明卷数，阿拉伯数字标明页码。席勒著作的汉译参考了人民文学出版社的六卷本《席勒文集》：

〔德〕席勒:《席勒文集》，张玉书选编，人民文学出版社，2005。

译者在注释中标注了所参考译文的卷数与页码，如对原译文有校改，已在注释中说明。

席勒的书信则通过收信人与日期标明出处，读者可参阅参考文献中所列的席勒书信集。因为资料有限，译者无法一一查证；但席勒的多数信件已由“弗里德里希·席勒档案馆”（Friedrich-Schiller-Archiv）电子化并提供网络资源，读者可浏览 https://www.friedrich-schiller-archiv.de/briefe/ 获取更多信息。

/ 席勒作品索引

（索引页码为原书页码，即本书页边码）

人名索引

（索引页码为原书页码，即本书页边码）

译后记 *

读者手中的这本书，是一部关于理想主义者弗里德里希·席勒的传记。

1759 年 11 月 10 日，席勒出生于涅卡河畔的德国小城马尔巴赫。他自幼天资聪颖，口才过人，14 岁时进入符腾堡公国军校“卡尔学校”，学习法学与医学。但年少的席勒却已显露出对自由的渴望，厌恶学院内刻板生硬的规章，更厌恶符腾堡公爵卡尔·欧根的独断，不止一次地想象有一天能够逃离这一切。

彼时的德国正是“狂飙突进”文学崭露头角之时。1774 年，青年歌德匿名发表了书信体小说《少年维特之烦恼》。一石激起千层浪，霎时间，一股青年运动的风潮席卷德国，誓要与束缚天性、扼杀自由的等级制度与封建礼法一刀两断。年轻的席勒也深受触动，在心中悄然播下了文学的种子。他一边学习，一边偷偷创作诗歌与戏剧。正是在“卡尔学校”的压抑氛围中，席勒写就了他的处女作《强盗》，并于 1781 年匿名自费出版。这部剧讲述了贵族青年卡尔·封·莫尔被人陷害、落草为寇，从而与整个旧秩序为敌的故事。席勒借卡尔之口挑战他那个“软弱无力的阉人世纪”，因为只有自由方能培育出“伟岸宏大异乎寻常的人才”。毫无疑问，卡尔说出了一代人的心声。

然而席勒还需忍耐：公爵和军校禁止他从事文学创作。但创作的笔既已拾起，就无法再屈从于强力。席勒知道，他该走了。1782 年 9 月，他与同伴逃离了符腾堡，同时继续写作，接连完成了“共和主义悲剧”《斐耶斯科在热那亚的谋叛》（1783），以

* 本文部分内容已以《诗与哲学的深度交融》为题发表在《人民日报》2021 年 7 月 11 日第 7 版“国际副刊”。——编者注

及“市民悲剧”《阴谋与爱情》(1784)。在后一部剧中，席勒借贵族青年费迪南与市民少女路易丝之间凄美的爱情故事，批判了一个荒淫无度、寡廉鲜耻的宫廷社会。他为戏剧赋予了极高的使命，将之视为坚守正义的“道德机关”：“世俗的法律力所不能及之处，剧院便开始审判”，而舞台的效果将“比道德和法律更为深刻持久”。

只是这座道德机关暂时还无法保证席勒的生计。就在他因为沉重的债务即将走投无路的时候，一封寄自莱比锡的信让席勒重新燃起了希望。他从未见过信的作者戈特弗里德·科尔纳，但信中洋溢的真挚、崇敬与认可还是让席勒于1785年踏上了前往萨克森的旅途。与科尔纳的友谊让席勒感到，自己终于觅得了知音，而名诗《欢乐颂》便是这段友情的见证。日后，乐圣贝多芬将会在自己的第九交响曲中为这首诗谱曲，而它也将成为欧盟的盟歌被世人传唱至今。

因为科尔纳的慷慨资助，席勒终于可以全身心地投入文学创作中去。1787年，他完成了名剧《唐·卡洛斯》，并在戏中虚构了波萨侯爵这一人物，让他作为“全人类的代表”单枪匹马觐见西班牙国王费利佩二世，并勇敢地说出那句振聋发聩的台词：“请您允许/思想自由！”正是这一部戏让席勒被后世尊为自由的旗手，正如海涅所言，席勒“摧毁了精神的巴士底狱，建造起自由的庙堂”。

的确，在《唐·卡洛斯》付梓后第二年，巴士底狱便在法国大革命的洪流中化为瓦砾。到处都飘扬着象征自由、平等与博爱的三色旗，席勒本人也被授予法兰西荣誉公民的称号。然而时势的发展却出乎他的意料：所谓“自由”成了恣意的代名词，所谓“美德”成了暴虐的遮羞布；目之所及，只有不受约束的欲望和不近人情的法令。席勒意识到：文明的进步无法通过暴力实现，而只能通过艺术和美育的途径，因为“正是通过美，人们才可以走向自由”。

“经审美得自由”恰恰是席勒发表于1795年的哲理名篇《审美教育书简》中的核心观点。他希望借助美育调和人身上感性与理性的双重天性，让人们在行动中既能遵循道德规范，也不缺少情感关怀，“随心所欲而不逾矩”。他想要通过“游戏”的手段实现“情”和“理”的统一，因为“只有当人游戏时，他才完全是人”。这种游戏并非孩童的嬉闹，而是在承载着人类精神美之结晶的艺术中徜徉。不仅如此，席勒更想要借助文学将古人的纯真与今人的思辨合而为一，在重塑人性的同时迎接一个诗与哲学再度交融的黄金时代。文学、人生与历史的理想交织在一起，就构成了席勒另一名篇《论质朴与多情的文学》中的主旋律。

也正是在这一时期，席勒先是迁居耶拿，后又搬至魏玛，并结识了日后的挚友约翰·沃尔夫冈·封·歌德。自1795年歌德为席勒的《季节女神》杂志撰稿，到1805年席勒溘然长逝，他们二人共同缔造了魏玛古典文学的黄金十年。时至今日，在魏玛剧院正门前的广场上，依然矗立着这一对双子星的塑像：席勒在左，歌德居右，二人共握着象征诗人荣耀的月桂花冠；席勒左手握着一卷书稿，微扬着头，目光炯炯，仿佛正眺望着他在诗中所吟诵的那必将实现的理想。

与歌德的交往让已近不惑之年的席勒更加成熟。他褪去了些许青年时的冲劲，笔下增添了几分凝练与厚重；他开始意识到，即便是美也无法抵御时间的冲击；但若是人们诉诸内心，就会发现即便是在最大的不幸中，人依旧可以保有心灵的崇高。于是，他将目光转向历史，描绘世界历史进程中的伟大个体。三部曲《华伦斯坦》（1800）勾勒了试图与瑞典和谈而结束三十年战争的华伦斯坦如何死于哈布斯堡皇朝的阴谋，《玛利亚·斯图尔特》（1801）展现了这位苏格兰女王如何带着尊严迎接死亡，《奥尔良的童贞女》（1802）则以圣女贞德为原型，诉说了她如何在抵御异族入侵的战争中带着必胜的信念牺牲。只有重现瑞士独立历程的《威廉·退尔》（1804）以胜利结尾：神射手退尔除掉了暴虐的总督格斯勒，而瑞士先民则在四林湖畔的吕特利草地上喊出了著名的誓言："我们要结成一个民族，亲如兄弟，/ 碰到任何困厄都不分离！"

席勒是这样写的，也是这样期望的。然而，他却没有能够看见德国的统一。早年的困厄与疾病已挖空了他健康的根基，不知疲倦的写作又耗尽了他的精力。1805 年 5 月 9 日傍晚，席勒与世长辞，时年仅 46 岁。但他度过的，是怎样一段璀璨的人生！

德国知名学者、柏林自由大学客座教授、传记大家吕迪格尔·萨弗兰斯基洋洋洒洒七百余页，借助翔实的材料将弗里德里希·席勒的生平全景式地呈现在读者眼前。萨弗兰斯基出生于 1945 年元旦，20 岁起在法兰克福大学修习哲学、文学、历史与艺术史，在 20 世纪 70 年代初前往柏林自由大学，一边担任助教，一边攻读博士学位，却在科研之外逐渐发现了自己身上的写作才华。1984 年，萨弗兰斯基以一部 E.T.A. 霍夫曼传记一炮而红，开启了他为德意志思想立传的历程。他博览群书，知识渊博，写作时不拘泥于学科藩篱，在文学与哲学间游刃有余，文风轻快而富有思想性，同时又极为高产。自 1987 年成为自由作家后，萨弗兰斯基先后撰写了叔本华（1988）、海德格尔（1994）、尼采（2000）、席勒（2004）、歌德（2013）和荷尔德林（2019）的生平，塑造了德国浪漫派的群像（2007），描绘过歌德与席勒间的友谊（2009），还思考过恶（1997）与时间（2015）的问题。

2001年，萨弗兰斯基入选德意志语言与文学科学院，先后获得尼采奖（2000）、荷尔德林奖（2006）、托马斯·曼奖（2014）等一系列德国重量级文学奖项，更在2009年荣膺德国一等十字勋章，是当今德语文化界首屈一指的大家。

翻阅这部传记，就能发现，萨弗兰斯基视席勒为德意志理想主义的代表。何谓理想主义？在汉语语境中，表示"理想主义"的德语词"Idealismus"又常被译为"唯心主义"或"观念论"。但此二义实取自德语的"理念"而非"理想"，源于"Idee"而非"Ideal"。然而在席勒笔下，更重要的当然是后者，即对一个更美好世界的乌托邦式想象。不，不是乌托邦：一个理想主义者从不怀疑其蓝图最终的可实现性。他绝不会安于现状，而是天生就要求变革。他不能满足于眼前的平庸，而是要以诗意的想象将分散在各处的美汇聚到一起，创造出新的、升华了的现实——而这正是诗人的使命。在席勒看来，"作家最需要的就是理想化、高尚化"(《论毕尔格的诗》)。

理想主义意味着以理性摆脱物质的束缚，从主体自身出发为客观世界立法。席勒认为，一个理想主义者总是以理性必然性与普遍性为自我要求，在认识中坚定地要求"绝对的永不止息的思辨精神"，在行动中追求"绝对的道德严肃主义"，始终要让"事物服从他的思维能力"，因此他的追求将"永远大大超出感性生活和现状的范围"。然而，在这高亢的话语之外，席勒同样清楚地看到，理想主义也有自己的缺陷。一个理想主义者的眼中只有整体与永恒，却忘了"整体只是由个体组成的完美无缺的圆圈，永恒只是瞬间的总和"；宏伟目标的实现总是依赖于一个个活生生的人，即便他们所欲求的不过是满足其自然天性。理想主义者在仰望星空时，太容易忽视自己脚下的土地，但席勒知道，无论是怎样的参天巨树，“如果没有根，树干也就完了”（《论质朴与多情的文学》）。

然而更多时候，理想主义者是孤寂的：他们总是忘记自己的豪言壮语在旁人耳中不过是含混的梦呓；世界并不理解他们的雄心，更不愿意服从他们的引领。燕雀安知鸿鹄之志：“这个世纪还未成熟，不能接受我的理想。/ 我是将要到来的公民中的一员。”波萨侯爵如是说道。理想主义者必定不合时宜，因为他的全部追求就是否定并改造这个时代；在他对未来的乐观背后，始终隐藏着对当下的悲观。可他无法置身事外，更不甘与世无争地栖身于“为艺术而艺术”的壁龛。于是他虽要取材于现在，但他的艺术形式却要“取自更高贵的时代，甚至超越一切时代”；他要用“一切感官的和精神的形式”刻画出他的理想，不是为了将之强加于周遭的人与事，而是要“不声不响地把它投入无限的时间之中”。但行好事，莫问前程；只要确立了目标，假以时日，未来必将成为现在。“在不受任何限制的理性面前，方向同时也是成功，路刚一走，就已经在身后边了。”（《审美教育书简》）这是理想主义者席勒留给后世的箴言。

席勒是这样说的，更是这样做的。终其一生，他从未放弃过文学的理想。1805 年 4 月 2 日，在他去世前一个月，席勒在给好友威廉·封·洪堡的最后一封信中写道：“说到底，我们俩都是理想主义者。要是别人在我们身后议论，说什么事物造就了我们而非我们造就了事物，我俩必然会羞愧难当。”人们知道，他和洪堡完全不必感到羞愧。

萨弗兰斯基的席勒传甫一面世，就引发好评无数，在次年更是斩获莱比锡书展非虚构及散文类图书大奖。他不仅书写了一位作家，更展现了一个时代，无论是研究席勒还是了解 18 世纪下半叶的德国思想史，都可从阅读此书开始。译者本人也在翻译、校注与审订的这三年中收获颇多。当然，笔耕不倦的萨弗兰斯基偶尔也会在行文中有些许疏忽，但白玉微瑕，译者已一一改定并在注释中做了说明。此外，这部席勒传十余年前已有中译本，但为保持译文的独立性，译者自始至终从未参考前人成果。译者自知才疏学浅，如有错漏，文责自负，理所应当。

这部译作的完成，要感谢北京大学外国语学院德语系诸位老师的鼓励，感谢社科文献出版社与索·恩工作室，尤其是段其刚老师的信任与耐心。北京大学德语系2018级本科班作为译者的第一届学生与译稿的第一批读者，对译文提出了不少中肯的意见，在此一并致以谢意。

弗里德里希·席勒如同一颗彗星划过德意志的天际；他的一生虽短，却释放出理想主义的无穷光彩。这位德意志文学的巨擘在最富创造力的盛年骤然离世，让人不禁想起他那首动人的《挽歌》：

就连美也必须死亡！它征服人与诸神，
却无法打动冥府宙斯铁一般的胸膛。

歌德悲叹，失去席勒意味着失去自己生命的一半。但死亡何尝不是新生？

成为爱人口中的一首挽歌也无限美好
因为平庸之物只会无声息地坠落阴曹。

时光易逝，艺术常青。

谨以此书献给与译作一道呱呱坠地的晨兴。

图书在版编目（CIP）数据

德意志理想主义的诞生：席勒传 / (德) 吕迪格尔·萨弗兰斯基著；毛明超译. -- 北京：社会科学文献出版社，2021.8

ISBN 978-7-5201-8319-2

Ⅰ. ①德… Ⅱ. ①吕… ②毛… Ⅲ. ①席勒(Schiller, Johann Christoph Friedrich 1759-1805)-传记 Ⅳ. ①K835.165.6

中国版本图书馆CIP数据核字（2021）第080586号

德意志理想主义的诞生
——席勒传

著　　者 / ［德］吕迪格尔·萨弗兰斯基
译　　者 / 毛明超

出 版 人 / 王利民
责任编辑 / 段其刚

出　　版 / 社会科学文献出版社·联合出版中心（010）59367151
地址：北京市北三环中路甲29号院华龙大厦　邮编：100029
网址：www.ssap.com.cn

发　　行 / 市场营销中心（010）59367081　59367083
印　　装 / 北京盛通印刷股份有限公司

规　　格 / 开　本：787mm×1092mm　1/16
印　张：46.75　字　数：564千字

版　　次 / 2021年8月第1版　2021年8月第1次印刷
书　　号 / ISBN 978-7-5201-8319-2
著作权合同登记号 / 图字01-2018-8613号
定　　价 / 178.00元